PowerPoint 2019
Grundlagen und Aufbauwissen

Inge Baumeister

Verlag:
BILDNER Verlag GmbH
Bahnhofstraße 8
94032 Passau

http://www.bildner-verlag.de
info@bildner-verlag.de

Tel.: +49 851-6700
Fax: +49 851-6624

ISBN: 978-3-8328-0343-8

Bestellnummer: RP-365

Autorin: Inge Baumeister
Covergestaltung: Christian Dadlhuber
Herausgeber: Christian Bildner
Druck: CPI Clausen & Bosse GmbH, Birkstr. 10, 25917 Leck

Bildquellennachweis
Cover: © Drobot Dean - stock.adobe.com
Kapitelbild: © KONSTANTIN SHISHKIN - fotolia.com
© Abstractus Designus - Fotolia.com (S. 153); © Inge Baumeister (S. 170); © Andrey Popov - Fotolia.com (S. 189, 200); © yvdavid - Fotolia.com (S. 224); © svetamart - Fotolia.com (S. 224); © Rawpixel.com - Fotolia.com (S. 299)

Auf einen Blick

Vorwort

Microsoft PowerPoint ist eines der beliebtesten und bekanntesten Programme, wenn es darum geht, einen Vortrag zu begleiten. Zahlreiche Designs und Vorlagen ermöglichen es auch Einsteigern, schnell und mit wenigen Klicks eine effektvolle Bildschirmpräsentation zu erstellen. Der Nachteil: Diese Vorlagen werden nicht nur von Ihnen eingesetzt, der „Wiedererkennungseffekt" kann bei Ihrem Publikum also recht hoch sein und ist nur selten erwünscht.

Investieren Sie also etwas mehr Zeit, stellen Sie Ihre eigenen Farben und Schriften zusammen und erstellen Sie individuelle Präsentationen, die Sie auch als Vorlage speichern und mehrfach verwenden können. Wenn Sie sich mit dem Folienmaster in Kapitel 5 näher befassen, werden Sie feststellen, dass der Aufwand geringer ist als gedacht.

Gleich zu Beginn finden Sie im ersten Kapitel Tipps und Hinweise für professionelle Bildschirmpräsentationen, von der Planung bis zur Farbauswahl und Layoutgestaltung. In weiteren Kapiteln werden die umfangreichen Möglichkeiten, die PowerPoint zur Gestaltung von Präsentation mitbringt, mit zahlreichen Bildern und in Schritt-für-Schritt-Anleitungen anhand von praxisnahen Beispielen ausführlich beschrieben. Das Buch erfordert keinerlei Vorkenntnisse und vermittelt in Kapitel zwei und drei allen Einsteigern in Sachen PowerPoint das nötige Grundlagenwissen. Für Anwender mit Vorkenntnissen und Gelegenheitsnutzer eignet sich dieses Buch als umfassendes Nachschlagewerk. Für sie dürften vor allem die Neuerungen Morphen und Zoom interessant sein.

Da sich einige Fachbegriffe trotz aller Bemühungen nicht ganz vermeiden lassen, können Sie diese im Glossar im Anhang nachschlagen. Ebenfalls im Anhang findet sich eine Zusammenstellung wichtiger und nützlicher Tastenkombinationen.

Schreibweise: Befehle, Bezeichnungen von Schaltflächen und Beschriftungen von Dialogfenstern sind zur besseren Unterscheidung kursiv und farbig hervorgehoben, zum Beispiel Register *Start*, Schaltfläche *Kopieren*.

Die im Buch verwendeten Beispiele erhalten Sie auf unserer Homepage kostenlos zum Download. Rufen Sie dazu die folgende Seite auf:

www.bildner-verlag.de/00365

Viel Spaß und Erfolg mit diesem Buch wünschen Ihnen
BILDNER Verlag und die Autorin Inge Baumeister

Inhalt

1 Tipps für professionelle Präsentationen

In diesem Kapitel erfahren Sie...

- Was Sie bei der Planung berücksichtigen sollten
- Farben und Hintergründe gezielt einsetzen
- Tipps zur Text- und Layoutgestaltung
- Darstellung von Zahlen
- Der richtige Umgang mit Animationseffekten und Folienübergängen

Dieses Buch macht Sie in den folgenden Kapiteln mit allen Techniken für die Erstellung von PowerPoint-Präsentationen vertraut. Eine Vielzahl von Farb- und Animationseffekten verleitet natürlich dazu, alles auszuprobieren. Aber gerade wenn eine Präsentation professionell wirken soll, dann gilt die Devise: Weniger ist meist mehr. Im privaten Rahmen darf es dagegen ruhig auch mal schräg, bunt und laut zugehen. Dieses Kapitel soll Ihnen vorab einige Tipps und Hinweise geben, wie Sie PowerPoint zur optimalen Gestaltung Ihrer Präsentation einsetzen und worauf Sie sonst noch achten sollten.

Die allerwichtigste Regel lautet:
Eine Bildschirmpräsentation soll Inhalte anschaulich vermitteln und Ihren Vortrag unterstützen. Sie dient keinesfalls dazu, alle Möglichkeiten und Effekte von PowerPoint zu demonstrieren!

1.1 Bevor Sie beginnen...

Denken Sie an Ihre eigenen Erfahrungen als Zuhörer

Sind Sie schon einmal eingeschlafen, während Ihnen mit PowerPoint langweilige und endlose Zahlen und Texte präsentiert wurden? Haben Sie manchmal mit Grauen an die bevorstehenden 30 oder 45 Minuten gedacht, wenn Ihnen auf den ersten fünf Folien zwar ausführlich Belangloses präsentiert, aber noch mit keinem einzigen Wort auf das eigentliche Thema des Vortrags eingegangen wurde? Oder haben Sie sich bei jeder neuen Folie manchmal gefragt, ob das noch dieselbe Präsentation bzw. dasselbe Thema ist, wenn Folien in unterschiedlichen Farben und mit unterschiedlichsten Hintergründen gestaltet waren? Oder noch schlimmer, haben Sie schon einmal gebannt auf blinkende Logos und sich drehende Bilder gestarrt und die eigentlichen Inhalte kaum wahrgenommen? Vielleicht wurden Sie auch mit unzähligen Folien in schneller Folge bombardiert, so dass Sie sich hinterher regelrecht erschlagen fühlten.

Versetzen Sie sich daher bei der Planung einer Präsentation immer auch in die Rolle Ihrer Zuhörer/Zuschauer und denken Sie an Ihre eigenen Erfahrungen bei PowerPoint-Präsentationen. Dann kennen Sie eigentlich auch schon die häufigsten Fehler in PowerPoint-Präsentationen und sollten aus eigener leidvoller Erfahrung wissen, was Sie besser vermeiden.

Die häufigsten Fehler in PowerPoint-Präsentationen

- Zu viele Folien
- Mit unwichtigen Details überfrachtete Folien
- Zu wenig Zeit für die Betrachtung einzelner Folien
- Schrift zu klein, schwer lesbar

- Zu viele verwirrende Farben
- Keine Bilder
- Langweilige Zahlen
- Lange umständliche Texte
- Peinliche Soundeffekte, z. B. Klatschen oder Fanfaren
- Nervige Animationen

Planen Sie Ihre Präsentation

Es gibt viele Gründe und Anlässe, eine PowerPoint-Präsentation zu erstellen und davon hängt auch die weitere Gestaltung ab. Während eine Bildschirmpräsentation mit zahlreichen Animations- und Soundeffekten im Familien- oder Freundeskreis, z. B. anlässlich eines Geburtstags durchaus für Heiterheit sorgen kann, sollten Animationen und Sound bei geschäftlichen bzw. offiziellen Präsentationen nicht oder nur mit Vorsicht eingesetzt werden. Eine Ausnahme sind automatisch ablaufende Bildschirmpräsentationen ohne Redner, hier müssen Animationen für die nötige Abwechslung sorgen.

Neben dem eigentlichen Thema sollten Sie folgende Punkte bei der Planung Ihrer Präsentation berücksichtigen:

- An welche Zielgruppe richtet sich die Präsentation, handelt es sich um ein Fachpublikum oder Laien?
- Was ist das Ziel der Präsentation?
- Wie viel Zeit steht zur Verfügung? Zu viele Folien überfordern den Zuschauer, planen Sie daher mindestens 2 Minuten pro Folie ein, in besonderen Fällen auch 5 Minuten. Für einen 30-minütigen Vortrag benötigen Sie also etwa 10 bis 12 Folien.
- Welche technischen Voraussetzungen sind vorhanden bzw. erforderlich? In der Regel benötigen Sie neben einem Laptop noch Beamer und Leinwand, bei einem größeren Teilnehmerkreis auch noch ein Mikrofon.
- Welche Bilder und sonstigen Multimedia-Elemente, z. B. Video möchten Sie einbeziehen? Wählen Sie Ihre Bilder sorgfältig aus und beachten Sie das Urheberrecht.
- Benötigen Sie eine Druckversion Ihrer Präsentation, z. B. in Form von Handzetteln? Wenn ja, welchen Umfang sollte der Ausdruck haben?
- Überlegen Sie sich einen wirkungsvollen Einstieg.

Erstellen Sie dann im ersten Schritt eine erste Gliederung, z. B. in der Gliederungsansicht von PowerPoint. Auch mit Microsoft Word lässt sich eine Gliederung schnell erstellen und anschließend mit dem Befehl *Datei* ▶ *Öffnen* und der Anzeige *Alle Dateien* in eine PowerPoint-Präsentation importieren.

1.2 Farben, Hintergründe und Schrift

Verwenden Sie keine der Microsoft-Vorlagen

Mit den Vorlagen und Designs von Microsoft lässt sich zwar schnell und mit wenig Aufwand eine beeindruckende Präsentation zusammenstellen. Allerdings kennen die meisten Ihrer Zuhörer solche Vorlagen zur Genüge. Wenn diese zu verschiedensten Zwecken und von unterschiedlichen Firmen eingesetzt werden, wie in den unten abgebildeten Beispielen, dann wirkt Ihre Präsentation beliebig und austauschbar, daran ändern auch unterschiedliche Farben wenig. Zudem erweckt eine solche Präsentation immer auch den Eindruck, dass in ihre Erstellung wenig Mühe investiert wurde.

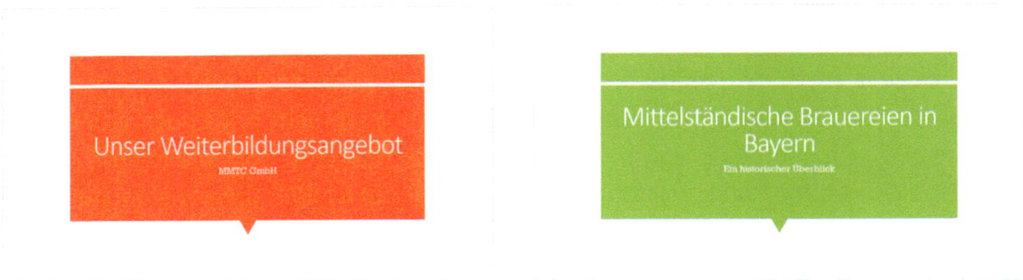

Bild 1.1 Beispiel: Zwei unterschiedliche Themen mit demselben Design

Viele Unternehmen verfügen bereits über ein Corporate Design und entsprechend gestaltete Vorlagen. Verwenden Sie diese oder investieren Sie etwas mehr Zeit und erstellen Sie ein, auf Ihre Firma zugeschnittenes, Präsentationsdesign. Wenn Sie dieses speichern, haben Sie auch bereits eine Vorlage für spätere Präsentationen, der Mehraufwand lohnt sich also.

Farbauswahl

Verwenden Sie einheitliche Farben

PowerPoint arbeitet mit Designfarben, d. h. Zusammenstellungen von je acht aufeinander abgestimmten Farben, die für ein einheitliches Erscheinungsbild der gesamten Präsentation sorgen. Wenn Sie andere Farben einsetzen möchten, sollten Sie diese nicht einfach in der Folie hinzufügen, sondern besser das Farbschema entsprechend ändern und eventuell eigene Designfarben zusammenstellen und speichern.

Berücksichtigen Sie die unterschiedliche Wirkung von Farben

Farben erzielen unterschiedliche Wirkungen, auch dies sollten Sie bei der Farbauswahl berücksichtigen. Mit Hilfe von Farben können Sie Beziehungen zwischen Informationen veranschaulichen, eine bestimmte Aussage transportieren und Inhalte oder Gegensätze hervorheben. So kann beispielsweise Text oder ein Objekt in roter Farbe eine andere Aussage vermitteln, als ein Objekt in blauer Farbe. Überlegen Sie, welche Information Sie transportieren möchten und setzen Sie die Farben entsprechend ein.

Hier einige Beispiele, testen Sie selbst die Wirkung

- Im Beispiel 1 (Bild unten) vermitteln Auswahl 1 und Auswahl 2 aufgrund gleicher Farben den Eindruck gleicher Wichtigkeit.
- Bei Beispiel 2 erscheinen dagegen die Argumente von Auswahl 1 durch die Hervorhebung in roter Farbe eindeutig wichtiger als Auswahl 2.

Bild 1.2 Beispiel 1

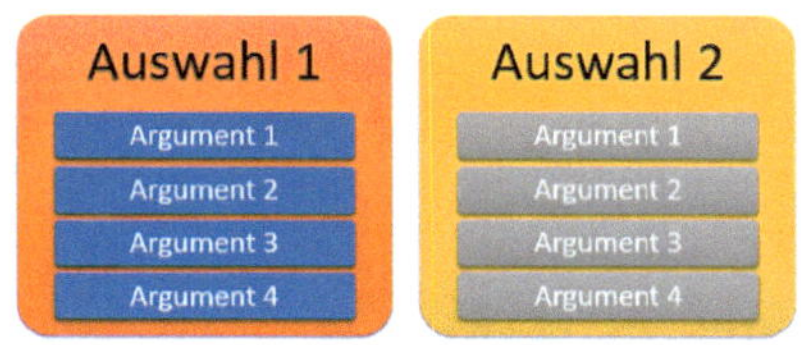

Bild 1.3 Beispiel 2

- In Beispiel 3 (unten) treten im Vergleich mit Beispiel 2 (oben) durch den grauen Hintergrund die Argumente stärker in den Vordergrund. Auswahl 1 und Auswahl 2 sind gleichwertig, vermitteln aber durch ihre Farben einen gegensätzlichen Eindruck.
- Bei Beispiel 4 ist durch zusätzliche Symbole auf den ersten Blick eigentlich alles gesagt!

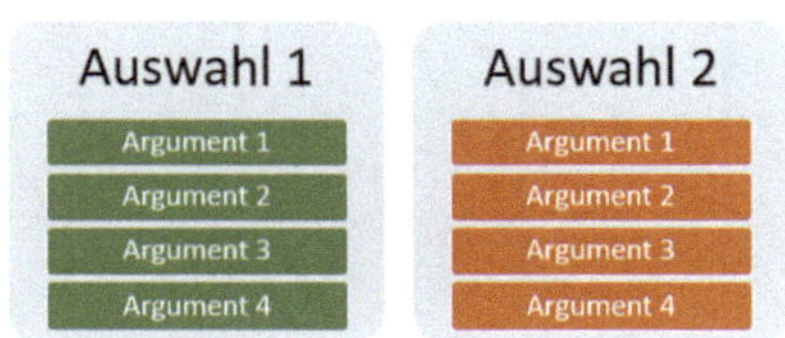

Bild 1.4 Beispiel 3

Bild 1.5 Beispiel 4

Tipps zum Einsatz von Farben und Hintergrundeffekten

- Verwenden Sie Farben sparsam. So erzielen Sie stärkere Effekte und vermeiden den Eindruck „bunter" Folien. Farbige Elemente heben sich auch gegenüber grauen oder weißen Elementen stärker ab und werden dadurch als wichtiger wahrgenommen, siehe Beispiele oben.
- Mit Hilfe des Werkzeugs Pipette können Sie für eine einheitliche Farbgebung beispielsweise eine Farbe eines Bildes aufnehmen und einer Form oder der Schrift zuweisen.
- Hintergründe sollten nicht dominieren, sie lenken nur vom eigentlichen Folieninhalt ab. Daher Vorsicht bei Verwendung einschlägiger Designs, ein einfarbiger heller bzw. weißer Hintergrund erzielt meist mehr Wirkung. Wenn Sie eigene Far-

ben verwenden, dann wählen Sie eine Textfarbe, die sich deutlich vom Hintergrund abhebt.

- So dominiert bei Beispiel 5 eindeutig der Hintergrund, der Text wirkt eher nichtssagend und erschließt sich erst auf den zweiten Blick.
- Beispiel 6 rückt zwar den Text stärker in der Vordergrund, aber die eigentlich überflüssigen Elemente des Foliendesigns wirken ablenkend. Die Halbkreise wirken nur verwirrend und was sollen die schwarzen Balken links und rechts am Folienrand bedeuten?

Bild 1.6 Beispiel 5

Bild 1.7 Beispiel 6

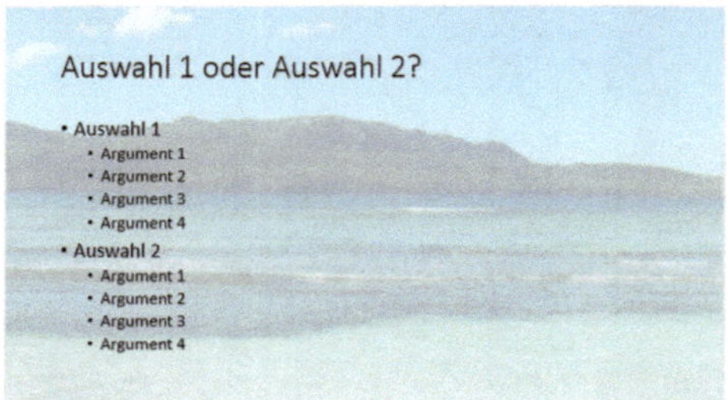

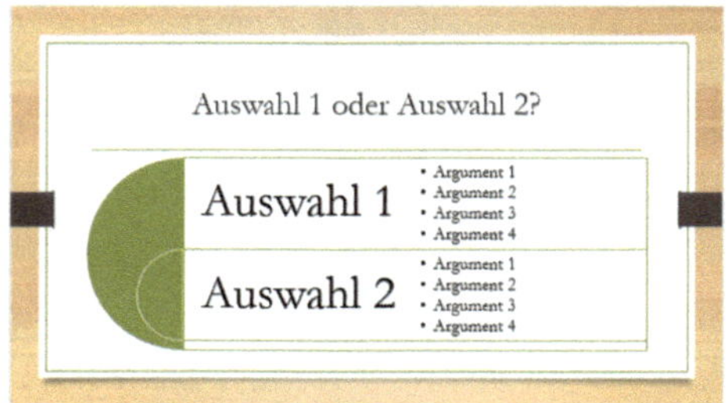

- Im unten abgebildeten Beispiel ist der Text der linken Folie aufgrund des unruhigen Hintergrundmusters nur schwer lesbar, im Vergleich zur Folie rechts. Allerdings ist in beiden Folien der Text zu lang.

Bild 1.8 Beispiel 7

Bild 1.9 Beispiel 8

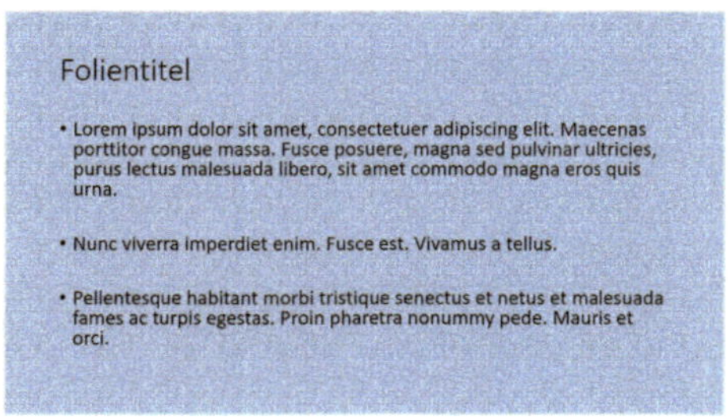

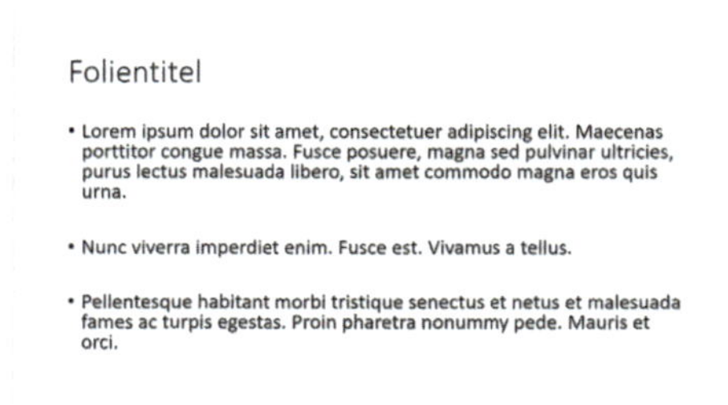

- Und noch etwas: Untersuchungen zufolge sind etwa fünf bis acht Prozent aller Männer farbenblind, meist in Form einer verminderten Wahrnehmung von roten und grünen Farbtönen. Sie sollten daher diese Farbtöne möglichst nicht für Kontraste verwenden. Vermeiden Sie also rote Schrift vor grünem Hintergrund und umgekehrt!
- Testen Sie nach Möglichkeit vorab Ihre Präsentation auch mit Beamer, da durch die Projektion mittels Beamer je nach Gerät manche Farben etwas anders erscheinen können.

Schriften

Auch bei der Wahl einer Schrift ist die Lesbarkeit wichtigstes Kriterium.

- Ob sich eine Serifenschrift (z. B. Times New Roman) oder eine serifenlose Schrift (z. B. Calibri, Arial oder Tahoma) besser eignet, darüber kann man geteilter Meinung sein. Grundsätzlich gilt aber: vermeiden Sie verschnörkelte Schriften; mit einer Schriftart wie Comic Sans MS oder Brush Script können Sie private Präsentationen gestalten, diese gehören aber nicht in eine professionelle Präsentation. Gut lesbar sind dagegen klare schlanke Buchstaben, wie im Bild unten rechts.

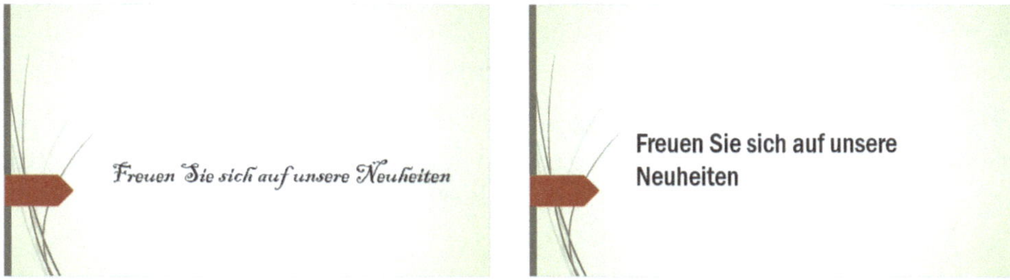

Bild 1.10 Schriftvergleich: Es dauert wesentlich länger, eine verschnörkelte Schrift zu lesen.

- Beschränken Sie sich auf maximal zwei verschiedene Schriftarten (Firmenlogo und -schriftzug nicht eingerechnet). Keine Schrift sollte kleiner als 24 pt. sein, Schriftgröße 30 ist dagegen auch noch in den hinteren Reihen gut erkennbar.
- Text in GROSSBUCHSTABEN eignet sich nicht zur Hervorhebung, sondern stört den Lesefluss, ausgenommen natürlich Firmen-, Marken- und Produktnamen wenn es sich um die Originalschreibweise handelt. Dasselbe gilt auch für Unterstreichungen und Hervorhebungen mittels Textmarker. Eine Ausnahme ist natürlich, wenn Sie während der Vorführung wichtige Stellen mit Stift oder Textmarker hervorheben möchten, wie im Bild unten rechts.

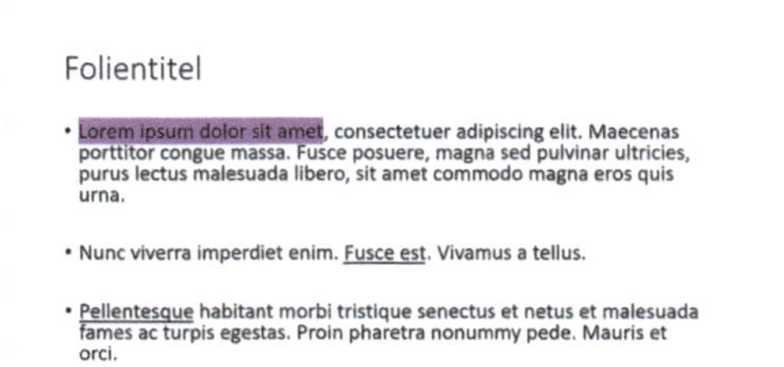

Bild 1.11 Unterstreichungen und Textmarker in der Folie

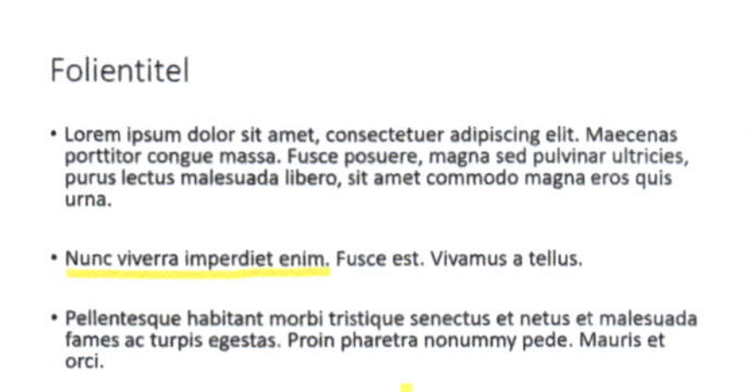

Bild 1.12 ...und während der Vorführung

- Die Schriftfarbe sollte sich deutlich vom Hintergrund abheben. Am besten ist immer noch eine dunkle Schrift vor weißem oder hellem Hintergrund. Bei weißer Schrift vor dunklem, insbesondere schwarzem Hintergrund, wie im Bild unten rechts ermüdet hingegen das Auge schneller.

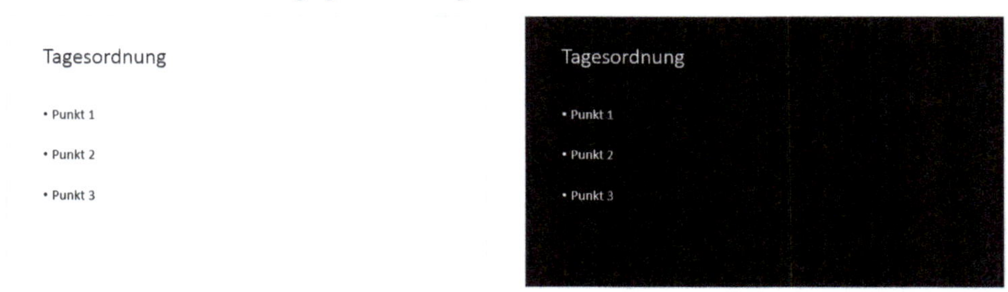

Bild 1.13 Heller oder dunkler Hintergrund?

1.3 Text- und Layoutgestaltung

Der richtige Einstieg

Bereits der erste Eindruck entscheidet häufig über den Erfolg Ihrer Präsentation. Überlegen Sie sich daher einen wirkungsvollen Einstieg.

- Vermeiden Sie lange und umständliche Einleitungen, insbesondere wenn diese nichts mit dem eigentlichen Thema des Vortrags zu tun haben. Auch die beliebte Inhaltsübersicht oder Agenda zu Beginn muss nicht zwangsläufig in einer Präsentation enthalten sein und nicht jede Folie muss hier aufgeführt sein.
- Nutzen Sie dagegen die Gelegenheit, mit den ersten Folien das Publikum auf das Thema einzustimmen und neugierig zu machen. Dazu können Sie beispielsweise Fragen aufwerfen, etwa „Wie viel Schokolade, glauben Sie, verbraucht jeder Deutsche im Jahr?". Andere gute Möglichkeiten des Einstiegs sind Anekdoten, Fallbeispiele, Versprechen oder indem Sie dem Publikum eine konkrete Frage stellen, z. B. „Hatten Sie schon einmal Probleme mit Ihrer Kamera?".

Wirkungsvolle Foliengestaltung

Die Folien sollten so gestaltet sein, dass ein einheitlicher Stil zu erkennen ist. Falls Sie wiederkehrende Folienelemente, z. B. Firmenlogo oder Foliennummern verwenden, dann sollten sich diese immer an derselben Position befinden.

Längerer Text oder gar der gesamte Vortragstext gehören auf keinen Fall in die Bildschirmpräsentation: Entweder wird der Text vom Publikum überhaupt nicht gelesen oder lenkt ab und macht Sie als Redner überflüssig. Ausnahmen sind Zitate, aber auch hier gilt: Wählen Sie möglichst kurze Zitate! Auch sollte selbstverständlich sein, dass Sie den Inhalt der Folien in Ihren Vortrag einbeziehen, aber keinesfalls vorlesen!

Tipp: Hier bietet die neue Zoomfunktion eine gute Möglichkeit, um nur selten benötigte Details aus Folien auszulagern. Diese werden dann nur bei Bedarf gezeigt, etwa zur Beantwortung von Fragen.

Standardmäßig verwendet PowerPoint als Standardlayout Folien mit einem Platzhalter für den Titel und einem Inhaltsbereich. Dies bedeutet jedoch nicht, dass jede Folie auch wirklich eine Überschrift braucht und viele Inhalte lassen sich statt mit Aufzählungen besser mit Bildern oder mit SmartArt-Grafiken vermitteln. Bei einer Aufzählungsliste muss Ihr Publikum den Text lesen und benötigt etwa 5 bis 15 Sekunden, um den Inhalt zu erfassen, grafisch aufbereitet sind dagegen viele Sachverhalte auf den ersten Blick klar.

Tipps zum Folienlayout

- Weniger ist mehr: Lassen Sie Platz zwischen den Absätzen, ein ansprechendes Layout lässt mindestens 30% der Folie leer.

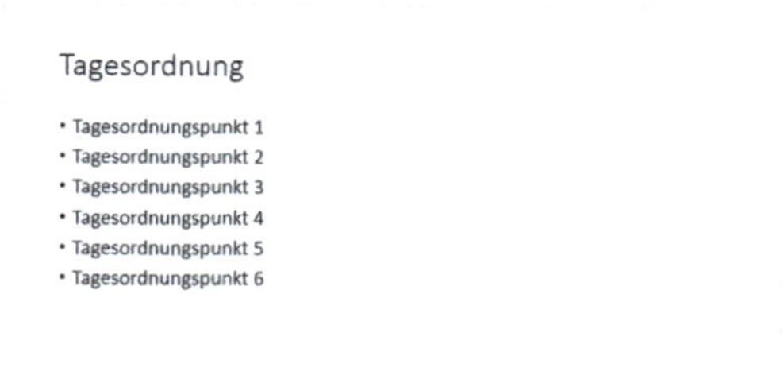

Bild 1.14 Links das klassische Folienlayout.

Bild 1.15 Rechts daneben dasselbe Layout aber mit größeren Zeilen- bzw.Absatzabständen und etwas eingerückt.

- Wenn Sie das klassische Folienlayout verwenden, dann rücken Sie den Text mehr zur Mitte und verringern Sie die Breite des Platzhalters, so lässt sich Text schneller lesen. Schaffen Sie auch mehr Platz zwischen Überschrift und dem restlichen Folieninhalt oder verzichten Sie ganz auf eine Überschrift.
- Verzichten Sie auf ausformulierte Sätze, kurze aussagekräftige Text mit den wichtigsten Stichwörtern besitzen wesentlich mehr Aussagekraft.
- Auch Anmerkungen und Fußnoten gehören nicht auf eine Folie.
- Überfrachten Sie die Folien nicht mit Inhalten: pro Folie eine Botschaft genügt.
- Beherzigen Sie die Regel: etwa vier bis sechs Wörter pro Zeile und maximal sechs Zeilen je Folie.
- Verwenden Sie, wenn möglich, keine Nummerierungen, eventuell sogar noch mit Unterpunkten, auch nicht in Überschriften! Spätestens bei Punkt 3.11.2 verliert Ihr Publikum den Überblick. Besser geeignet sind Aufzählungszeichen. Hier sollten Sie statt Bildern ein möglichst einfaches Zeichen verwenden und das konsequent in der gesamten Präsentation.
- Überfrachten Sie die Folien nicht mit Inhalten, indem Sie beispielsweise in einer Folie Überschrift, Text, Bild und Diagramm gleichzeitig zeigen. Verzichten Sie entweder auf einzelne Elemente oder verteilen Sie die Inhalte auf mehrere Folien.
- Erzeugen Sie Spannung und fördern Sie den Dialog mit Ihren Zuhörern, indem Sie Fragen aufwerfen und kleine Rätsel einbauen. Selbsterklärende Folien wirken dagegen ermüdend und machen Sie als Redner überflüssig.
- Überlegen Sie, ob Sie Ihre Inhalte nicht besser verdeutlichen können, wenn Sie anstelle von einzelnen Absätzen SmartArt-Grafiken einsetzen. Zum Beispiel zur Gegenüberstellung von Vor- und Nachteilen oder zur Visualisierung von Einzelschritten und Prozessen.
- Rücken Sie ab vom Standardlayout! Nicht jede Folie braucht eine Überschrift, zudem sind in den meisten Layouts die Abstände zwischen Überschrift und Inhalt zu klein. Berücksichtigen Sie bei der Auswahl des Designs auch, dass einige den

Bereich der Überschrift durch ein besonderes Hintergrundformat hervorheben, die Überschrift ist aber selten der wichtigste Teil der Folie.

- Gliedern Sie umfangreiche Präsentationen, indem Sie Folien mit Zwischenüberschriften einfügen oder die neue Zoomfunktion zur Erstellung einer Übersichtsfolie einsetzen. Aus dieser heraus können Sie schnell jeden beliebigen Abschnitt ansteuern und gelangen nach der Anzeige der dazugehörigen Folien automatisch wieder zurück.
- Eine gute Methode ist es auch, die jeweilige Zwischenüberschrift am Rand jeder Folie, z. B. links oder oben anzuzeigen, dies erleichtert Ihren Zuhörern die Orientierung. Hilfreich kann auch am Rand jeder Folie eine kleine Inhaltsübersicht mit Hervorhebung des aktuellen Punktes sein.
- Kontrollieren Sie Ihre Präsentation auf Rechtschreibfehler.
- **Der wichtigste Tipp zum Schluss:**
  Verteilen Sie Handouts und Druckversionen Ihrer Präsentation, wenn möglich, erst nach Ihrem Vortrag. So vermeiden Sie das „Mitlesen" während der Bildschirmpräsentation. Weisen Sie aber am besten gleich zu Beginn Ihres Vortrags darauf hin, dass Sie später eine Druckversion austeilen werden. Dadurch ersparen Sie es Ihren Zuhörern sich Notizen zu machen.

Einige Beispiele und Gegenüberstellungen unterschiedlich gestalteter Folien

Beispiel 1: Titelfolie
Im Bild unten links das Standardtitellayout von PowerPoint mit Bild. Rechts die Titelfolie einmal anders; das Bild füllt die gesamte Folie aus, der Text bleibt trotzdem lesbar. Als Schriftfarbe wurde eine Farbe aus dem Hintergrundbild gewählt.

Bild 1.16 Beispiel 1: Titelfolie

Beispiel 2
Als zweites Beispiel links eine Folie im Standardlayout „zwei Inhalte". Die Aussage geht im Text unter und erschließt sich erst beim Lesen, zudem wirkt die Platzaufteilung unprofessionell und die Überschrift ist überflüssig.

Lassen Sie einfach die Überschrift weg und machen Sie stattdessen mit einem frei gestalteten Layout das Publikum neugierig wie in der Folie rechts daneben. Heben Sie die eigentliche Aussage durch größere Schrift hervor.

Bild 1.17 Beispiel 2: Bringen Sie Spannung in Ihre Präsentation

Beispiel 3
Links mehrere Absätze mit Aufzählungszeichen im Standardlayout. Worin das Angebot besteht ist nicht sofort ersichtlich. Rechts dagegen verdeutlicht ein SmartArt-Layout den Ablauf und das besondere Angebot ist farblich und grafisch hervorgehoben.

Bild 1.18 Text im Standardlayout ...und als SmartArt

Testen Sie Ihre Präsentation vorab

Testen Sie vorab, wie viel Zeit Sie für Ihre Präsentation benötigen. Geben Sie Ihrem Publikum ausreichend Zeit zur Betrachtung, mindestens zwei Minuten je Folie. Damit sich niemand von zu vielen Folien erschlagen fühlt, sollten Sie für einen halbstündigen Vortrag etwa 10 - 12 Folien einplanen, die Titelfolie nicht mitgerechnet.

Als nützliches Werkzeug lässt sich hierzu das Aufzeichnen der Einblendezeiten nutzen. Wenn Sie keine Präsentation mit automatischem Ablauf benötigen, dann beantworten Sie einfach nach Beenden der Aufzeichnung bzw. der Präsentation die Frage nach dem Speichern der Einblendezeiten mit *Nein*. Oder löschen Sie erst später die aufgezeichneten Zeiten, Näheres hierzu in Kapitel 8.1 dieses Buches.

1.4 Zahlen aussagekräftig darstellen

Nur wenigen Menschen erschließt sich die Aussage von Zahlen auf Anhieb. Wenn Sie nicht gerade ein Fachpublikum vor sich haben, dann sollten Sie auch diese Tatsache in Ihrer Präsentation berücksichtigen.

- Visualisieren Sie mit Grafik, Bildern und Diagrammen. Buchstaben und Zahlen sind abstrakt - Bilder und andere grafische Objekte werden dagegen wesentlich schneller registriert.
- Verdeutlichen Sie Zahlen durch einfache Vergleiche und verwenden Sie anstelle von Prozentangaben lieber Ausdrücke. Also beispielsweise statt fünfzig Prozent besser „halb so viel wie..." oder „jeder zweite...". Flächen werden dagegen häufig in Fußballfeldern oder der Fläche eines Bundeslandes (z. B. Saarland) angegeben. Die meisten Menschen können sich unter einer Größe von 140 Fußballfeldern mehr vorstellen als unter 100 Hektar.
- Wenn Sie ein Diagramm oder eine Tabelle zeigen möchten, werden nicht immer gleich alle Zahlen benötigt, beschränken Sie sich auf die wichtigsten und heben Sie diese überdeutlich hervor. Auch Nachkommastellen werden nur in seltenen Fällen benötigt, also lieber weglassen!

  Im Bild unten erschweren z. B. überflüssige Tausenderzahlen die Lesbarkeit.

Bild 1.19 Zahlendarstellung

Umsatzentwicklung

Sparte	Januar	Februar	März
Waschmaschinen	890.000	950.000	920.000
Kühlschränke	730.000	790.000	910.000
Kaffeemaschinen	350.000	280.000	160.000
Staubsauger	690.000	780.000	1.260.000

Umsatzentwicklung in Tsd. EUR

Sparte	Januar	Februar	März
Waschmaschinen	890	950	920
Kühlschränke	730	790	910
Kaffeemaschinen	350	280	160
Staubsauger	690	780	1.260

- Setzen Sie einfache und verständliche Diagrammtypen ein, deren Aussage auf den ersten Blick klar zu erkennen ist. 3D-Darstellungen führen im Vergleich zu einfachen 2D-Diagrammen meist zu Verzerrungen und optischen Täuschungen, wie das Beispiel unten zeigt. Sie sollten daher nur in Ausnahmefällen zum Einsatz kommen.

Bild 1.20 3D- und 2D-Diagramm

- Auch beim unten abgebildeten Beispiel eines Tortendiagramms sollten Sie besser auf eine 3D-Darstellung verzichten, da je nach Drehung bzw. Perspektive das Größenverhältnis sehr unterschiedlich erscheint. Beide Diagramme beruhen auf demselben Prozentanteil von 41%, trotzdem erscheint dieser Anteil im linken Diagramm höher als in der rechten Abbildung.

Bild 1.21 41 Prozent können je nach Drehung und Perspektive sehr unterschiedlich wirken

- Es muss nicht immer ein Diagramm sein. Auch ohne Diagramm lassen sich viele Informationen mit Bildern und einer kurzen Aussage vermitteln, wie das Beispiel im Bild unten zeigt.

Bild 1.22 Eine eindeutige Aussage auch ohne Zahlen.

1.5 Animationen richtig einsetzen

Viele Ratgeber für professionelles Präsentieren und auch Unternehmen stehen Animationen ablehnend gegenüber. Dabei können einige dieser Effekte, richtig eingesetzt, durchaus sinnvoll sein, hier nur einige Beispiele:

- Absätze, Aufzählungen oder andere Elemente nacheinander einblenden, vermeidet Mitlesen bzw. Vorauslesen während des Vortrags.
- Wenn Sie den jeweils aktuellen Punkt hervorheben, z. B. durch eine andere Farbe, dann sehen Ihre Zuhörer auf den ersten Blick, auf welchen Punkt Sie sich gerade beziehen.
- Mit dem Einsatz von Zoom oder Links vermeiden Sie umständliches Blättern und Suchen in den Folien. Zum Beispiel, wenn Sie bei Bedarf Zusatzinformationen oder ein Bild vergrößert in einer gesonderten Folie zeigen möchten. Oder wenn

aus der Inhaltsübersicht heraus schnell eine bestimmte Folie angesteuert werden soll.

- Automatisch ablaufende Bildschirmpräsentationen ohne Redner wirken schnell ermüdend. Gezielt eingesetzte Animationen sorgen hier für mehr Aufmerksamkeit und Abwechslung.

Generell gilt aber: Animationen sollen nicht vom Inhalt der Präsentation ablenken. Animieren Sie daher keinesfalls Elemente, die nicht zum eigentlichen Folieninhalt gehören; nichts ist nervtötender als ein hartnäckig blinkendes Firmenlogo. Wenn Sie Animationen einsetzen, dann sollten die folgenden Punkte berücksichtigen:

- Wählen Sie möglichst natürliche Effekte, z. B. Erscheinen oder Einfliegen. Diese sollten auch konsequent immer aus derselben Richtung erfolgen. Spiralen und Drehungen eignen sich dagegen höchstens für Kinderfeste.
- Achten Sie auf die richtige Geschwindigkeit von Animationen: Ein zu schneller Ablauf wirkt verwirrend. Noch schlimmer allerdings, wenn sie zu langsam ablaufen. Spätestens wenn der Text im Schneckentempo in die Folie kriecht und das womöglich auch noch Buchstabe für Buchstabe, schläft Ihr Publikum ein.
- Auf Folienübergänge können Sie meist verzichten, sie lenken nur vom Inhalt ab. Wenn Sie trotzdem Übergangseffekte einsetzen möchten, dann bitte dezent und ohne Trommelwirbel oder sonstige Soundeffekte. Diese wirken äußerst unprofessionell. Außerdem kommt es auch hier auf den richtigen Effekt an: Zerknüllen erweckt z. B. einen abwertenden Eindruck und sollte daher, wenn überhaupt, nur gezielt eingesetzt werden.

2 Erste Schritte mit PowerPoint

In diesem Kapitel lernen Sie...

- PowerPoint starten und beenden
- Eine erste Präsentation aus einer Vorlage erstellen, vorführen und speichern
- Vorlagen suchen und verwenden
- Die PowerPoint-Hilfe nutzen
- Grundlegende Techniken der Texteingabe und -korrektur

Das sollten Sie bereits wissen

- Handhabung von Maus, Touchpad und Tastatur
- Allgemeiner Umgang mit Windows
- Apps starten und beenden

2.1 PowerPoint 2019 starten

Zum Starten von PowerPoint gibt es mehrere Möglichkeiten:

- Falls sich die Kachel *PowerPoint* im Startmenü von Windows befindet, so klicken oder tippen Sie auf diese.
- Oder suchen Sie *PowerPoint* im Index des Startmenüs unter dem Buchstaben P.
- Statt PowerPoint aus dem Startmenü heraus zu starten, können Sie in das Suchfeld der Taskleiste die ersten Zeichen, z. B. „power" eintippen und dann in der Liste der Suchergebnisse auf *PowerPoint* klicken. Oder beauftragen Sie die Sprachassistentin Cortana mit dem Starten, etwa mit der Anweisung „Öffne PowerPoint".

Die Startseite von PowerPoint

Unmittelbar nach dem Start erscheint die Startseite von PowerPoint, siehe Bild unten und Sie können wählen, was Sie tun möchten.

- Die Spalte *Zuletzt verwendet* ❶ listet kürzlich verwendete Präsentationen auf, die Sie mit einem Klick schnell wieder öffnen können. Oder klicken Sie zum Öffnen einer Präsentation auf *Weitere Präsentationen öffnen* ❷.
- Um eine neue Präsentation zu erstellen, haben Sie die Wahl zwischen einer leeren Präsentation ❸, die Sie anschließend komplett nach Ihren Vorstellungen gestalten können, und einer Vorlage bzw. einem Design ❹, in die Sie nur noch Text und Grafiken einfügen brauchen. Davon finden Sie auf der Startseite eine ganze Menge und weitere online.

Bild 2.1 Nach dem Start von PowerPoint erscheint meist diese Seite

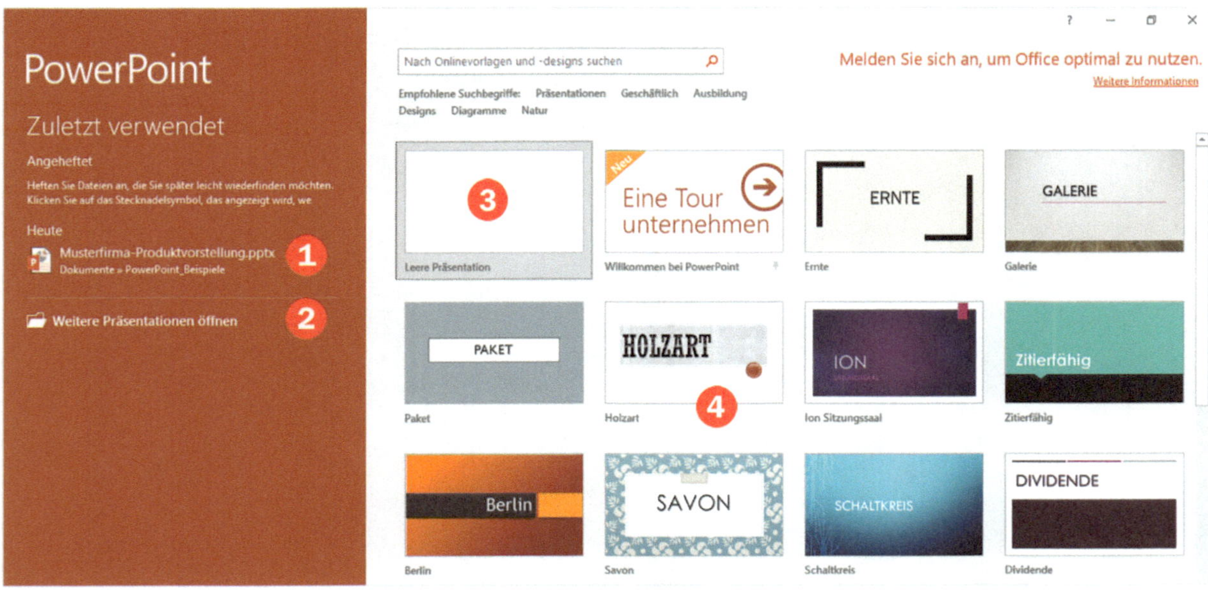

2.2 Eine Präsentation aus einer Vorlage erstellen

Präsentationen zielen auf die Aufmerksamkeit des Publikums, deshalb spielt neben den Inhalten auch die optische Gestaltung eine wichtige Rolle. Für ungeübte Nutzer und schnelle Präsentationen bringt PowerPoint aus diesem Grund eine ganze Reihe von Präsentationsvorlagen mit, in die Sie nur noch Ihre Inhalte einfügen brauchen.

Eine Vorlage umfasst in der Regel mehrere Folienlayouts. Diese geben die Position von Folienelementen, z. B. Überschriften, vor. So erhalten Sie mit einer Vorlage meist eine Titelfolie für die gesamte Präsentation, sowie Folienlayouts für verschiedene Zwecke wie Text und grafische Inhalte oder eine zweispaltige Folienaufteilung. Manche Vorlagen bieten außerdem mehrere Farbpaletten zur Auswahl an. Einzelne Elemente, etwa Größe und Farbe der Schrift, lassen sich bei Bedarf problemlos ändern. Dies wirkt sich nur auf die aktuelle Präsentation aus, die Vorlage selbst wird dadurch nicht geändert.

Manche Vorlagen wirken nicht unbedingt professionell, außerdem sollten Sie den Wiedererkennungseffekt nicht unterschätzen. Die meisten Präsentationen werden mit PowerPoint erstellt, daher kennt nahezu jeder Anwender diese Vorlagen. Mehr Wirkung erzielen Sie mit individuellen Layouts und Gestaltungselementen. Da sich Vorlagen allerdings gut für den ersten Einstieg eignen, werden sie hier kurz vorgestellt.

Wählen Sie eine Vorlage aus

Auf der Startseite von PowerPoint finden Sie einige Vorlagen zur Auswahl, siehe Bild 2.1. Scrollen Sie nach unten, um sich einen ersten Überblick zu verschaffen.

Falls die Startseite nicht angezeigt wird oder Sie bereits eine andere Präsentation vor sich haben, so klicken Sie auf *Datei* ❶ und anschließend auf *Neu* ❷. Hier sind dieselben Designs wie auf der Startseite verfügbar.

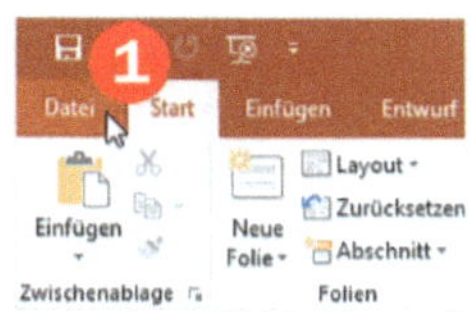

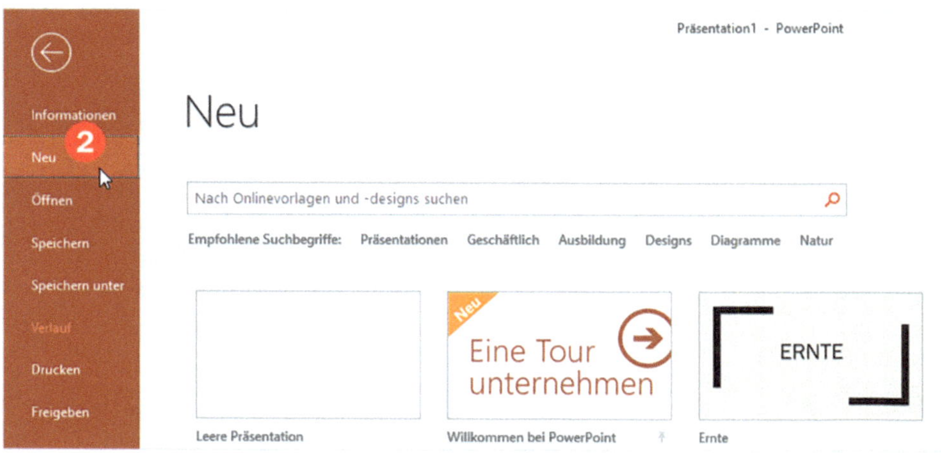

Bild 2.2 Auch mit Klick auf Datei und dann auf Neu erscheinen die Designs zur Auswahl

- In der Übersicht sehen Sie zunächst die Titelfolie. Klicken Sie auf eine Vorlage, so erhalten Sie eine vergrößerte Vorschau. Handelt es sich um eine offline verfügbare Vorlage, dann finden Sie unterhalb *Weitere Bilder* vor ❶ und mit Klick auf die Pfeile können Sie auch die einzelnen Folienlayouts in der Vorschau betrachten.

- Manche Vorlagen sind in mehreren Farbvarianten verfügbar. Klicken Sie auf eine Farbzusammenstellung ❷, wenn Sie diese in der Vorschau testen möchten.

Bild 2.3 Für manche Vorlagen sind mehrere Farbvarianten verfügbar

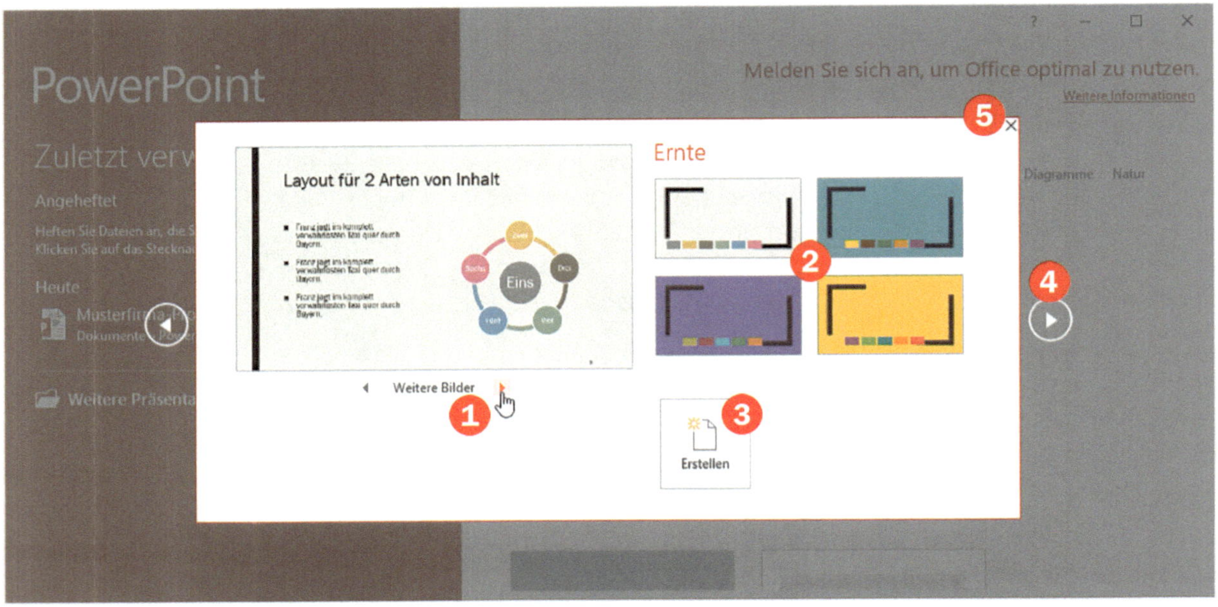

- Wenn Sie aus der aktuellen Auswahl eine neue Präsentation erstellen möchten, dann klicken Sie auf *Erstellen* ❸.
- Entspricht das Design dagegen nicht Ihren Vorstellungen, können Sie die Pfeile nach rechts ❹ und links benutzen, um das nächste/vorherige Design in der Vorschau anzuzeigen. Ein Klick auf das Schließen-Symbol in der rechten oberen Ecke ❺ schließt die Vorschau wieder.

Vorlagen und Designs online suchen

Sollte sich auf der Startseite bzw. unter *Datei* ▶ *Neu* kein geeignetes Design finden, dann können Sie online nach weiteren suchen. Beachten Sie, dass die Suche nach Onlinevorlagen auch solche für andere Office-Anwendungen berücksichtigt, z. B. Word oder Excel. Um diese auszuschließen, beginnen Sie die Suche daher am besten, indem Sie zunächst unterhalb des Suchfeldes auf den empfohlenen Suchbegriff *Präsentationen* klicken.

Bild 2.4 Nach Vorlagen für Präsentationen suchen

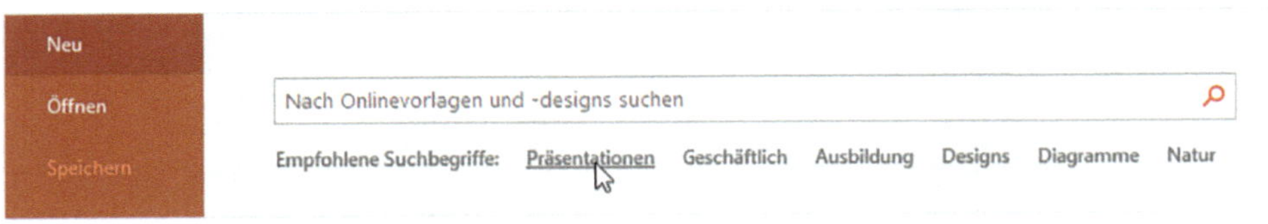

Rechts erscheint die Spalte *Kategorie* ❶. Hier können Sie per Mausklick die Suchergebnisse weiter einschränken, z. B. auf *Geschäftlich* oder *Natur*. Falls Sie ohne Auswahl einer Vorlage wieder zur Startseite zurückkehren möchten, so klicken Sie auf den Pfeil *Alle* ❷.

Bild 2.5 Onlinepräsentationen

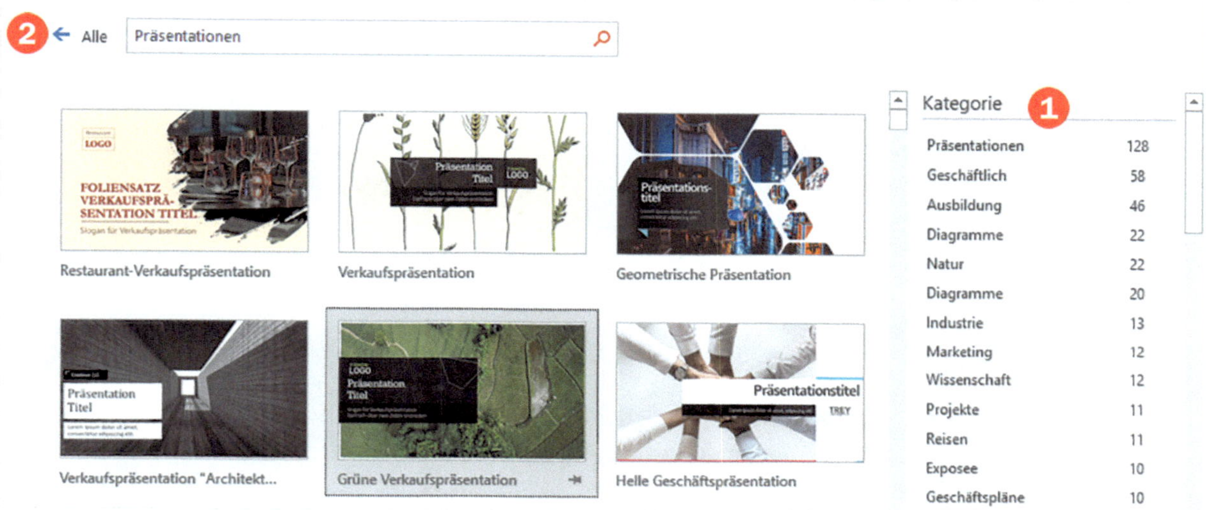

Beim Klick auf eine Vorlage erhalten Sie auch hier eine Vorschau zusammen mit einer kurzen Beschreibung und der Größe des Downloads. Im Gegensatz zu den Offline-Vorlagen sind allerdings in der Vorschau keine Folienlayouts verfügbar. Klicken Sie auf *Erstellen*, um die ausgewählte Vorlage herunterzuladen und zu verwenden.

Bild 2.6 Beispiel Online-Vorlage

Einige Hinweise zur Verwendung von Onlinevorlagen

- Beachten Sie, dass online nicht nur Vorlagen für Präsentationen inklusive mehrerer Folienlayouts angeboten werden, sondern auch einzelne Folien wie verschiedene Diagrammdarstellungen oder Infografiken, die Sie einer Präsentation hinzufügen können. Ob es sich um eine Folie oder eine Präsentation handelt, geht aus der Beschreibung hervor. Folien erkennen Sie auch am Platzhalter für den Folientitel („*Folientitel hinzufügen*“).

- Achten Sie bei der Auswahl von Bildschirmpräsentationen auf das Bildschirmformat! Neben den Vorlagen im Standardformat von PowerPoint, Breitbild im Verhältnis 16:9 ❶, finden Sie auch solche im älteren Bildschirmformat 4:3 ❷. Diese sind in der Übersicht leicht zu erkennen, wie im Bild unten.

Bild 2.7 Achten Sie auf das passende Bildschirmformat

Vorsicht: Bei nachträglicher Änderung des Seitenverhältnisses wird das Layout der Folien angepasst und unter Umständen beeinträchtigt. Welches Seitenverhältnis eine Vorlage verwendet, ist ebenfalls aus der Beschreibung zusammen mit der Vorschau ersichtlich.

- PowerPoint eignet sich aufgrund seiner grafischen Möglichkeiten nicht nur für klassische Bildschirmpräsentationen, sondern auch zur Erstellung anderer Präsentationsmaterialien, beispielsweise von Postern oder Broschüren. Aus diesem Grund finden Sie online neben den Vorlagen für Bildschirmpräsentationen auch verschiedene andere Vorlagen. Da sich die grundsätzliche Vorgehensweise nicht von Bildschirmpräsentationen unterscheidet, wird hier auf diese nicht näher eingegangen, einige Tipps und Hinweise zu diesem Thema finden Sie in Kapitel 4.5.

Die Beispielvorlage

Für das folgende Beispiel wurde die auch offline verfügbare Vorlage „Ernte“ ausgewählt.

Bild 2.8 Die verwendete Beispielvorlage

Die Arbeitsansicht von PowerPoint

Nachdem Sie auf *Erstellen* geklickt haben, wird eine neue Präsentation erstellt und die erste Folie in der Ansicht *Normal*, der Arbeitsansicht von PowerPoint, angezeigt. Das ist die Ansicht, in der Sie die Folien einer Präsentation bearbeiten. Vorgeführt wird diese dagegen in der Ansicht Bildschirmpräsentation.

Die Elemente der Ansicht Normal

Den größten Bereich der Ansicht *Normal* nimmt der Folienbereich ❶ ein, in dem Sie die ausgewählte Folie bearbeiten. Der Navigationsbereich ❷ am linken Rand enthält alle Folien der aktuellen Präsentation, im Bild unten nur eine einzige Folie, die Titelfolie. Per Mausklick wechseln Sie hier zwischen den einzelnen Folien.

In den Registern des Menübands ❸ finden Sie alle Befehle und die Statusleiste am unteren Rand des Fensters liefert Informationen zur Anzahl der vorhandenen Folien und am rechten Rand einige Symbole ❹, über die Sie schnell zwischen den Ansichten wechseln und die Anzeige vergrößern und verkleinern können.

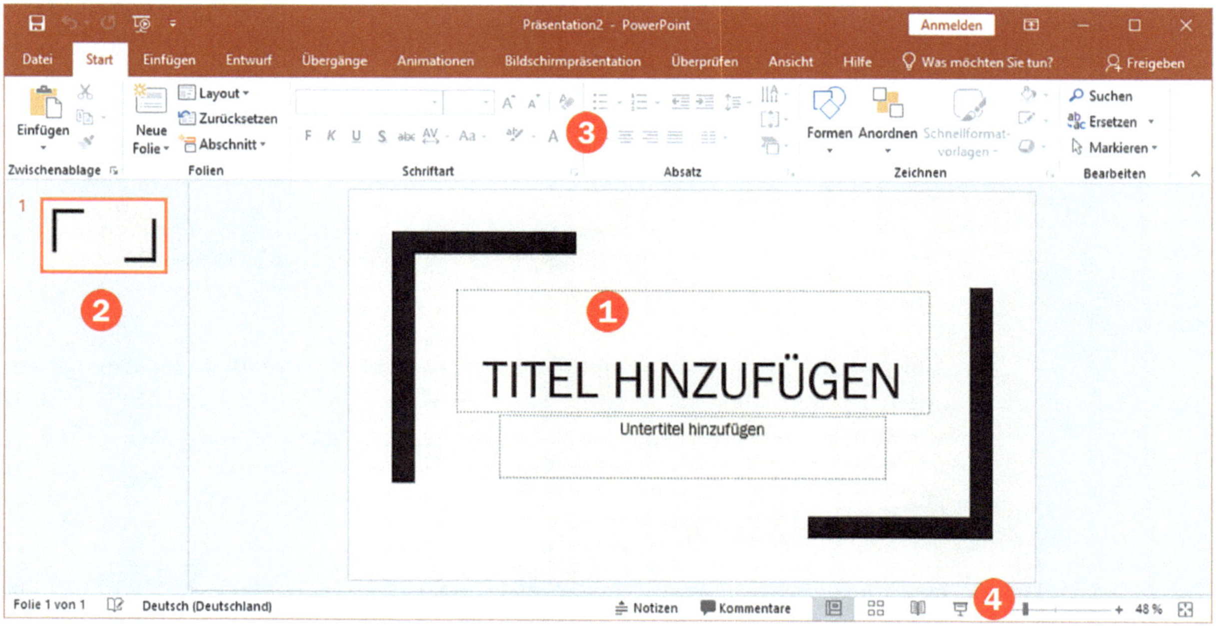

Bild 2.9 Die leere Präsentation in der Ansicht Normal

> Als Folien bezeichnet man die „Seiten" einer Bildschirmpräsentation, in Anlehnung an frühere Präsentationsmethoden mittels Overheadprojektor. Eine Bildschirmpräsentation kann beliebig viele Folien umfassen.

Sollte sich beim Erstellen einer neuen Präsentation automatisch am rechten Rand des PowerPoint-Fensters die Hilfe geöffnet haben, so können Sie diese mit Klick auf das x einfach schließen (siehe Bild unten).

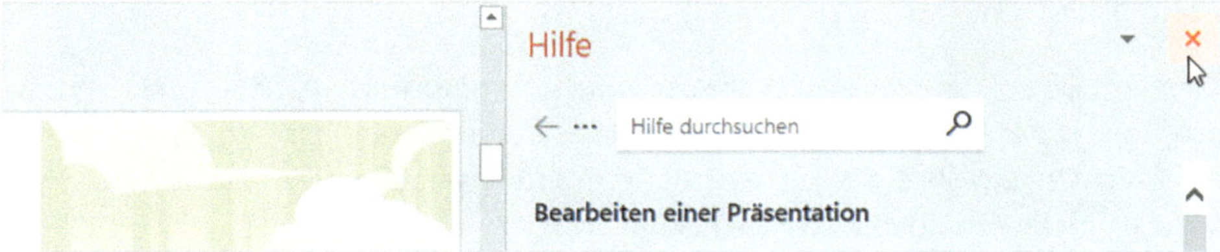

Bild 2.10 Die Hilfe schließen

Text eingeben

Als erste Folie erscheint automatisch eine, als Präsentationstitel gestaltete Folie. Sie enthält Platzhalter für die beiden Folienelemente Titel und Untertitel. Schriftart und -größe sind durch die Vorlage bereits vorgegeben und Sie brauchen nur noch den Text einzugeben. Dazu klicken Sie in das Platzhalterfeld mit der vorläufigen Beschriftung *Titel hinzufügen* und geben den Titel Ihrer Präsentation über die Tastatur ein. Genauso verfahren Sie mit dem Untertitel.

Bild 2.11 Geben Sie den Titel Ihrer Präsentation ein

Eine Eingabe ist nicht in jedem Platzhalter zwingend erforderlich. Nicht benötigte Platzhalter ignorieren Sie einfach. Leere Platzhalter bzw. deren Hinweistexte erscheinen nicht in der Präsentation und brauchen also nicht gelöscht zu werden.

Weitere Folien hinzufügen

Zum Hinzufügen der nächsten Folie klicken Sie im Menüband auf *Start* und hier auf den Pfeil der Schaltfläche *Neue Folie*. Klicken Sie dann zum Einfügen auf das gewünschte Folienlayout, im Bild unten *Titel und Inhalt*. Die Schaltfläche *Neu* finden Sie auch im Register *Einfügen* ganz links.

Neue Folie im Standardlayout einfügen: Strg+M

Achtung: Die Schaltfläche *Neue Folie* ist zweigeteilt: Ein Klick direkt auf das Symbol im oberen Teil der Schaltfläche oder die Tastenkombination Strg+M fügt eine Folie im Standardlayout ein, in der Regel *Titel und Inhalt*. Mit Klick auf den Pfeil im unteren Teil öffnen Sie dagegen den Katalog mit den weiteren, zur Vorlage gehörenden Layouts und können ein Layout auswählen (siehe Bild 2.12).

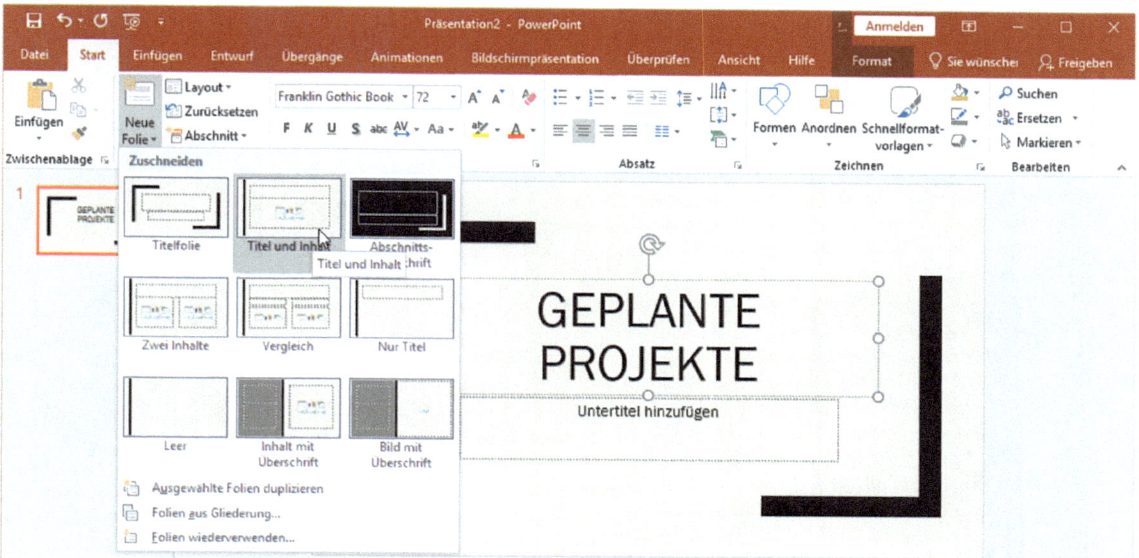

Bild 2.12 Neue Folie einfügen und Layout wählen

Anzahl und Aussehen der Folienlayouts unterscheiden sich je nach Vorlage. So kann sich beispielsweise der Folientitel nicht nur oben auf der Folie, sondern auch links oder unten befinden.

- Klicken Sie in den Platzhalter des Folientitels und geben Sie einen Titel ein.
- Der Bereich für den Folieninhalt erlaubt über Symbole das Einfügen von verschiedenen Inhalten wie Tabellen, Diagrammen, Bildern, Videos oder anderen grafischen Elementen. Wenn Sie dagegen Text eingeben möchten, dann klicken Sie einfach und beginnen mit der Texteingabe.

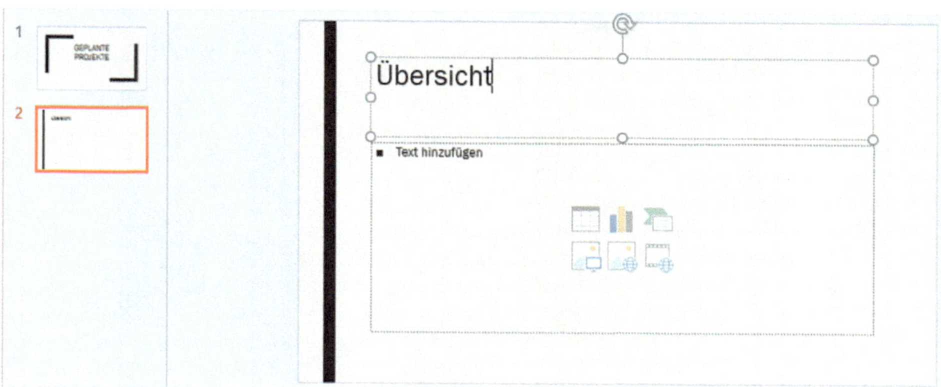

Bild 2.13 Beispiel Folientitel eingeben

Jeder Absatz erhält während der Eingabe automatisch ein Aufzählungszeichen. Durch Drücken der Eingabe-Taste beenden Sie einen Absatz und beginnen den nächsten. Auch die Aufzählungszeichen und das Aussehen der Absätze sind vom Design bzw. der Vorlage abhängig.

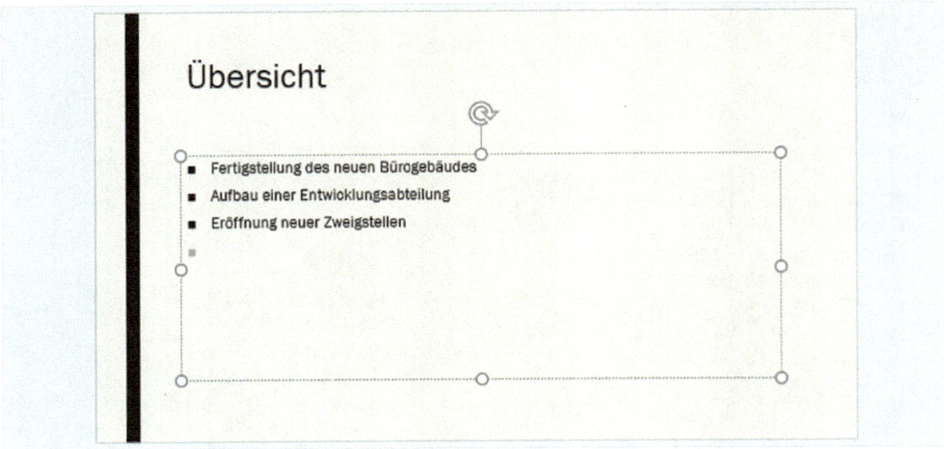

Bild 2.14 Text mit Aufzählungszeichen

Folienlayout nachträglich ändern

Falls Sie versehentlich eine Folie mit dem falschen Layout eingefügt haben, so sorgen Sie dafür, dass diese im Folienbereich sichtbar ist und klicken im Register *Start* ▶ *Folien* auf die Schaltfläche *Layout*. Hier können Sie nun der aktuellen Folie ein anderes Layout zuweisen. Bereits vorhandene Inhalte werden meist auch in das neue Layout übernommen.

Bild 2.15 Das Layout der aktuellen Folie ändern

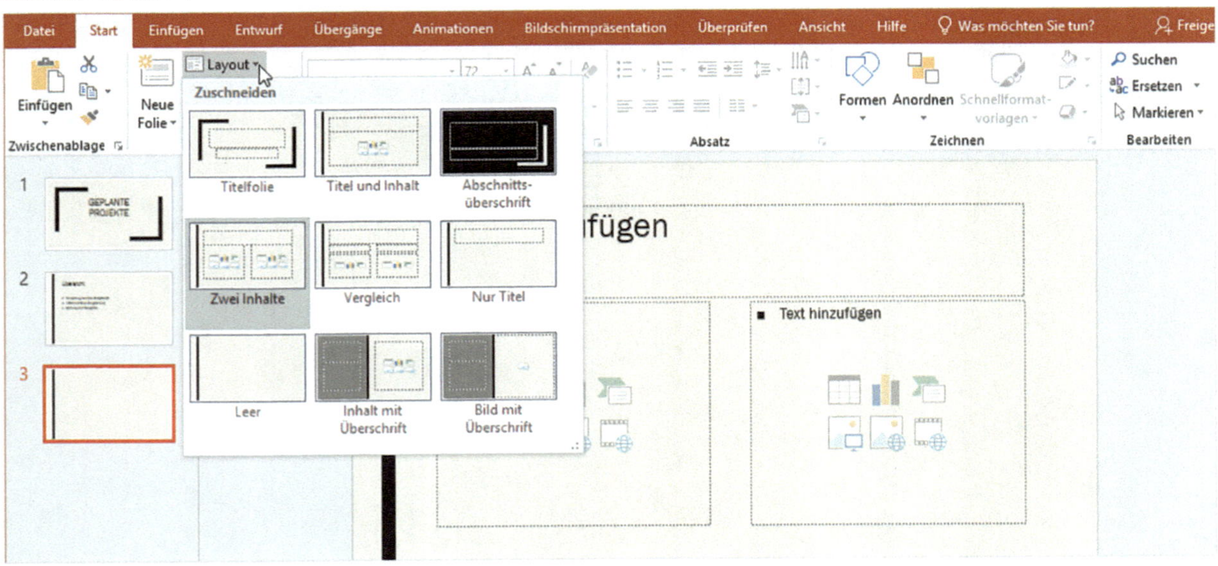

Eine Grafik einfügen

Die nächste Folie soll, neben einer Überschrift, Text und ein Bild enthalten. Klicken Sie auf den Pfeil der Schaltfläche *Neue Folie* und wählen Sie zu diesem Zweck das Layout *Zwei Inhalte*.

Klicken Sie in den ersten Platzhalter, in diesem Beispiel links, und geben Sie hier Ihren Text ein. Zum Einfügen der Grafik klicken Sie im zweiten Platzhalter auf das Symbol *Bilder*, wählen im Fenster *Grafik einfügen* das gewünschte Bild aus und klicken auf *Einfügen*. Falls Sie ein anderes Layout gewählt haben, z. B. *Titel und Inhalt* oder *Bild mit Überschrift*, fügen Sie das Bild auf demselben Weg ein.

Bild 2.16 Bild einfügen

Folien nachträglich bearbeiten

Alle weiteren Folien fügen Sie auf dieselbe Weise hinzu. Zur nachträglichen Bearbeitung einzelner brauchen Sie nur im Navigationsbereich auf die Folie zu klicken. Auch Änderungen an der Reihenfolge der Folien nehmen Sie im Navigationsbereich vor: Klicken Sie auf die Folie, die Sie verschieben möchten und ziehen Sie diese mit gedrückter Maustaste an die gewünschte Stelle, wie in Bild 2.17.

Markierte Folien erkennen Sie schnell an der roten Umrandung.

Nicht benötigte oder überzählige Folien löschen Sie, indem Sie im Navigationsbereich auf die Folie klicken und anschließend die Entf-Taste betätigen. Oder klicken Sie mit der rechten Maustaste auf die betreffende Folie und auf den Befehl *Folie löschen*.

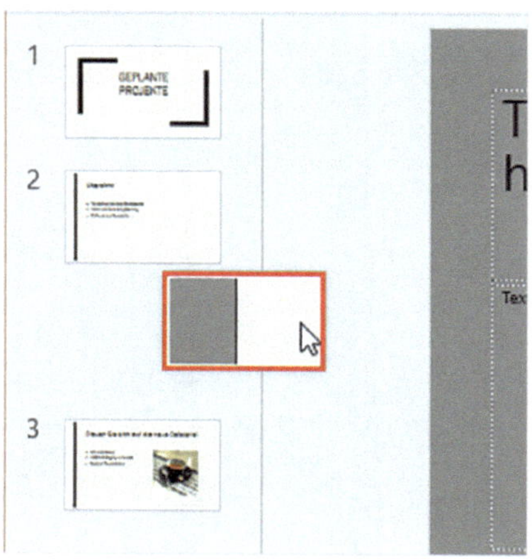

Bild 2.17 Folie im Navigationsbereich verschieben

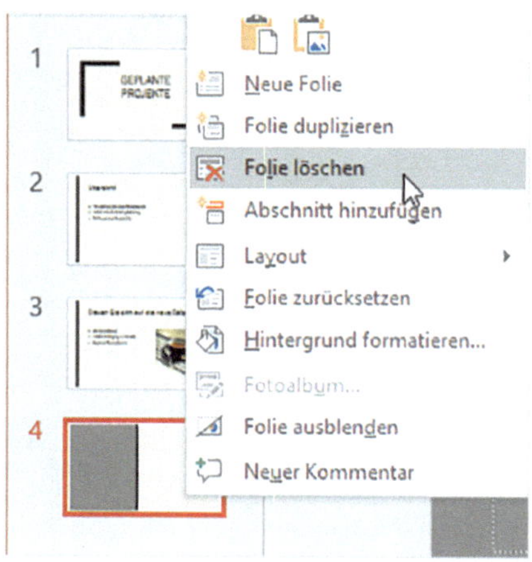

Bild 2.18 Folie im Navigationsbereich löschen

Präsentation speichern

Im nächsten Schritt sollten Sie die Präsentation speichern. Falls Sie mit der Benutzeroberfläche der Microsoft Office-Anwendungen nicht vertraut sind, können Sie hierzu die intelligente Hilfe von PowerPoint zu Rate ziehen.

Bild 2.19 Hilfe zu Aktionen

1. Klicken Sie oberhalb des Menübands auf *Was möchten Sie tun?* und geben Sie als Stichwort die gewünschte Aktion ein, z. B. Speichern.
2. Bereits während der Eingabe erscheint eine Liste verschiedener Vorschläge; sollte sich die gewünschte Aktion, hier *Speichern* ❶, darunter befinden, so klicken Sie darauf. Andernfalls tippen Sie erst den gesamten Suchbegriff ein.

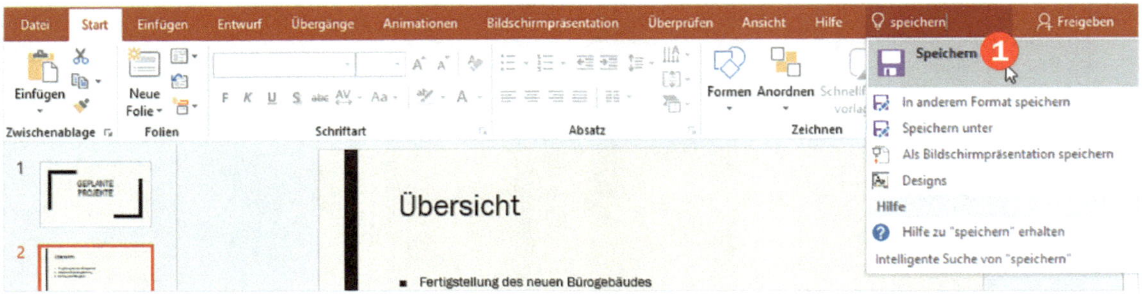

Bild 2.20 Präsentation speichern

3. Es erscheint die unten abgebildete Bildschirmseite *Speichern unter*. Klicken Sie auf *Dieser PC* ❷ und dann entweder auf einen der zuletzt verwendeten Ordner in der Liste rechts oder auf *Dokumente* ❸. Falls Sie einen anderen Speicherort benötigen, so klicken Sie am einfachsten auf *Durchsuchen* ❹.

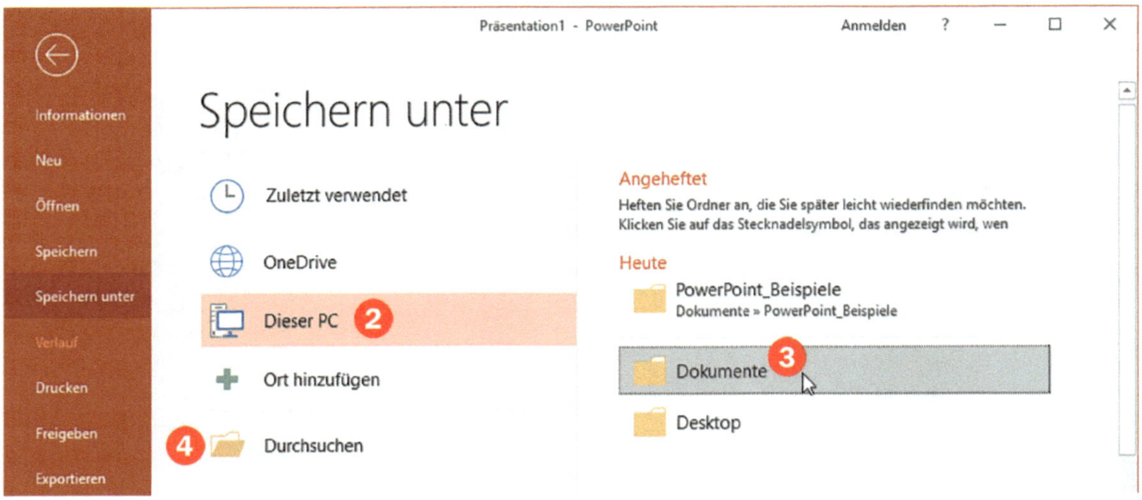

4. Das Fenster *Speichern unter* öffnet sich: Kontrollieren Sie den ausgewählten Speicherort ❺ bzw. öffnen Sie den gewünschten Ordner und geben Sie im Feld *Dateiname* einen aussagefähigen Dateinamen ein ❻. Klicken Sie zuletzt auf *Speichern* ❼.

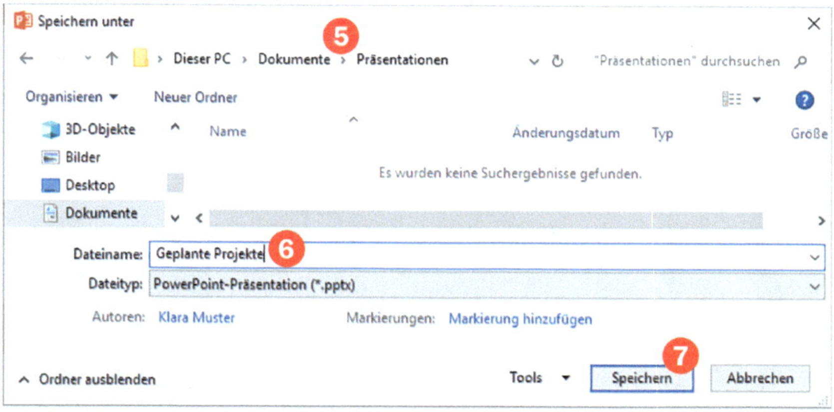

Bild 2.21 Geben Sie einen Dateinamen ein

Die fertige Präsentation vorführen

Nun können Sie Ihre Präsentation testen bzw. vorführen. Klicken Sie dazu im Menüband auf das Register *Bildschirmpräsentation*. Hier finden Sie ganz links die Gruppe *Bildschirmpräsentation starten*.

Bildschirmpräsentation starten = F5

- Mit der Schaltfläche *Von Beginn an* (oder der Funktionstaste F5) starten Sie die Präsentation mit der ersten Folie.
- Falls Sie nur die aktuelle Folie in der Bildschirmpräsentation kontrollieren möchten, so klicken Sie auf *Ab aktueller Folie*.

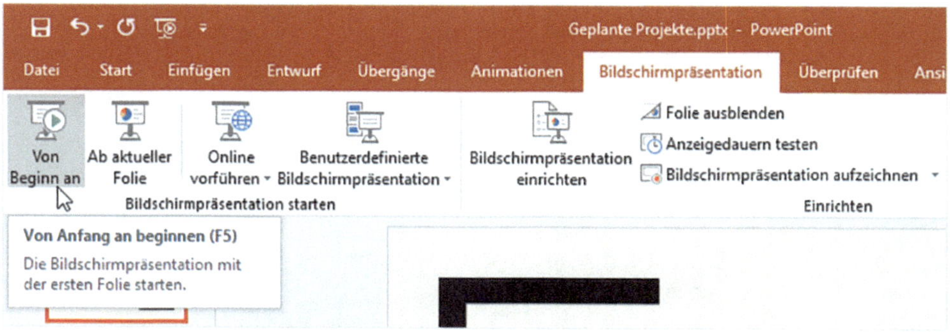

Bild 2.22 Bildschirmpräsentation starten

Während der Bildschirmpräsentation zwischen den Folien wechseln

Beim Vorführen füllen die Folien den gesamten Bildschirm aus (Bild 2.23) und können nicht bearbeitet werden. Um die nächste Folie anzuzeigen, klicken Sie einfach mit der Maus oder betätigen auf der Tastatur die Enter-Taste. **Tipp**: Mit den Pfeiltasten nach rechts bzw. links gelangen Sie zur nächsten und wieder zurück zur vorherigen Folie.

Nach der letzten Folie erscheint in der Standardeinstellung ein schwarzer Bildschirm. Dann genügt ein Mausklick an eine beliebige Stelle, damit die Präsentation wieder in der Ansicht *Normal* erscheint. Sie können aber auch an jedem beliebigen Punkt der

Präsentation mit der Esc-Taste die Vorführung abbrechen und zur Ansicht *Normal* zurückkehren.

Bild 2.23 Die Titelfolie in der Ansicht Bildschirmpräsentation

PowerPoint beenden

Zum Beenden von PowerPoint benutzen Sie eine der folgenden Methoden:

- Klicken Sie in der rechten oberen Ecke des PowerPoint-Fensters auf das Symbol *Schließen*.
- Oder klicken Sie auf *Datei* und hier in der linken Spalte auf *Schließen*.
- Oder klicken Sie mit der rechten Maustaste auf das PowerPoint-Symbol in der Taskleiste und dann auf *Schließen*.

Wenn Sie an der aktuellen Präsentation noch nicht gespeicherte Änderungen vorgenommen haben, dann erscheint vor dem Beenden eine Rückfrage, ob Sie Änderungen speichern möchten.

Bild 2.24 Änderungen beim Beenden speichern

Ausführliche Erläuterungen zum Thema Speichern lesen Sie in Kapitel 3.4.

- Klicken Sie auf *Speichern*, wenn Sie Ihre letzten Änderungen speichern und PowerPoint beenden möchten.
- *Nicht speichern* bedeutet, Änderungen werden nicht gespeichert, PowerPoint aber trotzdem beendet.
- Klicken Sie dagegen auf *Abbrechen*, so passiert überhaupt nichts. Änderungen werden nicht gespeichert und PowerPoint nicht beendet.

2.3 Hilfe erhalten

So nutzen Sie die intelligente Office-Hilfe

Hilfe zu Aufgaben und Befehlen erhalten Sie in PowerPoint auf verschiedene Weise. Eine davon, die Eingabe eines Stichwortes in das Feld *Was möchten Sie tun?*, haben Sie bereits kennengelernt. Dieses Feld finden Sie ganz rechts neben den Registern des Menübands. Klicken Sie hier und tippen Sie einen Suchbegriff ein. Als Ergebnis listet PowerPoint unterhalb meist mehrere passende Befehle auf, die Sie an dieser Stelle auch gleich per Mausklick schnell ausführen können. Im Bild unten wurde als Beispiel der Suchbegriff „Tabelle" eingegeben und mit Klick auf *Tabelle hinzufügen* können Sie diese anschließend einfügen.

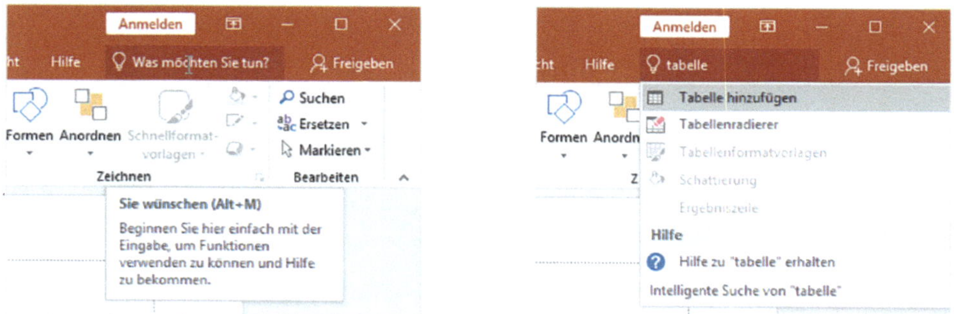

Bild 2.25 Klicken Sie auf „Was möchten Sie tun?" und geben Sie die gewünschte Aufgabe ein.

Die Hilfe durchsuchen

Benötigen Sie dagegen zunächst einmal Informationen zu einem bestimmten Thema, dann klicken Sie im Menüband auf das Register *Hilfe* ❶ (Bild 2.26). Klicken Sie dann auf das Symbol *Hilfe* ❷, um am rechten Rand die Hilfethemen einzublenden.

Bild 2.26 Das Register Hilfe mit dem Aufgabenbereich Hilfe

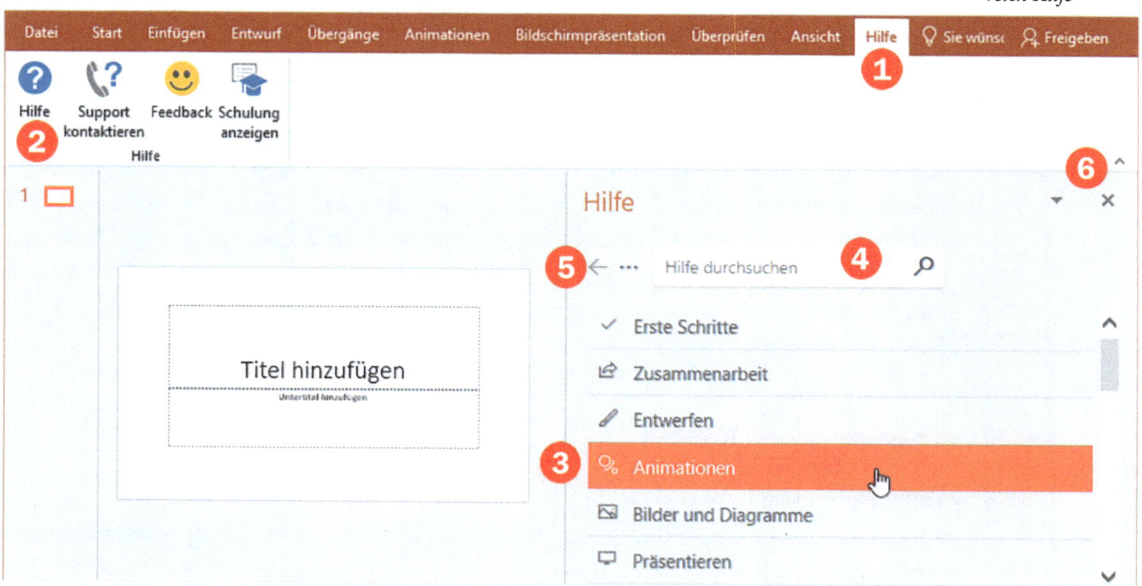

Klicken Sie entweder auf ein bestimmtes Thema ❸, z. B. Animationen wie im Bild, oder geben Sie einen Suchbegriff in das Suchfeld ein ❹. Mit Klick auf den Pfeil ❺ gelangen Sie wieder zurück zur vorherigen Anzeige. Wenn Sie schnell wieder zum Ausgangspunkt zurückkehren möchten, klicken Sie neben dem Pfeil auf die drei Punkte ... und dann auf *Start*.

Hinweis: Der Hilfebereich rechts bleibt auch geöffnet, wenn Sie im Menüband auf ein anderes Register, z. B. *Start*, klicken. Auf diese Weise können Sie die Anleitungen der Hilfe gleich in der Folie nachvollziehen. Um den Hilfebereich wieder auszublenden, klicken Sie rechts oben auf das Symbol *Schließen* ❻.

Beachten Sie, dass manche Hilfethemen in zwei Register aufgeteilt sind, als Beispiel im Bild unten *Animationen und Multimedia*. Klicken Sie entweder auf *Animieren von Folien* ❶ oder auf *Übergänge* ❷, um weitere Hilfethemen anzuzeigen.

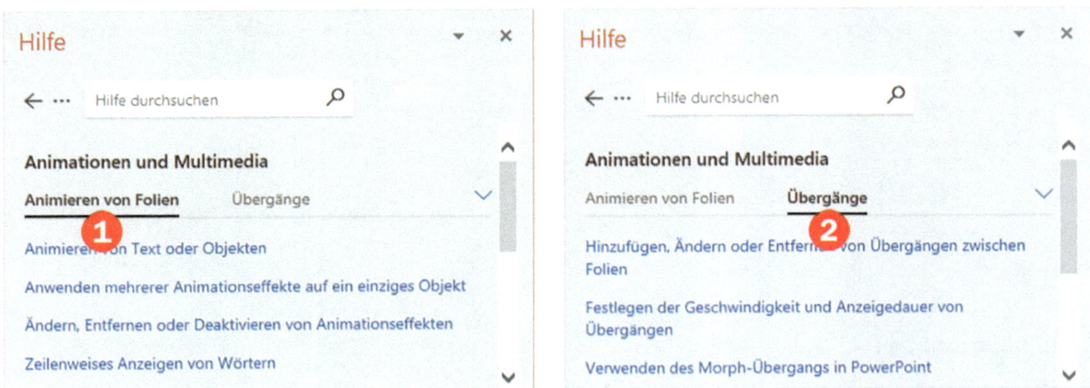

Bild 2.27 Die PowerPoint-Hilfe

2.4 Grundlagen der Texteingabe und -korrektur

Mit Ausnahme des Layouts *Leer* verfügen alle Folienlayouts von PowerPoint über Platzhalter für die Eingabe von Text. Wenn Sie die Microsoft Office-Anwendungen Word oder Excel nutzen, dann sind Ihnen diese unter der Bezeichnung Textfelder vielleicht bereits bekannt. In den Textfeldern können Sie beliebig Text eingeben und formatieren und dazu alle bekannten Techniken der Textverarbeitung einsetzen. Da diese den meisten Anwendern bereits bekannt sein dürften, hier nur eine kurze Einführung für Einsteiger auf diesem Gebiet.

Text eingeben und korrigieren

Cursor positionieren

Sobald Sie in ein Textfeld geklickt haben, erscheint hier der Cursor als senkrechter, blinkender Strich, auch als Einfügemarke bezeichnet. An dieser Position werden alle

Zeichen, die Sie über die Tastatur eingeben, eingefügt. Für nachträgliche Korrekturen am Text müssen Sie daher immer zuerst den Cursor an der gewünschten Stelle positionieren. Klicken Sie dazu entweder mit der Maus an diese Stelle oder verwenden Sie die Pfeiltasten der Tastatur.

Zeilenumbruch und Absätze

- Passt während der Eingabe ein Wort nicht mehr in eine Zeile bzw. reicht die Breite des Textfeldes nicht aus, so wandert das Wort an den Anfang der nächsten Zeile. Es erfolgt somit ein automatischer Zeilenumbruch. Wenn Sie nachträgliche Änderungen am Text vornehmen, also Text einfügen, löschen oder eine größere bzw. kleinere Schrift wählen, dann passt sich der Zeilenumbruch jedes Mal automatisch neu an.
- Die Eingabe- oder Enter-Taste benötigen Sie dagegen, um einen Absatz zu beenden oder wenn Sie Leerzeilen bzw. leere Absätze einfügen möchten.

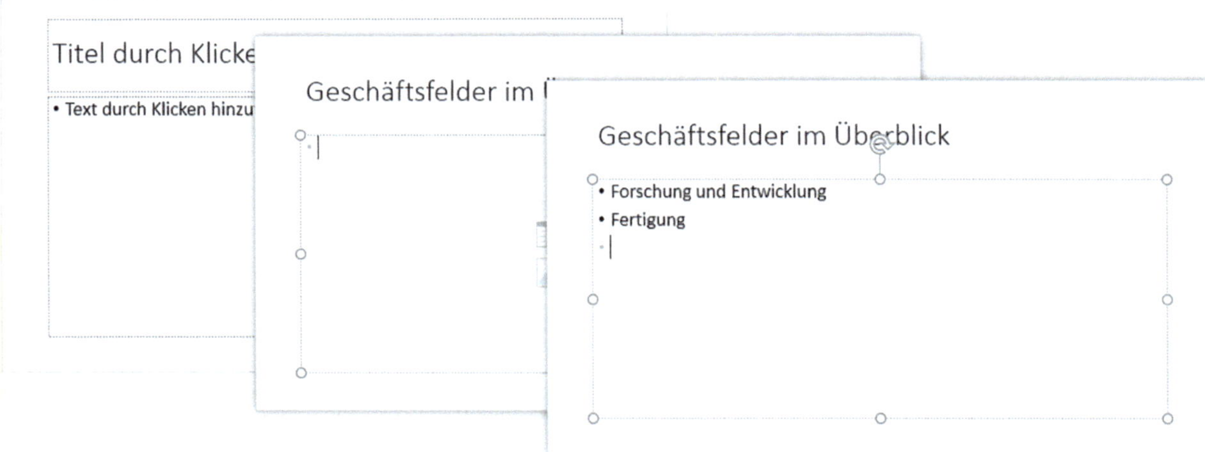

Bild 2.28 Absätze mit Aufzählungszeichen

Möchten Sie in Ausnahmefällen eine neue Zeile beginnen, ohne den Absatz zu beenden, dann betätigen Sie die Tasten Umschalt (Shift) + Eingabetaste. Dies bezeichnet man auch als manuelle oder „weiche" Zeilenschaltung.

Sie möchten erzeugen...	Tasten
einen neuen Absatz	Eingabetaste (Return/Enter)
eine neue Zeile, kein Absatzende	Umschalt (Shift) + Eingabetaste

Text löschen

Einzelne Zeichen löschen Sie entweder mit der Entf-Taste oder mit der Korrekturtaste (oberhalb der Eingabetaste). Welche der beiden Sie benutzen, hängt von der Position des Cursors ab und davon, wo sich die zu löschenden Zeichen befinden:

Die Entf-Taste ist auf manchen Tastaturen auch mit engl. Del beschriftet (Abkürzung für delete = entfernen).

Taste	Bedeutung
⇦	Löscht das Zeichen links vom Cursor, daher auch als Rückschritt-Taste (engl. Backspace) oder Korrekturtaste bezeichnet.
Entf	Löscht das Zeichen rechts vom Cursor.

Beide Tasten löschen nicht nur ein einzelnes, sondern nacheinander auch beliebig viele Zeichen. Der übrige Text rückt dann automatisch wieder nach links. Auch nicht sichtbare Zeichen wie Absatzende, Tabulator oder Leerzeichen können entfernt werden. Löschen Sie z. B. ein Absatzende, so rückt der nachfolgende Text nach oben an das Ende des vorhergehenden Absatzes.

Tipp: Das Löschen längerer Texte geht schneller, wenn Sie diese zuvor markieren und dann mit einem einzigen Tastendruck auf die Korrektur- oder Entf-Taste löschen. Wie Sie Text markieren, erfahren Sie unten.

Nachträglich Text einfügen

Um Text nachträglich einzufügen, klicken Sie an die gewünschte Stelle und geben über die Tastatur Ihren Text ein. Bereits an dieser Stelle vorhandener Text wird nicht überschrieben, sondern in Schreibrichtung verschoben.

Text markieren

Viele Bearbeitungsschritte setzen voraus, dass Text markiert ist. Möchten Sie beispielsweise schnell größere Textstellen löschen oder überschreiben, dann müssen Sie den Text zuvor markieren. Auch beim Formatieren ist vorheriges Markieren erforderlich.

Am einfachsten markieren Sie mit der Maus: Bewegen Sie den Mauszeiger an den Anfang der Textstelle, die Sie markieren möchten, drücken Sie die linke Maustaste und halten Sie die Taste gedrückt, während Sie gleichzeitig den Mauszeiger über den Text bewegen, vergleichbar einem Textmarker. Lassen Sie erst los, wenn die gewünschte Textstelle markiert ist. Die Richtung ist beim Markieren egal. Sie können sowohl von links nach rechts als auch von rechts nach links markieren. Wenn Sie die Maus nach oben oder unten bewegen, dann wird Text in Schreibrichtung auch über mehrere Absätze hinweg markiert.

Markierter Text erscheint grau hinterlegt. Die Markierung ist allerdings nicht von Dauer, sondern wird wieder aufgehoben, wenn Sie an eine beliebige Stelle der Folie klicken oder tippen oder eine andere Stelle markieren.

Bild 2.29 Text markieren

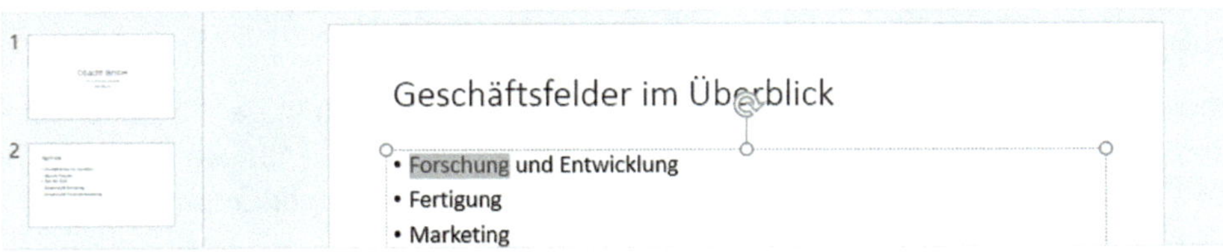

Weitere Markierungstechniken mit der Maus

Sie möchten markieren...	So gehen Sie vor
ein einzelnes Wort	Doppelklicken Sie in das Wort.
einen Absatz	Klicken Sie dreimal innerhalb des Absatzes an eine beliebige Stelle.
den gesamten Text eines Textfeldes	Drücken Sie die Tastenkombination Strg+A.

Mehrere, nicht zusammenhängende Textstellen markieren Sie mit gleichzeitig gedrückter Strg-Taste. So gehen Sie dabei vor:

Nicht zusammenhängende Texte markieren Sie mit gedrückter Strg-Taste

1 Markieren Sie die erste Textstelle, wie oben beschrieben.

2 Drücken Sie auf der Tastatur die Strg-Taste und halten Sie sie gedrückt, während Sie nacheinander weitere Textstellen mit der Maus markieren. Erst dann lassen Sie die Strg-Taste los.

Markierten Text überschreiben

Grundsätzlich gilt: Markierter Text wird durch Tastatureingabe überschrieben. Wenn Sie also eine Textstelle durch anderen Text ersetzen möchten, dann genügt es, wenn Sie die Textstelle markieren und ohne vorheriges Löschen durch Tastatureingabe einfach überschreiben. Die Anzahl der Zeichen bzw. die Länge des Textes spielen dabei keine Rolle.

Arbeitsschritte rückgängig machen oder wiederholen

Mit Ausnahme von Befehlen wie Speichern oder Drucken können die meisten Bearbeitungsschritte wieder rückgängig gemacht werden - beruhigend, wenn Sie beispielsweise Text versehentlich gelöscht oder überschrieben haben. Das Symbol dazu finden Sie in der Symbolleiste für den Schnellzugriff. Mehrere Schritte können Sie durch wiederholtes Klicken auf die Schaltfläche rückgängig machen.

Oder verwenden Sie die Tastenkombination Strg+Z.

Haben Sie zu viele Schritte rückgängig gemacht, bzw. wollen Sie die zuvor rückgängig gemachten Aktionen wiederherstellen, dann klicken Sie auf die Schaltfläche *Wiederherstellen*.

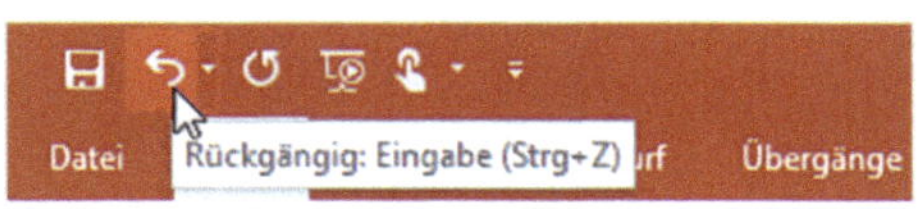

Bild 2.30 Rückgängig

Bild 2.31 Wiederherstellen

Den letzten Befehl wiederholen

Achtung: Das Symbol *Wiederherstellen* ist nur verfügbar, wenn zuvor ein Arbeitsschritt rückgängig gemacht wurde. Ansonsten finden Sie an dieser Stelle das Symbol *Wiederholen*. Dieses erlaubt es, schnell den letzten Arbeitsschritt, z. B. löschen oder eine Formatierung anwenden, an anderer Stelle zu wiederholen.

Tipp: Auch mit der Funktionstaste F4 lässt sich der letzte Arbeitsschritt schnell wiederholen.

Bild 2.32 Wiederholen

Sollten die Symbole *Rückgängig* und *Wiederholen* nicht in der Symbolleiste für den Schnellzugriff erscheinen, so klicken Sie auf den Pfeil am Ende dieser Leiste und aktivieren die Anzeige (siehe Seite 60).

Text mit der Maus verschieben oder kopieren

Wenn Sie Text an eine andere Stelle verschieben möchten, dann geht dies am schnellsten mit der Maus. Allerdings ist diese Methode nur innerhalb einer Folie sinnvoll.

1 Markieren Sie zuerst die Textstelle, die Sie verschieben möchten und lassen Sie danach die Maustaste wieder los.

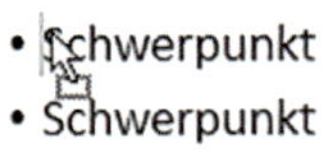

2 Zeigen Sie mit der Maus auf die Markierung (der Mauszeiger erscheint als Pfeil), drücken Sie die linke Maustaste und halten Sie die Taste gedrückt, während Sie die Maus über den Text bewegen. Am Mauszeiger wird ein kleines Kästchen sichtbar und im Text wandert der Cursor mit. Der markierte Text selbst bleibt vorerst an seiner ursprünglichen Stelle.

3 Bewegen Sie den Cursor im Text an die gewünschte Stelle, danach lassen Sie die Maustaste wieder los. Erst jetzt wird der markierte Text an dieser Stelle eingefügt. Beim Einfügen innerhalb eines Absatzes erfolgt meist auch gleichzeitig ein automatischer Ausgleich der Leerzeichen.

Bild 2.33 Text verschieben

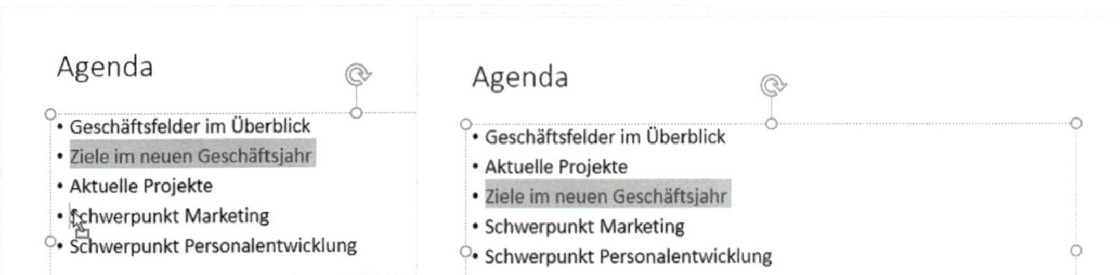

Text mit der Maus kopieren

Beim Kopieren mit der Maus gehen Sie wie beim Verschieben vor, halten aber während des Ziehens gleichzeitig die Strg-Taste gedrückt. Am Mauszeiger erscheint dann zusätzlich ein kleines Pluszeichen.

Die Zwischenablage zum Kopieren/Verschieben verwenden

Wenn Sie über mehrere Folien hinweg verschieben oder kopieren möchten, dann benutzen Sie besser die Zwischenablage. Diese Vorgehensweise gilt nicht nur für Text, sondern auch für alle übrigen Folienelemente und die Folien selbst. Ein weiterer Vorteil der Zwischenablage: Ausgeschnittene oder kopierte Elemente verbleiben solange in der Zwischenablage, bis Sie das nächste markierte Element ausschneiden oder kopieren und sie können daher auch mehrmals eingefügt werden.

Die Schaltflächen zur Verwendung der Zwischenablage finden Sie im Menüband im Register *Start*, Gruppe *Zwischenablage*, sowie im Kontextmenü, wenn Sie mit der rechten Maustaste auf ein markiertes Element klicken. Alternativ können Sie auch Tastenkombinationen verwenden.

Übersicht Schaltflächen und Tastenkombinationen

Sie möchten...	Symbol	Tastenkombination
das markierte Element in die Zwischenablage ausschneiden (Schere)	Ausschneiden	Strg+X
das markierte Element in die Zwischenablage kopieren	Kopieren	Strg+C
ein Element aus der Zwischenablage an der Cursorposition einfügen	Einfügen	Strg+V

Daten zwischen Anwendungen austauschen

Die Zwischenablage kann auch verwendet werden, um Text und andere Elemente zwischen verschiedenen Dateien und Apps auszutauschen. Dies können beispielsweise Bilder, Diagramme oder Tabellen sein, einzige Voraussetzung: Beide Dokumente müssen geöffnet sein.

Da nahezu alle Apps von der Windows-Zwischenablage unterstützt werden, können Sie z. B. in der Foto-App von Windows ein Bild auswählen, kopieren und in eine Folie einfügen. Auch im Browser können Sie Elemente markieren, kopieren und anschließend in eine Folie einfügen. Die Vorgehensweise ist immer gleich:

1. Markieren Sie das betreffende Element und kopieren Sie es mit einer der oben beschriebenen Methoden in die Zwischenablage.
2. Wechseln Sie über die Taskleiste in das Zieldokument.
3. Wählen Sie die gewünschte Folie aus und fügen Sie den Inhalt der Zwischenablage ein.

Die Office-Zwischenablage

Die normale Windows-Zwischenablage enthält immer nur das zuletzt ausgeschnittene oder kopierte Element. Im Gegensatz dazu speichert die Office-Zwischenablage bis zu 24 Elemente. Allerdings unterstützt die Office-Zwischenablage ausschließlich den Datenaustausch zwischen Microsoft Office-Anwendungen, beispielsweise zwischen Excel-Arbeitsmappen und PowerPoint-Präsentationen.

Die Office-Zwischenablage wird nur verwendet, wenn sie geöffnet, d. h. der Bereich *Office-Zwischenablage* ❶ (siehe Bild unten) sichtbar ist. Die Befehle sind die gleichen wie oben. Häufig öffnet sich dieser Bereich automatisch am linken Rand des PowerPoint-Fensters, sobald Sie ein Element in die Zwischenablage ausschneiden oder kopieren.

Sollte dies nicht der Fall sein, so öffnen Sie die Office-Zwischenablage mit einem Mausklick auf das Pfeilsymbol ❷ der Gruppe *Zwischenablage* (Register *Start*).

Bild 2.34 Office-Zwischenablage

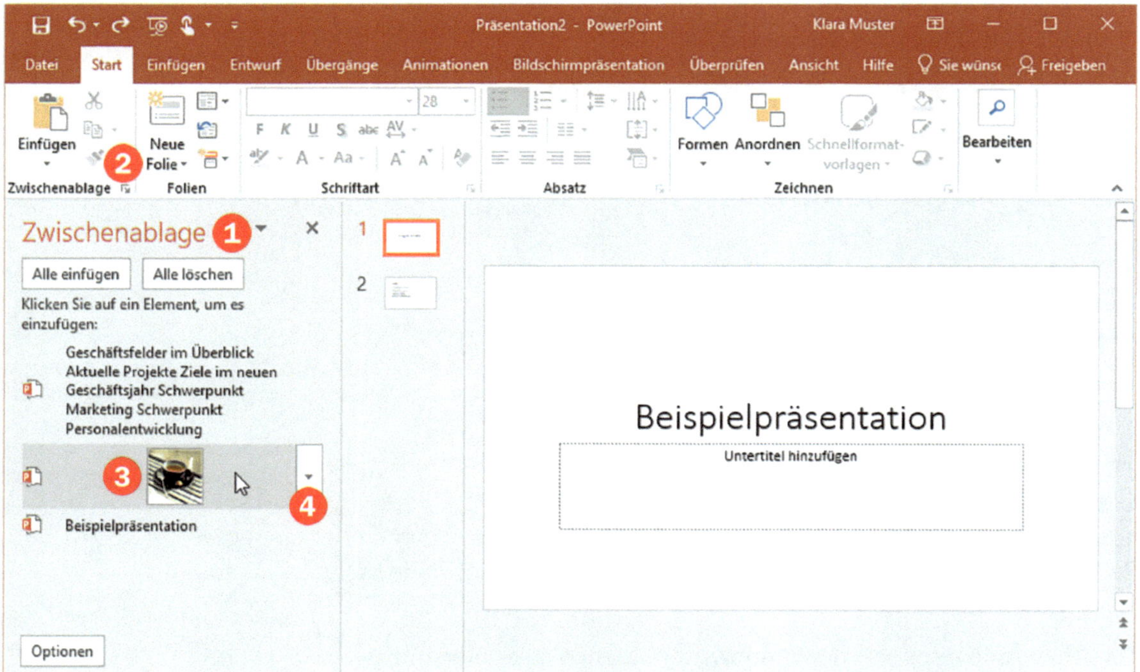

Wenn Sie bei geöffneter Office-Zwischenablage ein Element kopieren bzw. ausschneiden, so wird dieses der Liste der vorhandenen Einträge hinzugefügt. Diese können anschließend auch mehrfach und in beliebiger Reihenfolge eingefügt werden. Zum Einfügen klicken Sie einfach auf das gewünschte Element ❸. Mit der Schaltfläche *Alle einfügen* lassen sich bei Bedarf alle Elemente in der angezeigten Reihenfolge einfügen.

Einträge löschen

Die Schaltfläche *Alle löschen* entfernt alle Einträge aus der Office-Zwischenablage. Um nur ein einzelnes Element zu löschen, zeigen Sie mit der Maus darauf und klicken dann auf den Dropdown-Pfeil ❹. Ein kleines Menü erscheint, klicken Sie hier auf *Löschen*.

3 Die PowerPoint-Benutzeroberfläche

In diesem Kapitel lernen Sie...

- Elemente des PowerPoint-Fensters
- Befehlseingabe und Bedienung mit Fingergesten
- Präsentationen speichern und öffnen
- PowerPoint-Dateitypen
- Ansichten und Anzeigeeinstellungen
- Präsentationen freigeben und im Team bearbeiten

Das sollten Sie bereits wissen

- Handhabung von Maus, Tastatur und Touchpad
- PowerPoint starten und beenden
- Einfache Präsentationen erstellen

Dieses Kapitel wendet sich in erster Linie an Einsteiger, die mit Microsoft-Office nicht oder nur wenig vertraut sind. Sie erfahren hier den allgemeinen Umgang mit Fenstern und der Benutzeroberfläche von Microsoft-Office, wie Sie Dokumente speichern und öffnen und in Verbindung mit einem Microsoft-Konto den kostenlosen Cloudspeicher *OneDrive* nutzen. Ferner lernen Sie die verschiedenen PowerPoint-Ansichten und deren Einsatz kennen und richten Ihre Arbeitsumgebung ein.

3.1 So finden Sie sich in PowerPoint zurecht

Fensterelemente

PowerPoint wird, wie alle Anwendungen und Apps, in einem Fenster auf dem Windows-Desktop geöffnet. Über die typischen Fenstersymbole in der rechten oberen Ecke ändern Sie die Fenstergröße und beenden PowerPoint wieder. Die wichtigsten Elemente von PowerPoint in der Ansicht *Normal* sehen Sie im nachfolgenden Bild.

Bild 3.1 PowerPoint in der Ansicht Normal

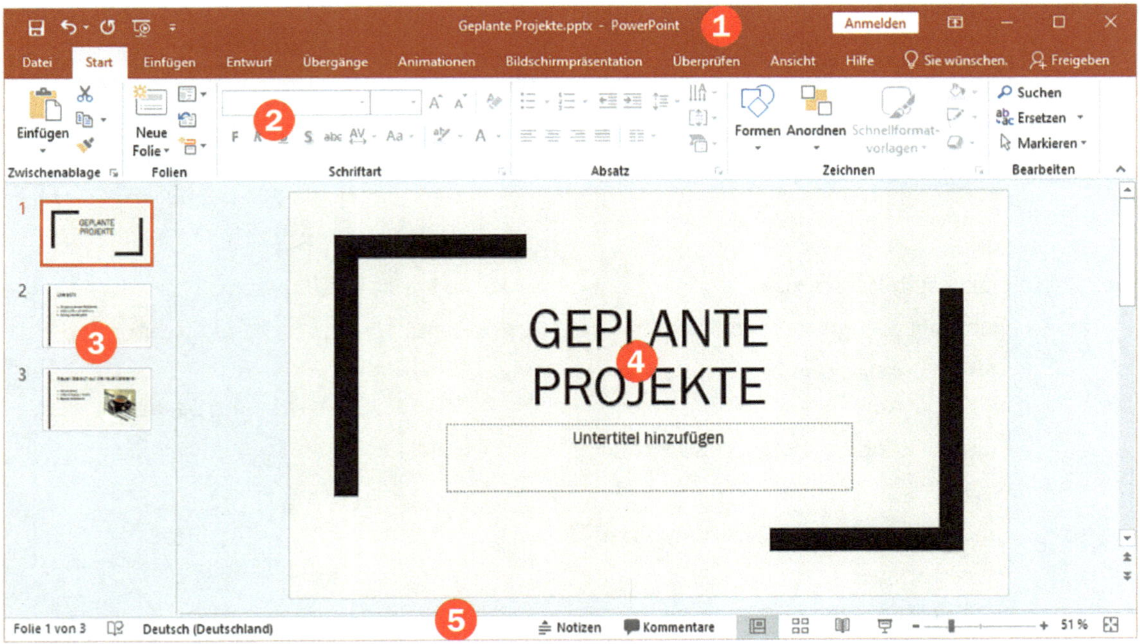

1. Titelleiste mit Dateiname und Symbolen zur Fenstersteuerung
2. Menüband
3. Navigationsbereich mit Miniaturvorschau auf vorhandene Folien
4. Folienbereich mit der aktuell bearbeiteten Folie
5. Statusleiste

Fenstergröße steuern

Die Titelleiste des PowerPoint-Fensters enthält den Namen des Programms zusammen mit dem Namen der aktuellen Präsentation sowie ganz rechts drei Schaltflächen zum Steuern der Fenstergröße und zum Schließen des Fensters.

- Mit einem Mausklick auf das Symbol *Schließen* beenden Sie PowerPoint.
- Per Mausklick auf das mittlere der Symbole wechselt das Fenster zwischen beliebiger Fenstergröße (*Verkleinern*) und Vollbildmodus (*Maximieren*).
- Mit dem Symbol *Minimieren* reduzieren Sie das geöffnete Fenster auf ein Symbol in der Taskleiste am unteren Bildschirmrand. Die Anwendung wird dadurch nicht beendet und mit Klick auf das Symbol stellen Sie das ursprüngliche Fenster wieder her.

Bild 3.2 Taskleiste: Fenster wiederherstellen

Statusleiste

Am unteren Rand des Fensters befindet sich die Statusleiste. Sie zeigt standardmäßig links die Anzahl der Folien, den Status der Rechtschreibprüfung und die dazu verwendete Sprache an. Im rechten Bereich finden Sie Symbole zur schnellen Steuerung der Anzeige.

Bild 3.3 Die Statusleiste

Befehlseingabe über das Menüband

Seit der Version 2007 verwenden Sie in Microsoft Office zur Befehlseingabe das Menüband (engl. ribbon) unterhalb des Fenstertitels. Es fasst die Symbole bzw. Schaltflächen aufgabenbezogen in verschiedenen Registerkarten zusammen.

Bild 3.4 Das Menüband

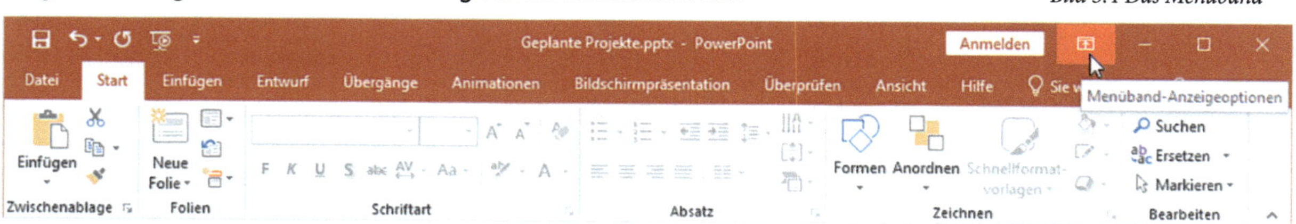

So enthält beispielsweise das Register *Start* Symbole für grundlegende allgemeine Aufgaben, während Sie im Register *Ansicht* Symbole zur Steuerung der Anzeige finden. Die Schaltflächen und Symbole eines Registers erscheinen, wenn Sie auf den Namen des Registers klicken. Der Reiter des aktuellen Registers ist hell hervorgehoben.

Tipp: Wenn sich der Mauszeiger im Bereich des Menübands befindet, können Sie auch durch Drehen des Mausrädchens zwischen den Registern wechseln.

Menüband minimieren

Das Menüband kann verkleinert oder ganz ausgeblendet werden, um mehr Platz für den eigentlichen Arbeitsbereich zu schaffen. Dazu benutzen Sie die Schaltfläche *Menüband-Anzeigeoptionen* in der rechten oberen Ecke des PowerPoint-Fensters. Hier finden Sie folgende Möglichkeiten:

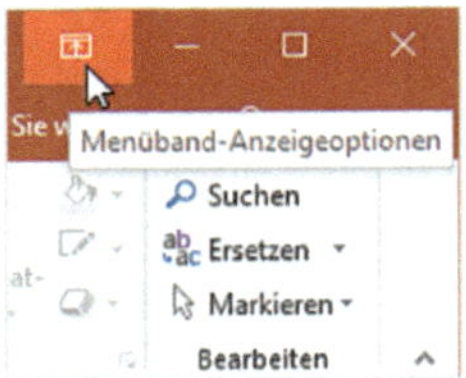

- In der Standardeinstellung *Registerkarten und Befehle anzeigen* ist das Menüband vollständig sichtbar und sieht aus wie in Bild 3.4 oben.
- Mit der Option *Registerkarten anzeigen* sind vom Menüband nur die Reiter mit den Namen sichtbar (Bild 3.5 unten). Die Befehle erscheinen erst, wenn Sie auf einen Reiter klicken und verschwinden wieder, nachdem Sie auf einen Befehl geklickt haben.
- *Menüband automatisch ausblenden* bedeutet, das Menüband und alle anderen Bedienelemente, z. B. die Statusleiste, werden vollständig ausgeblendet. Gleichzeitig wird das Fenster im Vollbildmodus dargestellt (maximiert). Um das Menüband anzuzeigen, müssen Sie in der rechten oberen Ecke des Fensters auf die drei Punkte klicken.

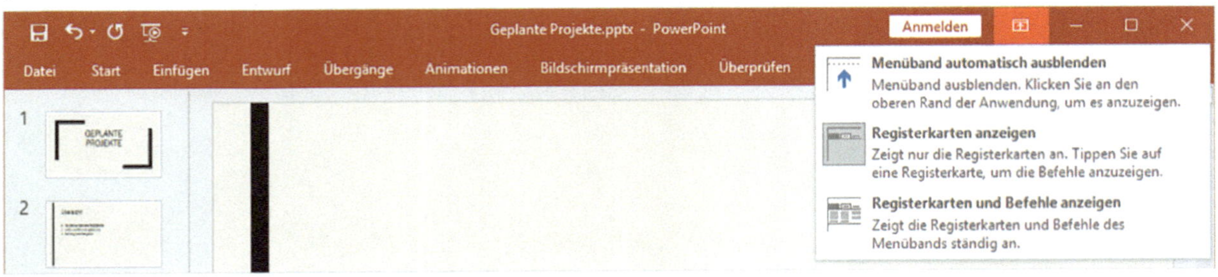

Bild 3.5 Das Menüband ist bis auf die Reiter ausgeblendet

Darüber hinaus gibt es noch weitere Möglichkeiten, das Menüband bis auf die Reiter auszublenden:

- Klicken Sie mit der rechten Maustaste an eine beliebige Stelle des Menübands und klicken Sie auf *Menüband reduzieren* (Häkchen). Ein weiterer Klick auf diesen Befehl entfernt das Häkchen und stellt die vollständige Anzeige wieder her.
- Am rechten Rand des Menübands befindet sich ein kleiner, nach oben weisender Pfeil. Ein Klick darauf reduziert das Menüband ebenfalls. Um es wieder dauerhaft vollständig anzuzeigen, benutzen Sie das Pin-Symbol an derselben Stelle.

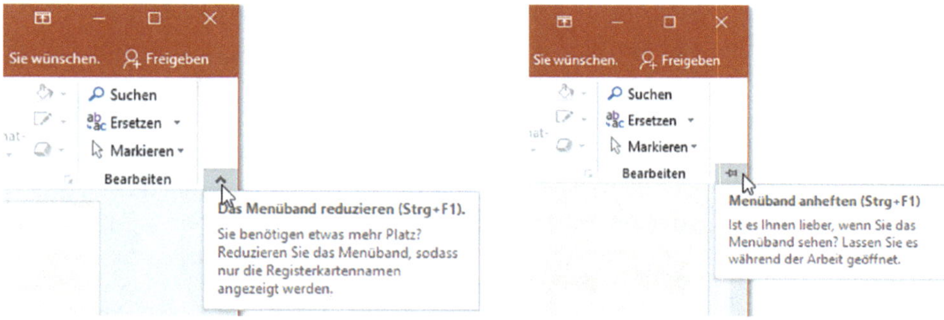

Bild 3.6 Menüband reduzieren und anheften

Tipp: Die schnellste Methode, um das Menüband zu reduzieren, ist ein Doppelklick auf das aktuelle Register. Ein weiterer Doppelklick auf dieses zeigt das Menüband wieder dauerhaft mit allen Befehlen an. Allerdings wird in der Praxis mit dieser Methode manchmal das Menüband versehentlich reduziert, dann heben Sie die Reduzierung mit einer der oben genannten Möglichkeiten wieder auf.

So finden Sie sich im Menüband zurecht

Innerhalb der Register sind die Befehle bzw. Symbole nach Gruppen geordnet. So finden Sie beispielsweise im Register *Start* die Gruppen *Schriftart* mit Symbolen zur Schriftgestaltung und *Absatz* zur Absatzausrichtung. Kurzinformationen zu einem Symbol erhalten Sie, wenn Sie mit der Maus darauf zeigen.

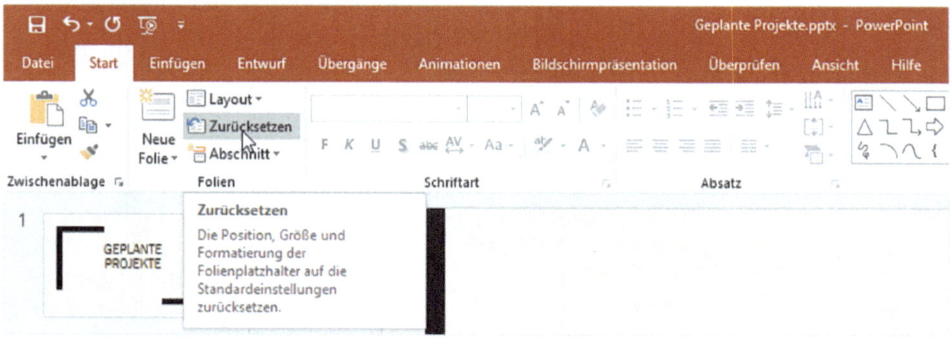

Bild 3.7 Schaltfläche mit Kurzinfo

Kontextbezogene Register

Neben den Standardregistern enthält das Menüband noch weitere, kontextbezogene Register. Diese sind nur sichtbar, wenn ein entsprechendes Element, beispielsweise eine Grafik oder Tabelle, markiert ist und enthalten alle Schaltflächen zur Bearbeitung des markierten Elements.

Bild 3.8 Beispiel: Das Bildtools-Register Format

Größe und Aussehen der Schaltflächen sind abhängig von der Größe des PowerPoint-Fensters

Innerhalb der Gruppen passen sich Größe und Beschriftung der Symbole automatisch an die Größe des Fensters an und ändern dadurch ihr Aussehen, wie in Bild 3.9. In einem stark verkleinerten Fenster sehen Sie möglicherweise nur den Namen der Gruppe und die Befehle erscheinen erst, wenn Sie auf den kleinen, nach unten weisenden Pfeil (Dropdown-Pfeil) der Gruppe klicken. Als Beispiel im Bild unten sehen Sie die unterschiedliche Darstellung der Symbole in der Gruppe *Bearbeiten*, Register *Start*.

Bild 3.9 Größe und Anordnung der Schaltflächen sind abhängig von der Größe des Fensters. Beispiel: Gruppe Bearbeiten

Zweigeteilte Schaltflächen

Beachten Sie auch, dass manche Symbole bzw. Schaltflächen zweigeteilt sind. Ein Klick direkt auf das Symbol liefert die Standardeinstellung. Klicken Sie dagegen auf den kleinen, nach unten weisenden Pfeil (Dropdown-Pfeil) der Schaltfläche, so öffnet sich eine Liste mit mehreren Möglichkeiten. Das Bild unten zeigt als Beispiel die Schaltfläche *Schriftfarbe*. Ein Klick auf das Symbol liefert die angezeigte Farbe, im Bild rot, ein Klick auf den Dropdown-Pfeil öffnet die Palette der Designfarben und bietet die Möglichkeit, eine andere Farbe auszuwählen.

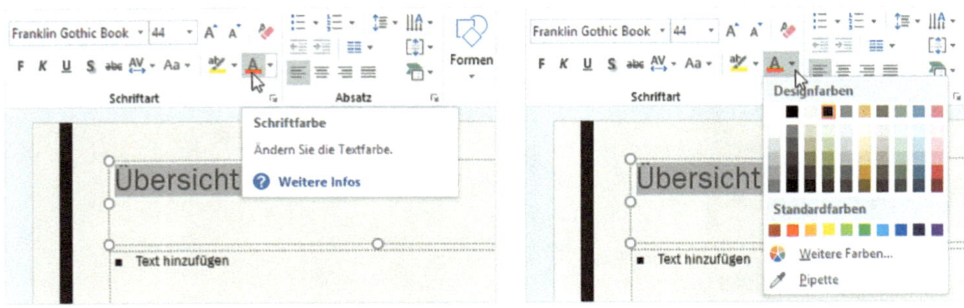

Bild 3.10 Schaltfläche Schriftfarbe: Symbol und Dropdown-Pfeil

Mehrere Befehle gleichzeitig in einem Dialogfenster anzeigen

In einigen Fällen öffnet sich statt eines Fensters am rechten Bildschirmrand der dazugehörige Aufgabenbereich mit umfassenden Möglichkeiten.

Manche Gruppen, zum Beispiel *Schriftart* und *Absatz* im Register *Start*, weisen in ihrer rechten unteren Ecke dieses kleine Symbol ⧉ auf. Ein Klick auf dieses Gruppensymbol, im Bild 3.11 auf Seite 59 *Schriftart* ❶, öffnet ein Dialogfenster, das alle Befehle der Gruppe zusammenfasst. Eine nützliche Sache, wenn Sie aus einer Gruppe nacheinander gleich mehrere Befehle benötigen. Zudem finden Sie hier mitunter auch Befehle, die das Menüband nicht anbietet. Auch in Dialogfenstern finden Sie manchmal Register vor ❷, im Bild unten die Register *Schriftart* und *Zeichenabstand*.

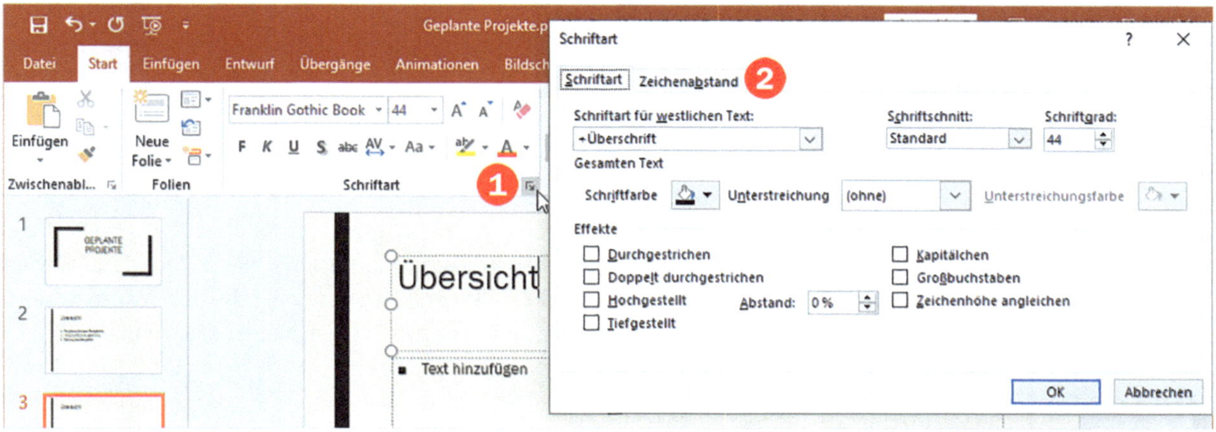

Bild 3.11 Beispiel Dialogfenster

Tasten statt Schaltflächen verwenden

Als Alternative zur Maus können die Register und Befehlsschaltflächen auch über die Tastatur aufgerufen werden. Nach dem Drücken der Alt-Taste zeigt das Menüband zunächst die Tasten an, mit denen Sie die Register aufrufen.

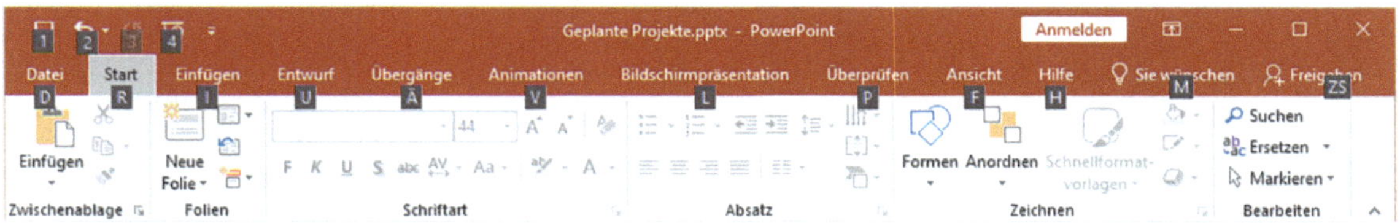

Bild 3.12 Registerkarten mit Tasten aufrufen

Nach dem Drücken einer Taste, beispielsweise „R" für das Register *Start*, erscheinen die Tasten zu den Schaltflächen der Registerkarte. Drücken Sie etwa „1", um markierten Text fett zu formatieren. Mit dem Aufruf eines Befehls oder Drücken der Esc-Taste verschwindet die Tastenanzeige wieder.

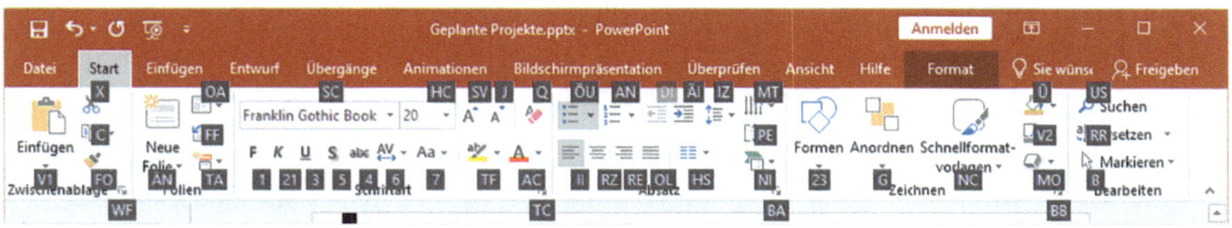

Bild 3.13 Tasten zu den Schaltflächen

Weitere Möglichkeiten der Befehlseingabe

Tastenkombinationen

Neben der oben erwähnten Möglichkeit, Befehle des Menübandes mit Tasten aufzurufen, gibt es auch noch Tastenkombinationen, die nicht das Menüband benutzen, sondern einen Befehl sofort ausführen. Diese sind vor allem für fortgeschrittene Benutzer eine Möglichkeit, um häufig verwendete Befehle schnell aufzurufen. Meist wird dazu

Tastenkombinationen werden auch als Short-Cuts bezeichnet.

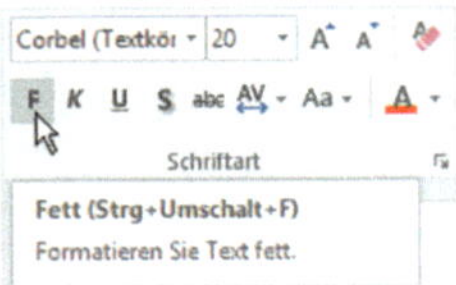

die Strg-Taste in Verbindung mit Buchstaben verwendet. Eine Zusammenstellung der wichtigsten Tastenkombinationen für PowerPoint finden Sie im Anhang dieses Buches.

Tipp: Die Tastenkombination zu einem Befehl erscheint zusammen mit einer Kurzinfo, wenn Sie auf die Schaltfläche zeigen.

Kontextmenü und Minisymbolleiste

Als schnelle Alternative zum Menüband bietet sich das Kontextmenü an. Es wird geöffnet, wenn Sie die rechte Maustaste drücken. Alle Befehle dieses Menüs beziehen sich ausschließlich auf das angeklickte Element. Zusammen mit dem Kontextmenü erscheint eine Minisymbolleiste mit den wichtigsten Symbolen zur Formatierung.

Bild 3.14 Kontextmenü und Minisymbolleiste

Die Minisymbolleiste erscheint auch, nachdem Sie eine Textstelle markiert haben, dann allerdings ohne Kontextmenü.

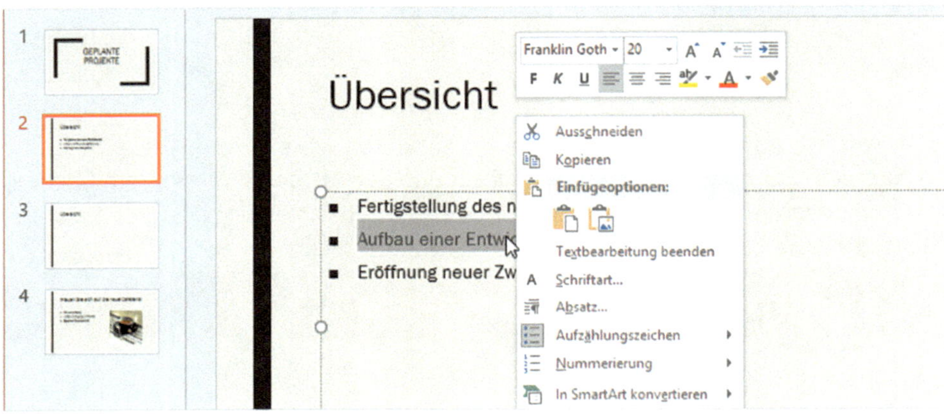

Schaltflächen im Dokument

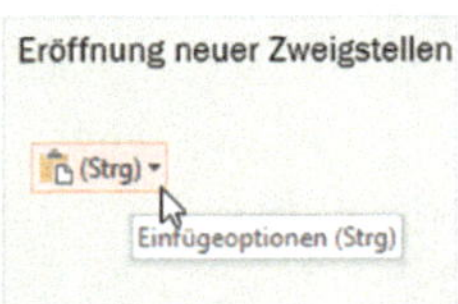

Unmittelbar nach bestimmten Aktionen, beispielsweise dem Einfügen aus der Zwischenablage, erscheinen an dieser Stelle in der Folie Schaltflächen mit verschiedenen Optionen. Aussehen und Optionen sind abhängig von der jeweiligen Aktion. Näheres dazu erfahren Sie im jeweiligen Zusammenhang.

Die Symbolleiste für den Schnellzugriff

Zum schnellen Aufruf häufig benötigter Befehle steht in der linken oberen Ecke des Word-Fensters die *Symbolleiste für den Schnellzugriff* (kurz Schnellzugriffsleiste) zur Verfügung. Sie enthält standardmäßig die Symbole *Speichern*, *Rückgängig*, *Wiederholen* und *Von Anfang an beginnen* (Bildschirmpräsentation) und kann jederzeit um weitere Symbole ergänzt werden.

Befehle hinzufügen

Um weitere Befehle hinzuzufügen, klicken Sie am rechten Ende der Leiste auf den Pfeil *Symbolleiste für den Schnellzugriff anpassen*. Klicken Sie dann auf den gewünschten Befehl, z. B. *Neu*. Bereits in der Leiste enthaltene Befehle sind mit einem Häkchen versehen. Um ein Symbol aus der Schnellzugriffsleiste zu entfernen, genügt ein weiterer Mausklick auf diesen Befehl.

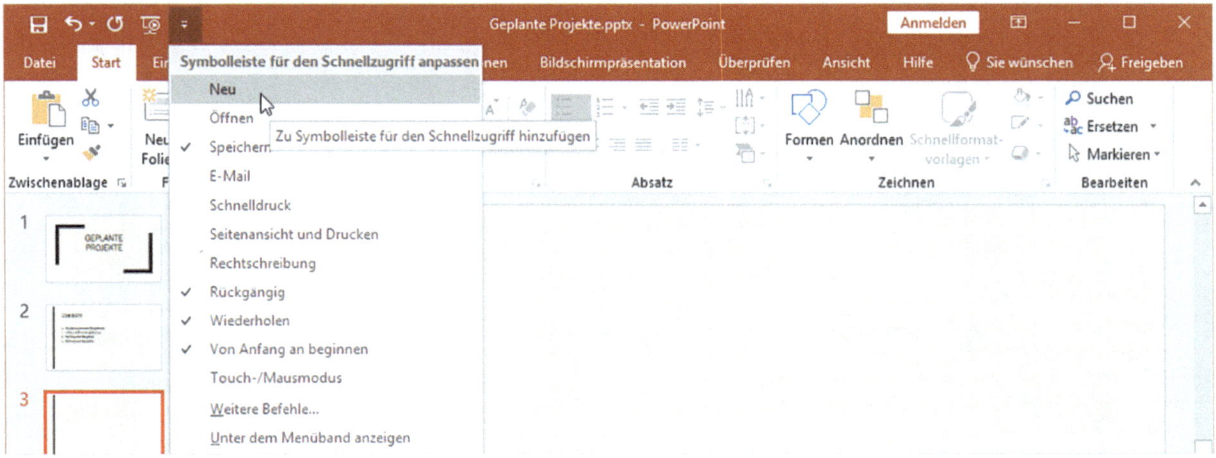

Bild 3.15 Symbolleiste für den Schnellzugriff anpassen

Tipp: Ein Mausklick auf den Eintrag *Weitere Befehle…* öffnet ein Dialogfenster mit sämtlichen, in PowerPoint verfügbaren Befehlen.

Bei Bedarf kann die Leiste auch unterhalb des Menübandes platziert werden. Klicken Sie dazu auf *Symbolleiste für den Schnellzugriff anpassen* und am Ende der Liste auf *Unter dem Menüband anzeigen*.

3.2 PowerPoint mit Fingergesten bedienen

Die Arbeitsumgebung für Fingersteuerung optimieren

PowerPoint unterstützt auch die Eingabe und Bedienung mit Fingergesten oder Stift, vorausgesetzt Ihr Gerät verfügt über die entsprechenden Voraussetzungen. Zur Erleichterung der Fingerbedienung können Sie vom Mausmodus in den sogenannten Touchmodus wechseln. In diesem weisen Menüband und Schnellzugriffsleiste vergrößerte Abstände zwischen den Befehlen bzw. Symbolen auf.

Das Symbol Touch-/Mausmodus anzeigen

Der Wechsel zwischen Maus- und Touchmodus erfolgt über ein Symbol der Symbolleiste für den Schnellzugriff. Leider wird hier das Symbol *Touch-/Mausmodus* standardmäßig nicht angezeigt. Es lässt sich aber schnell hinzufügen.

- Dazu tippen Sie, wie oben beschrieben, am rechten Ende der Leiste auf *Symbolleiste für den Schnellzugriff anpassen* und aktivieren das Symbol *Touch-/Mausmodus* (Bild 3.16 auf der nächsten Seite).
- Anschließend können Sie durch Anklicken oder Antippen dieses Symbols schnell zwischen den beiden Eingabemodi wechseln.

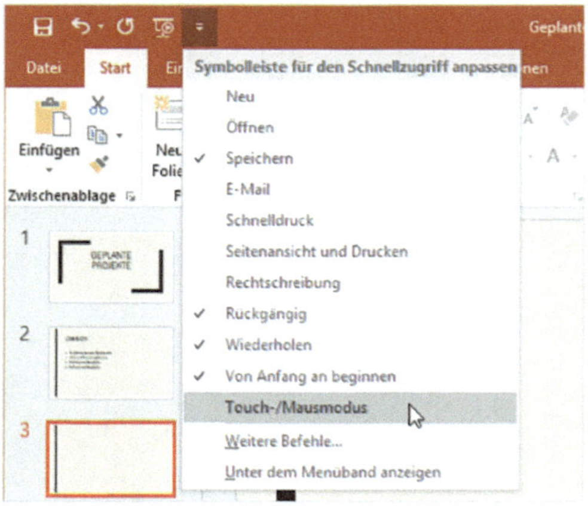

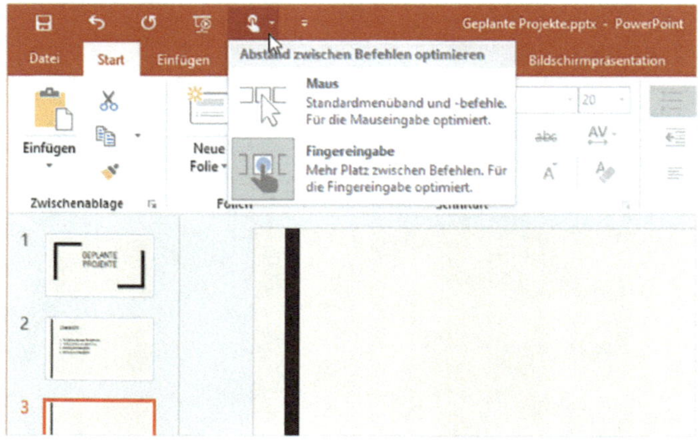

Bild 3.16 Symbol der Schnellzugriffsleiste hinzufügen

Bild 3.17 Wechsel zwischen Maus- und Toucheingabe

Die wichtigsten Gesten im Überblick

- Anstelle des Mausklicks tippen Sie zur Befehlseingabe mit dem Finger.
- Das Kontextmenü (rechte Maustaste) rufen Sie auf, indem Sie nicht nur kurz tippen, sondern mit dem Finger auf dieser Stelle kurz verweilen.
- Zum Verschieben des Bildschirmausschnitts (Scrollen) wischen Sie von der Bildschirmmitte aus in die gewünschte Richtung.
- Zum Zoomen der Anzeige berühren Sie den Bildschirm mit zwei Fingern und spreizen diese zum Vergrößern bzw. führen zum Verkleinern Ihre Finger zusammen.

Außerdem ist noch die Freihandeingabe, z. B. Zeichnen, möglich. Die Vorgehensweise finden Sie in den entsprechenden Kapiteln.

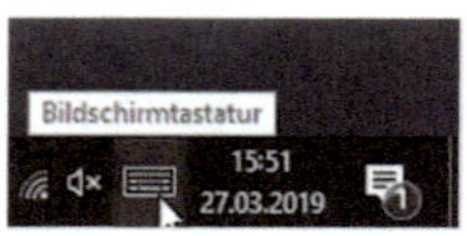

Bildschirmtastatur verwenden

Sofern keine externe Tastatur angeschlossen ist, benutzen Sie zum Schreiben die Bildschirmtastatur, die durch Antippen des Symbols im Infobereich der Taskleiste am unteren Rand des Desktops eingeblendet wird.

Bild 3.18 Bildschirmtastatur und Stifteingabe

- Mit dem Symbol *Einstellungen* ❶ in der linken oberen Ecke der Bildschirmtastatur können Sie zwischen verschiedenen Tastaturvarianten wählen, darunter auch die Möglichkeit der Stifteingabe ❷.
- Bei den meisten Tastaturen müssen Sie für die Eingabe von Zahlen und Sonderzeichen mit der Taste *&123* ❸ das Tastaturlayout ändern und anschließend mit der Taste *abc* wieder zurück zur Texteingabe wechseln.

3.3 Im Register Datei arbeiten

Überblick

Ganz links im Menüband befindet sich das Register *Datei*. Es enthält alle Befehle zum Speichern, Öffnen und Drucken sowie zur allgemeinen Verwaltung von PowerPoint. Auch verschiedene Programmeinstellungen können hier über die Optionen festgelegt werden. Zum Anzeigen klicken Sie im Menüband auf *Datei*.

Bild 3.19 Klicken Sie auf das Register Datei

Im Gegensatz zu den übrigen Registern füllt das Register *Datei* das gesamte PowerPoint-Fenster aus und anstelle der aktuellen Präsentation sehen Sie deren Eigenschaften, siehe Bild 3.20 auf Seite 64, und können Präsentationen verwalten. Daher wird dieses Register auch als Backstage-Ansicht bezeichnet.

- In der linken Spalte finden Sie die verschiedenen Aufgaben ❶ dieses Registers. Klicken Sie auf eine Aufgabe, z. B. *Speichern* oder *Drucken*, so erscheinen rechts die dazugehörigen Befehle und Schaltflächen.
- Ist eine Präsentation geöffnet, so werden beim Aufrufen des Registers, wie im Bild 3.20, standardmäßig zunächst Informationen ❷ zusammen mit den Eigenschaften angezeigt. Haben Sie dagegen zuvor PowerPoint mit einer neuen leeren Präsentation gestartet, so wird nach dem Klick auf *Datei* zuerst das Öffnen einer Präsentation angeboten.
- Mit dem Befehl *Schließen* ❸ steht im Register *Datei* eine Alternative zum Schließen des aktuellen Fensters bzw. Dokuments zur Verfügung. Im Gegensatz zum Schließen-Symbol des PowerPoint-Fensters wird dadurch nur die aktuelle Präsentation geschlossen, PowerPoint aber nicht beendet.
- Am Ende der Aufgaben finden Sie die *Optionen* ❹. Ein Klick darauf öffnet das gleichnamige Dialogfenster, in dem Sie allgemeine Einstellungen zu PowerPoint vornehmen können.

- Um zur Präsentation zurückzukehren, drücken Sie entweder die Esc-Taste oder klicken links oben auf den Pfeil ❺.

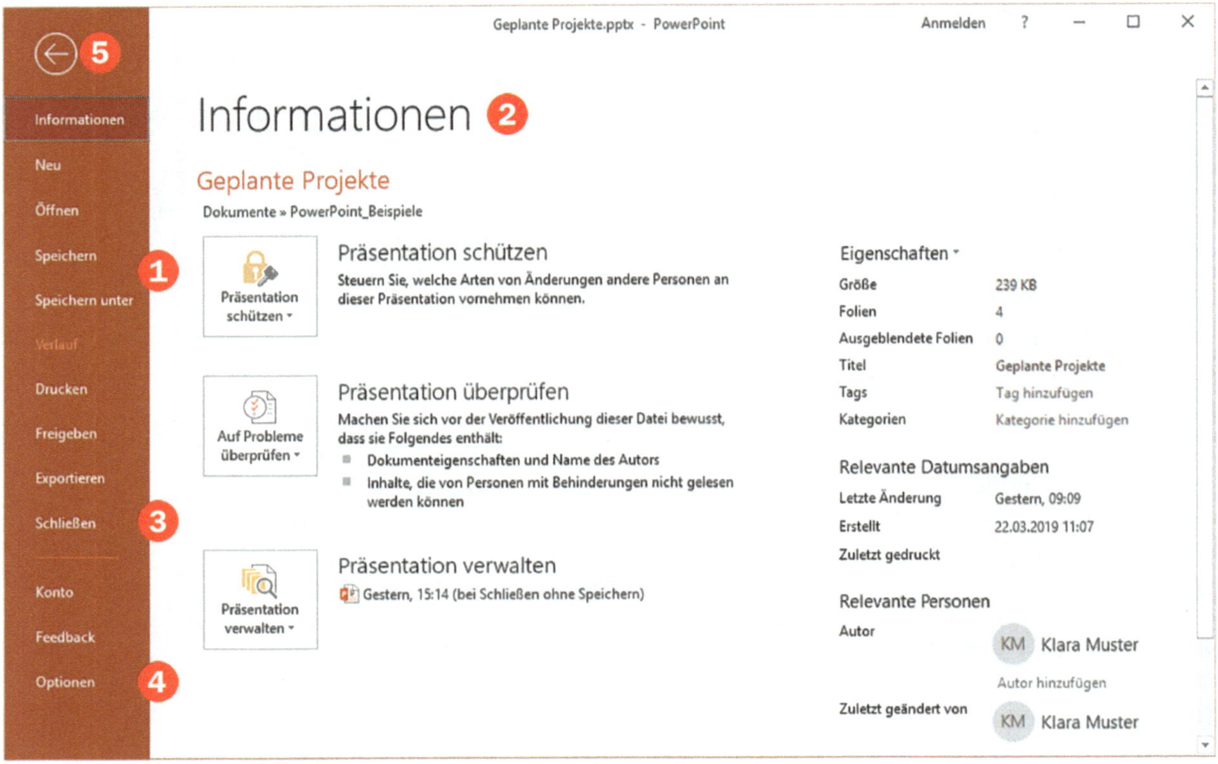

Bild 3.20 Das Register Datei

Die Arbeitsumgebung: heller oder dunkler Hintergrund?

Microsoft Office 2019 unterstützt auch den, bei immer mehr Anwendern beliebten dunklen Hintergrund mit weißer Schrift. Wenn Sie die Farbe von Hintergrund und Menüleiste des Registers *Datei* ändern möchten, dann klicken Sie im Register *Datei* auf *Konto*. Klicken Sie auf den Dropdown-Pfeil des Feldes *Office-Design* und wählen Sie zwischen *Farbig* (Standardeinstellung), *Dunkelgrau* (siehe Beispiel im Bild 3.21 auf Seite 65), *Schwarz* und *Weiß*.

Hinweis: Wenn Sie mit Ihrem Microsoft-Konto angemeldet sind, dann sehen die Konteinstellungen etwas anders aus und Sie können, falls gewünscht, über das Feld *Office-Hintergrund* zusätzlich die Titelleiste des Anwendungs-Fensters mit einem Muster verzieren (siehe Bild 3.25 auf Seite 66). Einzelheiten zum Thema Microsoft-Konto bzw. Anmelden erfahren Sie im nächsten Punkt.

> **Beachten Sie**: Das geänderte Office-Design wirkt sich nicht nur auf PowerPoint, sondern auch auf alle übrigen Office-Anwendungen aus, also z. B. auch auf Word und Excel.

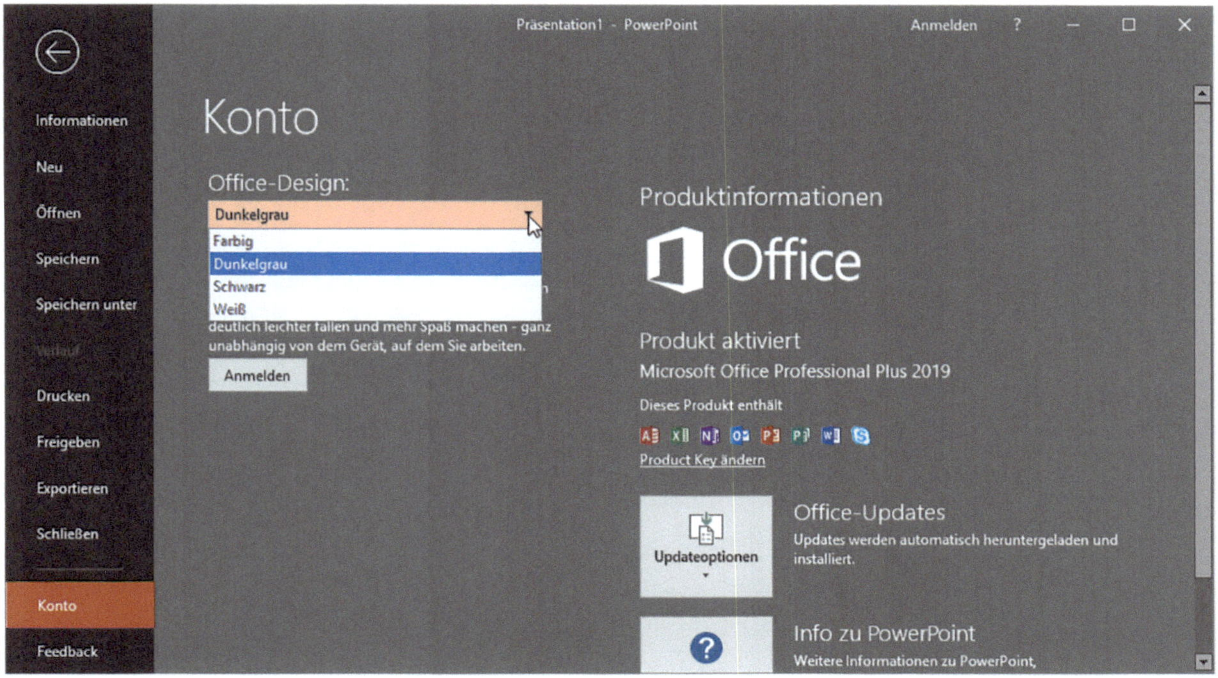

Bild 3.21 Helles oder dunkles Office-Design?

Konto und Kontoeinstellungen

Je nach Office-Version steht Ihnen unter der Bezeichnung *OneDrive* oder *Office 365 SharePoint* zusätzlicher Speicherplatz in der Cloud, genauer gesagt auf einem Microsoft-Server zur Verfügung. Diesen Speicher können Sie wie eine zusätzliche Festplatte nutzen. In der kostenlosen Standardversion sind dies aktuell 5 GB Speicherplatz. Vorteil: Sie haben von jedem PC aus Zugang zu Ihren, auf *OneDrive* gespeicherten Daten und die Dokumente können mit anderen Personen geteilt und gemeinsam bearbeitet werden. Der Nachteil des Speicherns in der Cloud liegt darin, dass die Daten außerhalb Ihres direkten Einflussbereichs auf einem Microsoft-Server hinterlegt sind.

Zur Nutzung von *OneDrive* benötigen Sie ein Microsoft-Konto bzw. für *Office 365 SharePoint* ein sogenanntes Organisationskonto im Unternehmen und müssen mit diesem Konto angemeldet sein.

Mit einem Microsoft-Konto anmelden

Ob und unter welchem Namen Sie angemeldet sind, sehen Sie mit einem Blick in die rechte obere Ecke des PowerPoint-Fensters (Bild 3.22). Die Anmeldung erfolgt in der Regel zusammen mit der Anmeldung am PC. Nicht angemeldet sind Sie also nur, wenn Sie hierzu ein lokales Konto benutzen.

Bild 3.22 Angemeldet

Bild 3.23 Anmelden

Wenn Sie sich unabhängig von der Windows-Anmeldung nur für die Office-Anwendungen mit einem Microsoft-Konto anmelden möchten, dann klicken Sie entweder im rechten Bereich der Titelleiste des PowerPoint-Fensters auf *Anmelden* (Bild 3.23). Oder klicken Sie im Register *Datei* auf *Konto* und dann auf die Schaltfläche *Anmelden* ❶. In beiden Fällen öffnet sich anschließend ein Fenster zur Anmeldung: Geben Sie Ihre E-Mail-Adresse bzw. die E-Mail-Adresse Ihres Microsoft-Kontos ein ❷ und klicken Sie auf *Weiter* ❸. Im nächsten Schritt geben Sie das zu Ihrem Microsoft-Konto gehörende Kennwort ein und klicken auf *Anmelden*.

Bild 3.24 Anmelden

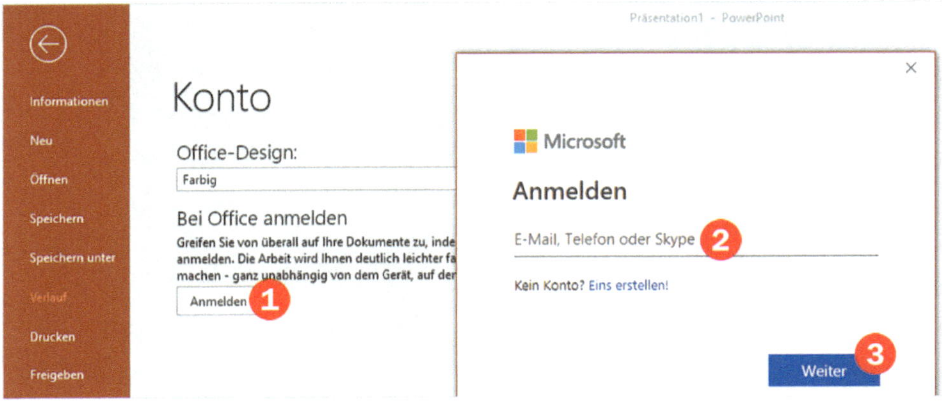

Nach erfolgreicher Anmeldung erscheint Ihr Name rechts oben im PowerPoint-Fenster und im Register *Datei* unter *Konto* ❶. Hier können Sie auch Ihre Kontoeinstellungen verwalten oder sich bei Bedarf auch wieder abmelden ❷.

Bild 3.25 Kontoeinstellungen verwalten

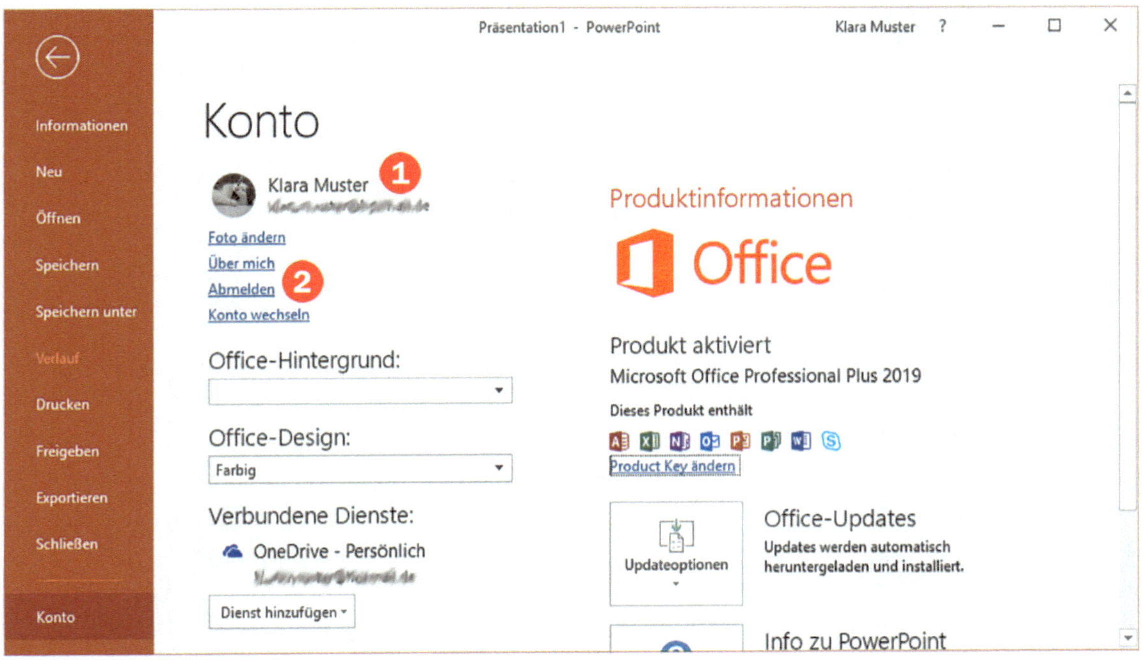

3.4 Präsentationen speichern und öffnen

Bevor Sie PowerPoint beenden, sollten Sie nicht vergessen, Ihre Präsentation bzw. die vorgenommenen Änderungen zu speichern. Klicken Sie dazu entweder links oben in der Symbolleiste für den Schnellzugriff auf das Symbol *Speichern* oder auf das Register *Datei* und hier auf *Speichern*.

Hinweis: Je nach Office-Version steht Ihnen neben den üblichen lokalen Laufwerken wie Festplatte und USB-Speicherstift unter der Bezeichnung *OneDrive* oder *Office 365 SharePoint* zusätzlicher Speicherplatz in der Cloud, genauer gesagt, auf einem Microsoft-Server zur Verfügung. Diesen Speicher können Sie wie eine Festplatte nutzen und hier z. B. Ordner anlegen, Dateien speichern oder löschen.

Eine Präsentation zum ersten Mal speichern

Wenn eine Präsentation zum ersten Mal gespeichert wird, dann sind ein Dateiname und die Angabe eines Speicherorts erforderlich. Deswegen zeigt das Register *Datei* in diesem Fall anschließend die Seite *Speichern unter* zur Auswahl des Speicherortes an.

Bild 3.26 Präsentation speichern - Speicherort auswählen

1 Als Speicherort haben Sie zunächst die Wahl zwischen *OneDrive* und *Dieser PC* ❶, damit ist die Festplatte Ihres PCs einschließlich aller angeschlossenen lokalen Datenträger gemeint. Mit Klick auf *Zuletzt verwendet* erhalten Sie schnell Zugriff auf Ordner, in denen Sie zuletzt gespeichert haben.

- Um die Präsentation in einem Ordner auf der lokalen Festplatte Ihres PC zu speichern, klicken Sie auf *Dieser PC*. Rechts erscheinen die zuletzt verwendeten Ordner ❷ und etwas unterhalb die häufig benötigten Speicherorte *Dokumente* und *Desktop* ❸.

- Wird der gewünschte Ordner unter *Zuletzt verwendet* oder *Dieser PC* aufgeführt, so klicken Sie diesen einfach an.
- Ist der gewünschte Ordner nicht in der Liste enthalten, so klicken Sie auf *Durchsuchen* ❹.

2 Das Fenster *Speichern unter* wird mit dem angegebenen Ordner, im Bild unten *Dokumente* ▶ *Präsentationen*, geöffnet. Wenn Sie dagegen auf *Durchsuchen* geklickt haben, dann erscheint im Fenster zunächst *Dieser PC*.

Dateiname

Im Feld *Dateiname* werden standardmäßig die ersten Zeichen der Präsentation vorgeschlagen, also meist der Präsentationstitel. Bei einer leeren Präsentation ist dies die fortlaufende Nummer, z. B. *Präsentation2*. Klicken Sie hier, so wird der vorläufige Name markiert und kann anschließend durch Tastatureingabe überschrieben werden ❶. Im Feld *Dateityp* unterhalb ist der Dateityp *PowerPoint-Präsentation* bereits ausgewählt.

Bild 3.27 Speichern unter

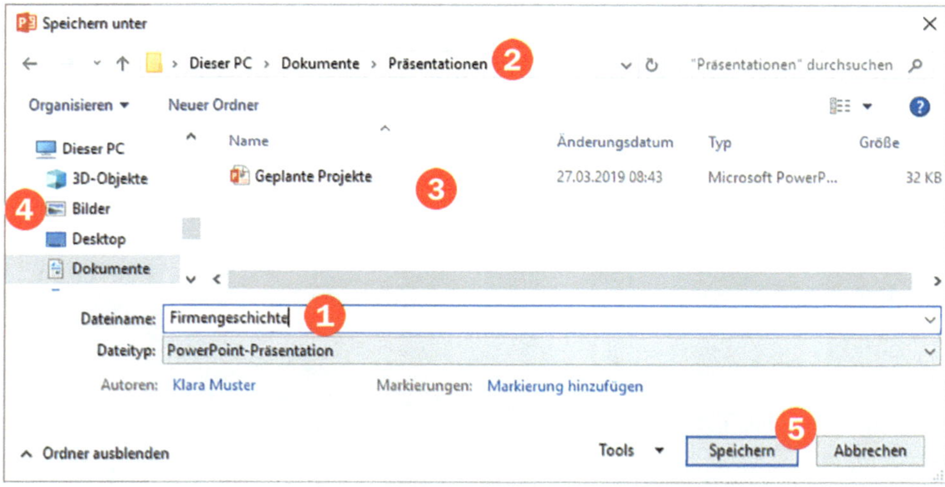

Ordner auswählen

Kontrollieren Sie im oberen Teil des Dialogfensters die Adresszeile ❷. Diese zeigt den aktuellen Ordner zusammen mit dem kompletten Suchpfad einschließlich des Laufwerks an. Im Bild oben ist dies der Ordner *Präsentationen*, dieser befindet sich im Ordner *Dokumente* auf der lokalen Festplatte (*Dieser PC*). Zur Auswahl eines anderen Ordners benutzen Sie eine der folgenden Möglichkeiten:

- ▶ Sollte der gesuchte Ordner rechts im Inhaltsbereich ❸ angezeigt werden, so öffnen Sie diesen hier mit einem Doppelklick auf das Ordnersymbol.
- ▶ Oder benutzen Sie die linke Spalte, den Navigationsbereich ❹. Klicken Sie hier auf den gewünschten Ordner, um dessen Inhalt im Inhaltsbereich anzuzeigen oder blenden Sie weitere Unterordner mit Klick auf die kleinen Pfeile links vom Ordnersymbol ein. Hier erhalten Sie unter *Netzwerk* auch Zugriff auf die Netzwerkumgebung.

Achtung: Die Pfeile sind nur sichtbar, wenn sich der Mauszeiger im Navigationsbereich befindet!

- In einen übergeordneten Ordner gelangen Sie am schnellsten, indem Sie in der Adresszeile auf den Namen des Ordners, z. B. *Dokumente* klicken.

Zuletzt klicken Sie auf die Schaltfläche *Speichern* ❺. Erst jetzt wird die Präsentation gespeichert und gleichzeitig das Dialogfenster automatisch geschlossen.

Hinweise zum Speichern

- Sollten Navigationsleiste und Inhaltsbereich nicht sichtbar sein, so müssen Sie auf *Ordner durchsuchen* klicken, wenn Sie einen anderen Ordner auswählen möchten (Bild unten).

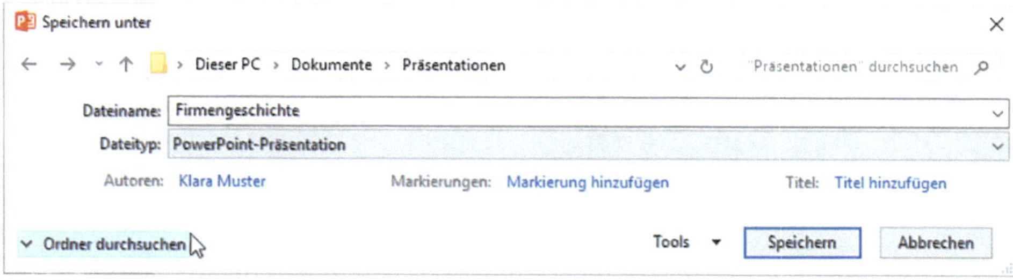

Bild 3.28 Klicken Sie auf Ordner durchsuchen

- Falls Sie zum Speichern einen neuen Ordner benötigen, so klicken Sie im Fenster *Speichern unter* auf die Schaltfläche *Neuer Ordner.*
- *OneDrive* ist in die Dateiverwaltung integriert, daher finden Sie auch *OneDrive* mit allen Ordnern im Navigationsbereich und können hier ebenfalls Ordner auswählen bzw. neu anlegen. Allerdings kann der Speichervorgang in der Cloud bei umfangreichen Präsentationen und einer langsamen Internetverbindung etwas länger dauern, da eigentlich ein Upload erfolgt. Der Fortschritt wird in der Statusleiste angezeigt. In diesem Fall speichern Sie Ihre Präsentation zunächst auf der Festplatte und verschieben sie nach Fertigstellung in einen *OneDrive*-Ordner.

Speichern oder Speichern unter?

Im Register *Datei* finden Sie zwei Befehle zum Speichern: *Speichern* und *Speichern unter*. Der Unterschied zwischen den beiden Befehlen:

- Wenn Sie eine neue Präsentation das erste Mal speichern, dann müssen Sie Dateiname und Speicherort festlegen. Dazu wird das Dialogfenster *Speichern unter* automatisch geöffnet. Es spielt keine Rolle, ob Sie auf *Speichern* oder *Speichern unter* geklickt haben.
- Eine bereits gespeicherte Präsentation verfügt auch über einen Dateinamen. Dann wird im Hintergrund gespeichert, wenn Sie während der Bearbeitung auf das Symbol oder den Befehl *Speichern* klicken.
- Möchten Sie eine geöffnete und bereits gespeicherte Präsentation unter einem anderen Dateinamen und/oder an einem anderen Speicherort ein weiteres Mal speichern, dann benötigen Sie den Befehl *Speichern unter*. Dieser öffnet in je-

dem Fall das Dialogfenster *Speichern unter* und Sie können einen anderen Dateinamen angeben und/oder einen anderen Speicherort wählen.

Die PowerPoint Dateitypen

Standardmäßig wird eine PowerPoint-Präsentation im XML-basierten Office-Dateiformat mit der Dateinamenerweiterung .pptx gespeichert. Der Dateityp kann im Dialogfenster *Speichern unter* im Feld *Dateityp* unterhalb des Dateinamens kontrolliert und ggf. geändert werden. Ein Klick auf den Dropdown-Pfeil öffnet eine Liste der verfügbaren Dateitypen. Hier finden Sie beispielsweise auch den Dateityp *PDF*.

Bild 3.29 Dateityp wählen

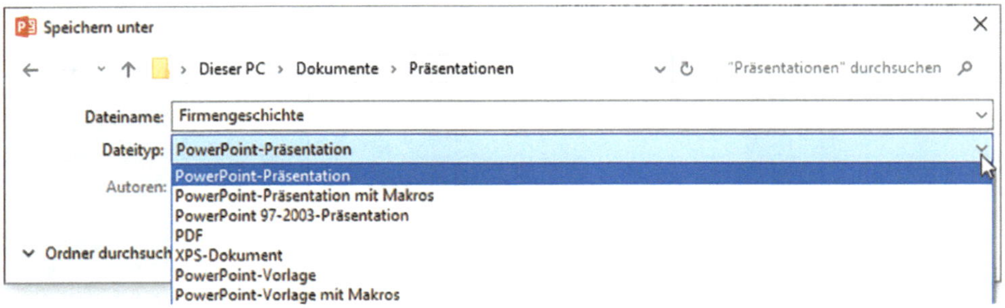

Anzeige der Dateinamenerweiterung
Ob beim Speichern die Dateinamenerweiterung sichtbar ist, hängt von Ihren Einstellungen im Datei-Explorer von Windows ab. Hier kann im Register *Ansicht* die Dateinamenerweiterung ein- und ausgeblendet werden.

Kompatibilität mit früheren Versionen
Der Standard-Dateityp von PowerPoint 2016, PowerPoint-Präsentation (.pptx), kann problemlos mit PowerPoint ab Version 2007 geöffnet und bearbeitet werden, nicht aber mit älteren Versionen, beispielsweise PowerPoint 2003. Falls eine Präsentation trotzdem mit einer älteren Version geöffnet werden soll, müssen Sie beim Speichern den Dateityp *PowerPoint 97-2003-Präsentation* (.ppt) auswählen. Beachten Sie aber, dass nicht alle neuen Funktionen und Formate unterstützt werden, so dass beim Speichern Informationen verlorengehen.

Eine gespeicherte Präsentation öffnen

Achtung: Wurde eine Präsentation in der Zwischenzeit gelöscht, verschoben oder umbenannt, so erhalten Sie beim Öffnen eine Fehlermeldung.

Das Öffnen von Präsentationen läuft ähnlich ab wie das Speichern. Ist PowerPoint bereits geöffnet, so klicken Sie auf das Register *Datei* und auf *Öffnen*. Auch die Startseite von PowerPoint enthält eine Liste zuletzt verwendeter und gespeicherter Präsentationen. Falls sich die gesuchte Datei nicht darunter befindet, so klicken Sie auf *Weitere Dokumente öffnen*, um die Seite *Öffnen* anzuzeigen.

Hier ist zunächst *Zuletzt verwendet* ausgewählt ❶ (Bild unten) und rechts erhalten Sie schnellen Zugriff auf die entsprechenden Präsentationen ❷ und ❸. Zum Öffnen genügt ein Klick auf den Dateinamen. Sie können aber auch mit Klick auf *Ordner* ❹ stattdessen die zuletzt verwendeten Ordner anzeigen lassen.

- Befindet sich die gesuchte Datei nicht darunter, so klicken Sie wie beim Speichern zunächst entweder auf *OneDrive-Persönlich* oder auf *Dieser PC*. Rechts werden die dazugehörigen Ordner aufgelistet.
- Wenn Sie stattdessen im Fenster *Öffnen* (siehe unten) Speicherort und Datei auswählen möchten, dann klicken Sie auf *Durchsuchen* ❺.

Bild 3.30 Register Datei: Öffnen - Zuletzt verwendet

- Mit Klick auf *Dieser PC* ❻ erscheint rechts der Inhalt des Ordners *Dokumente*. Ein einfacher Mausklick auf einen Ordner genügt, um dessen Inhalt hier anzuzeigen. Zurück gelangen Sie, indem Sie auf den nach oben weisenden Pfeil ❼ oder auf einen der übergeordneten Ordner klicken.

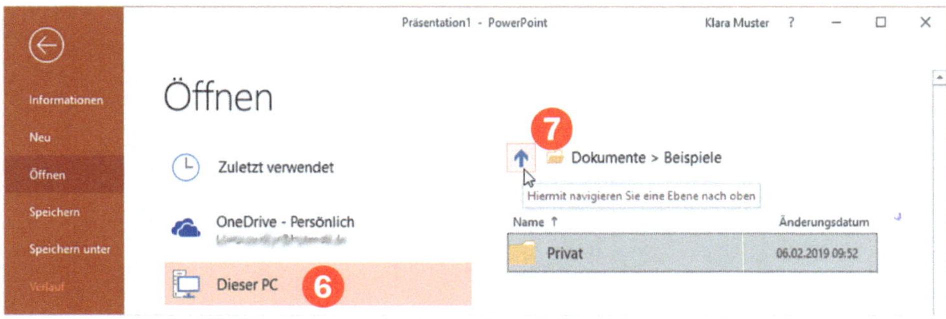

Bild 3.31 Dieser PC zeigt den Inhalt des Ordners Dokumente an

Wenn Sie einen Ordner ausgewählt oder auf die Schaltfläche *Durchsuchen* geklickt haben, erscheint als nächster Schritt das Fenster *Öffnen*. Es unterscheidet sich nur geringfügig vom *Speichern unter*-Fenster. Wie beim Speichern haben Sie in der linken Spalte, der Navigationsleiste, Zugriff auf alle verfügbaren Speicherorte, also auch auf Ihre *OneDrive*-Ordner. Zum Öffnen klicken oder tippen Sie rechts im Inhaltsbereich auf das Symbol der gesuchten Präsentation. Dieses erscheint farbig hervorgehoben bzw. markiert und der Name wird im Feld *Dateiname* angezeigt. Klicken Sie dann auf die Schaltfläche *Öffnen*.

Tipp: Mit Doppelklick auf das Dateisymbol wird die Präsentation sofort geöffnet.

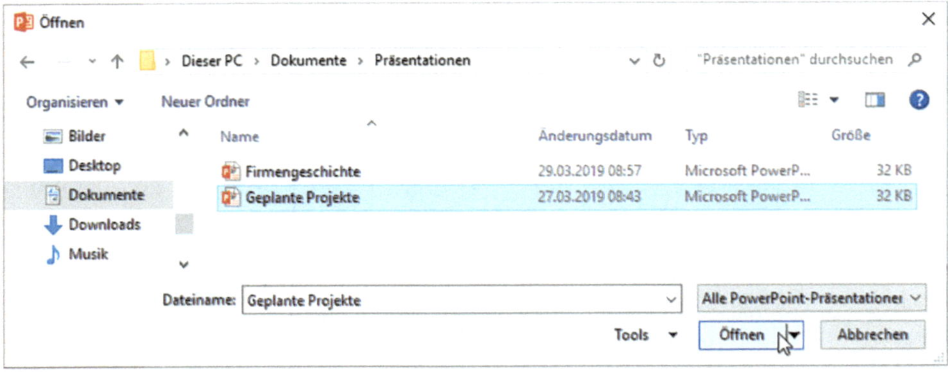

Bild 3.32 Datei auswählen und öffnen

Nach dem Öffnen an der letzten Position fortfahren

Standardmäßig erscheint nach dem Öffnen einer Präsentation die erste Folie in der Ansicht *Normal*. Häufig möchten Sie aber anschließend an derjenigen Stelle fortfahren, die Sie zuletzt bearbeitet haben. Dann klicken Sie einfach auf den Infotext bzw. das Symbol, das nach dem Öffnen am rechten Fensterrand erscheint. Leider verschwindet das Symbol nach dem ersten Bearbeitungsschritt wieder.

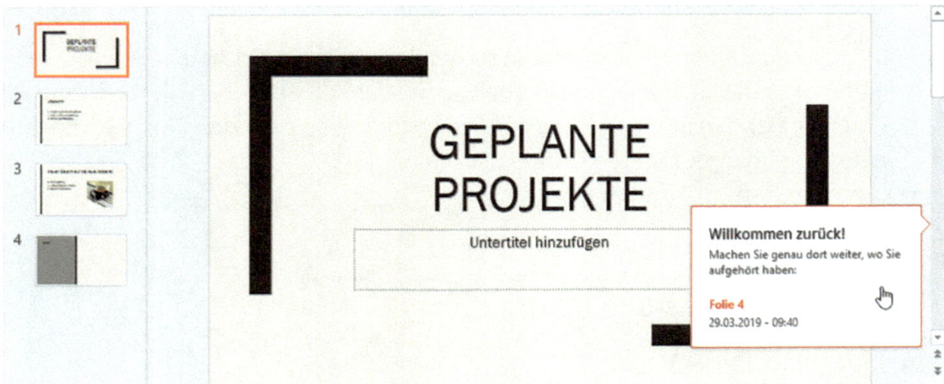

Bild 3.33 An der letzten Position fortfahren

Nähere Infos erhalten Sie, wenn Sie auf das Symbol zeigen.

Ältere Präsentationen im Kompatibilitätsmodus öffnen

Präsentationen mit der Dateinamenerweiterung .ppt, die mit älteren Versionen von PowerPoint erstellt und gespeichert wurden, werden mit PowerPoint 2019 im sogenannten Kompatibilitätsmodus geöffnet. Ein entsprechender Hinweis erscheint zusammen mit dem Dateinamen in der Titelleiste des Fensters.

Bild 3.34 Kompatibilitätsmodus

Im Kompatibilitätsmodus stehen Funktionen von PowerPoint, beispielsweise besondere Texteffekte, nicht zur Verfügung. Um diese zu nutzen, müssen Sie die Datei als PowerPoint-Präsentation (.pptx) speichern. Dazu haben Sie folgende Möglichkeiten:

- **Präsentation erneut speichern**
  Speichern Sie die Präsentation ein zweites Mal im aktuellen Dateiformat. Dazu klicken Sie im Register *Datei* auf *Speichern unter*, wählen einen Speicherort und als Dateityp *PowerPoint-Präsentation*. Die ursprüngliche Präsentation bleibt erhalten.

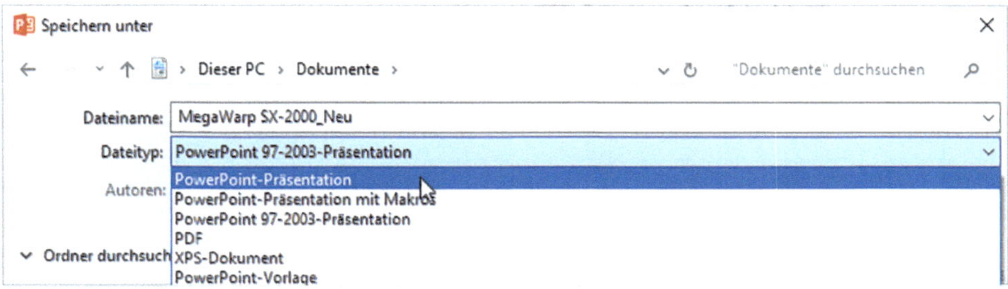

Bild 3.35 Dateityp ändern

- **Dateityp umwandeln**
  Als zweite Möglichkeit ändern Sie den Dateityp der Präsentation. Dazu klicken Sie auf das Register *Datei* und auf *Informationen*. Klicken Sie hier auf die Schaltfläche *Konvertieren* und nach einer Rückfrage wird die Präsentation entsprechend umgewandelt. **Achtung:** Die ursprüngliche Präsentation im alten Dateiformat wird überschrieben, kann also mit älteren Versionen nicht mehr geöffnet werden!

Bild 3.36 Präsentation konvertieren

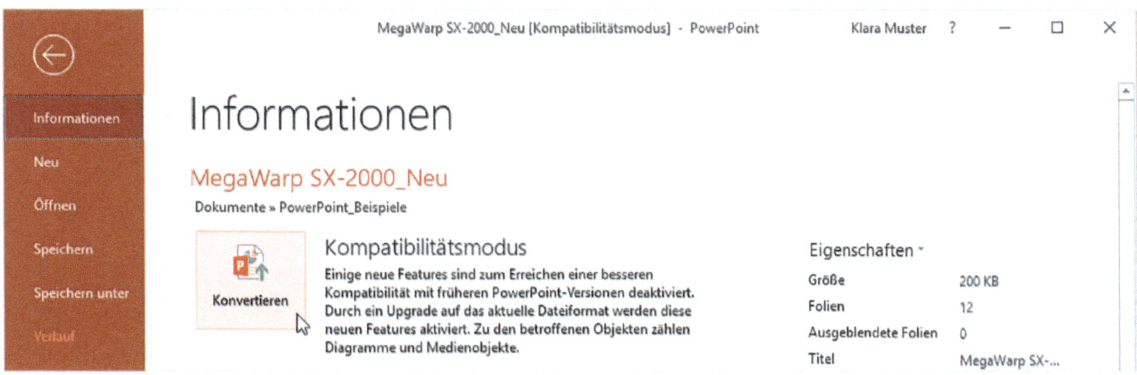

Präsentationen schreibgeschützt öffnen

Zum Schutz vor unbeabsichtigten Änderungen können Präsentationen auch schreibgeschützt oder als Kopie geöffnet werden.

1. Klicken Sie dazu in PowerPoint im Register *Datei* auf *Öffnen* und anschließend auf *Durchsuchen*, um das Fenster *Öffnen* anzuzeigen.
2. Markieren Sie mit einem Klick die zu öffnende Präsentation.

3 Klicken Sie dann auf den Dropdown-Pfeil der Schaltfläche *Öffnen* und auf *Schreibgeschützt öffnen*.

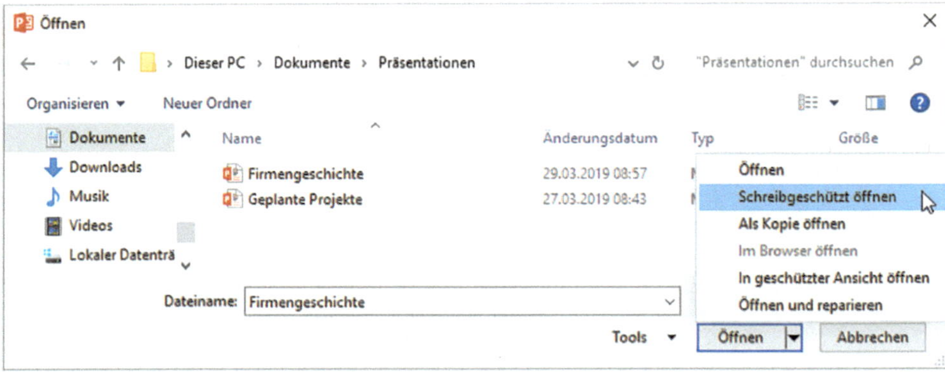

Bild 3.37 Schreibgeschützt öffnen

Eine schreibgeschützt geöffnete Präsentation ist mit einem entsprechenden Hinweis in der Titelleiste versehen. Sie können die Datei zwar bearbeiten und als Bildschirmpräsentation vorführen, Änderungen aber nicht speichern. Um Ihre Bearbeitungen trotzdem zu erhalten, müssen Sie mit dem Befehl *Speichern unter* die Präsentation unter einem anderen Namen und/oder an einem anderen Ort speichern.

Weitere Optionen beim Öffnen

- **In geschützter Ansicht öffnen**
  Diese Option deaktiviert mögliche aktive Elemente. Sie sollte verwendet werden, wenn Sie eine Präsentation aus dem Internet oder als E-Mail-Anlage öffnen möchten und nicht sicher sind, ob diese eventuell Schadsoftware enthält.
- **Als Kopie öffnen**
  Erzeugt eine Kopie der Präsentation und öffnet diese anschließend.

Schneller Zugriff auf häufig benötigte Präsentationen

Die Übersicht *Zuletzt verwendet* listet automatisch zuletzt und häufig geöffnete Präsentationen auf und erscheint im Register *Datei*, wenn Sie auf *Öffnen* klicken (siehe Seite 71), sowie auf der Startseite von PowerPoint. Wurde eine Präsentation längere Zeit nicht geöffnet, so verschwindet sie daraus wieder. Um dies zu verhindern, können Sie wichtige und häufig benötigte Dateien dauerhaft anheften.

1 Zum Anheften zeigen Sie in der Liste *Zuletzt verwendet Präsentationen* auf die betreffende Präsentation. Rechts wird ein Pin-Symbol ❶ sichtbar, auf das Sie nur klicken brauchen.

2 Die Präsentation erscheint nun ganz oben im Bereich *Angeheftet* ❷ und ist außerdem am geänderten Pin-Symbol zu erkennen. Ein weiterer Klick auf das Symbol löst die Präsentation bei Bedarf wieder.

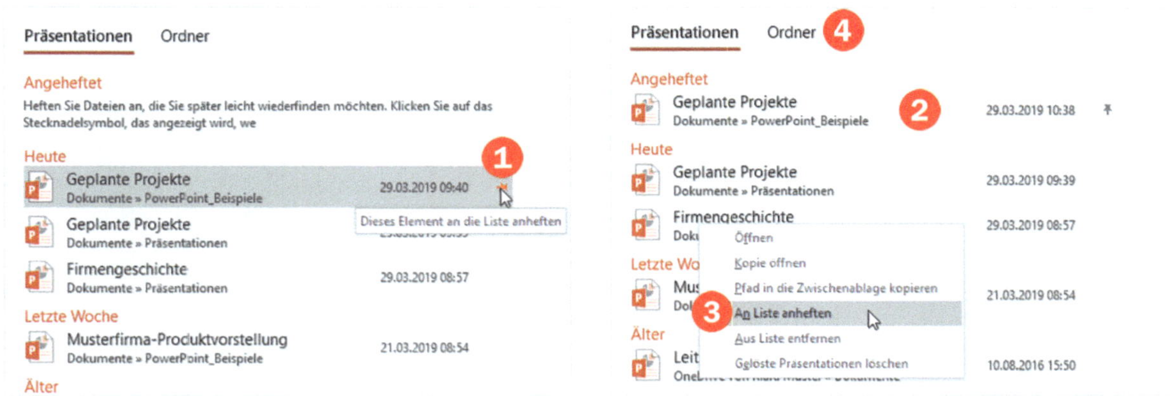

Bild 3.38 Präsentation anheften

Als Alternative klicken Sie mit der rechten Maustaste auf die Präsentation. Im Kontextmenü erhalten Sie zusätzlich zum Befehl *An Liste anheften* ❸ bzw. *Aus Liste lösen* mit *Aus Liste entfernen* die Möglichkeit, die Präsentation aus der Liste *Zuletzt verwendet* zu entfernen. Mit dem Befehl *Gelöste Präsentationen löschen* wird die Liste *Zuletzt verwendet* geleert, ausgenommen fest angeheftete Präsentationen.

Tipp: Anheften funktioniert auch mit häufig benötigten Ordnern, wenn Sie unter *Zuletzt verwendet* statt auf *Präsentationen* auf *Ordner* ❹ klicken.

3.5 Nicht gespeicherte Präsentationen wiederherstellen

Automatisches Speichern

PowerPoint verfügt, wie auch seine Vorgänger, über eine Funktion, die während der Arbeit die Präsentation im Hintergrund in bestimmten Intervallen automatisch speichert. Im Fall eines Programmabsturzes oder wenn Sie versehentlich die Präsentation geschlossen bzw. PowerPoint beendet haben, ohne zuvor zu speichern, können Sie beim nächsten Öffnen auf die automatisch gespeicherte Version zugreifen. Voraussetzung dazu ist die AutoWiederherstellen-Funktion. Diese dürfte zwar standardmäßig bereits aktiviert sein, sicherheitshalber sollten Sie dies jedoch überprüfen.

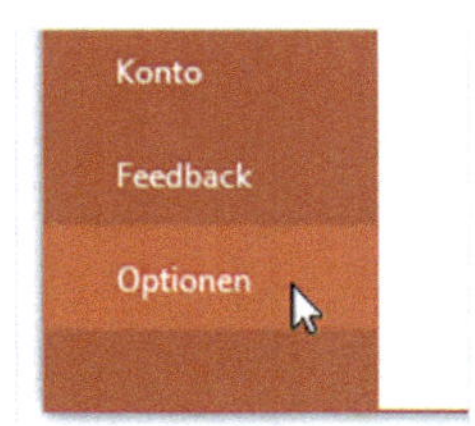

Klicken Sie im Register *Datei* auf *Optionen*. Klicken Sie links auf *Speichern* ❶ (Bild 3.39) und achten Sie darauf, dass hier das Kontrollkästchen *AutoWiederherstellen-Informationen speichern* ❷ aktiviert ist. Im Feld daneben legen Sie das Speicherintervall in Minuten fest, in der Standardeinstellung 10 Minuten. **Achtung**: Speichern Sie Ihre Änderungen, indem Sie die *PowerPoint-Optionen* mit Klick auf die Schaltfläche *OK* schließen.

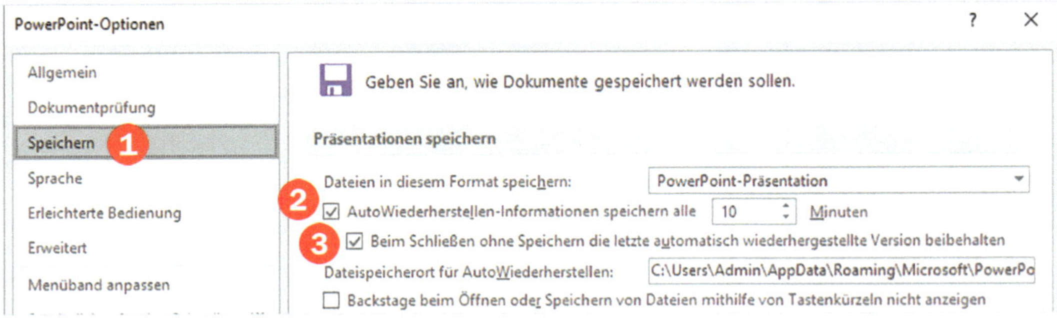

Bild 3.39 Automatisches Speichern muss aktiviert sein

Die automatische Speicherung erfolgt in eine temporäre Datei, die beim Beenden von PowerPoint gelöscht wird und nur im Fall eines Programmabsturzes erhalten bleibt. Damit Sie auf diese Datei auch zugreifen können, wenn Sie eine Präsentation versehentlich ohne vorheriges Speichern schließen, muss das Kontrollkästchen *Beim Schließen ohne Speichern die letzte automatisch gespeicherte Version beibehalten* ❸ aktiviert sein.

Den Speicherort für AutoWiederherstellen finden Sie im Feld unterhalb. Bei Bedarf können Sie über die Schaltfläche *Durchsuchen* einen anderen Ort auswählen.

Wie Sie eine Präsentation wiederherstellen, wenn Sie versehentlich PowerPoint beendet haben, ohne Änderungen zu speichern oder bei einem Absturz eine Präsentation nicht gespeichert werden konnte, lesen Sie im nachfolgenden Punkt.

Präsentation wiederherstellen

Die Vorgehensweise beim Wiederherstellen unterscheidet sich, je nachdem, ob es sich um bereits gespeicherte Präsentationen handelt, also ein Dateiname vorhanden ist, oder ob die Präsentation noch nicht gespeichert wurde.

Nicht gespeicherte Änderungen einer Präsentation wiederherstellen

Wenn die Präsentation bereits unter einem Dateinamen gespeichert wurde und Sie vergessen haben, Ihre letzten Änderungen zu sichern, dann gehen Sie so vor:

1. Öffnen Sie die Präsentation, deren nicht gespeicherte Änderungen Sie wiederherstellen möchten. Entweder erledigen Sie dies über die Startseite von PowerPoint oder indem Sie auf das Register *Datei* und auf *Öffnen* klicken.
2. Klicken Sie erneut auf das Register *Datei*. Standardmäßig erscheinen jetzt die Informationen zur aktuellen Präsentation. Falls nicht, so klicken Sie auf *Informationen* ❶.
3. Unter *Präsentation verwalten* ❷ finden Sie die letzte nicht gespeicherte Version mit dem Zusatz *(bei Schließen ohne Speichern)*. Klicken Sie darauf, um diese zu öffnen.

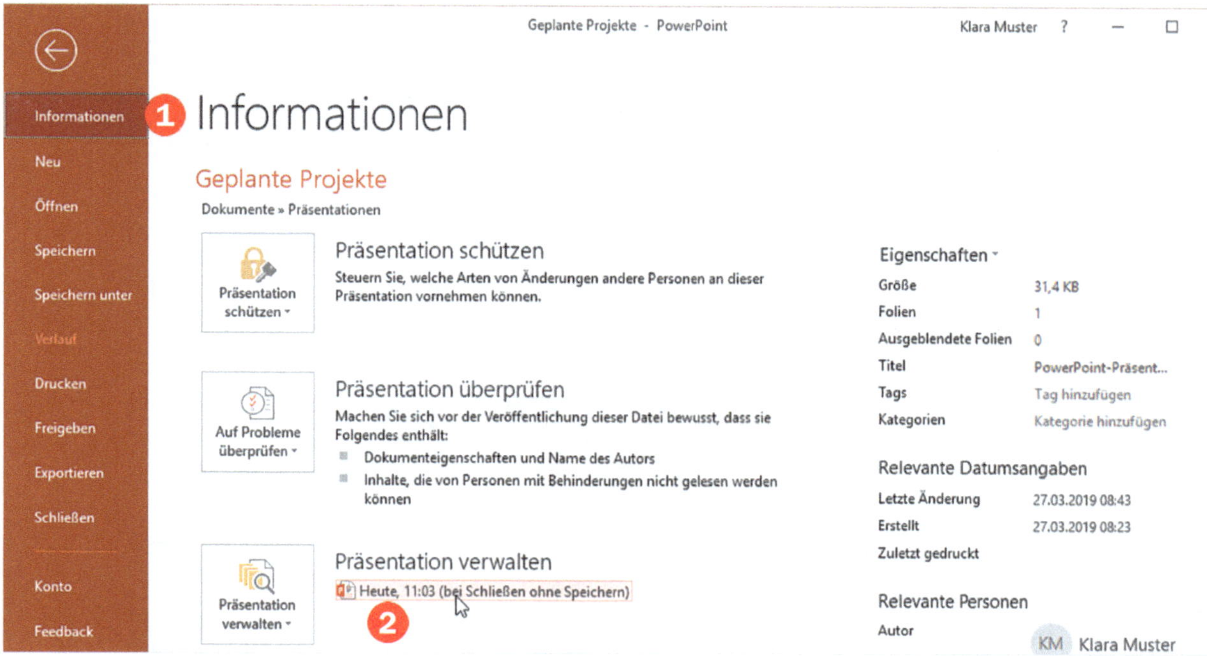

Bild 3.40 Automatisch gespeicherte Version wiederherstellen

Die Präsentation wird schreibgeschützt geöffnet und unterhalb des Menübands macht Sie eine Infozeile darauf aufmerksam, dass die wiederhergestellte Datei nur temporär gespeichert wurde (Bild 3.41 unten). Wenn Sie künftig die wiederhergestellte Version verwenden möchten, dann klicken Sie auf *Wiederherstellen*. Damit wird nach einer Rückfrage die letzte gespeicherte Version durch die wiederhergestellte ersetzt und die Präsentation ist nicht mehr schreibgeschützt.

Bild 3.41 Nicht gespeicherte Datei wiederherstellen

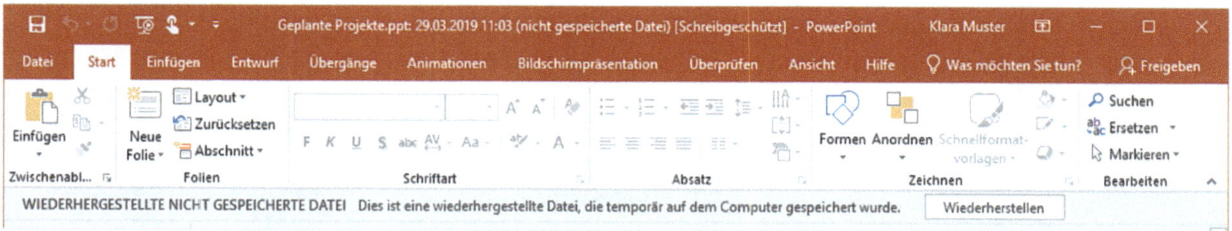

Nicht gespeicherte Präsentation wiederherstellen

Etwas anders gehen Sie vor, wenn eine zuvor nicht gespeicherte Präsentation wiederhergestellt werden soll.

1 Klicken Sie im Register *Datei* auf *Öffnen* und *Zuletzt verwendet* ❶.

2 Klicken Sie dann im unteren Bereich auf die Schaltfläche *Nicht gespeicherte Präsentationen wiederherstellen* ❷. Alternativ finden Sie diese Möglichkeit auch im Register *Datei* ▶ *Informationen* und Klick auf die Schaltfläche *Präsentation verwalten*.

Im Dialogfenster *Öffnen* erscheinen alle Inhalte des Ordners *UnsavedFiles*. Markieren Sie mit einem Klick die Datei, die Sie wiederherstellen möchten ❸ und klicken Sie auf *Öffnen* ❹.

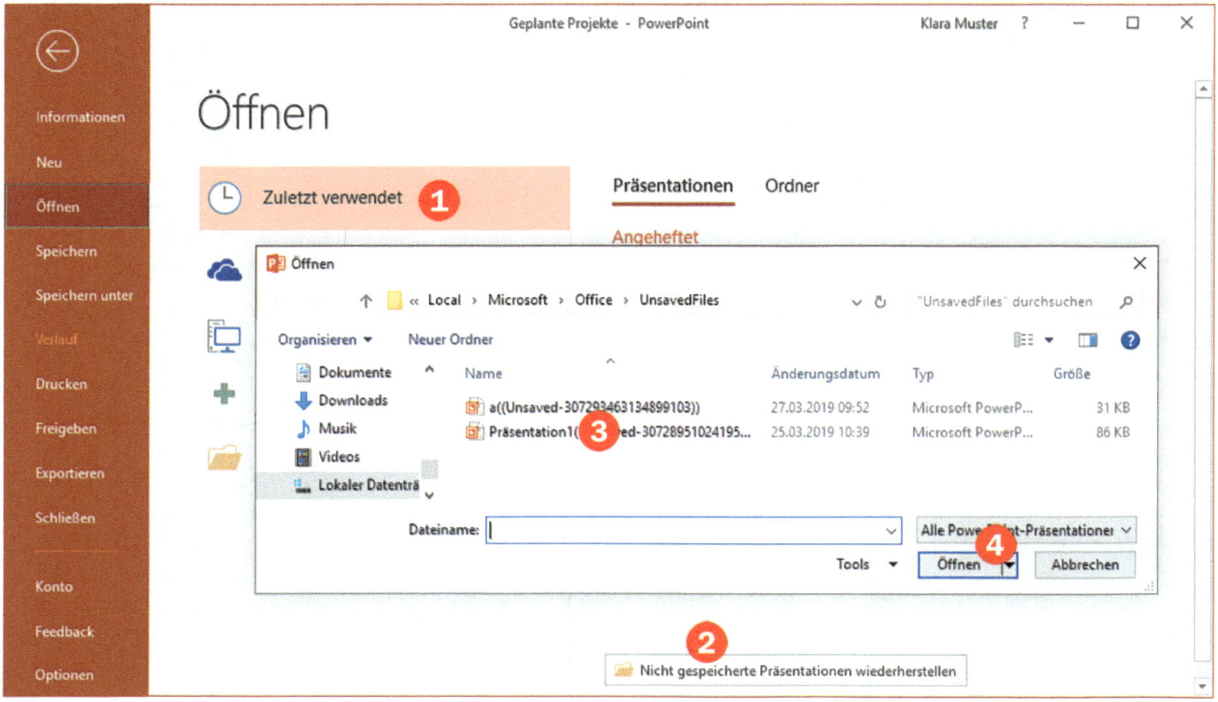

Bild 3.42 Nicht gespeichertes Dokument wiederherstellen

Die Präsentation wird schreibgeschützt geöffnet und unterhalb des Menübands erscheint die Information, dass es sich um eine wiederhergestellte, nur temporär gespeicherte Datei handelt. Zum Speichern klicken Sie auf die Schaltfläche *Speichern unter*.

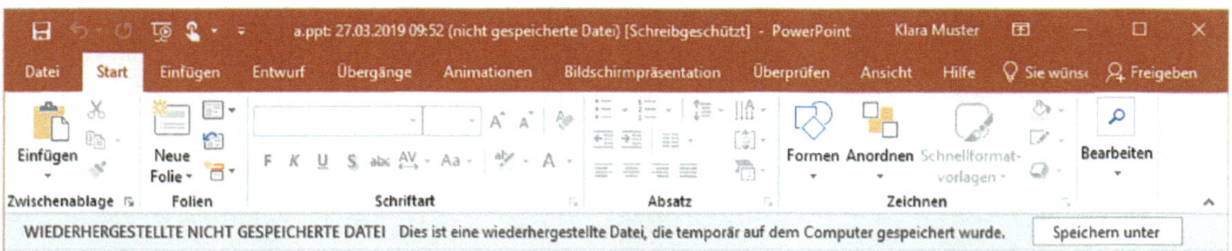

Bild 3.43 Wiederhergestellte Präsentation

Präsentation nach einem Programmabsturz wiederherstellen

Wenn Sie nach einem Programmabsturz PowerPoint erneut gestartet haben, so erscheint auf der Startseite der Abschnitt *Wiederhergestellt*. Klicken Sie auf *Wiederhergestellte Dateien anzeigen* ❶. Damit öffnet sich am linken Rand des PowerPoint-Fensters der Aufgabenbereich *Dokumentwiederherstellung*.

Klicken Sie hier auf die Präsentation, die Sie wiederherstellen möchten ❷, so erscheint deren Inhalt rechts im Fenster. Vergessen Sie anschließend nicht, die Präsentation ordnungsgemäß zu speichern! Entweder per Rechtsklick auf die Präsentation im Bereich *Dokumentwiederherstellung* oder über das Register *Datei* ▶ *Speichern*. Manchmal sind auch gleich mehrere Versionen verfügbar. Wenn die *Dokumentwiederherstellung* nicht mehr benötigt wird, klicken Sie auf die Schaltfläche *Schließen* ❸.

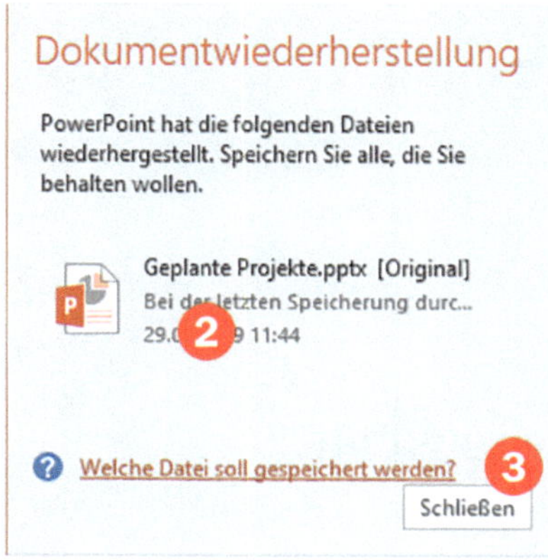

Bild 3.44 Startseite - Wiederhergestellte Dateien

Bild 3.45 Der Bereich Dokumentwiederherstellung

3.6 Mit mehreren Präsentationen gleichzeitig arbeiten

Zwischen den Fenstern wechseln

PowerPoint öffnet jede Präsentation in einem eigenen Fenster. Sind mehrere Präsentationen gleichzeitig geöffnet, so werden diese in der Taskleiste am unteren Rand des Bildschirms standardmäßig als gestapeltes Symbol angezeigt. Beim Zeigen auf das PowerPoint-Symbol der Taskleiste erhalten Sie eine Miniaturvorschau aller Fenster. Mit einem Klick in die Vorschau aktivieren Sie das Fenster bzw. holen es in den Vordergrund.

Bild 3.46 Miniaturansicht geöffneter Fenster

Die Taskleiste ist ein wichtiger Bestandteil von Windows und dient zum schnellen Wechseln zwischen Apps.

Eine weitere Möglichkeit finden Sie im Register *Ansicht*, Gruppe *Fenster*. Mit Klick auf die Schaltfläche *Fenster wechseln* erhalten Sie eine Liste aller geöffneten PowerPoint-Fenster und brauchen nur auf die gewünschte Präsentation klicken. Die aktuelle Präsentation ist am Häkchen zu erkennen.

Bild 3.47 Fenster wechseln

Fenster anordnen

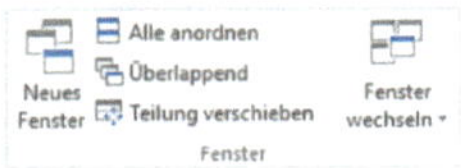

Das Register *Ansicht* enthält in der Gruppe *Fenster* mehrere Schaltflächen, über die Sie die Anordnung der Fenster steuern.

- *Neues Fenster* öffnet die aktuelle Präsentation in einem zweiten Fenster. Auf diese Weise können Sie in umfangreichen Präsentationen an verschiedenen Stellen gleichzeitig arbeiten.

Bild 3.48 Alle Fenster anordnen

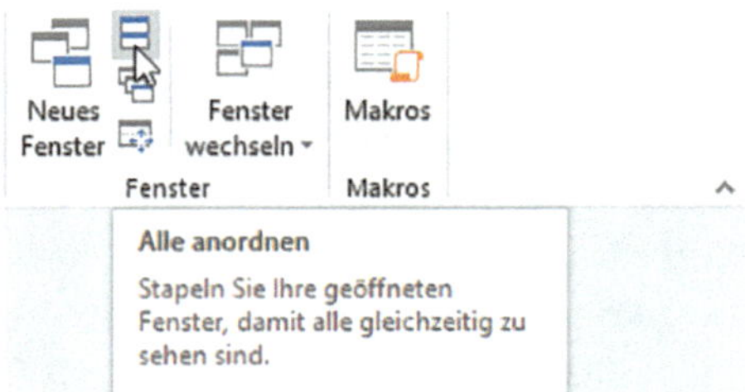

- Mit Klick auf *Alle Anordnen* ordnen Sie alle geöffneten Fenster nebeneinander auf dem Bildschirm an. Achtung: Je nach Anzahl der Dokumente und Größe des Bildschirms ist unter Umständen die Menüleiste ausgeblendet. *Überlappend* ordnet dagegen die geöffneten Fenster übereinander auf dem Bildschirm an.

- *Teilung verschieben* bezieht sich dagegen nicht auf einzelne Fenster, sondern Sie erhalten damit die Möglichkeit, innerhalb der Ansicht *Normal* die einzelnen Bereiche des PowerPoint-Fensters mithilfe der Pfeiltasten der Tastatur zu vergrößern bzw. zu verkleinern. Sobald Sie auf *Teilung verschieben* geklickt haben, können Sie mit den Pfeiltasten nach rechts/links die Breite des Navigationsbereichs ändern und mit den Pfeiltasten nach oben/unten verändern Sie die Höhe des Notizenbereichs. Mit Drücken der Eingabe-Taste oder der Esc-Taste kehren Sie zur Bearbeitung zurück.

  Hinweis: Die Größe der einzelnen Bereiche können Sie durch Ziehen mit der Maus wesentlich schneller verändern. Der Befehl *Teilung verschieben* muss dazu nicht aktiviert werden.

3.7 Ansichten und Anzeigeeinstellungen von PowerPoint

Die Ansichten im Überblick

Neben der Ansicht Bildschirmpräsentation, in der Sie die Präsentation vorführen, verfügt PowerPoint auch über mehrere zur Bearbeitung. Alle Ansichten finden Sie im Menüband, Register *Ansicht* ▶ *Präsentationsansichten*. Ein Klick genügt zum Anzeigen. Mit Klick auf die Ansicht *Normal* wechseln Sie immer wieder zurück zur Standardansicht bzw. Arbeitsansicht von PowerPoint.

Bild 3.49 Die Präsentationsansichten im Register Ansicht

- **Normal**
  Die Ansicht *Normal* ist die Standardansicht von PowerPoint. Sie erscheint automatisch beim Erstellen einer neuen Präsentation und nach dem Beenden der Bildschirmpräsentation. In dieser Ansicht bearbeiten Sie die einzelnen Folien.

Daneben gibt es im Register *Ansicht* auch noch verschiedene Masteransichten. Näheres hierzu lesen Sie in Kapitel 5.

- **Gliederungsansicht**
  Zeigt in der Navigationsleiste die Folientexte statt der standardmäßigen Miniaturansicht an und erlaubt so einen schnellen Überblick über die Folieninhalte.
- **Foliensortierung**
  Zeigt alle Folien im Arbeitsbereich in der Miniaturansicht an. Die Reihenfolge der Folien kann durch Verschieben schnell geändert werden.
- **Notizenseite**
  Mit der Ansicht Notizenseite erhalten Sie eine Druckvorschau der Präsentation zusammen mit der Möglichkeit, Vortragsnotizen zu speichern. Diese können später als Handzettel gedruckt werden.
- **Leseansicht**
  Die Leseansicht entspricht weitgehend der Bildschirmpräsentation und dient zur Kontrolle der Folien.

Für die Ansichten *Normal*, *Foliensortierung*, *Leseansicht* und *Bildschirmpräsentation* (aktuelle Folie) finden Sie auch in der Statusleiste Symbole, die einen schnellen Wechsel zwischen den Ansichten erlauben.

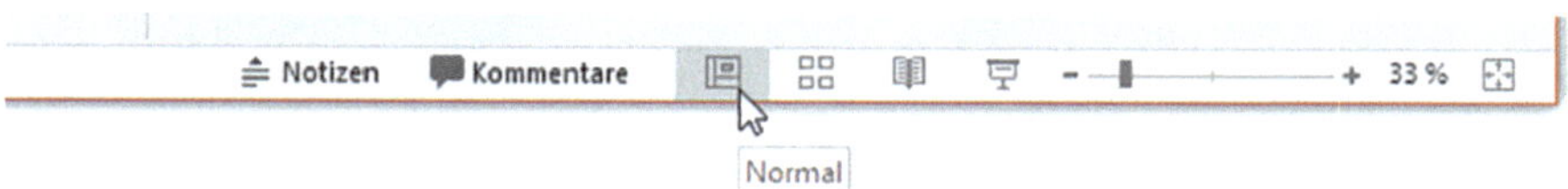

Bild 3.50 Wechsel zwischen den Ansicht über Symbole der Statusleiste

Anzeigeeinstellungen in der Ansicht Normal

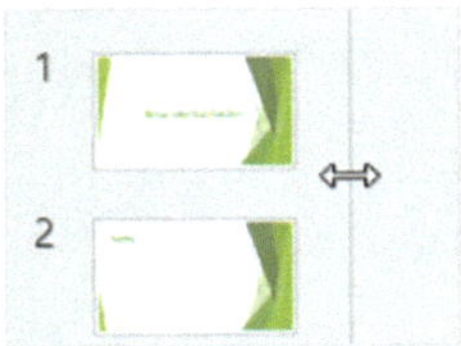

Bild 3.51 Die Bereiche der Ansicht Normal

Die Ansicht Normal verfügt über drei Bereiche: Navigationsbereich ❶, Folien- oder Arbeitsbereich ❷ und Notizenbereich ❸. Die Größe der Bereiche können Sie mit der Maus schnell ändern: Zeigen Sie auf eine der Trennlinien, so erscheint als Mauszeiger ein Doppelpfeil und Sie können mit gedrückter linker Maustaste die Linie in eine der beiden Richtungen verschieben.

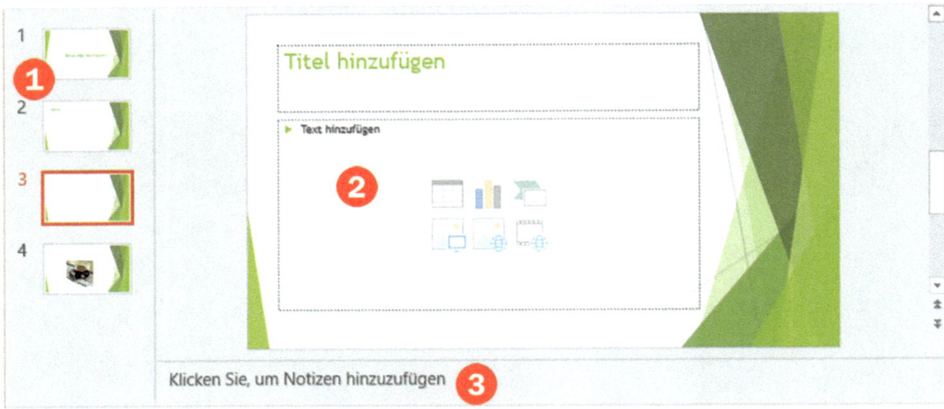

Navigationsbereich

- Der Navigationsbereich links listet alle Folien der aktuellen Präsentation in der Miniaturansicht auf. Mit Klick auf eine Folie wird diese im Arbeitsbereich angezeigt und kann hier bearbeitet werden.
- Ferner können Sie im Navigationsbereich die Präsentationsfolien organisieren:
  - Sie können eine Folie durch Ziehen mit gedrückter Maustaste schnell an eine andere Stelle der Präsentation verschieben.
  - Um eine Folie zu kopieren oder zu löschen, klicken Sie im Navigationsbereich mit der rechten Maustaste auf die betreffende Folie und klicken auf den entsprechenden Befehl.

Notizenbereich

Der Notizenbereich bietet Platz für Anmerkungen und befindet sich in der Ansicht Normal unterhalb des Arbeitsbereichs. Sollte er nicht sichtbar sein, so klicken Sie in der Statusleiste oder Im Register *Ansicht* auf *Notizen*. Mit diesem Symbol wird der Notizenbereich auch wieder ausgeblendet.

Bild 3.52 Notizen anzeigen/ausblenden

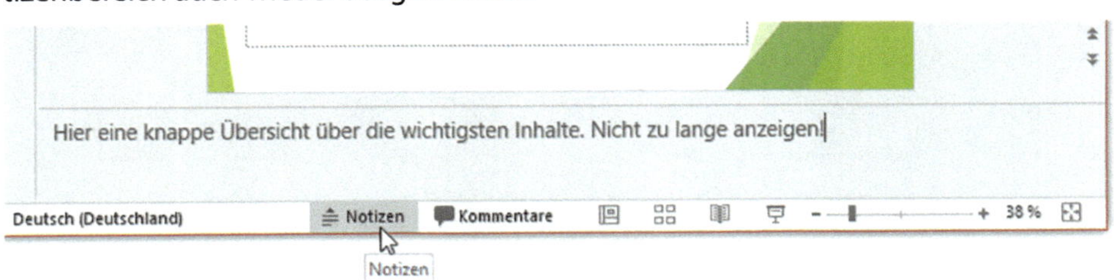

Ihre Notizen sind später während der Bildschirmpräsentation in der Referentenansicht ausschließlich für den Vortragenden sichtbar und können zusammen mit der Präsentation auch als Handzettel ausgedruckt werden.

Die Anzeige im Arbeitsbereich vergrößern und verkleinern (Zoomen)

Zum Vergrößern oder Verkleinern der Anzeige im Arbeitsbereich benutzen Sie am besten den Zoombereich der Statusleiste: Klicken Sie entweder mehrmals auf die Symbole - bzw. + oder verschieben Sie den Regler dazwischen ❶ mit gedrückter linker Maustaste. Alternativ können Sie, wie in allen Office-Anwendungen, zum Zoomen das Mausrad bei gleichzeitig gedrückter Strg-Taste verwenden.

Tipp: Mit Klick auf das Symbol *Folie an das aktuelle Fenster anpassen* ❷ wird der Zoomfaktor entsprechend der Fenstergröße gewählt und auch dann automatisch angepasst, wenn Sie später das Fenster maximieren oder verkleinern.

Die Schaltflächen *Zoom* und *An Fenster anpassen* finden Sie außerdem im Register *Ansicht*, Gruppe *Zoom* (siehe Bild 3.54).

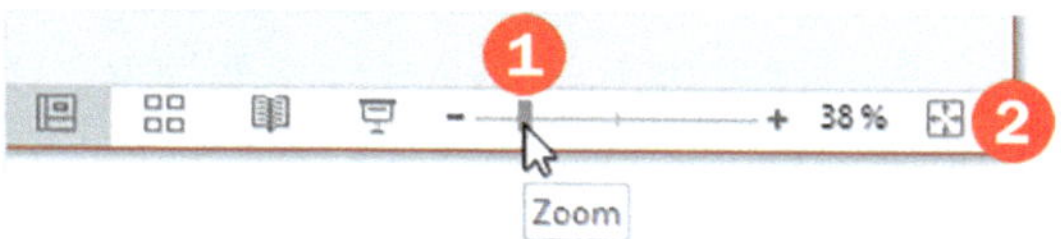

Bild 3.53 Zoom in der Statusleiste

Bild 3.54 ... und im Register Ansicht

Lineal

Ein vertikales und horizontales Lineal dient als Orientierungshilfe beim Ausrichten von Elementen in der Folie. Sie blenden das Lineal über das gleichnamige Kontrollkästchen im Register *Ansicht*, Gruppe *Anzeigen* ein und aus. Im Gegensatz zu Microsoft Word befindet sich der Ursprung des Lineals bei 0 cm in der Mitte der Folie und erleichtert so die Zentrierung.

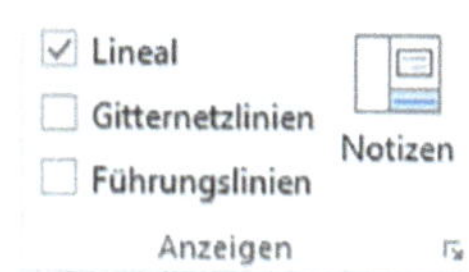

Bild 3.55 Lineal

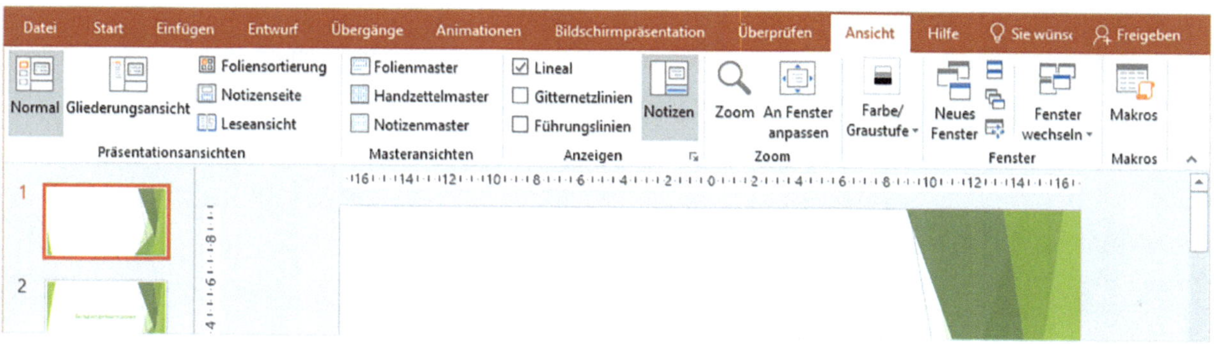

Gitternetz- und Führungslinien

Als weiteres Hilfsmittel zur Ausrichtung von Objekten, beispielsweise Grafiken, können im Register *Ansicht* über weitere Kontrollkästchen Gitternetzlinien ❶ und Füh-

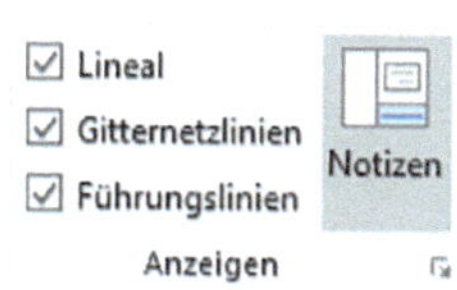

rungslinien ❷ ein- und ausgeblendet werden. Näheres hierzu lesen Sie in Kapitel 6 dieses Buches.

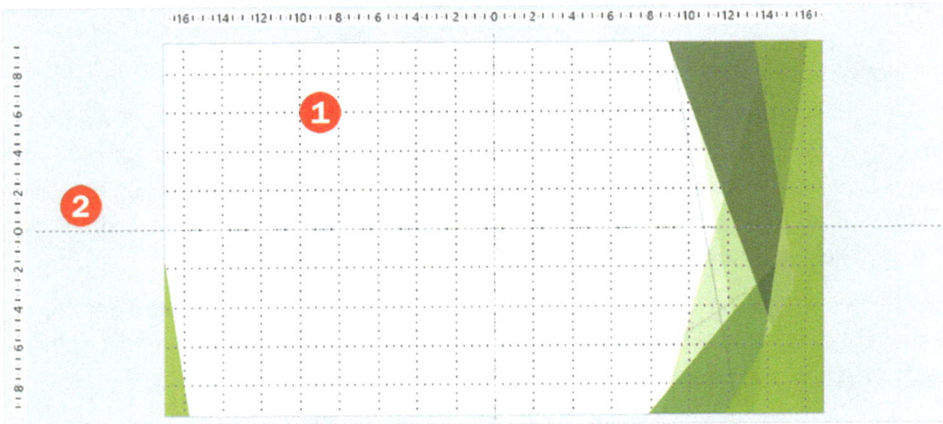

Bild 3.56 Gitternetz und Führungslinien

Gliederung anzeigen

Die *Gliederungsansicht* unterscheidet sich von der Ansicht *Normal* eigentlich nur dadurch, dass der Navigationsbereich statt der Folien deren Textinhalte als Gliederung anzeigt und Sie den Text hier ebenfalls bearbeiten können. Besonders nützlich: Eine vorhandene Gliederung kann über die Zwischenablage aus Word übernommen werden. Dazu platzieren Sie den Cursor im Navigationsbereich an der gewünschten Stelle einer Folie und fügen die Absätze mit den Tasten Strg+V oder über das Register *Start* ▶ *Zwischenablage* ▶ *Einfügen* hier ein.

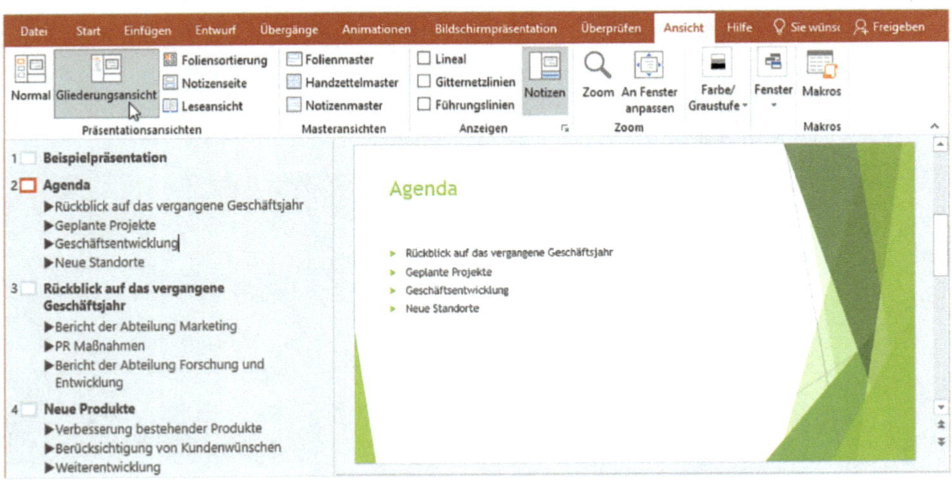

Bild 3.57 Präsentation in der Gliederungsansicht

Mit Klick auf die Ansicht *Normal* erscheinen im Navigationsbereich statt der Gliederung wieder die Folien.

Tipp: Über die rechte Maustaste lassen sich die Gliederungsebenen aus- und wieder einblenden.

In dieser Ansicht lassen sich auch einzelne Gliederungspunkte mit der Maus leicht zwischen den Folien verschieben: Zeigen Sie in der Gliederung auf einen Absatz, so erscheinen links von diesem vier Richtungspfeile ❶ und Sie können den Absatz mit gedrückter linker Maustaste nach oben oder unten verschieben ❷. Der Absatz selbst erscheint erst nach dem Loslassen der Maustaste am Zielort ❸.

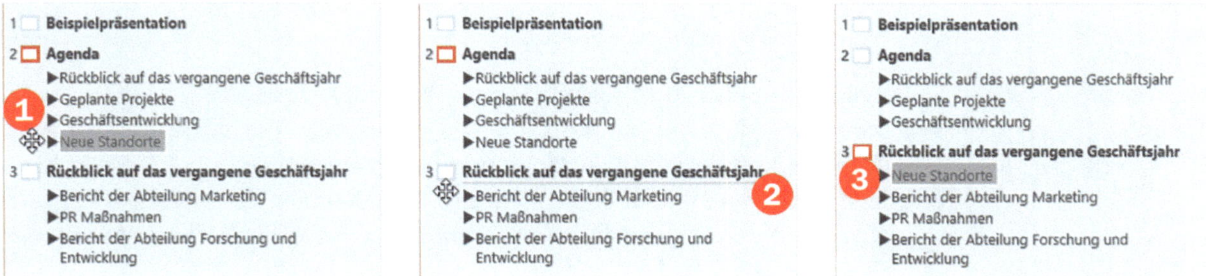

Bild 3.58 Absatz in der Gliederungsansicht verschieben

Die übrigen Ansichten

Folien in der Ansicht Foliensortierung verwalten

Einen schnellen Überblick, insbesondere in umfangreichen Präsentationen, erhalten Sie mit der Ansicht *Foliensortierung*. Diese zeigt alle Folien im Arbeitsbereich als Miniatur an, die Navigationsleiste ist nicht sichtbar.

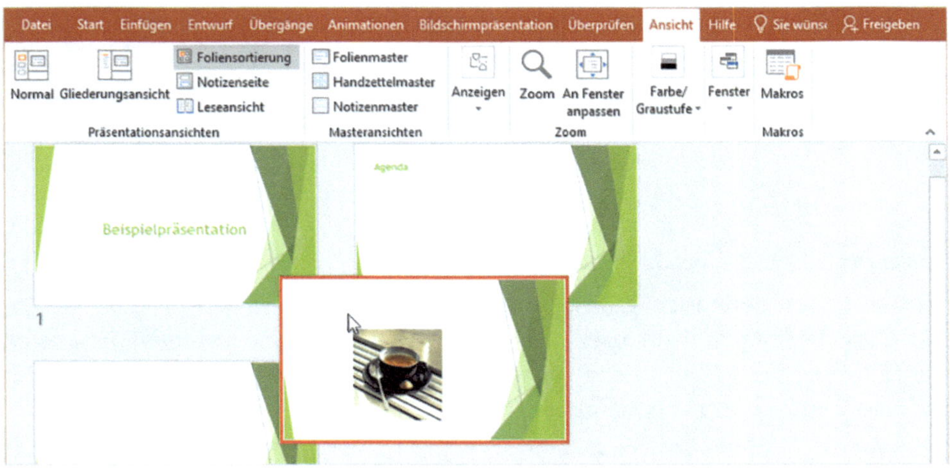

Bild 3.59 Ansicht Foliensortierung: Folien verschieben

Zum Ändern der Reihenfolge ziehen Sie einfach die betreffende Folie mit gedrückter linker Maustaste an die gewünschte Stelle. Eine Folienbearbeitung ist in der Ansicht *Foliensortierung* nicht möglich. Dafür können Sie, wie im Navigationsbereich der Ansicht *Normal*, über die rechte Maustaste Folien löschen oder kopieren.

All dies funktioniert allerdings auch im Navigationsbereich der Ansicht *Normal*. Die Ansicht *Foliensortierung* ist dazu nicht zwingend erforderlich.

Leseansicht

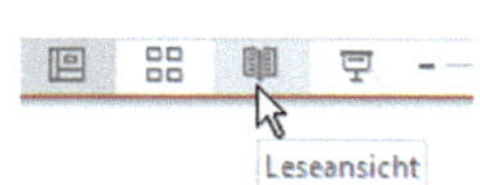

Die *Leseansicht* entspricht weitgehend der Ansicht *Bildschirmpräsentation*, wird jedoch nicht im Vollbildmodus, sondern innerhalb des PowerPoint-Fensters ausgeführt. Die restliche Arbeitsumgebung ist, mit Ausnahme einiger Navigationselemente in der Statusleiste, ausgeblendet. Sie eignet sich daher in erster Linie, um schnell einzelne Folien ohne störende Arbeitsumgebung zu kontrollieren. Eine Bearbeitung des Folieninhalts ist in der Leseansicht nicht möglich.

Zur Navigation können Sie dieselben Tasten wie in der Ansicht *Bildschirmpräsentation* oder die kleinen Pfeile der Statusleiste verwenden ❶. Mit Klick auf das Symbol *Menü* ❷ öffnen Sie ein kleines Menü, das es unter anderem erlaubt, einen Ausschnitt zu vergrößern oder die Präsentation zu drucken. Zum Beenden der Leseansicht klicken Sie entweder in der Statusleiste auf das Symbol *Normal* ❸, wählen im Menü *Folien bearbeiten* oder drücken die Esc-Taste.

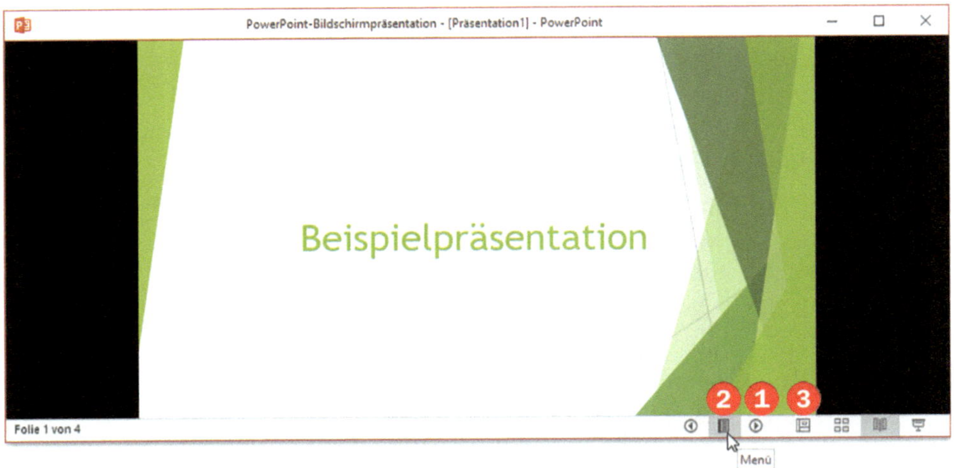

Bild 3.60 Navigation in der Leseansicht

Vortragsnotizen in der Ansicht Notizenseite hinzufügen

Während Sie in der Ansicht *Normal* im Notizenbereich lediglich per Tastatur Ihre Anmerkungen eingeben können, erlaubt die Ansicht *Notizenseite* auch das Formatieren der Notizen. Da die Notizenseiten später auch gedruckt werden können, lassen sich auf diese Weise gleichzeitig Handzettel erstellen.

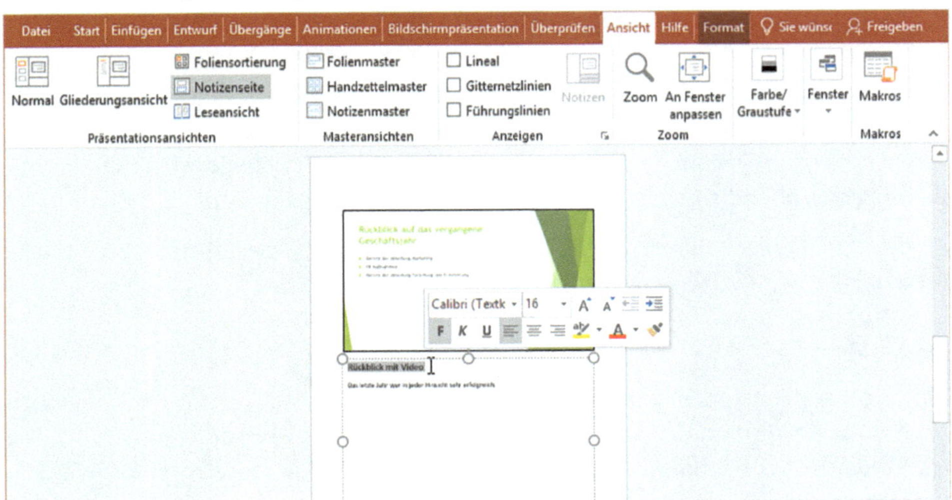

Bild 3.61 Vortragsnotizen in der Ansicht Notizenseite hinzufügen und formatieren

In dieser Ansicht befindet sich jede Folie als Bild auf einer Druckseite, standardmäßig im A4-Format. Unterhalb erhalten Sie ein Textfeld, in das Sie Ihren Text eingeben und über die Symbole des Registers *Start* oder des Kontextmenüs formatieren können.

Wichtig: Ihre Notizen erscheinen nicht in der Bildschirmpräsentation und sind für den Vortragenden nur in der Referentenansicht sichtbar.

Bildschirmpräsentation anzeigen

Die aktuelle Folie in der Bildschirmpräsentation kontrollieren

In der Statusleiste finden Sie auch das Symbol *Bildschirmpräsentation*. Es startet allerdings die Präsentation ab der aktuellen Folie und dient somit weniger zum Vorführen, sondern zur schnellen Kontrolle der aktuellen Folie. Mit der Esc-Taste beenden Sie die Präsentation schnell wieder und kehren zur vorherigen Ansicht, meist *Normal*, zurück.

Bild 3.62 Aktuelle Folie in der Bildschirmpräsentation anzeigen

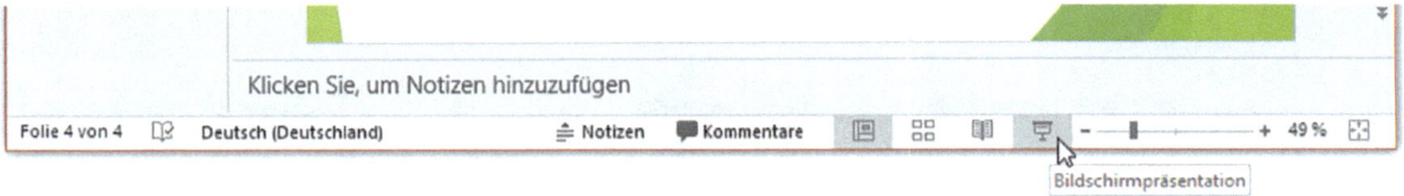

Bildschirmpräsentation starten

Wenn Sie dagegen die Bildschirmpräsentation starten möchten, wechseln Sie im Menüband zum Register *Bildschirmpräsentation*. Hier finden Sie alle nötigen Befehle zum Vorführen einer Präsentation. Kapitel 9 dieses Buches befasst sich ausführlich mit diesem Thema.

Klicken Sie in der Gruppe *Bildschirmpräsentation starten* auf die Schaltfläche *Von Beginn an* oder drücken Sie die Taste F5. Die Schaltfläche *Ab aktueller Folie* entspricht dagegen dem Symbol in der Statusleiste.

Bild 3.63 Bildschirmpräsentation starten

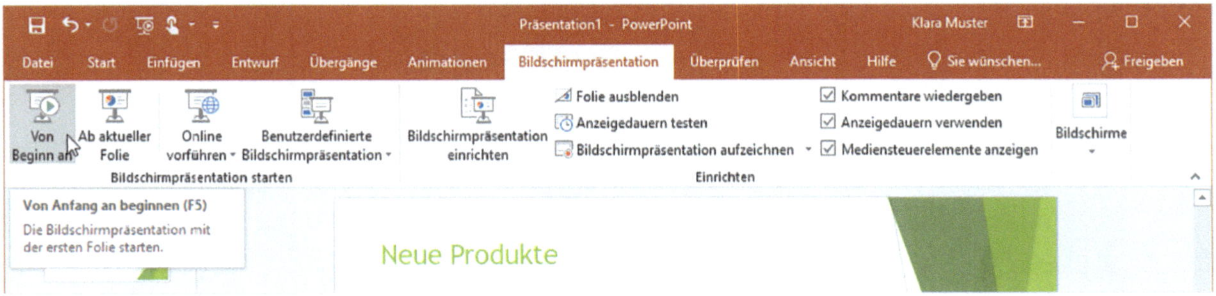

Mit Drücken der Esc-Taste können Sie jederzeit die Bildschirmpräsentation abbrechen und zur Ansicht *Normal* bzw. zur letzten Arbeitsansicht zurückkehren. Nach der letzten Folie erscheint ein schwarzer Bildschirm mit einem entsprechenden Hinweis. Dann genügt ein Mausklick an eine beliebige Stelle, um die Präsentation wieder in der Ansicht *Normal* anzuzeigen.

Bild 3.64 Die Titelfolie während der Bildschirmpräsentation

Bild 3.65 Nach der letzten Folie erscheint ein schwarzer Bildschirm. Klicken Sie, um zur Ansicht Normal zurückzukehren.

3.8 Präsentation im Team bearbeiten

Präsentation für andere Personen freigeben

Sie können eine Präsentation auch gemeinsam mit mehreren Personen im Team bearbeiten. Auf einem gemeinsamen Laufwerk in einem Netzwerk stellt dies normalerweise kein Problem dar. Soll allerdings von anderen Orten außerhalb des Netzwerks Zugriff auf die Datei möglich sein, so können Sie die Präsentation in der Cloud speichern und für bestimmte Personen freigeben.

1 Um die aktuelle Präsentation freizugeben, klicken Sie rechts oben auf *Freigeben* ❶. Damit öffnet sich am rechten Rand des PowerPoint-Fensters der Aufgabenbereich *Freigeben*.

2 Im ersten Schritt müssen Sie die Präsentation auf *OneDrive* oder *Office 365 SharePoint* speichern, klicken Sie dazu auf *In der Cloud speichern* ❷. Wählen Sie anschließend den genauen Speicherort und geben Sie einen Dateinamen ein.

Eine zweite Möglichkeit der Freigabe erhalten Sie im Register *Datei* mit Klick auf *Freigeben*. Klicken Sie hier auf *Für Personen freigeben*.

Bild 3.66 Präsentation in der Cloud speichern

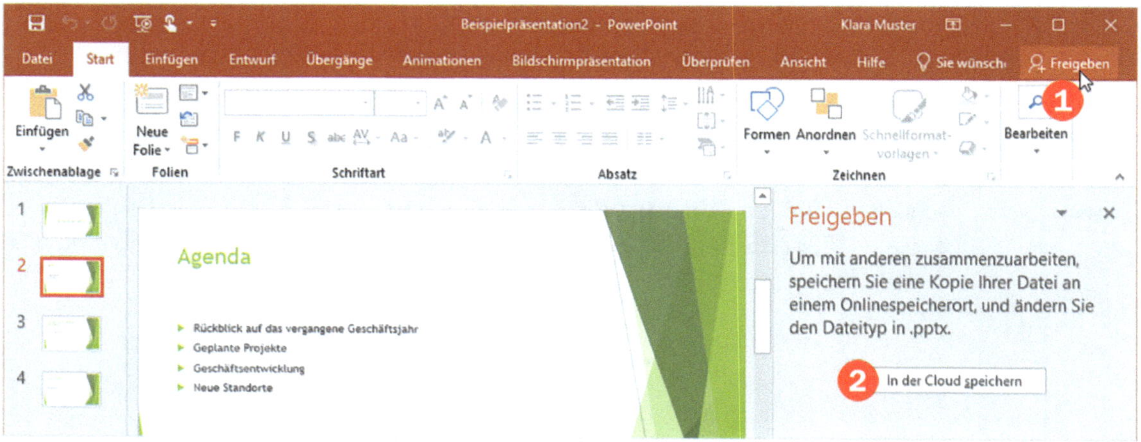

3 Anschließend können Sie die Personen angeben, denen Sie die Präsentation freigeben möchten (Bild 3.67). Klicken Sie dazu in das Feld *Personen einladen* und geben Sie die E-Mail-Adresse ein ❸, mehrere Adressen trennen Sie durch Semikolon (;). Oder klicken Sie daneben auf das Symbol *Adressbuch*, um die E-Mail Adressen auszuwählen.

4 Im Feld darunter ist die Berechtigung *Kann bearbeiten* ❹ standardmäßig ausgewählt. Die Alternative *Kann anzeigen* bedeutet, die Präsentation kann nur geöffnet werden, eine Bearbeitung ist nicht möglich. Optional können Sie unterhalb einen kurzen Nachrichtentext eingeben.

5 Klicken Sie zuletzt auf *Freigeben* ❺.

Bild 3.67 Personen einladen, Freigabeberechtigung auswählen

Einen Freigabelink erzeugen und versenden

Statt einer Einladung per E-Mail können Sie auch einen Freigabelink abrufen und diesen anschließend weitergeben. Klicken Sie dazu im Aufgabenbereich *Freigeben* auf *Einen Freigabelink abrufen* ❶, die Angabe einer E-Mail-Adresse ist in diesem Fall nicht erforderlich. Anschließend klicken Sie, je nach Link, auf die entsprechende Schaltfläche, im Bild unten *Bearbeitungslink erstellen* ❷.

- Ein *Bearbeitungslink* erlaubt das Bearbeiten des Dokuments.
- Mit *Reiner Anzeigelink* kann das Dokument nur angezeigt, nicht aber bearbeitet werden.

Der Link erscheint in einem Feld. Klicken Sie zum Markieren in das Feld ❸ und anschließend auf die Schaltfläche *Kopieren* ❹, um den Link in die Zwischenablage zu kopieren. Aus dieser können Sie den Link anschließend mit den Tasten Strg+V in eine E-Mail oder anderweitig einfügen.

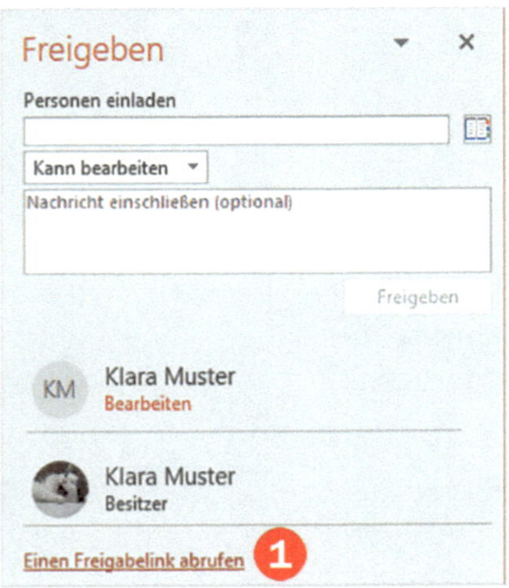

Bild 3.68 Freigabelink abrufen

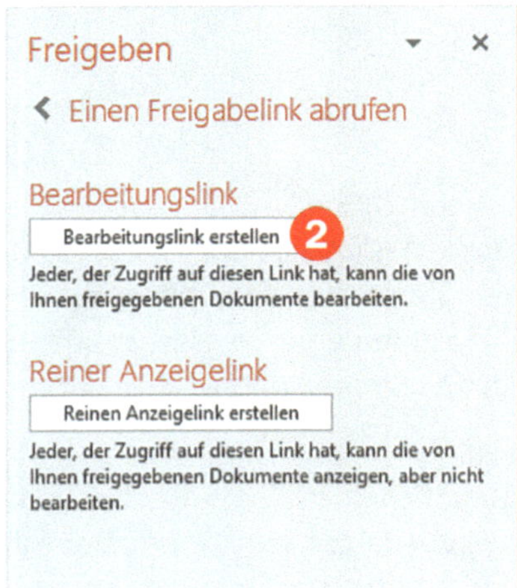

Bild 3.69 Bearbeitungslink erstellen

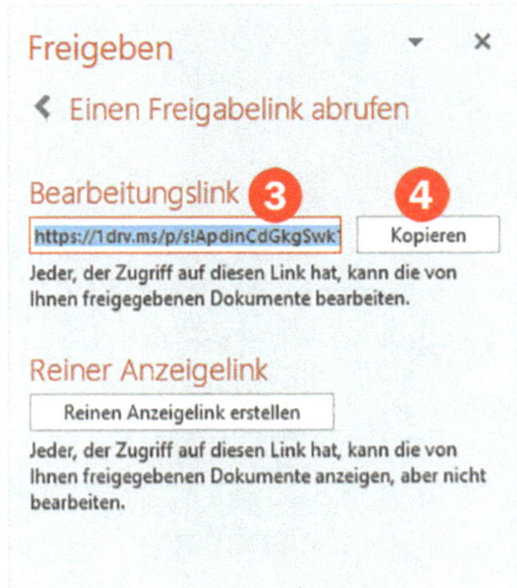

Bild 3.70 Link kopieren

Tipp: Einen Freigabelink bzw. Bearbeitungslink können Sie auch abrufen, indem Sie im Register *Datei* auf *Freigeben* und auf *E-Mail* klicken. Wenn die Präsentation in der Cloud gespeichert ist, dann steht hier ebenfalls die Möglichkeit *Einen Link senden* zur Verfügung. Im Gegensatz zur oben beschriebenen Methode wird der Link automatisch in eine neue E-Mail Nachricht eingefügt und diese geöffnet. Sie müssen nur noch die Empfänger eintragen und können vor dem Senden einen Nachrichtentext eingeben.

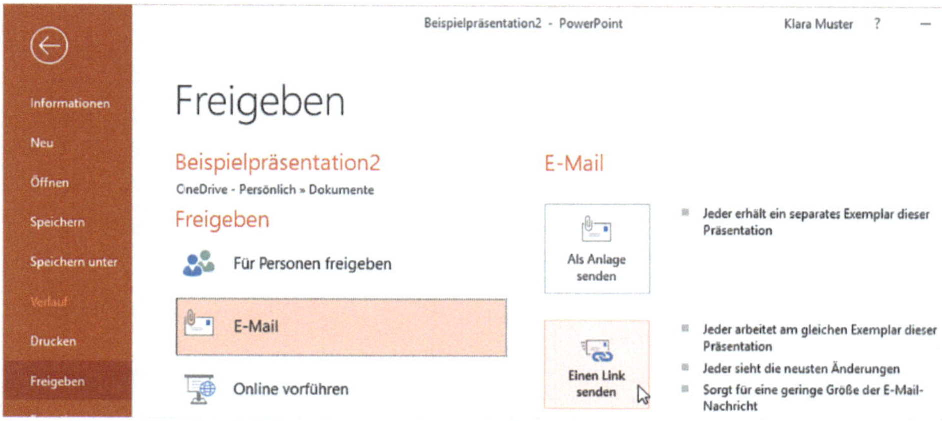

Bild 3.71 Register Datei - Freigeben per E-Mail

Freigabe aufheben

Die Freigaben werden im Aufgabenbereich *Freigeben* unterhalb des Besitzers aufgelistet. Personen, denen Sie einen Bearbeitungslink gesendet haben, können hier nicht namentlich aufgeführt werden, stattdessen erscheint *Jeder mit einem Bearbeitungslink*.

Wenn Sie eine Freigabe aufheben möchten, dann klicken Sie mit der rechten Maustaste auf die betreffende Person und auf *Benutzer entfernen* oder Rechtsklick auf *Jeder mit einem Bearbeitungslink* und auf *Link deaktivieren*.

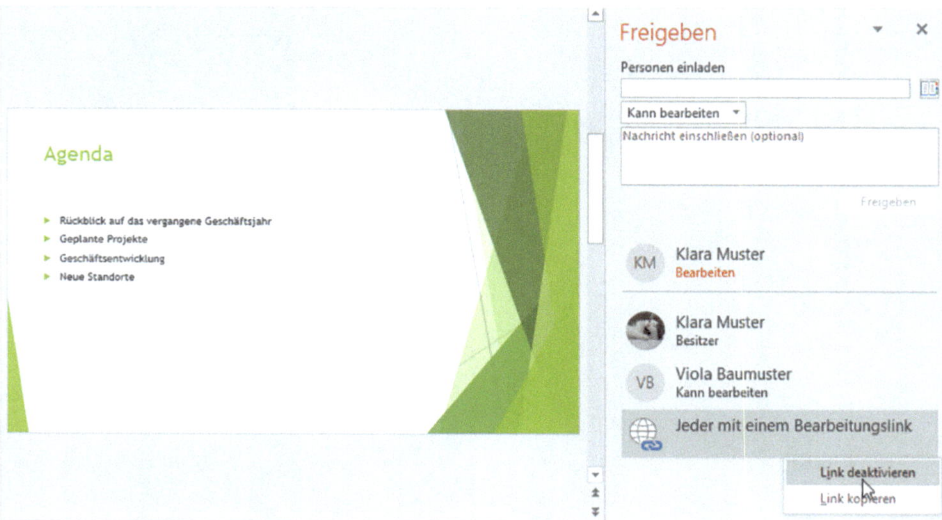

Bild 3.72 Freigabe aufheben

Eine freigegebene Präsentation öffnen

Wenn Sie einen Freigabelink per E-Mail erhalten haben, dann öffnet ein Klick auf den Link die freigegebene Präsentation in Ihrem Standardbrowser zunächst mit PowerPoint Online.

Sie können nun im Browser die Präsentation als Bildschirmpräsentation betrachten, zum Bearbeiten klicken Sie in der Leiste oben auf *Präsentation bearbeiten*. Wenn Sie mit einem Microsoft-Konto angemeldet sind, können Sie hier neben einer eingeschränkten Bearbeitung im Browser die Präsentation auch mit PowerPoint öffnen. Außerdem sind Sie als angemeldeter Benutzer auch mit Ihrem Namen für den Besitzer der Präsentation sichtbar. Allerdings werden die diversen Änderungen anderer erst beim Speichern synchronisiert und damit bei Ihnen sichtbar.

Neben inhaltlichen Änderungen haben Sie auch die Möglichkeit, Kommentare einzufügen, Näheres hierzu in Kapitel 9 auf Seite 321.

Bild 3.73 Die freigegebene Präsentation erscheint im Browser

4 Neue Präsentation erstellen und anpassen

In diesem Kapitel lernen Sie...

- Mit einer leeren Präsentation starten
- Folien hinzufügen und Folienlayout wählen
- Design und Farben der Präsentation anpassen
- Eigene Farben zusammenstellen
- Benutzerdefiniertes Design erstellen und speichern
- Poster und Broschüren mit PowerPoint erstellen

Das sollten Sie bereits wissen

- Befehlseingabe in PowerPoint
- Die PowerPoint-Ansichten
- Grundlagen der Texteingabe
- Präsentation speichern und öffnen

4.1 Die Ausgangsmöglichkeiten

Bei Präsentationen kommt es nicht nur auf den Inhalt, sondern auch auf die optische Gestaltung an. Einheitlich gestaltete Präsentationen wirken professionell und erleichtern dem Publikum die Orientierung. So lassen sich beispielsweise durch den gezielten Einsatz von Farben Informationen verdeutlichen und Aussagen transportieren, während allzu „bunte" Darstellungen und eine Vielzahl unterschiedlicher Schriften oft nur verwirrend wirken.

Um spätere Änderungen und den damit verbundenen Arbeitsaufwand möglichst gering zu halten, sollten Sie sich vor der Erstellung einer Präsentation überlegen, wie Sie beginnen möchten. Sie haben die Wahl zwischen folgenden Möglichkeiten:

- **Eine Vorlage oder ein Design verwenden**
  Vorlagen und Designs sind fertig gestaltete Musterpräsentionen für verschiedene Zwecke. Sie enthalten manchmal auch bereits mehrere Folien und Sie brauchen nur noch Ihre Inhalte in die entsprechenden Folien einfügen, nicht benötigte löschen und eventuell weitere Folien durch Kopieren hinzufügen. Online finden Sie auch Vorlagen für einzelne Folien, die Sie in Ihre Präsentation einfügen können. Ein Beispiel für Vorlagen haben Sie in Kapitel 2 kennengelernt.

  Vorlagen stellen nur selten die optimale Lösung dar. Allerdings lassen sich viele davon entweder mithilfe mitgelieferter Varianten farblich variieren oder Sie passen selbst Farben, Schriften und das Layout an Ihre Vorstellungen bzw. an die Vorgaben des Corporate Designs Ihrer Firma an.

- **Eine Präsentation komplett neu gestalten**
  Als Alternative beginnen Sie mit einer leeren neutralen Präsentation. Diese können Sie völlig neu nach Ihren Vorstellungen gestalten. Da wir Ihnen mit diesem Buch die verschiedenen Werkzeuge von PowerPoint und ihre Einsatzmöglichkeiten nahebringen möchten, ist dies auch die Methode, die wir in der Folge überwiegend einsetzen werden. Außerdem können Sie mit diesen Kenntnissen jede Vorlage beliebig abändern.

  Und noch etwas: Eine individuell gestaltete Präsentation können Sie als benutzerdefiniertes Design oder als Vorlage speichern und anschließend beliebig oft für weitere Präsentationen benutzen. Näheres hierzu am Ende dieses Kapitels.

Vorlage oder leere Präsentation?

Unmittelbar nach dem Start von PowerPoint erscheint standardmäßig die Startseite und bietet neben dem Öffnen bereits gespeicherter Präsentationen die oben erwähnten Alternativen zur Erstellung einer neuen an. Sollte die Startseite nicht angezeigt werden, so klicken Sie im Menüband auf das Register *Datei* und hier auf *Neu*.

Der Unterschied: Die Startseite zeigt links zusätzlich die zuletzt verwendeten Präsentationen an, während im Register *Datei* ▶ *Neu* an dieser Stelle die Dateiaufgaben sichtbar sind. Die Auswahlmöglichkeiten im rechten Bereich sind dagegen immer gleich.

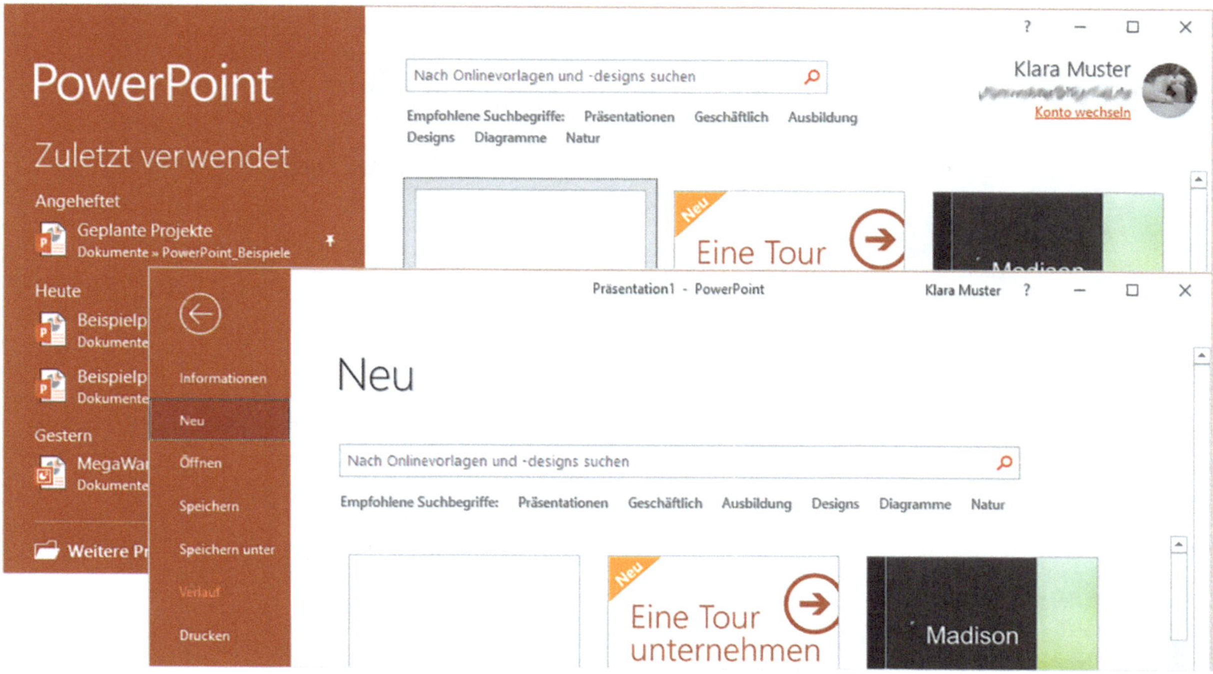

Bild 4.1 Startseite und Datei - Neu

Um mit einer leeren Präsentation zu beginnen, klicken Sie auf *Leere Präsentation*. Die neue Präsentation wird unter dem vorläufigen Namen *Präsentation1* geöffnet. Wenn Sie nacheinander mehrere neue Präsentationen erstellen, so erhalten diese der Reihe nach die Namen *Präsentation2*, *Präsentation3*, usw.. Diese Nummer spielt keine Rolle, da dies nicht der endgültige Name ist und Sie beim Speichern ohnehin einen aussagefähigen Dateinamen vergeben sollten.

Achten Sie auf das Seitenverhältnis der Folien

Neben Bildschirmpräsentationen unterstützt PowerPoint auch noch andere Präsentationsformen, z. B. als Poster auf Papier. Wenn nichts anderes angegeben wird, geht PowerPoint allerdings in der Standardeinstellung von einer Bildschirmpräsentation aus und verwendet automatisch eine entsprechende Größe.

Ein wichtiger Punkt bei Bildschirmpräsentationen betrifft das Seitenverhältnis der Folien bzw. die Frage, mit welchem Bildschirmformat die Präsentation später wiedergegeben wird. PowerPoint benutzt standardmäßig das gängige Breitbildformat 16:9, ältere Präsentationen basieren dagegen womöglich noch auf dem klassischen Bildschirmformat 4:3. Falls Sie eine Vorlage wählen, sollten Sie also unbedingt darauf achten, dass diese das richtige Seitenverhältnis verwendet.

Seitenverhältnis kontrollieren

1 Wenn Sie das Seitenverhältnis kontrollieren oder ändern möchten, dann klicken Sie auf das Register *Entwurf* und in der Gruppe *Anpassen* auf die Schaltfläche *Foliengröße* und wählen zwischen *Standard (4:3)* und *Breitbild (16:9)*.

Bild 4.2 Foliengröße kontrollieren/ändern

2 Mit dem Befehl *Benutzerdefinierte Foliengröße...* öffnen Sie das Fenster *Foliengröße* und können hier neben den oben genannten Formaten auch eine Papiergröße auswählen, falls z. B. mit PowerPoint eine Broschüre im A4- oder ein Poster im A3-Format gestaltet werden soll.

Bild 4.3 Benutzerdefinierte Foliengröße: Wählen Sie ein Papierformat

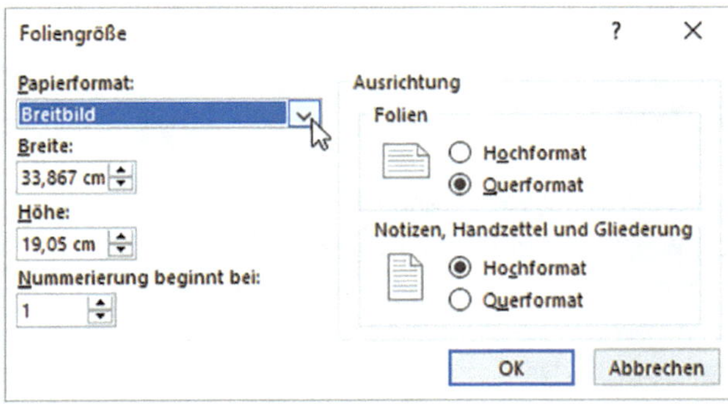

Legen Sie die Foliengröße am besten gleich zu Beginn fest, da bei späteren Änderungen bestehende Inhalte und Layouts entsprechend angeglichen werden und dadurch unbeabsichtigte Wirkungen entstehen können.

Falls Sie die Foliengröße nachträglich ändern möchten

Beim nachträglichen Wechseln vom Seitenverhältnis 16:9 auf 4:3 öffnet sich automatisch ein Fenster und bietet Ihnen zwei Möglichkeiten an, wie Sie bestehenden Inhalt an das neue Seitenverhältnis angleichen können:

- Sie können den Folieninhalt *Maximieren*, allerdings ragt dann unter Umständen der Text über den Folienrand hinaus und Platzhalter müssen entsprechend verschoben oder verkleinert werden.
- Mit der Auswahl *Passend skalieren* werden die Inhalte verkleinert.

4.2 Folientechniken

Unmittelbar nach dem Erstellen einer neuen Präsentation erscheint die erste Folie, standardmäßig im Titellayout. Klicken Sie in das Textfeld und geben Sie den Titel Ihrer Präsentation über die Tastatur ein.

Hinweis: Für das nachfolgende Beispiel wurde eine leere Präsentation als Ausgangsbasis gewählt. Falls Sie eine Vorlage bzw. ein Design verwenden, können sich Position und Aussehen der Platzhalter etwas von den Abbildungen unterscheiden.

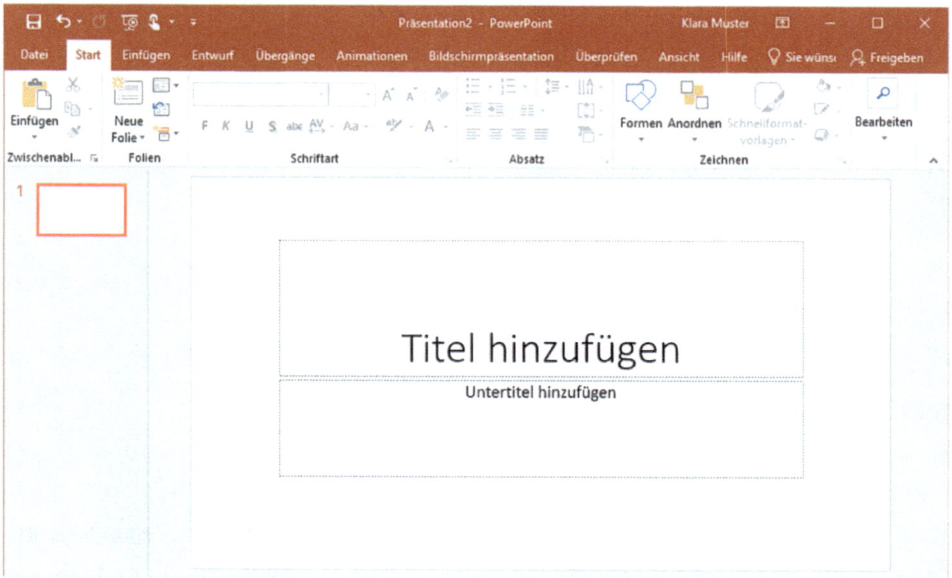

Bild 4.4 Die erste Folie mit Platzhaltern

Folien hinzufügen und Layout wählen

Was sind Folienlayouts?

Folienlayouts steuern über Platzhalter die Anordnung von Folienelementen. Sie gewährleisten ein einheitliches Erscheinungsbild der gesamten Präsentation, da sich einzelne Elemente, z. B. Folientitel, immer an derselben Stelle befinden. Die meisten PowerPoint-Vorlagen bringen mehrere Folienlayouts für verschiedene Zwecke mit, das genaue Aussehen und die Position der Platzhalter sind abhängig von der Vorlage. So kann sich beispielsweise der Titel einer Folie nicht nur oben sondern auch unten oder am linken Rand befinden.

Wie Sie eigene Folienlayouts gestalten, erfahren Sie in Kapitel 5.

Layout beim Einfügen wählen

Das Layout einer Folie wählen Sie am einfachsten gleich beim Einfügen. Beachten Sie dabei, dass die Schaltfläche *Neue Folie* zweigeteilt ist und die Auswahl eines Layouts nur über den Dropdown-Pfeil der Schaltfläche möglich ist.

1 Klicken Sie im Menüband auf das Register *Start* oder das Register *Einfügen* und in der Gruppe *Folien* auf den Dropdown-Pfeil der Schaltfläche *Neue Folie* ❶.

2 Anschließend klicken Sie auf ein Folienlayout, z. B. *Titel und Inhalt* ❷.

Bild 4.5 Neue Folie einfügen und Layout wählen

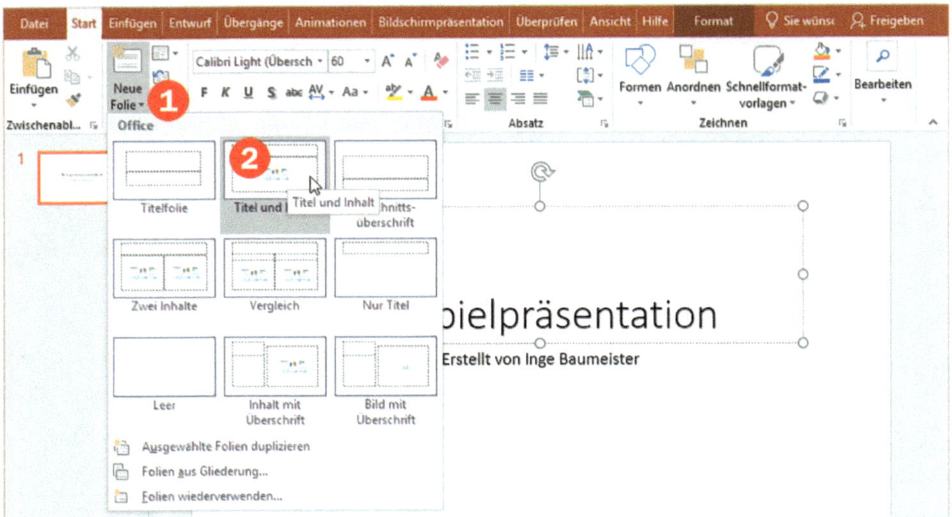

Folie im Standardlayout einfügen und Layout nachträglich ändern

Neue Folie einfügen: Strg+M.

Ein Klick direkt auf das Symbol der Schaltfläche oder die Tastenkombination Strg+M fügt eine neue Folie im Standardlayout ein, in der Regel das Layout *Titel und Inhalt*.

Bei Bedarf können Sie einer Folie auch nachträglich ein anderes Layout zuweisen. Klicken Sie dazu im Navigationsbereich mit der rechten Maustaste auf die betreffende Folie, zeigen auf *Layout* und klicken auf das gewünschte Layout.

Bild 4.6 Folienlayout nachträglich ändern

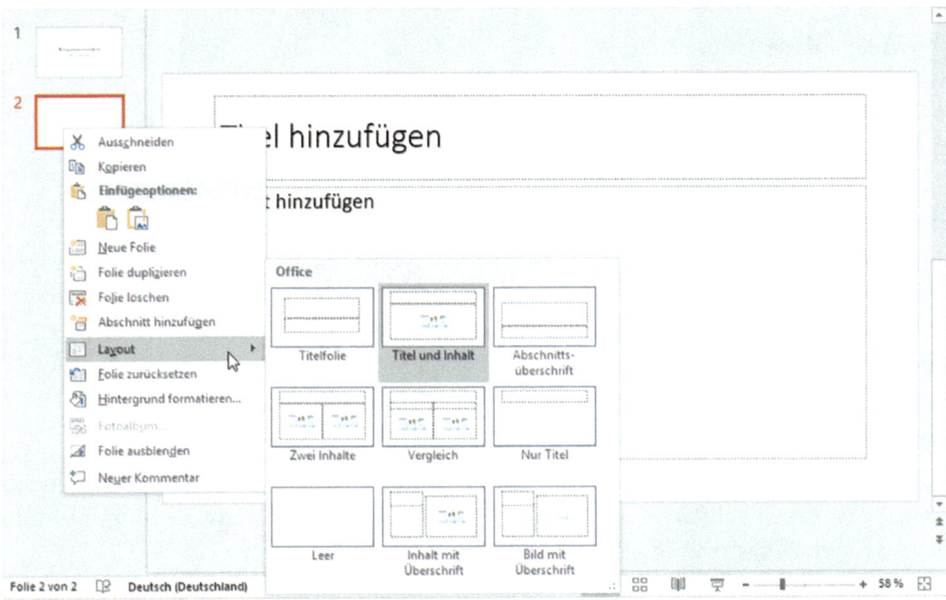

Auch über die Schaltfläche *Layout* (Register *Start* ▶ *Folien*) können Sie der aktuellen Folie ein anderes Layout zuweisen. Enthält diese Folie bereits Inhalte, dann ändert sich damit auch deren Aussehen und Position entsprechend.

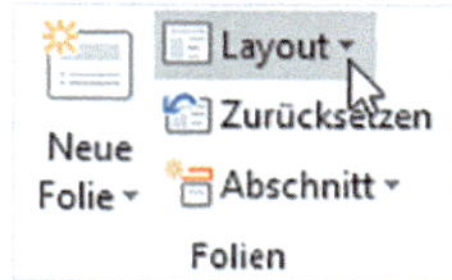

Eine neue Folie wird immer nach der aktuellen, also im Navigationsbereich markierten Folie eingefügt. In diesem Bereich verwalten Sie auch die Folien und ändern z. B. die Reihenfolge. Alternativ können Sie dazu auch zur Ansicht *Foliensortierung* wechseln.

Folien verschieben, löschen oder ausblenden

Folien löschen

Um eine nicht mehr benötigte Folie zu löschen, klicken Sie im Navigationsbereich auf die Folie und betätigen Sie dann die Entf-Taste der Tastatur. Alternativ klicken Sie im Navigationsbereich mit der rechten Maustaste auf diese Folie und auf den Befehl *Folie löschen* (Bild 4.7).

Folien verschieben

Um eine Folie an eine andere Stelle zu verschieben, ziehen Sie sie im Navigationsbereich einfach mit gedrückter linker Maustaste an die gewünschte Position (Bild 4.8). In umfangreichen Präsentationen mit zahlreichen Folien ist dazu unter Umständen die Ansicht *Foliensortierung* (Register *Ansicht*, Gruppe *Präsentationsansichten*) besser geeignet.

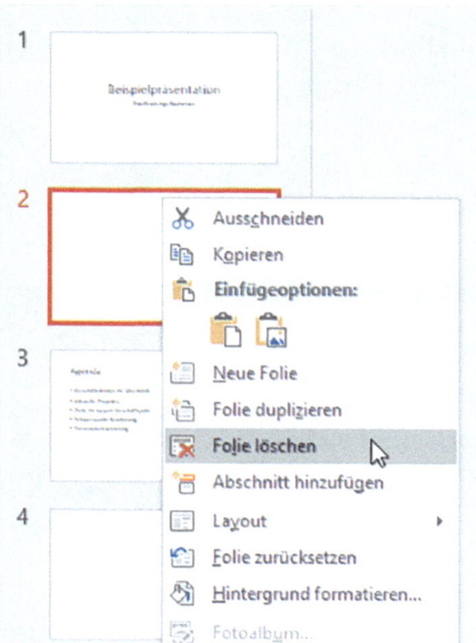

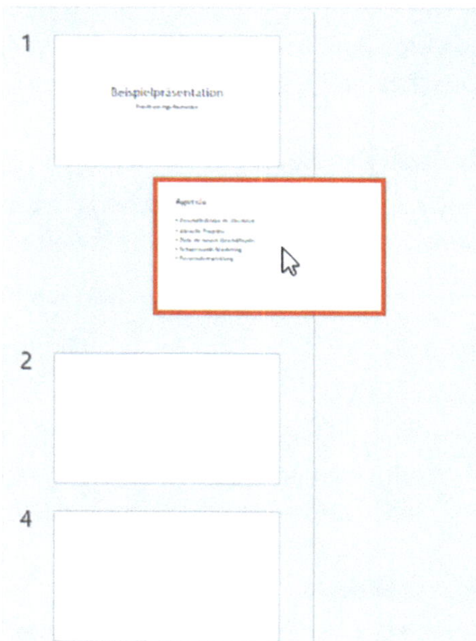

Bild 4.7 Folie löschen

Bild 4.8 Folie verschieben

Nicht benötigte Folien ausblenden

Als Alternative zum Löschen können Sie einzelne Folien auch ausblenden. Ausgeblendete Folien werden in der Bildschirmpräsentation nicht berücksichtigt, beim Drucken allerdings schon, und können später bei Bedarf wieder eingeblendet werden.

Klicken Sie dazu im Navigationsbereich mit der rechten Maustaste auf die betreffende Folie und auf *Folie ausblenden*. Denselben Befehl finden Sie auch im Menüband, Register *Bildschirmpräsentation* ❶. Ausgeblendete Folien erkennen Sie im Navigationsbereich an der durchgestrichenen Foliennummer ❷. Mit einem weiteren Klick auf *Folie ausblenden* blenden Sie die Folie wieder ein.

Bild 4.9 Folie ausblenden

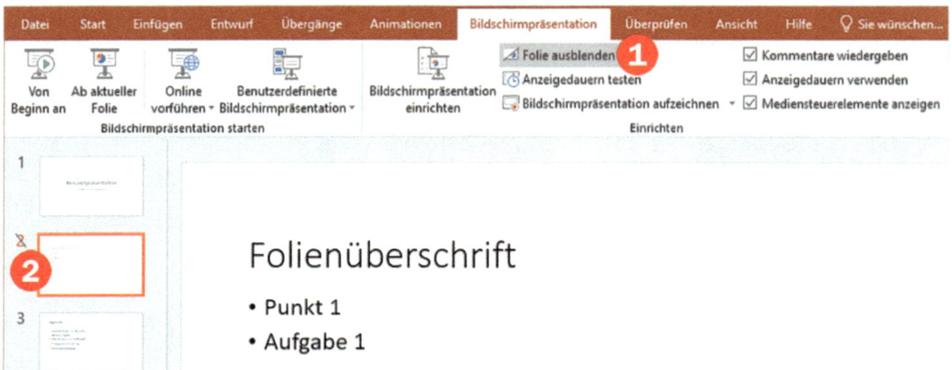

Folien kopieren

Um eine Folie zu kopieren, bieten sich in PowerPoint gleich zwei Möglichkeiten an. Entscheiden Sie selbst, welche davon für Ihre Zwecke besser geeignet ist.

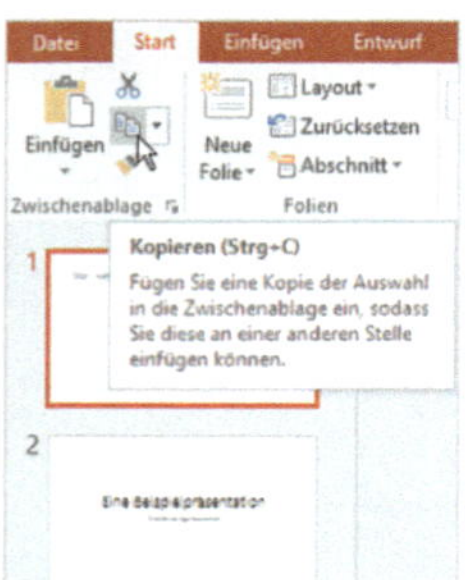

Kopieren über die Zwischenablage

Das Kopieren über die Zwischenablage, siehe Seite 50, dürfte den meisten Anwendern geläufig sein. Die Vorgehensweise bleibt immer gleich:

1. Markieren Sie im Navigationsbereich die Folie, die Sie kopieren möchten.
2. Klicken Sie im Register *Start*, Gruppe *Zwischenablage* auf die Schaltfläche *Kopieren* oder drücken Sie die Tasten Strg+C.
3. Zum Einfügen der Kopie markieren Sie diejenige Folie, **nach** der die Kopie eingefügt werden soll und klicken in derselben Gruppe des Registers *Start* auf *Einfügen* oder verwenden die Tasten Strg+V.

Den Befehl *Duplizieren* können Sie in PowerPoint auch auf alle Folienelemente, also Platzhalter, Grafiken usw. anwenden.

Folie duplizieren

Schneller geht es, wenn Sie stattdessen den Befehl *Duplizeren* verwenden. **Der Vorteil**: Die Kopie wird sofort nach der markierten Folie eingefügt, braucht also nicht mehr extra eingefügt werden. So gehen Sie vor:

1 Klicken Sie im Navigationsbereich mit der rechten Maustaste auf die betreffende Folie und wählen Sie im Kontextmenü den Befehl *Folie duplizieren*. Oder klicken Sie im Register *Start* ▶ *Zwischenablage* auf den Dropdown-Pfeil der Schaltfläche *Kopieren* und auf *Duplizieren*. Am schnellsten geht's mit der Tastenkombination Strg+D.

Duplizieren = Strg+D

2 Die Kopie wird sofort automatisch nach der markierten Folie eingefügt und kann anschließend an eine beliebige Stelle verschoben werden.

Mehrere Folien markieren

Kopieren, Duplizieren, Verschieben und Löschen kann sich nicht nur auf die aktuelle Folie, sondern auch auf mehrere markierte Folien beziehen. Um gleich mehrere davon zu markieren, klicken Sie im Navigationsbereich auf die erste Folie. Diese ist rot umrandet. Drücken Sie nun auf der Tastatur die Strg-Taste und halten Sie diese gedrückt, während Sie nacheinander auf weitere Folien klicken. Lassen Sie die Strg-Taste erst los, wenn alle gewünschten Folien markiert sind.

4.3 Farben und Schriften mithilfe von Designs anpassen

Wie die Office-Anwendungen Word und Excel verfügt auch PowerPoint über verschiedene Designs zur schnellen Gestaltung. Diese Designs stehen zusammen mit verschiedenen Varianten bei der Erstellung einer neuen Präsentation auf der Startseite zur Verfügung oder wenn Sie auf *Datei* ▶ *Neu* klicken, siehe Kapitel 2.2.

Auch nachträglich können Sie Ihrer Präsentation noch ein anderes Design und/oder eine andere Variante zuweisen. Darüber hinaus können Sie auch individuell die Farben ändern, eigene Farbgruppen zusammenstellen oder die verwendeten Schriftarten anpassen. Auch Hintergründe lassen sich in vielen Fällen ändern.

Achtung: Probleme können sich unter Umständen dann ergeben, wenn Sie in einer bestehenden Präsentation einzelne Folienelemente abweichend formatiert haben, z. B. in einer anderen Farbe. Solche Elemente müssen Sie eventuell erneut formatieren.

Design und Variante nachträglich ändern

Ein anderes Design zuweisen

Klicken Sie auf das Register *Entwurf*. Hier finden Sie in der Gruppe *Designs* die meisten Vorlagen und Designs von der Startseite wieder. Haben Sie sich beispielsweise beim Erstellen einer neuen Präsentation für eine leere entschieden, so können Sie dieser hier nachträglich ein anderes Design zuweisen. Klicken Sie in der Gruppe *Designs* auf die Schaltfläche *Weitere* ➊, um den gesamten Katalog zu öffnen.

Beim Zeigen ❷ sehen Sie bereits an der aktuellen Folie eine Vorschau ❸ und können so die Wirkung besser beurteilen. Mit einem Klick übernehmen Sie die Änderung in sämtliche Folien der aktuellen Präsentation, im Bild unten das Design *Galerie*.

Bild 4.10 Ein anderes Design wählen

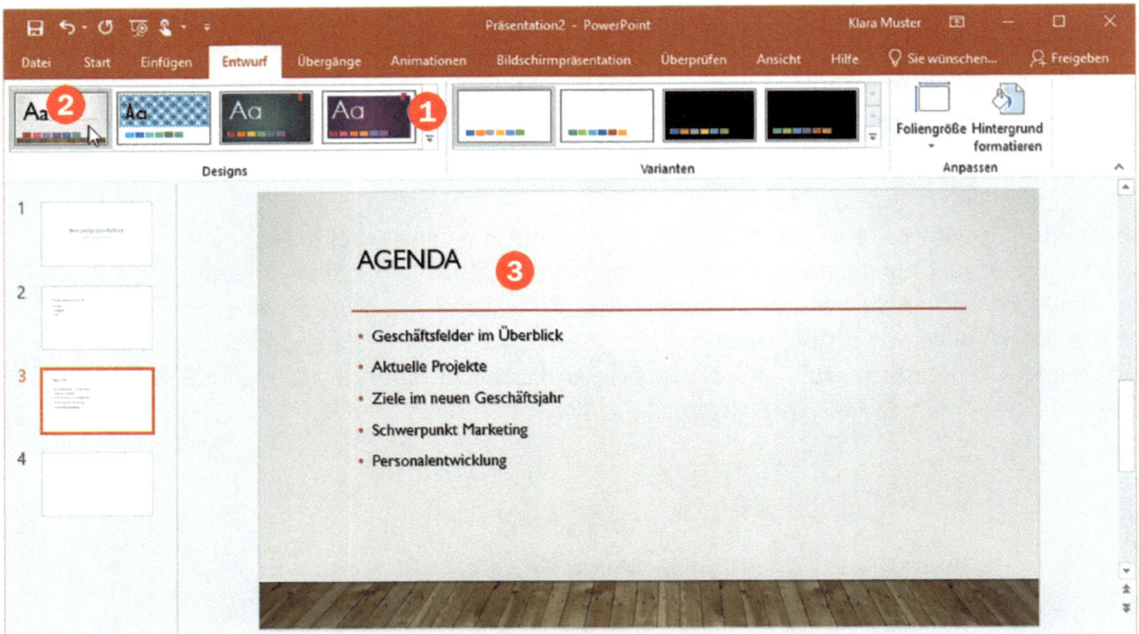

Achtung: Da jedes Design andere Farbvarianten und Folienlayouts mitbringt, ändern sich mit der Auswahl eines anderen Designs nicht nur Hintergrund, Farben und Schriften Ihrer Präsentation, sondern auch Aussehen und Position von Folienelementen, z. B. Folientitel und Text.

Eine andere Variante wählen

Beachten Sie, dass für die meisten Online-Vorlagen keine Varianten verfügbar sind.

Zu vielen Designs gehören mehrere Varianten in anderen Farben und/oder anderen Schriftarten. Die Varianten des aktuellen Designs finden Sie in der Gruppe *Varianten* (Register *Entwurf*). Auch hier erhalten Sie beim Zeigen in der aktuellen Folie eine Vorschau. Im Bild unten sehen Sie, wie sich dadurch das Beispiel aus Bild 4.10 mit dem Design *Galerie* ändern kann.

Bild 4.11 Variante wählen, Beispiel Galerie

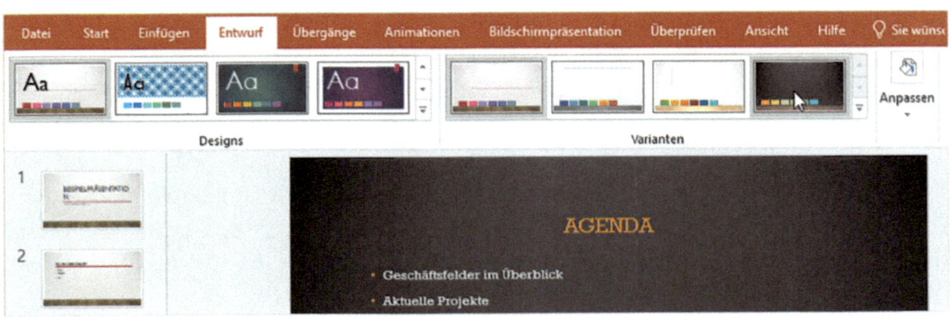

Design und Variante nur für die aktuelle Folie übernehmen?

Um ein einheitliches Aussehen zu gewährleisten, übernehmen Sie im Normalfall bzw. mit einem Mausklick Design und Variante für die gesamte Präsentation. Falls Sie trotzdem einmal ausnahmsweise ein Design, z. B. *Office*, oder eine Variante nur in die aktuelle Folie übernehmen möchten, dann klicken Sie mit der rechten Maustaste auf das Design bzw. die Variante und klicken im Kontextmenü auf *Für ausgewählte Folien übernehmen*.

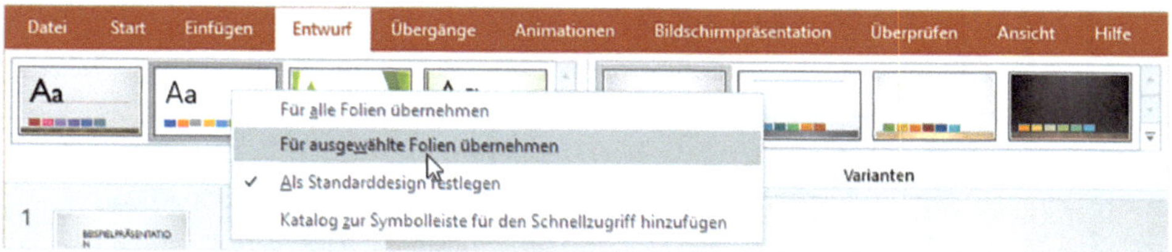

Bild 4.12 Nur für die aktuelle Folie übernehmen

Mit der Wahl eines Designs und einer darauf basierenden Variante erhalten Sie einen bestimmten Folienhintergrund, zwei Schriften, acht aufeinander abgestimmte Farben sowie grafische Effekte, z. B. für Bilder und andere grafische Elemente. Jede einzelne dieser Komponenten kann geändert werden, um das Design an individuelle Vorstellungen anzupassen. Näheres dazu lesen Sie im nächsten Punkt.

Andere Farben wählen

Über die festgelegten Farben hinaus erhalten Sie weitere Farbzusammenstellungen, wenn Sie in der Gruppe *Varianten* auf *Weitere* klicken und auf *Farben* zeigen ❶. Anhand der Vorschau in der aktuellen Folie können Sie wieder die Wirkung beurteilen und erst mit einem Klick übernehmen Sie die ausgewählte Farbzusammenstellung ❷ für die gesamte Präsentation. Auch hier gilt: Die Farben wirken sich auf alle Folien aus, mit Ausnahme von Text oder anderen Elementen, denen Sie eine abweichende Farbe zugewiesen haben.

Bild 4.13 Farben wählen

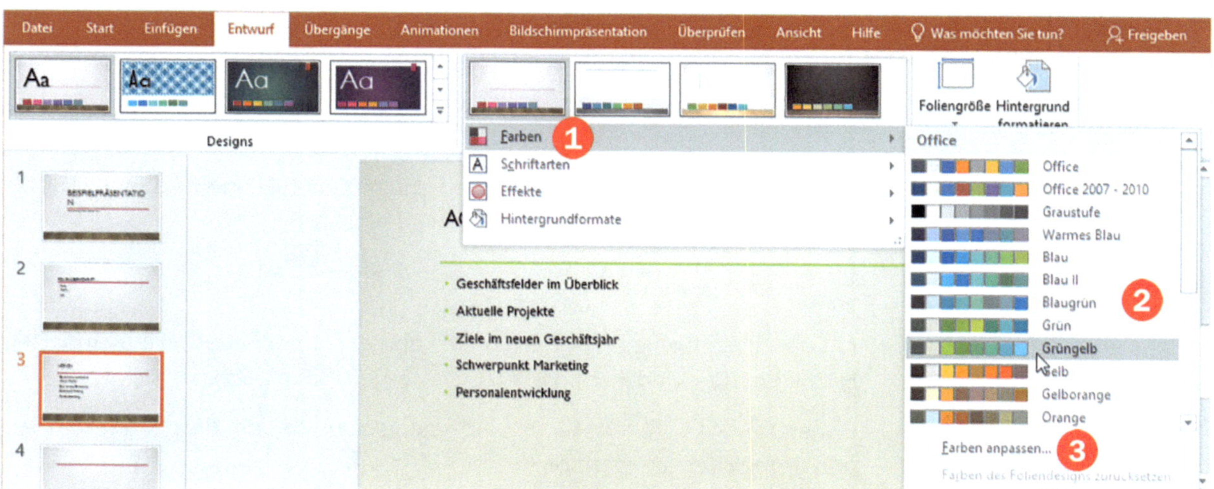

So stellen Sie Ihre eigenen Farben zusammen

Statt der vorgegebenen Farben können Sie auch eigene zusammenstellen und speichern. In diesem Fall wählen Sie am einfachsten zunächst Farben, die Ihren Vorstellungen am nächsten kommen, siehe oben.

1 Klicken Sie dann bei *Varianten* erneut auf den Pfeil *Weitere*, zeigen auf *Farben* und klicken auf *Farben anpassen...* ❸ (Bild 4.13 auf Seite 103).

2 Das Fenster *Neue Designfarben erstellen* (Bild 4.14) wird geöffnet und Sie können nun jede einzelne Designfarbe durch eine andere Farbe ersetzen. Klicken Sie dazu auf den Dropdown-Pfeil der zu ersetzenden Farbe. Hier erhalten Sie zunächst die aktuellen Designfarben sowie einige Standardfarben. Mit Klick auf *Weitere Farben...* können Sie dagegen eine völlig andere auswählen.

Bild 4.14 Benutzerdefinierte Designfarben zusammenstellen

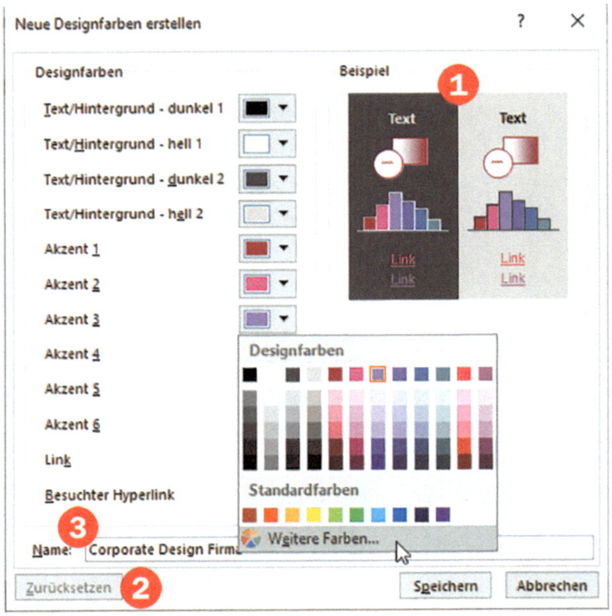

Hinweise

- *Text/Hintergrund - dunkel* und *Text/Hintergrund - hell* legen die Farben für Text und Hintergrund in zwei Varianten fest. Die Akzentfarben finden dagegen in Diagrammen und bei der Gestaltung von grafischen Elementen Verwendung. Die Vorschau ❶ gibt Ihnen einen kleinen Hinweis.
- Anhand der Vorschau können Sie auch die geänderte Farbzusammenstellung testen.
- Mit der Schaltfläche *Zurücksetzen* ❷ können Sie bei Bedarf alle geänderten Farben schnell wieder auf die Ausgangsfarben zurücksetzen.
- Geben Sie im Feld *Name* ❸ einen Namen ein, unter dem die geänderten Farben gespeichert werden sollen.

3 Ein Klick auf *Weitere Farben...* öffnet das Fenster *Farben* (Bild unten). Hier können Sie nun entweder im Register *Standard* eine der Standardfarben auswählen oder im Register *Benutzerdefiniert* die Farbe anhand ihres Farbwertes nach dem RGB-Farbmodell genau festlegen. Klicken Sie dann auf *OK*, um die Änderung zu übernehmen.

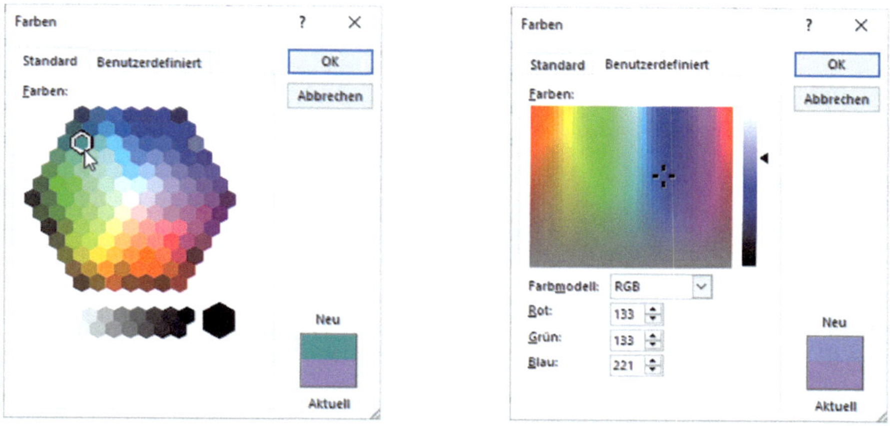

Bild 4.15 Standardfarbe oder Benutzerdefiniert

Hinweis: Das ebenfalls oft verwendete CMYK-Farbmodell wird von Microsoft Office und damit PowerPoint nicht unterstützt.

4 Nachdem Sie die Farben geändert haben, klicken Sie zuletzt auf *Speichern*. Damit werden Ihre Farben in die Präsentation übernommen und Sie finden sie in der Liste der Farben in der Gruppe *Benutzerdefiniert* (siehe Bild unten).

Hinweis: Ihre benutzerdefinierten Farben sind ab sofort nicht nur in anderen Präsentationen, sondern auch in den übrigen Office-Anwendungen, z. B. Word und Excel, verfügbar.

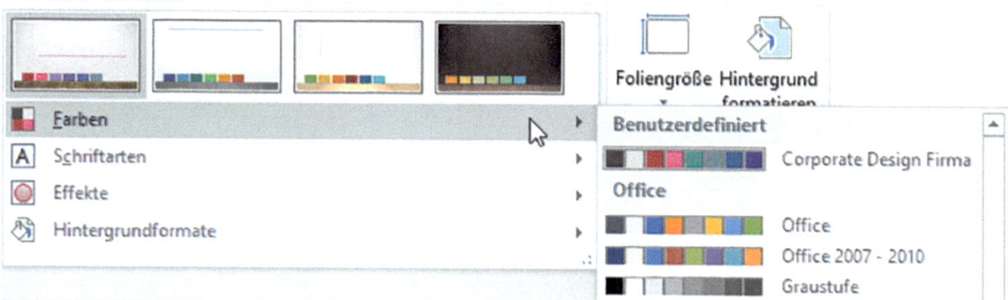

Bild 4.16 Benutzerdefinierte Farben auswählen

Benutzerdefinierte Farben nachträglich ändern

Um eine benutzerdefinierte Farbzusammenstellung nachträglich zu bearbeiten, zeigen Sie auf *Farben* und klicken mit der rechten Maustaste auf die zu ändernden Farben. Klicken Sie auf *Bearbeiten...* (Bild 4.17), um das Fenster *Designfarben bearbeiten* zu öffnen. Hier lässt sich auch nachträglich der Name ändern, falls Sie dies vergessen haben und die Farben unter *Benutzerdefiniert 1* gespeichert wurden.

Nicht mehr benötigte Farben entfernen Sie, indem Sie mit der rechten Maustaste auf die betreffende Zusammenstellung klicken und den Befehl *Löschen* verwenden.

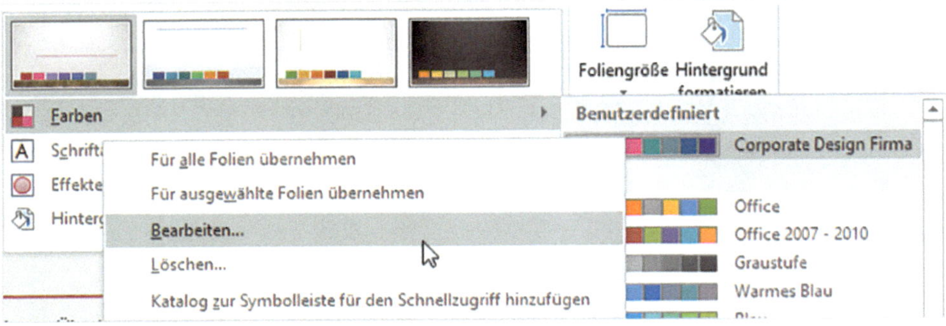

Bild 4.17 Benutzerdefinierte Farben erneut bearbeiten

Schriftarten und grafische Effekte anpassen

Schriftarten

Auf ähnliche Weise ändern Sie auch die Schriftarten des Designs: Klicken Sie in der Gruppe *Varianten* (Register *Entwurf*) auf *Weitere* und zeigen Sie auf *Schriftarten*. Wählen Sie dann entweder eine der vorgegebenen Zusammenstellungen, auch hier erhalten Sie beim Zeigen eine Vorschau in der aktuellen Folie, oder klicken Sie auf *Schriftarten anpassen...*, wenn Sie die Schriftarten selbst zusammenstellen möchten. Im Fenster *Neue Designschriftarten erstellen* können Sie je eine Schriftart für die Überschriften und eine für den übrigen Text auswählen und unter einem Namen speichern.

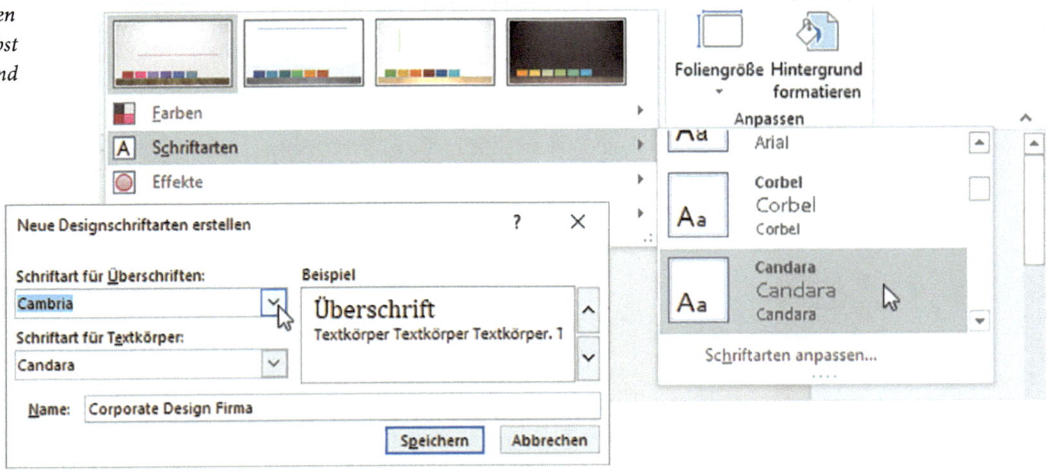

Bild 4.18 Schriftarten auswählen oder selbst zusammenstellen und speichern

Grafische Effekte

Neben *Farben* und *Schriftarten* finden Sie im Menü *Weitere* auch *Effekte*. Diese beziehen sich auf grafische Elemente, z. B. Bilder oder Formen und beinhalten Effekte wie 3D-Darstellung oder Schatten. Auch hier können Sie wieder unter verschiedenen vorgegebenen Effekten wählen. Eigene Effekte zusammenstellen ist hier dagegen nicht möglich.

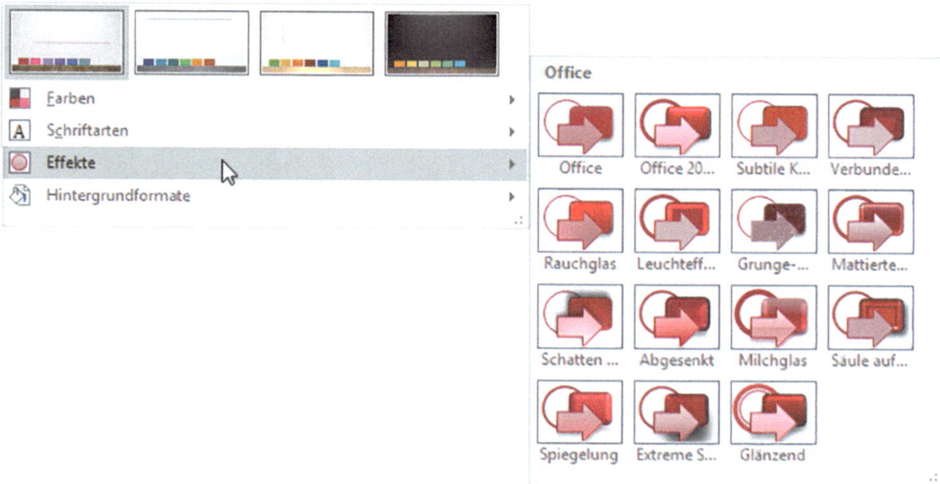

Bild 4.19 Effekte wählen

Folienhintergrund ändern

Auch den Folienhintergrund Ihrer Präsentation können Sie im Register *Entwurf* ändern. Klicken Sie dazu in der Gruppe *Varianten* auf den Pfeil *Weitere* und zeigen Sie auf *Hintergrundformate*. Das Auswahlfeld enthält in der Regel neben hellem und dunklem Hintergrund verschiedene Varianten und Farbverläufe. Auch hier erhalten Sie beim Zeigen eine Vorschau. Im Bild unten sehen Sie je ein Beispiel für hellen und dunklen Hintergrund mit Farbverlauf.

Beachten Sie, dass einige Designs für den Hintergrund auch grafische Elemente oder Bilder verwenden, wie im Beispiel unten. Diese werden durch die Auswahl eines Hintergrundformats nicht beeinflusst.

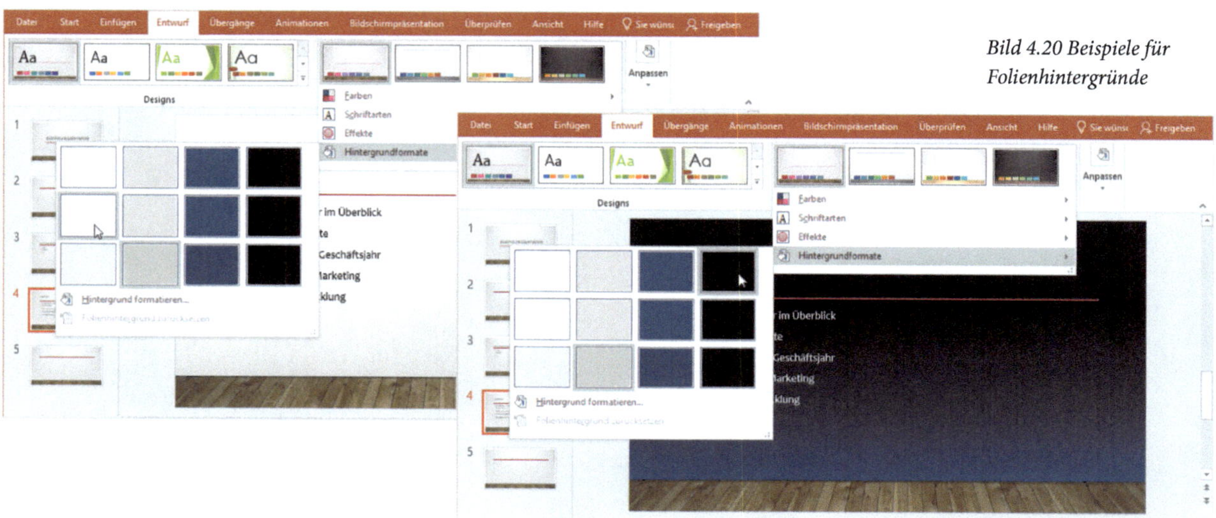

Bild 4.20 Beispiele für Folienhintergründe

Tipp: Hintergrund- und Schriftfarbe werden durch die Designfarben *Text/Hintergrund - Dunkel* und *Text/Hintergrund - Hell* festgelegt. Achten Sie daher beim Ändern dieser Farben auf gute Kontraste bzw. Lesbarkeit, siehe Seite 104. Auf diese Weise erhalten Sie durch Auswahl einer dieser Vorlagen immer helle Schrift auf dunklem Hintergrund und umgekehrt. Wenn Sie dagegen über den Befehl *Hintergrund formatieren...* eine andere Farbe auswählen, so müssen Sie auch die Schriftfarbe entsprechend anpassen (siehe Farben).

Tipps zum Ändern des Hintergrunds

- **Den Hintergrund einzelner Folien ändern**
  In manchen Fällen wird nur für einzelne Folien ein neutraler, z. B. weißer Hintergrund benötigt. Dann klicken Sie mit der rechten Maustaste auf die gewünschte Hintergrundvorlage und wählen *Für ausgewählte Folien übernehmen*.

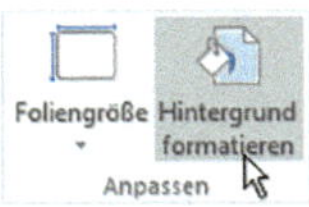

- **Hintergrundgrafiken ausblenden**
  Einige Designs enthalten Hintergrundgrafiken, die in manchen Folien störend wirken können. In solchen Fällen können Sie für die aktuelle oder für alle Folien die Hintergrundgrafik ausblenden. Dazu klicken Sie im Register *Entwurf*, Gruppe *Anpassen* auf die Schaltfläche *Hintergrund formatieren* ❶.
  - Am rechten Bildschirmrand öffnet sich der Bereich *Hintergrund formatieren* ❷. Aktivieren Sie das Kontrollkästchen *Hintergrundgrafiken ausblenden* ❸.
  - Damit wird die Grafik zunächst in der aktuellen Folie ausgeblendet. Wenn Sie die Hintergrundgrafik in allen Folien der Präsentation ausblenden möchten, dann klicken Sie auf die Schaltfläche *Auf alle anwenden* ❹.
  - Um den Bereich wieder auszublenden, klicken Sie auf Schließen ❺.

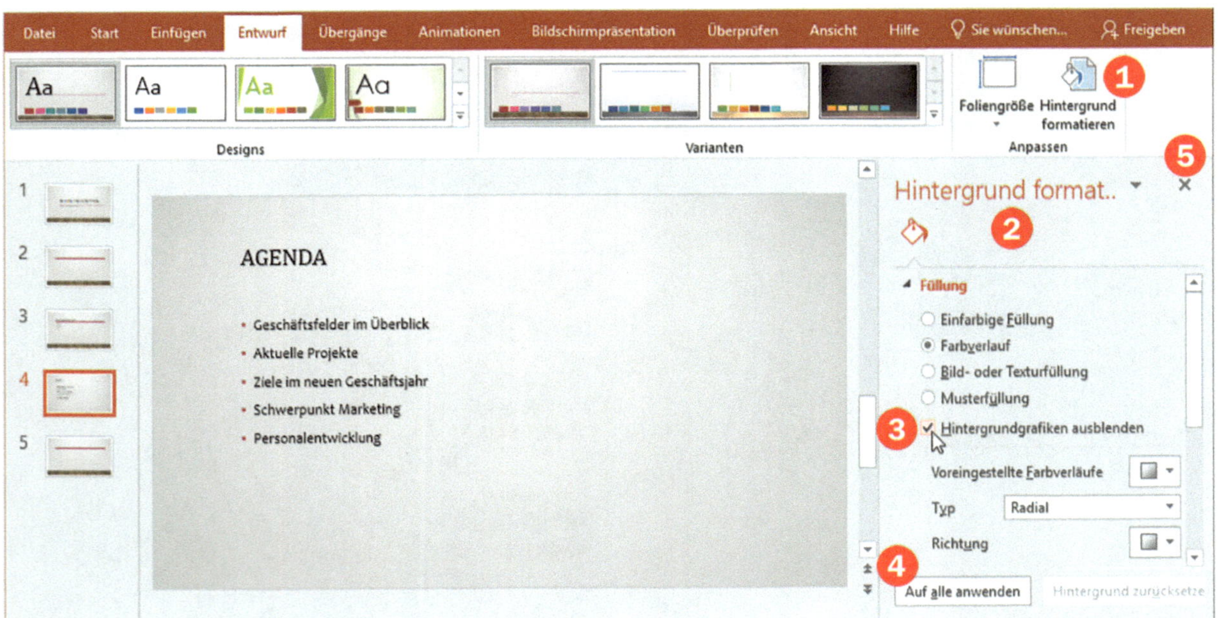

Bild 4.21 Der Aufgabenbereich Hintergrund formatieren

Einen individuellen Folienhintergrund gestalten

Wenn Sie einen individuellen Folienhintergrund gestalten möchten, dann geschieht dies ebenfalls im Aufgabenbereich *Hintergrund formatieren*.

- Um den Aufgabenbereich zu öffnen, klicken Sie im Register *Entwurf* ▶ *Anpassen* (siehe Bild 4.21) auf die Schaltfläche *Hintergrund formatieren*. Oder klicken Sie in der Gruppe *Varianten* auf *Weitere*, zeigen auf *Hintergrundformate* und wählen hier *Hintergrund formatieren...*.
- Standardmäßig gilt der geänderte Hintergrund zunächst ausschließlich für die aktuelle bzw. alle markierten Folien. Sollen Änderungen am Hintergrund in alle Folien der Präsentation übernommen werden, so klicken Sie auf die Schaltfläche *Für alle übernehmen*.
- Wenn Sie Ihre Änderungen zurücknehmen möchten, dann klicken Sie auf die Schaltfläche *Hintergrund zurücksetzen*. Damit erhält die aktuelle Folie wieder ihren ursprünglichen Hintergrund. **Achtung:** Diese Möglichkeit besteht nur, solange der Aufgabenbereich geöffnet bleibt und die Änderungen noch nicht in alle Folien übernommen wurden. Falls doch, können Sie die Änderungen immer noch mit dem Befehl *Rückgängig* (Schnellzugriffsleiste) zurücknehmen.
- Zum Schließen des Aufgabenbereichs klicken Sie in dessen rechter oberer Ecke auf das Symbol x (*Schließen*).

Sie haben die Wahl zwischen folgenden Möglichkeiten:

- **Einfarbige Füllung**
  In diesem Fall klicken Sie auf die Schaltfläche *Farbe* und wählen die gewünschte Farbe. Über den Schieberegler unterhalb können Sie bei Bedarf Transparenz herstellen (Bild 4.22).
- **Farbverlauf**
  Bei der Wahl dieser Option können Sie anschließend entweder einen voreingestellten Farbverlauf wählen oder für jeden Farbverlaufstopp mit Klick auf die Schaltfläche *Farbe* eine Farbe auswählen (Bild 4.23). Da sich die Vorgehensweise nicht von der Gestaltung grafischer Elemente unterscheidet, lesen Sie für detaillierte Informationen Kapitel 6.4 dieses Buches.
- **Musterfüllung**
  Mit der Option *Musterfüllung* haben Sie die Wahl zwischen verschiedenen Linien- und Punktrastern. Über Schaltflächen können Sie je eine Farbe für Vorder- und Hintergrund wählen.
- **Bild- oder Texturfüllung**
  Die Option *Bild- oder Texturfüllung* erlaubt ein Bild oder eine Grafik als Folienhintergrund (Bild 4.24). Je nach Speicherort benutzen Sie anschließend die Schaltflächen *Datei*, *Zwischenablage* oder *Online...* zur Auswahl der Bilddatei. Damit der Hintergrund nicht zu dominierend wirkt, kann dieser über den Schieberegler

Transparenz transparent gestaltet werden. Über die Felder *Offset links* bzw. *rechts* usw. verschieben Sie den Bildausschnitt.

Alternativ können Sie über die Schaltfläche *Textur* ein Hintergrundmuster wählen, z. B. Stein oder Holz. Soll dieses Muster über die gesamte Folie wiederholt werden, so aktivieren Sie das Kontrollkästchen *Bild nebeneinander als Textur anordnen*.

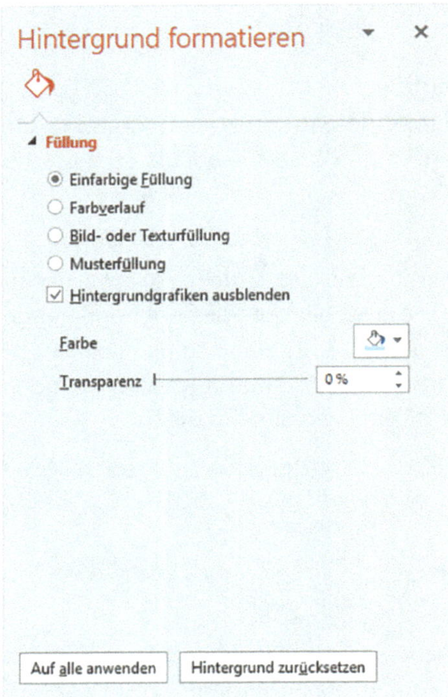

Bild 4.22 Einfarbige Füllung

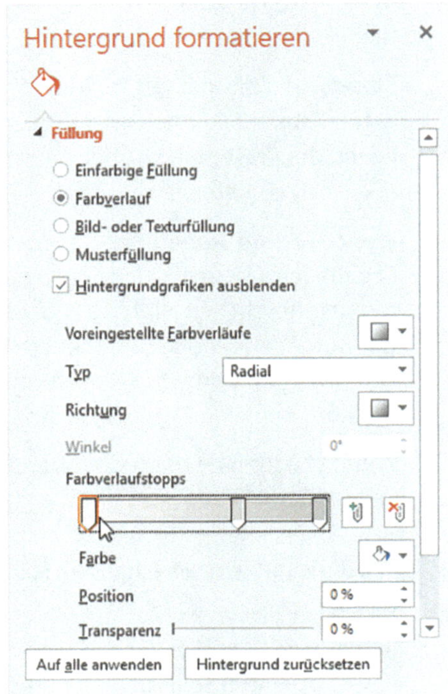

Bild 4.23 Farbverlauf

Bild 4.24 Ein Bild als Folienhintergrund wählen

Ein geändertes Design für weitere Verwendung speichern

Die Zusammenstellung bzw. Anpassung eines Designs erfordert in der Regel einigen Aufwand. Wenn Sie ein geändertes Design in weiteren Präsentationen verwenden möchten, dann können Sie es als benutzerdefiniertes Design bzw. benutzerdefinierte Vorlage speichern. Dazu klicken Sie im Register *Entwurf*, Gruppe *Designs* auf die Schaltfläche *Weitere* und auf den Befehl *Aktuelles Design speichern...*.

Das gleichnamige Fenster öffnet sich: Geben Sie einen Namen ein, unter dem das Design später auf der Startseite oder mit dem Befehl *Datei* ▶ *Neu* angezeigt werden soll. Standardmäßig wird das Design im Ordner *Templates* bzw. einem Unterordner davon gespeichert.

Damit bei der Erstellung einer neuen Präsentation Ihre gespeicherten Designs verfügbar sind, müssen Sie auf der Startseite von PowerPoint die Kategorie *Benutzerdefiniert* wählen. **Achtung**: Hier erscheinen nur Designs, die Sie im oben genannten Ordner gespeichert haben.

Bild 4.25 Aktuelles Design speichern

Bild 4.26 Benutzerdefiniertes Design auswählen

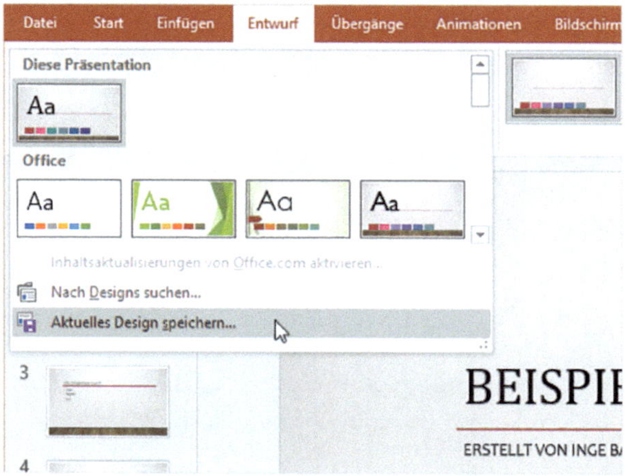

Anderen Speicherort wählen

Um ein einheitliches Aussehen zu gewährleisten, müssen in größeren Firmen in der Regel mehrere Personen Zugriff auf das Firmendesign erhalten. In solchen Fällen können Sie das Design in einem beliebigen Ordner eines freigegebenen Netzlaufwerks speichern.

Allerdings erscheint dann das Design nicht unter *Datei* ▶ *Neu* bzw. auf der Startseite unter *Benutzerdefiniert*. Um trotzdem eine neue Präsentation unter Verwendung eines benutzerdefinierten Designs zu erstellen, genügt im Datei-Explorer vom Windows ein Doppelklick auf die Designdatei. PowerPoint wird anschließend zusammen mit einer neuen Präsentation unter Verwendung des Designs geöffnet.

4.4 Workshop: Design anpassen

Das nachfolgende Beispiel soll demonstrieren, wie Sie systematisch vorgehen und Schritt für Schritt eine Bildschirmpräsentation erstellen und gestalten. Beginnen wir zunächst mit dem Design.

Leere Präsentation als Ausgangsbasis

Als Beispiel erstellen wir für eine fiktive Landschaftsgärtnerei eine Bildschirmpräsentation. Sie könnten natürlich ein Design oder eine Vorlage wählen. Die meisten davon sind allerdings inzwischen für Präsentations-Profis und halbwegs erfahrene Zuschauer auf den ersten Blick als solche zu erkennen. Es lohnt sich also, wenn Sie etwas mehr Zeit für eine individuelle Gestaltung aufwenden. Für diesen Workshop wurde daher als Ausgangsbasis eine leere Präsentation gewählt. Dieses Design verwendet als Foliengröße standardmäßig das gängige Breitbildformat im Seitenverhältnis 16:9. Diese Foliengröße soll auch beibehalten werden.

Einige Folien mit Inhalten hinzufügen

Die Wirkung eines Designs lässt sich mit Inhalten und anhand mehrerer unterschiedlicher Folienlayouts besser beurteilen, daher fügen wir einige Folien mit unterschiedlichen Layouts, z. B. Titel und Inhalt, hinzu. Zum Testen von Schrift und Farben sollten die Folien auch Text und Beispielbilder enthalten. Die Folien dienen nur zu Testzwecken und können anschließend wieder gelöscht werden.

Tipp: Blindtext erzeugen

Da der Folientext vorerst nur dazu dient, die Wirkung von Schriften und Farben zu testen, können Sie Tipparbeit sparen, indem Sie mit wenig Aufwand Blindtext einfügen.

Dazu klicken Sie in der Folie an den Beginn des Textplatzhalters, tippen ein *=lorem()* und betätigen die Eingabetaste. Damit werden drei Absätze mit nichtssagendem lateinischem Text eingefügt, leider mit Leerzeilen dazwischen, die Sie anschließend löschen sollten.

Bild 4.27 Absätze mit Bildtext erzeugen

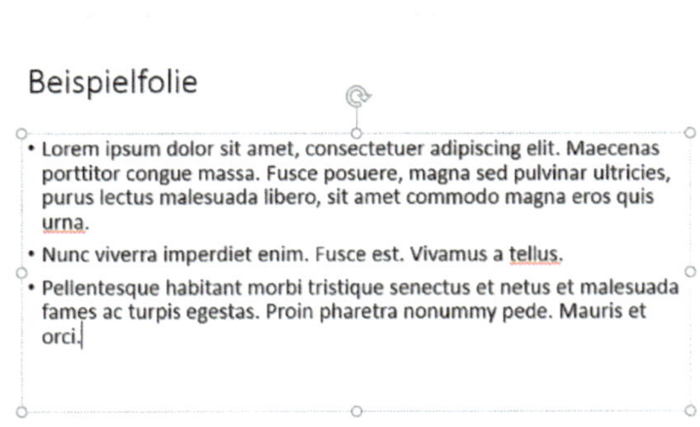

Bild 4.28 ...und das Ergebnis (mit entfernten Leerzeilen)

Wenn Sie die Anzahl der Absätze und der darin enthaltenen Sätze festlegen möchten, dann geben Sie stattdessen die Anweisung *=rand(Anzahl Absätze, Anzahl Sätze)* ein. So erzeugt beispielsweise die Eingabe von *=rand(4,1)* vier Absätze mit jeweils einem Satz, diesmal in Englisch, aber leider ebenfalls mit Leerzeilen dazwischen.

Bild 4.29 Anzahl der Absätze und Sätze festlegen

Farben zusammenstellen

Leere Präsentationen verwenden standardmäßig das Design und das Farbschema *Office* mit weißem Hintergrund. Statt diesem sollen nun passendere Farben gewählt werden. An dieser Stelle zunächst einige Hinweise zur Farbwahl:

Um den Eindruck „bunter" Folien zu vermeiden, sollten Sie Farben sparsam einsetzen. Eine gelungene Farbkombination setzt sich meist aus drei Farben zusammen: Einer dominanten Hauptfarbe, einer dazu passenden, ähnlichen Nebenfarbe und einer Kontrastfarbe zur Hervorhebung. Die Wahl von Haupt- und Nebenfarbe sollte sich natürlich auch möglichst am Unternehmen bzw. am Thema orientieren. So bieten sich für eine Landschaftsgärtnerei beispielsweise Grüntöne an.

Schwarz, Weiß und Grau zählen hier nicht als Farben.

Klicken Sie im Register *Entwurf*, Gruppe *Varianten* auf den Pfeil *Weitere* und wählen Sie unter *Farben* ein Farbschema, das Ihren Vorstellungen am nächsten kommt. Für unser Beispiel könnte dies etwa *Grün* sein, wie im Bild unten.

Bild 4.30 Farbschema wählen

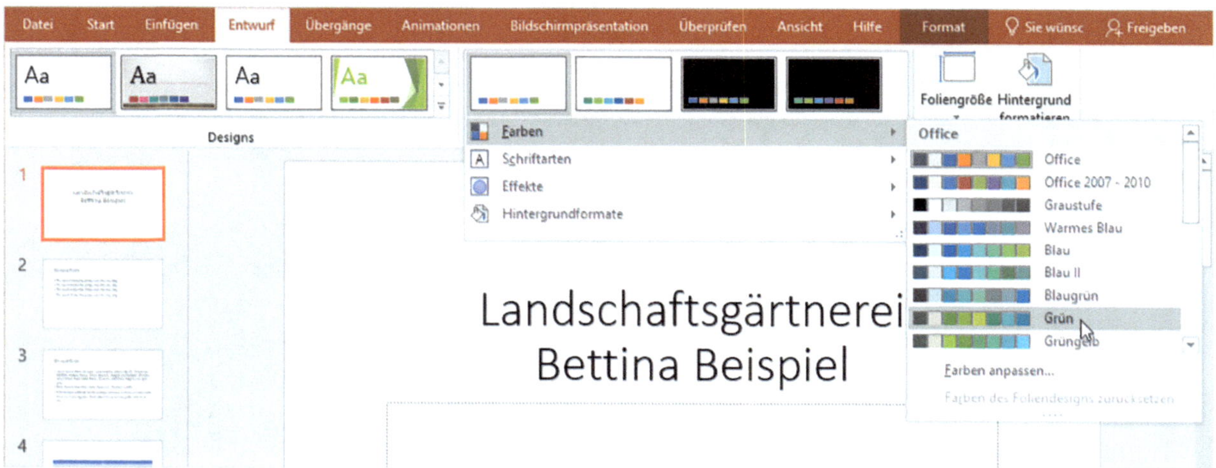

In vielen Firmen gibt es bereits ein Corporate Design mit vorgegebenen Farben und Schriften, auf die Sie zurückgreifen können.

Anschließend können Sie einzelne Farben gezielt ändern. Zeigen Sie dazu erneut auf *Farben* und klicken Sie am Ende der Farbauswahl auf *Farben anpassen...*. Ändern Sie dann die jeweiligen Farben, z. B. Text/Hintergrund, und geben Sie Ihrer Farbzusammenstellung einen Namen. Klicken Sie dann auf *Speichern*.

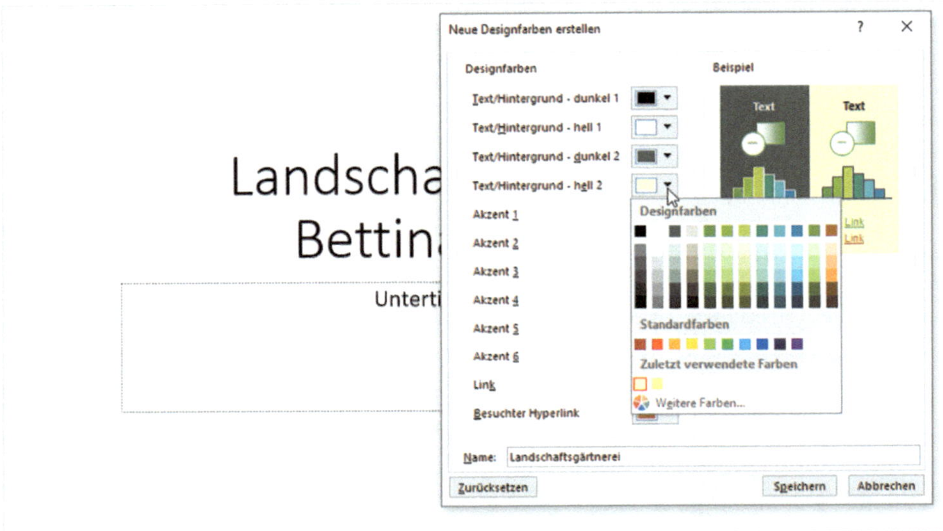

Bild 4.31 Einzelne Farben anpassen

Folienhintergrund festlegen

Nun können Sie auch die Farbe des Folienhintergrunds festlegen. Klicken Sie dazu in der Gruppe *Varianten* (Register *Entwurf*) auf *Weitere*, zeigen auf *Hintergrundformate* und klicken auf die gewünschte Variante. Diese wird automatisch in alle Folien übernommen.

Bild 4.32 Hintergrundformat auswählen

Ein Bild als Hintergrund für den Präsentationstitel

Die Titelfolie soll abweichend von der übrigen Präsentation ein Bild als Hintergrund erhalten. Markieren Sie daher zunächst im Navigationsbereich die Titelfolie bzw. die Folie mit dem Layout *Titelfolie* mit einem Mausklick.

Hintergrundformat Titelfolie ändern

Da das gewählte Hintergrundformat weiße Schrift auf dunklem Hintergrund verwendet, vor einem hellen Bildhintergrund aber schwarze bzw. dunkle Schrift besser lesbar ist, weisen wir der Titelfolie ein anderes Hintergrundformat zu. Klicken Sie dazu erneut in der Gruppe *Varianten* (*Entwurf*) auf *Weitere* und zeigen auf *Hintergrundformate*. Klicken Sie dann mit der rechten Maustaste auf ein Format mit hellem Hintergrund und wählen Sie *Für ausgewählte Folien übernehmen*.

Bild 4.33 Abweichendes Hintergrundformat für Titelfolie übernehmen

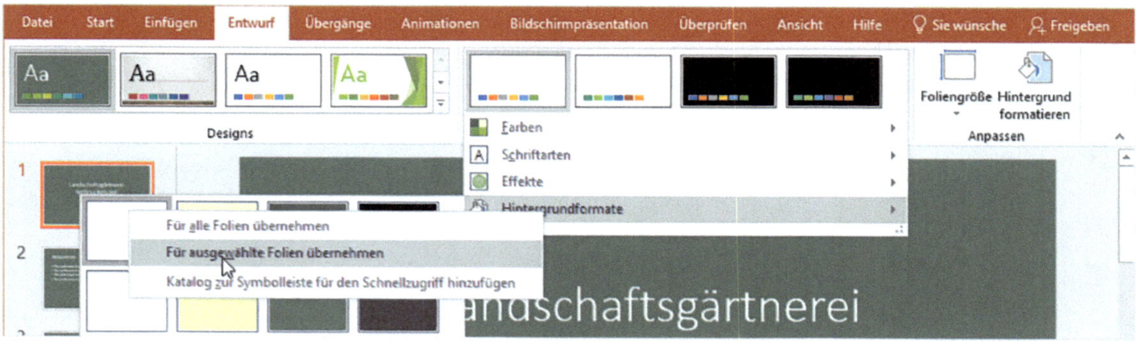

Bild auswählen

Klicken Sie dann im Menüband, Register *Entwurf*, auf *Hintergrund formatieren* ❶.

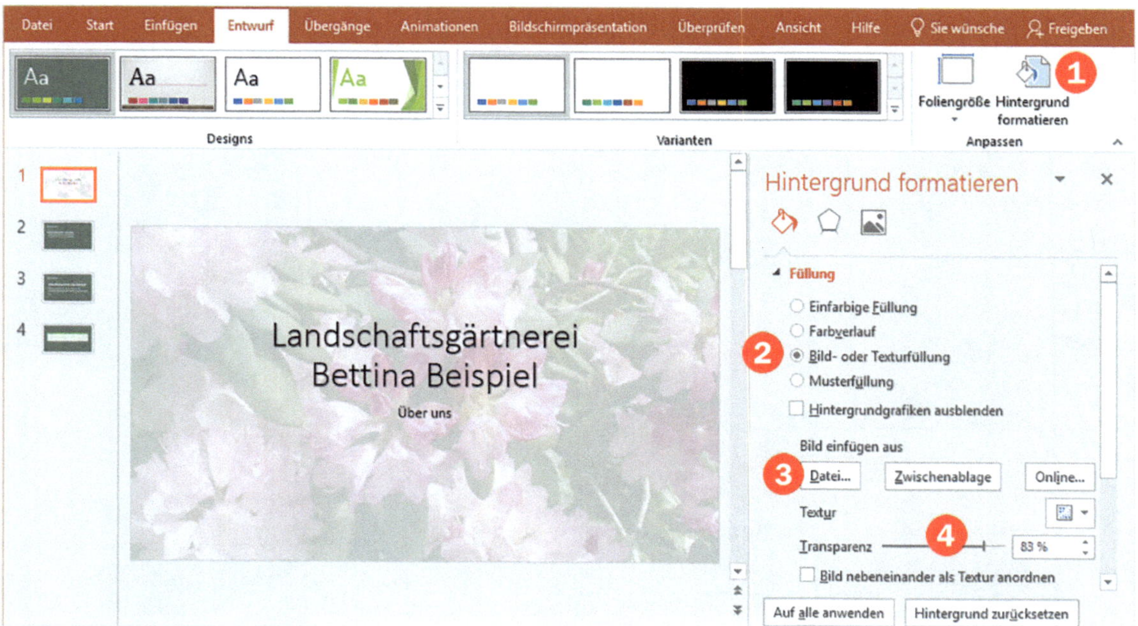

Wählen Sie im gleichnamigen Aufgabenbereich die Option *Bild- oder Texturfüllung* ❷ und klicken Sie auf die Schaltfläche *Datei...* ❸, um das gewünschte Hintergrundbild auszuwählen. Damit der Text im Vordergrund noch besser lesbar ist, erhöhen Sie zuletzt noch die Transparenz des Bildes: entweder über den Schieberegler ❹ oder über die kleinen Pfeile im Feld rechts daneben. Der gewählte Bildhintergrund gilt ausschließlich für die aktuelle Folie.

Schriftarten wählen

Im nächsten Schritt soll eine einheitliche Schriftart festgelegt werden. Bei dieser Gelegenheit können Sie auch gleich testen, ob Ihnen eine Serifen-Schrift oder eine serifenlose Schriftart besser zusagt.

> Als Serife (franz. Füßchen) bezeichnet man die feinen Linien, die bei manchen Schriftarten einen Buchstabenstrich am Ende, quer zu seiner Grundrichtung abschließen. Ein Beispiel für eine solche Schriftart ist Times New Roman oder Cambria, wie im Bild unten.
>
> Generell gilt zwar die Regel, dass Serifen-Schriften besser lesbar sind als serifenlose. Da aber in PowerPoint-Folien ohnehin in der Regel große Schriften zum Einsatz kommen, sind auch schlanke Standardschriften (Condensed) sehr gut geeignet.

Klicken Sie in der Gruppe *Varianten* (*Entwurf*) auf *Weitere*, zeigen Sie auf *Schriftarten* und lassen Sie sich die einzelnen Varianten anhand der aktuellen Folie in der Vorschau anzeigen. Wenn Ihnen keine dieser Schriften zusagt und Sie stattdessen eine andere verwenden möchten, dann klicken Sie auf *Schriftarten anpassen...*.

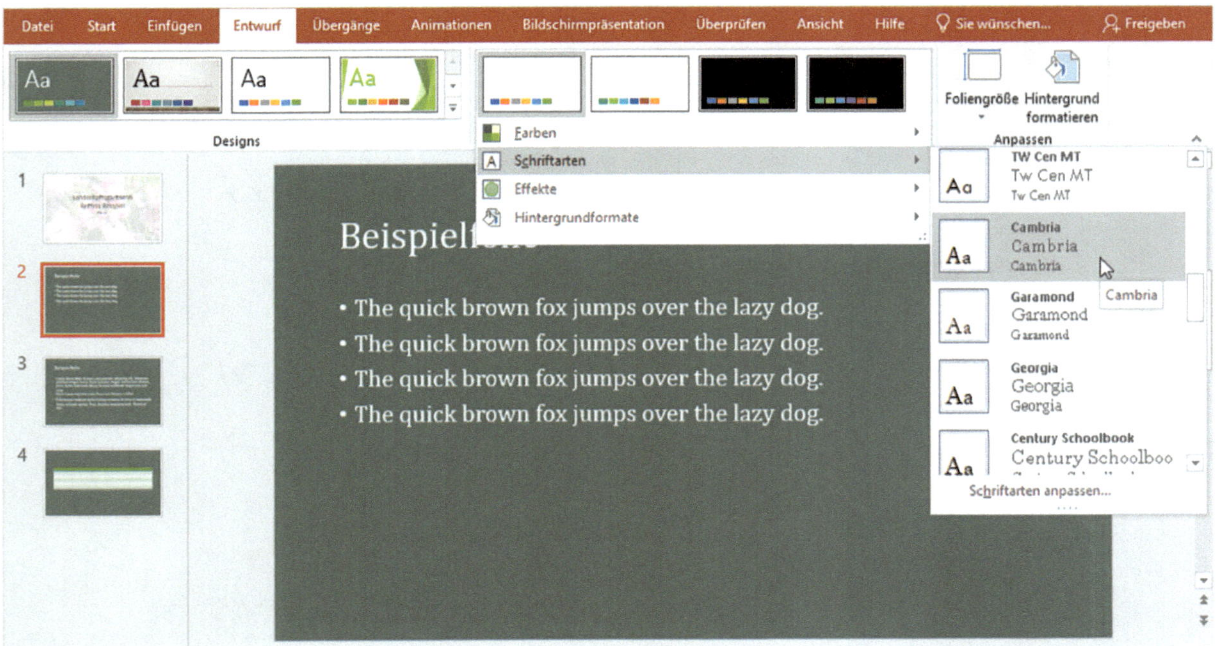

Bild 4.34 Schriftarten wählen

Design für weitere Verwendung speichern

Diese Präsentation kann nun mit Inhalten gefüllt werden. Falls Sie das geänderte Design auch in weiteren Präsentationen verwenden möchten, so klicken Sie im Register *Entwurf*, Gruppe *Designs* auf die Schaltfläche *Weitere* und auf den Befehl *Aktuelles Design speichern...*. Geben Sie an, unter welchem Namen das Design gesichert werden soll. Wenn ausschließlich Sie selbst das Design als Vorlage verwenden möchten, dann können Sie den vorgeschlagenen Speicherort beibehalten, ansonsten wählen Sie z. B. einen Ordner auf einem freigegebenen Netzlaufwerk.

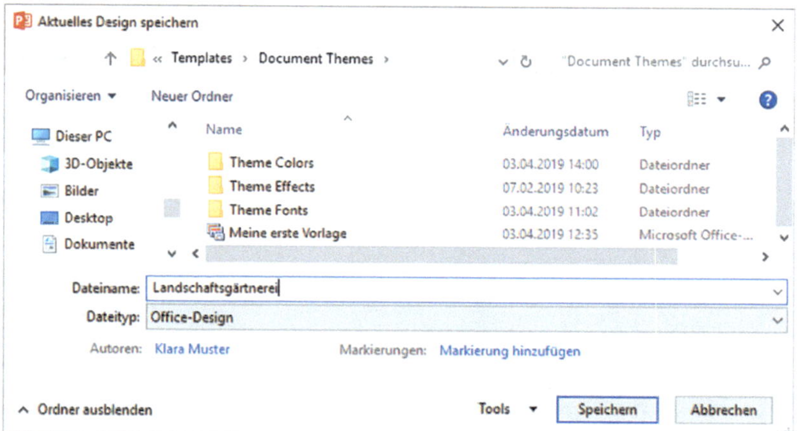

Bild 4.35 Dateiname und Speicherort für das geänderte Design

4.5 Ein Poster mit PowerPoint erstellen

Obwohl PowerPoint hauptsächlich für Bildschirmpräsentationen bekannt ist, lassen sich seine grafischen Fähigkeiten auch für Druckdokumente nutzen. So können Sie beispielsweise mit PowerPoint auch Poster erstellen und sparen sich somit spezielle und meist auch teure Layout-Software. Auch Online finden Sie Vorlagen, wenn Sie im Register *Datei* ▶ *Neu* oder auf der Startseite von PowerPoint den Suchbegriff *Broschüre* oder *Poster* eingeben.

Bis auf das Format unterscheidet sich die Vorgehensweise bei der Erstellung nicht von Bildschirmpräsentationen, siehe die folgenden Kapitel. Als Ausgangsbasis wählen wir wieder eine leere Präsentation, siehe Seite 94.

Postergröße festlegen

1 Als Erstes müssen Sie die korrekte Größe festlegen. Bei nachträglichen Änderungen des Formats besteht sonst die Gefahr, dass Texte und Bilder verschoben werden. Klicken Sie im Register *Entwurf* auf *Foliengröße* und auf *Benutzerdefinierte Foliengröße...*.

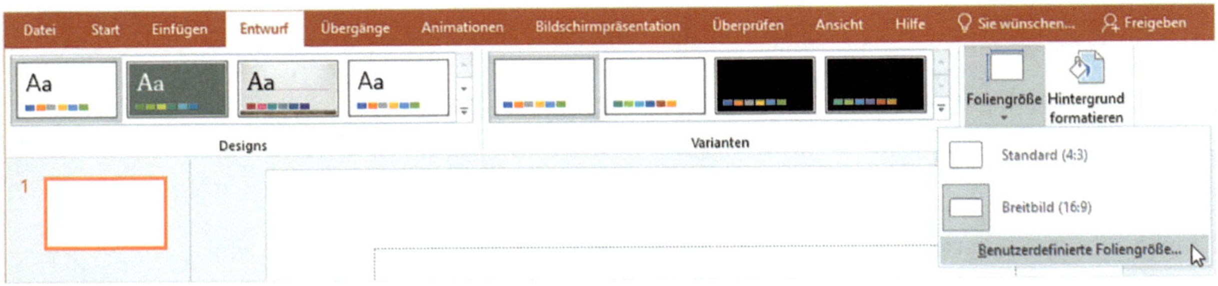

Bild 4.36 Foliengröße

2 Wählen Sie das gewünschte *Papierformat*: A3 ist in der Auswahlliste enthalten, für andere Format wie z. B. A2 klicken Sie auf *Benutzerdefiniert* und geben anschließend unterhalb die Maße ein. Als Beispiel im Bild unten das Format A2.

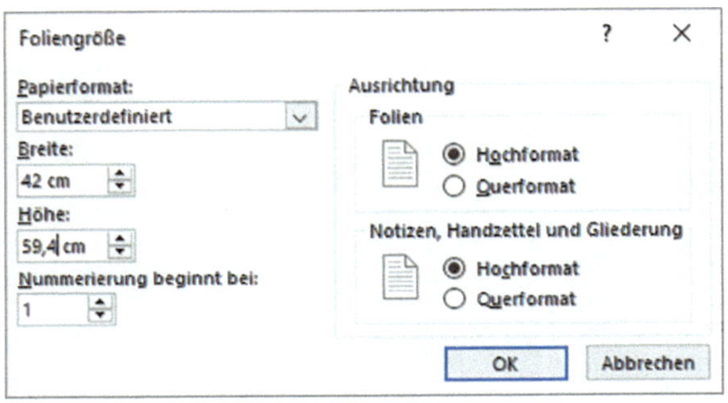

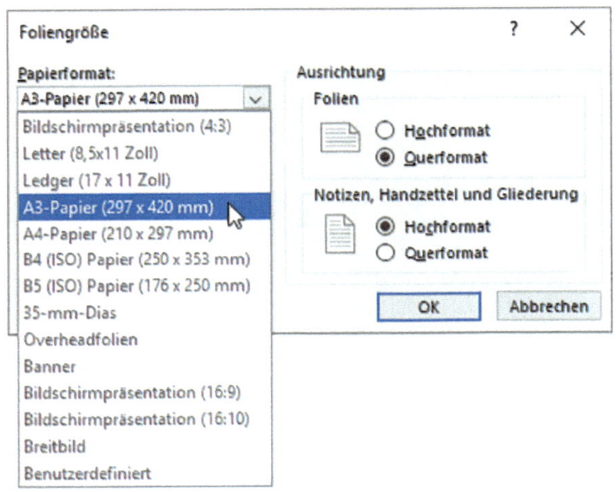

Bild 4.37 Benutzerdefinierte Maße eingeben

Bild 4.38 … oder Format auswählen

Da Sie im Begriff sind, ein bestehendes Format zu ändern, erscheint im Anschluss ein Fenster mit der Frage, ob Sie Ihre Inhalte maximieren oder herunterskalieren möchten, um sie dem neuen Format anzupassen. Beim *Maximieren* ragen unter Umständen Teile des Folienlayouts über den Rand hinaus, mit *Passend skalieren* werden alle Inhalte verkleinert. Wenn Sie allerdings Ihr Poster ohnehin völlig frei mit einem zunächst leeren Layout gestalten möchten, dann wählen Sie einfach *Maximieren*.

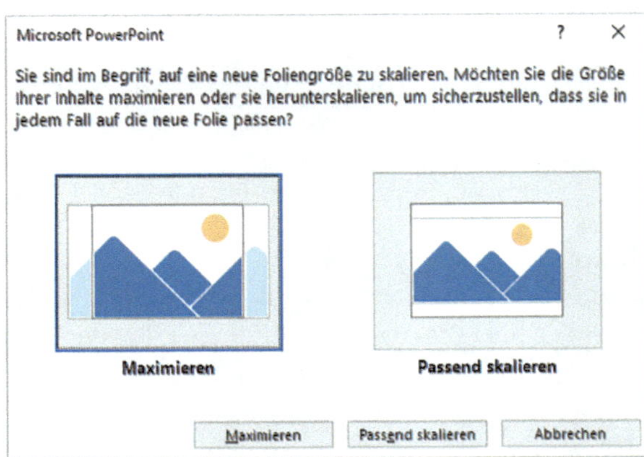

Bild 4.39 Bei Änderung der Foliengröße: maximieren oder skalieren

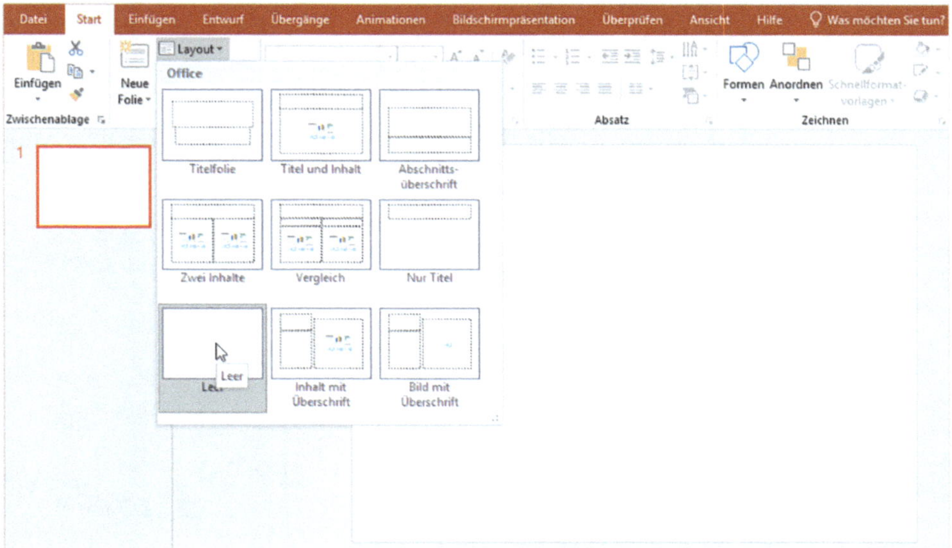

Bild 4.40 Beispiel: Poster im Format A2 mit dem Layout Leer

Was Sie beim Posterdruck beachten sollten

Poster selbst ausdrucken

Wenn Ihnen ein Drucker für entsprechende Großformate zur Verfügung steht, dann müssen Sie für manche Drucker bei der Gestaltung der Folieninhalte auch Seitenränder berücksichtigen. Diese lassen sich allerdings im Gegensatz zu Word und Excel nicht einstellen.

Unterstützt Ihr Drucker maximal A4, dann können Sie trotzdem Ihr Poster auch im Format A3 oder A2 drucken, indem Sie das Poster in mehrere Seiten im A4-Format aufteilen und anschließend diese zusammenkleben. So geht's:

1 Klicken Sie auf das Register *Datei* und hier auf *Drucken* ❶. Wählen Sie den gewünschten Drucker aus und klicken Sie auf *Druckereigenschaften* ❷.

Bild 4.41 Poster im Format A2 drucken

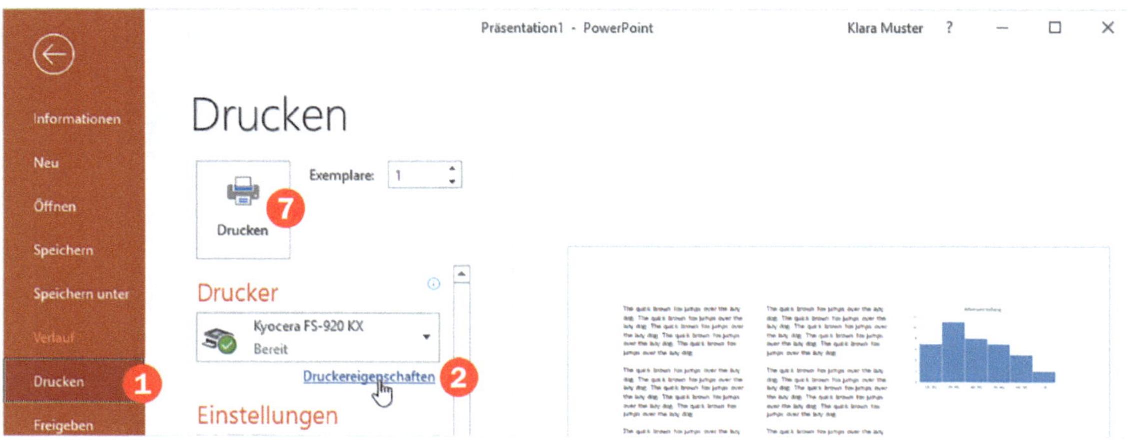

2 Klicken Sie auf *Layout* ❸ und aktivieren Sie das Kontrollkästchen *Poster* ❹. Im Feld daneben können Sie nun wählen, auf wie viele Blätter die Seite aufgeteilt wird. Im Bild unten wurde für das Format A2 automatisch 2x2 gewählt.

3 Falls Sie zusätzlich überlappende Kanten berücksichtigen oder die Zusammenfügemarken ❻ drucken möchten, so klicken Sie auf *Postereinstellungen...* ❺.

4 Schließen Sie dann beide Fenster jeweils mit Klick auf *OK* und klicken Sie auf *Drucken* ❼ (Bild 4.41).

Bild 4.42 Poster auf mehrere Seiten aufteilen

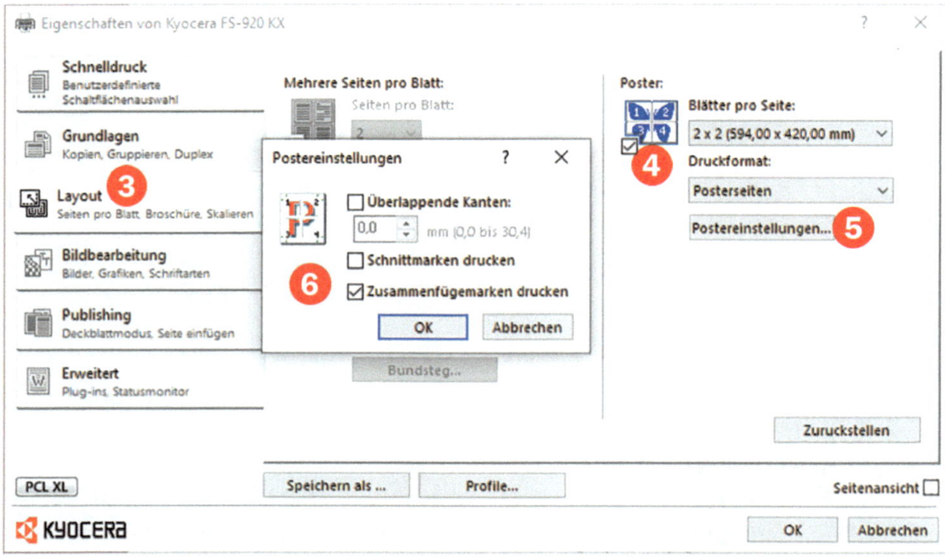

Poster bei einer Druckerei drucken lassen

Möchten Sie dagegen Ihr Poster randlos bei einer professionellen Druckerei in Auftrag geben, dann müssen Sie meist beim Papierformat an jeder Seite noch einen Beschnitt von einigen Millimetern hinzuaddieren (siehe Bild 4.37 auf Seite 118). Informieren Sie sich am besten vorher bei der Druckerei.

Außerdem benötigt die Druckerei das Poster als Datei im PDF-Format. Wie Sie eine Präsentation oder ein Poster als PDF speichern, lesen Sie in Punkt 9.7 auf Seite 347.

5 Textgestaltung und Folienlayout

In diesem Kapitel lernen Sie...

- Besonderheiten bei der Texteingabe
- Textfelder einfügen
- Zeichen- und Absatzformate
- Aufzählungszeichen und Nummerierung bearbeiten
- Gliederungen erzeugen
- Präsentationen mit dem Folienmaster gestalten
- Eigene Folienlayouts erstellen
- Foliennummerierung, Kopf- und Fußzeilen hinzufügen

Das sollten Sie bereits wissen

- Grundlagen der Texteingabe und -korrektur
- Neue Präsentation erstellen und Designfarben und -schriften anpassen
- Folien einfügen und Folienlayout wählen

5.1 Besonderheiten der Texteingabe

Hinweis: Für die meisten Beispiele und Bilder dieses Kapitels wurde zur besseren Lesbarkeit eine leere Präsentation mit schwarzer Schrift vor weißem Hintergrund gewählt.

Rechtschreibprüfung und -korrektur

Genau wie Microsoft Word verfügt auch PowerPoint über eine automatische Rechtschreibprüfung, die standardmäßig aktiv ist und bereits während der Eingabe alle Wörter anhand eines integrierten Wörterbuchs überprüft. Ausdrücke, die darin nicht vorhanden sind, werden mit einer roten Wellenlinie unterstrichen. Diese Hervorhebungen sind während der Bildschirmpräsentation und auch auf Ausdrucken nicht sichtbar.

Sie sollten aber auch wissen, dass nicht alle Rechtschreibfehler gefunden werden und umgekehrt auch korrekt geschriebene Wörter als Fehler gekennzeichnet werden können. Normalerweise verwendet PowerPoint ein deutsches Wörterbuch, so dass beispielsweise englische Ausdrücke trotz korrekter Schreibweise ebenfalls als Fehler hervorgehoben werden. Auch Adressangaben und Namen von Personen oder Firmen werden häufig als Fehler gekennzeichnet.

Während der Eingabe korrigieren

Am einfachsten korrigieren Sie einzelne Wörter so: Klicken Sie mit der rechten Maustaste auf ein als Fehler gekennzeichnetes Wort. Ein Kontextmenü mit Korrekturvorschlägen erscheint und mit einem Klick auf die richtige Schreibweise wird das Wort im Text ersetzt.

Bild 5.1 Rechtschreibfehler korrigieren

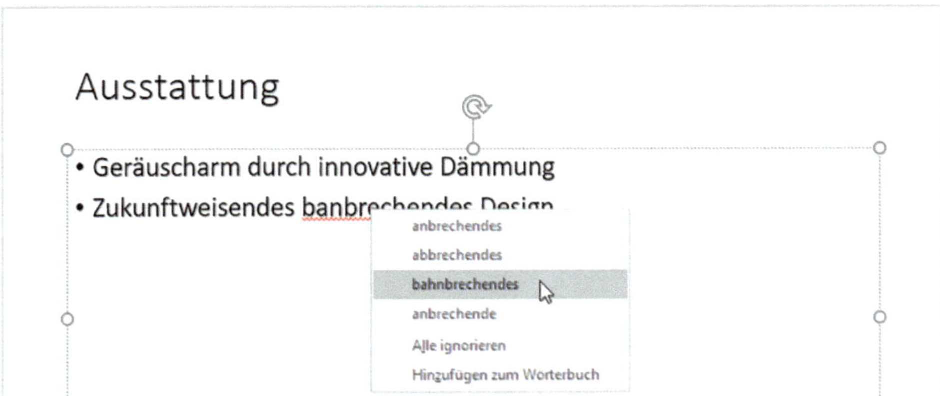

Abschließende Kontrollen

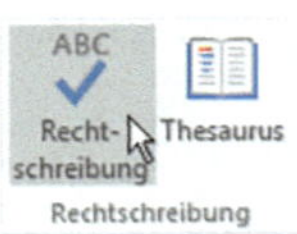

Ob die Rechtschreibprüfung aktiv ist und in der Präsentation Fehler gefunden wurden, erkennen Sie am Symbol in der Statusleiste (Bild 5.2). Klicken Sie auf dieses Symbol oder auf die Schaltfläche *Rechtschreibung* im Register *Überprüfen* ▶ *Rechtschreibung*, wenn Sie die gesamte Präsentation auf Rechtschreibfehler überprüfen möchten.

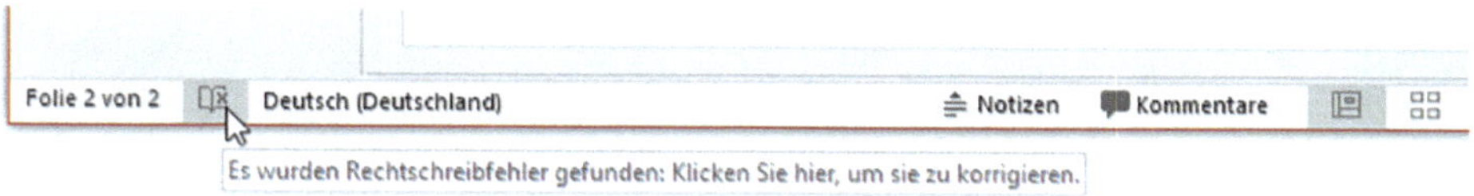

Bild 5.2 Rechtschreibung

PowerPoint beginnt die Suche ab der aktuellen Position und markiert den ersten Fehler. Gleichzeitig öffnet sich am rechten Rand der Aufgabenbereich *Rechtschreibung* mit Korrekturvorschlägen. Klicken Sie mit der Maus auf die gewünschte Schreibweise und dann auf *Ändern*. Das Wort wird ersetzt und sofort der nächste Fehler markiert.

Bild 5.3 Rechtschreibung in der gesamten Präsentation prüfen

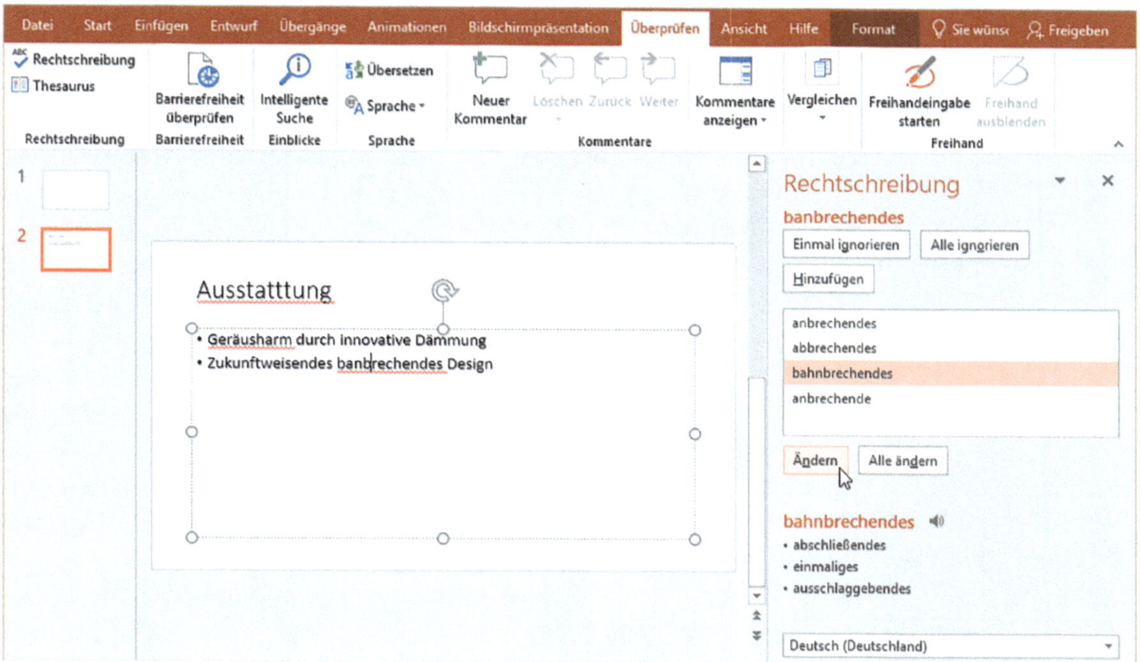

Tipps zur Korrektur

- **Die richtige Schreibweise ist nicht in den Korrekturvorschlägen enthalten**
  Manchmal wird ein Fehler zwar erkannt, es werden aber keine oder nicht die richtigen Korrekturvorschläge angezeigt. Dann müssen Sie selbst die nötigen Änderungen vornehmen. Das fehlerhafte Wort ist bereits markiert und kann überschrieben werden. Klicken Sie anschließend auf *Fortsetzen*.

- **Ein Wort wurde richtig eingegeben, aber als Fehler markiert**
  Namen von Produkten, Personen und Adressenangaben sind nur selten im Wörterbuch enthalten. In diesem Fall klicken Sie entweder auf *Einmal Ignorieren*, dann wird der vermeintliche Fehler nur an dieser Stelle ignoriert, oder auf *Alle ignorieren*, wenn dieses Wort in der gesamten Präsentation ignoriert werden soll. Fremdwörter sind ebenfalls nicht im deutschen Wörterbuch enthalten. Sie können aber häufig verwendete Begriffe mit der Schaltfläche *Hinzufügen* in Ihr Wörterbuch aufnehmen.

Spracheinstellungen

Welche Sprache die Rechtschreibprüfung verwendet, sehen Sie ebenfalls in der Statusleiste sowie im Aufgabenbereich. Wurden einzelne Folien in einer anderen verfasst, dann können Sie bei Bedarf die zur Korrektur verwendete Sprache ändern.

1 Markieren Sie die Textstelle, für deren Inhalt Sie die Korrektursprache ändern möchten.

2 Klicken Sie in der Statusleiste auf die aktuell verwendete Sprache ❶. Oder klicken Sie im Register *Überprüfen* auf *Sprache* und wählen Sie *Sprache für die Korrekturhilfen festlegen* ❷.

3 Es öffnet sich das Dialogfenster *Sprache*. Markieren Sie mit einem Klick die gewünschte Sprache ❸ und übernehmen Sie die Änderung mit *OK*.

Bild 5.4 Sprache für markierten Text ändern

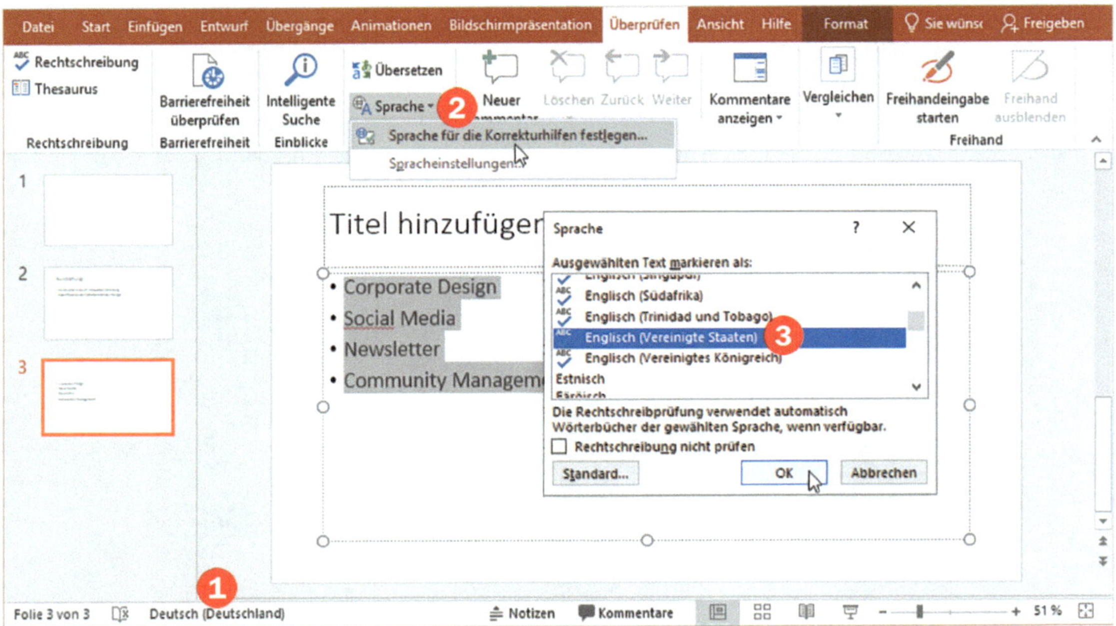

Tipp: Sprache für die gesamte Präsentation ändern

Wenn Sie die gesamte Präsentation in einer anderen Sprache, z. B. Englisch verfasst haben, dann ist es natürlich zeitraubend, die Sprache für jede Folie einzeln festzulegen. Abhilfe schafft in solchen Fällen die Gliederungsansicht.

1 Klicken Sie im Register *Ansicht*, *Präsentationsansichten*, auf *Gliederungsansicht*. Im Navigationsbereich erscheinen nun anstelle der Miniaturansicht sämtliche Folientexte.

2 Klicken Sie an eine beliebige Stelle des Navigationsbereichs und drücken Sie die Tastenkombination Strg+A (Alles markieren). Die Inhalte aller Folien sind nun in der Gliederungsansicht markiert.

3 Anschließend ändern Sie die Sprache, wie oben beschrieben.

Nun können Sie wieder über die Schaltfläche *Normal* (Register *Ansicht*) zur Ansicht Normal zurückkehren.

Automatische Korrekturen während der Eingabe

So funktioniert die AutoKorrektur

Wenn während der Eingabe am Beginn eines neuen Absatzes der erste Buchstabe eines versehentlich oder absichtlich klein geschriebenen Wortes automatisch in einen Großbuchstaben umgewandelt wird, dann liegt dies an der AutoKorrektur. Im Gegensatz zur Rechtschreibprüfung, die Fehler nur kennzeichnet, erfolgt durch die AutoKorrektur bereits während der Eingabe eine Korrektur häufiger Rechtschreibfehler oder Buchstabendreher. So wandelt die AutoKorrektur beispielsweise die Zeichenfolge „udn" in das Wort „und" um und nach der Eingabe von (c) erscheint das Copyright-Zeichen ©, usw..

Eine automatische Korrektur rückgängig machen

Allerdings ist eine automatische Korrektur nicht immer erwünscht, z. B. bei Namen. Entweder machen Sie in solchen Fällen anschließend die AutoKorrektur wieder rückgängig, indem Sie in der Symbolleiste für den Schnellzugriff auf *Rückgängig* klicken oder Sie nutzen die AutoKorrektur-Optionen. Als Beispiel wurde im Bild unten der Name Franz Adneres ❶ automatisch in Franz Anderes geändert. So gehen Sie vor:

1 Zeigen Sie mit der Maus auf das automatisch korrigierte Wort. Unterhalb dessen wird eine blass-rote Markierung ❷ sichtbar und sobald Sie auf diese zeigen, erscheint die Schaltfläche *AutoKorrektur-Optionen* ❸.

2 Klicken Sie auf die Schaltfläche. Nun können Sie wählen, ob Sie nur hier die Änderung zurücknehmen ❹ oder diese automatische Korrektur ab sofort deaktivieren möchten.

Bild 5.5 AutoKorrektur-Optionen anzeigen

Das Verhalten der AutoKorrektur in den Optionen steuern

Der Befehl *AutoKorrektur-Optionen steuern...* ❺ (Bild oben) öffnet ein Dialogfenster mit weiteren Möglichkeiten. Dasselbe Fenster können Sie auch öffnen, wenn Sie im Register *Datei* auf *Optionen* klicken, hier *Dokumentprüfung* wählen und auf die Schaltfläche *AutoKorrektur-Optionen steuern...* klicken.

Über Kontrollkästchen steuern Sie das Verhalten der AutoKorrektur, beispielsweise am Satzanfang oder bei unbeabsichtigtem Betätigen der Feststelltaste. Wenn Sie das automatische Ersetzen bestimmter Zeichenfolgen komplett ausschalten möchten, dann deaktivieren Sie einfach das Kontrollkästchen *Während der Eingabe ersetzen* ❶.

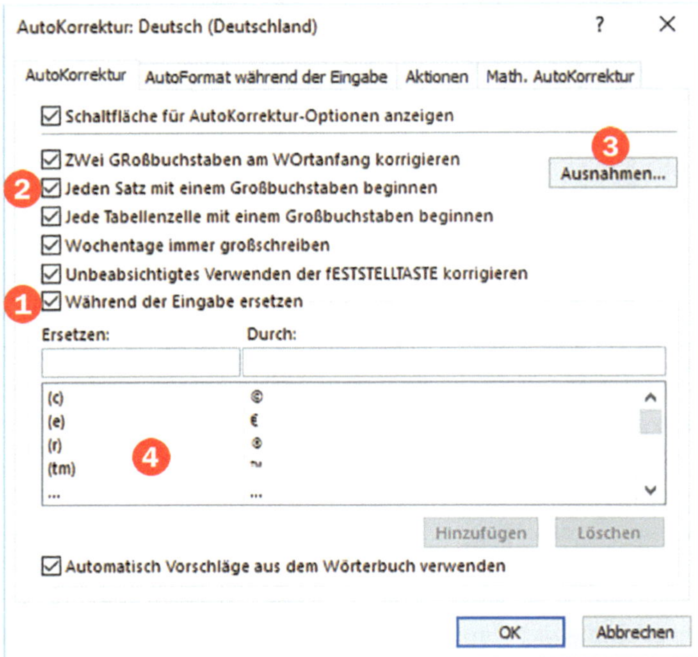

Bild 5.6 Einstellungen in den AutoKorrektur-Optionen

Tipp: Ist die Option *Jeden Satz mit einem Großbuchstaben beginnen* ❷ aktiviert, dann können Sie über die Schaltfläche *Ausnahmen...* ❸ die Abkürzungen kontrollieren bzw. ergänzen, nach denen keine automatische Umwandlung in einen Großbuchstaben erfolgt. Dies gilt auch für die Korrektur zweier Großbuchstaben am Wortanfang.

Die AutoKorrektur ergänzen

Im Fenster *AutoKorrektur-Optionen* finden Sie eine Liste ❹ aller Zeichenfolgen, die sofort nach der Eingabe automatisch korrigiert werden. Diese Liste können Sie um eigene Ersetzungen, z. B. häufige Rechtschreibfehler, ergänzen. Sie können die AutoKorrektur aber auch dazu benutzen, um während der Eingabe bestimmte Kürzel durch häufig benötigte Textfloskeln zu ersetzen.

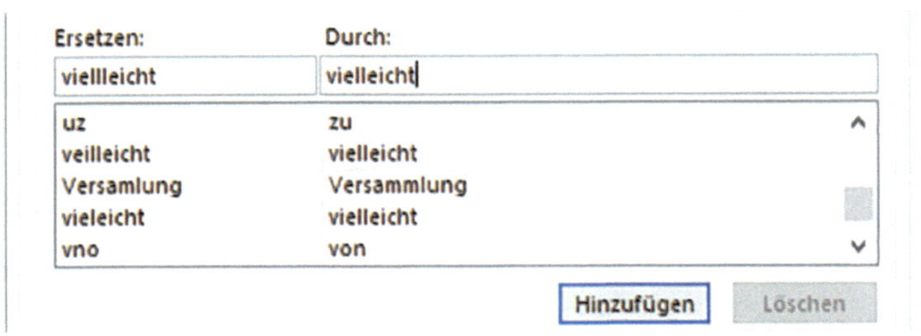

Bild 5.7 AutoKorrektur um weitere häufige Rechtschreibfehler ergänzen

Tragen Sie dazu im Feld *Ersetzen* die zu ersetzende Zeichenfolge, z. B. ein Wort mit vertauschten Buchstaben, ein und daneben im Feld *Durch* geben Sie das Wort in der richtigen Schreibweise ein. Dann klicken Sie auf *Hinzufügen*. Nicht benötigte oder lästige Einträge entfernen Sie, indem Sie diese markieren und auf die Schaltfläche *Löschen* klicken.

Automatische Umwandlung von Zeichen

Genau wie Microsoft Word wandelt auch PowerPoint verschiedene Zeichen während der Eingabe automatisch um. So werden aus einfachen Bindestrichen - sogenannte Geviertstriche — und "gerade Anführungszeichen" werden in „typografische Anführungszeichen“ umgewandelt.

1. Wenn Sie diese Ersetzungen kontrollieren oder deaktivieren möchten, dann klicken Sie auf das Register *Datei* und hier auf *Optionen*. Oder klicken Sie in der Folie nach erfolgter Autokorrektur auf das Symbol und auf *AutoKorrektur-Optionen steuern....*
2. Klicken Sie im Fenster *AutoKorrektur* auf das Register *AutoFormat während der Eingabe* und deaktivieren oder aktivieren Sie unter *Während der Eingabe ersetzen* die entsprechenden Kontrollkästchen. Mit Klick auf *OK* übernehmen Sie die Änderungen.

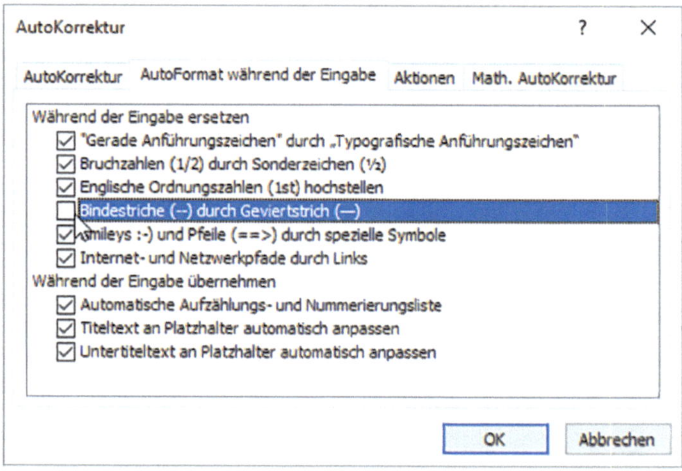

Bild 5.8 Automatische Umwandlung von Zeichen während der Eingabe

Automatisches Anpassen von Platzhaltern

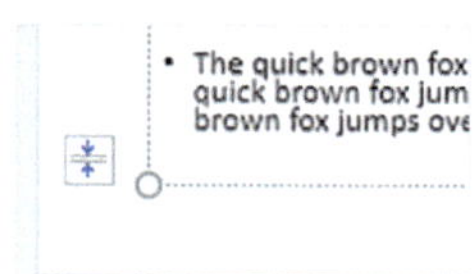

Vielleicht haben Sie schon das kleine Symbol bemerkt, das automatisch an der unteren linken Ecke eines Platzhalters bzw. Textfeldes erscheint, wenn dessen Größe nicht ausreicht, um den gesamten Text aufzunehmen. Standardmäßig wird in einem solchen Fall die Schriftgröße automatisch verkleinert und so an die Größe des Textfeldes angepasst. Abgesehen davon, dass umfangreiche Texte in Bildschirmpräsentationen selten sinnvoll sind, haben Sie trotzdem die Möglichkeit, das automatische Anpassen zu steuern.

Sobald Sie auf das Symbol zeigen, erscheint der Hinweistext *Optionen für das automatische Anpassen* und mit Klick darauf erhalten Sie ein kleines Menü mit verschiedenen Optionen (Bild 5.9).

Bild 5.9 Anpassungsoptionen für Platzhalter

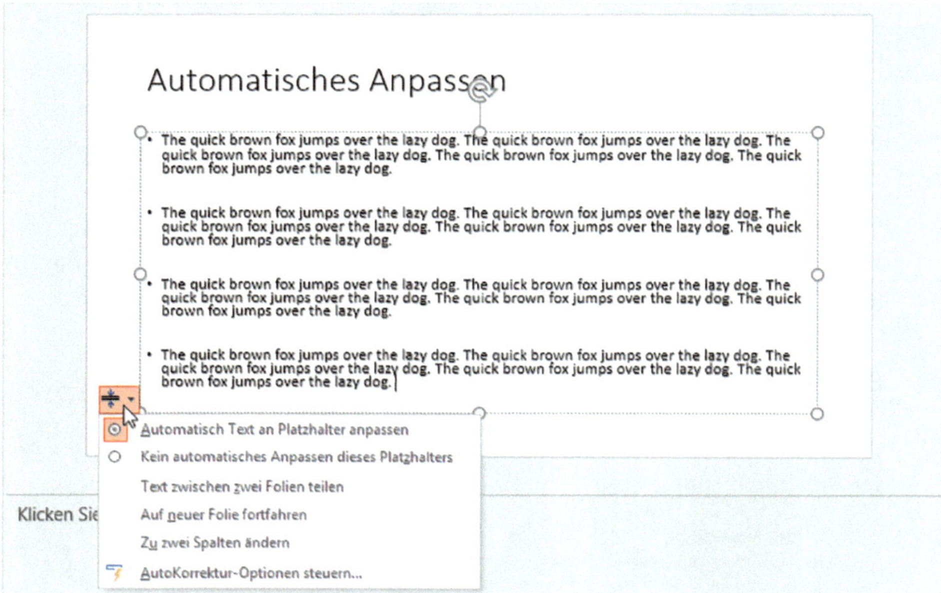

- Um die automatische Anpassung rückgängig zu machen, klicken Sie auf das Symbol und auf *Kein automatisches Anpassen dieses Platzhalters*.
- Falls Sie den Text in der ursprünglichen Größe beibehalten möchten, bietet PowerPoint hier die Aufteilung auf zwei Folien (*Text zwischen zwei Folien teilen* oder *Auf neuer Folie fortfahren*) oder mit *Zu zwei Spalten ändern* das Ändern in ein zweispaltiges Layout an.
- Wenn Sie die automatische Anpassung dauerhaft für alle Folien deaktivieren möchten, dann wählen Sie *AutoKorrektur-Optionen steuern...*, um das Dialogfenster *AutoKorrektur* zu öffnen. Klicken Sie auf das Register *AutoFormat während der Eingabe* und deaktivieren Sie unter *Während der Eingabe übernehmen* das Kontrollkästchen *Untertiteltext an Platzhalter automatisch anpassen*. Bei Bedarf können Sie dies über ein weiteres Kontrollkästchen auch für den Titeltext steuern.

Bild 5.10 AutoKorrektur: Text an Platzhalter automatisch anpassen

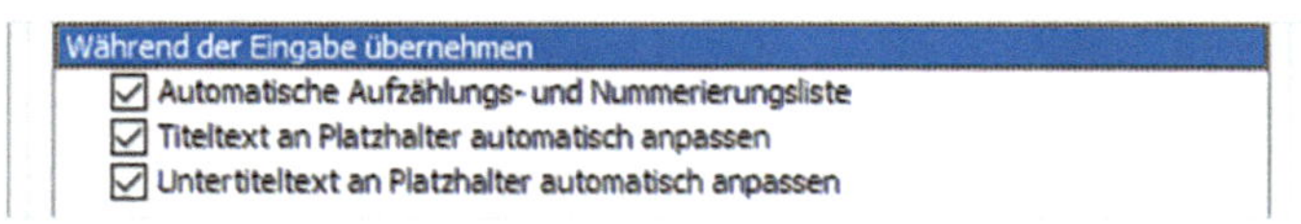

Mathematische Ausdrücke

Formel einfügen

Mathematische Formeln verwenden zahlreiche Sonderzeichen und Symbole, daher verfügt PowerPoint zur Eingabe über eine gesonderte Funktion. Klicken Sie zum Einfügen einer Formel auf das Register *Einfügen* und in der Gruppe *Symbole* auf den Dropdown-Pfeil der Schaltfläche *Formel* ❶. Es erscheint ein Katalog typischer Formeln, aus dem Sie mit einem Klick die gewünschte ❷ an der Cursorposition einfügen.

Bild 5.11 Formel einfügen

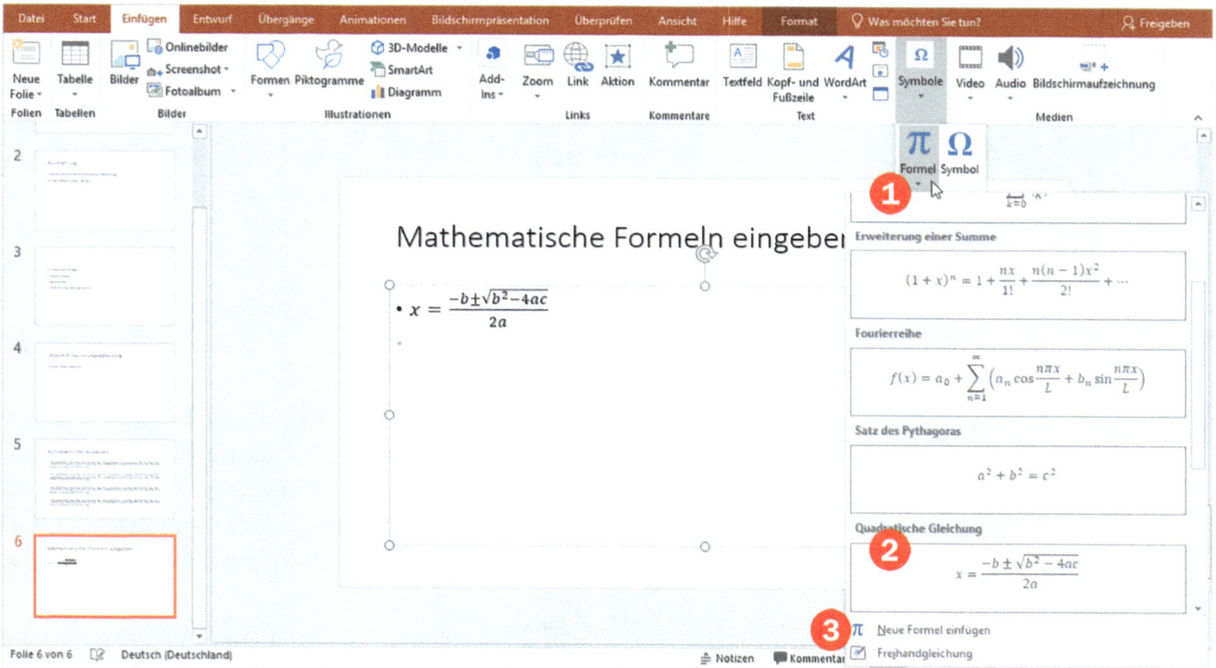

Klicken Sie dann zur weiteren Bearbeitung in der Folie in die Formel. Zusammen mit der markierten Formel ist im Menüband das Register *Formeltools - Entwurf* mit einer Bibliothek mathematischer Symbole und Strukturen verfügbar (siehe Bild 5.12), die Sie in die Formel einfügen können. Wie bei der Bearbeitung von normalem Text müssen Sie zum Ersetzen oder Löschen einzelner Ausdrücke diese zuvor markieren.

Eigene Formeln zusammenstellen

1. Sollte die benötigte Formel nicht in der Liste enthalten sein, so fügen Sie ein leeres Feld zur Eingabe der Formel ein: Klicken Sie dazu entweder direkt auf die Schaltfläche *Formel* oder im Auswahlfeld auf *Neue Formel einfügen* ❸ (Bild oben).
2. In der Folie erscheint ein Feld mit dem Text *Geben Sie hier eine Formel ein*. Unmittelbar nach dem Einfügen ist das Feld bereits markiert, zu erkennen an der grauen Schattierung. Andernfalls klicken Sie in das Feld, um es zur weiteren Bearbeitung auszuwählen.

3 Klicken Sie dann im Register *Formeltools - Entwurf* entweder nacheinander auf die benötigten Symbole oder wählen Sie eine der vorhandenen Strukturen aus, im Bild unten als Beispiel *Wurzel*. Diese verfügen über Platzhalter, die Sie anschließend markieren und durch Tastatureingabe oder Symbole ersetzen.

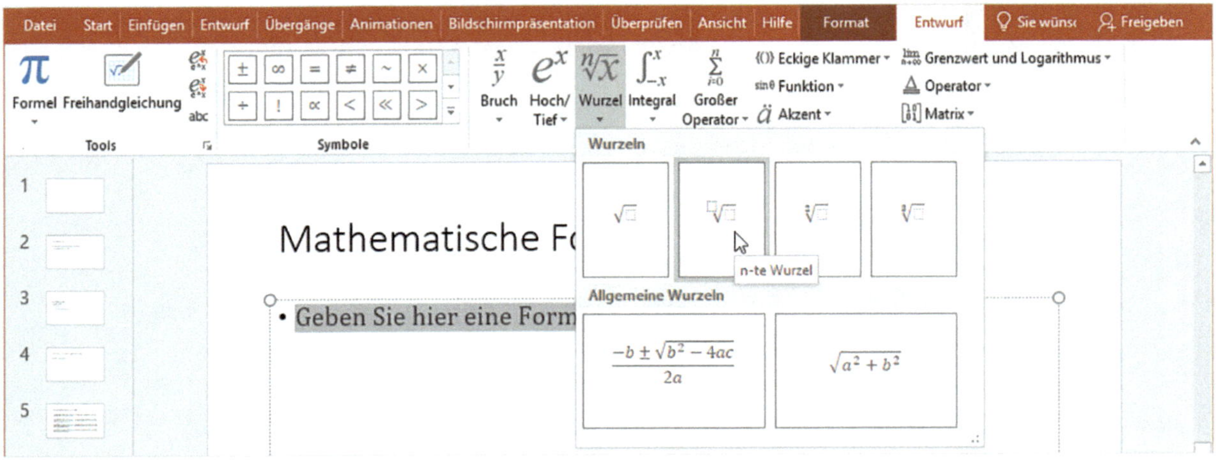

Bild 5.12 Das Register Formeltools - Entwurf

Freihandeingabe

Falls die hier angebotenen Symbole bzw. Formeln nicht ausreichen oder Sie im Touchmodus arbeiten, so fügen Sie zunächst eine leere Formel ein und klicken in der Gruppe *Tools* auf *Freihandgleichung* ❶. Es öffnet sich ein kleines Fenster (Bild 5.13), in dem Sie einen Ausdruck mit Stift, Finger oder gedrückter Maustaste „zeichnerisch" eingeben ❷. Oberhalb können Sie kontrollieren ❸, ob Ihre Eingaben korrekt umgewandelt werden.

Oder wählen Sie gleich beim Einfügen der Formel über den Dropdown-Pfeil (siehe oben) am Ende der Formelsammlung *Freihandgleichung* aus.

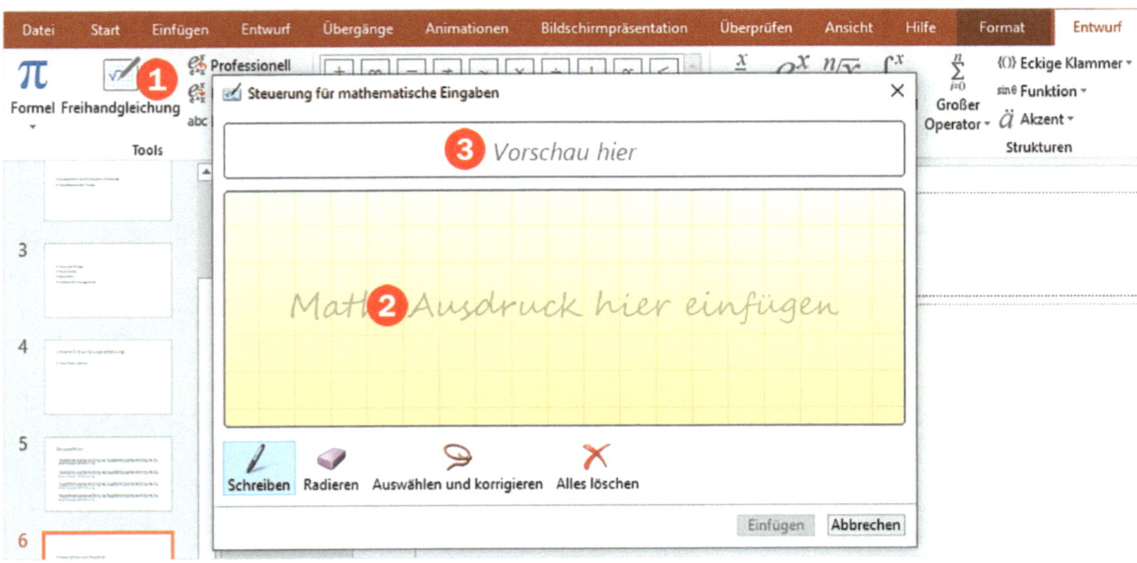

Bild 5.13 Freihandgleichung eingeben

5.2 Mit Platzhaltern und Textfeldern arbeiten

Wie Sie bereits gesehen haben, bringen die meisten Folienlayouts Platzhalter für Text bzw. Textfelder mit. Größe und Position der Platzhalter lassen sich mit der Maus schnell ändern. Allerdings sollten Sie die nachfolgend beschriebenen Methoden nur in Ausnahmefällen und nur auf einzelne Folien anwenden. Wenn Sie dagegen Aussehen und Position der Platzhalter in der gesamten Präsentation ändern möchten, dann nehmen Sie dies besser in der Ansicht *Folienmaster* vor, Näheres hierzu unter Punkt 5.5.

So fügen Sie weitere Textfelder ein

In PowerPoint-Folien ist die Texteingabe ausschließlich in den dafür vorgesehenen Platzhaltern möglich. Wenn Sie außerhalb der Platzhalter zusätzliche Beschriftungen benötigen, dann müssen Sie dazu ein Textfeld einfügen. So gehen Sie dabei vor:

Bild 5.14 Textfeld einfügen

1 Klicken Sie im Register *Einfügen*, Gruppe *Text* auf die Schaltfläche *Textfeld*. Oder klicken Sie im Register *Start* ▶ *Zeichnen* im Formenkatalog auf das Symbol *Textfeld* ❶.

2 In der Folie erscheint der Mauszeiger nun als Fadenkreuz ❷. Klicken Sie mit der Maus an die gewünschte Stelle der Folie und beginnen Sie anschließend sofort mit der Texteingabe. Die Breite des Feldes passt sich während der Eingabe automatisch an den Text an.

Oder zeichnen Sie durch Ziehen mit gedrückter Maustaste ein Feld in der gewünschten Breite ❸, dann passt sich während der Eingabe die Höhe des Textfeldes automatisch an.

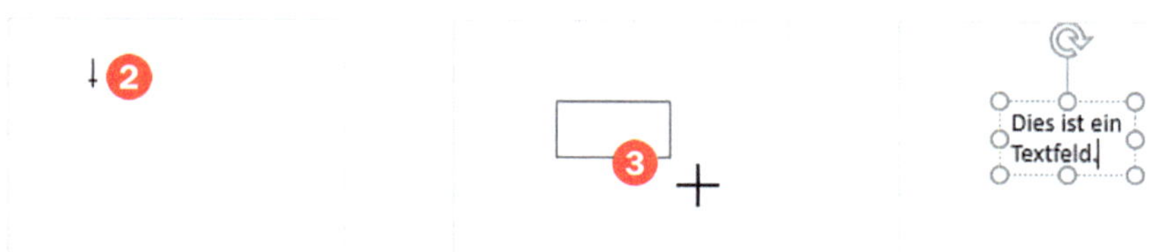

Bild 5.15 Zeichnen Sie in der Folie ein Textfeld und geben Sie Text ein

Textfelder markieren und löschen

Um einen Platzhalter bzw. ein Textfeld aus der Folie zu entfernen, müssen Sie es mit einem Mausklick an eine beliebige Stelle des Rahmens markieren. Beachten Sie dabei, dass PowerPoint zwischen zwei Arten von Markierungsrahmen unterscheidet:

- **Eingabemodus**
  Eine gepunktete Rahmenlinie signalisiert, dass sich das Feld im Text- oder Eingabemodus befindet (Bild 5.16). Gleichzeitig ist der Cursor im Textfeld sichtbar und mit der Entf-Taste wird Text gelöscht. Ein Textfeld wechselt automatisch in den Textmodus, wenn Sie mit der Maus in den Text klicken, oder per Rechtsklick und den Befehl *Text bearbeiten*.

- **Textfeld bearbeiten**
  Eine durchgezogene Rahmenlinie dagegen bedeutet, dass das Textfeld als solches markiert ist und als Ganzes bearbeitet oder mit der Entf-Taste gelöscht werden kann. Zu dieser Art der Markierung klicken Sie an eine beliebige Stelle des Rahmens (Bild 5.17).

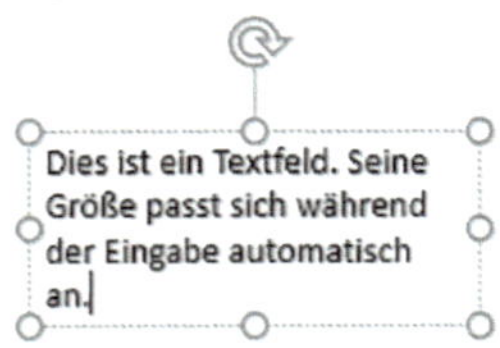

Bild 5.16 Textfeld im Eingabemodus

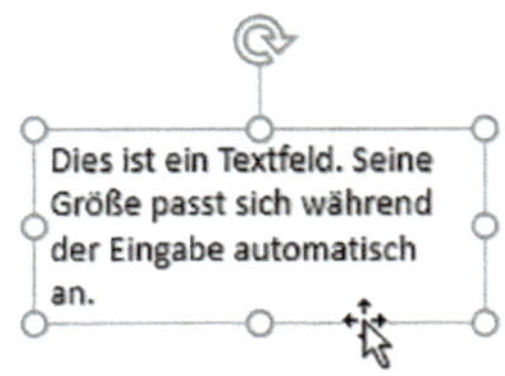

Bild 5.17 Textfeld ist markiert

Größe und Position von Platzhaltern und Textfeldern

- **Vergrößern/Verkleinern**
  Sobald Sie mit der Maus in ein Textfeld oder einen Platzhalter klicken, erscheinen am Rahmen in den Ecken und in der Mitte jeder Seite Ziehpunkte. Diese benutzen Sie zur Größenänderung mit der Maus: Zeigen Sie auf einen der Punkte und achten Sie auf den Mauszeiger. Sobald dieser die Form eines Doppelpfeils annimmt, können Sie mit gedrückter Maustaste das Feld vergrößern oder verkleinern.

- **Verschieben**
  Zum Verschieben zeigen Sie zuerst mit der Maus an eine beliebige Stelle des Rahmens. Erscheinen am Mauszeiger vier Richtungspfeile, so können Sie anschließend das Feld mit gedrückter Maustaste in jede Richtung verschieben.

- **Kopie verschieben**
  Wenn Sie beim Ziehen mit der Maus gleichzeitig die Strg-Taste gedrückt halten, erscheint am Mauszeiger ein kleines +-Zeichen und Sie verschieben eine Kopie des Feldes.

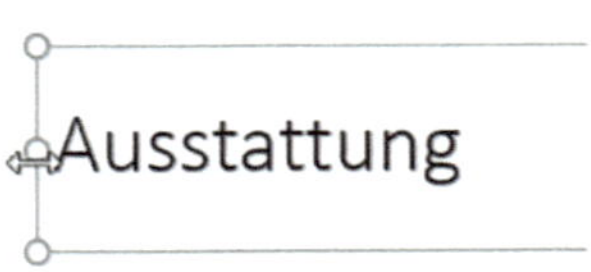

Bild 5.18 Textfeld vergrößern/verkleinern

Bild 5.19 Verschieben

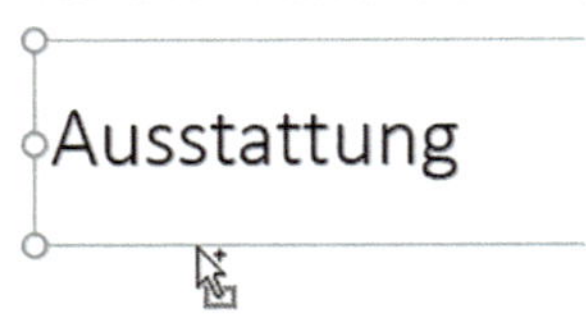

Bild 5.20 Kopieren

Hilfslinien nutzen

Befinden sich in der Folie noch andere Objekte, z. B. Grafiken, Formen oder weitere Textfelder, so erscheinen während des Ziehens Hilfslinien, an denen Sie sich bei der Ausrichtung an anderen Objekten orientieren können, siehe Bild unten.

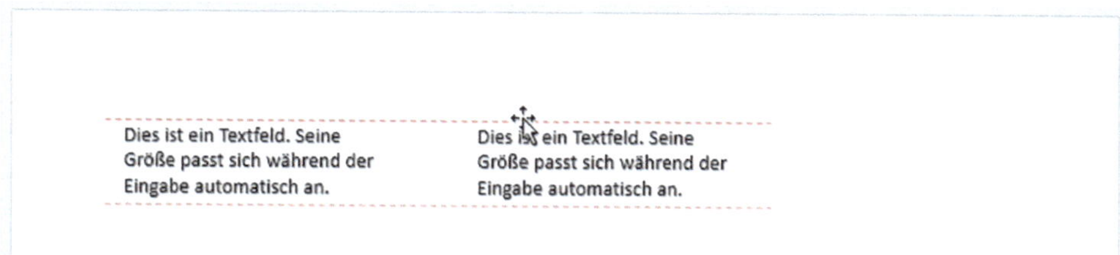

Bild 5.21 Hilfslinien zur Ausrichtung an anderen Objekten

Hinweis: Platzhalter und Textfelder unterscheiden sich in puncto Größenänderung und Ausrichtung bzw. Positionierung nicht von anderen Objekten einer PowerPoint-Folie. Eine detaillierte Beschreibung zum exakten Ausrichten von Objekten finden Sie in Kapitel 6.6.

Freies Drehen

Oberhalb eines markierten Rahmens ist in der Mitte zusätzlich ein Drehsymbol sichtbar. Es dient zum freien Drehen des gesamten Platzhalters. Sobald Sie mit der Maus auf dieses Symbol zeigen, ändert sich das Aussehen des Mauszeigers und Sie können mit gedrückter Maustaste das Feld samt Inhalt beliebig drehen.

Bild 5.22 Drehen eines Platzhalters

Tipp: Folie schnell wieder zurücksetzen

Wenn Sie die Platzhalter einer Folie in einem der Standardlayouts, z. B. *Titel und Inhalt,* verschoben, vergrößert/verkleinert oder gedreht haben und schnell wieder das ursprüngliche Layout herstellen möchten, dann klicken Sie dazu im Register *Start* ▶ *Folien* auf *Zurücksetzen*.

Achtung: Diese Schaltfläche stellt nicht nur das ursprüngliche Folienlayout wieder her, sondern entfernt aus den Platzhaltern auch alle Formatierungen, die nicht Bestandteil des verwendeten Designs sind.

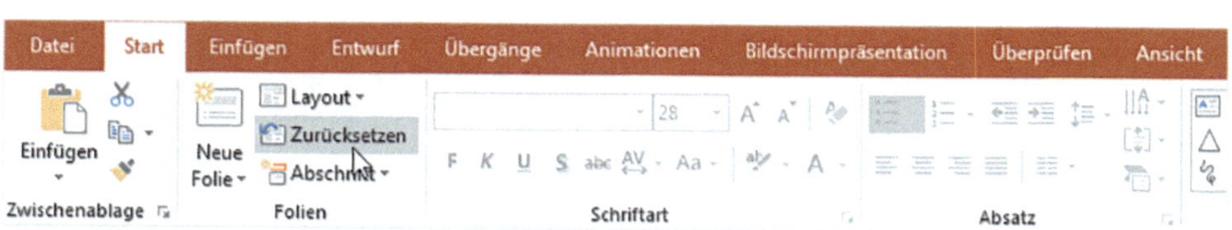

Bild 5.23 Folie zurücksetzen

5.3 Textformatierung

Grundlegende Techniken

Zur Textformatierung können Sie in PowerPoint alle Methoden verwenden, die Sie möglicherweise bereits von Word kennen. Genau wie Word unterscheidet auch PowerPoint zwischen Zeichen- und Absatzformaten.

- Zeichen- oder Schriftformate legen die Darstellung einzelner Zeichen oder Zeichenfolgen fest. Dazu gehören beispielsweise Schriftart und -farbe.
- Absatzformate definieren hingegen das Aussehen eines Absatzes bis zum nächsten Absatzende, also auch mehrerer Zeilen. Zu ihnen zählen beispielsweise Aufzählungszeichen, die Abstände zwischen den Zeilen oder die Ausrichtung.

Alle Formate finden Sie im Register *Start* in den Gruppen *Schriftart* ❶ und *Absatz* ❷. Einige davon sind auch in der Minisymbolleiste ❸ enthalten, die erscheint, sobald Sie eine Textstelle markiert haben. Weitergehende Möglichkeiten erhalten Sie in den Dialogfenstern, die Sie mit Klick auf den Pfeil ↘ ❹ der jeweiligen Gruppe öffnen.

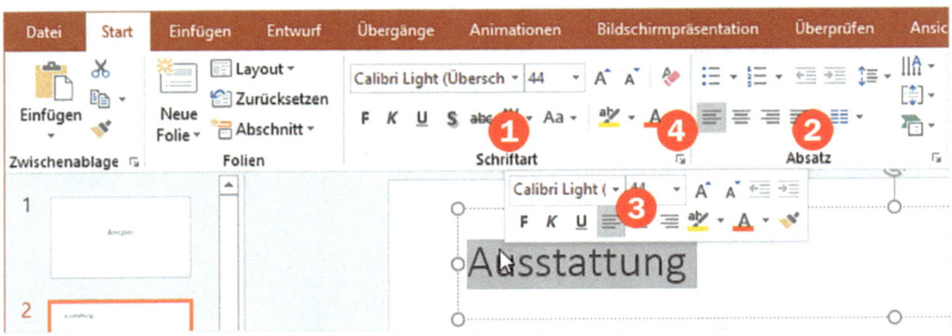

Bild 5.24 Formate und Formatierungsmöglichkeiten

Bereich auswählen/markieren

Bevor Sie eine Formatierung zuweisen, müssen Sie festlegen, auf welchen Bereich sich diese beziehen soll, dabei gilt:

- Bei Zeichenformaten müssen Sie den gesamten zu formatierenden Textbereich markieren. Ausnahme: Zur Formatierung eines einzelnen Wortes genügt es, wenn sich der Cursor im Wort befindet.
- Absatzformate beziehen sich immer auf den gesamten Absatz. Zur Formatierung eines einzelnen reicht es daher, wenn sich der Cursor im Absatz befindet. Sie können auch gleich mehrere zusammenhängende Absätze markieren, wenn diese dasselbe Format erhalten sollen.
- Um den Inhalt des gesamten Textfeldes mit einer Formatierung zu versehen, markieren Sie einfach das Textfeld. Dazu klicken Sie auf eine beliebige Stelle des Rahmens. Dieser erhält nun anstelle der gepunkteten eine durchgezogene Linie (Bild unten) und alle Formatierungen, die Sie jetzt vornehmen, egal ob Absatz-

oder Zeichenformate, wirken sich auf den gesamten Inhalt des Textfeldes aus. Als Beispiel wurde im Bild unten der gesamte Text des Platzhalters mit roter Schriftfarbe formatiert.

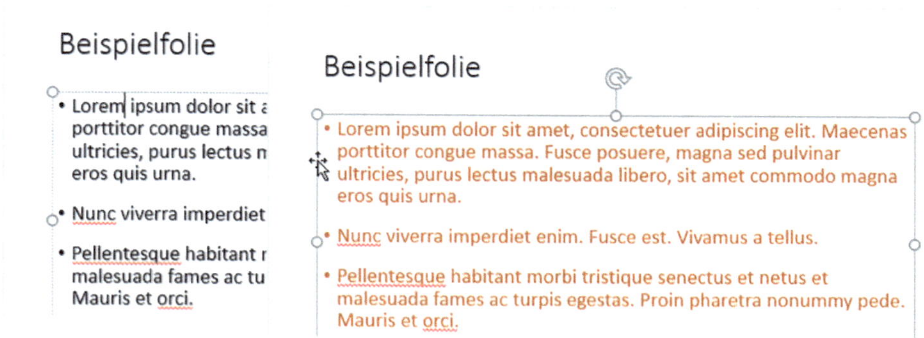

Bild 5.25 Den gesamten Platzhalter markieren: Achten Sie auf die Rahmenlinie!

> **Achtung:** Um ein einheitliches Erscheinungsbild der Präsentation zu gewährleisten, sollten Sie die nachfolgend beschriebenen Formatänderungen nur in Einzelfällen direkt in der Folie vornehmen. Alle Formatierungen, die für die gesamte Präsentation Gültigkeit besitzen, sollten besser in der Ansicht *Folienmaster* (Masteransicht) erfolgen, Näheres hierzu ab Seite 144.

Zeichen- bzw. Schriftformate

Schriftart, -größe und -farbe

- Zum Ändern der Schriftart klicken Sie im Register *Start* ▶ *Schriftart* auf den Drop-down-Pfeil des Feldes *Schriftart*. Die beiden Schriftarten des aktuellen Designs befinden sich am Beginn der Liste.

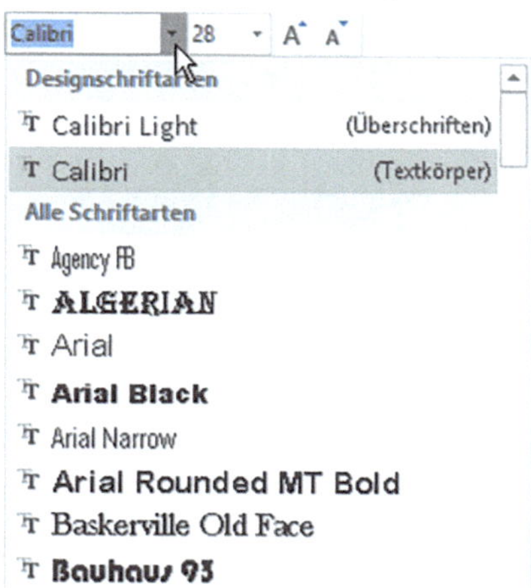

Bild 5.26 Schriftart

Bild 5.27 Schriftgröße

Bild 5.28 Schriftfarbe

- Das Feld *Schriftgröße* daneben bietet mehrere Schriftgrößen (Schriftgrad) zur Auswahl. Schriftgrößen werden in dem typografischen Maß Punkt (Pt.) angegeben. Ein Punkt entspricht etwa 0,35 mm. Sollte die gewünschte Schriftgröße hier nicht aufgeführt sein, so klicken Sie einfach direkt in das Feld, geben die gewünschte Größe, z. B. 30, über die Tastatur ein und drücken zum Übernehmen die Eingabe-Taste.

- Über die beiden Schaltflächen *Schriftart vergrößern/verkleinern* lässt sich die Schriftgröße noch schneller ändern: Jeder Mausklick vergrößert bzw. verkleinert die Schrift um jeweils eine Stufe.
- Ein Klick auf den Dropdown-Pfeil der Schaltfläche *Schriftfarbe* bietet zunächst Farbabstufungen des aktuellen Designs an. Alle übrigen Farben erscheinen nach einem Mausklick auf den Befehl *Weitere Farben....*

> **Tipp:** Mit dem Befehl *Pipette* können Sie per Mausklick eine beliebige Farbe aus der Folie oder einem Bild aufnehmen und als Schriftfarbe verwenden.

Text hervorheben

Vielleicht kennen Sie in Microsoft Word die Möglichkeit, bestimmte Textstellen farbig hervorzuheben, vergleichbar einem Textmarker. Dies wird seit der Version 2019 auch von PowerPoint unterstützt. So gehen Sie vor:

1. Markieren Sie den Text, der hervorgehoben werden soll.
2. Klicken Sie im Register *Start* ▶ *Schriftart* auf den Dropdown-Pfeil *Texthervorhebungsfarbe* ❶ und klicken Sie auf eine Farbe, z. B. Gelb. Bereits beim Zeigen erhalten Sie am markierten Text in der Folie eine Vorschau.

Bild 5.29 Markierten Text hervorheben

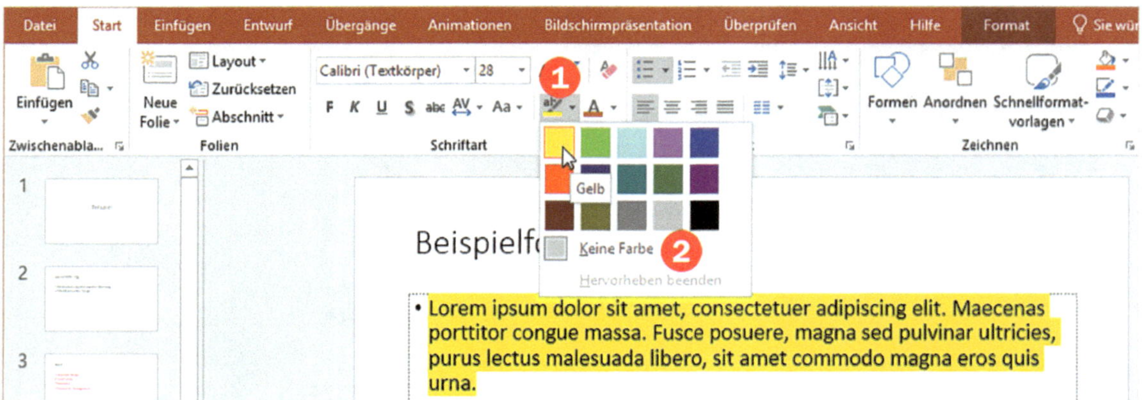

Hervorhebung entfernen

Dazu markieren Sie die betreffende Textstelle, klicken erneut auf den Dropdown-Pfeil *Texthervorhebungsfarbe* und wählen *Keine Farbe* ❷.

Mehrere Textstellen nacheinander hervorheben

Wenn Sie nacheinander mehrere nicht zusammenhängende Textstellen hervorheben möchten, markieren Sie zunächst keinen Text, sondern wählen nur über den Pfeil eine

Texthervorhebungsfarbe aus. Der Mauszeiger wird zu einem Textmarker und Sie heben nun gleichzeitig mit dem Markieren den Text in der ausgewählten Farbe hervor. Um den Hervorhebungsmodus wieder zu beenden, betätigen Sie die Esc-Taste.

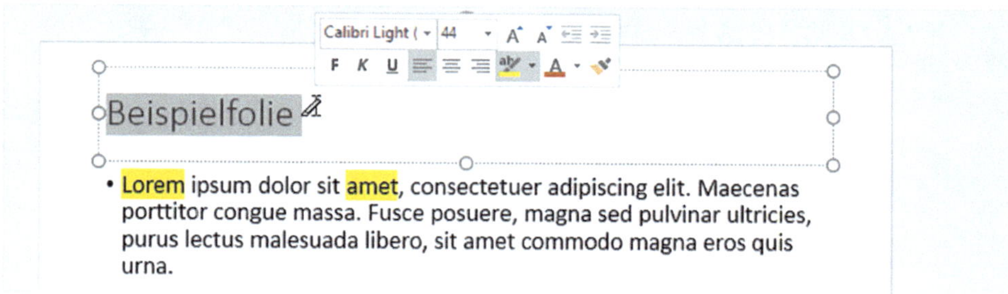

Bild 5.30 Textstellen durch gleichzeitiges Markieren hervorheben

Weitere Schriftformate

Zusätzliche Schriftattribute wie Fett, Kursiv und Unterstrichen finden Sie ebenfalls in der Gruppe *Schriftart* sowie in der Minisymbolleiste. Die weiteren Schriftformate:

Symbol	Format
S	Textschatten, versieht markierten Text mit einem Schatten.
abc	Markierten Text durchstreichen.
AV	Zeichenabstand ändern. Zusätzliche Möglichkeiten erhalten Sie über *Weitere Abstände...*.
Aa	Erlaubt verschiedene Einstellungen zu Groß-/ Kleinschreibung und wandelt Text in Großbuchstaben oder Kleinbuchstaben um.

Eine Zusammenstellung aller Schriftformate enthält das Dialogfenster *Schriftart*, welches Sie mit einem Mausklick auf den Pfeil der Gruppe *Schriftart* öffnen. Hier finden Sie auch einige, nicht im Menüband enthaltene Formatierungen, beispielsweise *Kapitälchen*, verschiedene Unterstreichungsvarianten und -farben sowie *Hoch-* oder *Tiefgestellt*.

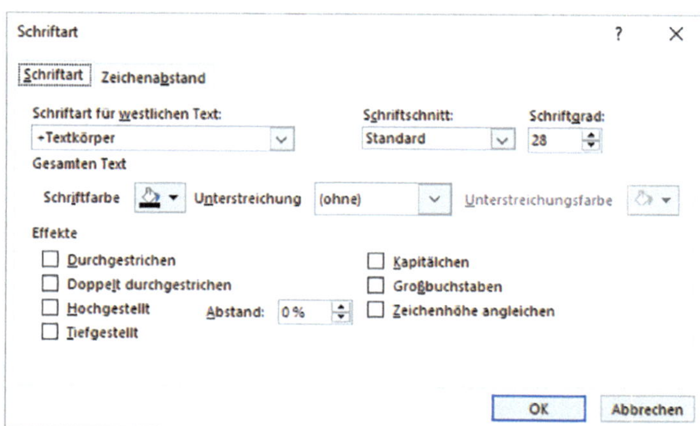

Bild 5.31 Das Fenster Schriftart

Formatierungen entfernen

Die Schaltfläche *Alle Formatierungen löschen* entfernt alle oben beschriebenen und nachträglich vorgenommenen Formatänderungen (Zeichenformate) vom markierten Text bzw. Platzhalterfeld und stellt das ursprüngliche Aussehen entsprechend dem verwendeten Design wieder her.

Bild 5.32 Alle Formatierungen löschen

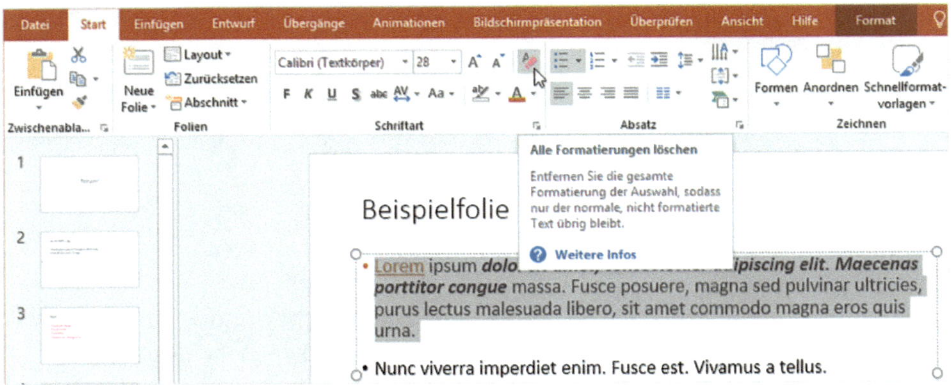

Absatzausrichtung, Zeilen- und Absatzabstand

Die wichtigsten Absatzformate dürften den meisten Anwendern ebenfalls bekannt sein. Diese Formate finden Sie im Register *Start*, Gruppe *Absatz*.

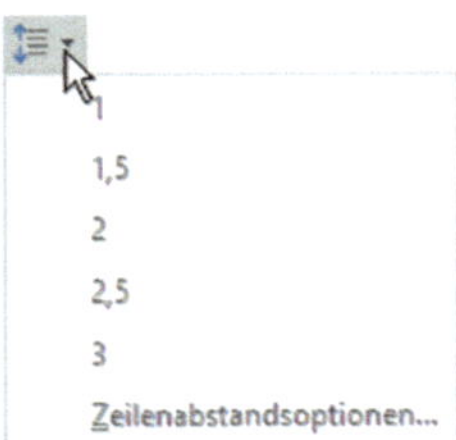

- Die Schaltflächen *linksbündig*, *zentriert*, *rechtsbündig* und *Blocksatz* steuern die horizontale Ausrichtung eines Absatzes innerhalb eines Textfeldes.
- Die Abstände zwischen mehreren Zeilen eines Absatzes ändern Sie mit der Schaltfläche *Zeilenabstand*. Es erscheinen verschiedene Möglichkeiten zur Auswahl und Sie sehen im Textfeld bzw. markierten Absatz eine Vorschau, sobald Sie auf einen Abstandswert zeigen.
- Weitergehende Möglichkeiten erhalten Sie, wenn Sie hier auf *Zeilenabstandsoptionen...* oder auf das Pfeilsymbol ↘ der Gruppe *Absatz* klicken.

Bild 5.33 Abstand zwischen markierten Absätzen im Fenster Absatz ändern

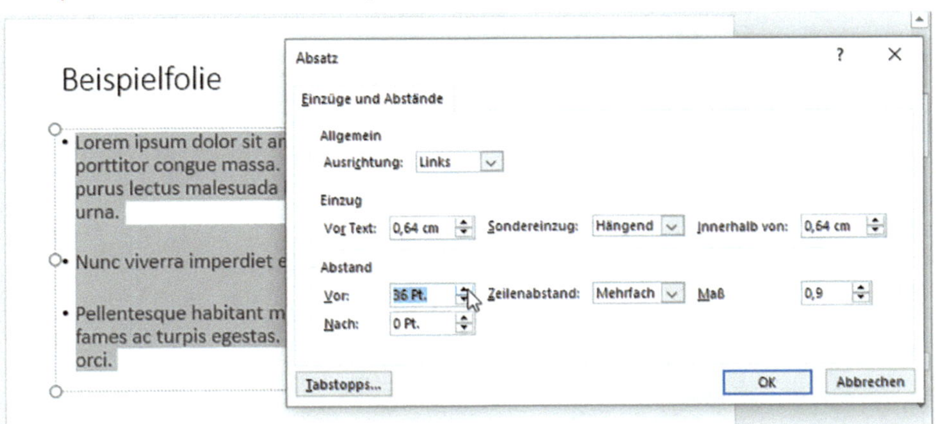

In beiden Fällen öffnet sich das Dialogfenster *Absatz*. Hier können Sie sowohl den Abstand der Zeilen innerhalb eines Absatzes, als auch Abstände zwischen den Absätzen genau definieren, wie in Bild 5.33. Benutzen Sie dazu unter *Abstand* die Felder *Vor* bzw. *Nach*.

Achtung: Die Schaltfläche *Zeilenabstand* regelt nur den Abstand zwischen den Zeilen der Absätze. Da in Bildschirmpräsentationen jedoch häufig einzeilige Absätze in Form kurzer Aufzählungen eingesetzt werden, müssen Sie die Abstände zwischen den Absätzen im Dialogfenster *Absatz* vergrößern.

Aufzählungszeichen und Nummerierungen anpassen

Kurze prägnante Aussagen lassen sich visuell schneller erfassen, wenn sie mit Aufzählungszeichen versehen sind. Daher erhalten bei den meisten Vorlagen und Designs die einzelnen Absätze im Inhaltsplatzhalter bereits während der Eingabe automatisch ein Aufzählungszeichen. Dessen Aussehen und Farbe sind abhängig vom Design und der Farbvariante.

Aufzählungszeichen ändern

Aufzählungen und Nummerierungen gehören ebenfalls zu den Absatzformaten. Die dazugehörigen Schaltflächen finden Sie daher im Register *Start*, Gruppe *Absatz*. Zum Ändern des Aufzählungszeichens markieren Sie die betreffenden Absätze oder das gesamte Textfeld und klicken auf den Dropdown-Pfeil der Schaltfläche *Aufzählungszeichen*. Die hier angebotenen Zeichen sind vom Design abhängig und Sie erhalten in der aktuellen Folie eine Vorschau, sobald Sie auf eine Aufzählung zeigen (Bild 5.34). Erst mit einem Mausklick übernehmen Sie das gewünschte Zeichen.

Um von den markierten Absätzen das Aufzählungszeichen zu entfernen, genügt ein Mausklick direkt auf das Symbol *Aufzählungszeichen* (Aufzählung deaktivieren) oder wählen Sie über den Dropdown-Pfeil *Kein(e)*.

Bild 5.34 Aufzählungszeichen wählen

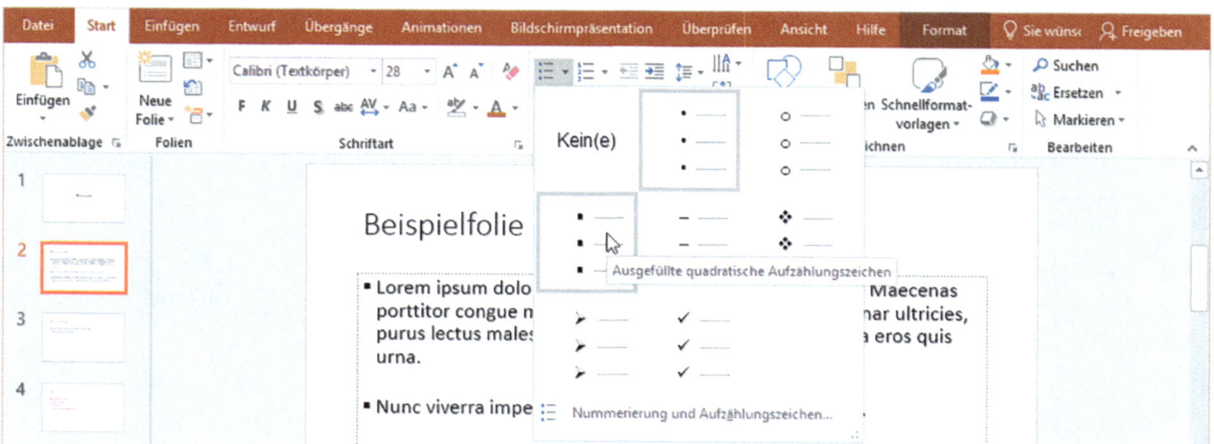

Weitergehende Gestaltungsmöglichkeiten erhalten Sie im Fenster *Nummerierung und Aufzählungszeichen* (Bild unten), das Sie über das Symbol *Aufzählungszeichen* und den Befehl *Nummerierung und Aufzählungszeichen...* öffnen.

- Die Schaltfläche *Bild...* ❶ erlaubt es, ein Bild von der Festplatte Ihres Computers, ein Piktogramm, oder aus Onlinequellen auszuwählen und als Aufzählungszeichen zu verwenden. Auf diese Weise lässt sich etwa auch ein geeignetes Logo als Aufzählungszeichen einsetzen. Die Größe der Grafik in Relation zur Textgröße kann über die Pfeile des Feldes *Größe* ❷ angepasst werden.
- Wenn Sie ein Symbol aus einer Symbolschriftart, beispielsweise Wingdings, verwenden möchten, dann klicken Sie auf die Schaltfläche *Anpassen...* ❸ und wählen die Schriftart und anschließend das gewünschte Zeichen aus. In diesem Fall können Sie zusätzlich zur Größe auch die Farbe des Symbols ❹ wählen.

Bild 5.35 Nummerierung und Aufzählungszeichen anpassen

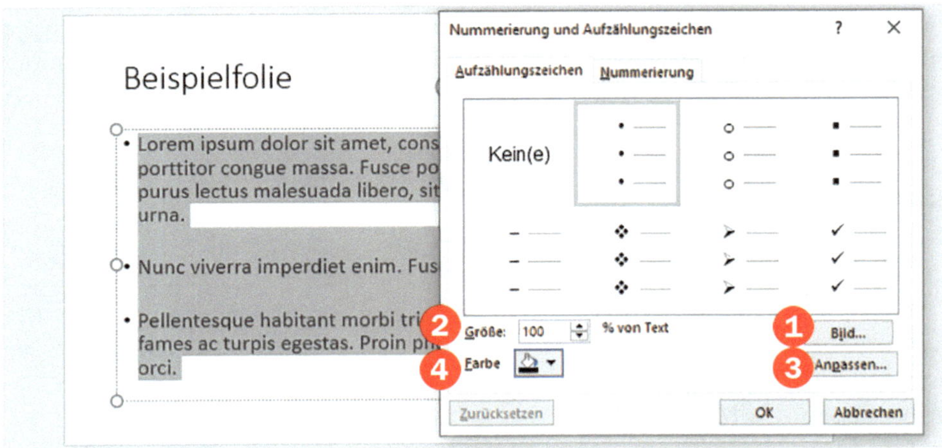

Absätze nummerieren

Als Alternative zu den Aufzählungszeichen können Absätze auch automatisch fortlaufend nummeriert werden. Die Vorgehensweise unterscheidet sich nur wenig von den Aufzählungszeichen: Markieren Sie die Absätze oder das Textfeld und klicken Sie auf den Dropdown-Pfeil der Schaltfläche *Nummerierung*. Wählen Sie eine der Vorlagen oder klicken Sie auf *Aufzählungszeichen und Nummerierung...*, um das gleichnamige Dialogfenster mit dem Register *Nummerierung* zu öffnen.

Vorteil der automatischen Nummerierung

Wenn Sie nachträglich einen weiteren Absatz einfügen oder löschen, passt sich die Nummerierung automatisch an. Dies funktioniert auch, wenn Sie beispielsweise durch Verschieben die Reihenfolge der Absätze umstellen.

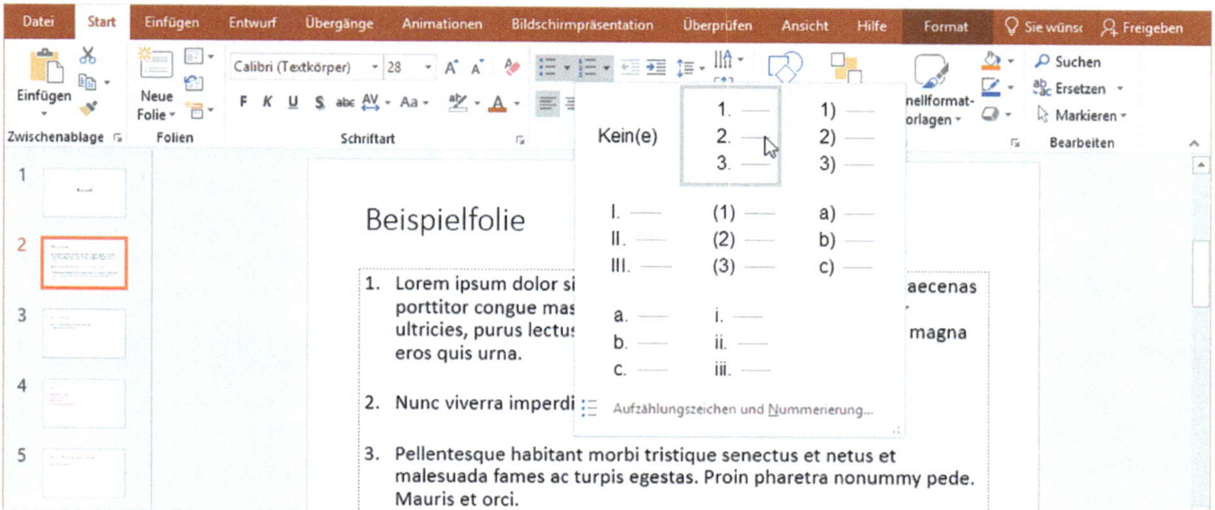

Bild 5.36 Nummerierung

Wie bei den Aufzählungszeichen können Sie auch hier über den Befehl *Aufzählungszeichen und Nummerierung...* Größe und Farbe der Nummerierung ändern.

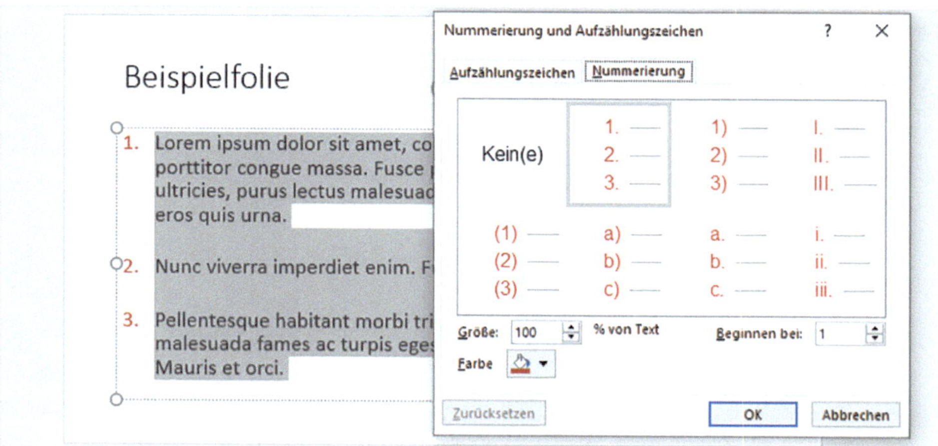

Bild 5.37 Nummerierung bearbeiten

Einrückungen und Gliederungen

Einrückungen und somit Gliederungen sind in Bildschirmpräsentationen ebenfalls wichtige Gestaltungselemente, siehe Bild 5.38. Hierbei gilt:

- Untergeordnete Ebenen werden eingerückt und erhalten je nach Design ein anderes oder kleineres Aufzählungszeichen sowie eine kleinere Schrift.
- PowerPoint unterstützt maximal 5 Gliederungsebenen. Jede davon verfügt über eine eigene Formatierung. Diese kann im Folienmaster festgelegt und geändert werden (siehe Punkt 5.4 auf Seite 144).

Höher/ tiefer stufen

Mit den beiden Symbolen *Listenebene erhöhen* (= Einzug vergrößern bzw. einrücken) und *Listenebene verringern* (= Einzug verkleinern bzw. wieder ausrücken) im Register *Start*, Gruppe *Absatz* stufen Sie den aktuellen Absatz um jeweils eine Ebene höher oder tiefer. Alternativ können Sie während der Eingabe und später auch die folgenden Tasten verwenden, vorausgesetzt der Cursor befindet sich am Beginn des neuen Absatzes bzw. links vom ersten Zeichen des Absatzes.

- Eine Stufe tiefer: Tabulator-Taste
- Eine Stufe höher: Umschalt+Tabulator-Taste

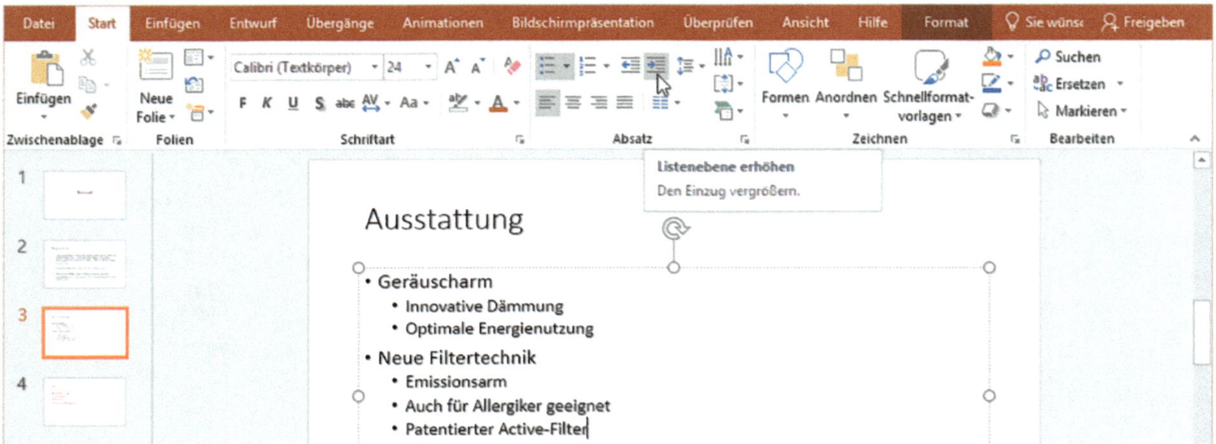

Bild 5.38 Beispiel Gliederung

Text im Platzhalter oder Textfeld ausrichten

Neben der Ausrichtung einzelner Absätze können Sie in PowerPoint auch die Ausrichtung des gesamten Textinhalts eines Platzhalters steuern. Die Schaltflächen dazu finden Sie ebenfalls im Register *Start*, Gruppe *Absatz*. **Achtung:** Die folgenden Formate beziehen sich immer auf das gesamte Textfeld. Es genügt daher, wenn sich der Cursor innerhalb des Feldes befindet oder das Textfeld markiert ist.

Mehrspaltiger Text

Mit dem Symbol *Spalten* haben Sie die Möglichkeit, Text in zwei oder mehr Spalten innerhalb des Textfeldes anzuordnen. Der Spaltenwechsel erfolgt automatisch.

Vertikale Ausrichtung im Textfeld

Text wird innerhalb der Platzhalter meist am oberen Rand ausgerichtet, dies ist jedoch im Einzelfall abhängig vom Design. Mit der Schaltfläche *Text ausrichten* ändern Sie die vertikale Ausrichtung innerhalb des Platzhalters bzw. Textfeldes.

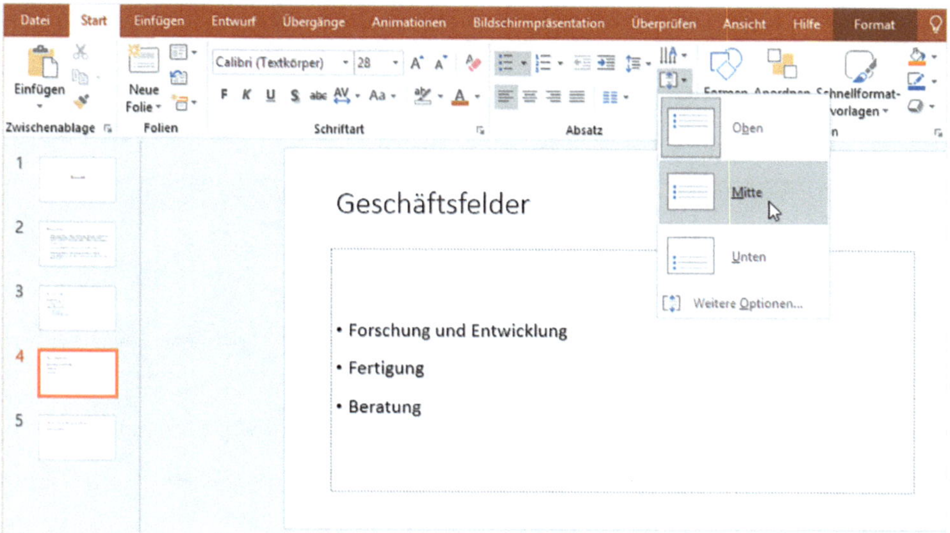

Bild 5.39 Vertikale Ausrichtung

Ränder anpassen

Wenn Sie für das markierte Textfeld den Abstand zum linken und rechten bzw. oberen und unteren Rand ändern möchten, dann klicken Sie auf *Text ausrichten* und auf *Weitere Optionen...* (siehe Bild oben). Damit öffnet sich am rechten Rand des PowerPoint-Fensters der Aufgabenbereich *Form formatieren*, und Sie können hier nicht nur die gewünschten Abstände eingeben, sondern auch den Textumbruch und die automatische Größenanpassung steuern (Bild 5.40).

Bild 5.40 Der Aufgabenbereich Form formatieren: Abstände

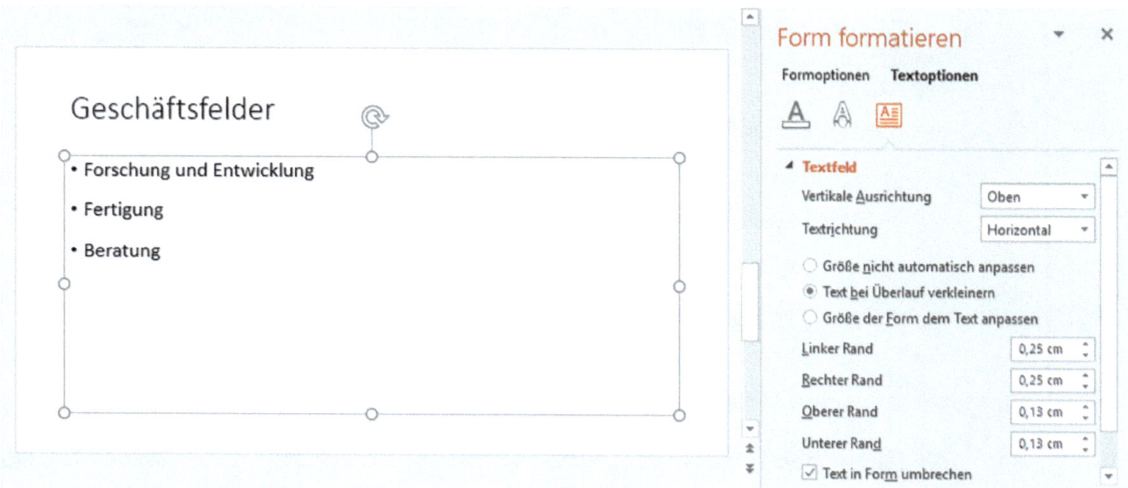

Textrichtung ändern

Mit der Schaltfläche *Textrichtung* drehen oder stapeln Sie den Inhalt eines Textfeldes. Beim Zeigen sehen Sie am aktuellen Textfeld eine Vorschau und erhalten so eine bessere Vorstellung. Das Textfeld selbst behält dabei seine ursprüngliche Ausrichtung. Wenn also, wie im Bild unten, der Inhalt zusätzlich noch zentriert ausgerichtet werden soll, dann benötigen Sie dafür den Befehl bzw. das Symbol *Zentrieren* (Absatz). Der Befehl *Weitere Optionen...* öffnet wieder den Aufgabenbereich *Form formatieren* für detaillierte Einstellungen (siehe vertikale Ausrichtung).

Bild 5.41 Text drehen

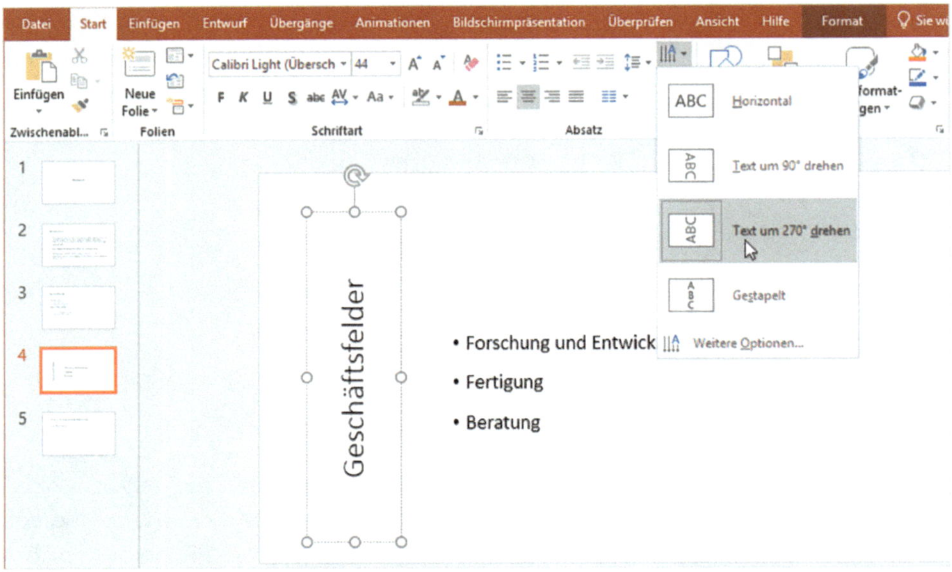

Hinweis: Sie haben in Punkt 5.2 und 5.3 dieses Kapitels die grundlegenden Möglichkeiten der Layoutgestaltung und Textformatierung mit PowerPoint kennengelernt. Allerdings sollten Sie nur in Ausnahmefällen, z. B. wenn Sie ein Poster bestehend aus einer einzigen Folie erstellen, Text oder Folienelemente auf diese Weise bearbeiten. Wenn sich in umfangreichen Bildschirmpräsentationen Formate, wie etwa ein bestimmtes Aufzählungszeichen, auf die gesamte Präsentation auswirken sollen, dann sollten Sie derartige Änderungen besser am Folienmaster bzw. in der Masteransicht vornehmen. Die Vorgehensweise lesen Sie im nächsten Punkt.

5.4 Präsentation mit dem Folienmaster gestalten

Wozu werden Masterformate und Masterfolien eingesetzt?

Als Master bezeichnet man Vorlagen für Folien und Layouts einer Präsentation. Sie steuern das Aussehen von Schrift und Absätzen sowie die Position der Platzhalter.

Die Vorteile auf einen Blick

- Alle Änderungen am Folienmaster wirken sich automatisch auf das Aussehen aller Folien der gesamten Präsentation aus. Dies betrifft sowohl bereits erstellte Folien als auch solche, die erst später hinzugefügt werden. Änderungen in einzelnen Folien dagegen, die Sie in der Ansicht *Normal* vorgenommen haben, wie beispielsweise Unterstreichungen, werden beibehalten. Wenn Sie also alle Formatänderungen konsequent am Folienmaster durchführen, behalten die Folien Ihrer Präsentation ein einheitliches Aussehen.

- Mit den Folienmastern bzw. der Ansicht *Folienmaster* erhalten Sie Gestaltungsmöglichkeiten, die weit über die Zusammenstellung eines Designs aus Farben, Schriftarten und Effekten hinausgehen (siehe Kapitel 4). Neben der Schriftgröße und -farbe können Sie beispielsweise auch Absatzabstände, Aufzählungszeichen, Textausrichtung sowie Position und Größe der Platzhalter festlegen oder auf allen oder nur bestimmten Folien ein Firmenlogo einfügen.
- In der Ansicht *Folienmaster* können Sie jede Präsentation bearbeiten und ändern, egal ob Sie mit einer leeren Präsentation bzw. dem Design *Office* beginnen oder ob Sie ein vorgefertigtes Design bzw. eine Vorlage verwenden. Auf diese Weise lässt sich etwa eine Vorlage mit wenigen Änderungen zu einer individuellen Bildschirmpräsentation abwandeln.

So arbeiten Sie in der Ansicht Folienmaster

Bild 5.42 Die Ansicht Folienmaster

Die Bearbeitung der Folienmaster erfolgt in einer gesonderten Ansicht, der Ansicht *Folienmaster*. Dazu klicken Sie im Register *Ansicht*, Gruppe *Masteransichten* auf *Folienmaster*. In dieser Ansicht ist im Menüband das zusätzliche Register *Folienmaster* verfügbar. Hier finden Sie auch die Schaltfläche *Masteransicht schließen*, mit der Sie die Bearbeitung beenden und zur Ansicht *Normal* zurückkehren.

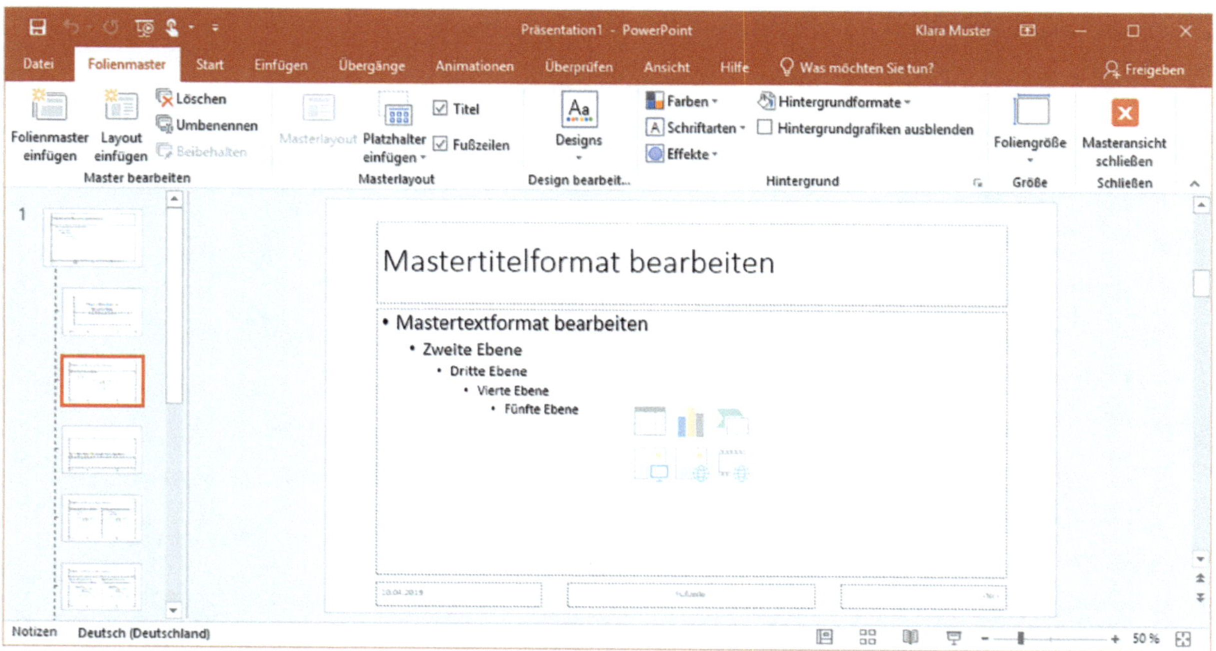

Beachten Sie, dass die Ansicht *Folienmaster* nicht zur Texteingabe dient, sondern ausschließlich zur Gestaltung von Folien und Folienlayouts! Aus diesem Grund enthalten die Platzhalter auch Hinweise wie *Mastertextformat bearbeiten*. Etwaiger Text, den Sie in dieser Ansicht in die Platzhalter eingeben, erscheint später nicht in der Präsentation. Ausnahmen sind zusätzliche Textfelder, z. B. mit dem Namen der Firma, oder Logos, die Sie in der Ansicht *Folienmaster* ebenfalls einfügen können.

Im Gegensatz zur Ansicht *Normal* zeigt in der Ansicht *Folienmaster* der linke Navigationsbereich statt der einzelnen Präsentationsfolien Vorlagen für die verschiedenen Folienlayouts an. Diese werden auch als Masterlayouts bezeichnet. Beachten Sie bei deren Bearbeitung:

- **Folienmaster**
  Die erste, etwas größere Folie im Navigationsbereich ist der Folienmaster ❶. Dieser steuert das Aussehen der gesamten Präsentation. Wenn Sie am Folienmaster eine Formatierung ändern, z. B. die Schriftgröße, dann wirkt sich dies auf alle Folien aus. Die Zahl 1 daneben bedeutet, dass es sich um den ersten Folienmaster der Präsentation handelt, da PowerPoint seit der Version 2016 auch mehrere Folienmaster verwalten kann, Näheres hierzu weiter unten.
- **Masterlayouts**
  Unterhalb des Folienmasters, eingerückt und etwas kleiner sehen Sie einen Satz verschiedener Masterlayouts. Diese steuern das Aussehen der einzelnen Layouts, z. B. Titelfolie oder *Zwei Inhalte* ❷, wie im Bild unten. Änderungen an einem Masterlayout haben nur Auswirkungen auf Folien, die auf diesem Layout basieren.

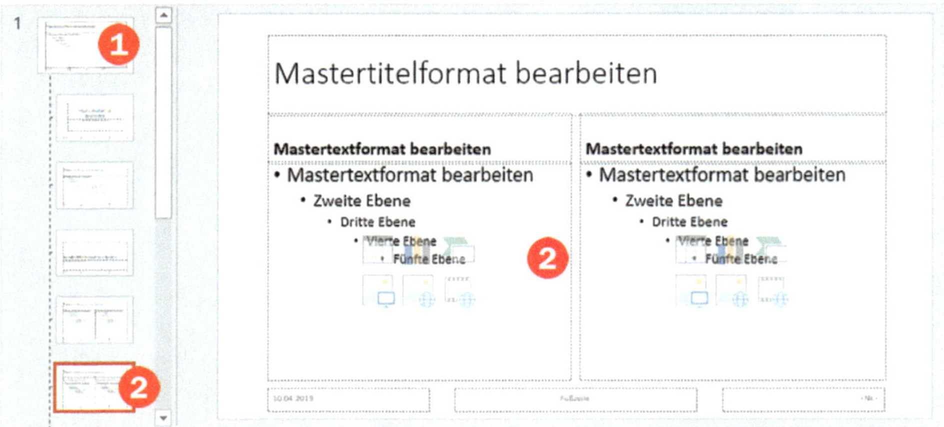

Bild 5.43 Folienmaster und Masterlayouts

Grundlegende Formate und Folienhintergrund in der Ansicht Folienmaster

Auch bei der Präsentationsgestaltung in der Ansicht *Folienmaster* beginnen Sie zunächst mit der Auswahl der grundlegenden Farben und Schriftarten sowie des Folienhintergrunds, falls dies nicht bereits im Register *Entwurf* geschehen ist (s. Kapitel 4). Sie finden in dieser Ansicht im Register *Folienmaster* des Menübands dieselben Schaltflächen *Designs*, *Farben*, *Schriftarten*, *Effekte* und *Hintergrundformate* vor wie im Register *Entwurf*. Diese wurden in Kapitel 4 dieses Buches ausführlich beschrieben.

Wenn Sie also, wie im folgenden Beispiel, eine leere Präsentation als Ausgangsbasis gewählt haben, dann kontrollieren Sie zunächst das Seitenverhältnis der Folien bzw. die Foliengröße und ändern diese bei Bedarf. Legen Sie außerdem die Farben, Schriftarten und eventuell noch die Effekte fest.

Folienhintergrund der gesamten Präsentation festlegen

Befassen wir uns zunächst mit dem Folienhintergrund der gesamten Präsentation. Dazu klicken Sie im Navigationsbereich auf die erste Folie, den Folienmaster und wählen dann über die Schaltfläche *Folienmaster* ▶ *Hintergrundformate* den gewünschten Hintergrund aus. Die angebotenen Farben sind abhängig von den gewählten, im Bild die Standardfarben *Galathea*. Im Navigationsbereich sehen Sie, dass nun alle Folienlayouts denselben Hintergrund erhalten haben.

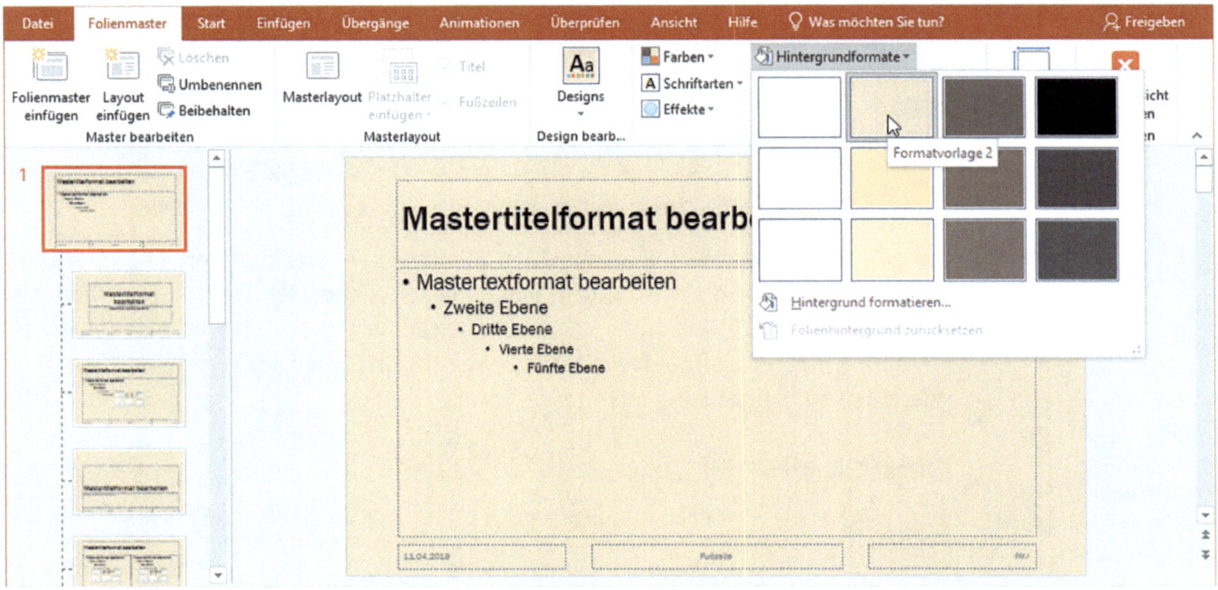

Bild 5.44 Markieren Sie die erste Folie, den Folienmaster und wählen Sie ein Hintergrundformat

Abweichenden Hintergrund für ein bestimmtes Layout wählen

Falls Sie für einzelne Folienlayouts einen abweichenden Hintergrund benötigen, z. B. einfarbig weiß wie im Bild unten, dann erledigen Sie dies über das entsprechende Masterlayout.

Klicken Sie dazu zuerst links auf das Masterlayout, das einen anderen Hintergrund erhalten soll, und wählen Sie dann über die Schaltfläche *Hintergrundformate* den Hintergrund oder Hintergrundeffekt aus (Bild 5.45).

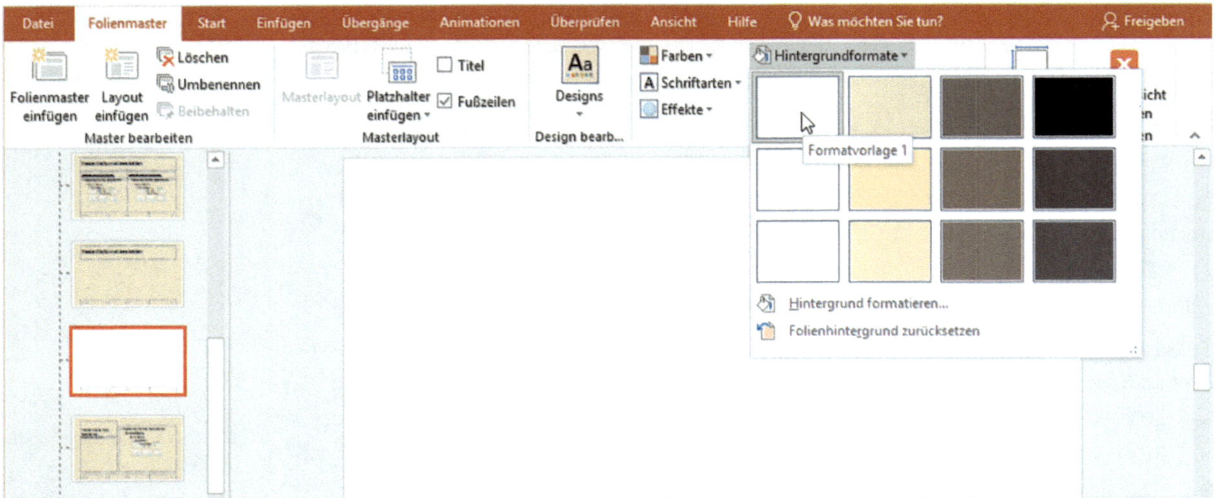

Bild 5.45 Hintergrundformat: ausgewähltes Masterlayout

Einheitliche Textformate im Folienmaster festlegen

Die grundlegenden Schriftarten und -farben haben Sie mit dem Design bzw. mit den Schaltflächen *Schriftarten* und *Farben* bereits festgelegt. Trotzdem gibt es hier meist noch Einiges zu tun, z. B. wenn Sie für den Folientitel eine größere oder kleinere Schrift wünschen oder die Abstände zwischen den Absätzen vergrößern möchten.

Am besten beginnen Sie mit allgemeinen Schrift- und Absatzformaten für die gesamte Präsentation. Diese nehmen Sie am Folienmaster vor. Klicken Sie im Navigationsbereich auf die erste, etwas größere Folie und klicken Sie dann in dieser in den Platzhalter. Zur Formatierung benutzen Sie die Symbole und Schaltflächen des Registers *Start* oder das Kontextmenü der rechten Maustaste.

Beispiel Schriftgröße Folientitel

Bild 5.46 Schriftgröße aller Folientitel im Folienmaster ändern

1 Markieren Sie im Navigationsbereich mit einem Klick die erste Folie, den Folienmaster ❶.

2 Klicken Sie dann im Arbeitsbereich in dieser Folie auf den Folientitel ❷ (*Mastertitelformat hier bearbeiten*). Ein Klick genügt dafür. Markieren wie im Bild ist eigentlich nicht nötig.

3 Verkleinern oder vergrößern Sie dann über die Symbole des Registers *Start* oder des Kontextmenüs ❸ die Schrift auf die gewünschte Größe. Schriftfarbe und sonstige Attribute können auf diese Weise ebenfalls angepasst werden.

Beispiel Aufzählungszeichen

Sie wollen für die erste Gliederungsebene ein anderes Aufzählungszeichen? So gehen Sie vor:

1 Markieren Sie links den Folienmaster ❶ und klicken Sie dann im Platzhalter auf die erste Textebene ❷ (*Mastertextformat bearbeiten*).

2 Klicken Sie dann im Register *Start* auf den Dropdown-Pfeil des Symbols *Aufzählungszeichen* ❸ und klicken Sie auf *Nummerierung und Aufzählungszeichen...*.

3 Klicken Sie nun auf die Schaltfläche *Anpassen...* ❹, wählen Sie eine geeignete Schriftart aus, im Beispiel unten Wingdings, und suchen Sie sich das gewünschte Zeichen aus. Oder klicken Sie auf *Bild...*, wenn Sie ein Aufzählungszeichen verwenden möchten, das als Grafikdatei gespeichert ist.

4 Legen Sie dann noch Farbe und Größe des Zeichens fest und klicken Sie auf *OK*.

PowerPoint unterstützt bis zu fünf Textebenen. Falls Sie auch diesen ein anderes Aufzählungszeichen zuweisen möchten, verfahren Sie genauso. Dies gilt auch, wenn Sie statt der Aufzählungszeichen eine einheitliche automatische Nummerierung verwenden möchten. In diesem Fall klicken Sie auf das Symbol *Nummerierung*.

Bild 5.47 Aufzählungszeichen festlegen

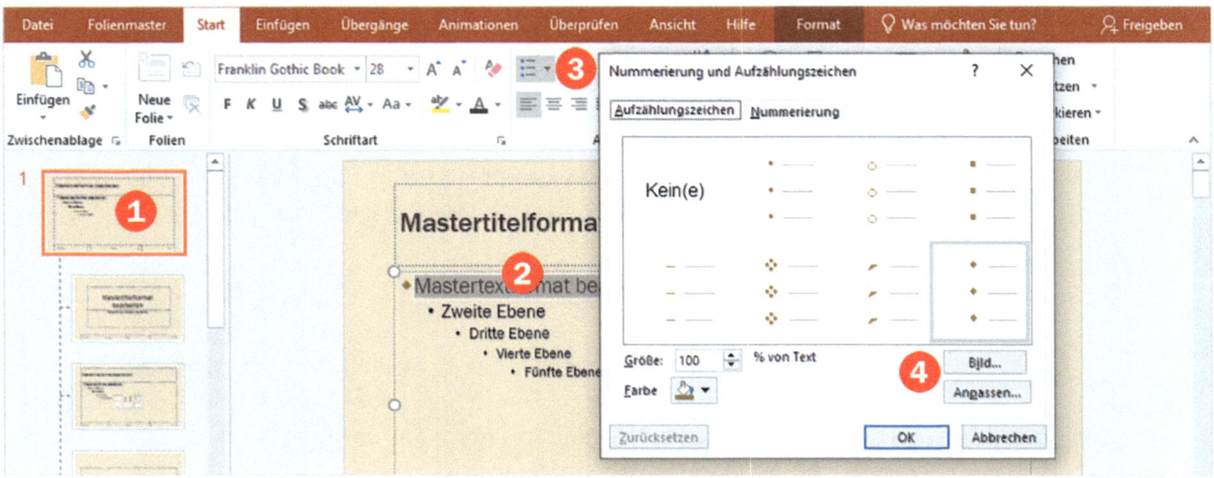

> **Tipp:** Nicht jede Ebene benötigt ein eigenes Aufzählungszeichen. Eine einheitlichere Wirkung erzielen Sie, wenn Sie das Zeichen der darüber liegenden Ebene verkleinern und/oder eine hellere Farbe verwenden.

Größere Abstände zwischen Absätzen

Für gute Präsentationen gilt die Regel: Weniger ist Mehr! Fünf bis sechs Zeilen pro Folie sind genug, denn längerer Text lenkt die Zuschauer nur ab. Lassen Sie außerdem zur besseren Lesbarkeit Platz zwischen den Absätzen. Leider wird dies von den PowerPoint-Standardlayouts und -designs kaum berücksichtigt. Zur Abhilfe ändern Sie einfach im Folienmaster die Absatzabstände.

1 Markieren Sie links den Folienmaster (Bild unten).

2 Klicken Sie im Folienmaster auf die erste Textebene (siehe Aufzählungszeichen) und klicken Sie im Register *Start* auf das Pfeilsymbol der Gruppe *Absatz*.

3 Im Fenster *Absatz* können Sie nun die Abstände vor und nach dem Absatz ändern. Dabei müssen Sie folgendes einkalkulieren:

- Falls Sie weitere Gliederungsebenen nutzen, sollte der Abstand zu einem eventuell nachfolgenden Absatz zweiter Ebene geringer sein als zwischen Absätzen der ersten Ebene. Sorgen Sie daher in erster Linie für einen größeren Abstand oberhalb bzw. *vor* einem Absatz der ersten Ebene.
- Der Zeilenabstand spielt dagegen bei den meist einzeiligen kurzen Stichworten und Aussagen einer Bildschirmpräsentation eine untergeordnete Rolle.

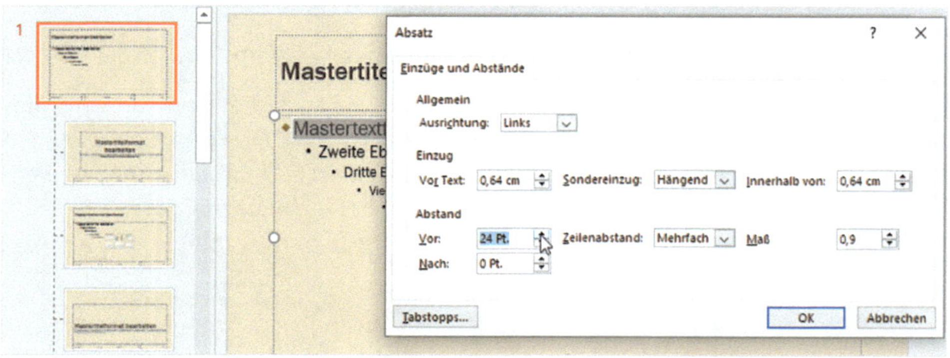

Bild 5.48 Abstände vergrößern

Genauso verfahren Sie mit den weiteren Textebenen, nur dass hier geringere Abstände erforderlich sind. Nicht verwendete Textebenen brauchen nicht explizit bearbeitet werden.

Masterlayouts bearbeiten

Sollen dagegen nur einzelne Folienlayouts abweichende Textformate erhalten, z. B. die Titelfolien eine abweichende größere Schrift oder einen besonderen Schrifteffekt, dann müssen Sie zuvor im Navigationsbereich das entsprechende Masterlayout markieren. Ihre Änderungen wirken sich dann ausschließlich auf Folien aus, die auf diesem Layout basieren, siehe Folienhintergrund.

5.5 Layout in der Ansicht Folienmaster festlegen

Sind Ihnen die Standardlayouts zu langweilig oder wünschen Sie sich einen größeren Abstand zwischen Folientitel und Text? Oder möchten Sie ganz auf den Folientitel verzichten? Dann benutzen Sie in der Ansicht *Folienmaster* die Masterlayouts und positionieren die Platzhalter nach Ihren Vorstellungen. Die Masterlayouts befinden sich im linken Navigationsbereich unterhalb des Folienmasters. Sie sind etwas kleiner und eingerückt. Hier vorgenommene Änderungen gelten ausschließlich für Folien, die auf diesem Layout basieren.

Platzhalter bearbeiten

Als Beispiel sollen beim Layout *Titel und Inhalt* Folientitel und der übrige Text durch einen größeren Abstand getrennt und zur besseren Lesbarkeit von links stärker eingerückt werden.

1. Markieren Sie daher im Navigationsbereich das Masterlayout *Titel und Inhalt*.
2. Zum Vergrößern oder Verkleinern markieren Sie den Platzhalter mit einem Mausklick und benutzen dann dessen Markierungspunkte: Hier verwandelt sich beim Zeigen der Mauszeiger in einen Doppelpfeil. Ziehen Sie dann mit gedrückter Maustaste in die gewünschte Richtung.
3. Zum Verschieben zeigen Sie mit der Maus an eine beliebige Stelle der Begrenzung des Platzhalters: Am Mauszeiger werden vier Richtungspfeile sichtbar und mit gedrückter linker Maustaste können Sie nun den Platzhalter verschieben.

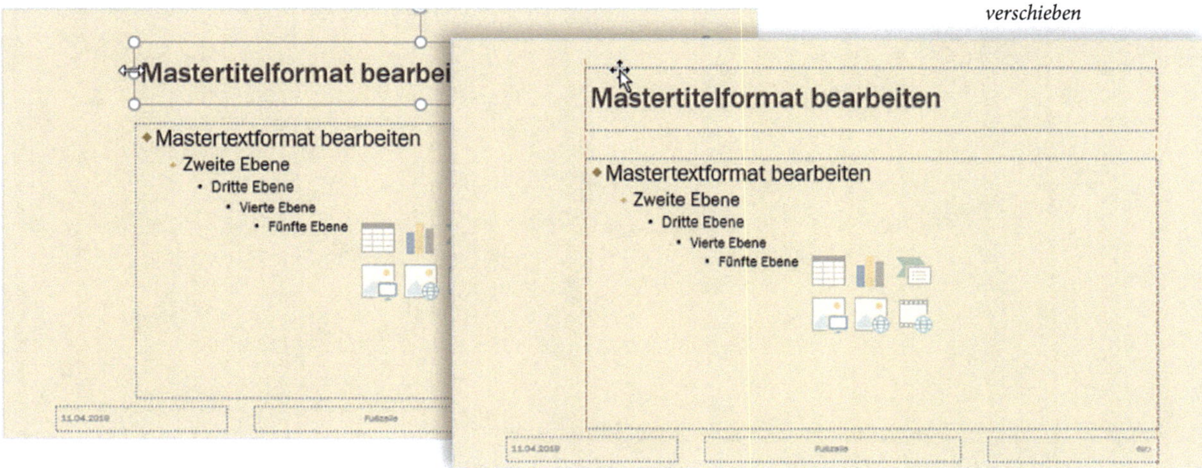

Bild 5.49 Platzhaltergröße ändern

Bild 5.50 Platzhalter verschieben

Tipp: Wenn sich bereits ein Element in der Folie befindet, dann erscheinen beim Verschieben, Vergrößern und Verkleinern Hilfslinien, die das exakte Ausrichten erleichtern, wie im Bild oben. Als weitere Hilfen können Sie im Register *Ansicht*, Gruppe *Anzeigen* in den Folien *Gitternetzlinien*, *Führungslinien* und ein *Lineal* einblenden.

Detaillierte Erläuterungen über den Umgang mit diesen Hilfsmitteln lesen Sie in Kapitel 6 dieses Buches.

Beachten Sie, dass sämtliche Layouts in der Ansicht *Folienmaster* auch noch Platzhalter für Datum, Seitenzahlen und sonstige Inhalte aufweisen. Deren genaue Position ist abhängig vom Design bzw. der Vorlage. In der verwendeten Beispielpräsentation befinden sich die Platzhalter am unteren Folienrand. Die Inhalte dieser Platzhalter werden gesondert als Kopf- oder Fußzeile bearbeitet, Näheres hierzu lesen Sie auf Seite 161.

Platzhalter hinzufügen/löschen

Enthält ein Layout einen nicht benötigten Platzhalter, dann markieren Sie diesen mit einem Klick und löschen ihn mit der Entf-Taste aus dem Masterlayout. Sollten Sie einen Platzhalter versehentlich gelöscht haben, so verwenden Sie zum Wiederherstellen eine der folgenden Methoden.

Platzhalter im Folienmaster anzeigen

Wenn Sie den Folienmaster ❶ bearbeiten bzw. vor sich haben, dann lassen sich die Standardplatzhalter schnell wieder einfügen. Dazu klicken Sie im Register *Folienmaster*, Gruppe *Masterlayout* auf die Schaltfläche *Masterlayout* ❷. Aktivieren Sie im gleichnamigen Fenster die entsprechenden Kontrollkästchen ❸, im Bild unten *Titel*, und klicken Sie auf *OK*.

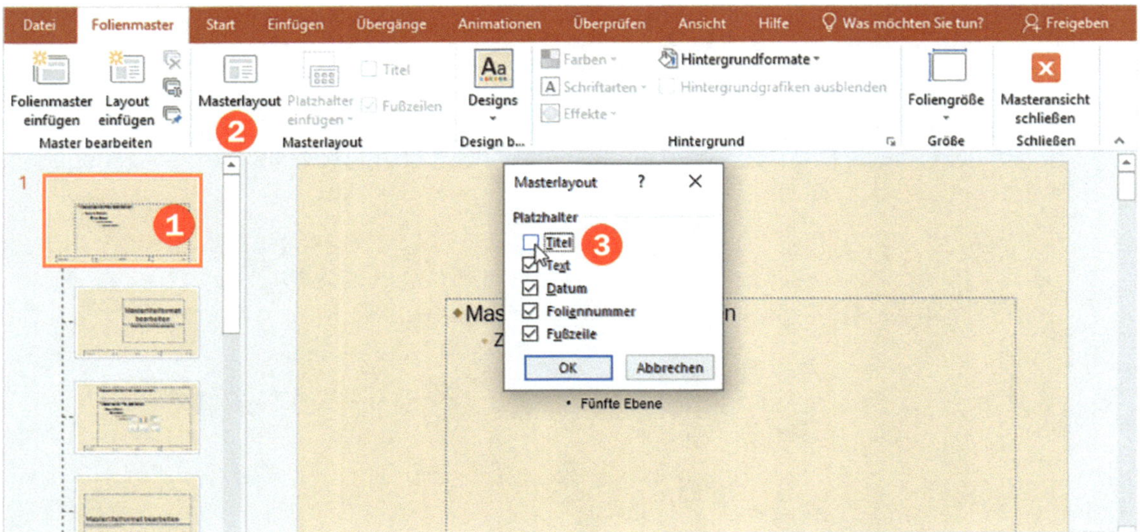

Bild 5.51 Folienmaster: Platzhalter aktivieren

Platzhalter einem Masterlayout hinzufügen

In den einzelnen Masterlayouts können Sie dagegen über Kontrollkästchen ❶ nur Titel und Fußzeilen erneut anzeigen. Alle übrigen versehentlich gelöschten Platzhalter müssen Sie neu einfügen. Klicken Sie dazu im Register *Folienmaster* auf *Platzhalter einfügen* ❷. Wählen Sie den gewünschten Platzhaltertyp ❸, z. B. *Inhalt*, wenn der Platzhalter beliebige Inhalte aufnehmen soll, und ziehen Sie in der Folie mit der Maus ein Platzhalterfeld an der gewünschten Stelle und in der gewünschten Größe auf.

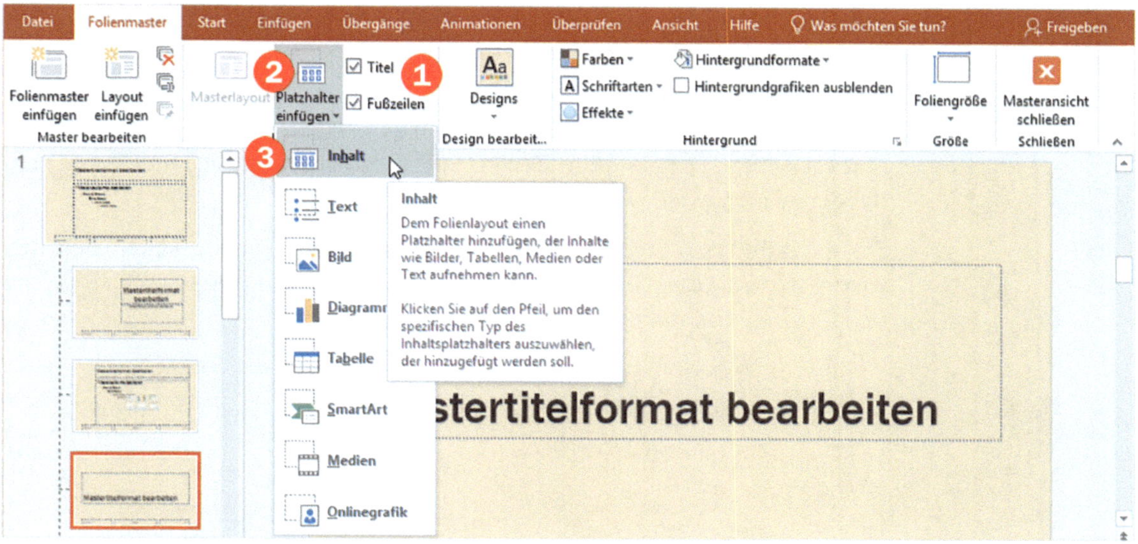

Bild 5.52 Platzhalter einfügen

Beispiel: Ein Layout für Titelfolien gestalten

Als Beispiel sollen die Titelfolien der Präsentation ein individuelles Layout und ein Bild als Hintergrund erhalten.

Bild 5.53 Titelfolie mit einem Bild als Hintergrund versehen

1 Wechseln Sie zur Ansicht *Folienmaster* und klicken Sie auf das Layout *Titelfolie* ❶ (Bild 5.53).

2 Um ein Bild als Hintergrund auszuwählen, klicken Sie im Register *Folienmaster* auf *Hintergrundformate* ❷ und hier auf *Hintergrund formatieren....*

3 Wählen Sie die Option *Bild* ❸ und klicken Sie unter *Bild einfügen aus* auf die Schaltfläche *Datei...* ❹. Anschließend wählen Sie die gewünschte Bilddatei aus und klicken auf *Einfügen*. Das Bild erscheint nun ausschließlich im Hintergrund des aktuellen Masterlayouts.

4 Sollte das Bild zu dominant wirken, so gibt es mehrere Möglichkeiten, den Titel wieder stärker in den Vordergrund zu rücken. Testen Sie am besten selbst, welche sich für Ihre Präsentation eignet.

- Sie können beispielsweise die Transparenz des Bildes erhöhen ❺.
- Bei sehr dunklem Bildhintergrund ändern Sie einfach die Schriftfarbe.
- Als weitere Möglichkeit verschieben Sie den Platzhalter für den Titel an eine andere Stelle.

5 Im unten abgebildeten Beispiel wurde der Titelplatzhalter über etwa die Hälfte der Folie vergrößert und zwecks besserer Lesbarkeit mit einer einfarbigen Füllung versehen. Dazu markieren Sie mit einem Klick den Platzhalter, klicken im Register *Zeichentools* - *Format* auf *Fülleffekt* und wählen eine Farbe. Oder klicken Sie mit der rechten Maustaste in den Platzhalter und anschließend auf *Füllung*.

Tipp: Zusammen mit der Füllfarbe erhalten Sie auch die Möglichkeit, mithilfe des Werkzeugs *Pipette* eine Farbe aus dem Hintergrund auszuwählen, wie im Bild unten. Klicken Sie dazu auf *Pipette* und anschließend im Bild auf die gewünschte Farbe. Bereits beim Zeigen können Sie anhand der Vorschau in Form eines kleinen Farbfeldes die Farbe beurteilen.

Bild 5.54 Titelplatzhalter formatieren

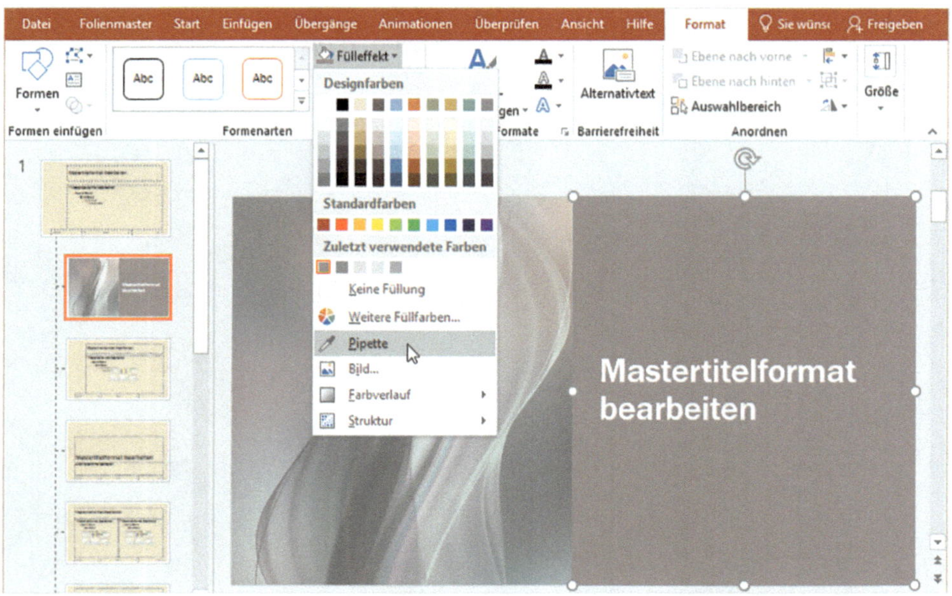

Beispiel: Folientitel links

Als zweites Beispiel soll das Standardlayout *Titel und Inhalt* so geändert werden, dass sich der Folientitel bzw. die Überschrift am linken Rand der Folie befinden und die Zeilen des Inhalts von links eingerückt werden.

1. Im ersten Schritt wählen Sie wieder das zu bearbeitende Masterlayout: Klicken Sie links auf das Layout *Titel und Inhalt*.
2. Schaffen Sie Platz und verkleinern Sie den Platzhalter *Inhalt* auf etwa zwei Drittel der Folienbreite und passen Sie auch die Höhe entsprechend an.
3. Ändern Sie die Breite des Platzhalters für den *Folientitel* ebenfalls und ziehen Sie ihn an die linke Seite. Für das Beispiel im Bild unten wurde der Folientitel ganz an den linken Rand gerückt. Seine Höhe nimmt die gesamte Folienhöhe ein.
4. Außerdem erhielt der Platzhalter *Folientitel* über die rechte Maustaste und das Symbol *Füllung* (Bild unten) eine andere Füllfarbe und die Schriftfarbe wurde ebenfalls entsprechend angepasst.
5. Zusätzlich wurde der Text um 270° gedreht (Register *Start* ▶ Schaltfläche *Textrichtung*). Um einen größeren Abstand des Textes zum Folienrand zu gewährleisten, wurden außerdem über dieselbe Schaltfläche und *Weitere Optionen...* der obere und untere sowie der linke Rand des Platzhalters bzw. Abstand zum Text vergrößert.

Bild 5.55 Folienlayout mit Folientitel links

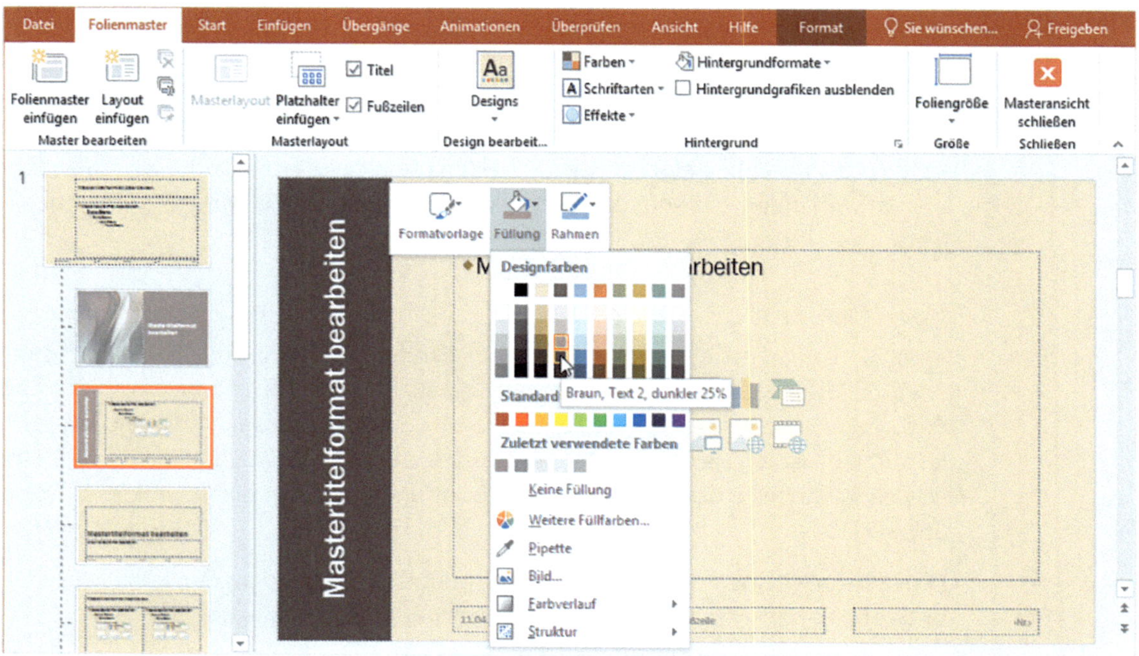

Tipps für wirkungsvolle Folienlayouts

- **Verkürzen Sie die Zeilenlänge**
  Kurze Zeilen lassen sich schneller lesen. Dies gilt auch für Präsentationen. Leider verleitet das gängige Seitenverhältnis von Bildschirmen genau zum Gegenteil. Verringern Sie also die Breite des Textplatzhalters oder teilen Sie die Folie in zwei Spalten auf.
- **Nicht jede Folie benötigt eine Überschrift**
  In vielen Fällen ist mit der Überschrift schon alles gesagt. Um ermüdende Wiederholungen zu vermeiden, können Sie auch auf die Überschrift verzichten. Erstellen Sie zu diesem Zweck ein alternatives Layout ohne Folientitel.
- **Liefern Sie Ihren Zuschauern Informationen, an welchem Punkt Sie gerade stehen**
  Anstelle einer Überschrift kann es nützlich sein, wenn Ihre Zuschauer wissen, an welchem Punkt der Präsentation Sie sich gerade befinden. Die meisten Präsentationen enthalten zwar am Beginn eine Übersicht über den Inhalt. Dieser dürfte aber schnell vergessen sein.

  Wie Sie die Zoomfunktion nutzen, lesen Sie in Kapitel 8.4.

  Fügen Sie daher entweder mit der neuen Zoomfunktion eine Übersichtsfolie in Ihre Präsentation ein oder fügen Sie Ihren Folien eine knappe Inhaltsübersicht z. B. anstelle des Folientitels hinzu. Leider unterstützt PowerPoint keine automatische Wiederholung der Gliederung, so dass Sie sich mit dem Anpassen des Masterlayouts behelfen müssen.

Weitere benutzerdefinierte Masterlayouts hinzufügen

Wenn Sie die Standardlayouts nicht verändern möchten, dann erstellen Sie in der Ansicht *Folienmaster* Ihre eigenen benutzerdefinierten Layouts. Sie können dazu entweder ein vorhandenes Layout duplizieren und anschließend die Kopie ändern oder ein leeres Layout einfügen.

Layout duplizieren

Wenn Ihr Layout auf einem Standardlayout beruhen soll, dann ist es am einfachsten, wenn Sie dieses zuvor duplizieren und anschließend die Kopie bearbeiten. Klicken Sie dazu im Navigationsbereich mit der rechten Maustaste auf das zu kopierende Masterlayout und wählen Sie den Befehl *Layout duplizieren* (Bild 5.56). Oder markieren Sie im Navigationsbereich das zu kopierende Layout und betätigen die Tastenkombination Strg+D.

Die Kopie erscheint im Navigationsbereich unmittelbar nach dem duplizierten Layout, und kann mit der Maus an eine beliebige Position verschoben werden.

Hinweis: Statt zu duplizieren können Sie natürlich auch mit Strg+C den Weg über die Zwischenablage wählen. Dann müssen Sie vor dem Einfügen mit Strg+V zuerst an die Stelle klicken, nach der die Kopie eingefügt werden soll.

Leeres Layout einfügen

Wenn Sie stattdessen lieber mit einem neuen Layout beginnen möchten, so klicken Sie im Register *Folienmaster* auf die Schaltfläche *Layout einfügen*. Das neue Layout wird im Navigationsbereich nach dem aktuellen Masterlayout eingefügt.

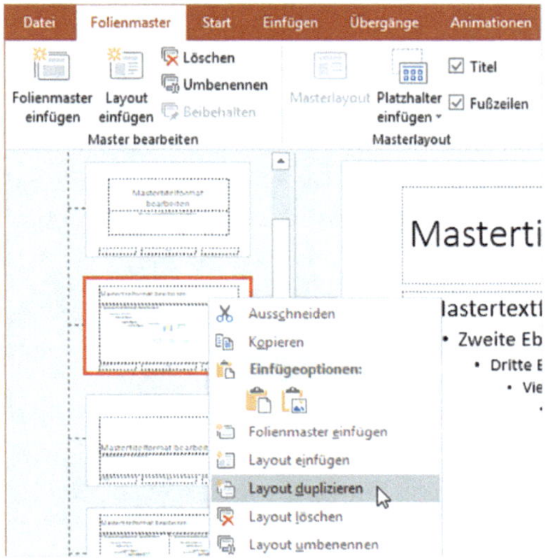

Bild 5.56 Folie duplizieren

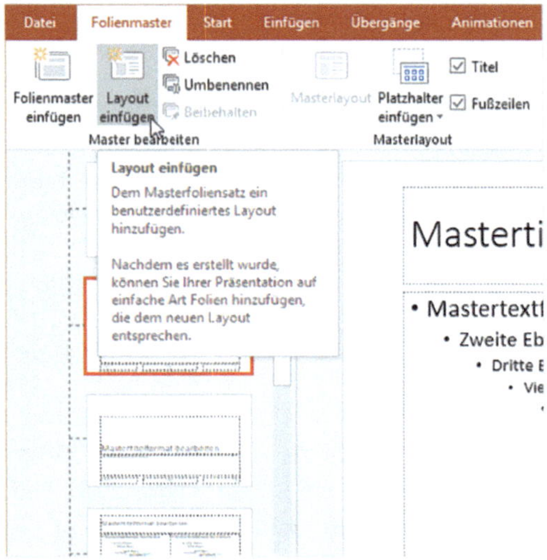

Bild 5.57 Layout einfügen

1 Das neu hinzugefügte Layout ist bis auf die Platzhalter *Folientitel* ❶ und *Fußzeilen* ❷ leer, siehe Bild 5.58.

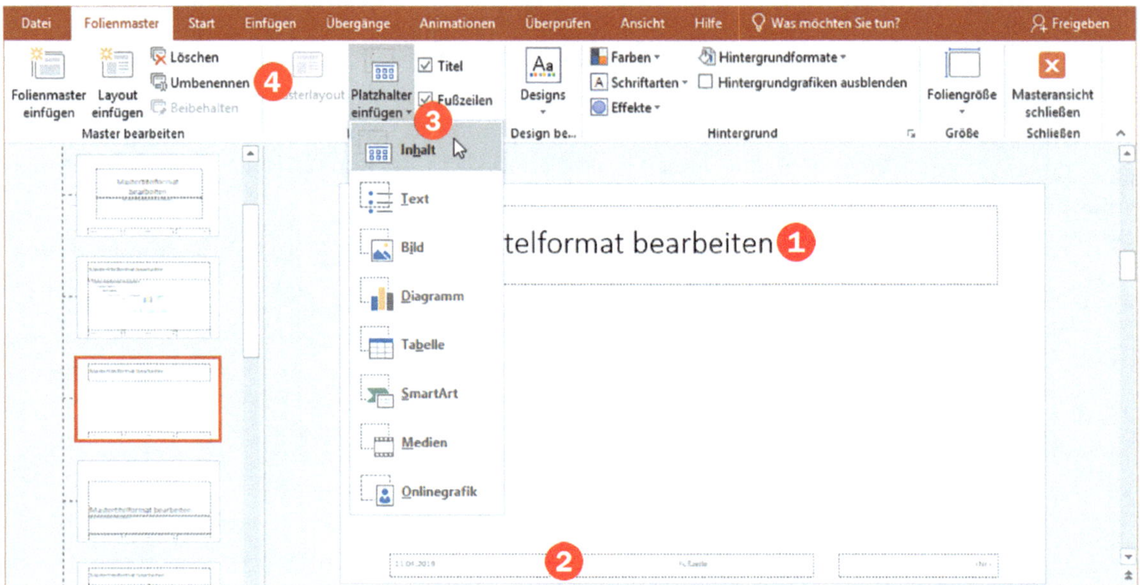

Bild 5.58 Platzhalter hinzufügen

2 Wenn Sie Platzhalter für Inhalte benötigen, dann klicken Sie im Register *Folienmaster* auf *Platzhalter einfügen* ❸. Eine Liste von Folienelementen erscheint. Klicken Sie auf den gewünschten Typ und fügen Sie anschließend Platzhalter in die

Folie ein, indem Sie durch Ziehen mit der Maus ein Rechteck in der gewünschten Größe zeichnen. Die Auswahl *Inhalt* erlaubt das spätere Einfügen sämtlicher Typen, also Text, Tabellen, Grafik usw..

3 Mit der Schaltfläche *Umbenennen* ❹ (Register *Folienmaster* ▶ *Master bearbeiten*) können Sie anschließend dem markierten Layout noch einen Namen geben.

Layout löschen

Nicht benötigte Layouts können gelöscht werden: Klicken Sie dazu im Navigationsbereich auf das betreffende Layout und im Register *Folienmaster* ▶ *Master bearbeiten* auf *Löschen*. Oder klicken Sie mit der rechten Maustaste auf das zu löschende Layout und auf *Layout löschen*.

Mit mehreren Folienmastern arbeiten

Wenn Sie in einer Präsentation mehrere unterschiedliche Designs oder auch nur unterschiedliche Farben verwenden möchten, dann benötigen Sie für jedes Design einen eigenen Folienmaster. Beim Einfügen neuer Folien in die Präsentation können Sie dann später zwischen den Layouts beider Folienmaster wählen.

Folienmaster hinzufügen

1 Zum Hinzufügen eines weiteren Folienmasters klicken Sie im Register *Folienmaster* ▶ *Master bearbeiten* auf *Folienmaster einfügen* ❶.

2 Der zweite Folienmaster erscheint samt den dazugehörigen Masterlayouts im Navigationsbereich nach dem letzten Layout des ersten Folienmasters und ist mit der Nummer 2 versehen ❷ (Bild unten). Der neu hinzugefügte Folienmaster entspricht einer leeren Präsentation und kann nun unabhängig vom ersten Folienmaster beliebig gestaltet werden.

Bild 5.59 Einen zweiten Folienmaster einfügen

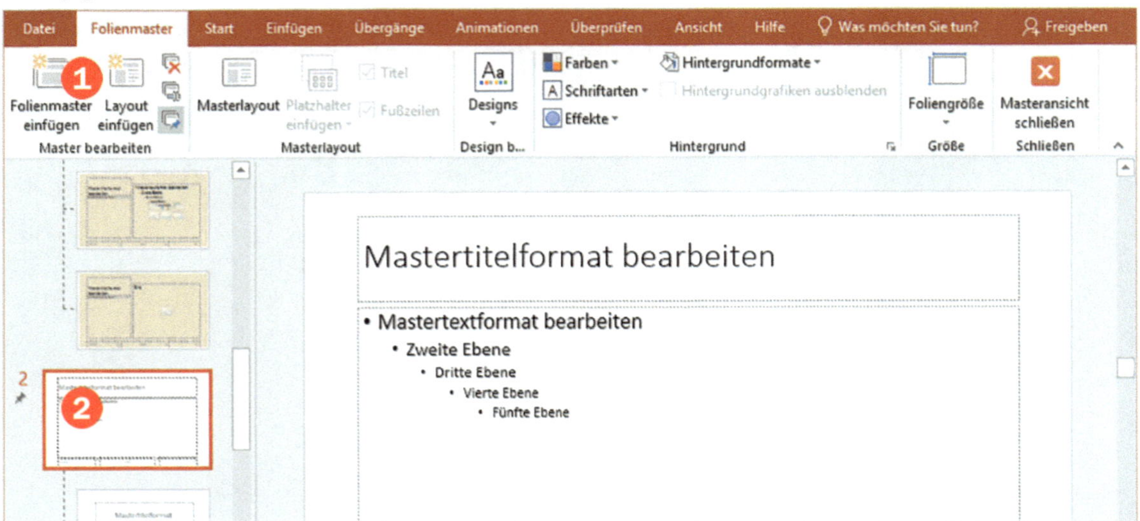

Design auswählen

Ein neu hinzugefügter Folienmaster weist im Navigationsbereich neben der Nummer in der Regel auch noch ein kleines Pin-Symbol auf, wie im Bild unten ❶. Dieses Symbol *Beibehalten* bedeutet, dass das Design des Masters gesperrt ist und nicht geändert werden kann.

Wenn Sie in diesem Fall versuchen würden, für den Master in der Ansicht *Folienmaster* über die Schaltfläche *Designs* ein anderes Design auszuwählen, fügt PowerPoint einen weiteren Folienmaster mit dem gewünschten Design hinzu. Dieser erhält dann die Nummer 3 usw.. Dies gilt übrigens nur für die Auswahl eines Designs über die Schaltfläche *Designs* ❹, nicht aber für Farben, Schriftarten und Hintergrund.

Damit Sie diesem Master in der Ansicht *Folienmaster* ein anderes Design zuweisen können, müssen Sie zuvor *Beibehalten* deaktivieren bzw. das Pin-Symbol entfernen.

1 Dazu klicken Sie mit der rechten Maustaste auf den Folienmaster und auf *Master beibehalten*. Oder klicken Sie im Menüband, Register *Folienmaster* ▶ *Master bearbeiten* auf *Beibehalten* ❷ und deaktivieren damit das Symbol ❸.

2 Die nachfolgende Rückfrage, ob der Master gelöscht werden soll, da er nicht von Folien benutzt wird, verneinen Sie.

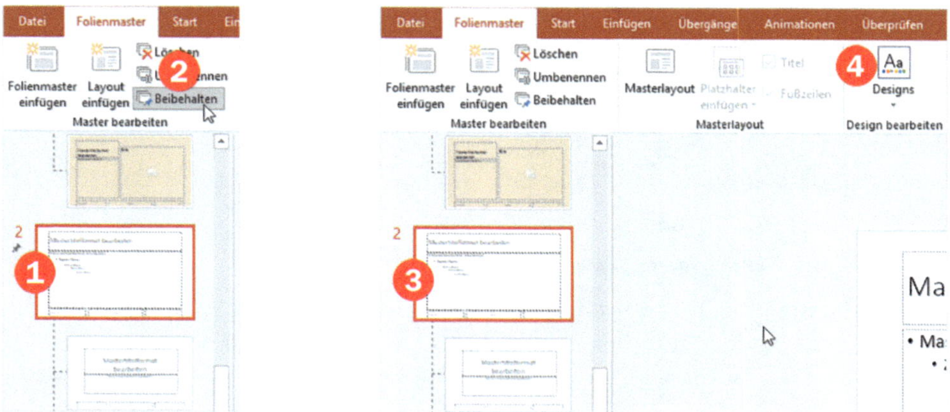

Bild 5.60 Beibehalten des Folienmasters deaktivieren

Folienmaster umbenennen

Zwecks besserer Übersicht sollten Sie alle Folienmaster mit einem eindeutigen Namen versehen. Dazu klicken Sie im Navigationsbereich mit der rechten Maustaste auf den betreffenden Folienmaster und auf *Master umbenennen*. Oder klicken Sie im Menüband, Register *Folienmaster* ▶ *Master bearbeiten* auf *Umbenennen*. Geben Sie im nachfolgenden Fenster einen Namen ein und klicken Sie auf *Umbenennen*.

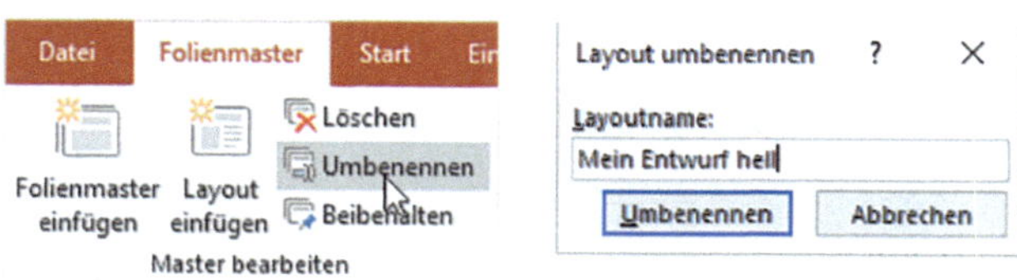

Bild 5.61 Folienmaster umbenennen

Folienmaster löschen

Überzählige Folienmaster löschen Sie im Navigationsbereich per Rechtsklick auf den betreffenden Folienmaster und den Befehl *Master löschen*.

Tipp: Folienmaster duplizieren

Wenn Sie in einem zweiten Folienmaster eigentlich nur die Farben und/oder Schriften ändern, die Folienlayouts aber beibehalten möchten, dann erzeugen Sie den zweiten Folienmaster am einfachsten durch Duplizieren.

Klicken Sie dazu in der Ansicht *Folienmaster* mit der rechten Maustaste auf den Folienmaster und auf den Befehl *Folienmaster duplizieren*. Anschließend können Sie den zweiten Folienmaster, wie oben beschrieben, unabhängig vom ersten bearbeiten.

Bild 5.62 Folienmaster duplizieren

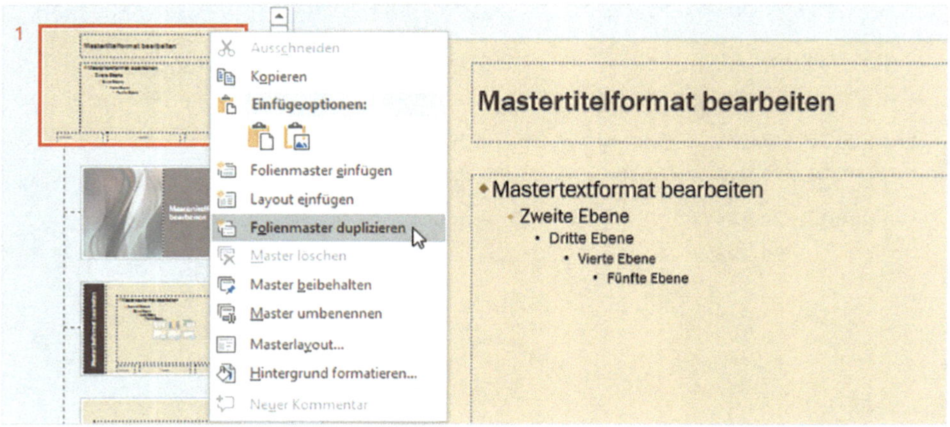

Präsentation: Folienmaster und -layout wählen

In der Präsentation können Sie nun beim Einfügen einer neuen Folie bzw. beim Ändern des Folienlayouts zwischen den beiden Folienmastern wählen.

Bild 5.63 Folienlayout: zwischen zwei Folienmastern wählen

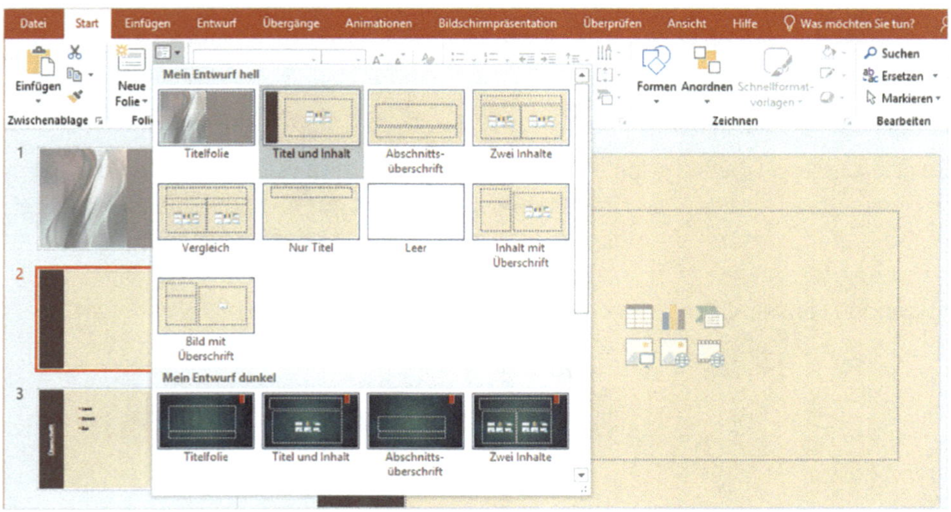

5.6 Foliennummer, Datum und Fußzeilentext

Kopf- und Fußzeilen bieten die Möglichkeit, in alle Präsentationsfolien eine automatische Foliennummerierung, Datum und gleichbleibenden Text, z. B. Ihren Namen oder den Namen der Firma, einzufügen. Die genaue Position am oberen oder unteren Folienrand hängt zunächst einmal vom verwendeten Design ab.

Inhalte in Kopf- oder Fußzeile einfügen

1 Klicken Sie im Register *Einfügen*, Gruppe *Text*, auf *Kopf- und Fußzeile*.

2 Das gleichnamige Fenster öffnet sich mit dem Register *Folie*. Hier stehen Insgesamt drei Platzhalter zur Verfügung, deren genaue Position sehen Sie rechts in einer Vorschau. Zum Anzeigen eines Elements brauchen Sie nur das entsprechende Kontrollkästchen aktivieren.

- *Datum und Uhrzeit* können entweder automatisch aktualisierbar oder fest gewählt werden. Im ersten Fall können Sie außerdem noch Datumsformat und Sprache bestimmen.
- Das Kontrollkästchen *Foliennummer* aktiviert die automatische Nummerierung (Seitenzahlen) aller Folien.
- Der Bereich *Fußzeile* erlaubt die Eingabe von beliebigem Text, z. B. Firma.
- Wenn Datum, Foliennummer und Fußzeile nicht auf der Titelfolie erscheinen sollen, genauer gesagt auf Folien mit dem Layout *Titelfolie*, dann aktivieren Sie das Kontrollkästchen *Auf Titelfolie nicht anzeigen.*

3 Um die Einstellungen für alle Folien der Präsentation zu übernehmen, klicken Sie auf *Für alle übernehmen*. Die Schaltfläche *Übernehmen* bedeutet dagegen, die Inhalte erscheinen ausschließlich auf der aktuellen Folie.

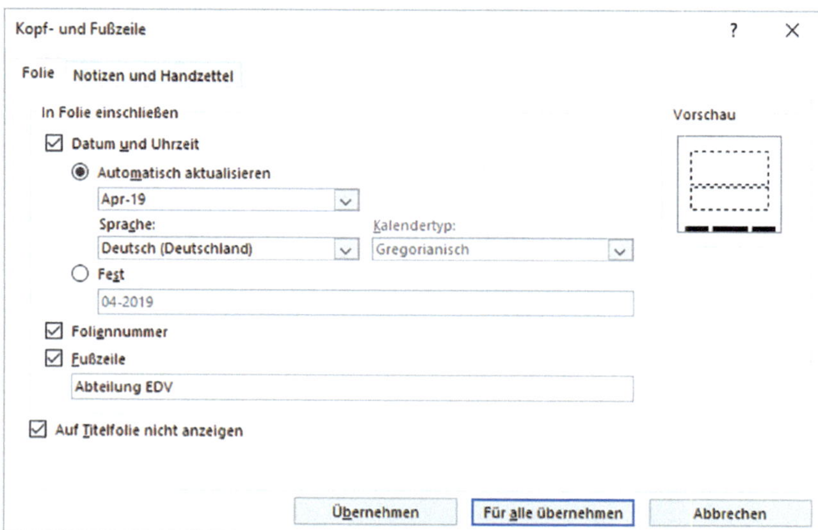

Bild 5.64 Kopf- und Fußzeile: Inhalte festlegen

Aussehen und Position von Kopf- und Fußzeile festlegen

Ein Firmenlogo, das in allen Folien erscheinen soll, fügen Sie ebenfalls in der Ansicht Folienmaster ein. Näheres zum Thema Grafik einfügen und bearbeiten erfahren Sie in Kapitel 6.

Das Aussehen der Kopf- oder Fußzeilen, z. B. Schriftart und -größe, sowie die Positionierung auf der Folie steuern Sie wieder in der Ansicht *Folienmaster*. Klicken Sie dazu im Register *Ansicht* ▶ *Masteransichten* auf *Folienmaster*.

1 Wählen Sie dann zur Bearbeitung links den Folienmaster, d. h. die erste etwas größere Folie aus.

2 Genau wie oben ab Seite 151 beschrieben, können Sie nun Aussehen und Position der drei Elemente *Datum und Uhrzeit*, *Fußzeile* und *Foliennummer* nach Belieben verändern.

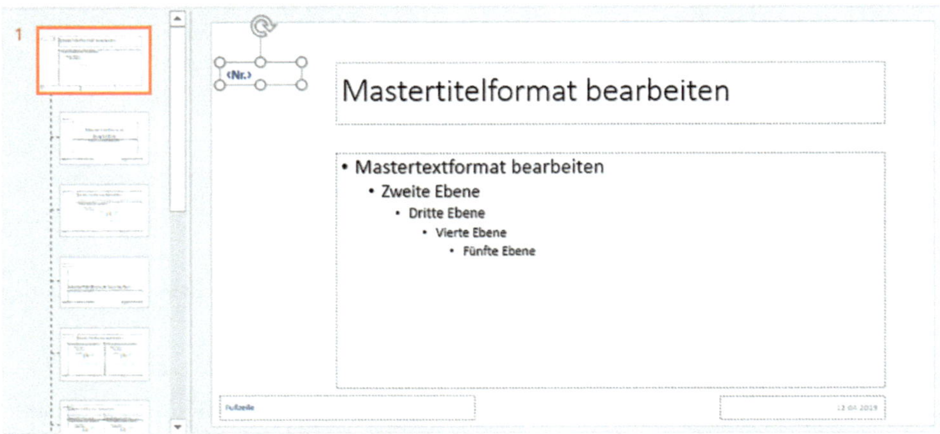

Bild 5.65 Position und Aussehen von Kopf- und Fußzeile im Folienmaster

5.7 Workshop: Präsentation mit Masterfolien gestalten

Als zusammenfassendes Beispiel gestalten wir zum Abschluss dieses Kapitels Aussehen und Layout einer Bildschirmpräsentation mithilfe von Masterfolien. Wir beginnen wieder mit einer leeren Präsentation. Farben, Schriftarten und Hintergrund wählen Sie nach Ihren Vorstellungen, entweder im Register *Entwurf* oder in der Ansicht *Folienmaster*. Um die Wirkung des Layouts besser zu beurteilen, sollten Sie außerdem in der Ansicht *Normal* in die Präsentation einige Folien mit beliebigem Text und eventuell anderen Inhalten einfügen. Wechseln Sie dann über das Register *Ansicht* und die Schaltfläche *Folienmaster* in die gleichnamige Ansicht.

Folienlayout bearbeiten

Das Folienlayout soll nach den folgenden Vorgaben gestaltet werden:

- In allen Folien werden Folientitel und Inhalt von links etwas eingerückt.
- Zwischen Folientitel und Inhalt soll der Abstand vergrößert werden.

- Die Foliennummer soll, mit Ausnahme der Titelfolie, in der linken oberen Ecke jeder Folie erscheinen. Außerdem soll sie fett und in größerer Schrift hervorgehoben werden.
- Die Fußzeile soll sich links am unteren Rand jeder Folie befinden und Ihren Namen enthalten. Das Datum wird nicht benötigt.

Im Bild unten das Ergebnis am Beispiel des Layouts *Titel und Inhalt* (Ansicht *Normal*).

Bild 5.66 Das Ergebnis in einer Beispielfolie

Und so sieht das Ergebnis in der Ansicht *Folienmaster* aus (Bild unten). Damit sich Folientitel, Inhalt sowie Foliennummer und Fußzeile in allen Folien an derselben Position befinden, werden alle Änderungen am Folienmaster, also der ersten größeren Folie links vorgenommen.

Die Anzeige von Foliennummer und Fußzeile und deren Inhalt steuern Sie nicht im Folienmaster, sondern indem Sie im Register *Einfügen* auf *Kopf- und Fußzeile* klicken. Hier geben Sie auch an, dass beide nicht auf dem Präsentationstitel erscheinen sollen. Das Datum wird nicht benötigt, der Platzhalter kann also gelöscht werden. Achten Sie außerdem darauf, die Ausrichtung von Foliennummer und Fußzeile entsprechend ihrer Position auf linksbündig zu ändern.

Bild 5.67 Das Layout des Folienmasters in der Ansicht Folienmaster

> **Tipp:** Am besten testen Sie zwischendurch das Ergebnis, indem Sie die Präsentation in der Ansicht *Bildschirmpräsentation* anzeigen. Sie brauchen dazu die Ansicht *Folienmaster* nicht zu schließen. Klicken Sie einfach auf das Symbol *Bildschirmpräsentation* entweder in der Statusleiste oder in der Symbolleiste für den Schnellzugriff.

Ein zweites Layout ohne Überschrift hinzufügen

Falls Sie das Layout *Titel und Inhalt* ein zweites Mal ohne Titel benötigen, so duplizieren Sie dieses Layout, entfernen dann den Titelplatzhalter und vergrößern den Platzhalter Inhalt entsprechend nach oben. Das Layout erhält den Namen *Inhalt ohne Titel* (Rechtsklick und Befehl *Layout umbenennen*).

Eine persönliche Titelfolie gestalten

Nun fehlt noch das Layout der Titelfolie: Diese soll ein Bild als Hintergrund erhalten. Verwenden Sie dazu ein Bild Ihrer Wahl und achten Sie darauf, dass der Text trotzdem gut lesbar bleibt. Welche Mittel Sie dazu einsetzen, bleibt Ihnen überlassen. Versehen Sie also das Bild mit Transparenz, verschieben Sie den Titelplatzhalter an eine andere Stelle und/oder verpassen Sie dem Platzhalter eine helle Füllfarbe oder ändern Sie die Schriftfarbe. Ein Beispiel sehen Sie im Bild unten.

Bild 5.68 Beispiel Titelfolie mit Bild als Hintergrund

Textformate ändern

Zur besseren Lesbarkeit soll das Layout *Titel und Inhalt* mit größeren Abständen zwischen den Absätzen der Ebene eins versehen werden. Außerdem erhalten in allen Folien die Absätze der Ebenen eins und zwei jeweils ein anderes Aufzählungszeichen.

Abstände zwischen Absätzen vergrößern

Da nur das Layout *Titel und Inhalt* größere Abstände zwischen den Absätzen erhalten soll, müssen Sie im ersten Schritt in der Ansicht *Folienmaster* im Navigationsbereich dieses Masterlayout mit einem Klick markieren.

1 Klicken Sie in die erste Textebene und öffnen Sie das Fenster *Absatz* (Klick auf das Pfeilsymbol der Gruppe *Absatz* oder Rechtsklick und Befehl *Absatz...*). Wählen Sie als *Abstand vor* 24 Pt. und als *Abstand nach* 6 Pt. Der Zeilenabstand kann beibehalten werden.

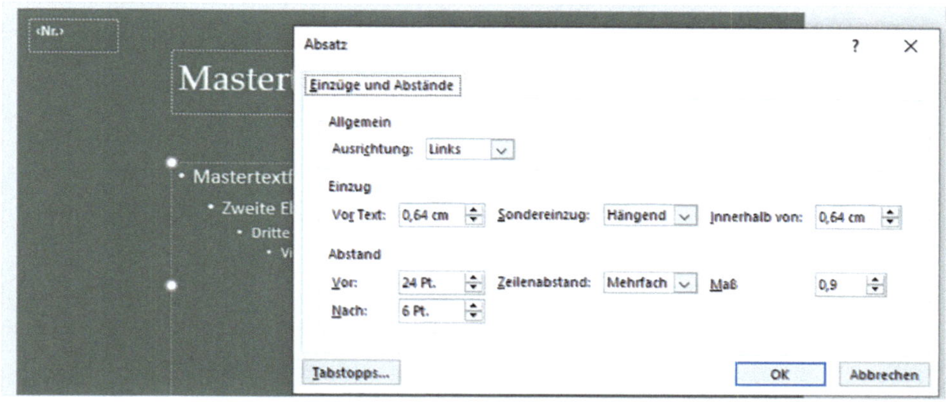

Bild 5.69 Abstand vergrößern

2 Falls Ihnen die Schrift der ersten Ebene zu groß erscheint, können Sie diese ebenfalls ändern. Sollte die gewünschte Schriftgröße nicht in der Auswahlliste enthalten sein, so klicken Sie in das Feld, geben die gewünschte Zahl per Tastatur ein und übernehmen diese mit der Eingabetaste. Auch Dezimalzahlen sind möglich.

Aufzählungszeichen ändern

Das neue Aufzählungszeichen soll in allen Folien erscheinen. Klicken Sie also im Navigationsbereich auf die erste Folie, den Folienmaster.

1 Klicken Sie im Textplatzhalter in die erste Ebene und dann im Register *Start* auf den Dropdown-Pfeil des Symbols *Aufzählungszeichen*. Klicken Sie auf *Nummerierung und Aufzählungszeichen....*

2 Klicken Sie auf die Schaltfläche *Anpassen...*, wählen Sie Schriftart (im Bild unten Wingdings 3) und Symbol und klicken Sie auf *OK*. Anschließend weisen Sie dem Symbol über *Farbe* eine andere Farbe zu.

Bild 5.70 Aufzählungszeichen: Symbol und Farbe ändern

3 Falls gewünscht, können Sie auch die Größe des Symbols ändern. Standardmäßig entspricht die Symbolgröße der der Schrift (*100 % vom Text*).

4 Klicken Sie dann in die zweite Ebene und öffnen Sie erneut das Fenster *Nummerierung und Aufzählungszeichen*, siehe oben. Die zweite Ebene erhält als Aufzählungszeichen einen Punkt in derselben Farbe wie Ebene eins. Wählen Sie also wieder Aufzählungszeichen und Farbe und klicken Sie auf *OK*.

Abstand Aufzählungszeichen zum Text

Häufig ist der Abstand zwischen Aufzählungszeichen und Text relativ gering, insbesondere wenn Sie einen Pfeil als Zeichen gewählt haben. Einen größeren Abstand stellen Sie im Fenster *Absatz* her.

Klicken Sie in die erste Textebene und öffnen Sie das Fenster *Absatz* (Klick auf das Pfeilsymbol der Gruppe *Absatz* oder Rechtsklick und Befehl *Absatz...*). Vergrößern Sie dann unter *Einzug* den Wert im Feld *Innerhalb von* ❶, z. B. auf 1,2 cm, wie im Bild.

Achtung: Damit in mehrzeiligen Absätzen alle Zeilen exakt untereinander beginnen, sollten Sie denselben Wert auch unter *Einzug Vor Text* ❷ angeben.

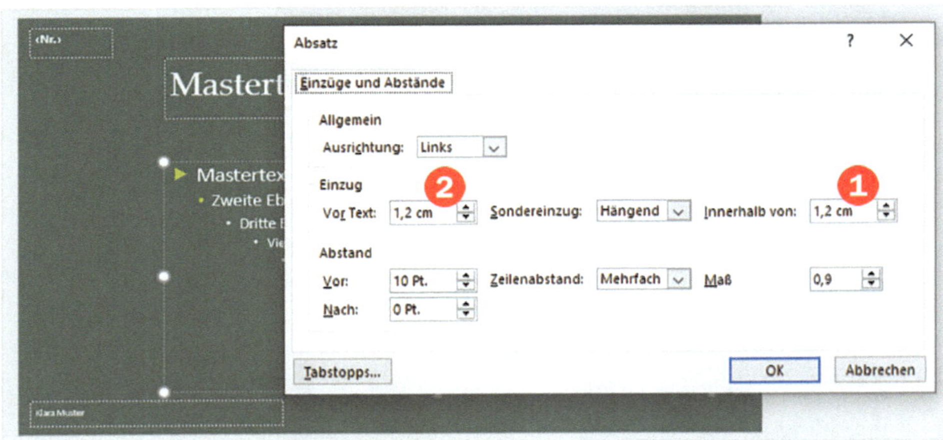

Bild 5.71 Einen größeren Abstand zwischen Aufzählungszeichen und Text herstellen

6 Bilder und grafische Elemente

In diesem Kapitel lernen Sie...

- Bilder einfügen, positionieren und bearbeiten
- Piktogramme und 3D-Modelle einfügen
- Grafische Gestaltung mit Formen, Füllungen und Effekten
- Folienobjekte ausrichten
- Ein Diagramm erstellen
- Diagramme für Präsentationszwecke optimieren
- Excel-Diagramme einfügen

Das sollten Sie bereits wissen

- Text eingeben und formatieren
- Umgang mit Folienlayouts
- Design und Farben anpassen
- Folienmaster zur Foliengestaltung einsetzen

Text und Zahlen sind für sich abstrakt. Visualisieren Sie daher wichtige Sachverhalte mit Grafiken und Bildern. Fast alle PowerPoint-Layouts sehen nicht nur reine Texteingabe vor, sondern bieten auch die Möglichkeit, grafische Elemente einzufügen. Die Platzhalter dieser Layouts sind mit entsprechenden Symbolen gekennzeichnet. Zusätzliche Hilfsmittel der Visualisierung sind vielfältige Formen, die Sie einfügen und beliebig gestalten können.

6.1 Bilder und Grafiken

Bild oder Grafik einfügen

Um eine Grafikdatei einzufügen, wählen Sie am einfachsten ein Folienlayout mit einem entsprechenden Platzhalter und klicken anschließend in diesem auf das entsprechende Symbol.

Hinweis: Wenn eine Grafik, z. B. ein Firmenlogo, auf jeder Folie erscheinen soll, dann müssen Sie diese in der Ansicht *Folienmaster* einfügen, siehe Kapitel 5.4.

Bild aus Datei einfügen

Bild 6.1 Bild aus Datei einfügen

Befindet sich das Bild als Grafikdatei auf der Festplatte, auf einem am PC angeschlossenen Datenträger, z. B. CD oder DVD, oder in einem OneDrive-Ordner, dann klicken Sie im Platzhalter auf das Symbol *Bilder*. Es öffnet sich das Fenster *Grafik einfügen*. Wählen Sie den Speicherort aus, an dem sich die Datei befindet, markieren Sie das Bild ❶ und klicken Sie auf *Einfügen* ❷. Schneller geht's mit Doppelklick auf das Bild.

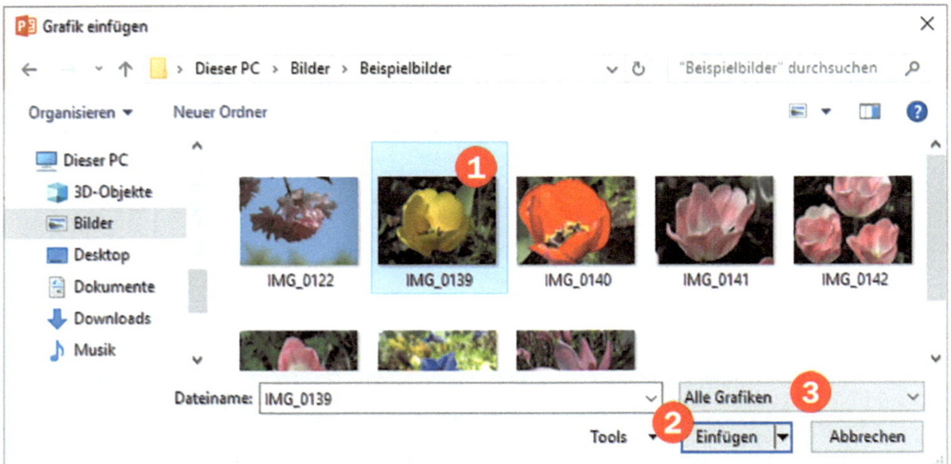

Achten Sie außerdem darauf, dass als Dateityp ❸ *Alle Grafiken* ausgewählt ist, da sonst keine Grafikdateien angezeigt werden.

Onlinebilder einfügen

Wenn Sie dagegen das Web mit Hilfe des Suchdienstes Bing nach einem geeigneten Bild durchsuchen möchten, dann klicken Sie auf das Symbol *Onlinebilder*.

1 Damit wird das Fenster *Bilder einfügen* geöffnet. Klicken Sie auf eine Kategorie ❶ oder klicken Sie in das Suchfeld ❷, geben einen oder mehrere Suchbegriffe ein und betätigen die Eingabetaste, um die Suche zu starten.

2 Anschließend werden die Bilder der gewählten Kategorie bzw. die Ergebnisse der Suche aufgelistet. Zum Einfügen markieren Sie mit einem Klick das gewünschte Bild. Damit wird in dessen rechter oberer Ecke ein Häkchen sichtbar ❸.

Tipp: Sie können auf diese Weise auch gleich mehrere Bilder auswählen bzw. markieren. Ein weiterer Klick auf das Bild entfernt das Häkchen und hebt die Auswahl wieder auf. Die Schaltfläche *Einfügen* zeigt in Klammern die Anzahl der ausgewählten Bilder an.

3 Klicken Sie dann auf die Schaltfläche *Einfügen* ❹.

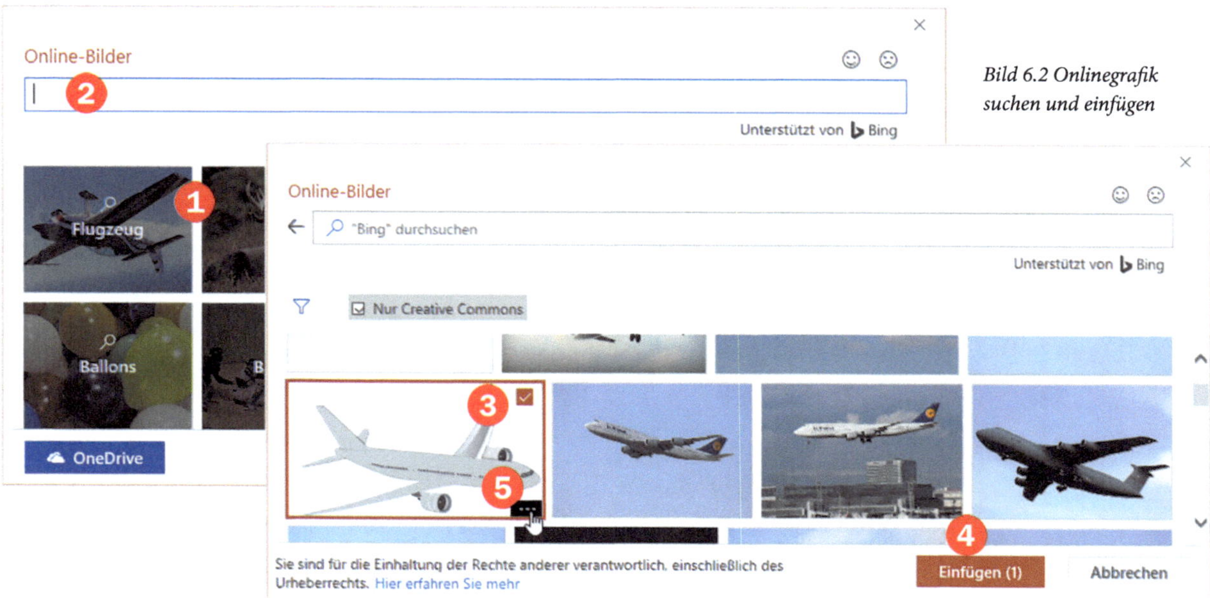

Bild 6.2 Onlinegrafik suchen und einfügen

Was Sie bei der Verwendung von Bildern aus dem Web beachten müssen

In den Kategorien und als Suchergebnisse erhalten Sie zunächst nur Bilder und Grafiken, die unter Creative Commons lizenziert sind. Das bedeutet, Sie erhalten Nutzungsrechte, die über das Urheberrecht hinausgehen, in der einfachsten Form beinhaltet dies nur die Nennung des Namens des Rechteinhabers. Weitere Informationen erhalten Sie, wenn Sie in der rechten unteren Ecke eines Bildes auf die drei Punkte ❺ klicken. Diese werden sichtbar, sobald Sie auf das Bild zeigen.

Allgemeine Informationen zum Thema Creative Commons-Lizenzen können Sie einsehen, wenn Sie auf den Link *Hier erfahren Sie mehr* klicken.

Bild ohne Platzhalter einfügen

Ein Bild kann auch ohne den entsprechenden Platzhalter bzw. ohne das Symbol in eine Folie eingefügt werden. So können Sie z. B. an jeder beliebigen Stelle ein zusätzliches Logo in die Titelfolie einfügen. Dazu klicken Sie im Menüband, Register *Einfügen* ▶ *Bilder* je nach Speicherort auf *Bilder* oder *Onlinebilder*. Bei der weiteren Auswahl der Bilder verfahren Sie wie oben beschrieben.

Bild 6.3 Register Einfügen - Bilder einfügen

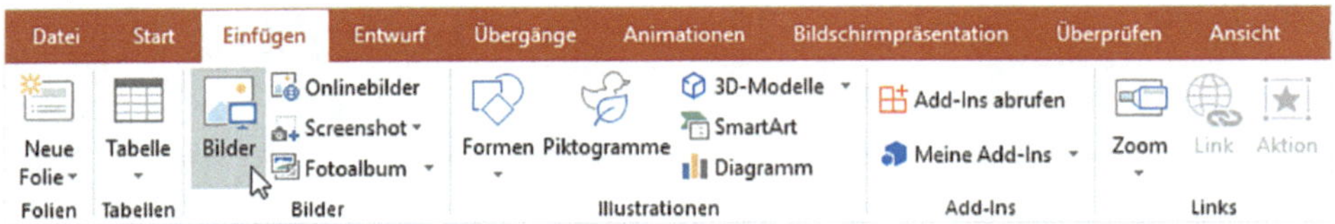

Der Unterschied

- Wenn Sie ein größeres Bild über das Symbol eines Platzhalters einfügen, dann wird die Bildgröße automatisch an den Platzhalter angepasst.
- Beim Einfügen über das Menüband, Register *Einfügen* wird dagegen ein größeres Bild auf Foliengröße verkleinert. Die weitere Größenänderung und Positionierung muss anschließend von Ihnen manuell vorgenommen werden.

Bild 6.4 Bild wird auf Platzhaltergröße verkleinert

Bild 6.5 Bild wird an Foliengröße angepasst

Bild markieren

Vor der weiteren Bearbeitung müssen Sie ein Bild markieren. Dazu genügt ein einfacher Mausklick an eine beliebige Stelle der Grafik. Markierte Bilder sind, wie alle PowerPoint-Objekte, am Markierungsrahmen mit den Ziehpunkten in den Ecken und der Mitte jeder Seite zu erkennen. Gleichzeitig erscheint oberhalb des Bildes ein Symbol, mit dessen Hilfe Sie das Objekt frei drehen können.

Bild 6.6 Ein markiertes Bild

Bild löschen

Um ein markiertes Bild wieder aus der Folie zu entfernen, betätigen Sie auf der Tastatur entweder die Entf-Taste oder die Korrektur-Taste.

Bildgröße ändern, Bild verschieben

Größenänderung und Positionierung eines markierten Bildobjekts nehmen Sie am einfachsten mit der Maus vor.

Bild verkleinern

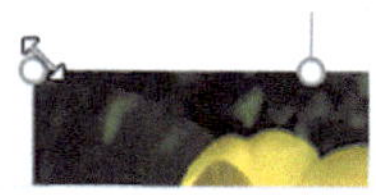

Bilder und andere Objekte können Sie jederzeit verkleinern: Zeigen Sie auf einen der Eckpunkte des Markierungsrahmens. Sobald als Mauszeiger ein Doppelpfeil erscheint, ziehen Sie mit gedrückter linker Maustaste in eine der beiden Richtungen.

Ob ein Bild durch Ziehen mit der Maus auch vergrößert werden kann, ist abhängig von der Bildqualität und vom Grafiktyp. Bei Fotos mit niedriger Auflösung wird dadurch meist die Bildqualität erheblich beeinträchtigt. Vektorgrafiken wie z. B. Piktogramme können dagegen problemlos vergrößert werden.

Achten Sie darauf, dass das Bild nicht verzerrt wird!
Im Gegensatz zu Textfeldern sollten Sie bei der Größenänderung von Bildern und Grafiken darauf achten, dass das ursprüngliche Seitenverhältnis beibehalten wird. Benutzen Sie also zum Ziehen mit der Maus ausschließlich die Eckpunkte! Die Markierungspunkte in der Mitte jeder Seite lassen dagegen nur horizontale oder vertikale Änderungen zu und das Bild wird dadurch verzerrt, siehe Beispiel unten.

Bild 6.7 Größenänderung mit der Maus

Mauszeiger und damit verbundene Mausaktionen

Sie möchten...	Mauszeiger
Verschieben Zeigen Sie mit der Maus in das Bild. Am Mauszeiger werden vier Richtungspfeile sichtbar und Sie können das Objekt nun mit gedrückter Maustaste in eine beliebige Richtung verschieben. Wenn sich bereits ein anderes Objekt in der Folie befindet, so erscheinen automatisch Hilfslinien, die die Ausrichtung an diesem Objekt erleichtern.	

Sie möchten...	Mauszeiger
Größe ändern Zeigen Sie mit der Maus auf einen der Eckpunkte. Sie erhalten als Mauszeiger einen Doppelpfeil und können anschließend mit gedrückter Maustaste das Bild diagonal verkleinern oder vergrößern. Das Seitenverhältnis wird automatisch beibehalten.	
Bild drehen Zeigen Sie mit der Maus auf das Drehsymbol in der Mitte oberhalb des Bildes. Der Mauszeiger verwandelt sich in einen kreisförmigen Pfeil und Sie können mit gedrückter Maustaste das Bild frei drehen.	

Zusammen mit einem markierten Bild erscheint im Menüband das kontextbezogene Register *Bildtools - Format* mit Schaltflächen zur weiteren Bearbeitung des Bildes.

Falls exakte Maße benötigt werden, können Sie diese im Register *Format* ▶ *Größe* in die entsprechenden Felder eingeben. Das Seitenverhältnis wird in diesem Fall automatisch beibehalten.

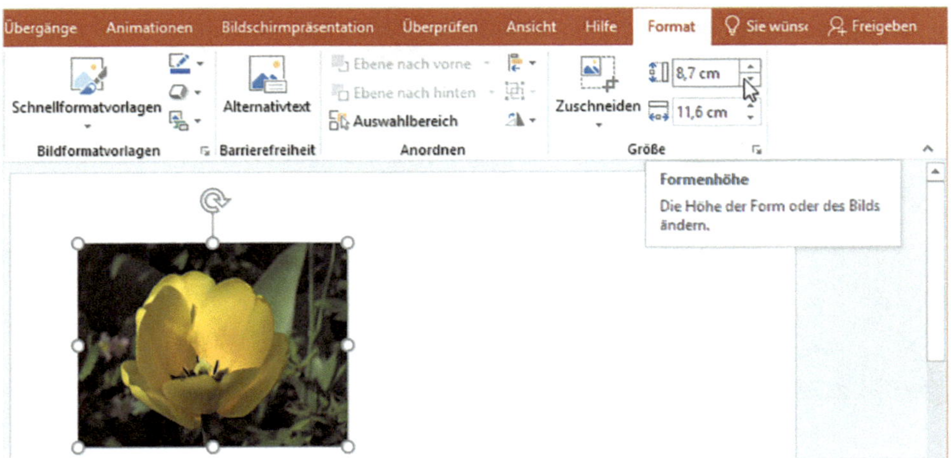

Bild 6.8 Maße für Höhe und Breite eingeben

Bildgröße und -position im Aufgabenbereich Grafik formatieren steuern

Neben einer exakten Größenangabe können Sie im Aufgabenbereich *Grafik formatieren* eine Grafik auch prozentual verkleinern.

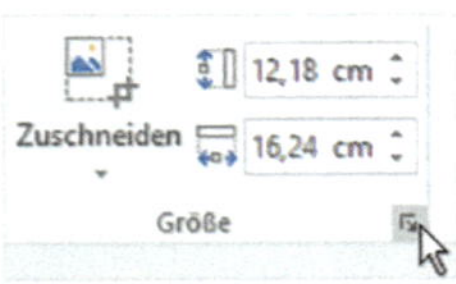

1 Öffnen Sie den Aufgabenbereich *Grafik formatieren*, indem Sie im Register *Format* auf das Pfeilsymbol der Gruppe *Größe* klicken. Oder klicken Sie mit der rechten Maustaste in die Grafik und auf den Befehl *Größe und Position...*.

2 Der Aufgabenbereich wird mit dem Register *Größe und Eigenschaften* geöffnet. Sollte ein anderes Register sichtbar sein, so klicken Sie im Aufgabenbereich auf das Symbol *Größe und Eigenschaften* . Geben Sie dann im Abschnitt *Größe* in die Felder *Höhe* oder *Breite* das gewünschte Maß ein oder tragen Sie bei *Höhe/ Breite skalieren* einen Prozentwert ein.

Mit der Schaltfläche *Zurücksetzen* können Sie alle Größenänderungen zurücknehmen und das Bild wieder in der Originalgröße anzeigen.

Bild 6.9 Der Aufgabenbereich Grafik formatieren - Größe und Eigenschaften

Um ein Verzerren zu verhindern, muss das Kontrollkästchen *Seitenverhältnis sperren* aktiviert sein. Bei einer prozentualen Größenangabe sollte außerdem das Kontrollkästchen *Relativ zur Originalbildgröße* ein Häkchen aufweisen, da sonst PowerPoint die aktuelle Größe als Ausgangsbasis verwendet.

Bildposition/Bild zentrieren

Unterhalb finden Sie im Aufgabenbereich den Abschnitt *Position*. Hier können Sie die exakte horizontale und vertikale Position auf der Folie angeben.

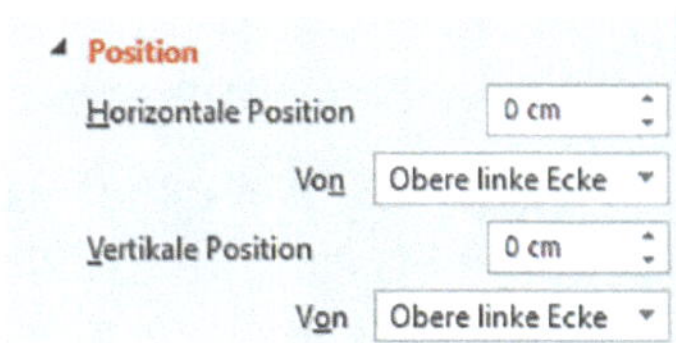

Bild drehen/spiegeln

Möchten Sie das Bild in einem bestimmten Winkel drehen oder spiegeln, dann klicken Sie im Register *Bildtools - Format*, Gruppe *Anordnen* auf das Symbol *Objekte drehen* und wählen die gewünschte Drehung bzw. Spiegelung. Ein Klick auf *Weitere Drehungsoptionen...* öffnet den Aufgabenbereich *Grafik formatieren* und Sie können unter *Größe* im Feld *Drehung* einen beliebigen Winkel eingeben, siehe Bild 6.9 oben.

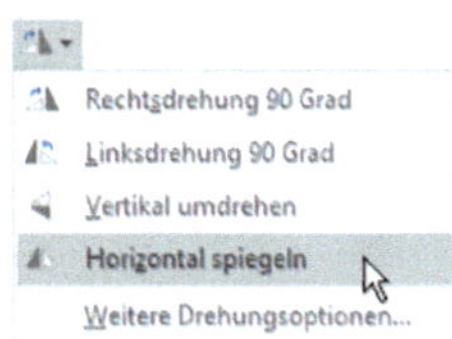

Bild zuschneiden

Möchten Sie die Größe beibehalten und/oder einen Teil des Bildes wegschneiden, dann verwenden Sie dazu im Register *Format*, Gruppe *Größe* die Schaltfläche *Zuschneiden*. Nachdem Sie auf das Symbol geklickt haben, können Sie mit gedrückter Maustaste das Bild an den dafür gekennzeichneten Stellen zuschneiden. Die weggeschnittenen Teile verschwinden erst, nachdem Sie an eine andere Stelle der Folie geklickt haben.

Bild 6.10 Bild zuschneiden

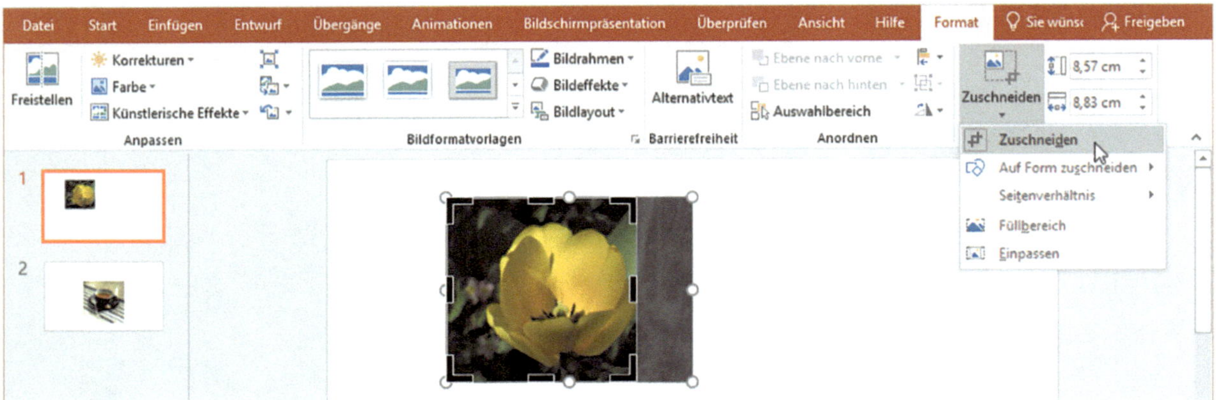

Weitere Möglichkeiten erhalten Sie, wenn Sie auf den Dropdown-Pfeil der Schaltfläche *Zuschneiden* klicken (Bild oben).

- *Auf Form zuschneiden* erlaubt das Zuschneiden auf eine beliebige Form, zum Beispiel Ellipse.
- Mit der Auswahl *Seitenverhältnis* schneiden Sie das Bild auf ein bestimmtes Seitenverhältnis zu, ohne dabei die Originalproportionen zu ändern. Anschließend verschieben Sie das Bild mit der Maus, um den Bildbereich auszuwählen. Sie sehen zunächst die Vorschau. Die grauen abgeschnittenen Bereiche verschwinden erst, wenn Sie mit der Maus an eine beliebige Stelle klicken.

  Als Alternative können Sie in einem zweiten Schritt die Größe des Bildes an den neuen Bildbereich anpassen. Dazu klicken Sie auf *Einpassen*.
- Haben Sie den Bildbereich zuvor per Zuschneiden vergrößert, dann passt der Befehl *Füllbereich* das Bild automatisch und unter Beibehaltung des Seitenverhältnisses an die neue Bildgröße an.

Bild 6.11 Auf Seitenverhältnis zuschneiden

Bild 6.12 Auf Form zuschneiden

Bild in PowerPoint bearbeiten

Umfangreiche Bearbeitungsmöglichkeiten für das Bild selbst finden Sie im Register *Bildtools - Format* in der Gruppe *Anpassen*. Hier können Sie z. B. Bildkorrekturen vornehmen, den Farbton ändern und verschiedene Effekte auf das Bild anwenden. Im Vergleich zu einem professionellen Bildbearbeitungsprogramm verfügt PowerPoint auf diesem Gebiet allerdings nur über eingeschränkte Möglichkeiten.

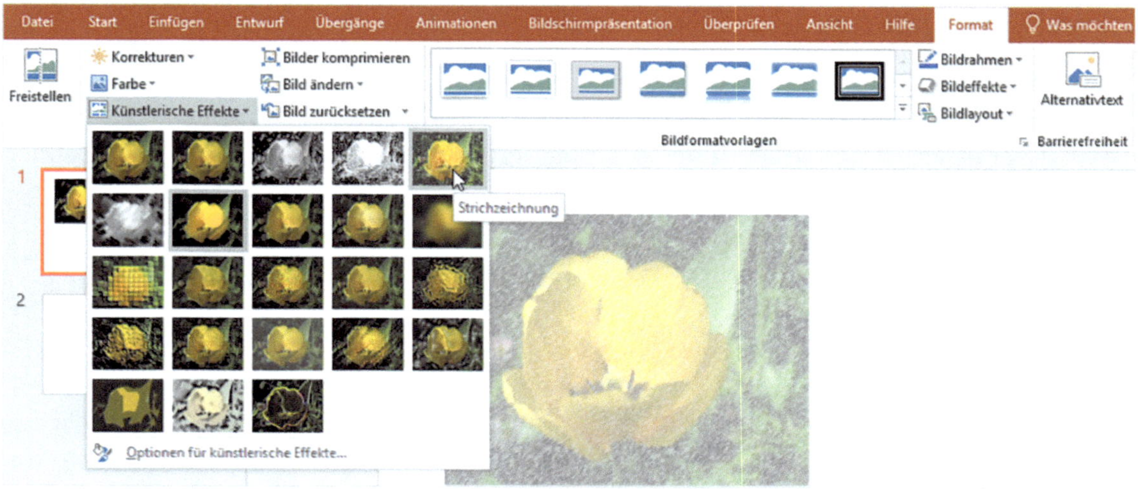

Bild 6.13 Beispiel: Künstlerische Effekte

Bildbereiche entfernen

Zum Entfernen bestimmter Bildbereiche, z. B. des Hintergrunds, klicken Sie auf *Freistellen*. Das Register *Freistellen* erscheint und Sie können nun über die Schaltflächen *Zu behaltende Bereiche markieren* und *Zu entfernende Bereiche markieren* per Mausklick angeben, welche Teile des Bildes entfernt bzw. behalten werden sollen. Klicken Sie dann auf *Änderungen beibehalten*, um das Ergebnis in die Folie zu übernehmen.

Bild 6.14 Freistellen und Hintergrund entfernen

Alle Änderungen entfernen, Bild zurücksetzen

Wenn Sie alle nachträglich vorgenommenen Bildänderungen entfernen und das Bild zurücksetzen möchten, dann klicken Sie im Register *Bildtools - Format* auf den Dropdown-Pfeil *Bild zurücksetzen*. Hier finden Sie die folgenden Möglichkeiten:

- *Bild zurücksetzen* bedeutet, alle Formatierungen entfernen.
- Mit *Bild und Größe zurücksetzen* erhält das Bild auch seine ursprüngliche Größe wieder.

Bild 6.15 Bild zurücksetzen

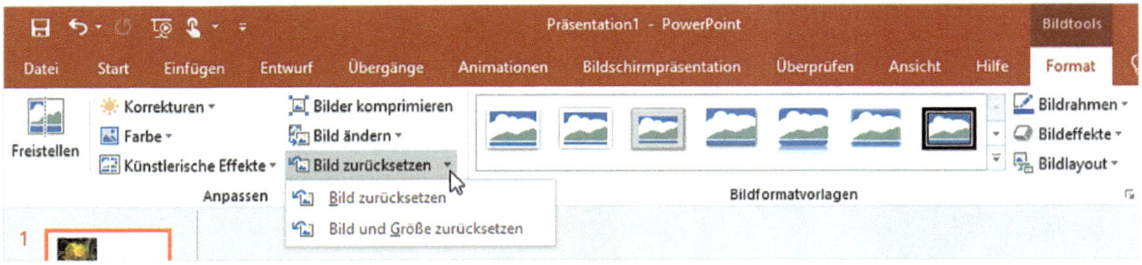

Bilder komprimieren, um den Speicherplatzbedarf zu verringern

Enthält Ihre Präsentation sehr viele Fotos oder möchten Sie die Präsentation per E-Mail versenden, dann sollten Sie zuvor die Bilder komprimieren und so die Dateigröße verringern. Klicken Sie dazu im Register *Bildtools - Format* ▶ *Anpassen* auf Bilder *komprimieren* und wählen Sie, je nach Verwendungszweck eine Option. Um auf diese Weise gleich alle Bilder der Präsentation zu komprimieren, deaktivieren Sie das Kontrollkästchen *Nur für dieses Bild übernehmen*.

Bild 6.16 Bilder komprimieren

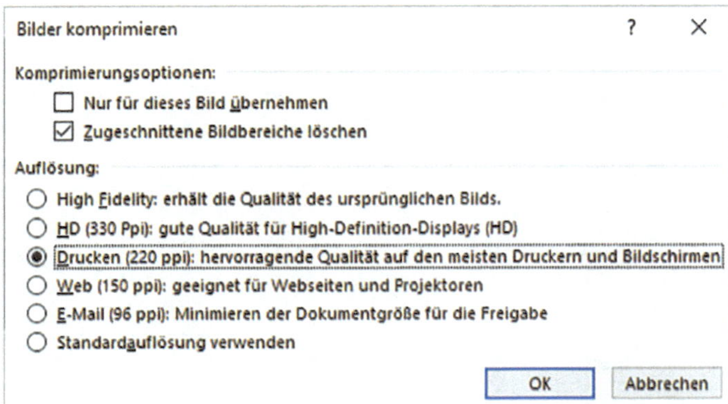

Die weiteren Möglichkeiten im Überblick

Schaltfläche/Symbol	Beschreibung
Korrekturen	Erlaubt Anpassungen von Schärfe, Helligkeit und Kontrast.
Künstlerische Effekte	Verschiedene Effekte zum Verfremden von Bildern (siehe Bild 6.13).

Schaltfläche/Symbol	Beschreibung
Farbe	Farbsättigung und Farbton ändern bzw. das Bild neu einfärben, z. B. Graustufen oder schwarzweiß. Hier finden Sie auch den Befehl *Transparente Farbe bestimmen*, mit dem Sie beispielsweise einen einfarbigen Hintergrund transparent machen.
Bild ändern	Das markierte Bild durch ein anderes ersetzen. Größe und alle Formatierungen werden beibehalten.

Bild mit Rahmen und Effekten versehen

Die Effekte der Vorlagen beruhen auf dem verwendeten Design bzw. den Effekten, die Sie im Register *Entwurf* ▶ *Varianten* unter Effekte ausgewählt haben.

Die Gruppe *Bildformatvorlagen* (*Bildtools - Format*) enthält eine Sammlung verschiedener Rahmen- und Schatteneffekte als schnelle Gestaltungshilfe. Klicken Sie auf das Symbol *Weitere*, um den gesamten Katalog auf einen Blick zu öffnen.

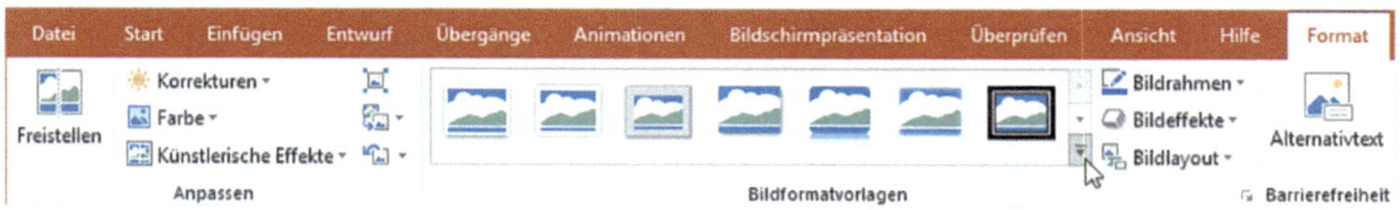

Bild 6.17 Bildformatvorlagen

Möchten Sie dagegen eigene Rahmen- und Bildeffekte zusammenstellen, dann benutzen Sie in derselben Gruppe die Schaltflächen *Bildrahmen* und *Bildeffekte*.

- Einen einfachen Rahmen erhalten Sie über die Schaltfläche *Bildrahmen*: Wählen Sie hier *Linienfarbe*, *Strichstärke* und *Strich-* bzw. Linienart aus oder benutzen Sie das Werkzeug *Pipette*, um beispielsweise eine Farbe aus dem Bild als Rahmenfarbe festzulegen (Bild 6.19).
- Verschiedene Schatten-, Spiegelungs-, Leucht- und 3D-Effekte erhalten Sie über die Schaltfläche *Bildeffekte* zur Auswahl. Mit Klick auf *Spiegelungsoptionen...* (siehe Bild) öffnet sich der gleichnamige Aufgabenbereich mit weiteren Möglichkeiten.

Bild 6.18 Beispiel Bildeffekte: Spiegelung

Bild 6.19 Einfache Rahmenlinie

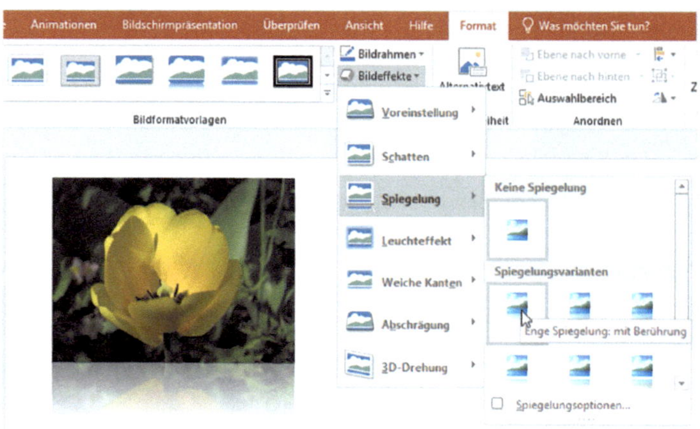

Weitere Effekte im Aufgabenbereich Grafik formatieren

Weitere Effekte finden Sie im Aufgabenbereich *Grafik formatieren*. Diesen öffnen Sie entweder jeweils über den Befehl *Optionen...* der einzelnen Effekte (siehe Bild 6.18) oder per Rechtsklick in das Bild und den Befehl *Grafik formatieren...*.

Falls nicht bereits ausgewählt, klicken Sie im Aufgabenbereich auf das Register *Effekte* . Hier lassen sich in den einzelnen Abschnitten die Effekte detailliert bearbeiten. So können Sie beispielsweise, wie im Bild unten, Farbe, Transparenz, Größe, Winkel und Abstand eines Schatteneffekts regeln. Gleiches gilt auch für 3D-Einstellungen.

Bild 6.20 Grafik formatieren: Schatteneinstellungen

6.2 Spezialthema: Fotoalbum erstellen

Im Register *Einfügen* finden Sie in der Gruppe *Bilder* auch noch die Schaltfläche *Fotoalbum*. Hierbei handelt es sich allerdings nicht um eine Methode zum Einfügen von Bildern, sondern PowerPoint erstellt eine neue Präsentation in Form eines Fotoalbums. Auf diese Weise können Sie etwa eine Sammlung von Urlaubsbildern zusammenstellen und anschließend als Bildschirmpräsentation vorführen.

1. Klicken Sie im Register *Einfügen* auf *Fotoalbum* bzw. wählen Sie nach einem Klick auf den Dropdown-Pfeil *Neues Fotoalbum...*.
2. Im Fenster *Fotoalbum* erstellen Sie nun Ihr Fotoalbum. Im ersten Schritt klicken Sie unter *Bild einfügen aus* auf die Schaltfläche *Datei/Datenträger...* und wählen die gewünschten Bilder aus.
3. Markieren Sie im Fenster *Neue Bilder einfügen* ein Bild oder auch gleich mehrere und klicken Sie auf *Einfügen*. Auf diese Weise wählen Sie nacheinander alle benötigten Bilder aus.

Mehrere Elemente markieren Sie mit gleichzeitig gedrückter Strg-Taste.

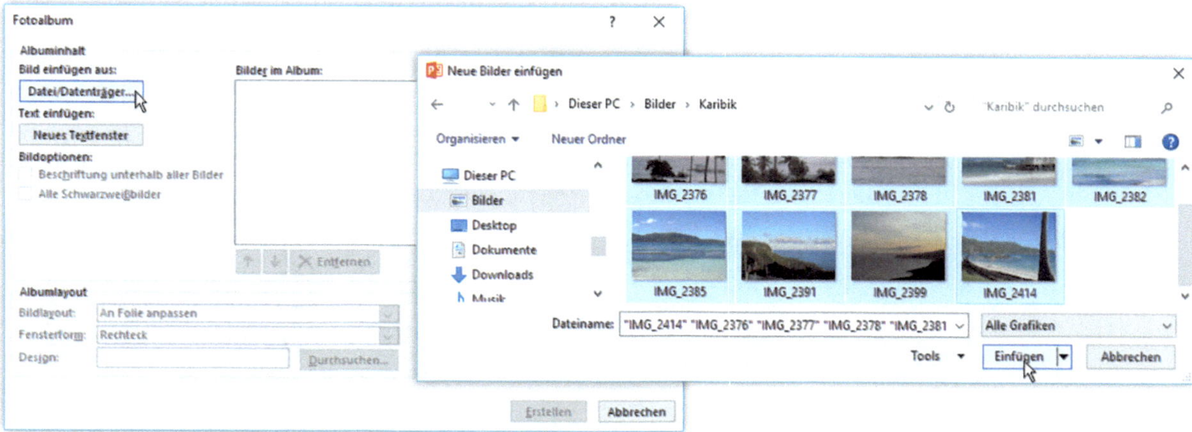

Bild 6.21 Neues Fotoalbum - Bilder einfügen

4 Falls gewünscht, können Sie dann die Bilder bearbeiten: Markieren Sie in der Liste der ausgewählten Bilder dasjenige mit einem Klick in das kleine Kästchen. Rechts daneben erhalten Sie eine Vorschau und können mit Hilfe der Symbole unterhalb das Bild drehen oder spiegeln sowie Kontrast und Helligkeit ändern.

Über die Pfeilschaltflächen verschieben Sie das Bild nach oben oder unten und ändern so die Reihenfolge. Mit der Schaltfläche *Entfernen* wird das ausgewählte Bild aus dem Fotoalbum entfernt.

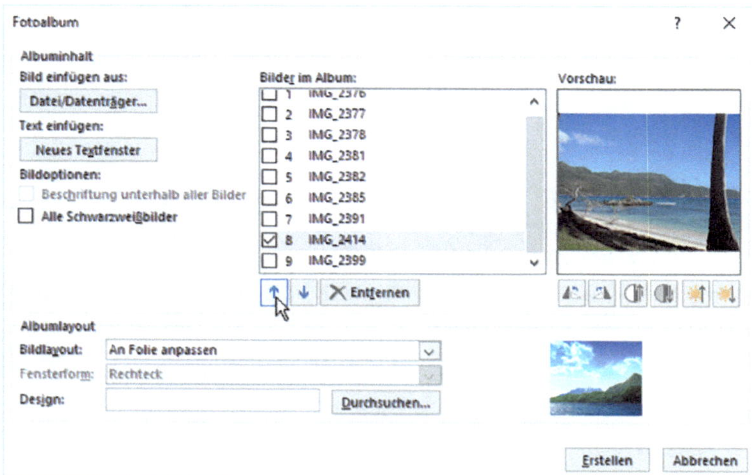

Bild 6.22 Einzelne Bilder auswählen und bearbeiten

5 Mit der Schaltfläche *Neues Textfenster* fügt PowerPoint nach der Folie mit diesem Bild eine zusätzliche Folie mit einem Platzhalter für Text bzw. einem Textfeld ein, in das Sie nach Fertigstellung des Albums beliebigen Text eingeben können.

6 Weitere Möglichkeiten erhalten Sie im Feld *Bildlayout*. Wählen Sie hier zwischen einem oder mehreren Bildern je Folie oder einem Layout, das auch noch einen Titel enthält. Standardmäßig verwendet PowerPoint die Einstellung *An Folie anpassen*.

7 Auch das Design des Albums können Sie über die Schaltfläche *Durchsuchen...* auswählen. Falls Sie hier nichts angeben, erhält Ihr Fotoalbum das Standarddesign mit schwarzem Hintergrund.

8 Klicken Sie zuletzt auf die Schaltfläche *Erstellen*. Sie erhalten anschließend eine komplette Präsentation einschließlich einer Titelfolie und brauchen nur noch den Präsentationstitel ändern und eventuell zusätzliche Texte eingeben.

Bild 6.23 Das fertige Fotoalbum in der Ansicht Foliensortierung

Wenn Sie das Fotoalbum nachträglich bearbeiten möchten, beispielsweise wenn Sie weitere Bilder hinzufügen möchten, dann klicken Sie im Register *Einfügen* auf den Dropdown-Pfeil der Schaltfläche *Fotoalbum* und wählen *Fotoalbum bearbeiten...*. Darüber hinaus können Sie das Fotoalbum wie jede andere Präsentation bearbeiten.

6.3 Grafische Gestaltung mit Formen

Neben Bildern lassen sich auch Rechtecke, Pfeile und andere Formen zur Visualisierung einsetzen. Heben Sie beispielsweise bestimmte Sachverhalte durch einfache Rechtecke im Hintergrund hervor oder verdeutlichen Sie Zusammenhänge und Abläufe mit Pfeilen. Sie können sogar komplexe eigene Formen, z. B. Logos, zusammensetzen.

Tipp: Wenn Sie vorab den Umgang mit Formen ausgiebig testen möchten, dann eignet sich dazu am besten eine Folie mit dem Layout *Leer*.

Form einfügen

PowerPoint verfügt, genau wie Word und Excel, über einen umfangreichen Formenkatalog, den Sie gleich an zwei Stellen finden:

- Klicken Sie im Register *Start*, Gruppe *Zeichnen*, auf das Symbol *Weitere*, um den gesamten Katalog anzuzeigen oder:
- Klicken Sie im Register *Einfügen* ▶ *Illustrationen* auf *Formen*.

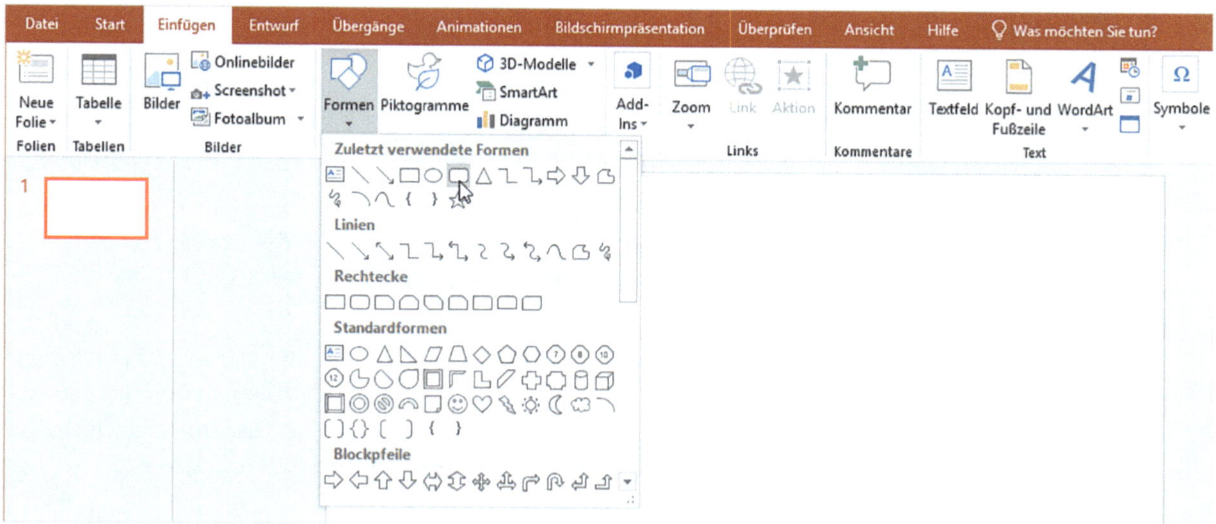

Bild 6.24 Formenkatalog öffnen

Klicken Sie auf die gewünschte Form, z. B. ein Rechteck mit abgerundeten Ecken wie im Bild oben. Zum anschließenden Einfügen im Dokument verwenden Sie eine der folgenden Möglichkeiten:

- Um die Form in Originalgröße und -proportionen einzufügen, klicken Sie einfach in der Folie an die gewünschte Stelle.
- Wenn Sie die Form in beliebiger Größe und Proportion verwenden möchten, dann fügen Sie diese durch Zeichnen ein. Der Mauszeiger nimmt in der Folie die Form eines Fadenkreuzes an. Beginnen Sie an einem der Eckpunkte, drücken Sie die linke Maustaste und ziehen Sie mit gedrückter Maustaste in diagonaler Richtung, bis das Objekt die gewünschte Größe und Form hat.
- Möchten Sie anstatt einer Ellipse einen exakten Kreis zeichnen oder anstelle eines Rechtecks mit beliebigen Proportionen ein Quadrat, dann halten Sie zusätzlich während des Zeichnens die Umschalt-Taste der Tastatur gedrückt.

Bild 6.25 Beispiel: Rechteck einfügen

Damit beim Zeichnen das Seitenverhältnis der Form beibehalten wird, z. B. wenn Sie einen exakten Kreis anstatt einer Ellipse oder ein Quadrat benötigen, halten Sie während des Zeichnens die Umschalt-Taste (Shift) gedrückt. Dies gilt auch für eine eventuelle spätere Größenänderung mit der Maus.

Größe und Proportionen einer Form ändern

Die Vorgehensweise beim Verschieben und der Größenänderung unterscheidet sich kaum von sonstigen PowerPoint-Objekten.

- Ein Mausklick markiert die Form und an den Ecken und in der Mitte jeder Seite werden Anfasspunkte sichtbar.
- Zum Verschieben zeigen Sie an eine beliebige Stelle der Form: Am Mauszeiger erscheinen vier Richtungspfeile und Sie können die Form an jede beliebige Stelle der Folie verschieben.
- Die Größenänderung nehmen Sie wieder über die Markierungs- bzw. Anfasspunkte vor. Wenn das ursprüngliche Seitenverhältnis beibehalten werden soll, dann müssen Sie während des Ziehens mit der Maus die Umschalt-Taste gedrückt halten (siehe Kastentext oben). Dies gilt auch für die Eckpunkte!
- Einige Formen, z. B. Blockpfeile, verfügen über zusätzliche gelbe Markierungspunkte, an denen Sie durch Ziehen mit der Maus Details, wie Pfeilspitze und Pfeilstärke oder die Rundung, verändern können.

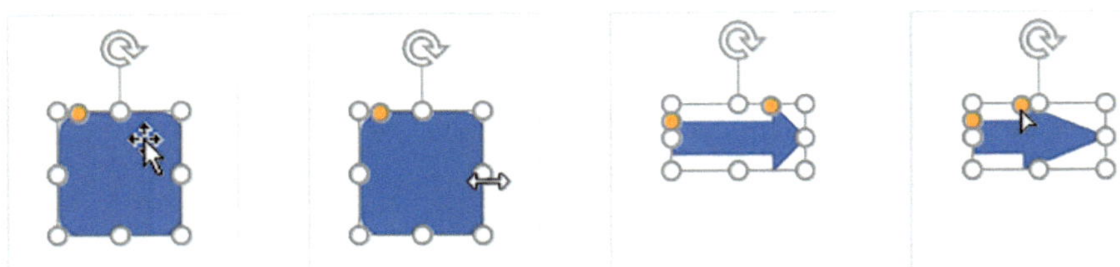

Bild 6.26 Form verschieben

Bild 6.27 Größenänderung

Bild 6.28 Pfeildetails ändern

Zusammen mit einer markierten Form ist im Menüband das Register *Zeichentools - Format* verfügbar. Wie im Register *Bildtools* können Sie auch hier die genauen Maße in die Felder der Gruppe *Größe* eingeben.

Bild 6.29 Form formatieren: Größe und Eigenschaften

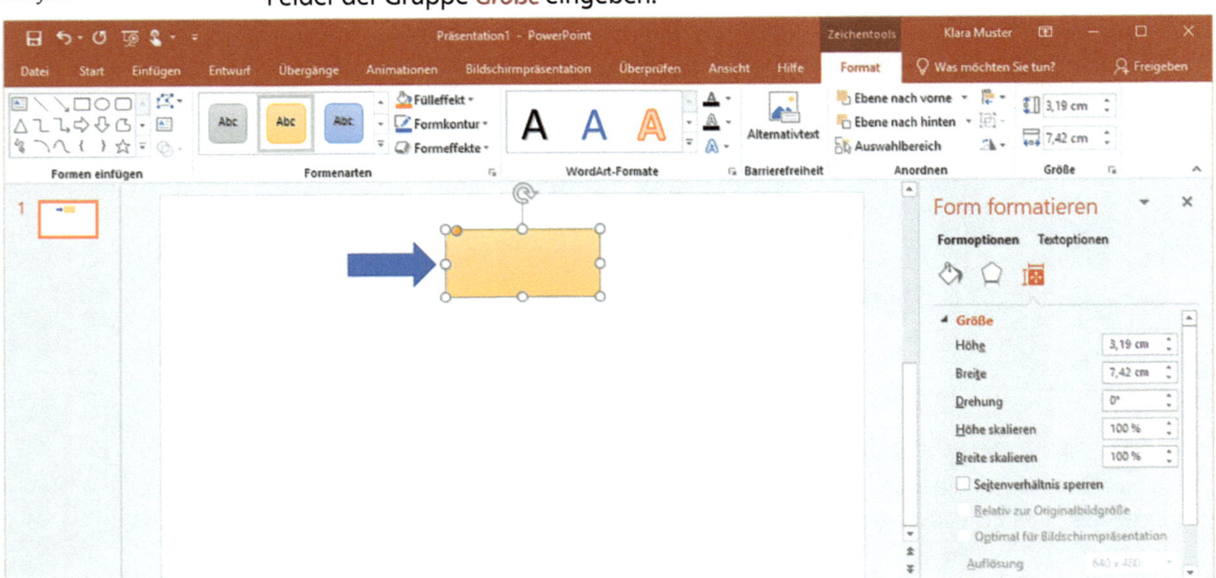

Oder klicken Sie mit der rechten Maustaste in die Form und auf den Befehl *Größe und Position....* Damit erhalten Sie im Aufgabenbereich *Form formatieren*, Register *Größe und Eigenschaften* dieselben Möglichkeiten, wie bereits für Grafiken auf Seite 173 beschrieben.

Form drehen und spiegeln

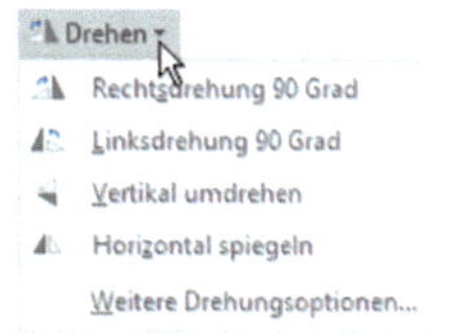

Wie jedes Objekt können Sie auch eine Form über das Drehsymbol oberhalb der Markierung frei drehen. Für ein exaktes Drehen um 90 Grad oder horizontales bzw. vertikales Spiegeln klicken Sie im *Zeichentools* Register *Format* auf *Drehen* und wählen die gewünschte Einstellung. Der Befehl *Weitere Drehungsoptionen...* öffnet wieder den Aufgabenbereich *Form formatieren* (siehe oben) und Sie geben im Feld *Drehung* den gewünschten Winkel ein.

Formen mit Text versehen

In vielen Fällen müssen Formen beschriftet werden, z. B. wenn es sich um eine Legende handelt. Formen verhalten sich wie Textfelder: Markieren Sie die Form mit einem Mausklick und tippen Sie einfach über die Tastatur Ihren Text ein. Als Alternative klicken Sie mit der rechten Maustaste in die Form und auf *Text bearbeiten*. Für eventuelle spätere Änderungen am Text klicken Sie einfach mit der Maus in diesen und sofort erscheint an dieser Stelle wieder der Cursor. Änderungen an der Textformatierung nehmen Sie wie gewohnt über die Schaltflächen des Registers *Start* vor.

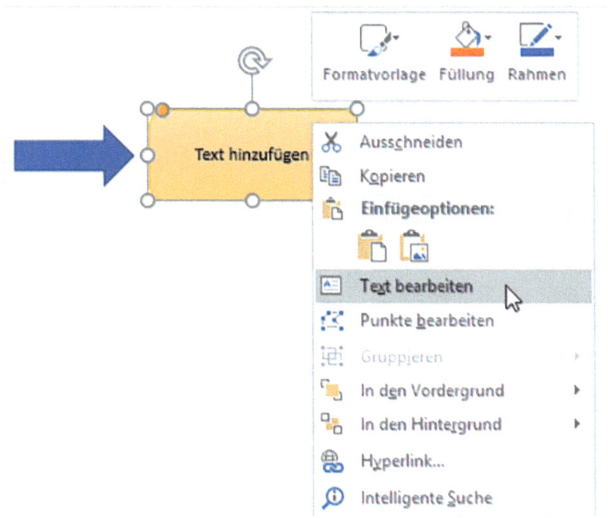

Bild 6.30 Form beschriften, Beispiel Rechteck

Bild 6.31 Optionen zur Textausrichtung im Aufgabenbereich

Weitere Ausrichtungsoptionen für Text finden Sie im Aufgabenbereich *Form formatieren*, den Sie per Rechtsklick und den Befehl *Größe und Position* öffnen. Klicken Sie im Aufgabenbereich auf das Symbol *Größe und Eigenschaften* und blenden Sie den Abschnitt *Textfeld* ein. Neben der vertikalen Ausrichtung und Angabe der Ränder finden Sie hier auch Optionen zur automatischen Größenpassung (siehe Bild 6.31).

6.4 Farben, Füllungen und sonstige Effekte

Formen erhalten beim Einfügen automatisch eine Akzentfarbe des verwendeten Designs. Zahlreiche Gestaltungsmöglichkeiten, nicht nur für Formen, stehen Ihnen im Menüband mit dem Register *Format* (*Zeichentools*) zur Verfügung, das beim Markieren einer Form automatisch erscheint.

> Die nachfolgend beschriebenen Gestaltungsmöglichkeiten beziehen sich nicht nur auf Formen sondern auch auf Textfelder, Piktogramme und alle Platzhalter der Folienlayouts. Für alle diese Objekte verwenden Sie zur Bearbeitung dasselbe Register *Format*, allerdings sind nicht alle Möglichkeiten auch in jedem Fall sinnvoll.

Bild 6.32 Zeichentools - Format

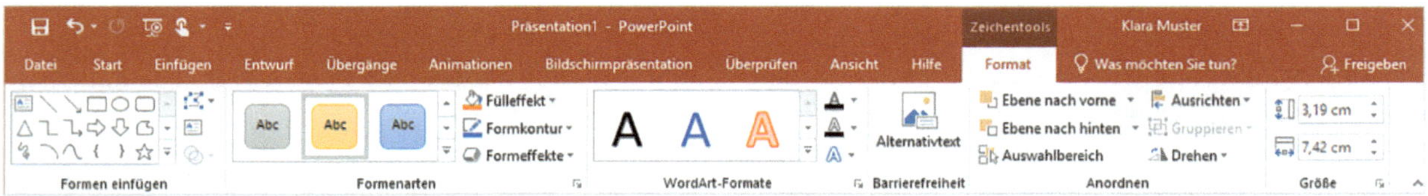

Vorlagen für Formen

Die Gruppe *Formenarten* enthält verschiedene Vorlagen zur schnellen Gestaltung. Die Farben und Effekte, z. B. 3D und Schatten, sind abhängig vom Design. Ein Klick auf die Schaltfläche *Weitere* öffnet den gesamten Katalog auf einen Blick. Auch hier erhalten Sie in der Folie an der markierten Form eine Vorschau, wenn Sie mit der Maus auf eine Vorlage zeigen. Erst mit einem Mausklick übernehmen Sie diese. Weitere Varianten finden Sie, wenn Sie im Katalog auf *Andere Designfüllungen* klicken.

Bild 6.33 Formatvorlagen für Formen

Tipp: Speziell für Formen mit Text und Textfelder eignen sich die Vorlagen im Abschnitt *Voreinstellungen*. Hier finden Sie transparente und halbtransparente Füllungen mit oder ohne Rahmen in Verbindung mit farbiger Schrift. Damit lässt sich beispielsweise eine Legende schnell ohne Füllfarbe und mit schwarzer Schrift formatieren.

Bild 6.34 Beispiel transparente Füllung mit Rahmen

Formen individuell gestalten

In derselben Gruppe *Formenarten* befinden sich auch die Schaltflächen *Fülleffekt*, *Formkontur* und *Formeffekt*, über die Sie einer Form nach Belieben individuelle Formate zuweisen können. Die Schaltflächen *Formatvorlage*, *Füllung* und *Rahmen* sind auch Bestandteil einer Minisymbolleiste, die in der Folie erscheint, wenn Sie mit der rechten Maustaste in eine Form klicken.

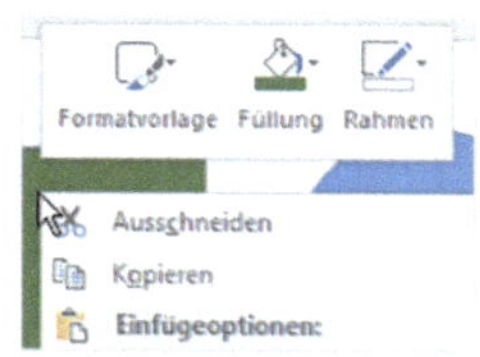

Fülleffekte einsetzen

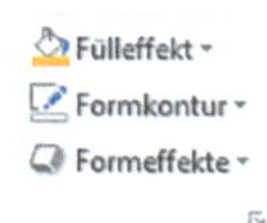

Über die Schaltfläche *Fülleffekt* bzw. *Füllung* können Sie einer Form neben den üblichen Designfarben auch ein Bild oder verschiedene Farbverläufe als Füllung zuweisen.

- Für eine transparente Füllung wählen Sie *Keine Füllung*.

  Falls Sie eine von den Designfarben abweichende Farbe verwenden möchten, so klicken Sie auf *Weitere Füllfarben...* und wählen im Dialogfenster *Farben* entweder eine der Standardfarben oder geben im Register *Benutzerdefiniert* den gewünschten Farbwert nach dem RGB Farbmodell ein. Unterhalb können Sie zusätzlich über einen Schieberegler die Transparenz ändern.

- Alternativ gibt Ihnen die Option *Pipette* die Möglichkeit eine, etwa in einem Foto vorhandene Farbe, auszuwählen und anschließend die Form damit auszufüllen.

- Soll die Form mit einem Bild ausgefüllt werden, so klicken Sie auf *Bild...* und fügen anschließend das gewünschte ein. Achtung: Das Bild wird automatisch dem Seitenverhältnis der Form angepasst und dadurch meist verzerrt.

- Mit der Auswahl *Struktur* erhalten Sie verschiedene Füllmuster, z. B. Stein oder Holz, zur Auswahl.

- Die Auswahl *Farbverlauf* bietet verschiedene Farbverlaufsvarianten, basierend auf der gewählten Farbe an.

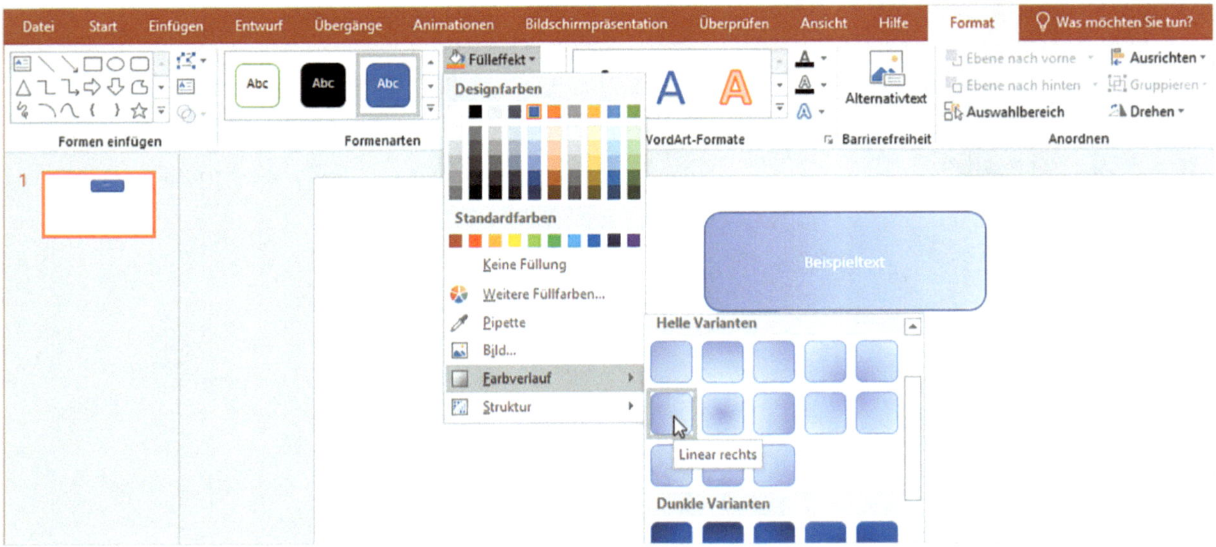

Bild 6.35 Beispiel Farbverlauf

Rahmen und 3D-Effekte

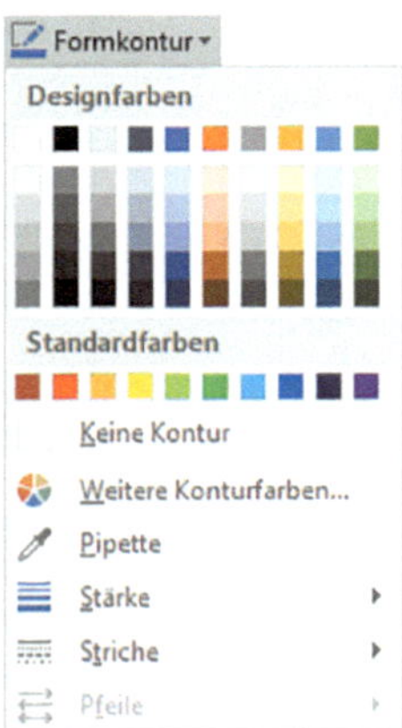

- Die Schaltfläche *Formkontur* ändert Farbe, Strichstärke und -art des Rahmens. Die Möglichkeiten der Farbauswahl unterscheiden sich nicht vom Fülleffekt. Um den Rahmen zu entfernen, wählen Sie die Einstellung *Keine Kontur*. Handelt es sich bei der Form um eine Linie, so legen Sie mit dieser Schaltfläche deren Aussehen fest.
- 3D-Effekte und Schatten erhalten Sie über die Schaltfläche *Formeffekte*. Auch hier sehen Sie in der Folie am markierten Objekt eine Vorschau, sobald Sie auf einen Effekt zeigen. Erst mit einem Mausklick wird dieser übernommen. Ein Beispiel für Spiegelungseffekte sehen Sie im Bild unten.

Bild 6.36 Beispiel Spiegelung

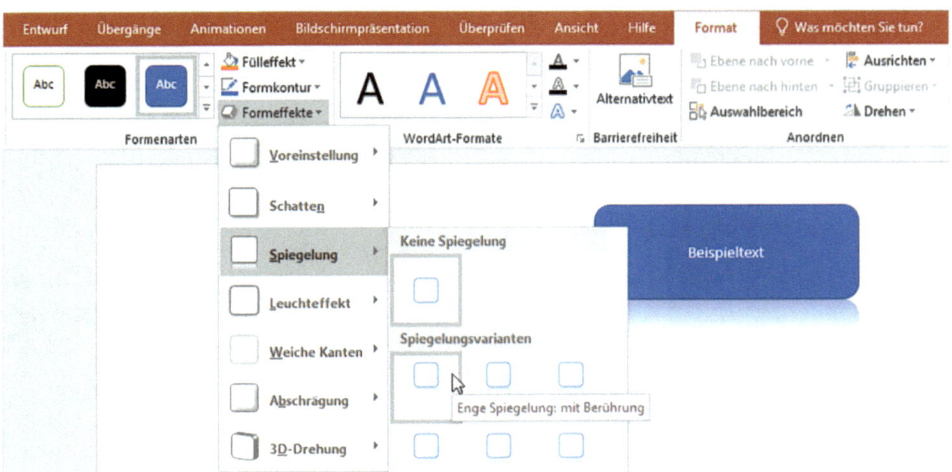

Der Aufgabenbereich Form formatieren

Weitergehende Effektmöglichkeiten finden Sie im Aufgabenbereich *Form formatieren*, den Sie über das Pfeilsymbol der Gruppe *Formenarten* oder den gleichnamigen Befehl aus dem Kontextmenü öffnen.

Klicken Sie hier auf das Symbol *Effekte* und bearbeiten Sie die Einstellungen der Abschnitte *Schatten*, *Spiegelung*, *Leuchteffekt* usw.. Im Bild unten sehen Sie als Beispiel *Schatten* und *3D-Format*.

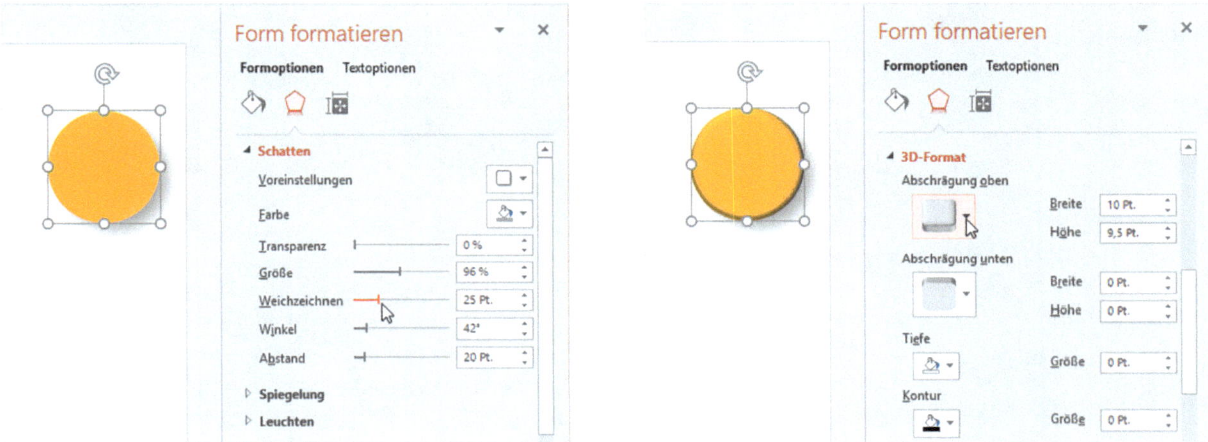

Bild 6.37 Form formatieren: Schatten und 3D-Format

Workshop: Farbverlauf erstellen und bearbeiten

Über die Schaltfläche *Fülleffekt* und die Auswahl *Farbverlauf* erhalten Sie verschiedene Verlaufsvarianten (siehe Bild 6.35). Sollten Ihnen diese und/oder die Farben nicht zusagen, so stellen Sie im Aufgabenbereich *Form formatieren* Ihren eigenen Farbverlauf zusammen. Da sich Farbverläufe auch hervorragend für Textfelder vor einem Bildhintergrund eignen, hier eine Anleitung:

1 Markieren Sie das Objekt und öffnen Sie den Aufgabenbereich, entweder per Rechtsklick auf das Objekt und den Befehl *Form formatieren...* oder klicken Sie auf die Schaltfläche *Fülleffekt*, zeigen auf *Farbverlauf* und klicken auf *Weitere Farbverläufe....*

2 Klicken Sie im Aufgabenbereich auf das Symbol *Füllung* und wählen Sie hier die Option *Farbverlauf* ❶ (Bild 6.38).

3 Falls nicht bereits geschehen, klicken Sie auf das Symbol *Voreingestellte Farbverläufe* ❷ und wählen zunächst einen Verlauf, der Ihren Vorstellungen am nächsten kommt.

4 Die Auswahl der Farben erfolgt anhand von Farbverlaufstopps: Markieren Sie mit einem Klick den ersten Farbverlaufstopp ❸. Diesem weisen Sie nun unterhalb über die Schaltfläche *Farbe* ❹ eine Farbe zu. Bei Bedarf legen Sie über Schieberegler Transparenz und Helligkeit fest ❺. Mit gedrückter Maustaste lässt sich ein Farbverlaufstopp auch verschieben.

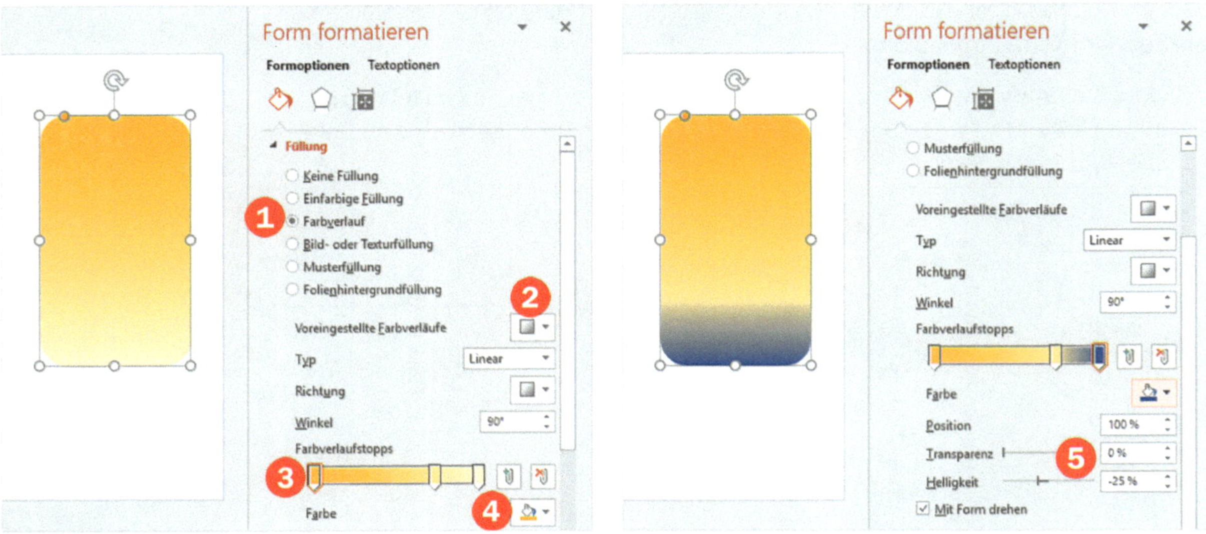

Bild 6.38 Farbverlaufstopp bearbeiten

5 Auf diese Weise bearbeiten Sie alle Farbverlaufstopps nacheinander einzeln. Mit den Symbolen *Farbverlaufstopp hinzufügen* ❶ (Bild 6.39) bzw. *Farbverlaufstopp entfernen* ❷ können Sie noch weitere hinzufügen oder den markierten Farbverlaufstopp löschen.

6 Oberhalb der Farbverlaufstopps finden Sie Schaltflächen, über die Sie Typ ❸, Richtung ❹ und Winkel ❺ des gesamten Farbverlaufs ändern können.

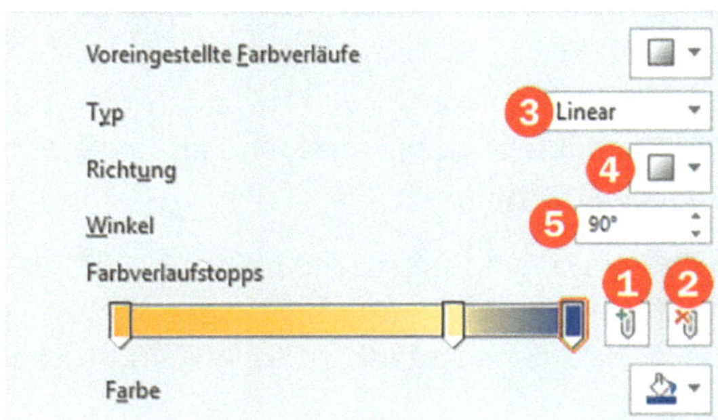

Bild 6.39 Weitere Einstellungen

Beispiel: Verlaufs- und Transparenzeffekte

Möchten Sie über ein Bild eine Beschriftung vor halbtransparentem Hintergrund legen? Dann setzen Sie dazu Transparenz ein, eventuell in Verbindung mit einem Farbverlauf. Im folgenden Beispiel soll in einer Folie der Textplatzhalter vor einem Bild als Hintergrund so gestaltet werden, dass der Text problemlos lesbar ist. Grundsätzlich lässt sich die Aufgabe auf zwei Wegen lösen:

- Sie gestalten den gesamten Platzhalter bzw. das Textfeld mit Transparenz und Verlaufseffekten.

- Oder Sie legen ein Rechteck hinter den Text und versehen dieses mit Transparenz und Verlaufseffekt. Diese Variante hat den Vorteil, dass Sie das Textfeld flexibler vor dem Hintergrund positionieren können. Daher betrachten wir diese Methode genauer.

1 Im ersten Schritt fügen Sie an der entsprechenden Stelle der Folie ein Rechteck in der gewünschten Größe ein, hier am rechten Folienrand über die gesamte Höhe. Das Rechteck erhält zunächst einmal eine einfarbige Füllung. Entfernen Sie außerdem den Rahmen.

2 Das Textfeld können Sie schon mal an die spätere Position verschieben. Sollte der Text durch das Rechteck verdeckt werden, so klicken Sie mit der rechten Maustaste in das Rechteck und auf den Befehl *In den Hintergrund*.

Bild 6.40 Die Ausgangsfolie

Bild 6.41 Positionieren Sie das Rechteck hinter dem Text

3 Klicken Sie dann mit der rechten Maustaste in das Rechteck und öffnen Sie mit dem Befehl *Form formatieren...* den Aufgabenbereich. Wählen Sie hier die Option *Farbverlauf* und über das Symbol *Voreingestellte Farbverläufe* einen Verlauf von oben nach unten. Der Typ *Linear* müsste damit automatisch eingestellt sein.

Bild 6.42 Bearbeiten Sie im Aufgabenbereich Farbverlaufstopps und Transparenz

4 Klicken Sie nun auf den ersten Farbverlaufstopp links (= Farbe oben). Wählen Sie eine helle Farbe, im Bild Weiß. Ändern Sie die Transparenz, bis das Bild im Hin-

tergrund wieder sichtbar wird, z. B. auf den Wert 100 %. Der Farbverlaufstopp ganz rechts (= Farbe unten) erhält über die Schaltfläche *Farbe* und das Werkzeug *Pipette* eine helle Farbe aus dem Bildhintergrund und den Transparenzwert 10 %.

5 Positionieren Sie noch zwei weitere Farbverlaufstopps oberhalb des Textes. Diese erhalten dieselbe Farbe wie der untere Farbverlaufstopp. Gleichen Sie für diese die Transparenz schrittweise an und verschieben Sie diese Farbverlaufstopps, bis Sie das gewünschte Ergebnis erhalten.

6.5 Weitere grafische Objekte

Piktogramme

Neu in Office 2019 ist eine Sammlung von Piktogrammen. Das sind kleine Grafiken mit transparentem Hintergrund, die wie Formen verwendet werden können. Zum Einfügen klicken Sie im Menüband, Register *Einfügen* ▶ *Illustrationen* auf *Piktogramme*.

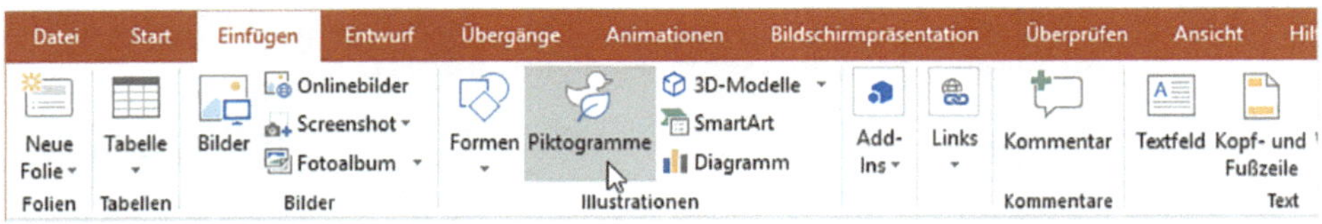

Bild 6.43 Piktogramm einfügen

Im nachfolgenden Fenster *Piktogramme* wählen Sie anschließend eine Kategorie ❶, z. B. *Sport* wie im Bild unten. Klicken Sie dann auf das gewünschte Piktogramm ❷. Dieses wird mit einem Häkchen versehen, Sie können also nacheinander auch gleich mehrere durch Anklicken auswählen. Falls gewünscht, entfernt ein weiterer Klick das Häkchen wieder. Klicken Sie zuletzt auf *Einfügen* ❸.

Bild 6.44 Wählen Sie ein Piktogramm und klicken Sie auf Einfügen

Zusammen mit dem markierten Piktogramm finden Sie im Menüband das Register *Grafiktools - Format*, das bis auf wenige Ausnahmen identisch ist mit dem Register *Zeichentools - Format*. Auch die Möglichkeiten der Formatierung unterscheiden sich wenig von den Formen. Sie können auf verschiedene Formatvorlagen zurückgreifen oder mit *Grafikfüllung*, *Grafikkontur* und *Grafikeffekte* das Piktogramm individuell nach Ihren Vorstellungen gestalten. Am schnellsten ändern Sie die Farbe mit einem Rechtsklick und der Auswahl einer Farbe über die Schaltfläche *Füllung*.

Bild 6.45 Piktogramm in anderer Farbe formatieren

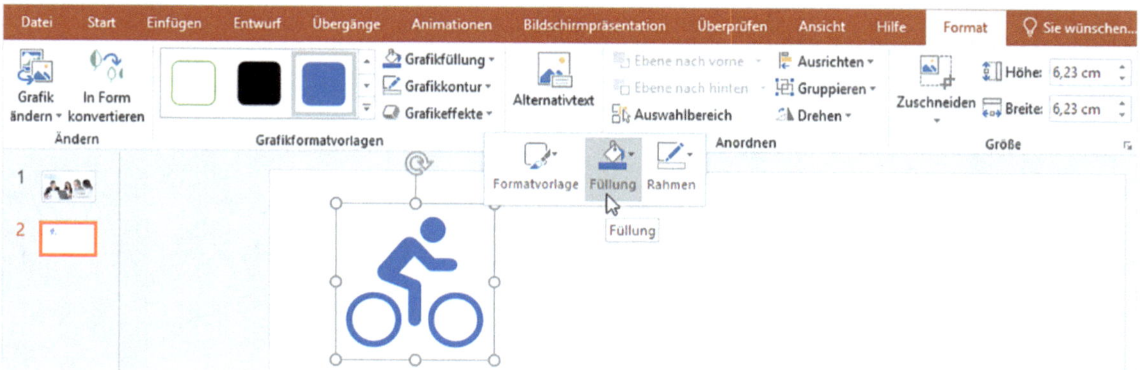

Tipp: Sämtliche Formate, wie z. B. *Füllung*, beziehen sich standardmäßig auf das gesamte Piktogramm. Falls Sie einzelne Bestandteile gesondert behandeln möchten, dann klicken Sie im Register *Format* ▶ *Ändern* auf *In Form konvertieren*. Nach einer Rückfrage, ob Sie die Grafik in ein Zeichnungsobjekt umwandeln möchten, wird das Piktogramm in Formen zerlegt, die Sie nun einzeln markieren und bearbeiten können.

Grafische Texteffekte mit WordArt

Unter der Bezeichnung WordArt stellt PowerPoint eine Sammlung grafischer Schrifteffekte zur Verfügung, die seit frühesten Versionen fester Bestandteil von Microsoft Office sind. Farben und Effekte der Vorlagen sind abhängig vom verwendeten Design, können aber beliebig angepasst werden. Die Werkzeuge *Füllung*, *Kontur* und *Effekte* sind die gleichen, wie sie auch für Formen eingesetzt werden. Beachten Sie aber, dass diverse Schatten-, Leucht- und Spiegelungseffekte nicht unbedingt professionell wirken oder zur besseren Lesbarkeit beitragen. Sie sollten daher mit Vorsicht eingesetzt werden.

Zum Einfügen von WordArt benutzen Sie eine der folgenden Möglichkeiten:

Markierten Text formatieren

Um bereits vorhandenen Text mit WordArt zu formatieren, markieren Sie diesen oder das gesamte Textfeld und klicken auf das Register *Zeichentools - Format*. Klicken Sie in der Gruppe *WordArt-Formate* auf die Schaltfläche *Weitere*, um den gesamten Katalog auf einen Blick zu öffnen.

Bild 6.46 Markierten Text mit WordArt formatieren

Der WordArt-Katalog wird geöffnet. Beim Zeigen auf eine Vorlage sehen Sie in der Folie am markierten Text eine Vorschau und erst mit Klick wird die Auswahl übernommen. Mit *WordArt löschen* entfernen Sie ggf. den Texteffekt wieder.

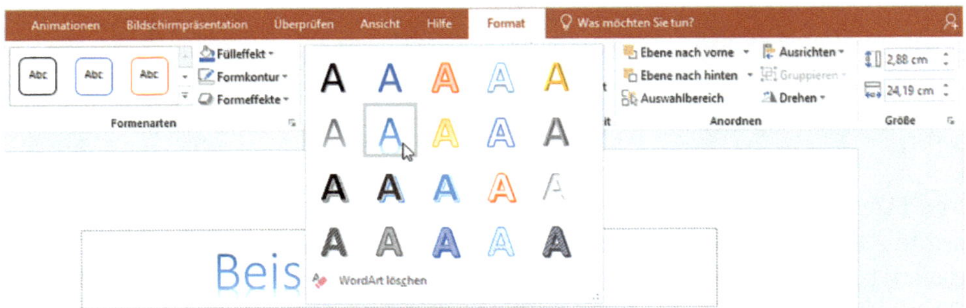

Bild 6.47 Vorschau beim Zeigen

WordArt als gesondertes Textfeld einfügen

Alternativ können Sie ein neues WordArt-Objekt, vergleichbar einem Textfeld, einfügen und hier anschließend Ihren Text eingeben. Klicken Sie hierzu im Register *Einfügen* ▶ *Text* auf die Schaltfläche *WordArt* und wählen Sie eine Vorlage. Der Katalog ist derselbe. PowerPoint fügt ein Platzhalterfeld mit Beispieltext ein. Dieser ist bereits markiert und Sie brauchen nur noch Ihren Text über die Tastatur eingeben.

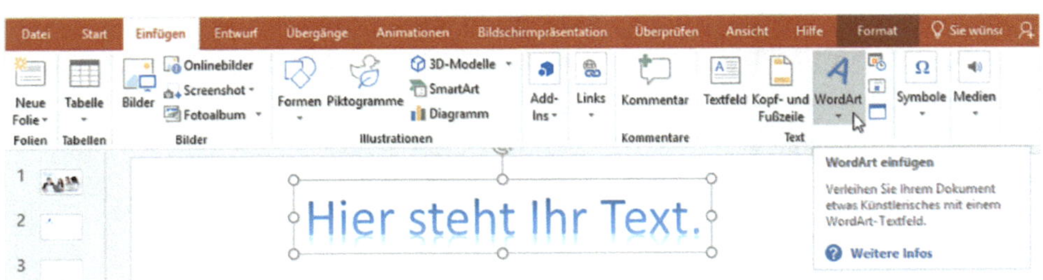

Bild 6.48 WordArt als Textfeld einfügen

WordArt bearbeiten

Zur weiteren Bearbeitung bzw. Anpassung des WordArt-Textes verwenden Sie im Register *Zeichentools - Format*, Gruppe *WordArt-Formate*, die Schaltflächen *Textfüllung*, *Textkontur* und *Texteffekte* oder wählen eine andere Vorlage.

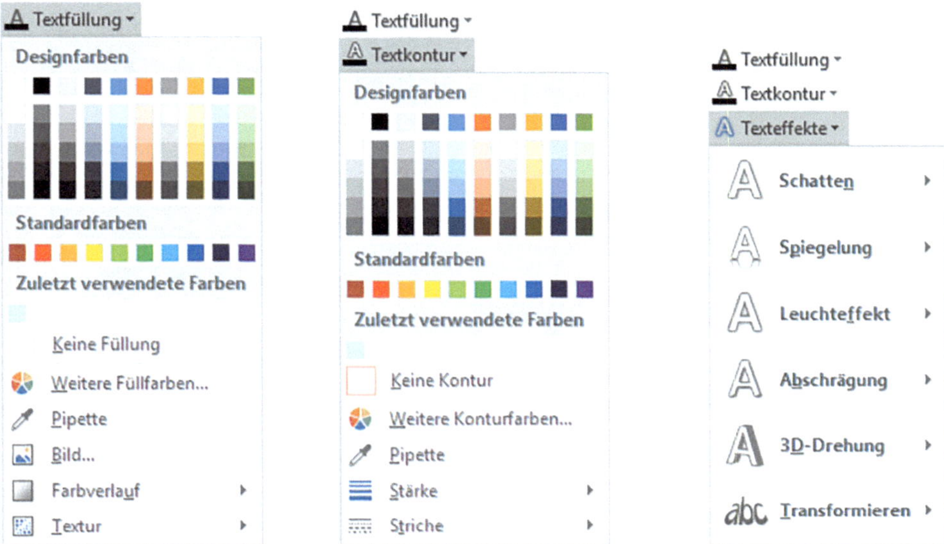

Bild 6.49 Textfüllung, Textkontur und Texteffekte

Hinweis: Über die Schaltfläche *Texteffekte* finden Sie unter *Transformieren* auch die beliebten Textverzerrungen, Wellen usw.. Allerdings wirken diese eher unprofessionell.

WordArt-Effekte entfernen

Um die WordArt-Effekte wieder vom Text zu entfernen, markieren Sie ihn bzw. das Textfeld und klicken im Register *Zeichentools - Format* ▸ *WordArt-Formate* auf die Schaltfläche *Weitere* . Wählen Sie dann *WordArt löschen*, siehe Bild 6.47.

Freihandformen zeichnen

Auf einem Gerät mit Touchbedienung können Sie auch mit Finger oder Stift zeichnen. Dann sollte die dazugehörige Registerkarte *Zeichnen* automatisch verfügbar sein.

Register Zeichnen anzeigen

Ist dies nicht der Fall oder möchten Sie auch die Maus zum Zeichnen benutzen, dann klicken Sie mit der rechten Maustaste an eine beliebige Stelle im Menüband und auf den Befehl *Menüband anpassen...*.

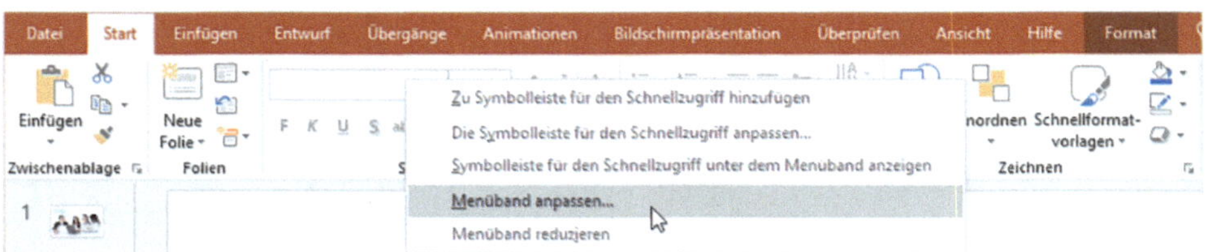

Bild 6.50 Menüband anpassen

Das Fenster *PowerPoint-Optionen* mit der Kategorie *Menüband anpassen* wird geöffnet. Aktivieren Sie in der rechten Spalte mit einem Mausklick das Kontrollkästchen *Zeichnen* (Häkchen) und schließen Sie die Optionen mit Klick auf die Schaltfläche *OK*.

Auf demselben Weg kann die Registerkarte auch wieder ausgeblendet werden.

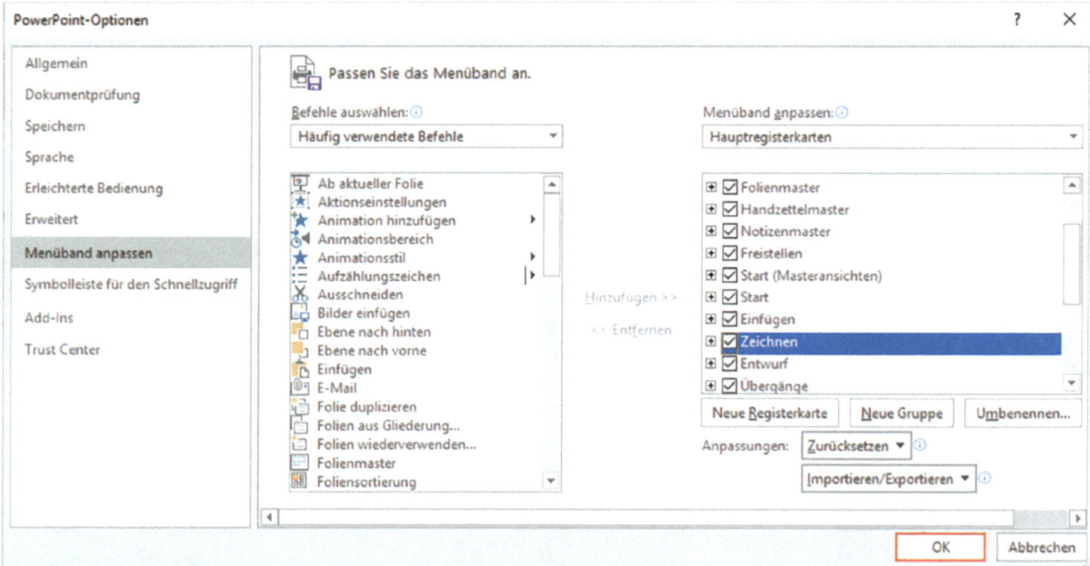

Bild 6.51 Register Zeichnen aktivieren

Zeichnen

Bevor Sie mit dem Zeichnen beginnen, müssen Sie im Register *Zeichnen* eine Stiftart durch Antippen/Anklicken auswählen ❶. Tippen Sie dann beim ausgewählten Stift auf den nach unten weisenden Pfeil und legen Sie Linienstärke und Farbe fest. Die Schaltfläche *Zeichnen* ❷ wird dadurch automatisch aktiviert und Sie können mit dem Zeichnen beginnen. Den Zeichnen-Modus beenden Sie entweder mit der Esc-Taste oder einem Klick auf die Schaltfläche *Zeichnen*.

Eine Freihandform verhält sich wie jedes andere Objekt. Sie können sie markieren, verschieben oder mit der Entf-Taste löschen.

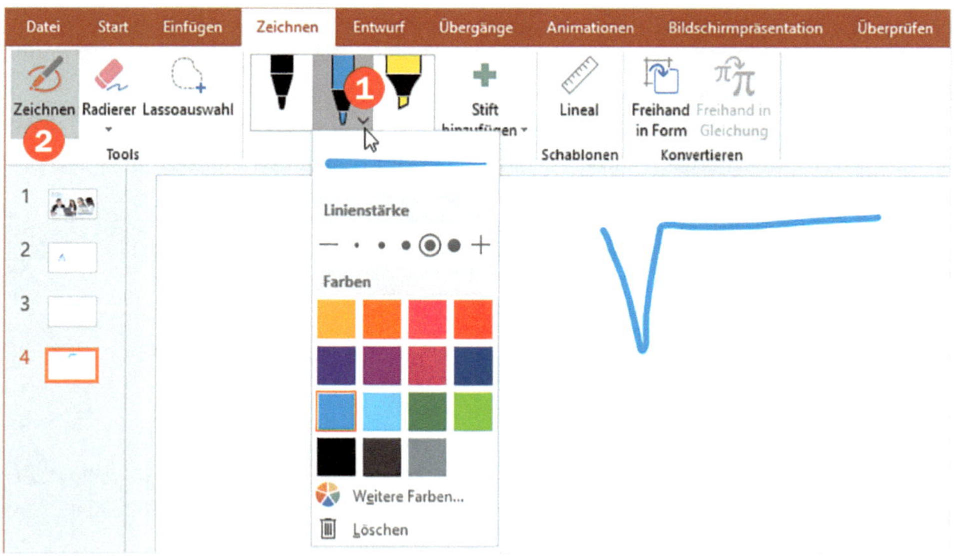

Bild 6.52 Freihandform zeichnen

Tipp: Wenn Sie zuvor die Schaltfläche *Freihand in Form* aktiviert haben, dann wird jede Freihandform unmittelbar nach dem Zeichnen automatisch in eine passende Form umgewandelt.

3D-Modelle

Neu in Office 2019 ist auch die Unterstützung von 3D-Modellen, die in der Folie beliebig gedreht werden können.

Hinweis: Wenn ein 3D-Modell während der Vorführung der Bildschirmpräsentation gedreht werden soll, dann weisen Sie ihm einen 3D-Animationseffekt zu, z. B. *Drehteller*, siehe Kapitel 8.3. Manuelles Drehen dagegen ist während der Bildschirmpräsentation nicht möglich.

Zum Einfügen klicken Sie im Register *Einfügen* ▶ *Illustrationen* auf den Dropdown-Pfeil *3D-Modelle* und wählen Sie zwischen *Aus einer Datei...* und *Aus Onlinequellen....* Bei der Wahl von Onlinebildern ist allerdings das Urheberrecht zu beachten.

Bild 6.53 3D-Modelle einfügen

Als Beispiel wurde im Bild unten ein einfaches 3D-Modell eines Würfels eingefügt, der zuvor als Datei auf der Festplatte gespeichert wurde. In diesem Fall klicken Sie auf *Aus einer Datei...* und wählen anschließend Ordner und Datei aus. Das 3D-Modell kann anschließend in der Folie mit der Maus beliebig gedreht werden. Dazu benutzen Sie das Symbol ❶. Einen Katalog verschiedener Drehungen finden Sie im Register *3D-Modelltools - Format* in den *3D-Modellansichten* ❷ und mit *3D-Modell zurücksetzen* ❸ stellen Sie schnell das ursprüngliche Aussehen wieder her.

> **Achtung**: Diese Möglichkeiten gelten ausschließlich für echte 3D-Modelldateien (z. B. mit den Dateinamenerweiterungen .fbx, .obj, .3mf, .ply, .glb), nicht aber für Grafiken mit 3D-Effekten. 3D-Modelle können Sie beispielsweise mit dem, in Windows 10 integrierten Zeichenprogramm Paint 3D erstellen und speichern.

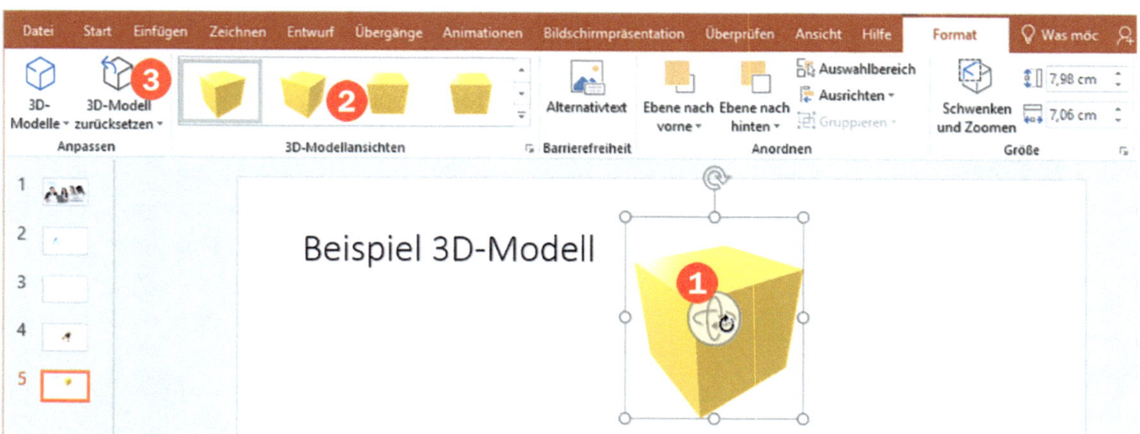

Bild 6.54 3D-Modell im Dokument drehen

Ein Abbild des Bildschirms erzeugen und einfügen

Sie können auch, beispielsweise zu Erklärungszwecken, den Inhalt eines Bildschirmfensters, einen sogenannten Screenshot, als Bild in eine Folie einfügen. Klicken Sie dazu im Register *Einfügen*, Gruppe *Illustrationen*, auf *Screenshot*. Hier erscheint eine Vorschau mit allen derzeit geöffneten Fenstern.

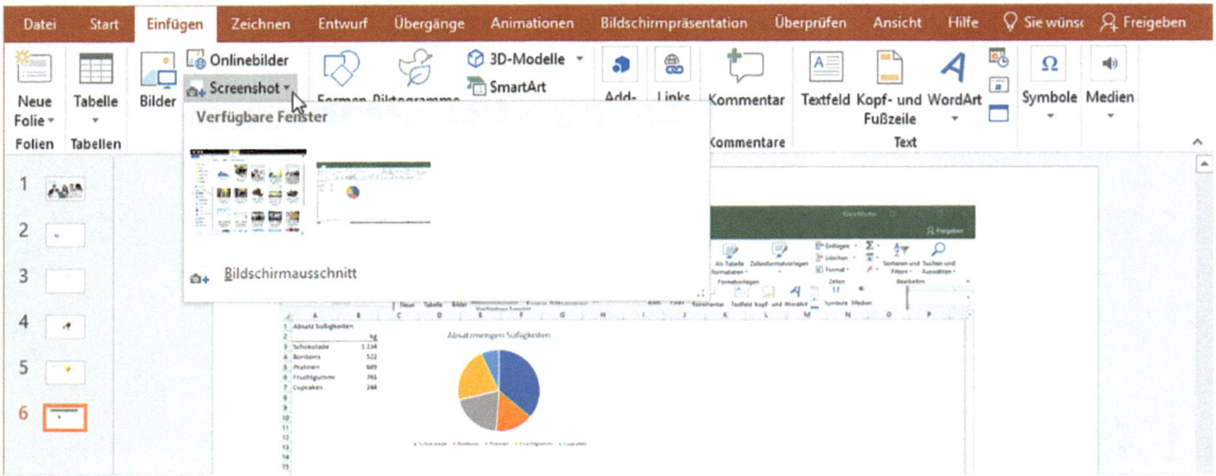

Bild 6.55 Fenster auswählen

- Zum Einfügen des gesamten Fensters klicken Sie einfach in der Vorschau in das gewünschte Fenster.
- Benötigen Sie dagegen nur einen Ausschnitt des Bildschirms, so klicken Sie auf *Bildschirmausschnitt*. Der Mauszeiger verwandelt sich in ein Fadenkreuz und Sie können durch Ziehen mit gedrückter linker Maustaste den Bereich in Form eines Rechtecks festlegen. Dazu darf allerdings ausschließlich das gewünschte Fenster im Hintergrund geöffnet sein.

6.6 Folienobjekte anordnen und ausrichten

Beim Ausrichten von Objekten unterscheidet PowerPoint nicht zwischen Grafiken, Formen und Textfeldern bzw. Platzhaltern. Die nachfolgenden Erklärungen beziehen sich also auf alle Folienelemente, in der Folge auch als Objekte bezeichnet.

Ausrichtungshilfen nutzen

Intelligente Führungslinien

Wenn sich bereits ein Objekt in der Folie befindet, dann erscheinen beim Verschieben und Vergrößern bzw. Verkleinern der weiteren Objekte automatisch intelligente Führungslinien zur Unterstützung bei Ausrichtung und Größenanpassung. Mit ihrer Hilfe lassen sich Objekte schnell unter- oder nebeneinander anordnen oder gleiche Abstände herstellen. Einige Beispiele sehen Sie im Bild unten. Dies gilt nicht nur für Bilder, sondern für alle Folienobjekte, also auch für Formen oder Textfelder.

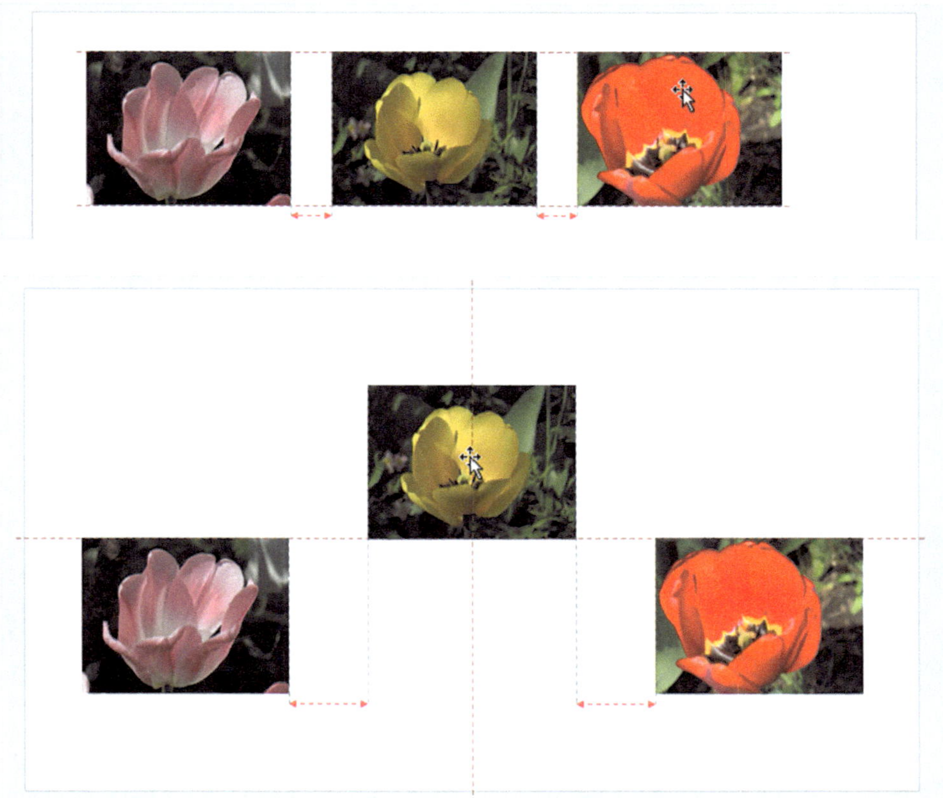

Bild 6.56 Beispiele für Ausrichten mithilfe intelligenter Führungslinien

Lineal, Raster und Führungslinien

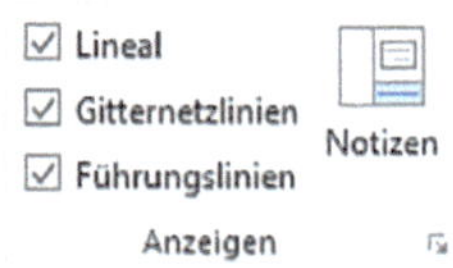

Als weitere Hilfsmittel lassen sich Lineal, Gitternetz- und frei positionierbare Führungslinien einsetzen. Zum Einblenden aktivieren Sie im Register *Ansicht*, Gruppe *Anzeigen*, die entsprechenden Kontrollkästchen. Das Gitternetz erscheint in Form gepunkteter Linien. Je eine horizontale und eine vertikale Führungslinie erscheinen standardmäßig in der Folienmitte. Genauere Einstellungen, z. B. den Abstand der Linien, nehmen Sie im Fenster *Raster und Führungslinien* vor (Bild 6.57), das Sie im Register *Ansicht* mit Klick auf das Pfeilsymbol ↘ der Gruppe *Anzeigen* öffnen. Beachten Sie bei den Einstellungen:

- Die Führungslinien (im Fenster *Raster und Führungslinien* als *Zeichnungslinien* bezeichnet) befinden sich horizontal und vertikal in der Folienmitte ❶. Wenn sie sichtbar sind, werden alle Objekte automatisch an diesen ausgerichtet; sie „rasten" ein, sobald Sie sich beim Verschieben oder Ändern der Größe einer Linie nähern.
- Wenn Sie im Fenster *Raster und Führungslinien* das Kontrollkästchen *Objekte am Raster ausrichten* ❷ aktivieren, dann werden künftig alle Objekte beim Verschie-

ben zusätzlich an den Gitternetzlinien (Rasterlinien) ausgerichtet. **Achtung:** Diese Einstellung bleibt auch bei nicht sichtbaren Gitternetzlinien aktiv!

- Über das Kontrollkästchen *Beim Ausrichten von Formen intelligente Führungslinien anzeigen* lassen sich auf Wunsch die intelligenten Führungslinien deaktivieren. Standardmäßig sind diese aktiviert ❸.

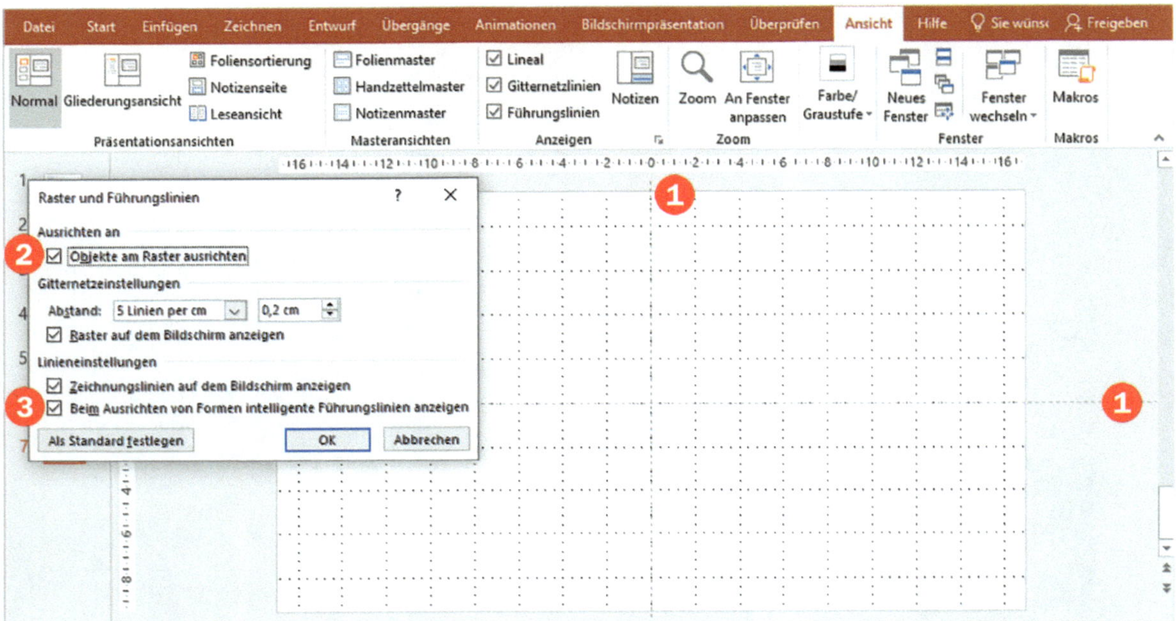

Bild 6.57 Lineal, Raster und Führungslinien

Weitere Führungslinien nutzen

Die Führungs- bzw. Zeichnungslinien lassen sich beliebig verschieben: Zeigen Sie im Folienbereich oder etwas außerhalb auf eine Linie, so verwandelt sich der Mauszeiger in einen Doppelpfeil und Sie können die Linie mit gedrückter Maustaste in die gewünschte Richtung verschieben. Während des Ziehens erscheint eine Maßangabe.

Falls Sie zusätzliche Führungslinien benötigen, so halten Sie während des Ziehens die Strg-Taste gedrückt. Dadurch wird die Linie kopiert. Nicht benötigte Linien ziehen Sie einfach mit der Maus aus dem Folienbereich heraus. Auch über das Kontextmenü können Sie schnell weitere Führungslinien anzeigen. Klicken Sie mit der rechten Maustaste in die Folie, zeigen Sie auf *Raster und Führungslinien* und wählen Sie *Vertikale* oder *Horizontale Führungslinie hinzufügen*.

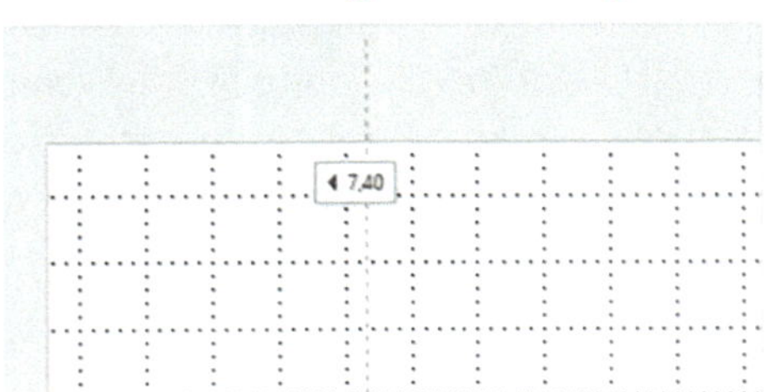

Bild 6.58 Vertikale Führungslinie verschieben

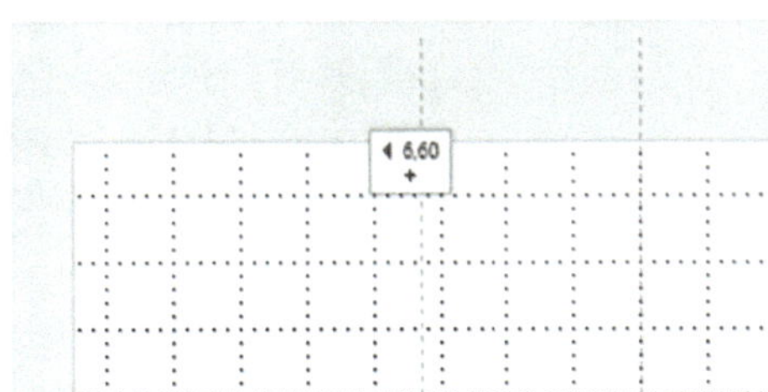

Bild 6.59 Vertikale Führungslinie kopieren

Objekte markieren und duplizieren

Mehrere Objekte markieren

Zum gleichzeitigen Markieren mehrerer Objekte verwenden Sie folgende Methoden:

- Klicken Sie die Objekte nacheinander mit gleichzeitig gedrückter Umschalt-Taste (Shift) an. Dies funktioniert auch mit gedrückter Strg-Taste, dann sollten Sie allerdings aufpassen, dass Sie nicht gleichzeitig die Maus bewegen, da sonst mit gedrückter Strg-Taste die Objekte kopiert werden.
- Oder beginnen Sie an einer freien Stelle neben den zu markierenden Objekten und ziehen Sie mit gedrückter Maustaste einen Markierungsrahmen um diese. **Achtung:** Es werden nur Objekte markiert, die sich vollständig innerhalb des Rahmens befinden (Bild 6.61).

Duplizieren

Wenn Sie mehrere identische Formen benötigen, dann könnten Sie diese natürlich in die Zwischenablage kopieren, z. B. mit Strg+C, und mit Strg+V an anderer Stelle wieder einfügen. Wesentlich schneller geht es, wenn Sie die Form markieren und mit der Tastenkombination Strg+D duplizieren. Dadurch wird die Kopie sofort in die Folie eingefügt und kann anschließend platziert werden (Bild 6.62).

Bild 6.60 Mehrere Objekte markieren

Bild 6.61 Markierungsrahmen zeichnen

Bild 6.62 Duplizieren

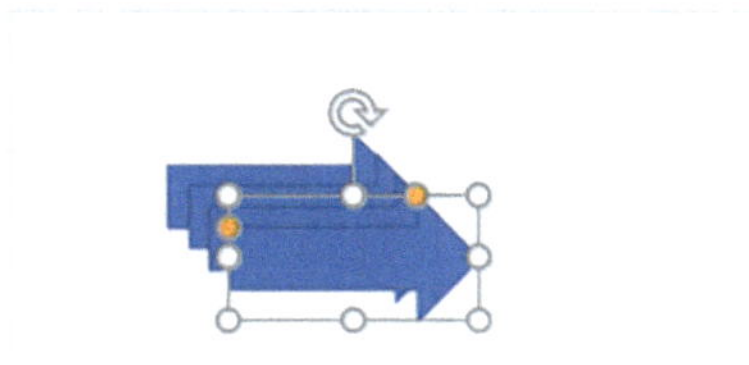

Reihenfolge ändern, Objekte ausblenden

Überlagernde Objekte werden standardmäßig in derjenigen Reihenfolge angeordnet, in der sie in die Folie eingefügt wurden. Diese Reihenfolge lässt sich jederzeit mit den Schaltflächen der Gruppe *Anordnen* (Register *Zeichentools - Format*) ändern. Dieselben Befehle erhalten Sie auch über die Schaltfläche *Anordnen* im Register *Start*, Gruppe *Zeichnung*, oder im Kontextmenü der rechten Maustaste.

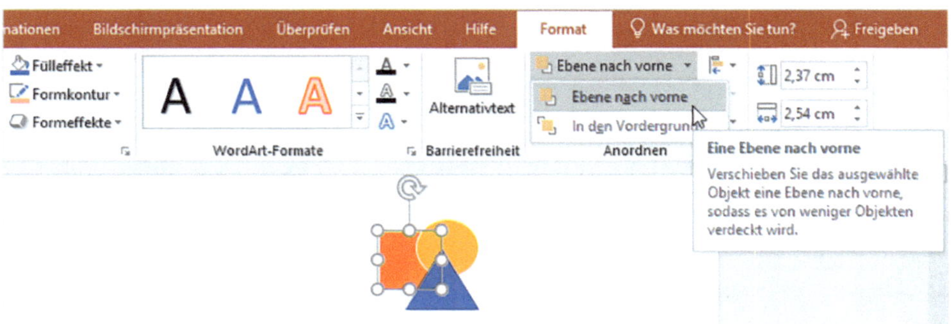

Bild 6.63 Das markierte Objekt eine Ebene nach vorne oder in den Vordergrund

Markieren Sie dazu das Objekt und klicken Sie auf die Schaltfläche *Ebene nach vorne*, wenn das Objekt in den Vordergrund gerückt werden soll, oder *Ebene nach hinten*. Über den Dropdown-Pfeil der jeweiligen Schaltfläche erhalten Sie auch die Optionen *In den Vordergrund* bzw. *In den Hintergrund*. Oder klicken Sie mit der rechten Maustaste auf das betreffende Objekt und wählen im Kontextmenü zwischen *In den Vordergrund* und *In den Hintergrund*.

Objekte im Auswahlbereich anordnen/ausblenden

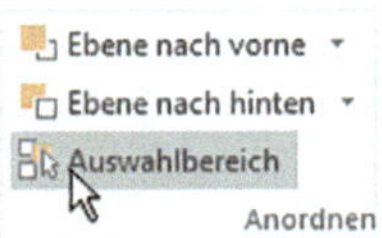

Enthält Ihre Folie eine Vielzahl von Objekten, so erhalten Sie einen besseren Überblick, wenn Sie die Reihenfolge im Auswahlbereich festlegen. Um ihn anzuzeigen, klicken Sie im Register *Format*, Gruppe *Anordnen*, auf *Auswahlbereich*.

Markieren Sie im Auswahlbereich mit einem Klick das betreffende Objekt und verwenden Sie die Pfeil-Schaltflächen ❶, um es nach oben oder unten zu verschieben oder ziehen Sie das Objekt mit gedrückter Maustaste an die gewünschte Position.

Tipp: Mit den Augen-Symbolen ❷ können Sie im Auswahlbereich einzelne Objekte vorübergehend ausblenden und so deren Wirkung testen.

Der Auswahlbereich zeigt auch Kopf- und Fußzeilenelemente, z. B. die Foliennummer, an. Sie können also auch diese in den Vorder- oder Hintergrund rücken oder in einzelnen Folien einfach ausblenden.

Bild 6.64 Auswahlbereich

Objekte ausrichten

Neben Raster und Führungslinien gibt es zwei weitere Möglichkeiten zur exakten Ausrichtung von Objekten, nämlich entweder an anderen Objekten oder an der Folie.

Achtung: Unter Umständen müssen Sie *Ausgewählte Objekte ausrichten* zuerst aktivieren!

Objekte aneinander ausrichten

Markieren Sie alle Objekte, die Sie ausrichten möchten, und klicken Sie im Register *Format*, *Anordnen* auf die Schaltfläche *Ausrichten*. Achten Sie darauf, dass die Einstellung

Ausgewählte Objekte ausrichten aktiviert ist ❶ (Häkchen, siehe Bild 6.65) und wählen Sie die gewünschte Ausrichtung, z. B. *Oben ausrichten* ❷. Die Ausrichtung orientiert sich immer an demjenigen Objekt, das sich am weitesten unten, bzw. oben/rechts/links befindet.

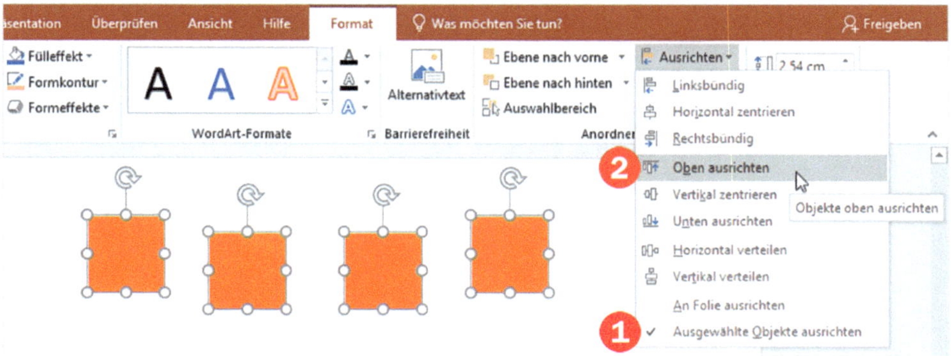

Bild 6.65 Beispiel: Ausgewählte Objekte ausrichten - Unten ausrichten

Wenn Sie im nächsten Schritt auch noch gleiche Abstände zwischen den Objekten benötigen, dann klicken Sie erneut auf *Ausrichten* und in unserem Beispiel auf *Horizontal verteilen*. Die Position des äußersten rechten und linken Objekts wird beibehalten und die übrigen dazwischen werden so angeordnet, dass identische Abstände entstehen.

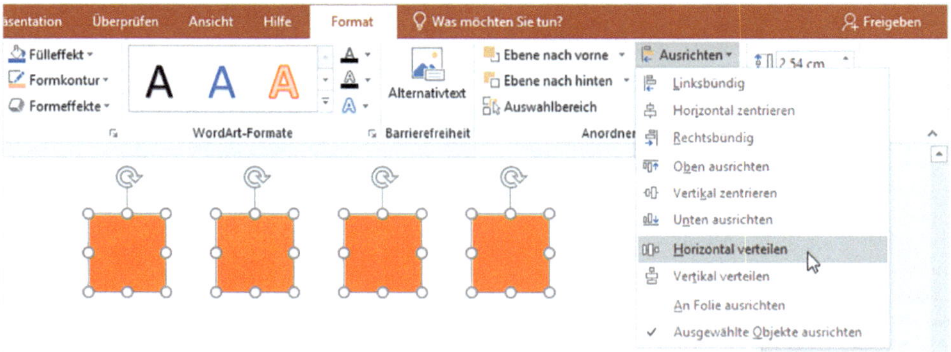

Bild 6.66 Gleiche Abstände

Objekt an der Folie ausrichten

Soll die Ausrichtung an der Folie erfolgen, z. B. wenn ein Bild exakt in der Mitte platziert werden soll, dann gehen Sie so vor:

1 Markieren Sie das Objekt, klicken Sie im Register *Format, Anordnen* auf die Schaltfläche *Ausrichten* und aktivieren Sie per Mausklick die Einstellung *An Folie ausrichten* (Häkchen).

2 Klicken Sie erneut auf *Ausrichten*. Wenn Sie nun *Linksbündig* wählen, dann wird das Objekt am linken Rand der Folie ausgerichtet. Um es zu zentrieren, klicken Sie nacheinander auf *Horizontal zentrieren* und auf *Vertikal zentrieren*.

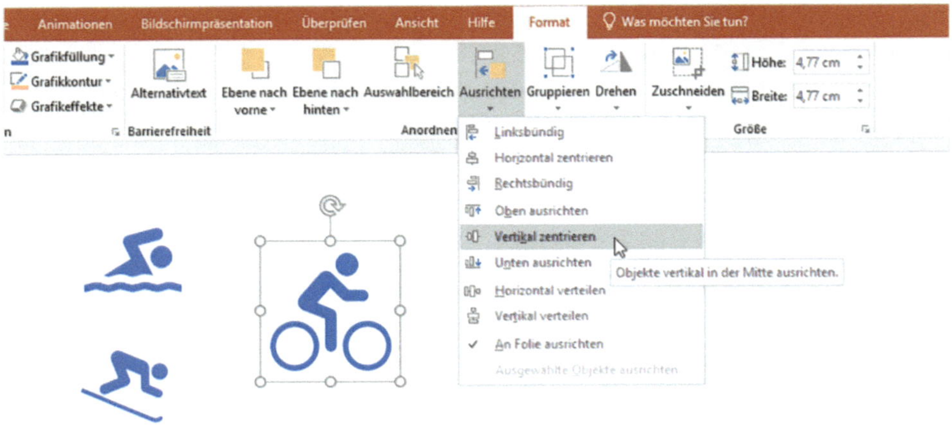

Bild 6.67 Beispiel: Bild in der Folie zentrieren

Mehrere Objekte gruppieren

Haben Sie mehrere Formen, Bilder oder Textfelder angeordnet und möchten Sie diese nachträglich verschieben, ohne dass dabei deren Anordnung und/oder Ausrichtung verlorengeht, dann sollten Sie die Objekte zuvor gruppieren. Gruppierte Objekte werden wie ein einziges behandelt. Die Gruppierung kann aber jederzeit wieder aufgehoben werden.

- Markieren Sie alle zu gruppierenden Objekte und klicken Sie im Register *Format*, Gruppe *Anordnen*, auf die Schaltfläche *Gruppieren* und wählen Sie *Gruppieren*.
- Über dieselbe Schaltfläche und den Befehl *Gruppierung aufheben* lässt sich später die Gruppierung wieder auflösen. Mit dem Befehl *Gruppierung wiederherstellen* können Sie eine zuvor aufgehobene Gruppierung wiederherstellen.

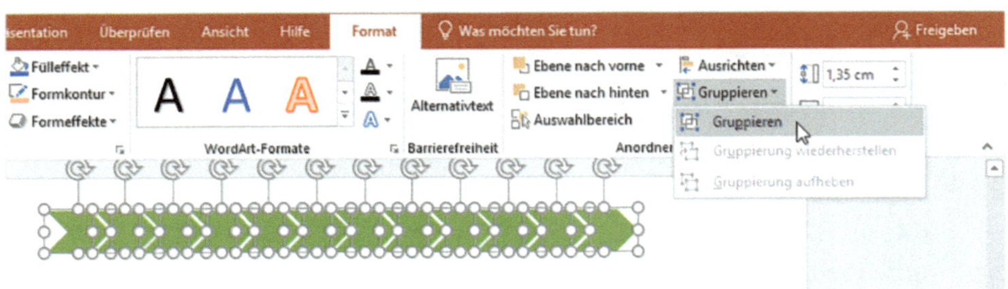

Bild 6.68 Markierte Formen gruppieren

Das gruppierte Objekt kann nun beliebig verschoben, kopiert oder gedreht werden. Auch Änderungen der Formatierung beziehen sich normalerweise auf das gesamte gruppierte Objekt.

Tipp: Wenn Sie trotzdem ohne Aufheben der Gruppierung nur ein einzelnes Element der Gruppe bearbeiten möchten, dann markieren Sie zunächst mit dem ersten Mausklick die gesamte Gruppe. Ein zweiter Klick auf ein einzelnes Element markiert dieses innerhalb der Gruppe und jede weitere Bearbeitung, z. B. die Verwendung einer anderen Farbe, bezieht sich nun ausschließlich auf das markierte Element.

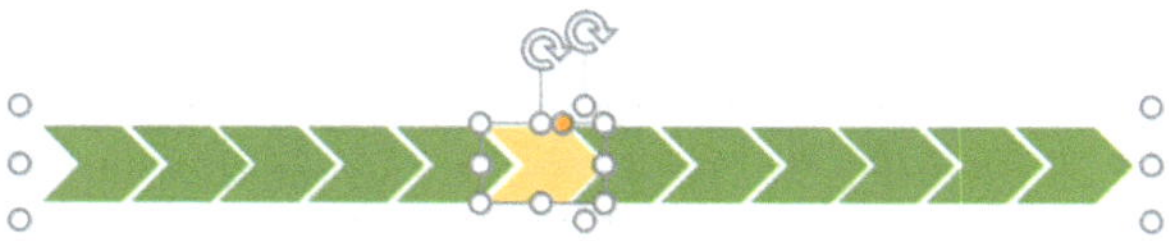

Bild 6.69 Ein einzelnes Element der Gruppe markieren und bearbeiten

Objekte mit Linien verbinden

Über die Schaltfläche *Formen* (Register *Einfügen* oder Register *Start*) lassen sich auch Linien, mit oder ohne Pfeil und bei Bedarf auch gewinkelt, einfügen. Diese Linien können Sie auch zum Verbinden von Objekten einsetzen. **Der Vorteil:** Verbindungslinien sind am Objekt verankert, so dass beim nachträglichen Verschieben des Objekts automatisch auch der Anfangs- oder Endpunkt der Linie mit verschoben wird und so die Verbindung erhalten bleibt.

1 Klicken Sie auf die Schaltfläche *Formen* (Register *Einfügen* oder Register *Start*) und wählen Sie die gewünschte Linienart, z. B. gewinkelte Verbindung mit Pfeil.

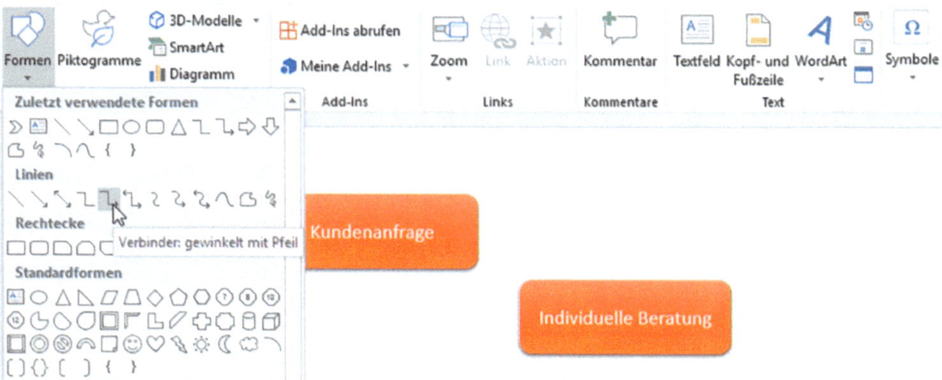

Bild 6.70 Verbindungslinie auswählen

2 Zeigen Sie auf das erste zu verbindende Objekt. An diesem werden in der Mitte jeder Seite Ankerpunkte sichtbar, an denen Sie die Linie verankern können.

3 Klicken Sie auf den gewünschten Ankerpunkt des ersten Objekts und ziehen Sie eine Linie zum zweiten. Auch hier werden nun die Ankerpunkte sichtbar.

Bild 6.71 Objekte über Ankerpunkte verbinden

4 Bewegen Sie die Maus zu einem dieser Punkte und lassen Sie die Maustaste los.

5 Die beiden Objekte sind nun über die Linie miteinander verbunden. Wenn Sie eines der Objekte verschieben, passt sich die Linie automatisch an.

Hinweis: Die Linie lässt sich anschließend beliebig formatieren, z. B. per Rechtsklick auf die Linie und die Schaltfläche *Rahmen*. Sie können hier Linienart, Farbe und Strichstärke ändern. Falls Sie auch Aussehen und Richtung der Pfeile anpassen möchten, müssen Sie stattdessen im Menüband, Register *Zeichentools* - *Format* die Schaltfläche *Formkontur* benutzen.

Bild 6.72 Pfeile formatieren

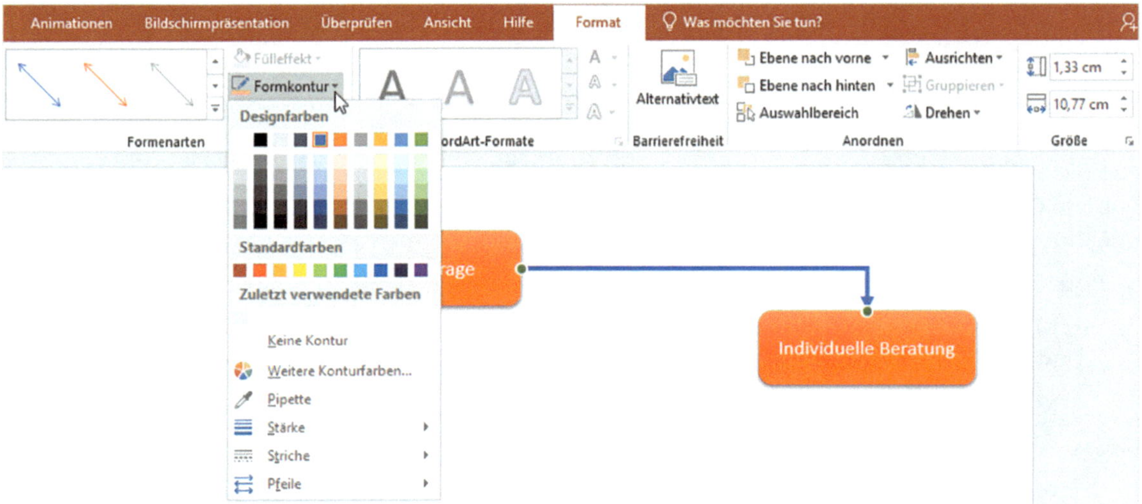

6.7 Spezialthema: Eigene Formen erzeugen

Form in Freihandform konvertieren

Statt zu zeichnen, können Sie auch mit der Maus eine bestehende Form, im Bild unten ein einfaches Rechteck, in eine Freihandform umwandeln. Dazu klicken Sie mit der rechten Maustaste in die Form und auf *Punkte bearbeiten*.

Bild 6.73 Punkte bearbeiten

Oder markieren Sie die Form und klicken im Register *Zeichentools - Format*, Gruppe *Formen einfügen*, auf *Form bearbeiten*. Wählen Sie hier *Punkte bearbeiten*.

Das Aussehen der Eckpunkte ändert sich und Sie können diese nun mit gedrückter linker Maustaste durch Ziehen verändern. Gleichzeitig wechselt PowerPoint in den Bearbeiten-Modus. Das bedeutet, Sie können der Reihe nach alle Punkte bearbeiten. Zum Beenden des Modus klicken Sie an eine beliebige freie Stelle der Folie.

Zu jedem Eckpunkt gehören auch noch zwei weitere Markierungen in Form eines Kästchens, mit deren Hilfe Sie eine gerade Linie in eine Freihandlinie umwandeln können (Bild unten).

Bild 6.74 Form in Freihandform umwandeln

Neue Formen durch Zusammenführen erzeugen

Wenn Formen und Piktogramme nicht ausreichen, können Sie auch eigene Formen durch Zusammenführen von Standardformen erzeugen. Im Gegensatz zum Gruppieren, bei dem die Formen ihre Eigenständigkeit behalten (siehe Seite 202), verschmelzen sie beim Zusammenführen miteinander und bilden eine neue Form. Zur mehrfachen Verwendung kann eine benutzerdefinierte Form danach als Grafik gespeichert werden.

Im Gegensatz zum Gruppieren lassen sich zusammengeführte Formen nachträglich nicht mehr trennen.

Als einfaches Beispiel soll eine stilisierte Spielfigur erzeugt werden, die sich anschließend zu vielen Zwecken in Folien einsetzen lässt. Dazu benötigen Sie ein Dreieck, einen Kreis und eine Ellipse.

1 Im ersten Schritt fügen Sie die benötigten Formen in eine Folie ein und ordnen diese in der erforderlichen Weise an, wie im Bild unten. Achten Sie dabei auch auf die korrekte Ausrichtung.

Vorheriges Formatieren ist unnötig, da beim Zusammenführen unterschiedliche Farben und sonstige Effekte ignoriert werden. Die neue Form erhält automatisch das Aussehen der Form, die zuerst markiert wurde. Weisen Sie also erst der fertigen Form Farbe und Effekte zu. Außerdem brauchen Sie dann nur eine Einzige zu bearbeiten.

Bild 6.75 Fügen Sie die benötigten Formen in die Folie ein

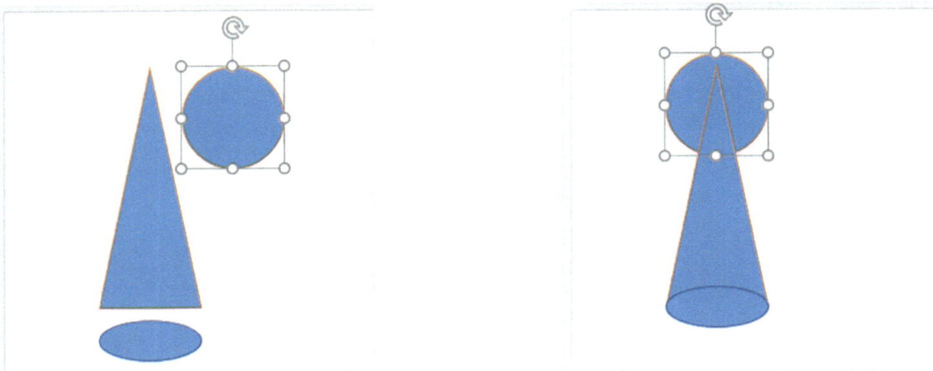

Im ersten Bild links wurden die Formen zur Verdeutlichung bewusst zuerst nebeneinander angeordnet.

2 Im nächsten Schritt markieren Sie die Formen und klicken im Register *Format*, Gruppe *Formen einfügen*, auf *Formen zusammenführen*. PowerPoint bietet hier verschiedene Möglichkeiten des Zusammenführens an. Um sie miteinander zu verschmelzen, wie in unserem Fall, benötigen wir *Vereinigen*.

Bild 6.76 Die markierten Formen zusammenführen

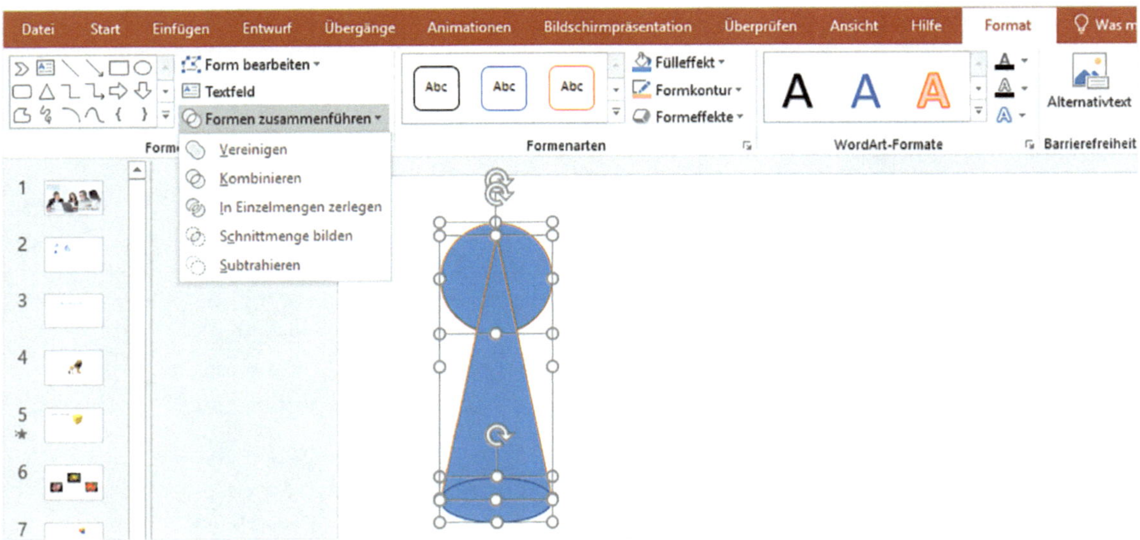

3 Zum Abschluss können Sie die Form beliebig gestalten, z. B. ohne Kontur, mit Farbverlauf und Schatteneffekt sowie vergrößern, verkleinern und duplizieren. Das Ergebnis könnte aussehen wie im Bild unten.

Bild 6.77 Das Ergebnis - dupliziert

Form als Grafik speichern

Soll die neue Form auch in anderen Präsentationen oder Apps, z. B. Word, verfügbar sein, so speichern Sie diese als Grafik ab. Klicken Sie dazu mit der rechten Maustaste in die Form und wählen Sie *Als Grafik speichern* aus. **Achtung:** Verfügt die Form über transparente Bereiche (Hintergrund oder durch Kombinieren) und sollen diese erhalten bleiben, muss als Dateityp PNG ausgewählt werden. Verwenden Sie dagegen JPG, so werden transparente Flächen weiß.

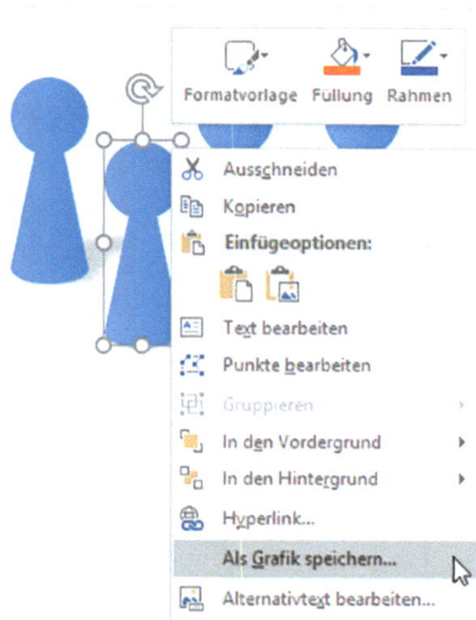

Bild 6.78 Form als Grafik speichern

Die Möglichkeiten der Zusammenführung

Option	Beschreibung	Beispiel
Vereinigen	Die markierten Objekte verschmelzen zu einem einzigen Objekt, siehe Beispiel oben.	
Kombinieren	Bereiche, die sich überschneiden, werden transparent. Die Formen werden zu einer einzigen zusammengefasst.	
In Einzelmengen zerlegen	Die Formen werden entsprechend ihrer Überschneidungen zerstückelt. Auch die Schnittmenge bildet eine neue Form. Die neuen Einzelteile können verschoben und neu angeordnet werden.	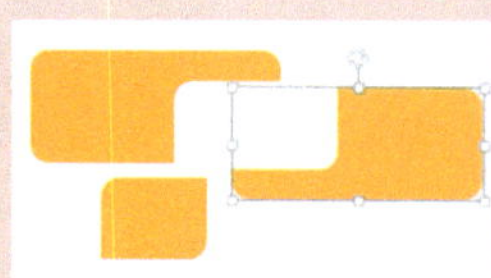
Schnittmenge bilden	Hier bleibt nur die Schnittmenge zweier Formen als neue Form übrig. Achtung: Bei drei oder mehr sich überschneidenden Formen werden die Objekte entfernt und nichts angezeigt.	
Subtrahieren	Eine Form wird samt der Schnittmenge von der anderen Form abgezogen. Das Element, welches zuerst markiert wurde, bleibt bestehen, die übrigen verschwinden.	

6.8 Diagramme erstellen und bearbeiten

„Bilder sagen mehr als Worte oder Zahlen", dieses Motto gilt vor allem für die Darstellung von letztgenannten. Viele Sachverhalte und Zusammenhänge lassen sich als Diagramm wesentlich besser vermitteln als mit abstrakten Zahlen in Tabellenform. Wichtige Informationen werden schneller erfasst, da bei den meisten Menschen die visuelle Wahrnehmung stärker ausgeprägt ist.

Zur Eingabe der Zahlenwerte bringt PowerPoint einen eigenen Editor mit. Als Excel-Anwender können Sie zur Eingabe auch Microsoft Excel nutzen, vorausgesetzt diese App ist auf dem Gerät installiert.

Tipps zur Diagrammdarstellung

Der Zweck eines Diagramms besteht darin, abstrakte Zahlen zu verdeutlichen. Dies gilt insbesondere für Diagramme in Präsentationen. Daher einige Tipps vorweg:

- **Beschränken Sie sich auf das Wesentliche**
  Überfrachten Sie die Darstellung nicht mit Informationen, sondern beschränken Sie sich auf die wesentlichsten Aspekte. Überlegen Sie, ob Sie wirklich, wie im Beispiel unten links, fünf Produktgruppen und jeweils drei Säulen brauchen. Besser ist eine Darstellung, die entweder die Umsatzentwicklung ausgewählter Produktgruppen in den letzten drei Monaten zeigt, wie im Bild unten rechts, oder die Umsatzentwicklung aller Produktgruppen innerhalb einer einzigen Zeiteinheit, z. B. im letzten Monat oder Quartal.

Bild 6.79 Beschränken Sie sich auf das Wesentlichste

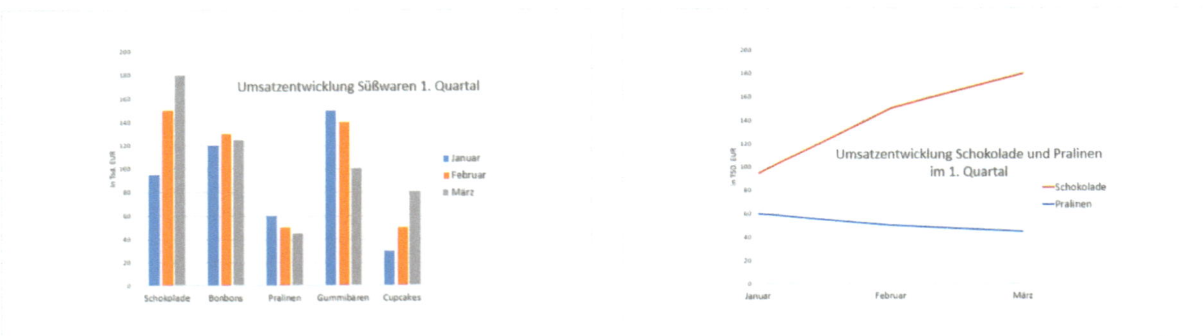

- **Welcher Diagrammtyp eignet sich am besten für Ihre Aussage?**
  PowerPoint verfügt über dieselben Diagrammtypen wie Excel. Dies bedeutet aber nicht, dass sich alle Diagrammtypen gleich gut für Präsentationen eignen. Gängige Typen wie Säulen-, Linien- oder Kreisdiagramm sind allgemein bekannt und deren Aussage wird entsprechend schnell erfasst. Ein Histogramm oder ein Netzdiagramm sollten Sie dagegen nur einem Fachpublikum präsentieren.

Diagramm erstellen und einfügen

Zum Erstellen eines Diagramms wählen Sie entweder eine neue Folie mit einem geeigneten Layout und klicken im Platzhalter auf das Symbol *Diagramm einfügen*. Oder wählen Sie ein beliebiges Layout, z. B. *Leer*, und klicken Sie im Register *Einfügen* auf die Schaltfläche *Diagramm*.

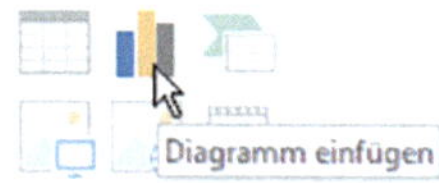

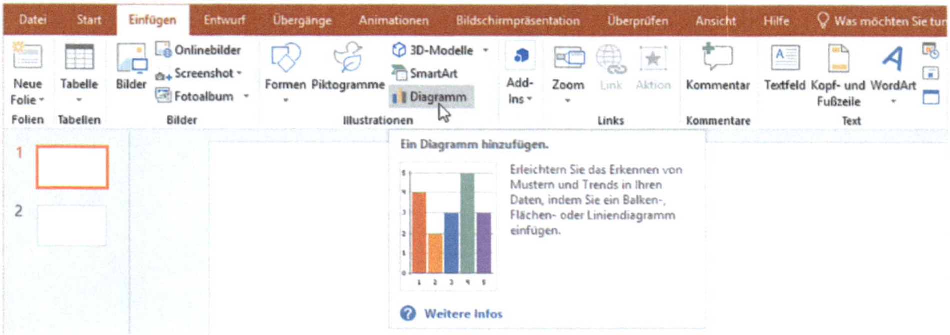

Bild 6.80 Diagramm einfügen

In beiden Fällen öffnet sich das Fenster *Diagramm einfügen* zur Auswahl des Diagrammtyps. Klicken Sie in der linken Spalte auf einen grundlegenden Diagrammtyp ❶, z. B. Säule, Balken oder Kreis, so erscheinen rechts mehrere Untertypen ❷ zur Auswahl. Unter anderem können Sie hier zwischen 2D und 3D wählen. Unterhalb sehen Sie eine Vorschau ❸ auf den markierten Diagrammtyp. Dieser wird vergrößert, wenn Sie in die Vorschau zeigen. Mit Klick auf *OK* wird das Diagramm eingefügt.

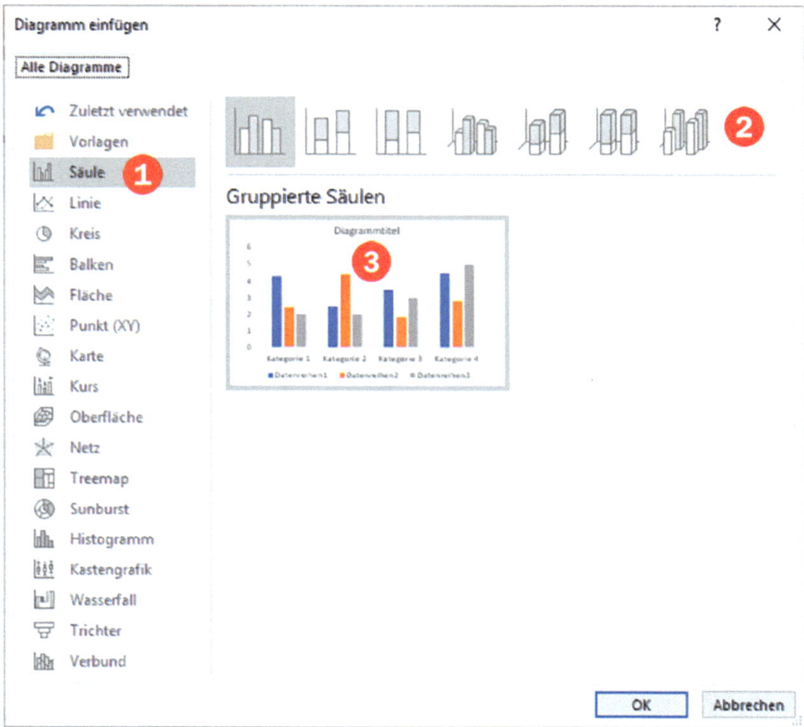

Bild 6.81 Diagrammtyp wählen

Falls das Diagramm später nicht mehr Ihren Vorstellungen entspricht, können Sie den Typ auch nachträglich ändern.

Das Diagramm wird in die Folie eingefügt. Gleichzeitig erscheint in einem gesonderten Fenster ein Tabellenblatt (Datenblatt) mit den, im Diagramm verwendeten Beispieldaten (Bild 6.82). Diese Beispieldaten, einschließlich der Zeilen- und Spaltenüberschriften, überschreiben Sie nun einfach mit Ihren Werten. Das Diagramm in der Folie passt sich während der Eingabe automatisch an die neuen Daten an.

Bild 6.82 Diagramm mit Datenblatt

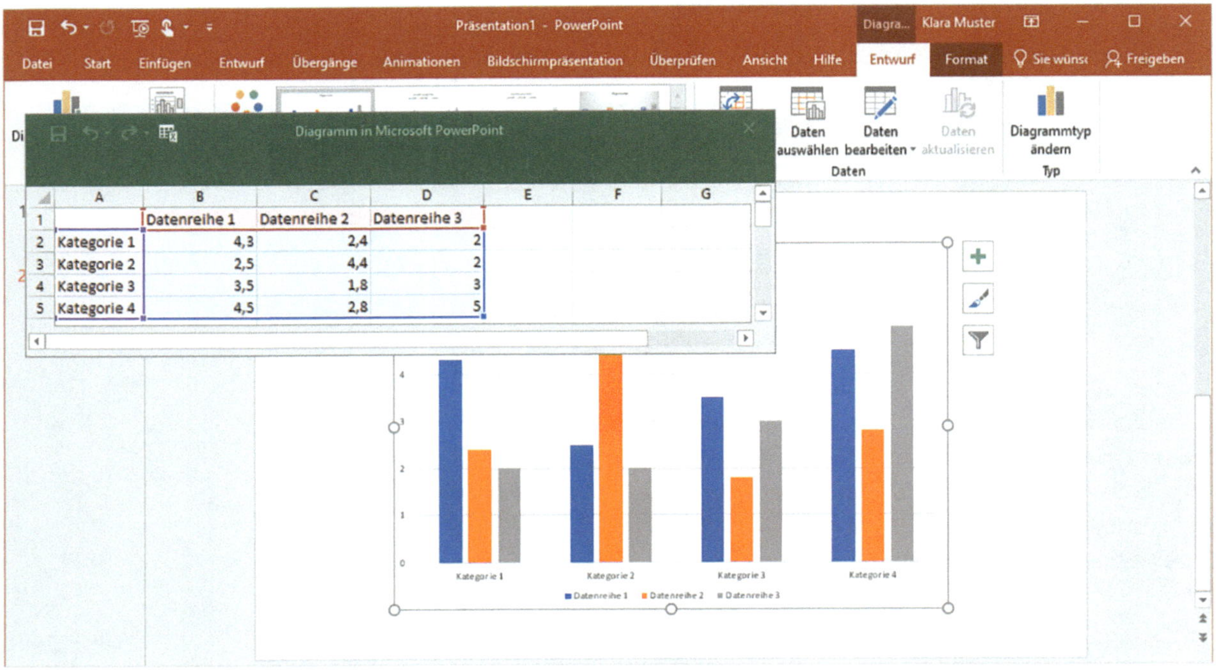

Dateneingabe im Datenblatt

Der Aufbau der Beispieltabelle ist abhängig vom gewählten Diagrammtyp.

Kein Problem, falls Sie mehr Spalten und/oder Zeilen benötigen als die Beispieltabelle umfasst, denn der Tabellenbereich wird während der Eingabe automatisch erweitert. Der im Diagramm verwendete Datenbereich ist im Datenblatt anhand der farbigen Markierung leicht zu erkennen. Sollte der Datenbereich nicht markiert sein, so genügt in der PowerPoint-Folie im Hintergrund ein Klick in das Diagramm.

Bild 6.83 Dateneingabe im Datenblatt

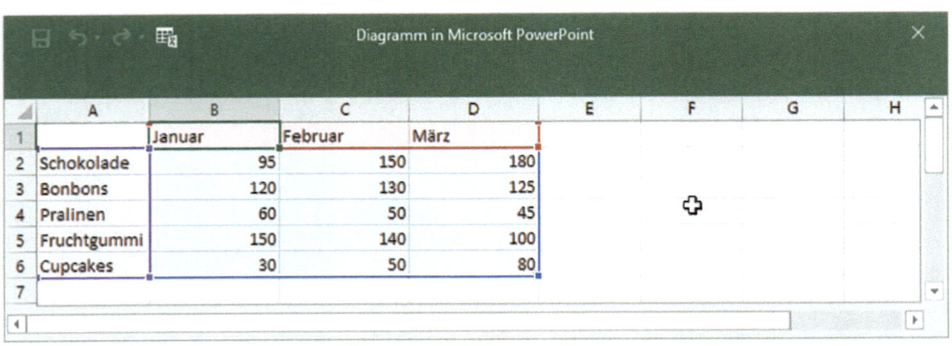

Datenbereich vergrößern/verkleinern

Wenn Sie dagegen weniger Zeilen und/oder Spalten als die Beispieltabelle benötigen, dann sollten Sie den Datenbereich manuell verkleinern, da das Diagramm sonst unschöne Lücken aufweist. Dazu zeigen Sie im Datenblatt mit der Maus in die rechte untere Ecke des Datenbereichs, egal ob dieser markiert ist oder nicht. Der Mauszeiger verwandelt sich in einen Doppelpfeil ❶ und Sie können durch Ziehen mit gedrückter Maustaste den Bereich verkleinern bzw. erweitern. Auf diese Weise brauchen Sie nicht benötigte Daten der Beispieltabelle nicht extra zu löschen.

Achtung: Diese Methode funktioniert nicht bei allen Diagrammtypen. Als Alternative klicken Sie auf *Daten auswählen* (*Entwurf*) und legen hier den Datenbereich fest. Näheres hierzu ab Seite 213.

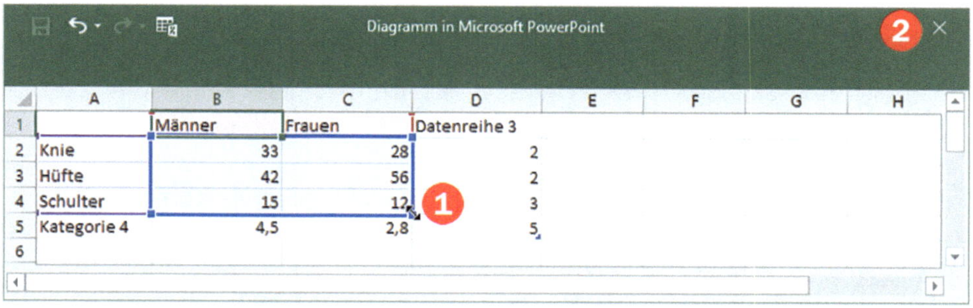

Bild 6.84 Datenbereich mit der Maus verkleinern

Datenblatt schließen

Wird das Datenblatt nicht mehr benötigt, dann schließen Sie es per Klick auf die Schließen-Schaltfläche ❷ in der rechten oberen Ecke.

> Das Fenster mit dem Datenblatt bleibt auch geöffnet, wenn Sie zu einer anderen Folie wechseln. Falls Sie in einer anderen Folie ein zweites Diagramm einfügen möchten, müssen Sie zuvor das erste Datenblatt schließen, sonst kann PowerPoint kein neues Diagramm erstellen.

Daten erneut bearbeiten

Wenn Sie nachträglich die Werte eines Diagramms im Datenblatt ändern möchten, dann klicken Sie in das Diagramm. Im Menüband erscheinen damit die beiden *Diagrammtools*-Register *Entwurf* und *Format*. Klicken Sie im Register *Entwurf*, Gruppe *Daten*, auf die Schaltfläche *Daten bearbeiten*.

Bild 6.85 Datenblatt öffnen

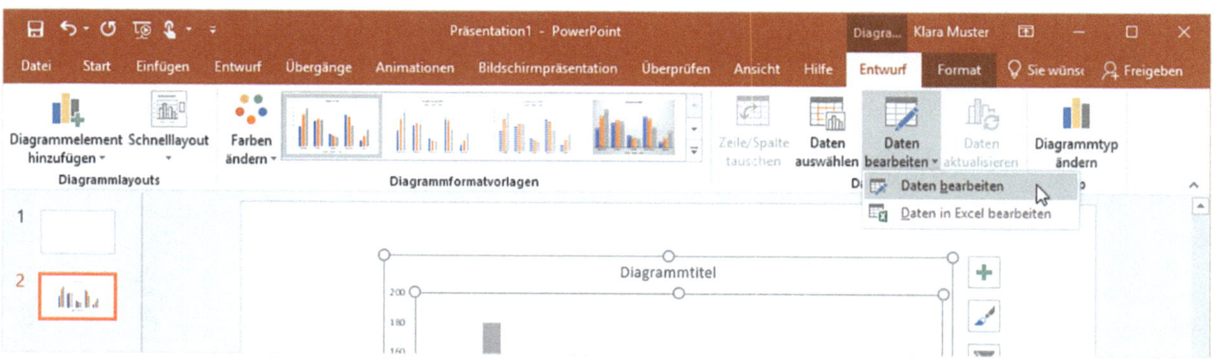

Tipp: Mit Klick auf den Dropdown-Pfeil dieser Schaltfläche haben Sie die Wahl zwischen dem einfachen Datenblatt (*Daten bearbeiten*) oder *Daten mit Excel bearbeiten*.

Daten über die Zwischenablage einfügen

Zwischenablage, siehe Kap. 2.4, Seite 50.

Falls die für das Diagramm benötigten Werte bereits in Tabellenform vorliegen, z. B. als Word-, PowerPoint- oder Excel-Tabelle, können Sie diese kopieren und auf dem Weg über die Zwischenablage im Datenblatt einfügen.

Diagrammwerte mit Excel bearbeiten

Wenn Microsoft-Excel auf Ihrem Computer installiert ist, dann können Sie die Diagrammwerte auch mit Excel bearbeiten. Im Gegensatz zum Datenblatt sind hier auch Sortieren und die Verwendung von Formeln und Funktionen, z. B. zur Berechnung von Summen, möglich. Dazu klicken Sie in der Titelleiste des geöffneten Datenblatt-Fensters auf das Symbol *Bearbeiten Sie Daten in Microsoft Excel*.

Bild 6.86 Excel öffnen

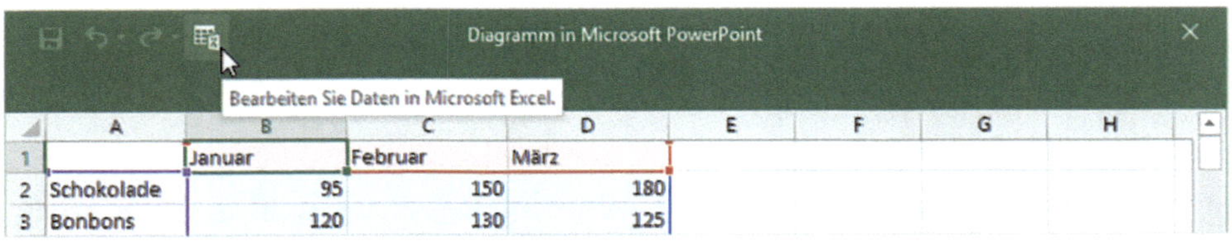

Sollte das Datenblatt geschlossen sein, dann klicken Sie im Register *Diagrammtools - Entwurf* auf den Dropdown-Pfeil der Schaltfläche *Daten bearbeiten* und wählen *Daten in Excel bearbeiten* (siehe Bild 6.85 auf Seite 211).

Ihre Tabelle mit den Diagrammwerten wird nun mit Excel geöffnet und Sie können die Bearbeitung hier fortsetzen. Das Diagramm in der Folie wird automatisch aktualisiert.

Bild 6.87 Diagrammwerte in Excel bearbeiten

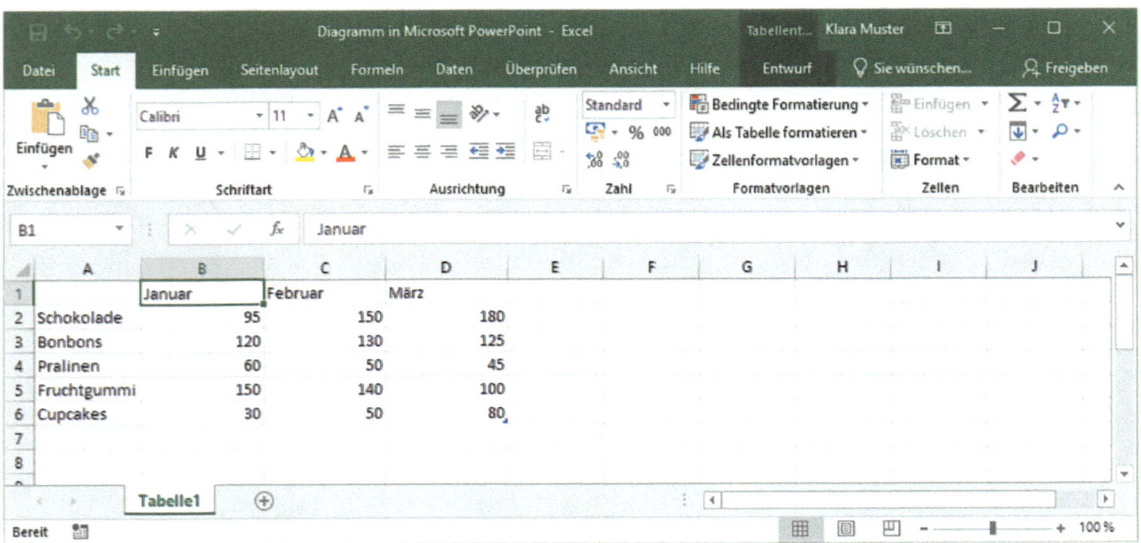

Da Excel im Gegensatz zum Datenblatt-Fenster eine eigenständige Anwendung darstellt, müssen Sie über die Taskleiste wieder zur PowerPoint-Präsentation wechseln. Klicken Sie in der Taskleiste am unteren Rand des Bildschirms auf das PowerPoint-Symbol bzw. auf das Excel-Symbol, wenn Sie wieder das Tabellenblatt anzeigen möchten. Excel mit dem Tabellenblatt bleibt solange geöffnet, bis Sie es mit der Schaltfläche *Schließen* beenden.

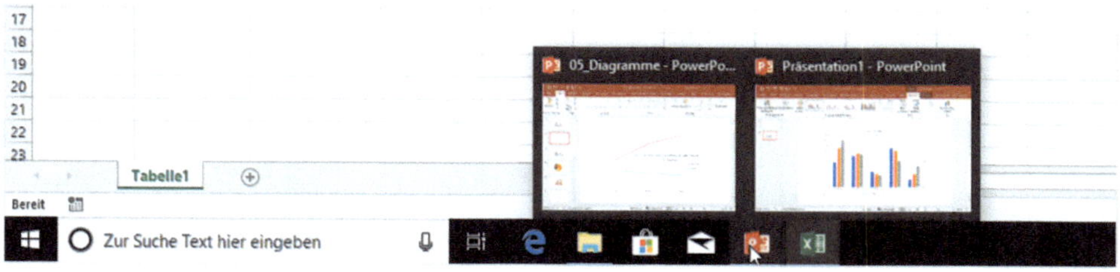

Bild 6.88 Über die Taskleiste zwischen Excel und PowerPoint wechseln

> Egal, ob Sie die Diagrammdaten im Datenblatt-Fenster oder mit Microsoft-Excel bearbeiten: Die Werte werden zusammen mit der Präsentation gespeichert. Aus diesem Grund erhalten Sie beim Schließen von Excel auch keine Rückfrage, ob Sie Änderungen speichern möchten.
>
> Sie können zwar mit dem Befehl *Speichern unter* die Datentabelle als Excel-Arbeitsmappe speichern, allerdings wird dann nur eine Kopie gesichert.

Wie Sie ein vorhandenes Excel-Diagramm als Verknüpfung in eine Präsentation einfügen, erfahren Sie am Ende dieses Kapitels.

Daten manuell auswählen

Nicht bei allen Diagrammtypen wird der Datenbereich automatisch erweitert, wenn im Datenblatt weitere Zeilen und/oder Spalten hinzugefügt werden. Auch das Anpassen des Datenbereichs mit der Maus wird in solchen Fällen nicht unterstützt. Dazu gehören beispielsweise die Diagrammtypen Treemap, Sunburst, Wasserfall und Karte. Dann müssen Sie den Datenbereich manuell auswählen.

Als Beispiel die Bevölkerungszahlen der einzelnen Bundesländer als Flächenkarte. Wählen Sie dazu beim Einfügen des Diagramms den Typ *Karte*.

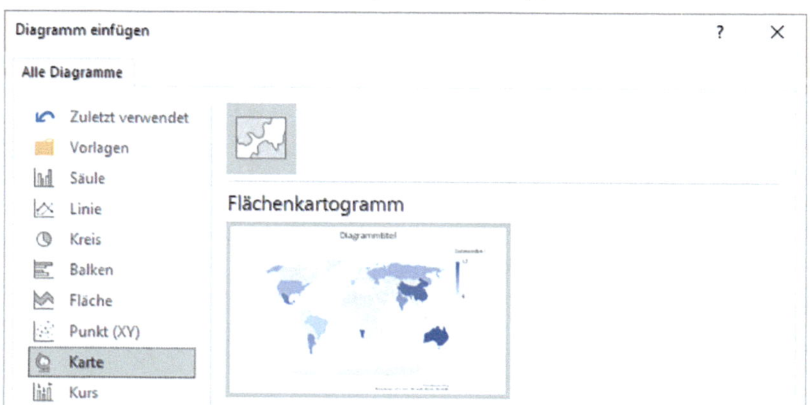

Bild 6.89 Flächenkartogramm einfügen

Achtung: Für diesen Diagrammtyp benötigen Sie Daten, die sich auf eine Flächeneinheit, z. B. Land oder Bundesland beziehen.

1 Geben Sie im Datenblatt Ihre Daten statt der Beispieldaten ein, im Bild unten die Bevölkerungszahlen der deutschen Bundesländer. Falls das Datenblatt nicht automatisch erscheint, klicken Sie auf *Daten bearbeiten*.

Achtung: Die darzustellende Karte wird von Bing automatisch ermittelt. Damit die Flächeneinheit, z. B. Land oder Bundesland, korrekt zugeordnet werden kann, müssen Sie diese als Überschrift angeben.

Bild 6.90 Geben Sie die Daten im Datenblatt ein

Quelle: Statistisches Bundesamt www.destatis.de

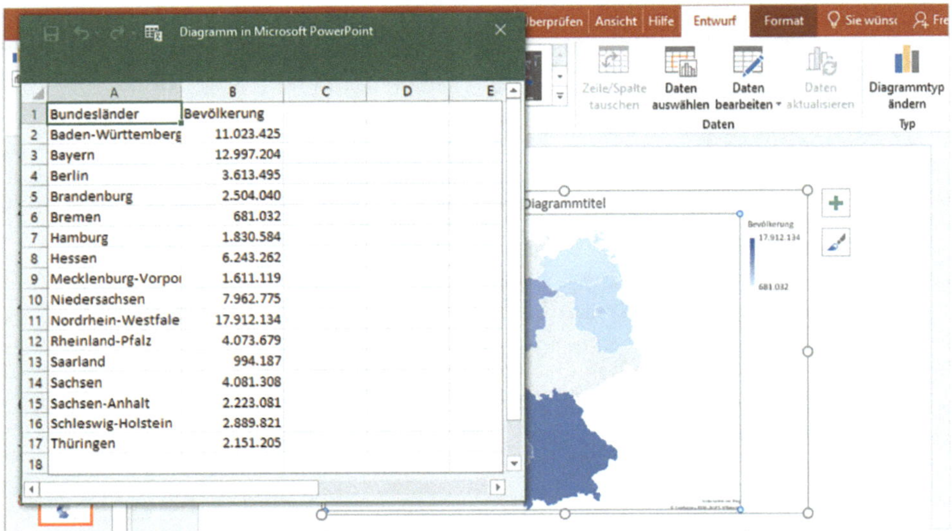

Da der neue Datenbereich mehr Zeilen umfasst als die Beispieldaten und er nicht automatisch erweitert wird, werden die Daten einiger Bundesländer, genauer gesagt ab Sachsen, nicht in der Karte dargestellt. Sie müssen also im nächsten Schritt den Datenbereich manuell festlegen.

Bild 6.91 Klicken Sie auf Daten auswählen

1 Dazu klicken Sie in das Diagramm und im Register *Diagrammtools - Entwurf* auf *Daten auswählen*.

2 Es öffnet sich das Fenster *Datenquelle auswählen* (Bild 6.92). Hier legen Sie links unter *Legendeneinträge (Reihen)* ❶ fest, aus welchem Zellbereich die Datenreihen gebildet werden, hier die Bevölkerungszahlen. Rechts, unter *Horizontale Achsenbeschriftungen* ❷, geben Sie an, welche Zellen zur Beschriftung verwendet werden sollen, in diesem Fall die Bundesländer. Der Diagrammdatenbereich ❸ wird aus Ihren Angaben automatisch gebildet und kann ignoriert werden.

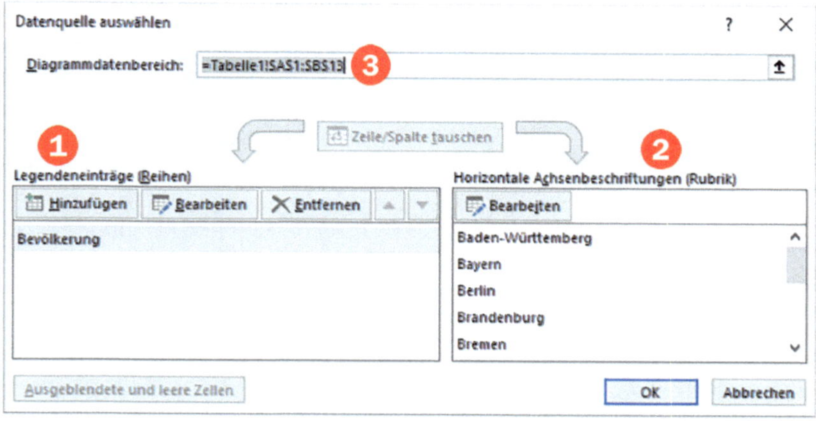

Bild 6.92 Datenquelle auswählen

3 Klicken Sie auf die Datenreihe *Bevölkerung* und dann auf die Schaltfläche *Bearbeiten*. Im nachfolgenden Fenster *Datenreihe bearbeiten* geben Sie im Feld *Reihenname* ❶ an, welche Zelle die Beschriftung enthält, hier B1, oder geben einfach die gewünschte Beschriftung direkt ein.

4 Löschen Sie dann zunächst den Inhalt des Feldes *Reihenwerte* ❷, klicken in das Feld und markieren im Datenblatt mit gedrückter Maustaste die Zahlenwerte ❸. Klicken Sie dann auf *OK* ❹.

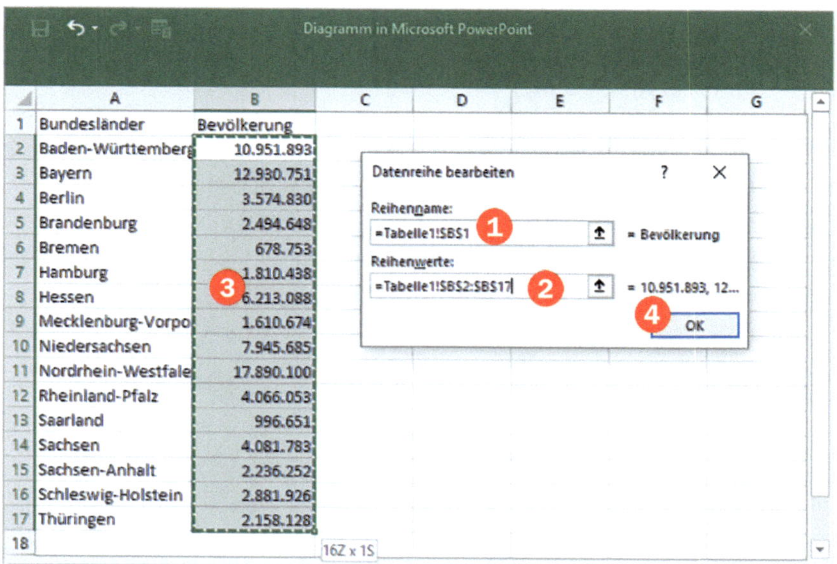

Bild 6.93 Reihenwerte festlegen

5 Nun benötigen Sie noch die Namen der fehlenden Bundesländer. Klicken Sie dazu im *Fenster Datenquelle auswählen* unter *Horizontale Achsenbeschriftungen* auf die Schaltfläche *Bearbeiten*.

6 Löschen Sie im Fenster *Achsenbeschriftungen* ebenfalls zunächst im Feld *Achsenbeschriftungsbereich* den vorhandenen Bereich. Markieren Sie dann im Datenblatt mit gedrückter Maustaste alle Bundesländer und schließen Sie das Fenster mit Klick auf die Schaltfläche *OK*.

Bild 6.94 Beschriftungen festlegen

Hinweis: Der Diagrammtyp Karten erkennt nur amtliche Bezeichnungen. Sollten die Zahlen für Hamburg nicht korrekt zugeordnet werden, so ändern Sie den Namen in Hansestadt Hamburg.

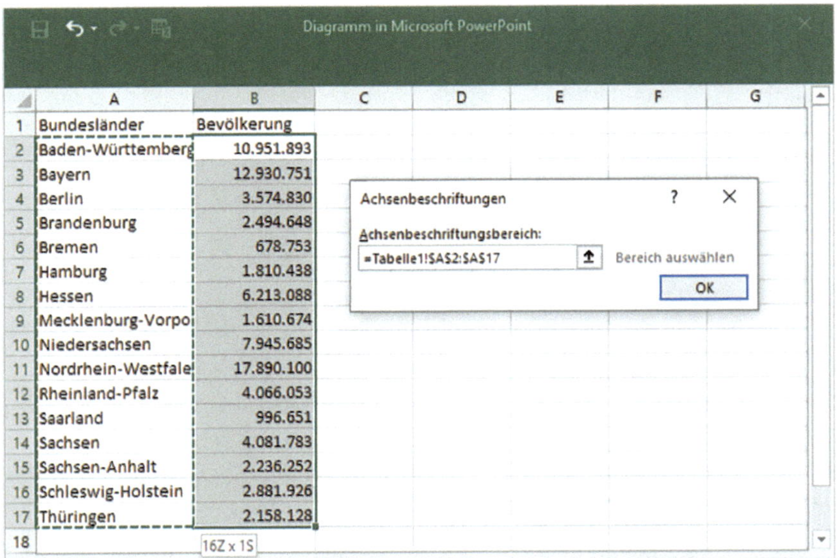

7 Schließen Sie zuletzt das Fenster *Datenquelle auswählen* mit *OK*.

Diagramm nachträglich umstellen

Manchmal stellen Sie erst nach Eingabe der Diagrammwerte fest, dass das Diagramm beispielsweise zu wenig Aussagekraft besitzt oder ein anderer Diagrammtyp besser geeignet wäre. In solchen Fällen lässt sich ein vorhandenes Diagramm meist auch ohne Änderungen im Datenblatt umstellen, Beschriftungen und bereits vorgenommene Formatänderungen bleiben erhalten. PowerPoint unterstützt folgende Änderungsmöglichkeiten:

- Diagrammtyp ändern
- Datenreihen wahlweise aus Spalten oder Zeilen bilden
- Datenreihen und Achsenelemente (Kategorien) aus- und einblenden

Diagrammtyp nachträglich ändern

Dazu markieren Sie mit einem Klick das Diagramm und klicken im Register *Diagrammtools* ▶ *Entwurf* auf *Diagrammtyp ändern*.

Bild 6.95 Diagrammtyp ändern

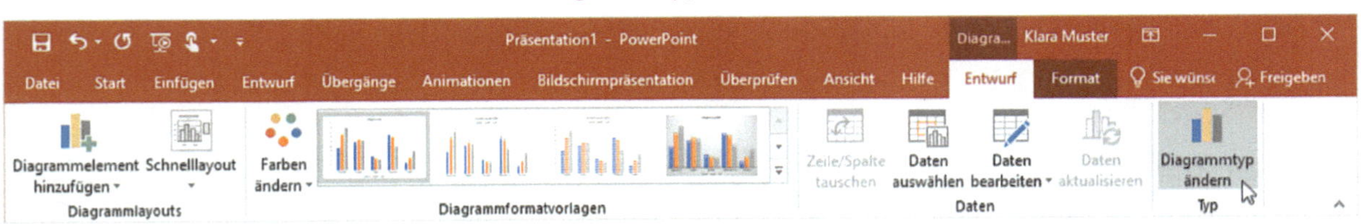

Das nachfolgende Fenster *Diagrammtyp ändern* unterscheidet sich nicht vom Fenster *Diagramm einfügen* (Bild 6.81 auf Seite 209). Wählen Sie einen anderen Diagrammtyp bzw. Untertyp und klicken Sie zum Übernehmen auf *OK*. Vorhandene Formate werden beibehalten.

Datenreihe aus Spalten oder Zeilen bilden?

Einige Diagrammtypen, z. B. Säulen-, Balken- und Liniendiagramme, können auch mehrere Datenreihen darstellen. Standardmäßig werden die Datenreihen aus den Spalten der Datentabelle gebildet und die Zeilenbeschriftungen dienen zur Einteilung bzw. Beschriftung der X-Achse (Kategorie). Möglicherweise stellen Sie aber nachträglich fest, dass eine Bildung der Datenreihen aus den Zeilen der Tabelle sinnvoller wäre. Auch bei einer nachträglichen Änderung des Diagrammtyps müssen manchmal die Datenreihen anders gebildet werden. Ein Ändern der Datentabelle ist dazu nicht erforderlich. Sie brauchen im Diagramm nur zwischen Zeilen und Spalten wechseln.

Beispiel: Sie haben zur Darstellung der Umsatzentwicklung in den drei Monaten des ersten Quartals ein Säulendiagramm erstellt. Nachträglich entscheiden Sie sich nun für ein Liniendiagramm, um die zeitliche Entwicklung zu zeigen und ändern den Diagrammtyp entsprechend, das Ergebnis sehen Sie im Bild unten rechts.

Bild 6.96 Dieselben Diagrammwerte als Säulen- und Liniendiagramm

Die Datenreihen werden nach wie vor aus den Monaten gebildet. Diese Darstellung ist aber völlig sinnlos. Sie benötigen jetzt die Produktgruppen als Datenreihen und die Monate zur Einteilung der X-Achse. So nehmen Sie die Änderung vor:

1 Öffnen Sie das Datenblatt, falls nicht bereits geschehen.

2 Klicken Sie dann in der Folie auf das Diagramm und anschließend im Register *Entwurf*, Gruppe *Daten*, auf *Zeile/Spalte tauschen*.

> **Beachten Sie beim Tauschen von Zeilen und Spalten**
> Die Schaltfläche *Zeile/Spalte tauschen* ist nur aktiv, wenn die Datentabelle, entweder als Datenblatt oder mit Excel, geöffnet ist. Sollte sie dann immer noch inaktiv sein, so klicken Sie in das Diagramm.

Im Diagramm werden nun die Datenreihen aus den Produktgruppen gebildet und die Monate erscheinen auf der X-Achse. Das Datenblatt selbst ändert sich dadurch nicht.

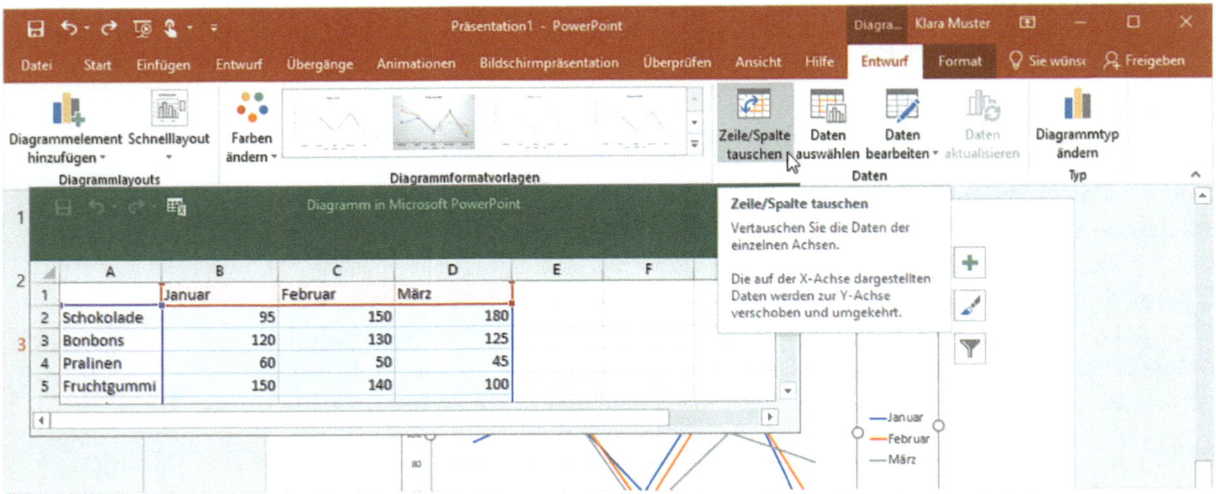

Bild 6.97 Zeile/Spalte wechseln

Datenreihen und Kategorien aus- und wieder einblenden

Enthält ein Diagramm zu viele Datenreihen, dann blenden Sie einfach die nicht benötigten aus. Als Beispiel sollen im unten abgebildeten Diagramm nur zwei Produktgruppen miteinander verglichen werden.

1 Markieren Sie mit einem Klick das Diagramm und klicken Sie auf das Filtersymbol ❶ am rechten Rand des Diagramms.

2 Deaktivieren Sie über die Kontrollkästchen ❷ die nicht benötigten Datenreihen und klicken Sie auf die Schaltfläche *Anwenden* ❸.

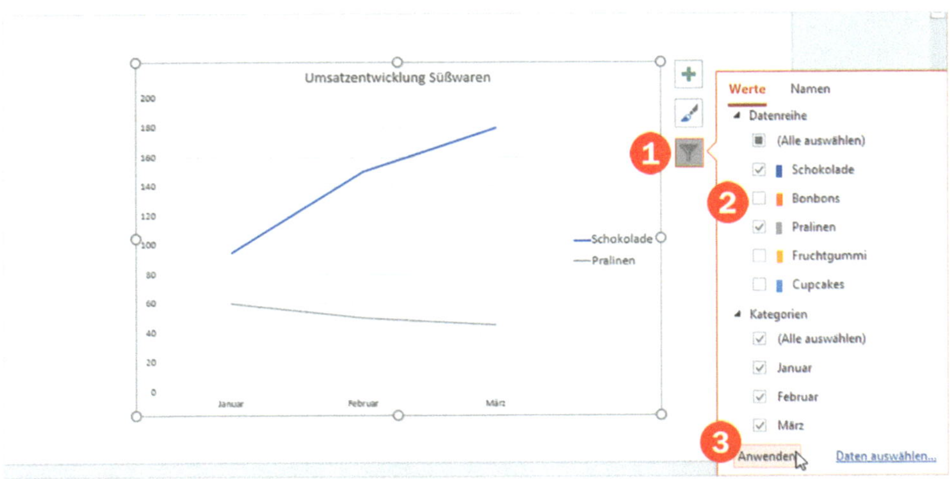

Bild 6.98 Datenreihen und/oder Kategorien filtern

Auf dieselbe Weise können Sie ausgeblendete Datenreihen auch wieder einblenden und bei Bedarf Elemente der X-Achse, in diesem Beispiel Monate, ausblenden.

Das Diagramm beschriften

Standardmäßig enthält jedes Diagramm bereits einen Diagrammtitel und eine Legende, sofern mehrere Datenreihen vorhanden sind. Die Beschriftung der Legende wird automatisch aus der Beschriftung der Datentabelle gebildet, dem Diagrammtitel fehlt dagegen noch der passende Text.

Der Diagrammtitel ist nichts anderes als ein Textfeld. Zum Ändern des Inhalts markieren Sie es mit einem Klick und geben anschließend über die Tastatur Ihren Text ein. Schriftgröße und weitere Schriftattribute, auch der übrigen Beschriftungen, ändern Sie wie gewohnt über die Schaltflächen des Registers *Start*.

Im Register *Diagrammtools - Entwurf* ▶ *Diagrammlayouts* können Sie über die Schaltfläche *Diagrammelement hinzufügen* nicht nur weitere Beschriftungselemente hinzufügen, sondern in vielen Fällen auch unter mehreren Platzierungsvarianten wählen.

Beispiel Diagrammtitel

Der Diagrammtitel befindet sich in der Standardeinstellung zentriert oberhalb des eigentlichen Diagramms. Wenn die Folie bereits über einen Folientitel verfügt, dann ist der Diagrammtitel häufig überflüssig. Vielleicht möchten Sie ihn aber auch lieber direkt im Diagramm an einer freien Stelle platzieren?

Dazu klicken Sie auf *Diagrammelement hinzufügen*, zeigen auf *Diagrammtitel* und wählen die gewünschte Position. Bereits beim Zeigen erhalten Sie im Diagramm eine Vorschau. Mit der Auswahl *Mittig überlagert* befindet sich der Titel innerhalb der Diagrammfläche und kann mit der Maus beliebig verschoben werden.

Beachten Sie bei der Platzierung des Diagrammtitels
Mit der Auswahl *Über Diagramm* wird beim Vergrößern bzw. Verkleinern der Schrift des Titels die Größe des restlichen Diagramms automatisch angepasst. Nicht aber, wenn Sie *Mittig überlagert* gewählt haben.

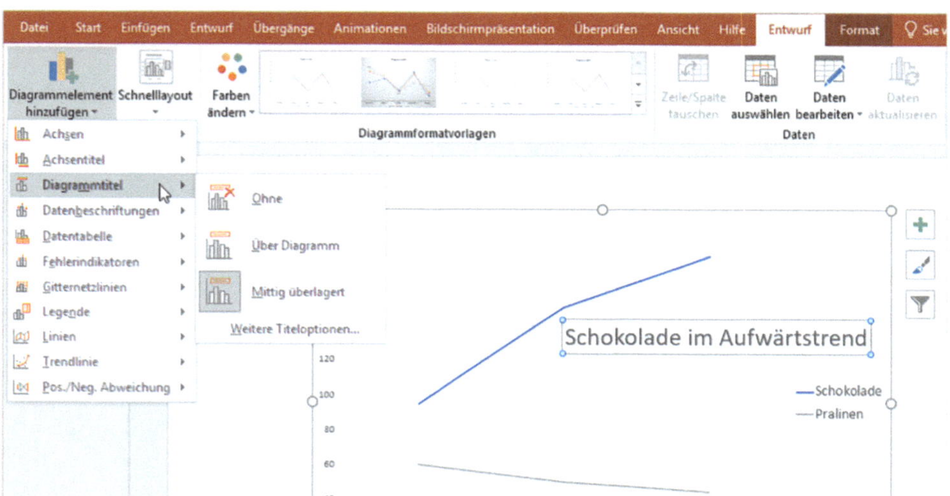

Bild 6.99 Diagrammtitel - Position

Natürlich können Sie statt der Auswahl *Keine* den Diagrammtitel auch einfach mit der Entf-Taste löschen.

Weitere Beschriftungen

Auch die Legende können Sie an anderer Stelle platzieren oder mit der Entf-Taste aus dem Diagramm entfernen. Falls die verwendete Größeneinheit wie Stück, Gewicht oder Betrag nicht bereits aus der Überschrift ersichtlich ist, benötigen Sie auch noch eine Beschriftung der Größenachse (Y-Achse). Dazu klicken Sie ebenfalls auf *Diagrammelement hinzufügen*, zeigen auf *Achsentitel* und wählen zwischen horizontaler und vertikaler Achse. PowerPoint fügt ein Textfeld mit Platzhaltertext ein, den Sie anschließend durch Tastatureingabe überschreiben.

Bild 6.100 Achsentitel für Größenachse hinzufügen

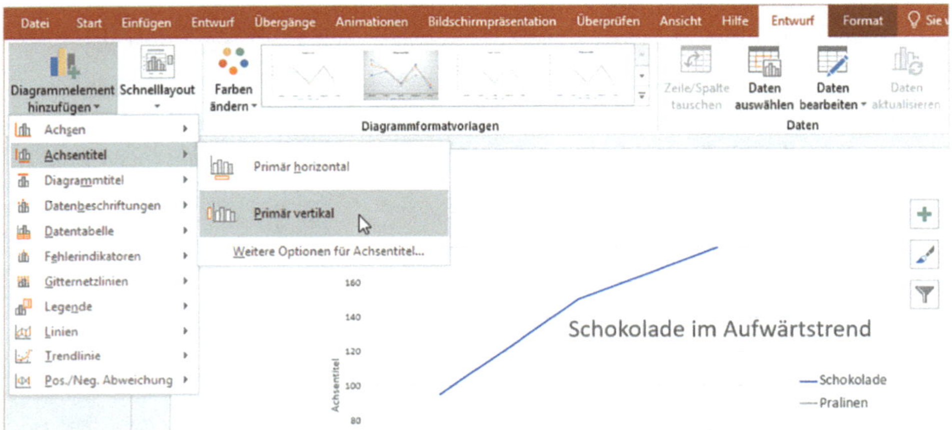

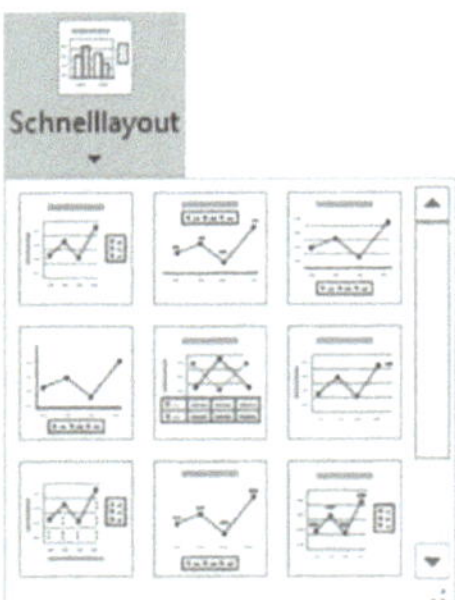

Schnelllayouts

Im Register *Entwurf* ▶ *Diagrammlayouts* erhalten Sie über die Schaltfläche *Schnelllayout* eine Auswahl verschiedener kompletter Layouts, die Sie statt der oben beschriebenen Vorgehensweise zur schnellen Gestaltung ebenfalls nutzen können. Nachteilig ist der geringe Gestaltungsspielraum.

Diagramm optisch gestalten

Vorlagen verwenden, Farben ändern

Wie alle Folienobjekte erhält auch ein Diagramm beim Erstellen die Farben des ausgewählten Designs. Verschiedene Varianten dieser Farben sind über die Schaltfläche *Farben ändern* ❶ (*Entwurf* ▶ *Diagrammformatvorlagen*) verfügbar. In derselben Gruppe finden Sie daneben mit Klick auf den Pfeil *Weitere* ❸ einen Katalog ❷ von Vorlagen zur Formatierung des gesamten Diagramms.

Bild 6.101 Diagrammformatvorlagen

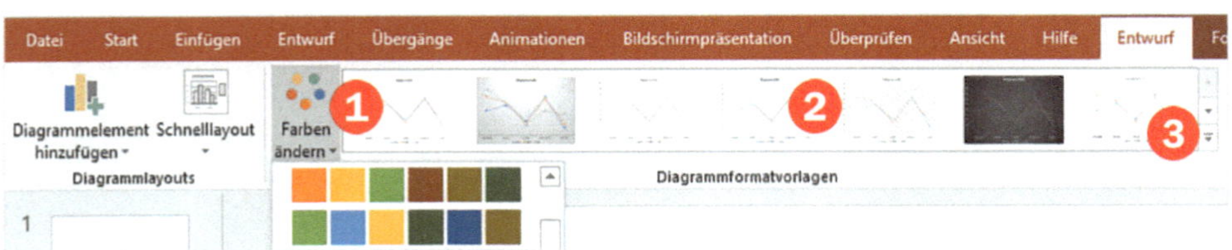

Einzelne Diagrammelemente formatieren

Die individuelle Formatierung einzelner Diagrammelemente, z. B. des Hintergrunds, unterscheidet sich nicht von der der Formen. Auf eine erneute Beschreibung wird daher an dieser Stelle verzichtet. Da Sie zuvor das jeweilige Diagrammelement markieren müssen, sollten Sie aber einige Besonderheiten beachten.

Siehe Kap. 6.4.

In der Regel reicht zum Markieren ein einfacher Mausklick auf das Element, etwa den Diagrammtitel. Um welches Element es sich handelt, sehen Sie, wenn Sie zunächst darauf zeigen und es erst dann anklicken.

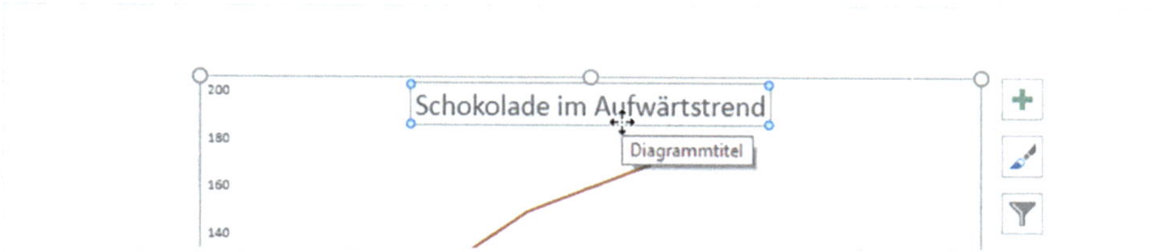

Bild 6.102 Element markieren

Diagrammfläche und Zeichnungsfläche

Beim Hintergrund unterscheiden Diagramme zwischen Diagrammbereich und Zeichnungsfläche. Zur Verdeutlichung wurde im Bild unten das jeweilige Element mit grüner Füllung versehen:

- Der Diagrammbereich schließt das gesamte Diagramm, einschließlich Titel und Legende, mit ein. Wenn Sie diesen Bereich z. B. mit einer Füllfarbe versehen, dann erhält das gesamte Diagramm diesen Hintergrund, wie unten in Bild 6.103. Falls ein etwaiger Folienhintergrund auch hinter dem Diagramm sichtbar bleiben soll, so müssen Sie den Diagrammbereich ohne Füllung formatieren.
- Die Zeichnungsfläche (Bild 6.104) umfasst dagegen nur das eigentliche Diagramm, also die beispielsweise die Säulen- oder Liniendarstellung. Standardmäßig ändert sich die Größe der Zeichnungsfläche automatisch, sobald Sie das gesamte Diagramm oder ein Beschriftungselement vergrößern bzw. verkleinern. Sie können aber auch die Größe der Zeichnungsfläche unabhängig vom Diagrammbereich mit der Maus ändern. Auf diese Weise lässt sich Platz schaffen für zusätzliche Elemente.

Zum Vergrößern oder Verkleinern des gesamten Diagramms verwenden Sie, wie bei allen Objekten, die Ziehpunkte des Markierungsrahmens.

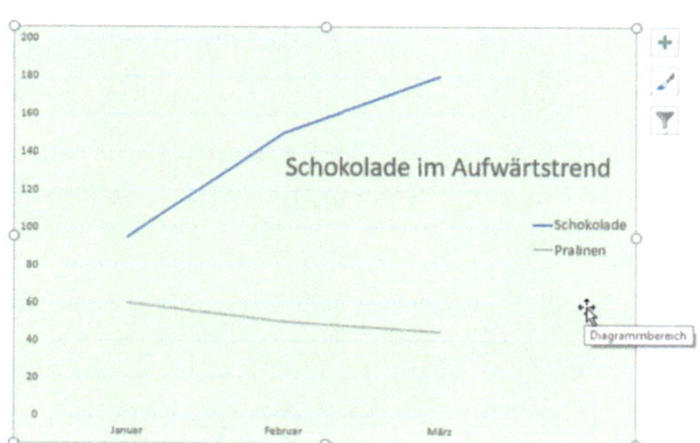

Bild 6.103 Diagrammbereich

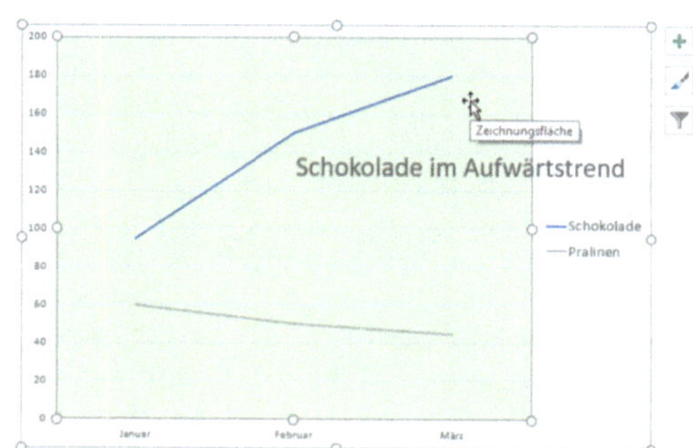

Bild 6.104 Zeichnungsfläche

Datenreihe und Datenpunkt
Außerdem müssen Sie zwischen Datenreihe und Datenpunkt unterscheiden:

- Der jeweils erste Mausklick auf eine beliebige Säule oder eine Stelle von Kreis oder Linie markiert immer die gesamte Datenreihe, erkennbar an den Markierungspunkten. Im Bild unten links die Datenreihe eines Kreisdiagramms, rechts eine Datenreihe eines Säulendiagramms.

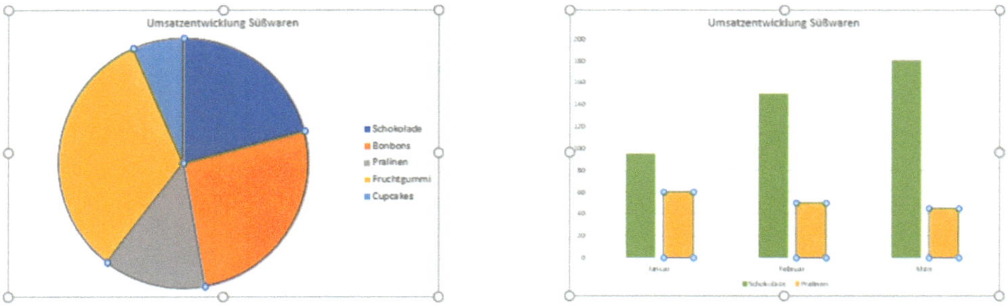

Bild 6.105 Markierte Datenreihen

- Ist eine Datenreihe bereits ausgewählt, so markiert ein weiterer gezielter Klick innerhalb der Datenreihe genau diesen einzelnen Datenpunkt, wie im Bild unten.

Tipp: Datenpunkt herausstellen
Handelt es sich um ein Kreisdiagramm, so können Sie den markierten Datenpunkt herausstellen, indem Sie ihn mit gedrückter Maustaste einfach etwas herausziehen, wie im Bild unten Mitte.

Bild 6.106 Markierter Datenpunkt im Kreisdiagramm und im Säulendiagramm

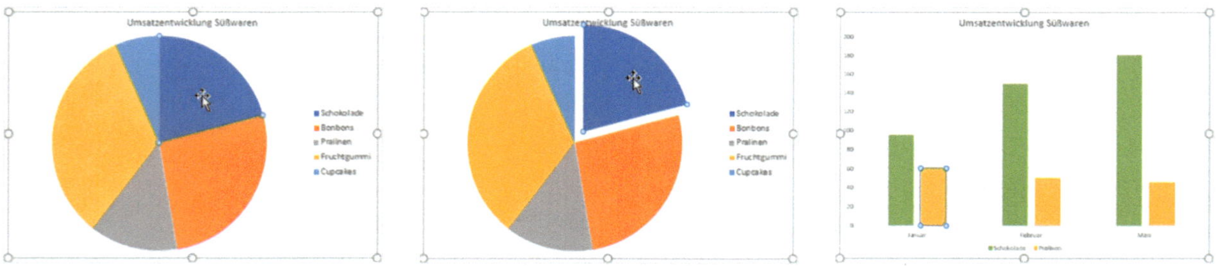

3D-Darstellung bearbeiten

Haben Sie den Diagrammtyp Säulen in 3D-Darstellung gewählt, so entspricht das Ergebnis nicht immer den Wünschen. Die Säulen werden standardmäßig mit einer Drehung dargestellt, sodass das Ergebnis optisch verzerrt wird. Wenn Sie dies korrigieren möchten, dann markieren Sie das Diagramm und klicken im Register *Format* ▶ *Formenarten* auf *Formeffekte*. Zeigen Sie auf *3D-Drehung* und wählen Sie eine Darstellung aus dem Bereich *Parallel*.

Oder klicken Sie mit der rechten Maustaste in das Diagramm und auf *3D-Drehung* ❶ (Bild 6.107). Der Aufgabenbereich *Diagramm formatieren* öffnet sich mit dem Register *Effekte* ⬠. Im Abschnitt *3D-Drehung* brauchen Sie eigentlich nur das Kontrollkästchen *Rechtwinklige Achsen* ❷ aktivieren, um eine waagrechte x-Achse zu erhalten.

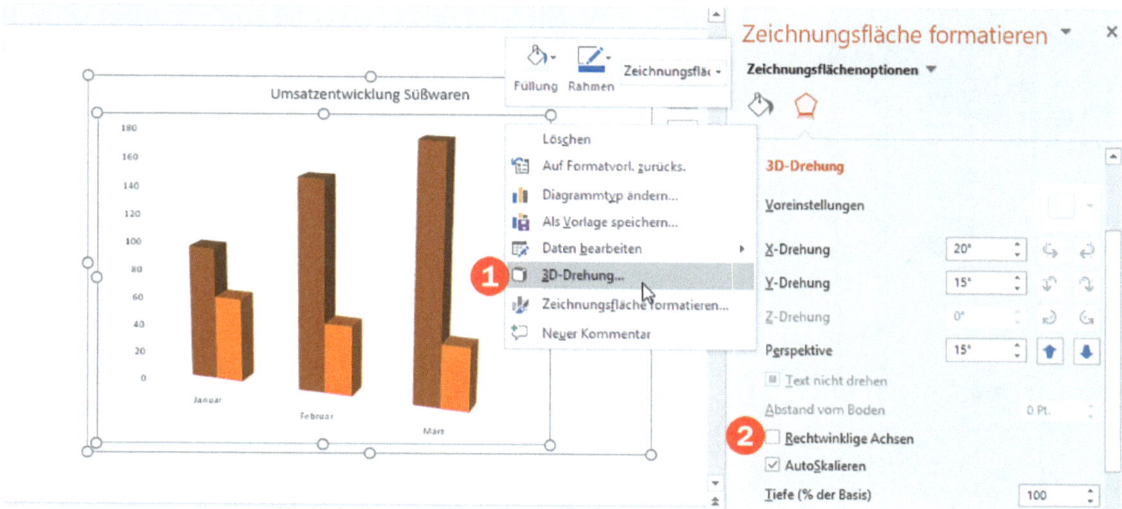

Bild 6.107 3D-Säulendiagramm: 3D-Drehung bearbeiten

Praxisbeispiel: Diagramm optimieren und mit Bildern visualisieren

Das in diesem Punkt (Bild 6.98 auf Seite 218) erstellte Liniendiagramm über die Umsatzentwicklung von Schokolade und Pralinen lässt sich noch weiter optimieren.

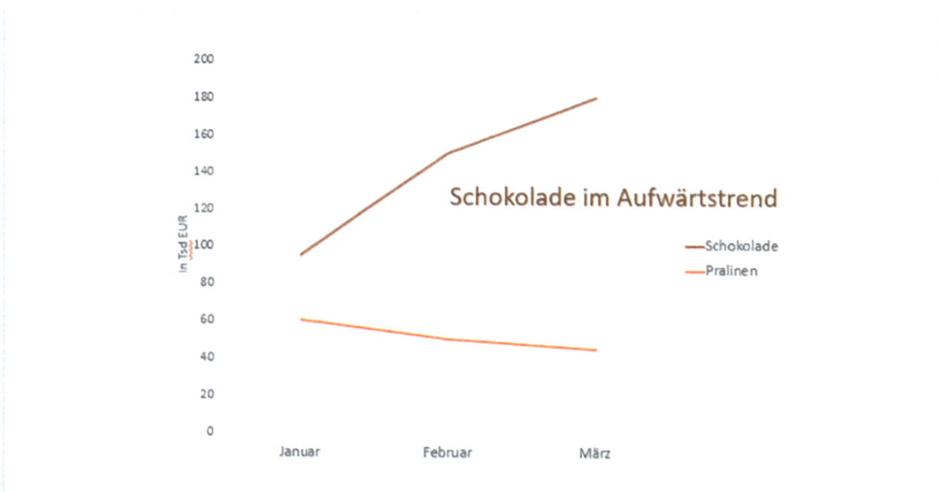

Bild 6.108 Das Ausgangsdiagramm

Linien bis zur Größenachse verlängern

Standardmäßig enden in Liniendiagrammen die Linien bereits vor der Größenachse. Der Grund: Die Beschriftungen der waagrechten Achse befinden sich zwischen den Datenpunkten bzw. den dazugehörigen, meist nicht sichtbaren, Teilstrichen dieser Achse und auch die Größenachse schneidet zwischen den Teilstrichen. Um die Linien bis zur Y-Achse zu verlängern, müssen Sie daher eigentlich nur diesen Schnittpunkt auf die Teilstriche verlegen.

1 Klicken Sie dazu mit der rechten Maustaste auf die waagrechte Achse ❶ und auf *Achse formatieren....*

2 Im Aufgabenbereich *Achse formatieren* wählen Sie nun im Abschnitt *Achsenoptionen* die Achsenposition *Auf Teilstrichen* ❷ statt *Zwischen Teilstrichen*.

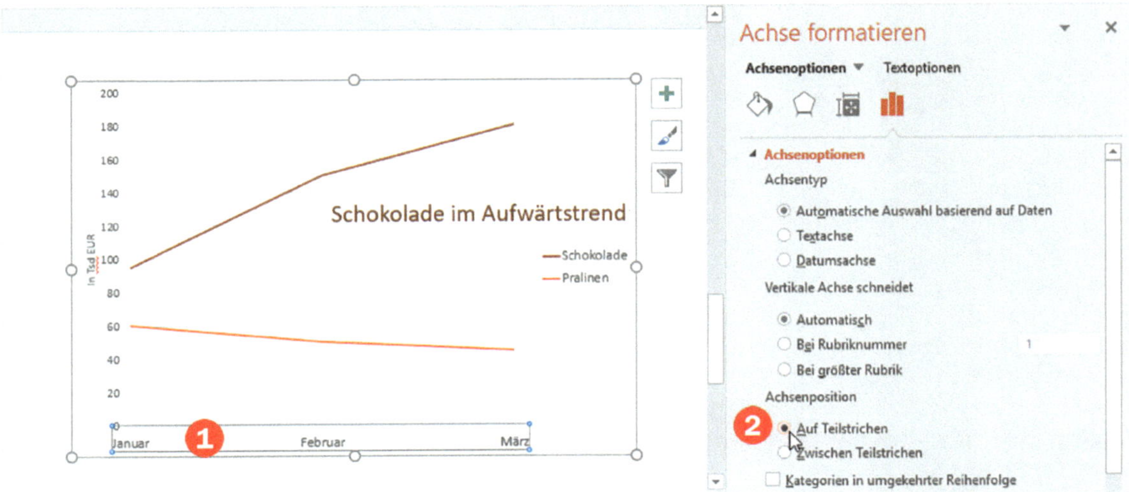

Bild 6.109 Achse formatieren - Achsenposition ändern

Die Legende durch Bilder ersetzen oder ergänzen

Eine Legende ist nicht immer optimal, da die Daten erst zugeordnet werden müssen. Visualisieren Sie stattdessen die Datenreihe mit Bildern.

Sie können diese entweder im Diagramm an geeigneter Stelle positionieren oder, wie im Beispiel unten, außerhalb des Diagrammbereichs einfügen. Falls Sie noch eine zusätzliche Beschriftung benötigen, so fügen Sie diese in Form von Textfeldern hinzu. Diagramme unterstützen zwar verschiedene Möglichkeiten Datenbeschriftungen anzuzeigen, nicht aber in dieser Form.

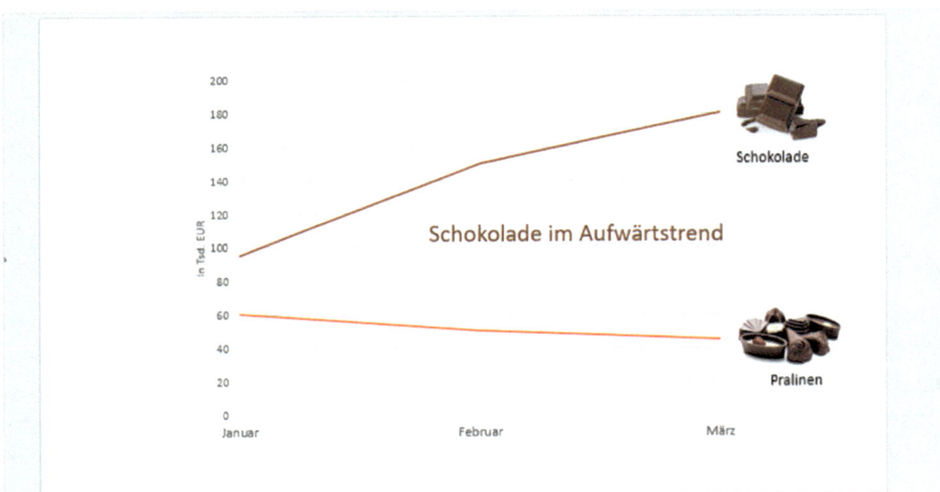

Bild 6.110 Bilder und Textfelder statt einer Legende

Transparenter Bildhintergrund

Bei einem weißen Diagrammhintergrund stellen Bilder mit ebenfalls weißem Hintergrund kein Problem dar. Häufig wird jedoch in der Präsentation ein Folienhintergrund verwendet. Um zu verhindern, dass sich die Bilder optisch zu sehr in den Vordergrund drängen, entfernen Sie deren Hintergrund mit Hilfe des Freistellen-Werkzeugs. Markieren Sie das Bild und klicken Sie dazu im Register *Format* ▶ *Anpassen* auf *Freistellen*.

Bild 6.111 Bildhintergrund entfernen

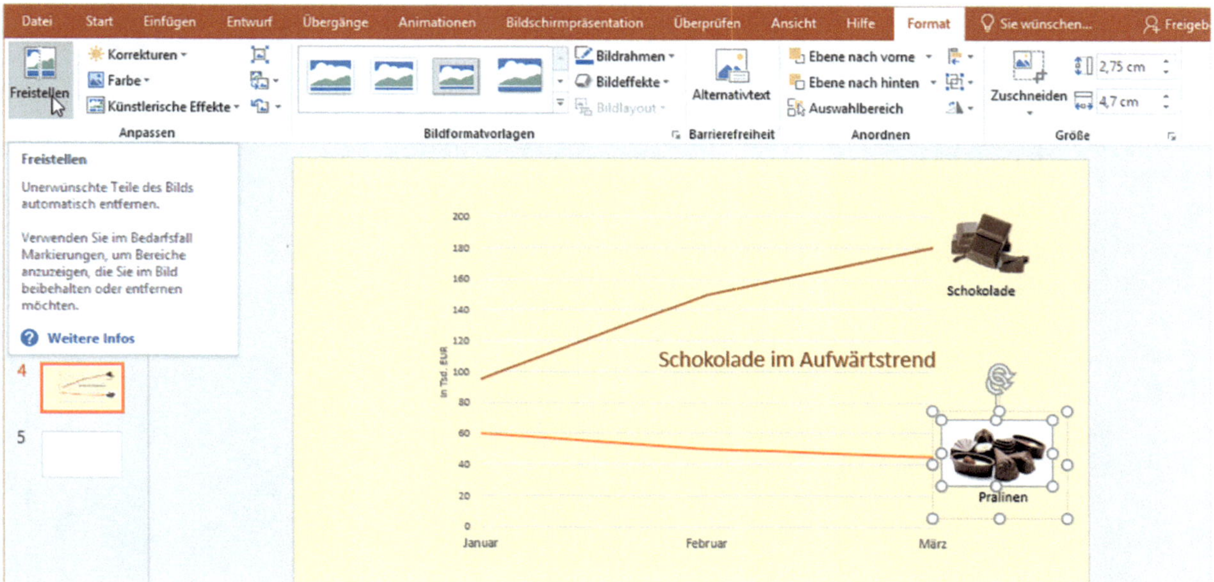

Linien bearbeiten und Datenpunkte hervorheben

Linienfarbe und -stärke ändern Sie per Rechtsklick auf die Datenreihe und das Symbol *Rahmen*. Wählen Sie Farbe, Linienstärke und Strichart, z. B. gepunktete Linie.

Bild 6.112 Linien über Formkontur bearbeiten

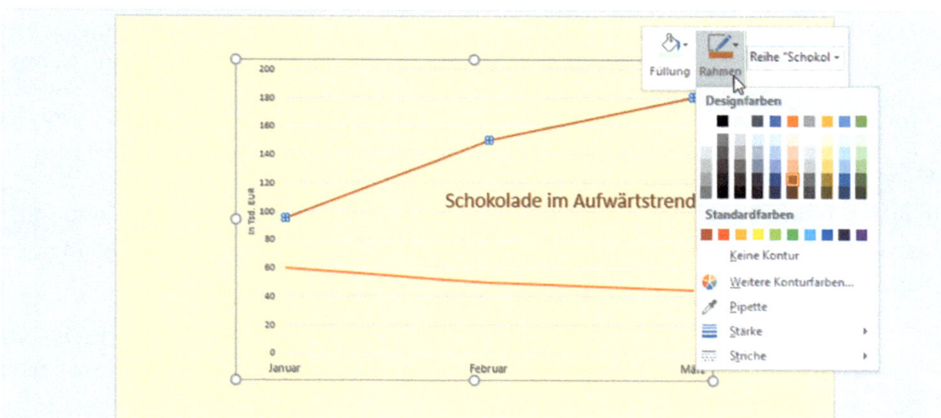

Die Datenpunkte hervorheben können Sie dagegen nur im Aufgabenbereich. Klicken Sie mit der rechten Maustaste auf die Datenreihe und auf *Datenreihen formatieren...*.

1 Klicken Sie dann im gleichnamigen Aufgabenbereich auf das Register *Füllung und Linie* ❶ und anschließend auf *Markierung* ❷.

2 Öffnen Sie den Abschnitt *Markierungsoptionen* und wählen Sie die Option *Integriert* ❸. Anschließend können Sie Typ und Größe festlegen.

3 Im Abschnitt *Füllung* legen Sie die Art der Füllung, in der Regel einfarbig, und darunter die Farbe ❹ fest.

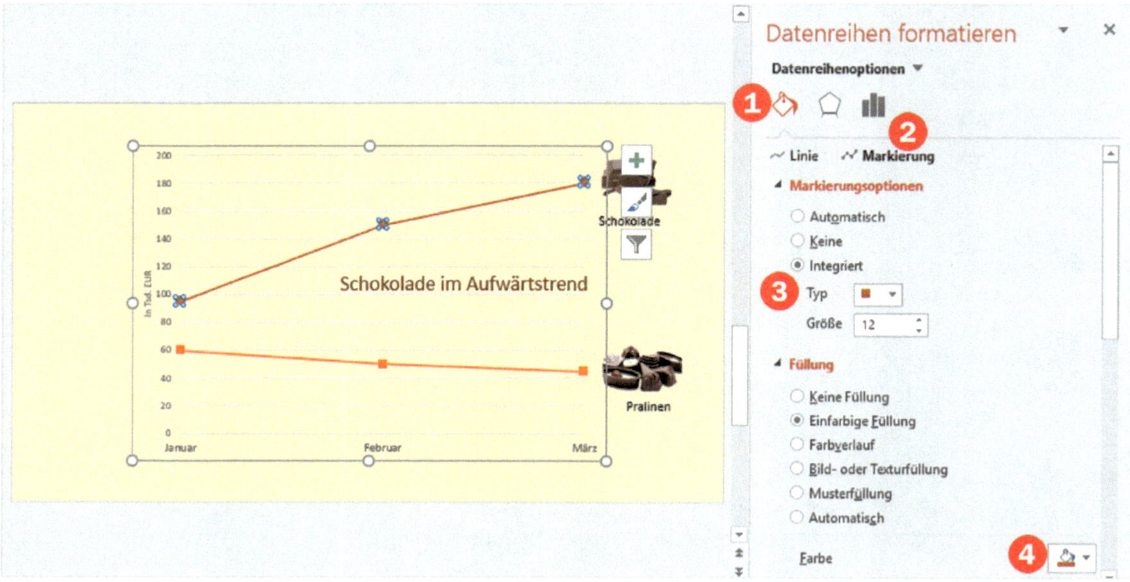

Bild 6.113 Datenpunkte bearbeiten

Praxisbeispiel: Bild als Markierungspunkt in Liniendiagrammen

Statt der integrierten Markierungstypen kann in Liniendiagrammen auch ein Bild, z. B. ein Logo, zur Darstellung der Datenpunkte verwendet werden. Als Beispiel soll die Datenreihe Schokolade ein Pluszeichen erhalten und die Datenreihe Pralinen ein Minuszeichen. So gehen Sie dabei vor:

Ein Bild als Form erzeugen

Im ersten Schritt benötigen Sie geeignete Grafiken. Einfache klare Formen eignen sich dazu besser als Fotos. Falls Sie kein Bild zur Hand haben, erzeugen Sie schnell in PowerPoint eigene Formen.

1 Am besten geschieht dies in einer gesonderten leeren Folie bzw. einer leeren Präsentation. Diese kann wieder gelöscht werden, nachdem die Form als Grafik gespeichert wurde.

2 Fügen Sie einen Kreis und ein Pluszeichen ein, am besten in der Originalgröße, indem Sie einfach in die Folie klicken. Das Pluszeichen finden Sie im Formenkatalog unter *Formelformen*.

3 Der Kreis erhält eine passende Füllfarbe, z. B. die der Datenreihe bzw. Linie und einen 3D-Effekt (Schaltfläche *Formeffekte* und Auswahl *Abschrägung*) siehe Bild 6.114.

4 Ziehen Sie dann das Pluszeichen in den Kreis. Die intelligenten Führungslinien erleichtern Ihnen die exakte Positionierung in der Mitte des Kreises. Außerdem erhält das Plus eine weiße Füllfarbe.

5 Markieren Sie beide Formen, klicken Sie mit der rechten Maustaste auf die Markierung, zeigen Sie auf *Gruppieren* und klicken Sie auf den Befehl *Gruppieren*.

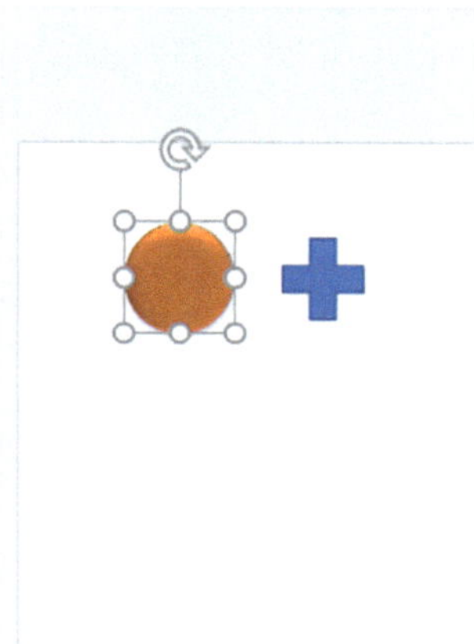

Bild 6.114 Formen einfügen und formatieren

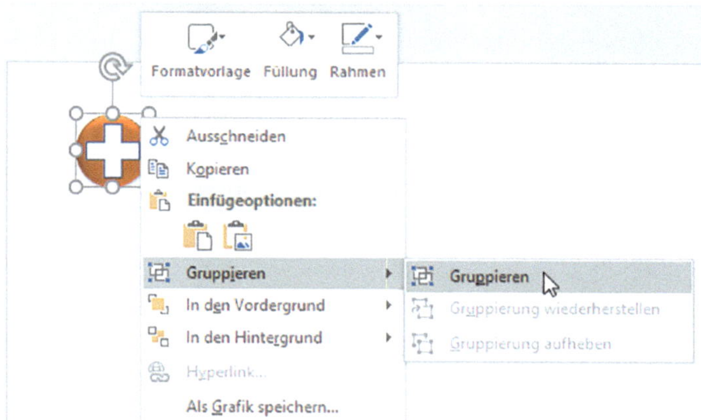

Bild 6.115 Formen gruppieren

6 Klicken Sie mit der rechten Maustaste auf die gruppierte Form und auf *Als Grafik speichern...*. Wählen Sie den Dateityp PNG und speichern Sie die Grafik.

7 Wiederholen Sie dann diese Schritte und erzeugen Sie diesmal eine Grafik mit einem Minuszeichen. Auch dieses ist im Formenkatalog enthalten.

Hinweis: Formen zusammenführen und kombinieren funktioniert ebenfalls, erzeugt aber für das Pluszeichen statt weißem einen transparenten Hintergrund.

Grafik als Markierungspunkt verwenden

1 Nun können Sie im nächsten Schritt die gespeicherten Grafiken als Markierungspunkte auswählen. Klicken Sie im Diagramm mit der rechten Maustaste auf die Datenreihe und auf den Befehl *Datenreihen formatieren...*.

2 Klicken Sie im Aufgabenbereich auf das Register *Füllung* ❶ und hier auf *Markierung* ❷.

3 Aktivieren Sie im Abschnitt *Füllung* die Option *Bild- oder Texturfüllung* ❸ und wählen mit Klick auf die Schaltfläche *Datei...* ❹ die zuvor gespeicherte Bilddatei. Nun müssen Sie noch die Größe ändern. Wählen Sie dazu im Abschnitt *Markierungsoptionen* die Option *Integriert* ❺ und setzen Sie im Feld darunter die Größe herauf.

Hinweis: Zwar erlaubt PowerPoint in den *Markierungsoptionen* unter *Typ* ebenfalls die Auswahl *Bild*, allerdings wird damit das Bild in der Originalgröße eingefügt und die Größe kann nicht geändert werden.

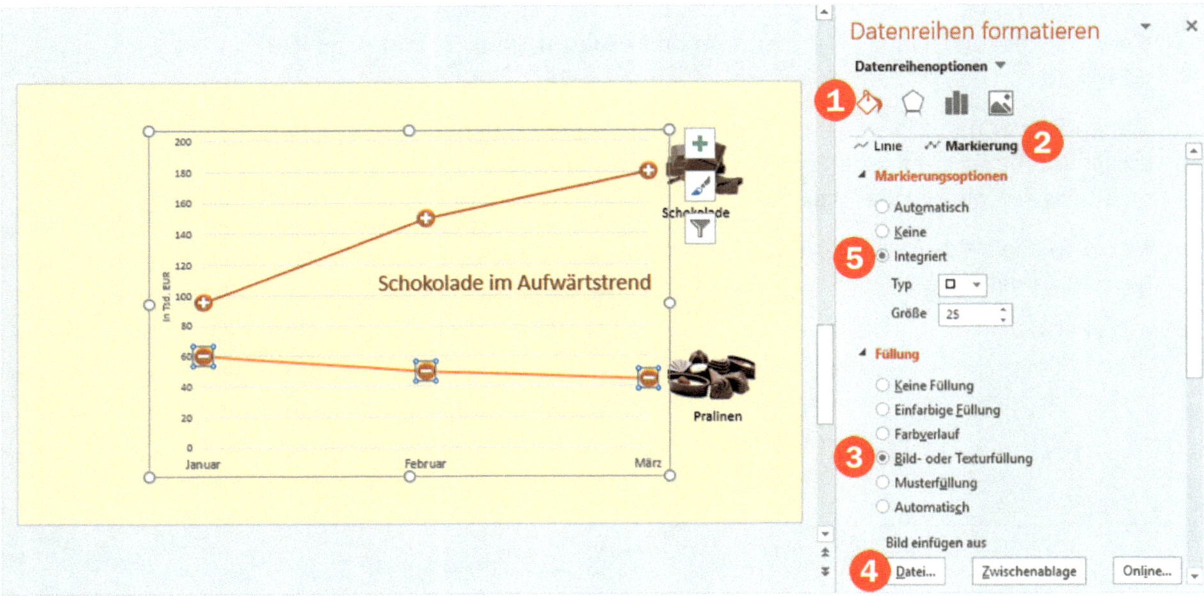

Bild 6.116 Bild als Markierung auswählen

Excel-Diagramm in eine Folie einfügen

Ist das Diagramm bereits fertig in einer Excel-Arbeitsmappe vorhanden, dann können Sie dieses auch auf dem Weg über die Zwischenablage in eine PowerPoint-Folie einfügen. Dabei unterscheidet PowerPoint zwischen folgenden Möglichkeiten. Von ihnen hängt es ab, wo bzw. wie das Diagramm gespeichert wird.

- **Diagramm einbetten**
  Einbetten bedeutet, das Diagramm bzw. die zugrundeliegenden Daten werden als Kopie zusammen mit der Präsentation gespeichert. **Nachteil**: Bei nachträglichen Änderungen am Original bzw. in Excel wird das Diagramm in der PowerPoint-Folie nicht aktualisiert.

- **Verknüpfung einfügen**
  Beim Einfügen als Verknüpfung speichert die PowerPoint-Präsentation nur den Suchpfad zur Originaldatei. Alle Änderungen an den Daten erfolgen ausschließlich in der ursprünglichen Arbeitsmappe. Das Diagramm in der PowerPoint-Folie ist somit auch bei nachträglichen Änderungen stets aktuell. Dies betrifft allerdings nur die Daten. Nachträglich vorgenommene Änderungen am Aussehen des Diagramms, z. B. Farben, Schriften usw. erfolgen in der jeweiligen Anwendung unabhängig voneinander.

  Achtung beim Kopieren der Präsentation: In diesem Fall muss die Arbeitsmappe ebenfalls mitkopiert werden und sollte sich daher am besten im selben Ordner wie die Präsentation befinden. Außerdem sollte die Quelldatei weder verschoben, noch gelöscht oder umbenannt werden.

So gehen Sie vor

1 Öffnen Sie die Arbeitsmappe, die das benötigte Diagramm enthält. Markieren Sie das Diagramm und kopieren Sie es in die Zwischenablage.

2 Wechseln Sie dann zur PowerPoint-Folie und fügen Sie das Diagramm entweder über den Dropdown-Pfeil der *Einfügen*-Schaltfläche (*Start* ▶ *Zwischenablage*) ein oder verwenden Sie die Tasten Strg+V und klicken dann in der Folie auf das Symbol *Einfügeoptionen* (Bild 6.117). Wählen Sie eine der folgenden Optionen:

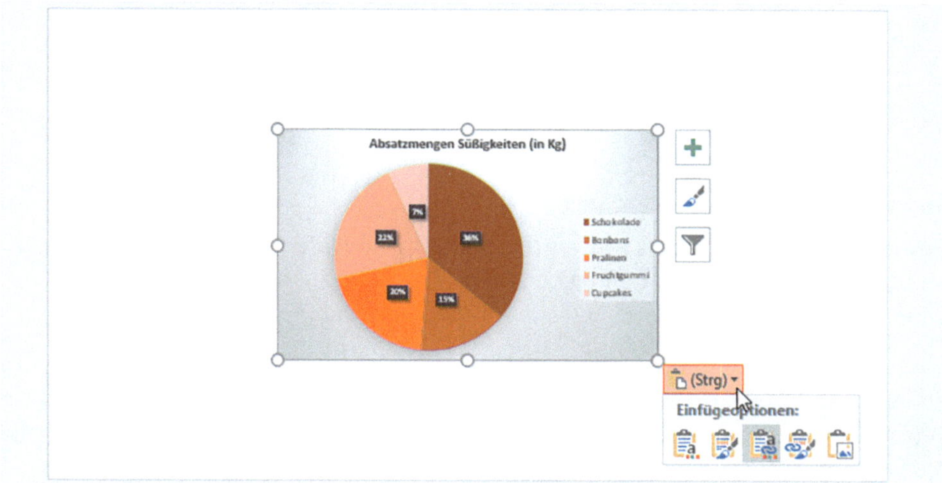

Bild 6.117 Einfügeoptionen

Option	Beschreibung
Zieldesign verwenden und Arbeitsmappe einbetten	Das Diagramm erhält Farben und Schriften des Präsentationsdesigns und die dem Diagramm zugrundeliegenden Daten werden als Kopie zusammen mit der Präsentation gespeichert.
Ursprüngliche Formatierung beibehalten und Arbeitsmappe einbetten	Das Aussehen des Excel-Diagramms wird beibehalten und eine Kopie der Daten ebenfalls mit der Präsentation gespeichert.
Zieldesign verwenden und Daten verknüpfen	Das Aussehen des Diagramms wird an das Design der Präsentation angepasst. Die Arbeitsmappe wird nicht mit der Präsentation gespeichert und alle Datenänderungen erfolgen in der Originaldatei. Dies ist die Standardeinstellung beim Einfügen.
Ursprüngliche Formatierung beibehalten und Daten verknüpfen	Das Diagramm behält sein ursprüngliches Aussehen. Die Arbeitsmappe wird nicht mit der Präsentation gespeichert und alle Datenänderungen erfolgen in der Originaldatei.
Grafik	Das Diagramm wird als Bild eingefügt und in PowerPoint als solches behandelt. Nachträgliche Änderungen sind weder am Diagramm noch an den Daten möglich.

Verknüpfte Daten aktualisieren

Wenn ein Diagramm als Verknüpfung eingefügt wurde, dann müssen Sie es bei nachträglichen Datenänderungen aktualisieren. Klicken Sie dazu in der PowerPoint-Folie in das Diagramm und im Register *Diagrammtools-Entwurf* auf *Daten aktualisieren*.

Bild 6.118 Verknüpfung aktualisieren

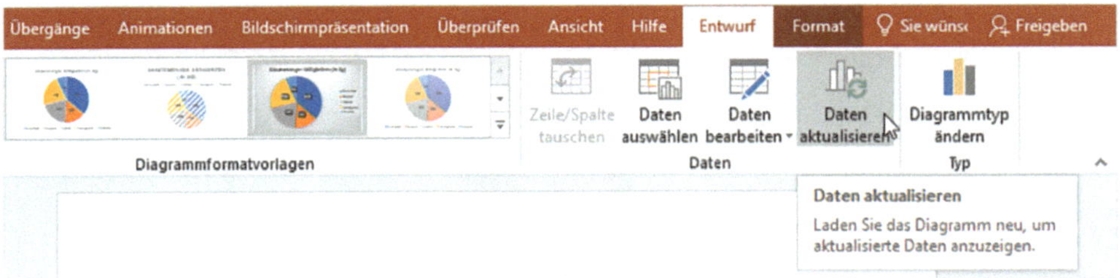

Als Excel-Objekt einfügen/verknüpfen

PowerPoint kennt noch eine weitere Möglichkeit zum Einfügen. **Achtung**: In diesem Fall werden nicht nur Änderungen an den Daten, sondern auch am Diagramm mit Excel vorgenommen, vorausgesetzt Excel ist auf dem betreffenden Gerät installiert.

Dazu kopieren Sie das Diagramm in die Zwischenablage und klicken zum Einfügen in PowerPoint in der Gruppe *Zwischenablage* auf den Dropdown-Pfeil der Schaltfläche *Einfügen* und auf *Inhalte einfügen...*. Das Fenster *Inhalte einfügen* öffnet sich: Wählen Sie hier wieder zwischen *Einfügen* (= einbetten) und *Verknüpfung einfügen*.

Bild 6.119 Inhalte einfügen

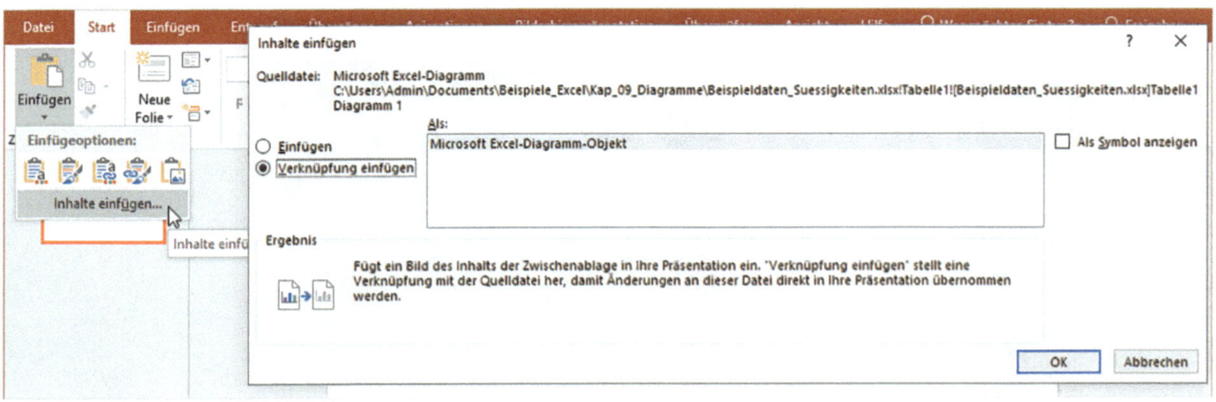

Egal ob Sie bei dieser Methode *Einfügen* oder *Verknüpfung einfügen* gewählt haben: Ein Doppelklick in das Diagramm startet Excel und damit stehen Ihnen sämtliche Bearbeitungsmöglichkeiten dieser Anwendung zur Verfügung, siehe auch Excel-Tabellen ab Seite 256 dieses Buches. Klicken Sie außerhalb des Diagramms in den Folienbereich, so befinden Sie sich wieder in der PowerPoint-Arbeitsumgebung.

7 Grafische Layouts

In diesem Kapitel lernen Sie...

- SmartArt zur Visualisierung von Abläufen und Hierarchien einsetzen
- Inhalte in Tabellenform darstellen
- Word- und Excel-Tabellen einfügen, einbetten und verknüpfen

Das sollten Sie bereits wissen

- Text eingeben und formatieren
- Umgang mit Folienlayouts
- Design und Farben anpassen
- Folienmaster zur Foliengestaltung einsetzen

7.1 SmartArt statt langweiliger Textlayouts

Unter der Bezeichnung SmartArt bzw. SmartArt-Grafik steht Ihnen in Office 2019 und somit auch in PowerPoint eine Sammlung grafischer Textlayouts zur Verfügung, z. B. zur Visualisierung von Prozessen oder Hierarchien. Diese können Sie anstelle von normalem Text in die Platzhalter der meisten Folienlayouts einfügen und anschließend beschriften oder zur Anordnung von Bildern benutzen.

SmartArt einfügen

Layout auswählen

1 Am einfachsten fügen Sie eine SmartArt-Grafik per Mausklick auf das entsprechende Symbol eines Platzhalters ein.

Wenn Sie ein leeres Folienlayout ohne Platzhalter verwenden, dann klicken Sie im Register *Einfügen*, Gruppe *Illustrationen*, auf *SmartArt*.

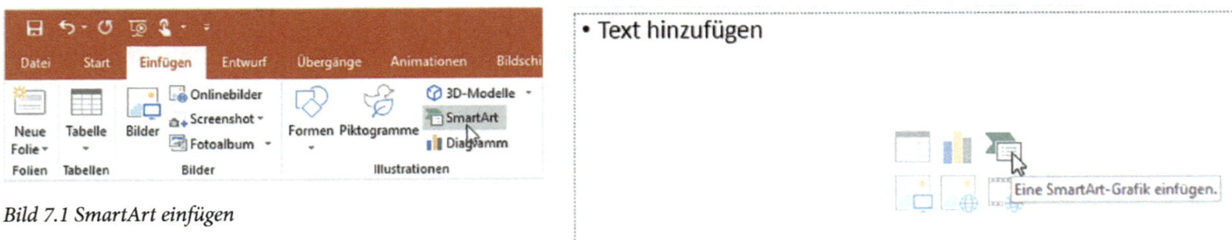

Bild 7.1 SmartArt einfügen

2 Anschließend wählen Sie im Fenster *SmartArt-Grafik auswählen* ein Layout. Klicken Sie dazu links auf eine Kategorie ❶, z. B. *Liste* oder *Alle*, wenn Sie einen ersten Überblick erhalten möchten.

Bild 7.2 Wählen Sie ein Layout

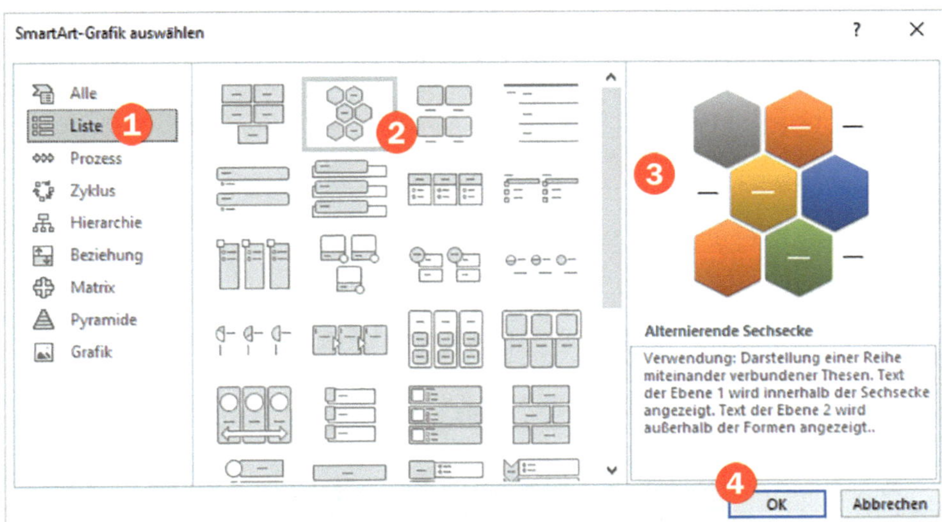

3 Der mittlere Bereich zeigt alle Layouts der ausgewählten Kategorie an. Wenn Sie hier auf ein Layout klicken ❷, so erhalten Sie rechts daneben eine Vorschau zusammen mit einer kurzen Beschreibung ❸. Klicken Sie auf *OK* ❹, um das markierte Layout in die Folie einzufügen.

Text eingeben

Die Texteingabe erfolgt entweder direkt in das Feld - klicken Sie auf die betreffende Form und geben Sie hier Ihren Text ein ❶ - oder verwenden Sie dazu den gesonderten Textbereich ❷. Dieser öffnet sich, wenn Sie am linken Rand des Markierungsrahmens auf das kleine Symbol klicken ❸. Zum Schließen verwenden Sie das Schließen-Symbol ❹. Oder benutzen Sie zum Anzeigen und Schließen des Textbereichs die Schaltfläche *Textbereich* ❺ im Register *SmartArt-Tools* - *Entwurf*.

Bild 7.3 Text eingeben

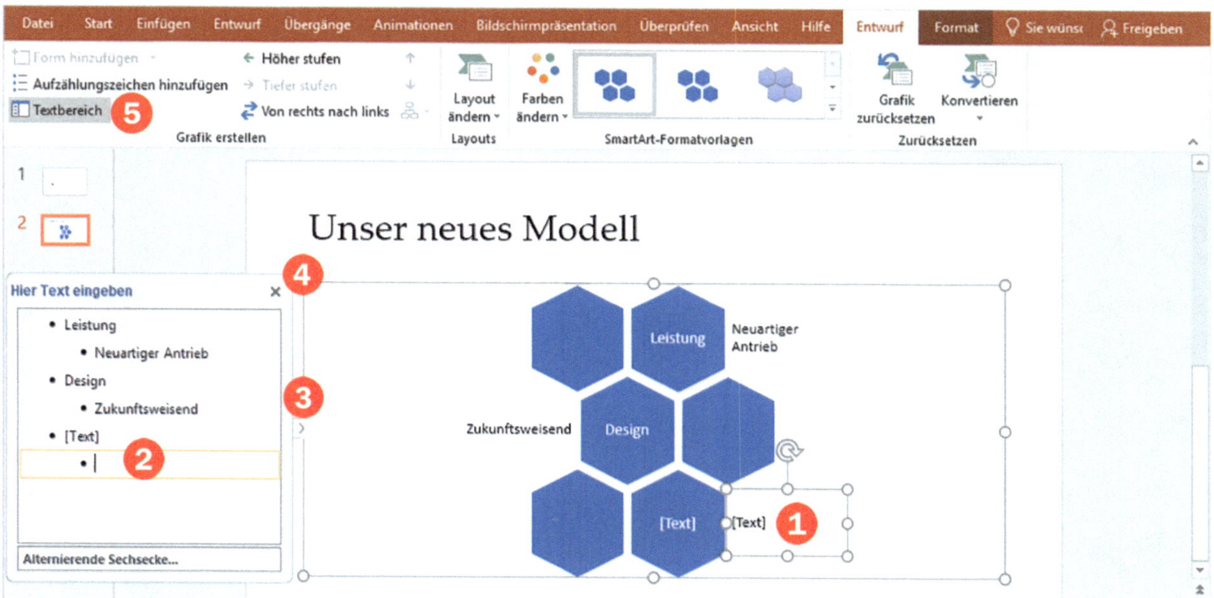

Beachten Sie bei der Texteingabe

- Wie am Beispiel im Bild oben zu sehen ist, verfügen einige SmartArt-Layouts über mehrere Gliederungsebenen, in diesem Beispiel zwei. Der Text der untergeordneten Ebene hat hier keinen farbigen Hintergrund.
- Im oben abgebildeten Beispiel enthalten nicht alle Formen Platzhalter für die Texteingabe. Falls Sie hier trotzdem Text eingeben möchten, so klicken Sie einfach auf die Form und geben den Text über die Tastatur ein.
- Die Schriftgröße passt sich automatisch an die Größe der Form an und wird während der Eingabe automatisch entsprechend verkleinert. Beschränken Sie sich also auf kurze Stichworte. Wird kein Text eingegeben, so ist der Platzhaltertext in der Ansicht Bildschirmpräsentation - wie bei allen Platzhaltern - nicht sichtbar.

SmartArt formatieren

Schnelle Gestaltung mit Vorlagen

Zur Textformatierung können Sie, falls nötig, alle bekannten Formate anwenden, z. B. Fett oder Kursiv. Schnelle Formatierungsmöglichkeiten für die Formen selbst erhalten Sie mit Vorlagen, zu finden im Register *SmartArt-Tools - Format*. Für alle SmartArt-Vorlagen gilt: Es genügt, wenn das gesamte SmartArt-Objekt markiert ist. Sie brauchen die einzelnen Formen nicht zu markieren.

- Zur Farbgestaltung bietet PowerPoint über die Schaltfläche *Farben ändern* (Register *SmartArt-Tools - Format*) verschiedene Varianten der aktuellen Designfarben an. Bereits beim Zeigen erhalten Sie in der Folie eine Vorschau. Mit einem Klick wird die Änderung übernommen.

Bild 7.4 Farben ändern

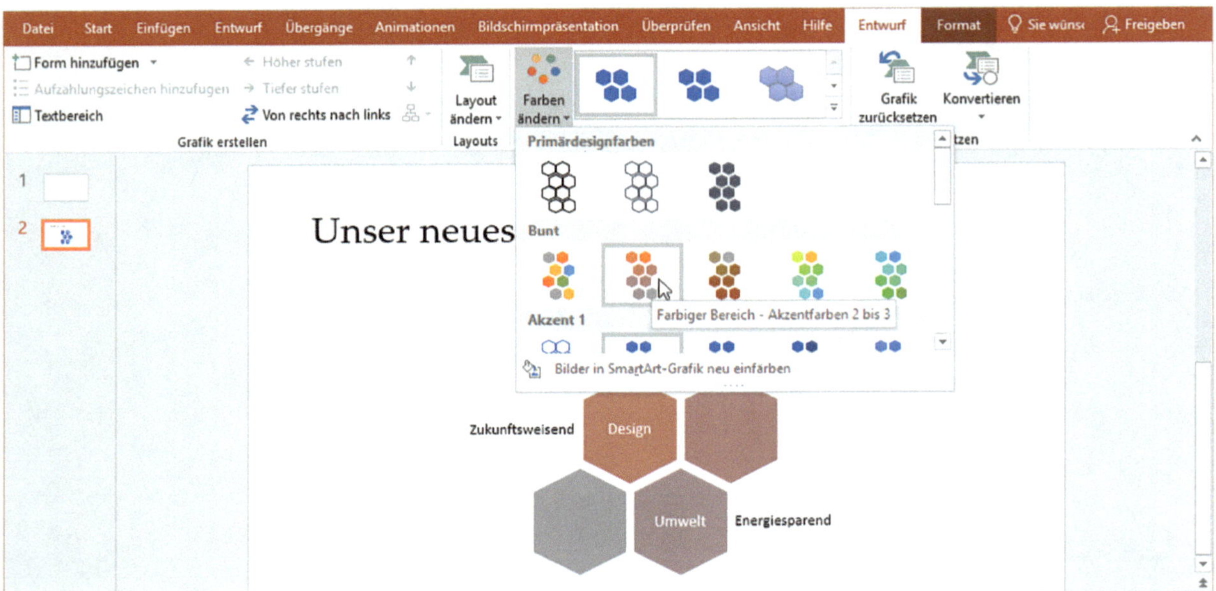

- Im selben Register finden Sie *SmartArt-Formatvorlagen* mit verschiedenen Effekten, darunter auch in 3D. Klicken Sie auf den Pfeil *Weitere* ▾, um den gesamten Katalog zu öffnen (siehe Bild unten).

Bild 7.5 Formatvorlage auswählen

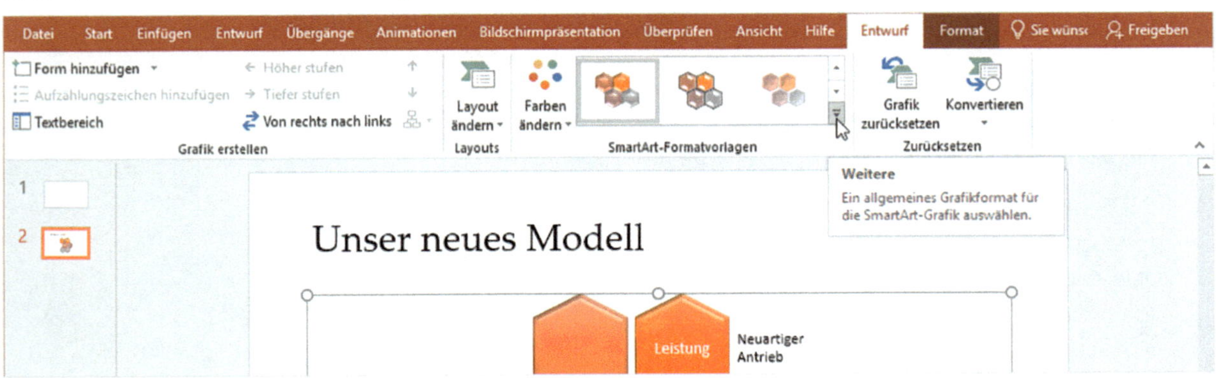

Tipp: Die Schaltfläche *Grafik zurücksetzen* entfernt alle nachträglich vorgenommenen Formatierungen und stellt das ursprüngliche Aussehen wieder her.

Einzelne Formen bearbeiten

Falls Sie statt der Vorlagen lieber einzelne Formen individuell gestalten möchten, dann verwenden Sie dazu im Register *SmartArt-Tools - Format* die Schaltflächen *Fülleffekt*, *Formkontur* und *Formeffekte* oder wählen aus dem Katalog *Formenarten*. In diesem Fall müssen Sie zuvor die betreffende Form markieren.

Die Formatierungsmöglichkeiten selbst unterscheiden sich nicht von den der Formen. Diese wurden in Kapitel 6.4 bereits ausführlich beschrieben.

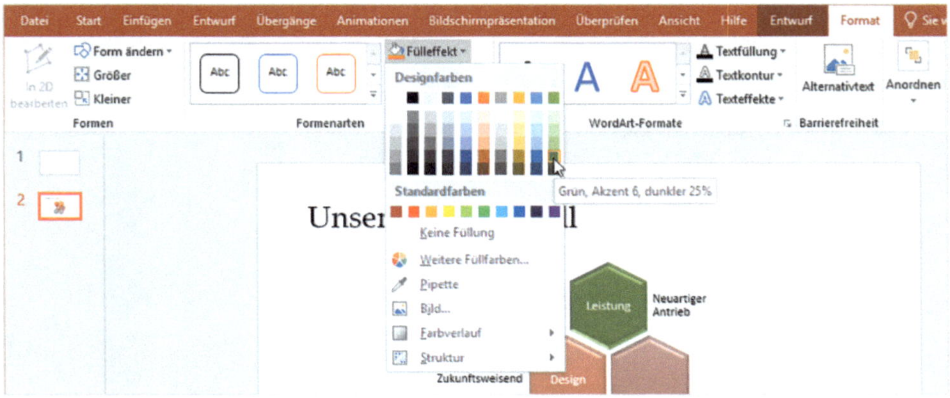

Bild 7.6 Markierte Form formatieren: Beispiel Fülleffekt

Formen vergrößern/verkleinern

In manchen Fällen kann es sinnvoll sein, eine bestimmte Form nicht nur durch eine andere Farbe, sondern auch durch ihre Größe besonders hervorzuheben. So ist im Beispiel unten im Bild links die kostenlose Erstberatung nicht sofort auf den ersten Blick ersichtlich. Wenn Sie diese Form etwas vergrößern möchten, dann markieren Sie sie und klicken im Register *SmartArt-Tools - Format* mehrmals auf die Schaltfläche *Größer* (Gruppe *Formen*). Jeder Klick vergrößert um eine Stufe. Zum Verkleinern benutzen Sie die Schaltfläche *Kleiner*. Die Größe der übrigen Formen passt sich automatisch entsprechend an, wie im Bild rechts zu sehen.

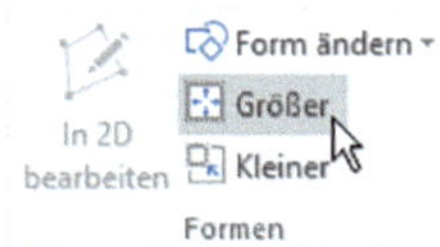

Bild 7.7 Einzelne Formen bearbeiten

Form löschen

Überzählige Formen markieren Sie mit einem Mausklick und entfernen diese anschließend mit der Entf-Taste.

Weitere Formen hinzufügen

Wenn Sie noch weitere Formen benötigen, dann klicken Sie im Register *SmartArt-Tools - Format*, Gruppe *Grafik erstellen*, auf den Dropdown-Pfeil der Schaltfläche *Form hinzufügen* und wählen die gewünschte Position der neuen Form.

Achtung: Die Position der neuen Form orientiert sich an der aktuellen Markierung! Im Beispiel im Bild unten haben Sie die Möglichkeit, die neue Form nach oder vor dem markierten Element (3. Schritt) einzufügen.

Beachten Sie auch, dass die angebotenen Möglichkeiten abhängig sind vom SmartArt-Layout. *Form darüber* bzw. *darunter einfügen* steht nur in hierarchischen Layouts zur Verfügung.

Bild 7.8 Form hinzufügen

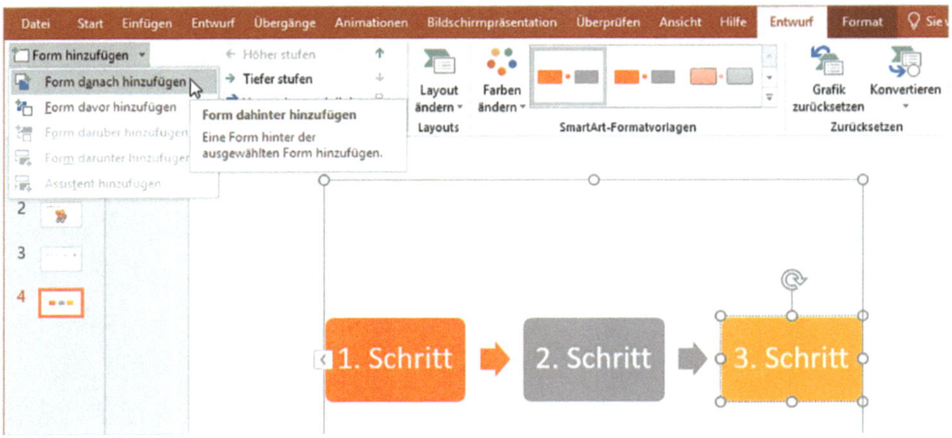

Mit dem Hinzufügen weiterer Formen wird nicht die Größe des gesamten SmartArt-Objekts angepasst, sondern die einzelnen Formen samt Schriftgröße automatisch entsprechend verkleinert. Um bei einer Vielzahl von Formen zu vermeiden, dass die Schrift zu klein gerät, sollten Sie überlegen, ob Sie in der Folie wirklich auch noch einen Folientitel benötigen bzw. ob nicht eine entsprechende Beschriftung in Form eines Textfeldes ausreichend ist. Zudem können Sie das gesamte SmartArt-Objekt mit der Maus über die Ziehpunkte vergrößern, wie im Bild unten.

Bild 7.9 Weitere Formen

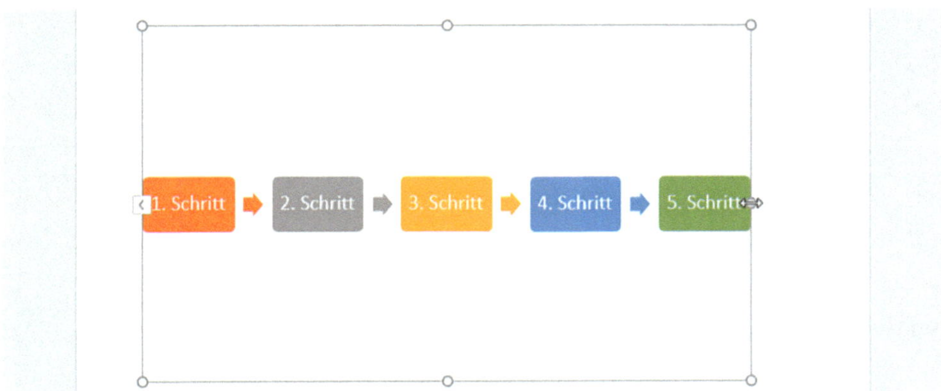

Beispiel Organisationsdiagramm

Dieser Typ SmartArt-Grafik erfordert meist viel Platz. Wählen Sie daher am besten ein leeres Layout oder nur mit Titel. Klicken Sie im Inhaltsplatzhalter oder im Register *Einfügen* auf das Symbol *SmartArt*, markieren Sie die Kategorie *Hierarchie* und wählen eine SmartArt-Grafik, die Ihren Vorstellungen am nächsten kommt. Für das folgende Beispiel wurde *Organigramm mit Name und Titel* verwendet. Geben Sie zunächst, wie im Bild unten, Namen und Funktion in die vorhandenen Platzhalter ein.

1 Mitarbeiter hinzufügen

In diesem Beispiel wird für die IT-Abteilung eine weitere Form benötigt, rechts von der Produktionsleiterin Sandra Paul. Markieren Sie diese Form, klicken Sie auf *Form hinzufügen* und wählen Sie *Form danach hinzufügen*.

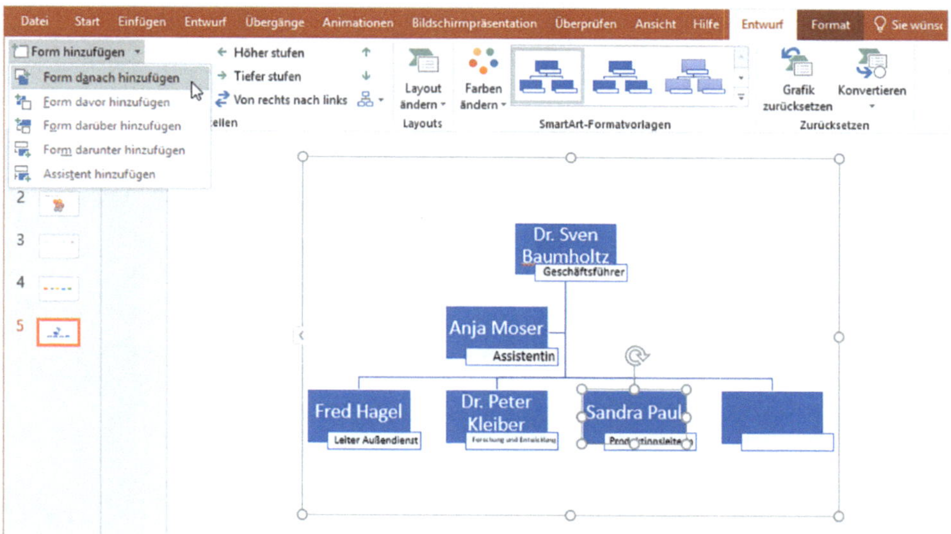

Bild 7.10 Form danach einfügen

Tipp: Verbreitern Sie das gesamte SmartArt-Objekt, um wieder eine etwas größere Schrift zu erhalten.

2 Weitere Formen für die Mitarbeiter der Abteilungen hinzufügen

Markieren Sie den Leiter der ersten Abteilung und klicken Sie erneut auf *Form hinzufügen*. Wählen Sie diesmal *Form darunter hinzufügen*. Um derselben Abteilung noch einen weiteren Mitarbeiter hinzuzufügen, müssen Sie erneut den Leiter markieren und wieder *Form darunter hinzufügen* wählen.

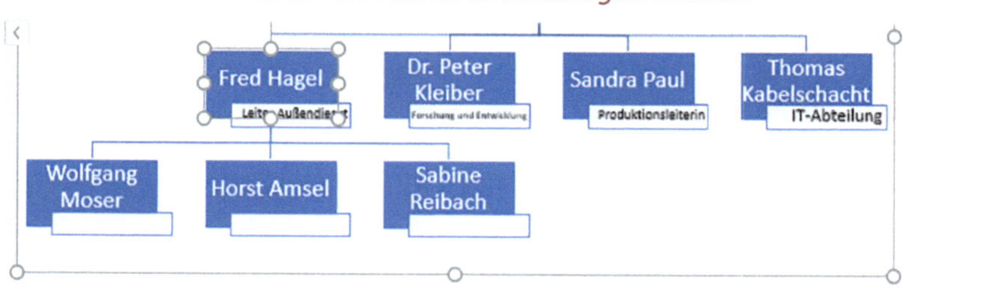

Bild 7.11 Markieren Sie jeweils den Leiter und wählen Sie Form darunter hinzufügen

3 Anordnung bzw. Organigrammlayout ändern
Ein Organigramm ordnet die Mitarbeiter jeder Ebene standardmäßig nebeneinander an. Hier lässt sich Platz sparen, wenn Sie stattdessen die Mitarbeiter der untersten Ebene untereinander anbringen. Dazu markieren Sie den jeweiligen Leiter in der übergeordneten Ebene und klicken in der Gruppe *Grafik erstellen* auf die Schaltfläche *Layout*. Wählen Sie dann *Links hängend* oder *Rechts hängend* wie im Bild unten.

4 Farben und Formatvorlagen für das Organigramm wählen Sie, wie oben beschrieben.

Bild 7.12 Anordnung der untergeordneten Ebene ändern

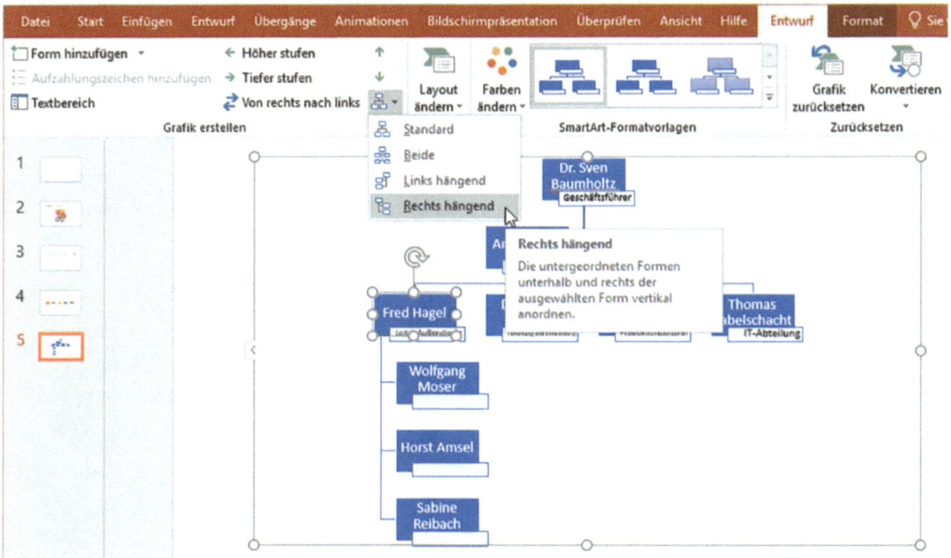

Anordnung der Formen ändern

Versehentlich in der falschen Ebene oder Reihenfolge angesiedelte Formen lassen sich nachträglich umstellen. Markieren Sie dazu die betreffende Form und benutzen Sie die Schaltflächen der Gruppe *Grafik umstellen* (Register *SmartArt-Tools - Entwurf*). Verschieben mit der Maus bringt in diesem Fall dagegen nicht den gewünschten Effekt.

- **Höher/tiefer stufen**
  In hierarchisch angeordneten Layouts, z. B. Organigramm, verwenden Sie die Schaltflächen *Höher stufen* ❶ und *Tiefer stufen*, um das markierte Element um jeweils eine Ebene höher oder tiefer zu stufen. Im Bild unten kann so z. B. der Außendienstmitarbeiter Wolfgang Moser auf die gleiche Ebene wie der Leiter Außendienst gebracht werden.

- **Reihenfolge innerhalb einer Ebene ändern**
  Mit den Schaltflächen *Nach oben* und *Nach unten* ❷ können Sie dagegen die Reihenfolge innerhalb einer Ebene ändern. Benutzen Sie diese Schaltflächen

auch, um in einem Organigramm eine Form innerhalb einer Ebene nach links (= nach oben) oder rechts (= nach unten) zu verschieben.

- **Ein anderes Layout wählen**
  Falls Sie nachträglich das Layout komplett ändern möchten, so klicken Sie im Register *SmartArt-Tools - Entwurf* in der Gruppe *Layouts* ❸ auf *Weitere* und wählen das gewünschte Layout. Alle Inhalte und bereits vorgenommene Formatänderungen, z. B. Farben, werden in das neue Layout übernommen.

Bild 7.13 Markierte Form höher stufen

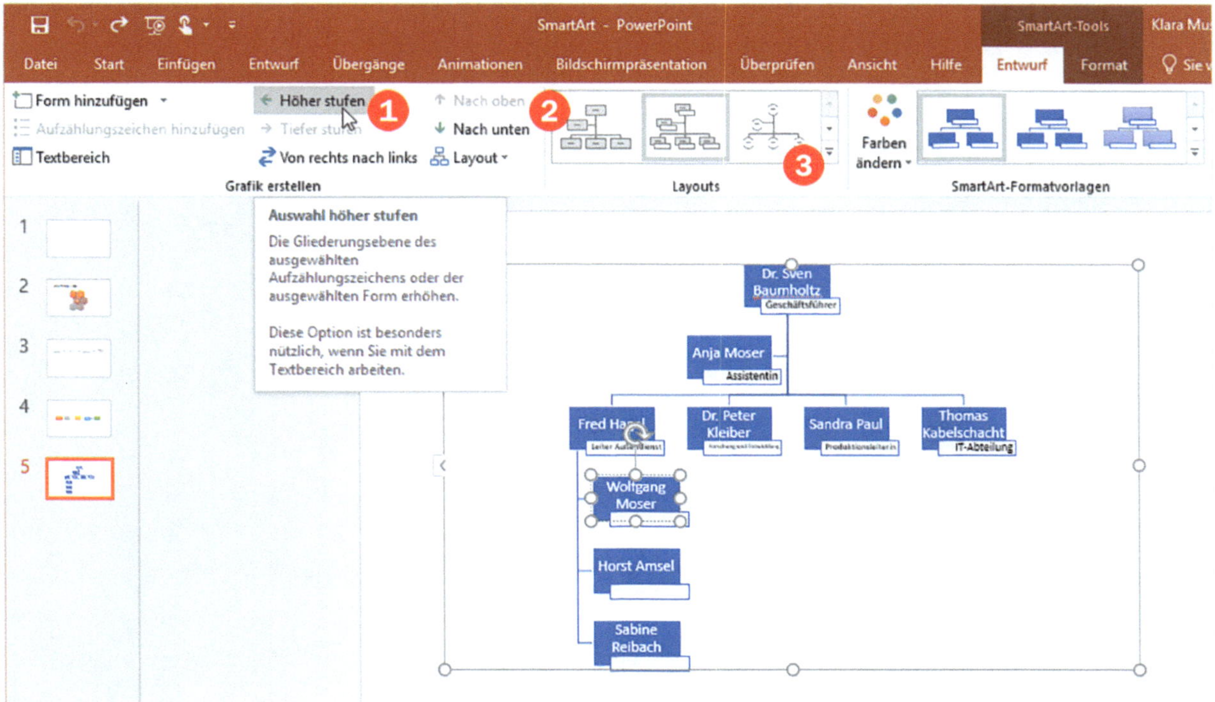

SmartArt in Text oder einzelne Formen konvertieren

In Formen konvertieren

Falls Sie anschließend jede Form einzeln noch weiter bearbeiten möchten, können Sie die SmartArt-Grafik auch in einzelne Formen (siehe Kap. 6.3) zerlegen bzw. konvertieren. Dazu klicken Sie im Register *SmartArt-Tools - Entwurf*, Gruppe *Zurücksetzen* auf *Konvertieren* und wählen hier *In Formen konvertieren*.

Dies ist beispielsweise erforderlich, wenn Sie nicht das gesamte SmartArt-Objekt, sondern nur einzelne Formen bzw. deren Inhalte animieren möchten.

Wichtig: Vorheriges Markieren einzelner Formen ist beim Konvertieren nicht erforderlich, da immer die gesamte SmartArt-Grafik umgewandelt wird. Alle Formatierungen und Textinhalte bleiben erhalten.

In Text konvertieren

Mit Klick auf *Konvertieren* und die Auswahl *In Text konvertieren* werden die Formen entfernt und alle enthaltenen Texte in Einzelabsätze umgewandelt, wobei die Hierarchie in Form von Einrückungen beibehalten wird.

SmartArt aus Text erstellen

Vorhandener Text im Standardlayout, z. B. Absätze mit Aufzählungszeichen, lässt sich auch nachträglich in eine SmartArt-Grafik umwandeln. Markieren Sie dazu einfach den gesamten Platzhalter bzw. das Textfeld und klicken Sie im Register *Start*, Gruppe *Absatz* auf *In SmartArt konvertieren*. Zunächst sehen Sie hier nur eine kleine Auswahl. Der gesamten Katalog (siehe Seite 232) wird geöffnet, wenn Sie auf *Weitere SmartArt-Grafiken...* klicken.

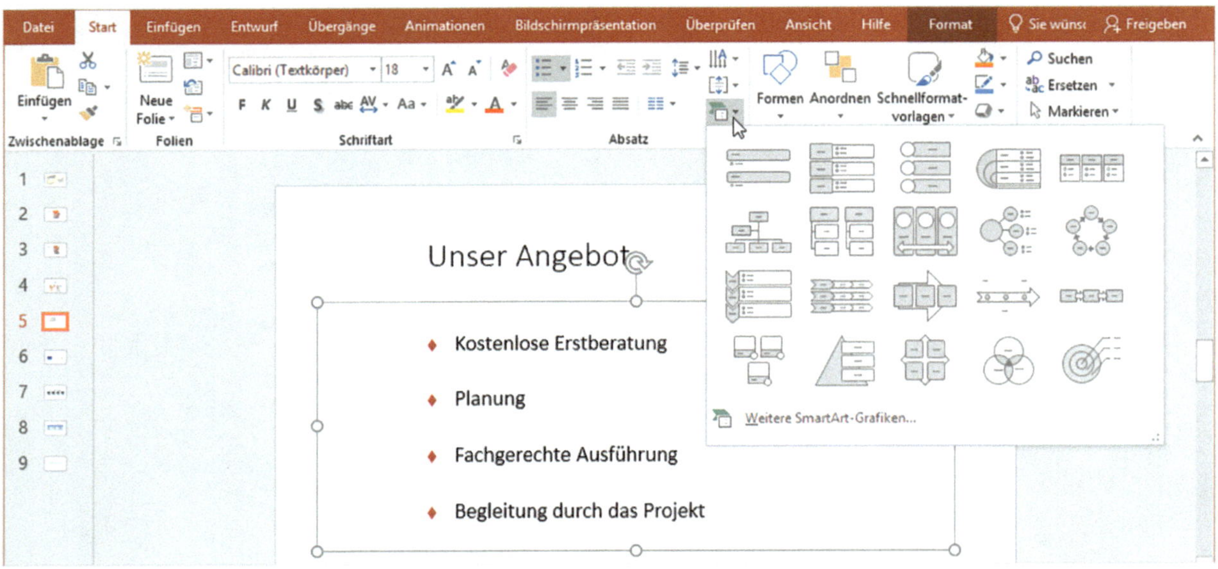

Bild 7.14 Absätze in SmartArt umwandeln

SmartArt-Grafik mit Bildern

In der Kategorie *Grafik* stellt PowerPoint verschiedene SmartArt-Layouts zur Verfügung, mit denen Sie auch Bilder anordnen oder dem Text Bilder hinzufügen können, siehe Bild 7.15.

1 Dazu öffnen Sie, wie oben beschrieben, das Fenster *SmartArt-Grafik auswählen*. Klicken Sie hier auf die Kategorie *Grafik*. **Achtung**: Im Gegensatz zu den übrigen Layouts sollte ein Grafiklayout nach Möglichkeit nachträglich nicht mehr geändert werden.

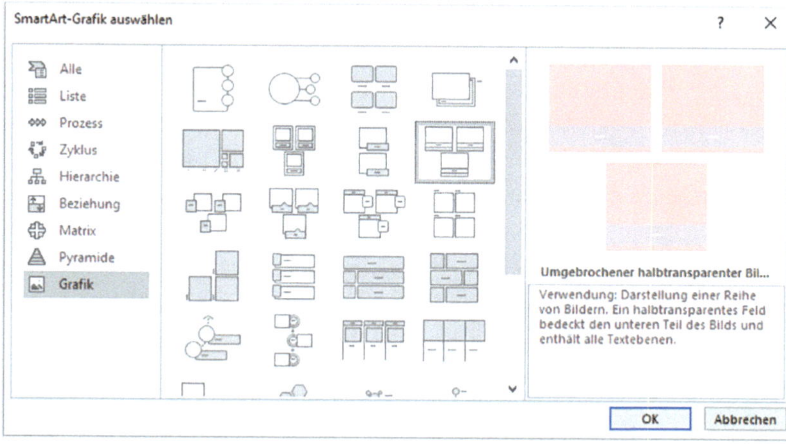

Bild 7.15 SmartArt für Grafik wählen

2 Zum Einfügen eines Bildes klicken Sie im Platzhalter auf das Symbol *Grafik einfügen* ❶ und wählen anschließend zwischen *Aus Datei*, *Onlinebildern* und *Piktogrammen.* In die Textfelder geben Sie den dazugehörigen Text ein.

3 Falls Sie Piktogramme verwenden wie im Beispiel unten, können Sie über die Schaltfläche *Farben ändern* ❷ (*SmartArt-Tools* - *Entwurf*) auch die Piktogramme passend einfärben. Dazu aktivieren Sie über die Schaltfläche *Farben ändern* das Symbol *Bilder in SmartArt-Grafik neu einfärben* ❸. Dies funktioniert übrigens auch, wenn Sie eine Grafik aus einer Datei eingefügt haben.

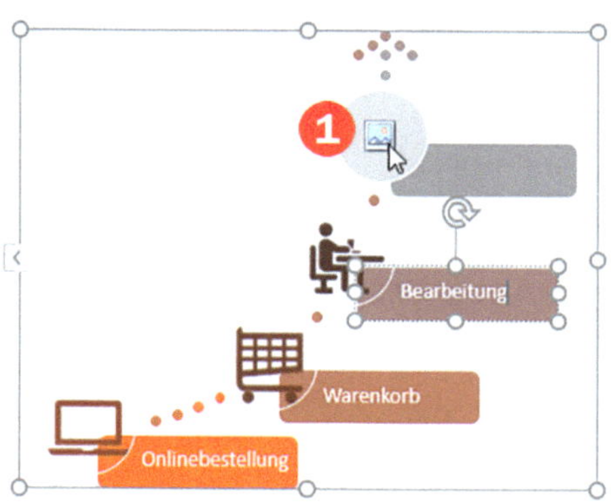

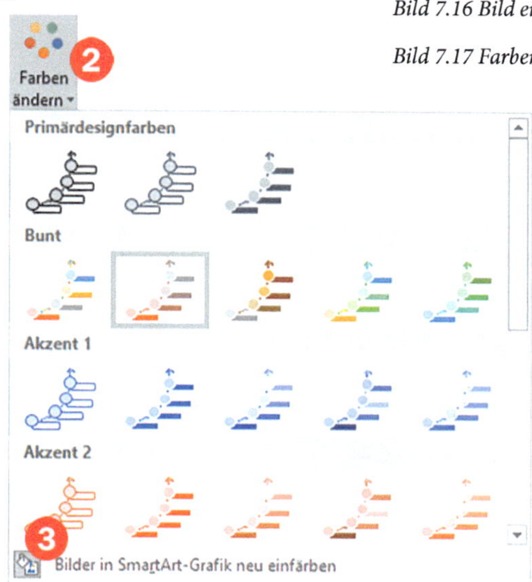

Bild 7.16 Bild einfügen

Bild 7.17 Farben ändern

Hinweis: Wenn Sie ein Layout der Kategorie *Grafik* gewählt haben, wird die Bildgröße beim Einfügen automatisch angepasst, ohne das Seitenverhältnis zu verändern. Problematisch wird es hingegen, wenn Sie nachträglich über *SmartArt-Tools* - *Entwurf* ▶ *Layouts in anderes Layout* wählen. Dann können die Bilder unter Umständen abgeschnitten oder verzerrt werden.

7.2 Inhalte in Tabellen ausrichten

Tabellen müssen nicht unbedingt Zahlen enthalten, auch Text lässt sich manchmal in Spalten ausgerichtet und damit in Tabellenform übersichtlicher darstellen. Vielen Anwendern dürfte der Umgang mit Tabellen bereits von Microsoft Word her bekannt sein. Dann können Sie diesen Punkt beruhigt überspringen.

Tabelle einfügen

Auch Tabellen fügen Sie am einfachsten über das Symbol des Platzhalters ein. Klicken Sie auf das Symbol *Tabelle einfügen* und legen Sie im gleichnamigen Dialogfenster die vorläufige Anzahl der benötigten Zeilen und Spalten fest.

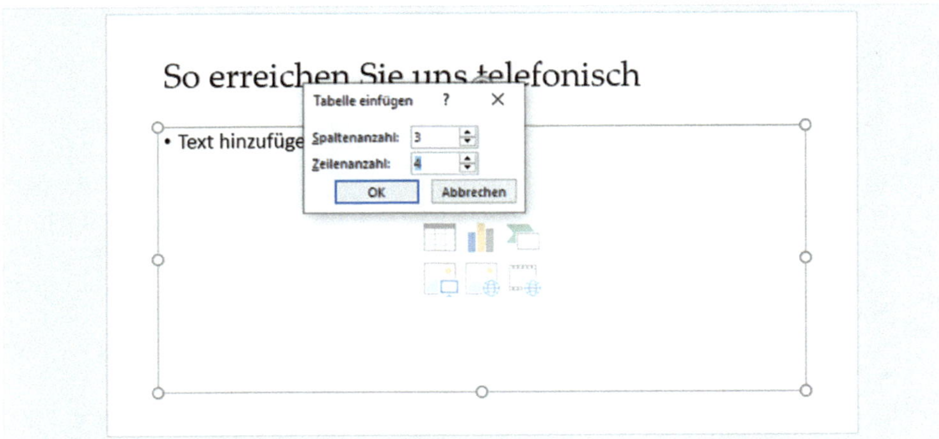

Bild 7.18 Tabelle einfügen und Anzahl Zeilen und Spalten eingeben

> Weitere Tabellenzeilen werden während der Eingabe automatisch angefügt, wenn Sie am Ende der Tabelle die Tab-Taste betätigen. Die genaue Anzahl der Zeilen ist daher nicht unbedingt erforderlich. Auch Spalten können nachträglich jederzeit und an beliebiger Stelle eingefügt werden.

PowerPoint fügt in die Folie eine bereits formatierte Tabelle ein. Alle Spalten erhalten zunächst die gleiche Breite und die gesamte Tabellenbreite richtet sich nach der Größe des Platzhalters. Spaltenbreite und Aussehen der Tabelle lassen sich schnell ändern, Näheres hierzu weiter unten.

Tabelle über eine Schaltfläche einfügen

Eine weitere Möglichkeit zum Einfügen einer Tabelle, z. B. in eine leere Folie ohne Platzhalter, finden Sie im Menüband im Register *Einfügen*. Ein Klick auf die Schaltfläche *Tabelle* öffnet ein Raster, in dem Sie mit der Maus die Tabellengröße festlegen. Bewegen Sie dazu den Mauszeiger im Raster über die benötigte Anzahl an Zeilen und Spalten, gleichzeitig erhalten Sie in der Folie eine Vorschau auf die Tabelle. Zum Übernehmen klicken Sie im Raster in die rechte untere Ecke.

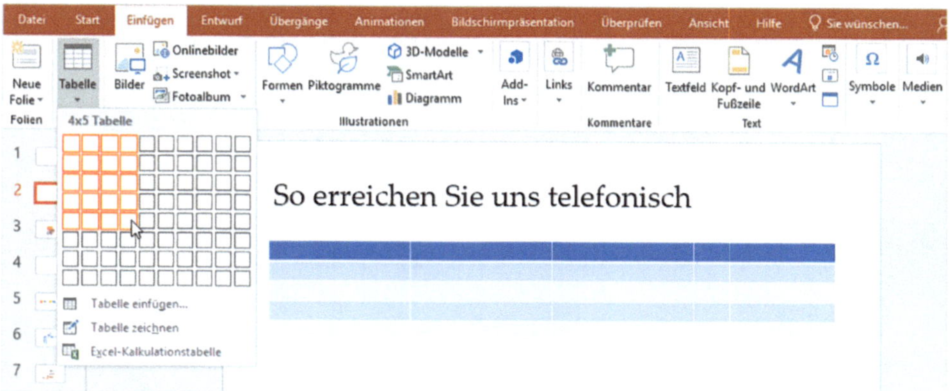

Bild 7.19 Zeilen und Spalten über ein Raster festlegen

Achtung: Die Position der Tabelle richtet sich bei dieser Methode nach dem Folienlayout. Ist ein entsprechender Platzhalter vorhanden, so wird die Tabelle automatisch hier eingefügt. Enthält die Folie dagegen nur einen Titel, so wird dieser ignoriert und die Tabelle am oberen Rand eingefügt. Dies gilt auch für das Layout *Leer*.

Texteingabe in Tabellen

Klicken Sie mit der Maus in die erste Zelle der Tabelle und geben Sie Ihren Text ein. Mit der Tab-Taste bewegen Sie anschließend den Cursor in die nächste Zelle nach rechts bzw. am Ende einer Tabellenzeile in die erste Zelle der nächsten Zeile. Per Mausklick können Sie auch eine bestimmte Zelle zur Texteingabe auswählen. Als Alternative benutzen Sie die Pfeiltasten der Tastatur.

Achtung: Mit Drücken der Enter (Eingabe)-Taste erzeugen Sie innerhalb der Tabellenzelle einen Absatzumbruch!

- Sollte der Text länger sein, als es die Breite der Spalte zulässt, dann erfolgt in der Zelle ein automatischer Zeilenumbruch. Sie können aber auch durch Drücken der Eingabetaste innerhalb einer Zelle eine neue Zeile bzw. einen neuen Absatz beginnen.
- Wenn sich der Cursor in der letzten Zelle der letzten Tabellenzeile befindet, dann können Sie während der Eingabe durch Drücken der Tab-Taste noch weitere Zeilen an die Tabelle anfügen.

So bewegen Sie sich in Tabellen

Sie möchten...	Taste
Cursor in die nächste Zelle rechts	Tab-Taste (Tabulator) oder Pfeiltaste rechts
Cursor in die nächste Zelle links	Umschalt+Tab oder Pfeiltaste links
Zeile nach oben	Pfeiltaste oben
Zeile nach unten	Pfeiltaste unten

Sie möchten...	Taste
An den Beginn der nächsten Zeile	Tab-Taste (nur wenn sich der Cursor am Ende einer Zeile befindet)
Neue Zeile an die Tabelle anfügen	Tab-Taste (nur wenn sich der Cursor am Ende der letzten Zeile befindet)
Neuer Absatz in der Zelle	Eingabetaste

Tabellenlayout anpassen

Tabelle verschieben

Die gesamte Tabelle verhält sich wie ein Objekt, leicht zu erkennen an den Ziehpunkten des Markierungsrahmens. Sie können daher nicht nur die Größe des Objekts ändern, sondern auch die Tabelle mit der Maus verschieben. Dazu zeigen Sie an eine beliebige Stelle des Markierungsrahmens, ausgenommen die Ziehpunkte, bis am Mauszeiger vier Richtungspfeile erscheinen. Verschieben Sie anschließend die Tabelle mit gedrückter Maustaste an die gewünschte Position.

Bild 7.20 Tabelle verschieben

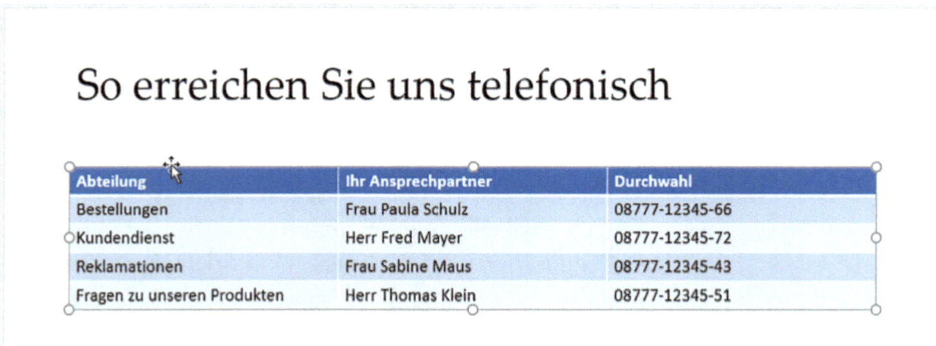

Spaltenbreite und Zeilenhöhe anpassen

Spaltenbreite und Zeilenhöhe ändern Sie am einfachsten wieder mit der Maus und achten dabei auf den Mauszeiger. Sobald ein Doppelpfeil sichtbar wird, können Sie mit gedrückter Maustaste Änderungen vornehmen.

- **Spaltenbreite**
  Zeigen Sie auf eine Begrenzungslinie zwischen den Spalten und ziehen Sie dann mit gedrückter Maustaste nach rechts oder links. Dies funktioniert nur mit den inneren Spaltenbegrenzungen, die Gesamtbreite der Tabelle ändert sich nicht.

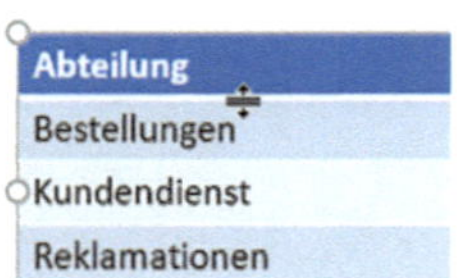

- **Zeilenhöhe**
  Zeigen Sie innerhalb der Tabelle auf die untere Begrenzungslinie der Zeile und ziehen Sie dann zum Verbreitern mit gedrückter Maustaste nach unten oder zum Verkleinern nach oben.

- **Höhe und Breite der gesamten Tabelle ändern**
  Möchten Sie Höhe und/oder Breite der gesamten Tabelle ändern, dann benutzen Sie dazu die Ziehpunkte am Markierungsrahmen. Spaltenbreite und Zeilenhöhe werden proportional beibehalten, d. h. wenn Sie auf diese Weise die Tabellenhöhe ändern, dann ändert sich dadurch automatisch die Höhe aller Zeilen.

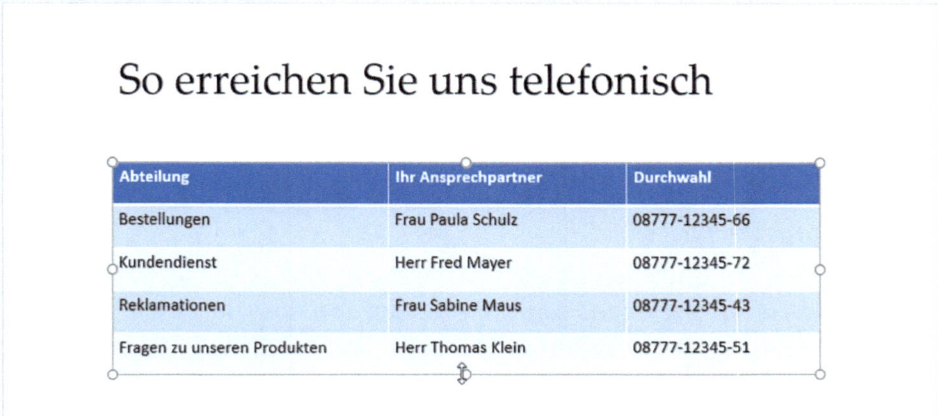

Bild 7.21 Größe der gesamten Tabelle proportional ändern

- **Genaue Maße festlegen**
  Möchten Sie genaue Maße für Zeilen und Spalten angeben, dann benutzen Sie dazu im Register *Tabellentools - Layout* die Felder der Gruppe *Zellengröße* ❶.

  Die genaue Größe der Tabelle legen Sie dagegen im selben Register über die Felder der Gruppe *Tabellengröße* ❷ fest. Falls gewünscht, können Sie hier auch das Seitenverhältnis sperren ❸.

Bild 7.22 Zellengröße und Textausrichtung

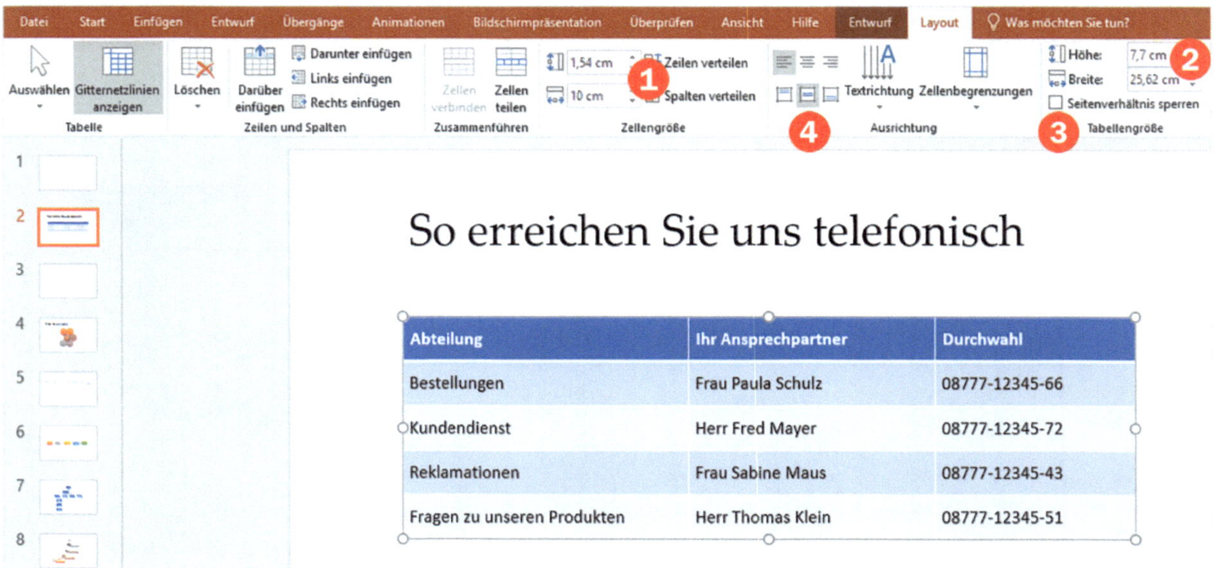

Tipp: Standardmäßig wird in Tabellen der Zellinhalt am oberen Rand ausgerichtet. Falls Sie die vertikale Textausrichtung ändern möchten, dann markieren Sie die Tabelle oder die betreffenden Zeilen und benutzen die Symbole der Gruppe *Ausrichtung* im Register *Layout* ❹ (Bild oben).

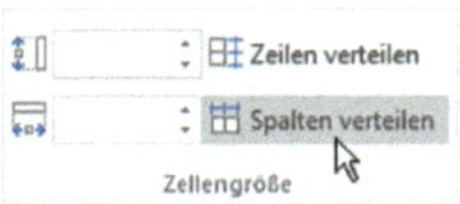

- **Gleiche Spaltenbreite/Zeilenhöhe**
  Sollen mehrere Spalten exakt die gleiche Breite erhalten, dann markieren Sie die betreffenden oder die gesamte Tabelle und klicken im Register *Layout*, Gruppe *Zellengröße* auf das Symbol *Spalten verteilen*. Dadurch wird der verfügbare Platz gleichmäßig auf die Spalten aufgeteilt. Für die Zeilenhöhe verwenden Sie das Symbol *Zeilen verteilen*.

Zeilen und Spalten hinzufügen

Wie Sie während der Eingabe und auch später weitere Zeilen am Ende der Tabelle einfügen, haben Sie oben gesehen. PowerPoint verfügt aber noch über weitere Möglichkeiten, die Sie in den *Tabellentools* - Register *Layout* finden.

Um Zeilen oder Spalten an beliebiger Stelle in die Tabelle einzufügen, verwenden Sie im Register *Layout* die Schaltflächen der Gruppe *Zeilen und Spalten*. Eine neue Spalte kann entweder links oder rechts von derjenigen Spalte eingefügt werden, in der sich der Cursor gerade befindet. Gleiches gilt auch für das Einfügen von Zeilen. Das Beispiel im Bild unten fügt eine neue Spalte rechts von der Spalte Ansprechpartner ein.

Bild 7.23 Spalte rechts einfügen

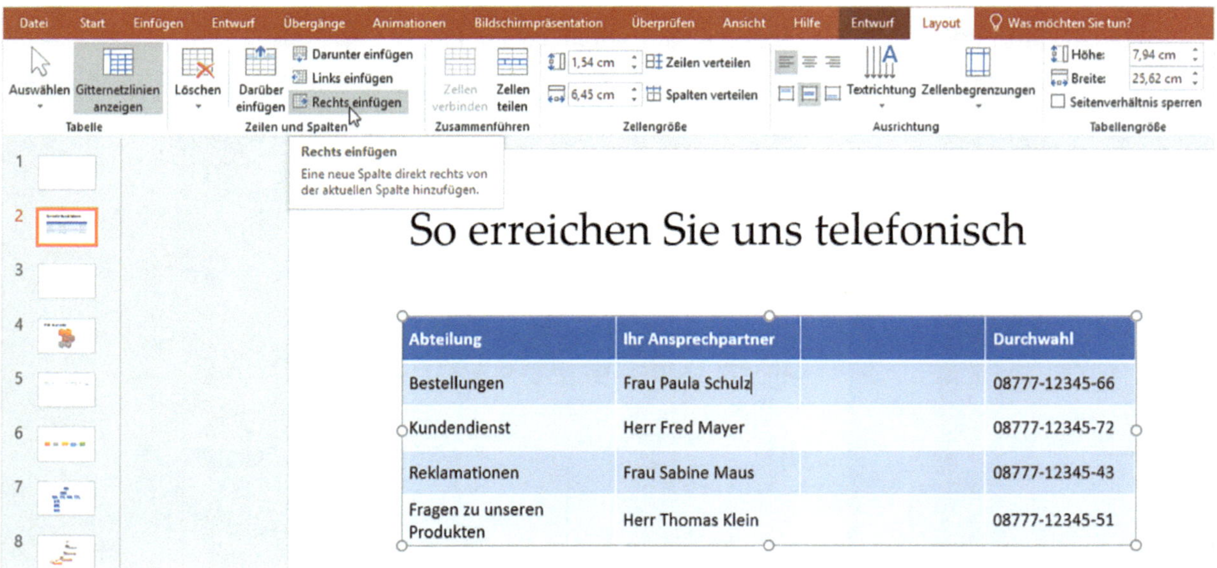

Beachten Sie, dass eine neu eingefügte Spalte automatisch das Aussehen der aktuellen Spalte erhält, z. B. rechtsbündige Ausrichtung. Dasselbe gilt auch beim Einfügen von Zeilen. Eine Ausnahme bilden abwechselnde Zeilenfarben von Formatvorlagen. Wurde die Tabelle mit einer solchen Vorlage formatiert, so passen sich die Farben beim Einfügen weiterer Zeilen automatisch an.

Spalten, Zeilen oder Tabelle löschen

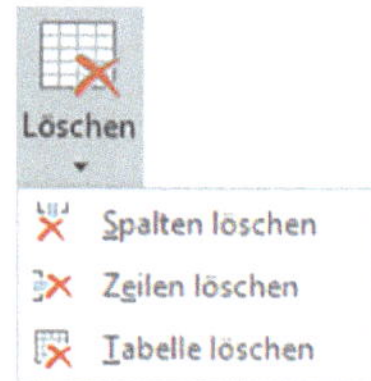

Klicken Sie in die betreffende Tabellenzeile oder -spalte und im Register *Layout* auf die Schaltfläche *Löschen*. Es erscheint ein Menü und Sie können wählen, ob Sie die aktuelle Zeile, Spalte oder die gesamte Tabelle löschen möchten. Die zu löschende Zeile oder Spalte muss nicht markiert sein. Es genügt, wenn sich der Cursor in einer beliebigen Zelle dieser Zeile bzw. Spalte befindet.

Tipp: Die gesamte Tabelle können Sie außerdem löschen, wenn Sie auf eine beliebige Stelle des Markierungsrahmens klicken und anschließend auf der Tastatur die Entf-Taste oder die Korrektur-Taste betätigen.

Zellen verbinden und teilen

Mit der Schaltfläche *Zellen verbinden*, die Sie im Register *Layout* unter *Zusammenführen* finden, können Sie mehrere neben- oder übereinander liegende Zellen zu einer einzigen verbinden, etwa wenn Sie über mehrere Spalten eine gemeinsame Überschrift oder am Tabellenende Platz für Anmerkungen benötigen, wie im Bild unten. Die Schaltfläche ist nur aktiv, wenn mindestens zwei Zellen einer Tabelle markiert sind.

Mit der Schaltfläche *Zellen teilen* teilen Sie die aktuelle Zelle in die gewünschte Anzahl Spalten oder Zeilen auf. Diese erhalten automatisch die gleiche Breite bzw. Höhe.

Bild 7.24 Markierte Zellen verbinden

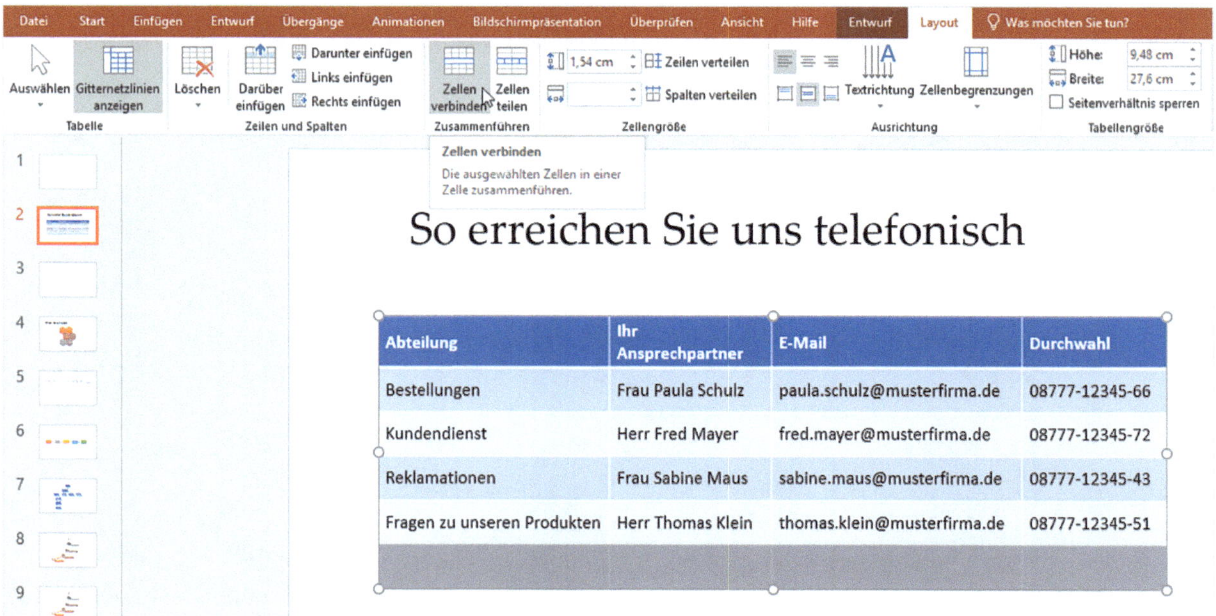

Tabelle formatieren

Zeilen und Spalten markieren

Zum Formatieren des Tabellentextes können Sie alle bekannten Möglichkeiten der Zeichen- und Absatzformatierung verwenden. Die Tabellenzellen dagegen lassen sich wie Formen mit Schattierung bzw. Füllfarbe, Rahmenlinien und Effekten formatieren. Vorab einige Techniken, wie Sie in einer Tabelle schnell Zeilen und Spalten markieren.

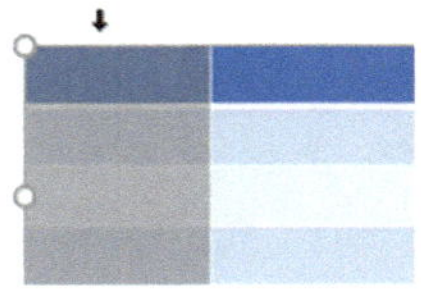

- **Gesamte Spalte markieren**
  Zeigen Sie mit der Maus an eine Stelle oberhalb der betreffenden Spalte. Als Mauszeiger erscheint ein nach unten weisender Pfeil und ein Klick markiert die gesamte Spalte.

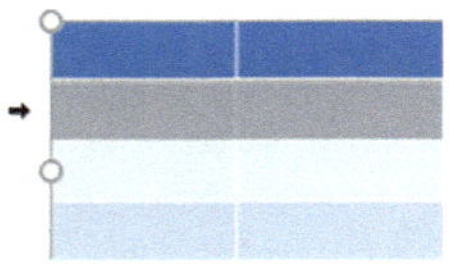

- **Gesamte Zeile markieren**
  Zeigen Sie mit der Maus an den Rand, links von der Zeile. Als Mauszeiger erscheint ein waagrechter Pfeil.

- **Eine einzelne Zelle markieren**
  Zeigen Sie an den linken Rand der Zelle. Hier erhalten Sie als Mauszeiger einen schräg nach oben weisenden Pfeil (Bild 7.25) und ein Klick markiert diese Zelle.

  Haben Sie nur eine einzelne Zelle oder Text in einer Zelle markiert, erscheint in der Folie automatisch eine Minisymbolleiste mit den wichtigsten Schrift- und Ausrichtungsformaten.

Mit Ausnahme einzelner Zellen können Sie zum Markieren auch im Register *Layout* die Schaltfläche *Auswählen* benutzen (Bild 7.26).

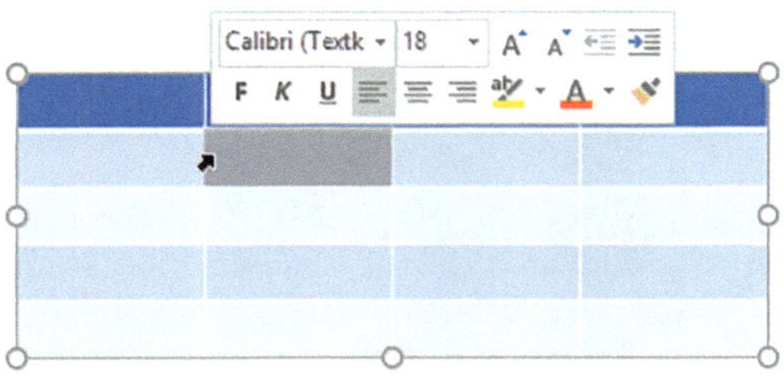

Bild 7.25 Zelle markieren

Bild 7.26 Schaltfläche Auswählen

Formatvorlagen nutzen

Im Register *Tabellentools - Entwurf* finden Sie in der Gruppe *Tabellenformatvorlagen* einige Vorlagen in den Designfarben, die Sie per Mausklick übernehmen können. In diesem Fall ist kein vorheriges Markieren von Zeilen und Spalten erforderlich. Es genügt, wenn sich der Cursor in der Tabelle befindet bzw. der Markierungsrahmen sichtbar ist.

Mit einem Klick auf die Schaltfläche *Weitere* ❶ öffnen Sie den gesamten Katalog der Formatvorlagen und erhalten so einen besseren Überblick. Sobald Sie auf eine Vorlage zeigen, sehen Sie in der Folie eine Vorschau. Erst mit einem Klick wird die Vorlage übernommen.

Im selben Register *Entwurf* können Sie anschließend mit den Kontrollkästchen der Gruppe *Optionen für Tabellenformat* ❷ steuern, ob Sie Sonderformate, z. B. für die Überschrift- oder Ergebniszeile, erste oder letzte Spalte, ebenfalls in die Tabelle übernehmen möchten.

Bild 7.27 Tabellenformatvorlagen anzeigen

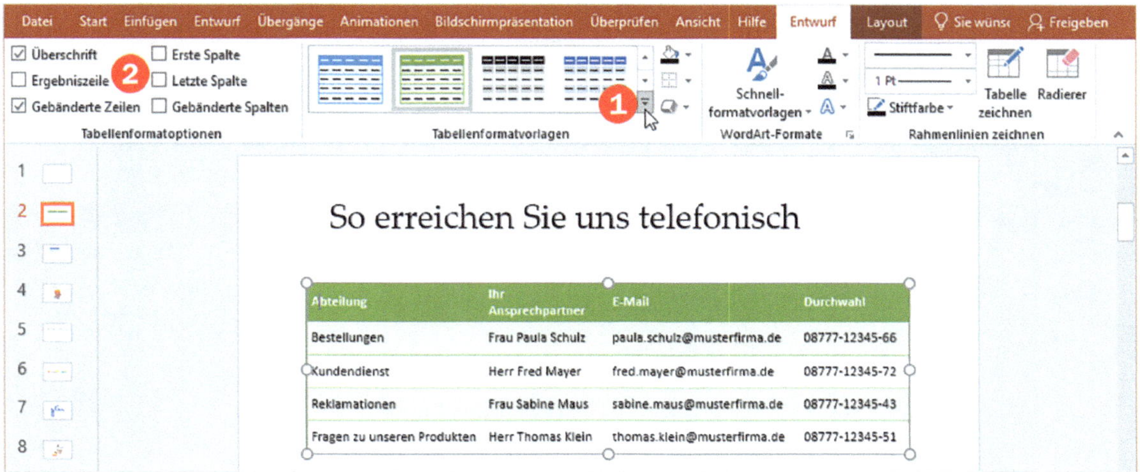

Tipp: Falls Sie eine Tabelle ausschließlich zum Ausrichten von Text, aber ohne Formate benötigen, weisen Sie der Tabelle aus dem Vorlagenkatalog die erste Vorlage oben links, *Keine Formatvorlage*, zu. Damit zur Bearbeitung trotzdem die Zellbegrenzungen auf dem Bildschirm sichtbar sind, sollten Sie die Gitternetzlinien einblenden, siehe unten.

Gitternetzlinien anzeigen

Im Register *Tabellentools - Layout* ▶ *Tabelle* finden Sie die Schaltfläche *Gitternetzlinien anzeigen*. Diese sind nicht mit den Rahmenlinien der Tabelle zu verwechseln! Als Gitternetzlinien bezeichnet PowerPoint Hilfslinien, welche die Begrenzung von Spalten und Zeilen der Tabelle anzeigen. Diese sind in der Bildschirmpräsentation und auf dem Ausdruck nicht sichtbar. **Achtung:** Da es sich bei den Gitternetzlinien um weiße Linien handelt, sind diese nur vor dunklem Folienhintergrund sichtbar. Bei einem weißen Folienhintergrund erscheinen sie nur, wenn die Tabelle ohne Rahmen formatiert wurde und Sie Zellen markiert haben, wie im Bild unten rechts.

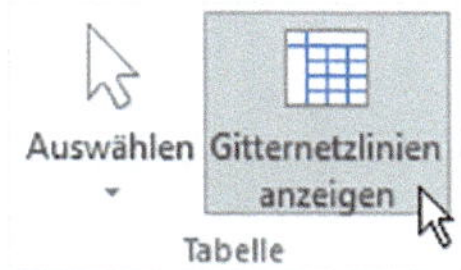

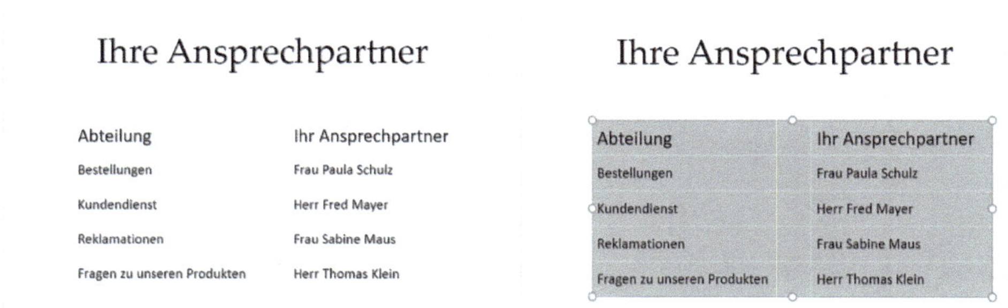

Bild 7.28 Tabelle ohne Rahmenlinien mit eingeblendeten Gitternetzlinien

Individuelle Formate zusammenstellen

Zusätzlich oder anstatt der Vorlagen können Sie die markierten Zeilen, Spalten oder Zellen auch mit den Schaltflächen *Schattierung*, *Rahmen* und *Tabelleneffekte* (Gruppe *Tabellenformatvorlagen*) individuell gestalten.

- Die Schaltfläche *Schattierung* erlaubt neben der Auswahl einer Farbe, eines Farbverlaufs oder Bildes als Hintergrund der markierten Zellen auch die Gestaltung des gesamten Tabellenhintergrunds. Wenn Sie hier auf *Tabellenhintergrund* klicken und eine Farbe oder ein Bild auswählen, dann erhält unabhängig von der Markierung immer die gesamte Tabelle den ausgewählten Hintergrund.

Vorsicht: Bilder werden automatisch den Abmessungen der Zelle oder Tabelle angepasst und dadurch möglicherweise verzerrt.

Bild 7.29 Zellhintergrund formatieren

- Mit der Schaltfläche *Effekte* können Sie der Tabelle oder den markierten Zellen Schatten- und Spiegelungseffekte zuweisen.
- Über die Schaltfläche *Rahmen* ❶ weisen Sie Rahmenlinien zu oder entfernen diese. Die verschiedenen Rahmenlinienvarianten, z. B. *Horizontale* oder *Vertikale Rahmenlinie innen*, beziehen sich immer auf die markierten Zellen.
  - Die Linienfarbe muss zuvor über die Schaltfläche *Stiftfarbe* ❷ (Gruppe *Rahmenlinien zeichnen*) festgelegt werden.
  - Eine abweichende Strichart und -stärke wählen Sie ebenfalls zuvor über die Felder ❸ dieser Gruppe aus.

Achtung: Falls Sie nachträglich die Linienfarbe ändern möchten, müssen Sie nach der Auswahl der Farbe die Linien erneut über die Schaltfläche *Rahmen* zuweisen.

Alternativ kann die Gestaltung mit Rahmenlinien auch durch Ziehen bzw. Zeichnen der Linien mit der Maus erfolgen. Wie Sie dabei vorgehen, erfahren Sie unten.

Rahmenlinien und Tabelle zeichnen

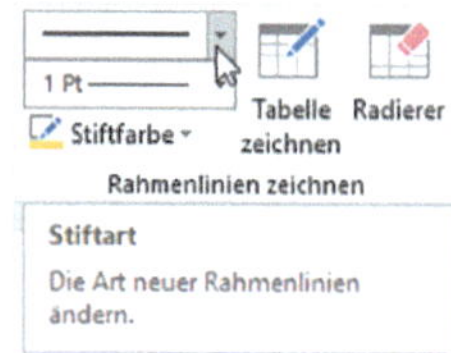

Einzelne Rahmenlinien können auch durch Zeichnen mit der Maus gestaltet werden. Die Werkzeuge dazu finden Sie im Register *Entwurf* in der Gruppe *Rahmenlinien zeichnen*. So gehen Sie vor:

1 Wählen Sie in der Gruppe *Rahmenlinien zeichnen* eine Stiftart (z. B. gestrichelt) sowie darunter die Stiftstärke und die -farbe aus.

2 Die Schaltfläche *Tabelle zeichnen* wird durch diese Auswahl automatisch aktiviert und Sie erhalten als Mauszeiger einen Stift. Sollte dies nicht der Fall sein, müssen Sie die Schaltfläche per Mausklick aktivieren.

3 Nun können Sie entweder einzelne Rahmenlinien anklicken oder mit gedrückter linker Maustaste Rahmenlinien zeichnen, wie im Bild unten.

Bild 7.30 Rahmenlinien zeichnen

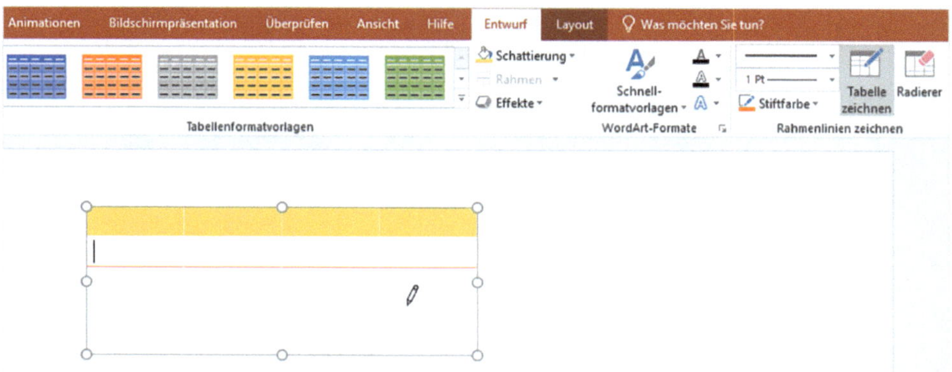

4 Den Zeichnen-Modus beenden Sie abschließend entweder durch Drücken der Esc-Taste oder deaktivieren Sie die Schaltfläche *Tabelle zeichnen* per Mausklick.

> **Achtung:** In dieser Gruppe finden Sie auch die Schaltfläche *Radierer*. Dieser entfernt allerdings nicht nur Linien, sondern verbindet auch gleichzeitig Zellen miteinander. Wie Sie nur Rahmenlinien entfernen, lesen Sie im nächsten Punkt.

Rahmenlinien entfernen

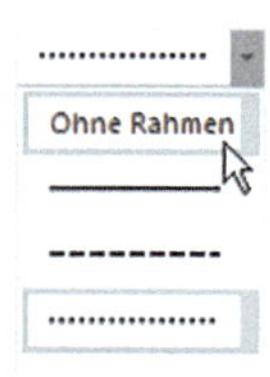

Um einzelne Rahmenlinien zu entfernen, müssen Sie die Stiftart *Ohne Rahmen* auswählen und anschließend die betreffenden Linien, wie oben beschrieben, anklicken oder nochmals nachzeichnen. Von der gesamten Tabelle entfernen Sie die Rahmenlinien am einfachsten, indem Sie die Tabelle oder die Zellen markieren und im Register *Entwurf* über die Schaltfläche *Rahmen* die Einstellung *Kein Rahmen* wählen.

Tabelle zeichnen

Mit der oben beschriebenen Methode können Sie auch eine komplette Tabelle durch Zeichnen neu erstellen. Nur beim Einfügen der Tabelle gehen Sie etwas anders vor: Dazu klicken Sie im Register *Einfügen* auf die Schaltfläche *Tabelle* und wählen *Tabelle zeichnen*. Im Bereich der Folie verwandelt sich der Mauszeiger wieder in einen Stift und Sie können die Tabelle zeichnen. Beachten Sie dabei die folgende Vorgehensweise:

- Beginnen Sie immer mit der äußeren Umrandung der Tabelle. Die Einteilung in Spalten und/oder Zeilen nehmen Sie erst im nächsten Schritt vor.
- Sollten Sie zuvor bereits Rahmenlinien gezeichnet haben, so verwendet PowerPoint zum Zeichnen automatisch die zuletzt verwendete Stift- bzw. Linienart.
- Gleichzeitig mit der erstellten Tabellenumrandung erscheint im Menüband das Register *Tabellentools - Entwurf*. Für die nächsten Schritte, die Aufteilung in Spalten und Zeilen, verwenden Sie, wie oben beschrieben, die Schaltflächen der Gruppe *Rahmenlinien zeichnen*.

Und noch ein Tipp: Beginnen Sie beim Zeichnen einer Rahmenlinie innen immer innerhalb des Tabellenrahmens, da PowerPoint hier sonst eine weitere Tabelle einfügt! Die Linien werden automatisch bis zur nächsten Linie bzw. zum äußeren Rahmen verlängert.

Bild 7.31 Tabelle zeichnen: Beginnen Sie mit der äußeren Umrandung!

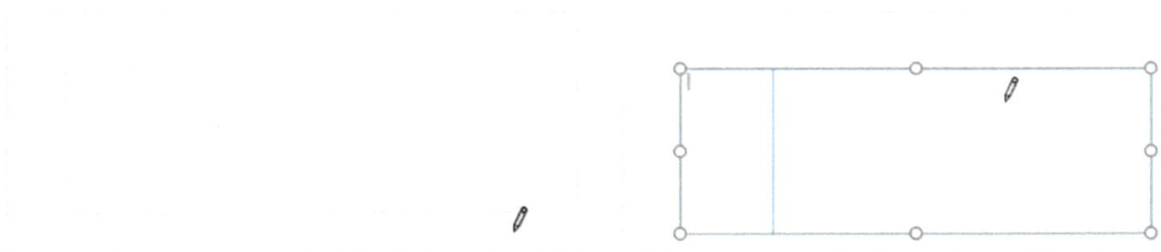

7.3 Tabellen aus Excel oder Word einfügen

Natürlich nur, wenn die entsprechende Anwendung auf dem Gerät installiert ist.

In vielen Fällen liegen die benötigten Tabellen bereits in einer Microsoft Excel-Arbeitsmappe oder einem Microsoft Word-Dokument vor. Aus beiden Anwendungen lassen sich Tabellen problemlos über die Zwischenablage entweder als einfache Kopie oder als eingebettetes oder verknüpftes Objekt (OLE - Object Linking and Embedding) in eine PowerPoint-Folie einfügen. In der Folge erfahren Sie die genaue Vorgehensweise sowie die Unterschiede am Beispiel einer Excel-Tabelle.

Eine Tabelle als Kopie einfügen

Die Verwendung der Zwischenablage dürfte den meisten Anwendern bekannt sein. Einsteiger finden die dazugehörigen Erklärungen auf Seite 50 dieses Buches.

1 Wenn Sie die Zwischenablage zum Datenaustausch zwischen zwei Anwendungen oder zwei Dateien benutzen möchten, dann müssen Quell- und Zieldatei geöffnet sein. Öffnen Sie daher zunächst die Excel-Arbeitsmappe oder das Word-Dokument mit den benötigten Daten.

2 Anschließend markieren Sie den Zellbereich, den Sie übernehmen möchten, und kopieren ihn in die Zwischenablage. Dazu können Sie entweder die Schaltfläche *Kopieren* der Gruppe *Zwischenablage* im Register *Start*, den Befehl aus dem Kontextmenü oder die Tastenkombination Strg+C verwenden.

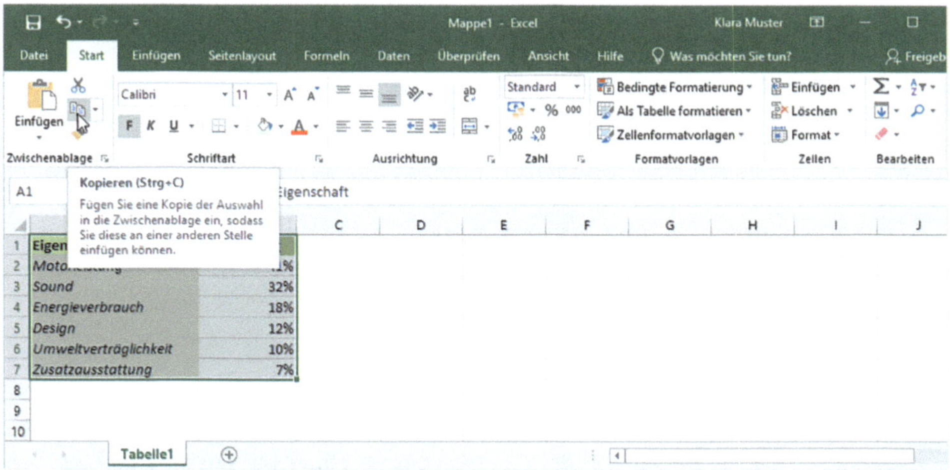

Bild 7.32 Markieren und kopieren Sie den Zellbereich

3 Nun wechseln Sie über die Taskleiste zur PowerPoint-Folie, klicken in die Folie bzw. in den Platzhalter der Folie und fügen den Inhalt der Zwischenablage ein, entweder mit der Schaltfläche *Einfügen* (*Start*, Gruppe *Zwischenablage*), den Tasten Strg+V oder dem Befehl *Einfügen* aus dem Kontextmenü.

4 Zusammen mit der Tabelle erscheint in der Folie an der Einfügestelle das Symbol *Einfügeoptionen*. Klicken Sie hier, um die einzelnen Optionen anzuzeigen. Beim Zeigen auf eine Option erhalten Sie in der Folie eine Vorschau.

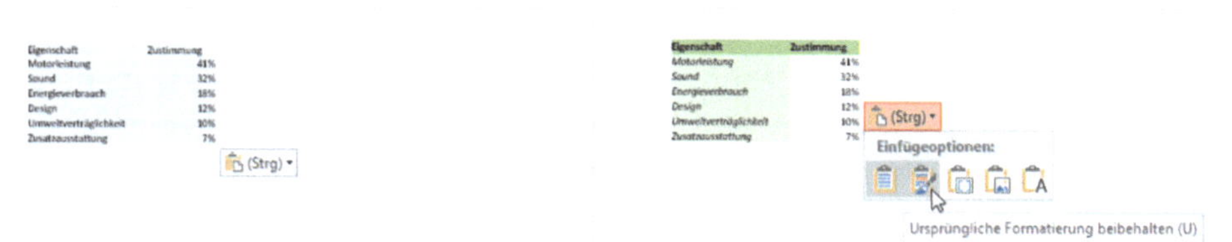

Bild 7.33 Einfügeoptionen

Option	Beschreibung
Zielformatvorlagen verwenden	Die Tabelle erhält die Standardschriftart der PowerPoint-Präsentation, aber keine Rahmenlinien und nur einen einfachen Hintergrund, abhängig vom Design. Dies ist auch die Standardeinstellung beim Einfügen. Die Tabelle kann mit PowerPoint weiter formatiert werden.

Option	Beschreibung
Ursprüngliche Formatierung beibehalten	Schriftart und -größe, Rahmenlinien und Schattierung sowie Spaltenbreite und Zeilenhöhe der Excel-Tabelle werden beibehalten. Jedoch erfolgt die weitere Bearbeitung mit PowerPoint.
Einbetten	Eine Kopie der Tabelle wird als Excel-Objekt eingefügt und zusammen mit der Präsentation gespeichert. Das bedeutet, jede weitere Bearbeitung erfolgt nach wie vor mit Excel, siehe unten.
Grafik	Die Tabelle wird als Grafik eingefügt und anschließend wie ein Bild behandelt (siehe Lektion 5).
Nur den Text übernehmen	Mit dieser Option werden aus der Tabelle nur Text und Zahlen, durch Tabstopps getrennt, eingefügt. Der Text erhält die Standardschrift der Präsentation.

In jedem Fall wird der Inhalt der Zwischenablage als Kopie eingefügt. Das bedeutet, es besteht keine direkte Beziehung mehr zur Originaltabelle. Die weitere Bearbeitung erfolgt ausschließlich in PowerPoint bzw. aus PowerPoint heraus.

Unabhängig von der gewählten Einfügeoption wird die Tabelle in ihrer Originalgröße und der ursprünglichen Schriftgröße eingefügt. Da Excel meist 10 oder 11 Punkt als Standardschriftgröße verwendet, in PowerPoint-Folien aber mindestens 18 Punkt erforderlich sind, sollten Sie anschließend Tabelle und Schrift vergrößern.

Tabelle verknüpfen oder einbetten

OLE = Object Linking and Embedding, dt. Objekt verknüpfen und einbetten

Eine andere Möglichkeit besteht darin, Tabellen aus anderen Dateien oder Anwendungen entweder als verknüpftes oder als eingebettetes Objekt einzufügen. Die Bearbeitung von verknüpften oder eingebetteten Objekten erfolgt ausschließlich mit derjenigen Anwendung, mit der sie erstellt wurden, z. B. Microsoft Excel, daher muss diese Anwendung auch auf Ihrem Computer installiert sein.

Doppelklick startet die Anwendung

Zur Bearbeitung eines Objekts genügt ein Doppelklick in dieses und die dazugehörige Anwendung, z. B. Excel, wird gestartet. Mit einem einfachen Mausklick in die Folie außerhalb des Objektbereichs beenden Sie die Bearbeitung und kehren zu PowerPoint zurück.

Der Unterschied zwischen den verknüpften und eingebetteten Objekten liegt im Speicherort und in der Art und Weise, wie die Objekte aktualisiert werden.

Siehe auch Kap. 5.7, Diagramme einfügen

Verknüpfte Objekte

Verknüpfte Objekte werden in einer eigenen Quelldatei erstellt und gespeichert. Die PowerPoint-Präsentation speichert nur die Verknüpfung, d. h. einen Verweis zur Quelldatei. Alle Änderungen erfolgen ausschließlich in der Quelldatei. Die PowerPoint-Folie enthält somit auch bei nachträglichen Änderungen immer die aktuellen Daten. Da die Verknüpfung eigentlich nur den Suchpfad zur Quelldatei enthält, sollte die Quelldatei weder verschoben, gelöscht oder umbenannt werden.

Nachteil: Die Excel-Originaldaten müssen im Aussehen, insbesondere in Bezug auf Schriftgröße und -farben an die PowerPoint-Präsentation angepasst werden.

> **Achtung:** Wenn Sie ein verknüpftes Objekt einfügen, dann sollte die Arbeitsmappe im selben Ordner wie Ihre Präsentation gespeichert sein. Vorsicht auch beim Umbenennen und Verschieben der Quelldatei. Beim Kopieren der Präsentation müssen verknüpfte Dateien ebenfalls kopiert werden.

Eingebettete Objekte

Eingebettete Objekte werden zwar ebenfalls in einer eigenen Quelldatei erstellt, anschließend jedoch als Kopie eingefügt und zusammen mit der PowerPoint Präsentation in einer einzigen Datei gespeichert.

Nachteil: Bei nachträglichen Änderungen am Original wird die Tabelle in der PowerPoint-Folie nicht aktualisiert.

Als verknüpftes oder eingebettetes Objekt einfügen

Beide Objektarten werden auf dieselbe Weise eingefügt. So gehen Sie vor:

1. Öffnen Sie die Quelldatei, in unserem Beispiel wieder die Excel-Arbeitsmappe. Markieren Sie den gewünschten Zellbereich und kopieren Sie diesen in die Zwischenablage. Dann wechseln Sie zur PowerPoint-Folie.
2. Im Gegensatz zur oben beschriebenen Vorgehensweise müssen Sie anschließend zum Einfügen einen etwas anderen Weg gehen. Anstelle der Tastenkombination Strg+V oder dem Befehl aus dem Kontextmenü, klicken Sie im Register *Start*, Gruppe *Zwischenablage* auf den Dropdown-Pfeil der Schaltfläche *Einfügen* und dann auf *Inhalte einfügen....*

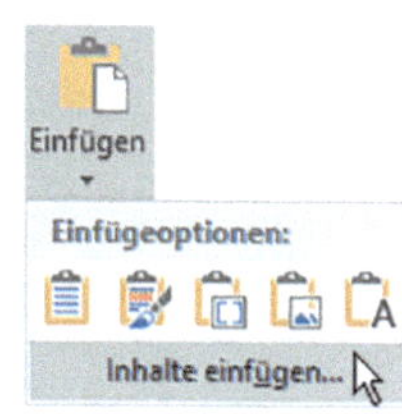

3. Im Dialogfenster *Inhalte einfügen* wählen Sie nun zwischen den Optionen *Einfügen* (= Einbetten) und *Verknüpfung einfügen*.

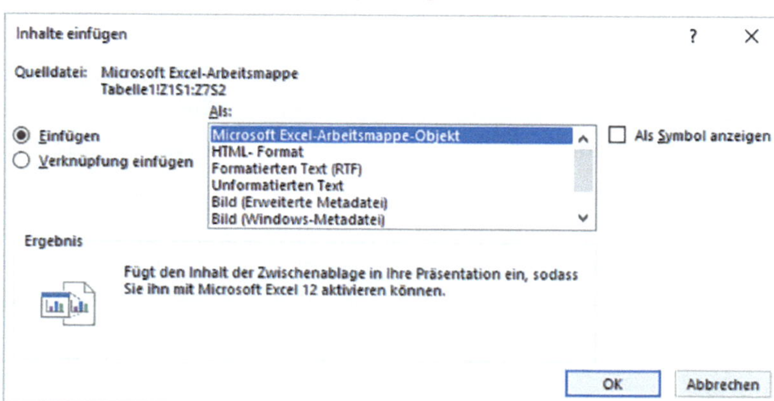

Bild 7.34 Inhalte einfügen

Die andere Möglichkeit, ein eingebettetes Objekt einzufügen, haben Sie im Zusammenhang mit den Einfügeoptionen bereits kennengelernt.

- *Einfügen* bedeutet, die Tabelle wird als eingebettetes Objekt eingefügt und zusammen mit der PowerPoint-Präsentation als Kopie gespeichert.
- Wenn Sie die Option *Verknüpfung einfügen* wählen, dann wird die Tabelle als verknüpftes Objekt eingefügt. Alle Änderungen erfolgen ausschließlich in der Quelldatei, die unbedingt zuvor gespeichert werden muss.

Verknüpfte und eingebettete Tabellen bearbeiten

Zwischen PowerPoint und der Anwendung wechseln

Zur weiteren Bearbeitung einer verknüpften oder eingebetteten Tabelle klicken Sie doppelt in die Tabelle ❶. Damit wird die jeweilige Anwendung, in unserem Beispiel Microsoft Excel, gestartet und statt des Menübands von PowerPoint erscheinen die Register von Excel ❷. Nun erfolgt die gesamte Tabellenbearbeitung in Excel. Um wieder zu PowerPoint zurückzukehren, genügt ein einfacher Mausklick außerhalb des Tabellenbereichs ❸. Alle Änderungen wie Schriftgröße, Hintergrundfarbe, Rahmenlinien sowie Anpassen von Spaltenbreite und Zeilenhöhe erfolgen mit Excel, daher ist auch die Eingabe von Formeln möglich.

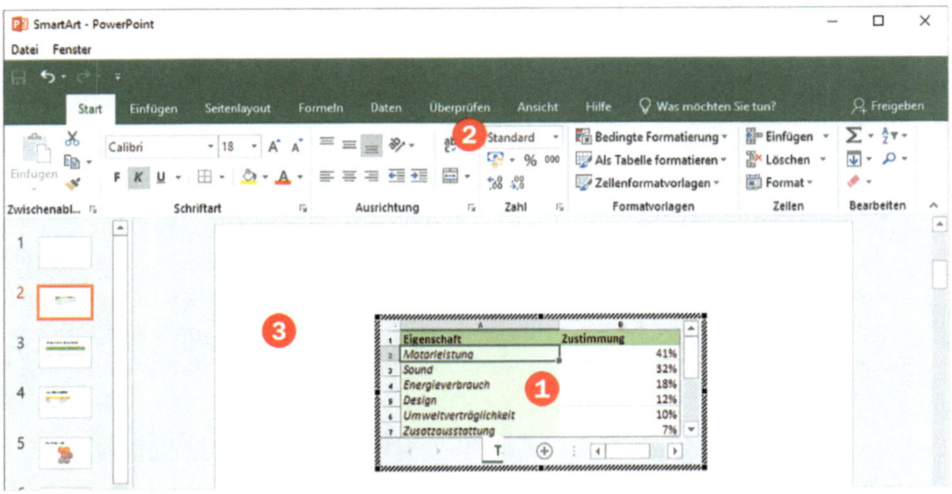

Bild 7.35 Eingebettetes Tabellenobjekt mit Excel bearbeiten

Objektgröße ändern

Wenn Sie aus Excel heraus die Spaltenbreiten und/oder Zeilenhöhen anpassen, dann ändert sich automatisch die Tabellengröße bzw. die Größe des eingebetteten Objekts.

Wenn zusätzliche Spalten und/oder Zeilen in die Folie mit aufgenommen werden sollen, dann müssen Sie dies ebenfalls mit Excel vornehmen. Dazu positionieren Sie den Mauszeiger an den Markierungspunkten des gestrichelten Rahmens, wie in Bild 7.36 und erweitern durch Ziehen mit gedrückter linker Maustaste die Tabelle um die benötigte Anzahl an Spalten und Zeilen.

Wenn Sie dagegen das eingebettete Tabellenobjekt einfach aus PowerPoint heraus an den Ziehpunkten in der Mitte jeder Seite mit der Maus vergrößern oder verkleinern, wie in Bild 7.37, dann wird die Tabelle als Grafikobjekt behandelt. Das Seitenverhältnis verändert sich und die Tabelle wird verzerrt. **Ausnahme**: Benutzen Sie die Eckpunkte zur Größenänderung, so wird das Seitenverhältnis beibehalten.

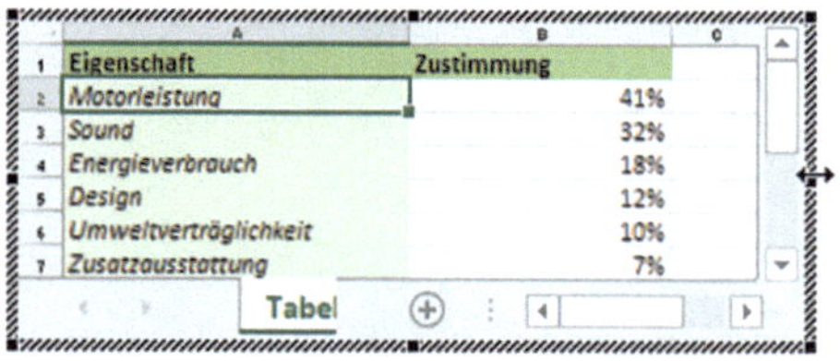

Bild 7.36 Tabellenspalten hinzufügen

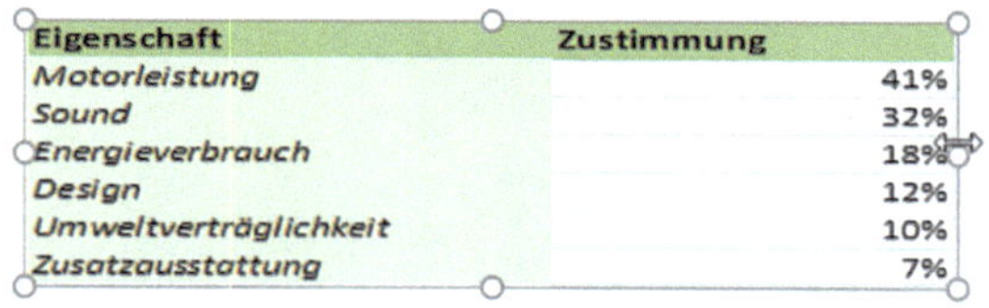

Bild 7.37 Bitte so nicht vergrößern!

Eine neue Tabelle als Excel-Objekt einfügen

Sie können auch eine neue Tabelle als Excel-Objekt in eine Folie einfügen. Klicken Sie dazu im Register *Einfügen*, Gruppe *Tabellen* auf die Schaltfläche *Tabelle* und wählen Sie *Excel-Kalkulationstabelle*.

Excel wird gestartet und in der Folie erscheint ein Tabellenbereich mit zwei Spalten und zwei Zeilen. Ziehen Sie mit der Maus an den Markierungspunkten, um die Tabelle um die benötigten Spalten und Zeilen zu erweitern (Bild unten). Wie bereits beschrieben, erfolgt die weitere Bearbeitung mit Excel. Zum Beenden des Excel-Modus genügt ein einfacher Klick in den Folienbereich außerhalb der Excel-Tabelle und mit Doppelklick auf das eingebettete Objekt wechseln Sie wieder zu Excel. Die Excel-Tabelle wird zusammen mit der PowerPoint-Präsentation gespeichert.

Bild 7.38 Tabellenbereich vergrößern

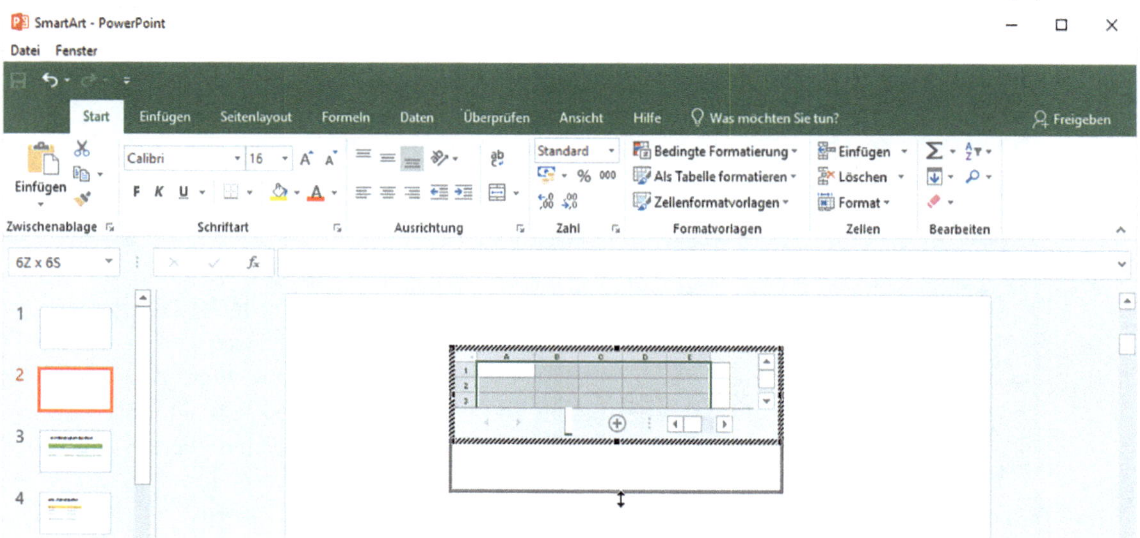

7.4 Übungsbeispiel: Inhaltsübersicht mit SmartArt gestalten

Übersichtsfolie

Mit Hilfe von SmartArt-Layouts lässt sich auch eine langweilige Inhaltsübersicht oder Agenda attraktiver gestalten. Falls bereits eine Folie mit einer Inhaltsübersicht existiert, so wandeln Sie den Text in eine SmartArt-Grafik um, am besten im Layout einer Liste.

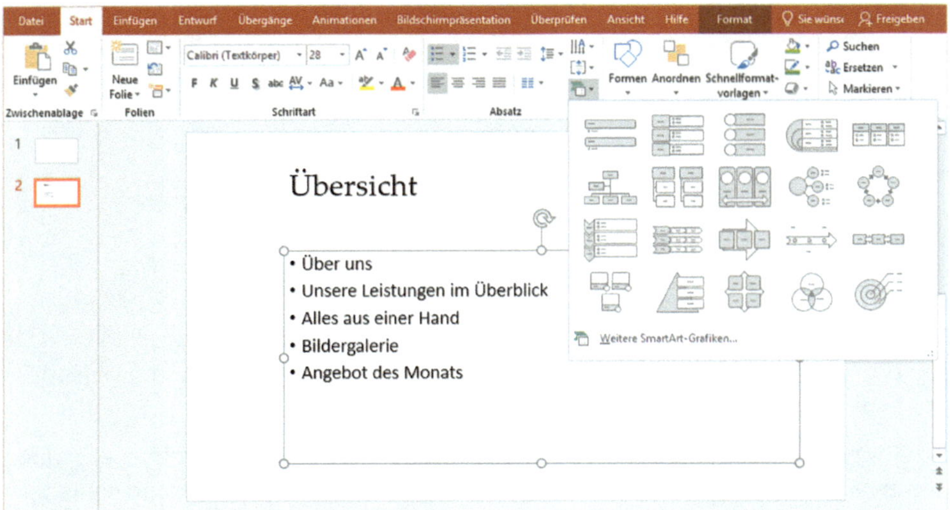

Bild 7.39 Text in SmartArt-Grafik konvertieren

Im nächsten Schritt passen Sie das Aussehen der SmartArt-Grafik Ihren Vorstellungen und Wünschen an, ein Beispiel sehen Sie im Bild unten.

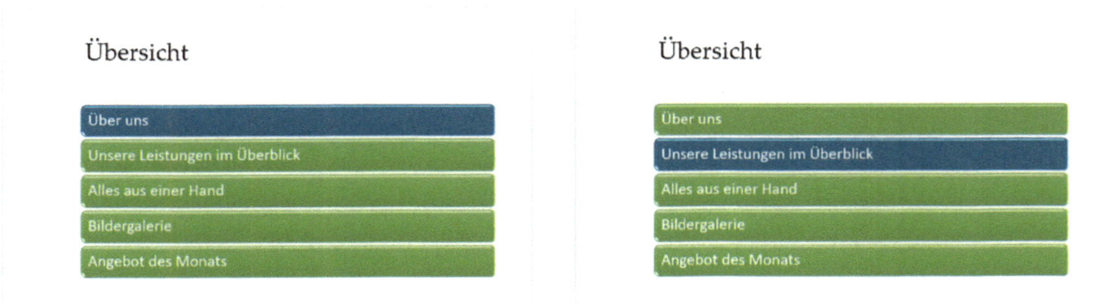

Bild 7.40 Beispiel SmartArt-Grafik mit hervorgehobenem Punkt

Da eine, zu Beginn der Präsentation gezeigte, Inhaltsübersicht schnell wieder vergessen wird, ist es eine gute Idee, wenn Sie Ihren Zuschauern auch während der Präsentation entsprechende Zwischeninformationen liefern. Zu diesem Zweck duplizieren Sie die Folie mehrmals und fügen Sie an den entsprechenden Stellen ein. Anschließend heben Sie, wie im Bild oben, den jeweils aktuellen Punkt farblich hervor.

Eine kleine Inhaltsübersicht in jeder Folie

Eine andere, etwas aufwändigere Methode besteht darin, auch in die einzelnen Präsentationsfolien eine kleine Inhaltsübersicht mit SmartArt einzufügen. So erkennen Ihre Zuschauer auf den ersten Blick, an welchem Punkt der Präsentation Sie sich gerade befinden. Sie sollten allerdings die Inhaltsübersicht auf wenige Punkte mit kurzen Stichwörtern beschränken.

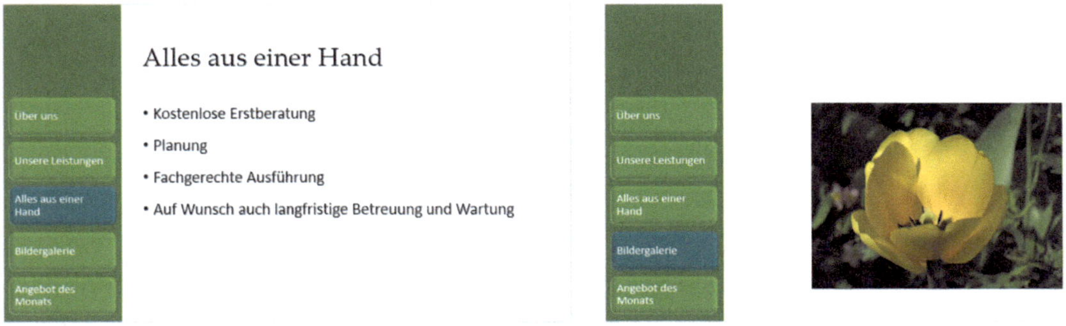

Bild 7.41 Eine Inhaltsübersicht in jeder Folie

Wenn zusätzlich der aktuelle Punkt, wie oben, hervorgehoben werden soll, dann funktioniert dies leider nicht in Verbindung mit dem Masterlayout bzw. dem Folienmaster. Hier kurz die Vorgehensweise für die Erstellung des oben abgebildeten Beispiels:

1. Wenn sich die Übersicht optisch nicht in den Vordergrund drängen soll, eignet sich für Folien mit weißem Hintergrund z. B. ein dunkler Hintergrund. Aus diesem Grund wurde in die Folie an geeigneter Stelle, in diesem Beispiel am linken Rand, zunächst ein Rechteck mit dunkler Füllfarbe eingefügt (Bild 7.42).
2. Anschließend wurde ein SmartArt-Layout in Listenform, hier *Vertikale Aufzählung*, eingefügt, vor das Rechteck gelegt und entsprechend verkleinert.
3. Da dieses Layout allerdings zwei Ebenen umfasst, müssen Sie die zweite höher stufen: Markieren Sie die jeweilige Form und klicken Sie im Register *SmartArt-Tools* - *Entwurf* auf *Höher stufen* (Bild 7.43). Weitere benötigte Formen fügen Sie einfach hinzu und beschriften sie dann.

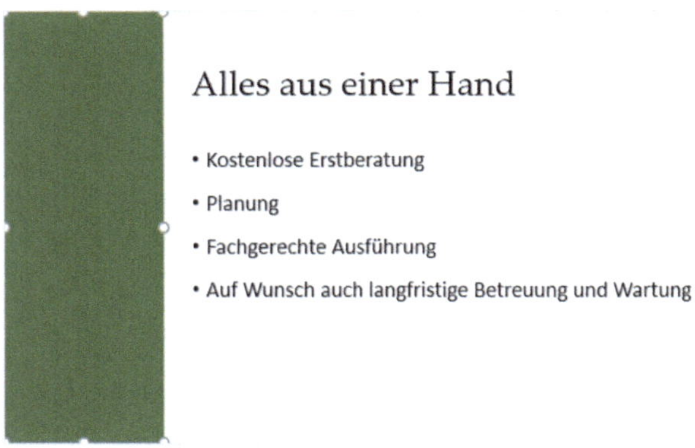

Bild 7.42 Rechteck einfügen

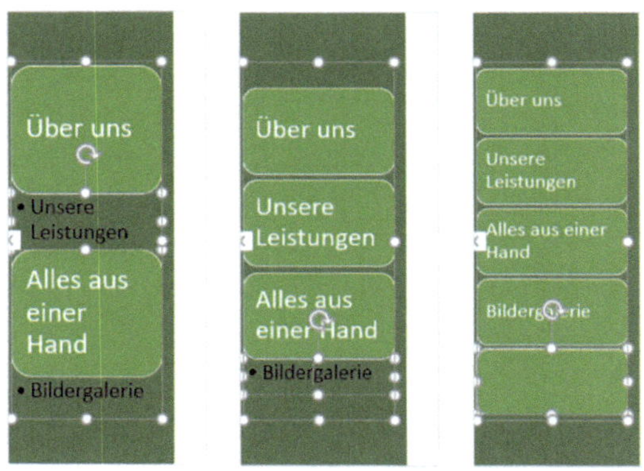

Bild 7.43 SmartArt einfügen und anpassen

4 Falls nötig, verkleinern Sie die Schrift noch weiter. Formatieren Sie die SmartArt-Grafik nach Ihren Vorstellungen, z. B. mit Farben oder sonstigen Effekten.

5 Im nächsten Schritt markieren Sie Rechteck und SmartArt-Grafik und fassen beide zu einer Gruppe zusammen (*Format* ▶ *Anordnen* ▶ *Gruppieren*). Kopieren Sie dann die Gruppe in die Zwischenablage und fügen Sie sie nacheinander in die einzelnen Folien ein.

Tipp: Mit Strg+V wird die Gruppe automatisch an der Originalposition, also am linken Rand, in die Folie eingefügt.

Oder markieren Sie die aktuelle Folie und duplizieren Sie diese mehrmals.

Bild 7.44 Gruppieren und Gruppe in neue Folie kopieren

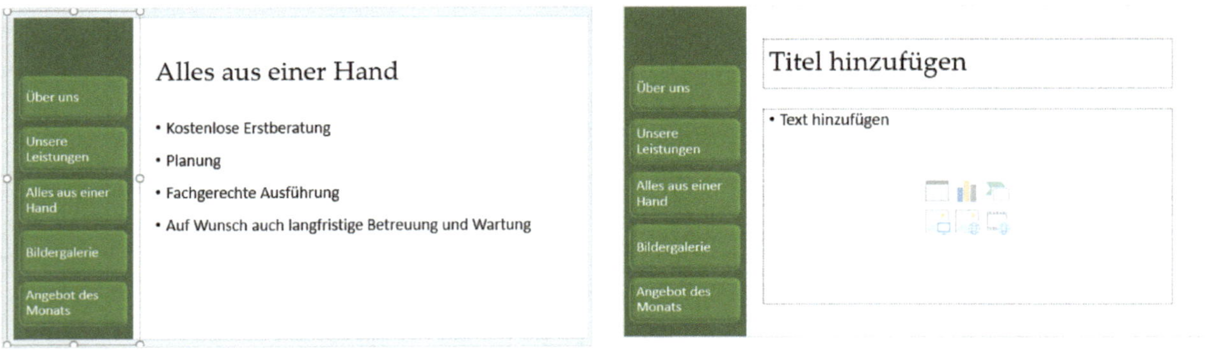

Bild 7.45 Folie duplizieren und dem aktuellen Punkt eine Farbe zuweisen

6 Weisen Sie dann in den einzelnen Folien dem jeweils aktuellen Punkt eine andere Farbe zu.

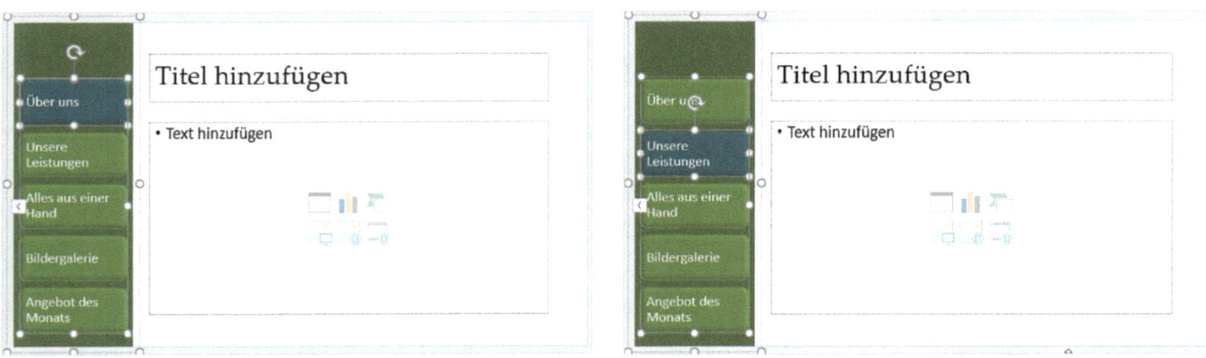

Hinweis: Wenn Sie stattdessen lieber ein interaktives Inhaltsverzeichnis erstellen möchten, in dem Sie durch Klicken mit der Maus zur jeweiligen Folie und wieder zurück gelangen, dann sollten Sie sich mit dem Zoom im nächsten Kapitel näher befassen.

8 Animationen und Multimedia

In diesem Kapitel lernen Sie...

- Bildschirmpräsentation mit Folienübergängen gestalten
- Objekte durch Morphen übergangslos verändern
- Animation von Folienobjekten und Text
- Zeitlichen Animationsablauf steuern
- flexibler Präsentationsablauf mit Zoom
- Foliennavigation mittels Links
- Video- und Audiodateien einfügen

Das sollten Sie bereits wissen

- Text eingeben und formatieren
- Umgang mit Folienlayouts
- Grafische Elemente
- Folienmaster zur Foliengestaltung einsetzen

PowerPoint bringt umfangreiche Möglichkeiten zur Animation von Folien und Folienelementen mit. Trotzdem gilt auch hier: Weniger ist Mehr! Setzen Sie also Animationen mit Vorsicht und gezielt ein. Vermeiden Sie außerdem Effekte, die vom eigentlichen Inhalt der Präsentation ablenken.

8.1 Folienübergänge

Mit Folienübergängen gestalten Sie in Bildschirmpräsentationen den Wechsel zur nächsten Folie. Diese kann entweder auf einen Mausklick hin erscheinen oder, falls ein automatischer Ablauf gewünscht ist, nach einer bestimmten Anzeigedauer. Auch die Geschwindigkeit des Effekts selbst lässt sich steuern. Sämtliche Einstellungen zu den Folienübergängen finden Sie im Register *Übergänge*.

Bild 8.1 Das Register Übergänge

Wenn Sie Folienübergänge einsetzen möchten, dann sollten Sie auf natürliche Effekte achten, z. B. Schieben, Wischen oder Aufdecken und in der gesamten Präsentation denselben Übergangseffekt verwenden. Außerdem sollten Folienübergänge schnell und nicht im „Schneckentempo" ablaufen.

Einen Übergangseffekt auswählen und zuweisen

In der Gruppe *Übergang zu dieser Folie* (siehe Bild oben) finden Sie verschiedene Übergangseffekte. Ein Klick auf die Schaltfläche *Weitere* öffnet den gesamten Katalog auf einen Blick.

Bild 8.2 Katalog der Übergangseffekte

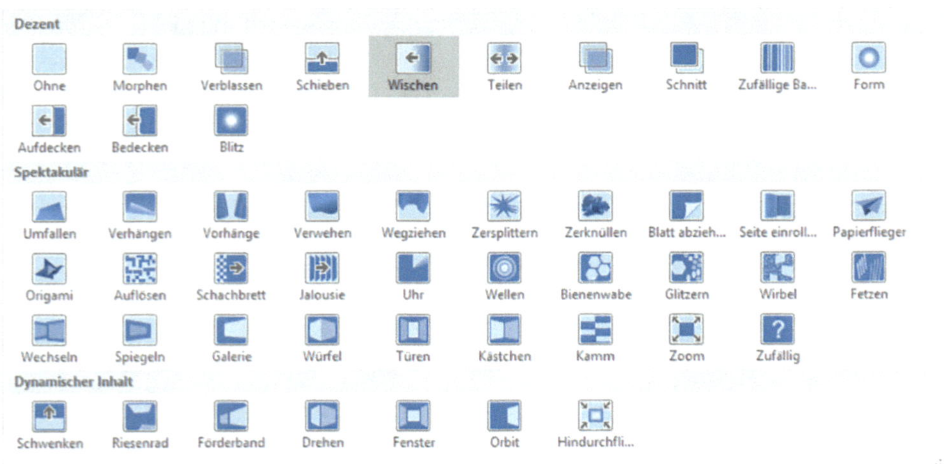

So gehen Sie vor

Am besten beginnen Sie zunächst mit einer einzigen Folie, weisen dieser einen Übergangseffekt zu und legen bei Bedarf weitere Einstellungen zu Richtung und Dauer fest. Effekt und Einstellungen lassen sich anschließend schnell in alle Folien der Präsentation übernehmen.

1 Der ausgewählte Übergangseffekt gilt automatisch zunächst für die aktuelle Folie und zwar für das Erscheinen dieser. Wählen Sie also im ersten Schritt die gewünschte Folie aus.

2 Klicken Sie dann auf den Übergangseffekt, z. B. *Wischen* ❶. Gleichzeitig erhalten Sie in der Folie eine Vorschau auf diesen Effekt.

3 Falls Sie die Vorschau erneut wiederholen möchten, klicken Sie im Register *Übergänge* ganz links auf die Schaltfläche *Vorschau* ❷.

Bild 8.3 Vorschau Folienübergang

4 Wenn Ihnen der gewählte Effekt nicht zusagt, dann klicken Sie einfach auf einen anderen. Mit der Auswahl *Ohne* ❸ entfernen Sie einen Übergangseffekt.

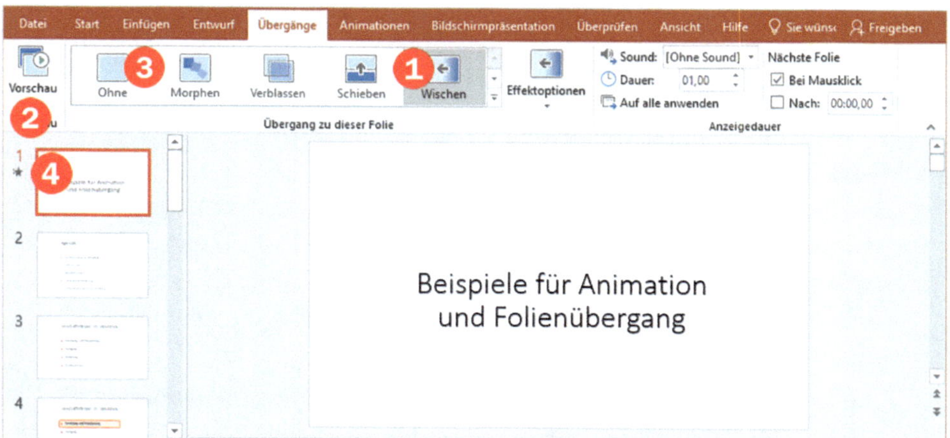

> Im Navigationsbereich erkennen Sie animierte Folien am Stern ❹. Allerdings ist nicht ersichtlich, ob es sich um einen Folienübergang oder ein animiertes Folienobjekt handelt.

Weitere Einstellungen

Richtung und Übergangsdauer

Nachdem Sie einen Übergangseffekt ausgewählt haben, können Sie in der Gruppe *Übergang zu dieser Folie* über die Schaltfläche *Effektoptionen* weitere Einstellungen vornehmen. Bei vielen Effekten lässt sich hier eine Richtung festlegen. Allerdings sind die genauen Auswahlmöglichkeiten abhängig vom jeweiligen Effekt, im Bild unten sehen Sie einige Beispiele. Mit der Schaltfläche *Vorschau* testen Sie wieder die Wirkung.

Bild 8.4 Effektoptionen (Wischen, Form, Schieben, Verblassen)

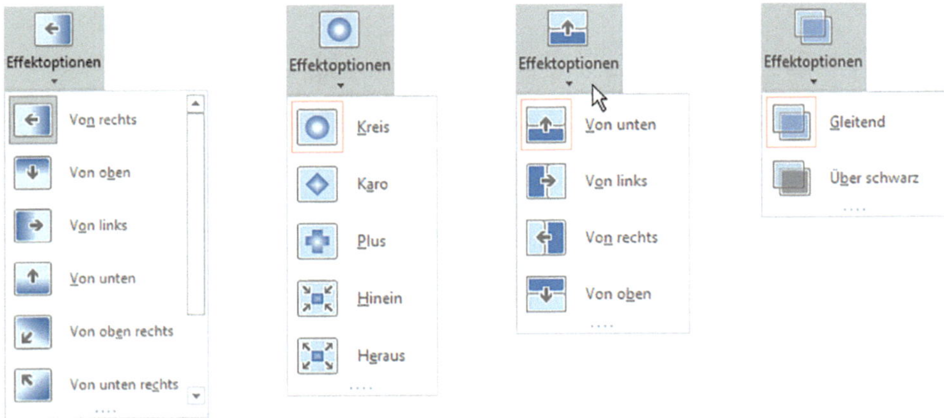

In der Gruppe *Anzeigedauer* finden Sie noch weitere Steuerungsmöglichkeiten für den ausgewählten Effekt.

Bild 8.5 Anzeigedauer

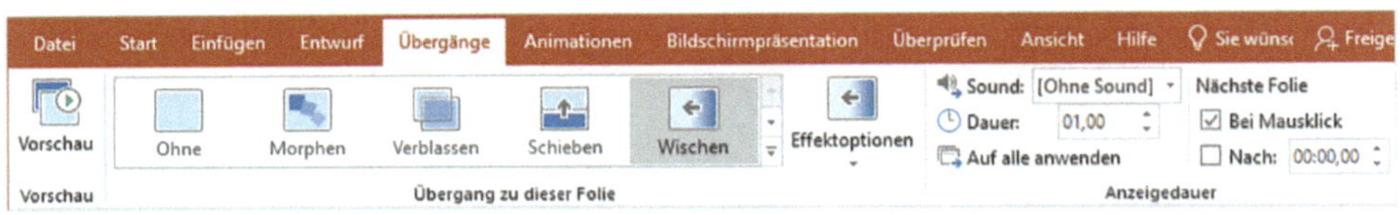

Vorsicht: Von Soundeffekten begleitete Folienübergänge wirken nur selten professionell!

- **Sound**
  Soll der Folienübergang zusätzlich von einem Soundeffekt begleitet werden, dann klicken Sie auf den Dropdown-Pfeil des Feldes *Sound* und wählen einen der integrierten Effekte. Über die Auswahl *Anderer Sound...* haben Sie auch die Möglichkeit, eine bestimmte Audiodatei auszuwählen.

- **Dauer**
  Über das Feld *Dauer* steuern Sie die Dauer des Effekts, genauer gesagt die Geschwindigkeit, mit der der Übergang zur nächsten Folie abläuft. Welcher Wert hier standardmäßig verwendet wird, hängt vom jeweiligen Übergangseffekt ab.

- **Nächste Folie**
  Unter *Nächste Folie* geben Sie an, wann bzw. bei welchem Ereignis die nächste Folie erscheinen soll. Standardeinstellung ist hier *Bei Mausklick*, d. h. die nächste Folie wird eingeblendet, wenn Sie während der Vorführung mit der Maus klicken oder die Eingabe-Taste oder die Pfeiltaste rechts betätigen.

  Soll dagegen der Wechsel zur nächsten Folie nach einer bestimmten Zeit automatisch erfolgen, dann aktivieren Sie das Kästchen *Nach* und geben im Feld daneben die Zeit ein, diese entspricht der Anzeigedauer der aktuellen Folie.

  Tipp: Lassen Sie bei dieser Einstellung das Kontrollkästchen *Bei Mausklick* trotzdem aktiviert. So können Sie jederzeit alternativ auch per Mausklick zur nächsten Folie wechseln.

Folienübergang und zusätzliche Einstellungen auf alle Folien übernehmen

Wenn Sie zum Abschluss den ausgewählten Übergangseffekt einschließlich aller weiteren Einstellungen auf alle Folien der Präsentation übertragen möchten, dann klicken Sie in der Gruppe *Anzeigedauer* auf *Auf alle anwenden*.

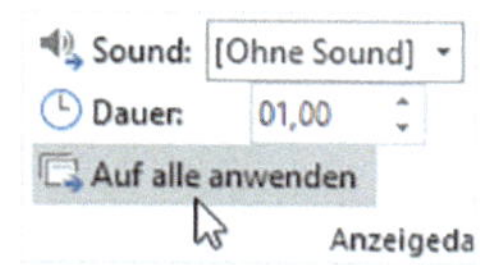

Individuelle Folienanzeigedauer aufzeichnen

Unabhängig davon, ob Sie einen Folienübergangseffekt verwenden oder nicht, haben Sie mit Aktivieren des Kontrollkästchens *Nach* und Angabe einer Anzeigedauer (*Anzeigedauer* ▶ *Nächste Folie*) theoretisch auch die Möglichkeit, für die gesamte Präsentation einen automatischen Ablauf zu erstellen. Allerdings eignet sich diese Vorgehensweise in der Praxis nur bedingt, da vermutlich jede Folie eine individuelle Anzeigedauer erfordert. In diesem Fall starten Sie besser die Bildschirmpräsentation in einem Probelauf und lassen gleichzeitig die Anzeigedauer jeder Folie aufzeichnen.

1 Dazu klicken Sie im Register *Bildschirmpräsentation* ▶ *Einrichten* auf die Schaltfläche *Anzeigedauern testen*.

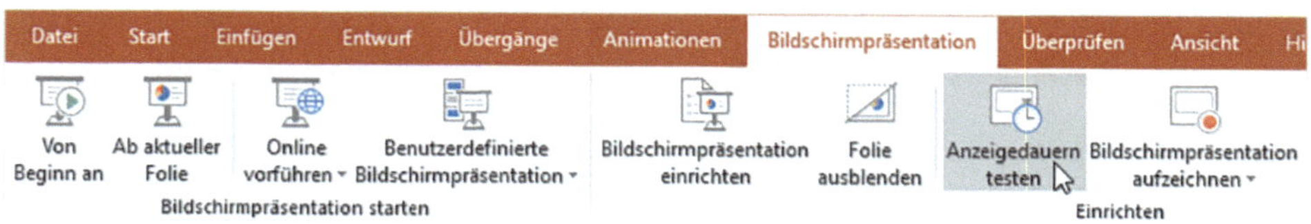

Bild 8.6 Bildschirmpräsentation mit gleichzeitiger Aufzeichnung der Anzeigedauern starten

2 Unmittelbar darauf startet die Bildschirmpräsentation mit der ersten Folie und gleichzeitig die Aufzeichnung der Anzeigedauer. In der linken oberen Ecke des Bildschirms erscheint eine Leiste, über deren Symbole Sie die Aufzeichnung steuern. Sie zeigt in der Mitte die Anzeigedauer der aktuellen Folie und ganz rechts die der gesamten Präsentation an.

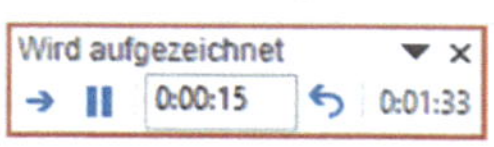

Bild 8.7 Anzeigedauer aufzeichnen

3 Testen Sie nun die benötigte Anzeigedauer für die aktuelle Folie und klicken Sie im passenden Moment in der Aufzeichnungsleiste auf das Symbol *Weiter* oder wechseln Sie per Tastatur oder Mausklick zur nächsten Folie.

Bild 8.8 Die Aufzeichnungsleiste

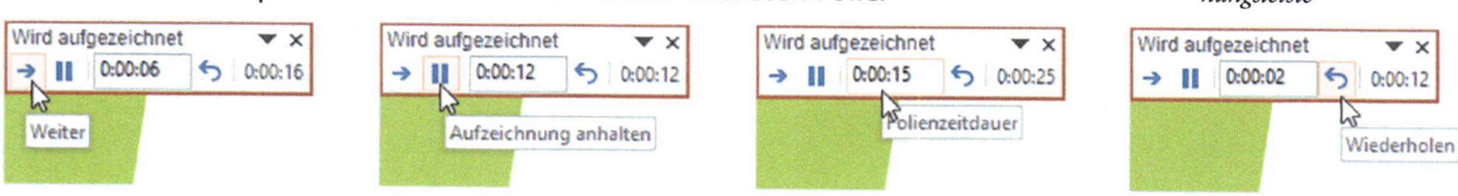

- Mit dem Symbol *Aufzeichnung anhalten* können Sie die Aufzeichnung vorübergehend unterbrechen, dann erhalten Sie eine entsprechende Meldung und mit Klick auf die Schaltfläche *Aufzeichnung fortsetzen* setzen Sie die Aufzeichnung fort.

- Wenn Sie die Aufzeichnung der aktuellen Folie wiederholen möchten, dann klicken Sie auf das Symbol *Wiederholen*. Die Präsentation wird ebenfalls zunächst angehalten. Mit Klick auf *Aufzeichnung fortsetzen* wird die Anzeigedauer der aktuellen Folie auf Null zurückgesetzt.

4 Zum Beenden der Präsentation und damit der Aufzeichnung drücken Sie die Esc-Taste oder klicken auf das Symbol *Schließen* der Aufzeichnungsleiste. Es erscheint eine Meldung, ob Sie die Anzeigedauern speichern möchten. Klicken Sie auf *Ja*, so werden diese Zeiten in die einzelnen Folien der Präsentation übernommen und gespeichert.

Bild 8.9 Anzeigedauern speichern

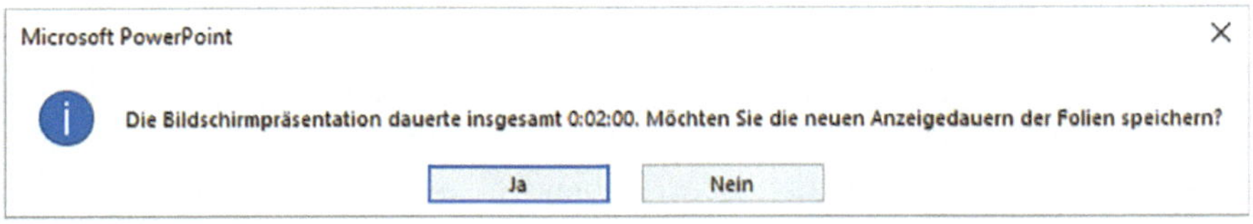

Tipp: In der Praxis eignet sich *Anzeigedauern testen* auch, wenn Sie vorab testen möchten, wie viel Zeit Sie für jede einzelne Folie und für die gesamte Präsentation benötigen. In diesem Fall klicken Sie bei der Frage, ob die aufgezeichneten Anzeigedauern gespeichert werden sollen, auf *Nein*. Oder löschen Sie anschließend die Zeiten wieder, siehe unten.

Anzeigedauer ändern

Die gespeicherte Einblendezeit der aktuellen Folie ist im Register *Übergänge* ▶ *Anzeigedauer* unter *Nächste Folie Nach* ersichtlich und kann jederzeit geändert werden. Falls Sie die Einblendezeiten komplett neu aufzeichnen möchten, so starten Sie einfach die Aufzeichnung erneut über die Schaltfläche *Anzeigedauern testen*.

Anzeigedauern löschen

Zum Löschen von gespeicherten Zeiten klicken Sie im Register *Bildschirmpräsentation* auf den Dropdown-Pfeil der Schaltfläche *Bildschirmpräsentation aufzeichnen* und zeigen auf *Löschen*. Wählen Sie hier zwischen *Anzeigedauer für aktuelle Folie löschen* und *Anzeigedauer für alle Folien löschen*.

Bild 8.10 Anzeigedauer löschen

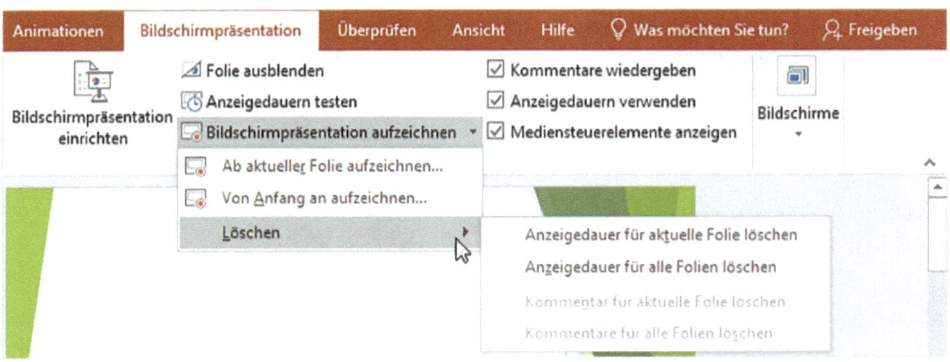

8.2 Folienobjekte durch Morphen nahtlos verändern

Im Katalog der Folienübergänge finden Sie auch den Übergangseffekt *Morphen*, dieser ist neu in PowerPoint 2019. Als Morphen bezeichnet man ganz allgemein die Möglichkeit, ein Objekt zu verändern. In PowerPoint lässt sich durch Morphen das Aussehen von Folienelementen, z. B. von Bildern, Formen, SmartArt oder Text, gleichzeitig mit dem Wechsel zur nächsten Folie fließend verändern. Die Berechnung des Übergangs erfolgt automatisch durch PowerPoint.

So werden beispielsweise in der Geologie Gesteine, die durch Druck oder hohe Temperaturen eine Umwandlung erfahren haben, als meta**morphe** Gesteine bezeichnet. Ein bekanntes Beispiel ist Marmor, der durch Umwandlung (Meta**morphose**) aus Kalkstein entstanden ist.

> **Voraussetzung**: Sie benötigen für Morphen stets zwei Folien, wobei das zu verändernde Objekt in beiden Folien vorhanden sein muss.

Beispiel: Form vergrößern und Farbe ändern

Zum besseren Verständnis ein zunächst einfaches Beispiel, bei dem ein Quadrat vergrößert und an eine andere Stelle verschoben wird und gleichzeitig eine andere Farbe erhält. Am besten testen Sie dies in einer neuen PowerPoint-Präsentation.

1 Fügen Sie eine Folie mit dem Layout *Leer* hinzu und fügen Sie in diese ein Quadrat ein (Register *Einfügen* ▶ *Formen* ▶ *Rechteck* und Zeichnen mit gleichzeitig gedrückter Umschalt-Taste), siehe Bild unten. Weisen Sie diesem blaue Farbe (*Fülleffekt*) und einen beliebigen Effekt (*Formeffekte*) zu und positionieren Sie das Quadrat in der Folie links oben.

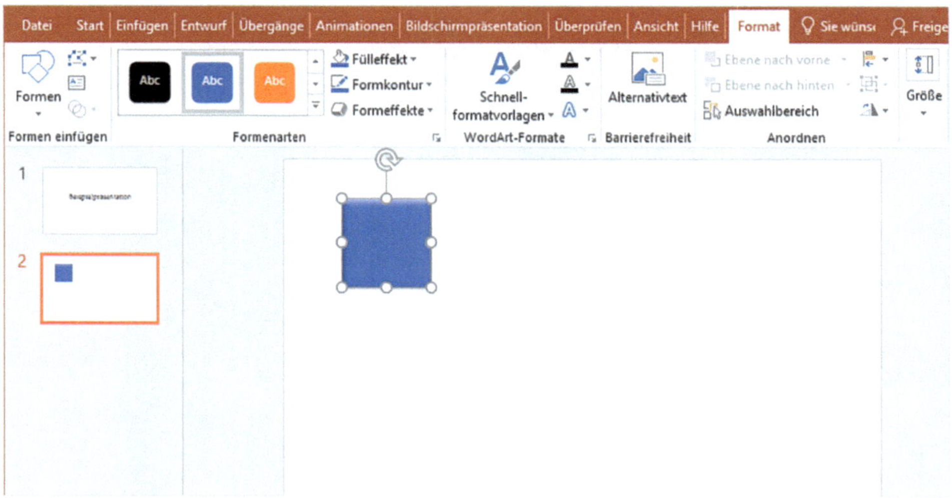

Bild 8.11 Fügen Sie in die Folie ein Quadrat ein.

2 Duplizieren Sie die soeben erstellte Folie (im Navigationsbereich Rechtsklick auf die Folie, Befehl *Folie duplizieren*).

3 Wählen Sie dann im Navigationsbereich die zweite, duplizierte Folie ❶ mit einem Mausklick aus. Verschieben Sie hier das Quadrat mit der Maus an den rechten Folienrand. Vergrößern Sie es und ändern Sie die Füllfarbe, z. B. gelb ❷.

4 Klicken Sie dann auf das Register *Übergänge* und weisen Sie dieser Folie den Übergang *Morphen* ❸ zu.

5 Klicken Sie auf *Effektoptionen* ❹ und wählen Sie hier *Objekte*.

6 Nun können Sie den Effekt testen, indem Sie auf *Vorschau* ❺ klicken.

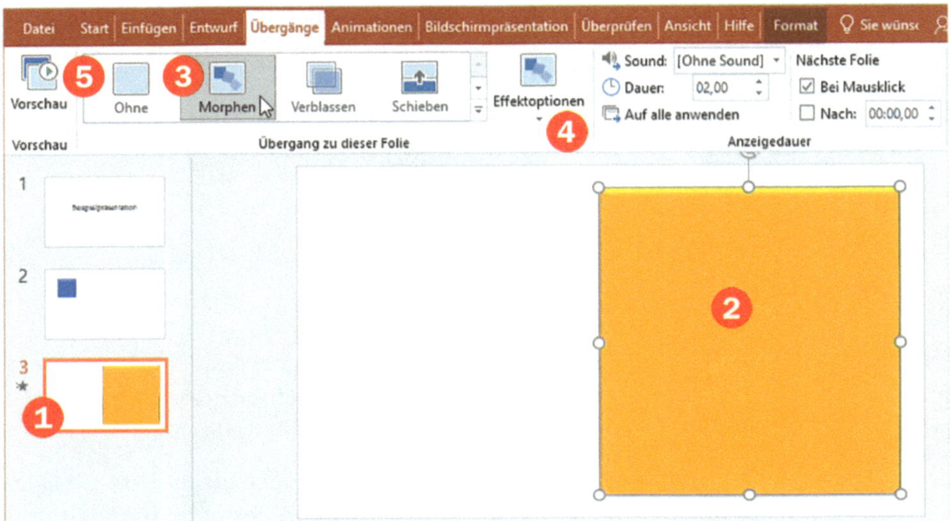

Bild 8.12 Weisen Sie der zweiten Folie den Übergang Morphen zu

Bild zoomen

Mit derselben Vorgehensweise lässt sich auch auf einfache Weise ein Bild zoomen.

Bild 8.13 Beispiel Bild zoomen

Dazu fügen Sie in die erste Folie ein Bild ein, das Sie verkleinern und beispielsweise in der Mitte der Folie platzieren ❶. Duplizieren Sie dann diese Folie und vergrößern Sie in der zweiten das Bild auf Foliengröße ❷ oder darüber hinaus, wie im Bild oben. Weisen Sie dann der zweiten Folie den Übergang *Morphen* ❸ zu.

Bildfarbe ändern, Bild spiegeln

Sie können mit Morphen ein Bild auch spiegeln oder die Bildfarbe ändern. Als Beispiel ein stufenloser Übergang von grau zum farbigen Bild: Fügen Sie das entsprechende Bild in eine Folie ein und platzieren Sie es an der gewünschten Stelle. Dann duplizieren Sie die Folie. Weisen Sie nun dem Bild in der ersten Folie über das Register *Bildtools-Format* ▶ *Anpassen* ▶ *Farbe* den Farbton Graustufen zu, die zweite Folie mit dem farbigen Bild erhält den Übergang *Morphen* und fertig ist der Übergangseffekt.

Mehrere Elemente morphen

Natürlich enthält eine Präsentationsfolie meist mehr als ein Element. Sie können auch mehrere Folienelemente morphen, wobei nur Objekte, die in beiden Folien vorhanden sind, einbezogen werden. Auch der Hintergrund kann durch Morphen verändert werden, wie im Bild unten.

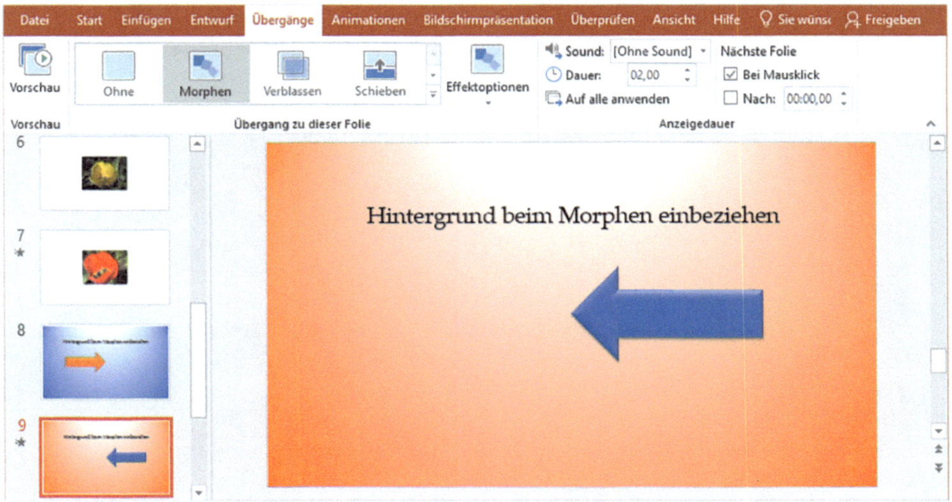

Bild 8.14 Hintergrund morphen

> **Weitere Möglichkeiten**
> Mit der oben beschriebenen Methode können Sie auch andere Folienobjekte jeweils desselben Typs morphen, z. B. SmartArt-Objekte oder Diagramme.

Texte morphen

Auch Wörter und einzelne Zeichen lassen sich morphen. **Achtung**: Dies funktioniert nur bei Text in Platzhaltern, nicht aber in Formen oder SmartArt. Auch hierzu ein einfaches Beispiel:

Falls Text aus SmartArt-Objekten gemorpht werden soll, müssen Sie das SmartArt-Objekt zuvor in Formen konvertieren.

1. Fügen Sie eine Folie mit dem Layout *Titel und Inhalt* ein. Geben Sie als Titel den unten abgebildeten Text ein und im Platzhalter das verdrehte Sprichwort wie im Bild unten. Formatieren Sie außerdem Titel und Text in blauer Schriftfarbe.

Bild 8.15 Beispiel Wörter morphen

2 Duplizieren Sie diese Folie wieder und ändern Sie den Text wie folgt:
   - Ersetzen Sie im Folientitel den Ausdruck „Text lässt" durch „Wörter lassen".
   - Formatieren Sie den Folientitel mit roter Schriftfarbe.
   - Vertauschen Sie im Platzhalter die Wörter „die Taube" und „der Spatz". Dieser Satz erhält die Schriftfarbe dunkelgrün.

3 Weisen Sie dieser Folie den Übergang *Morphen* zu.

4 Klicken Sie auf *Effektoptionen* und hier auf *Wörter*.

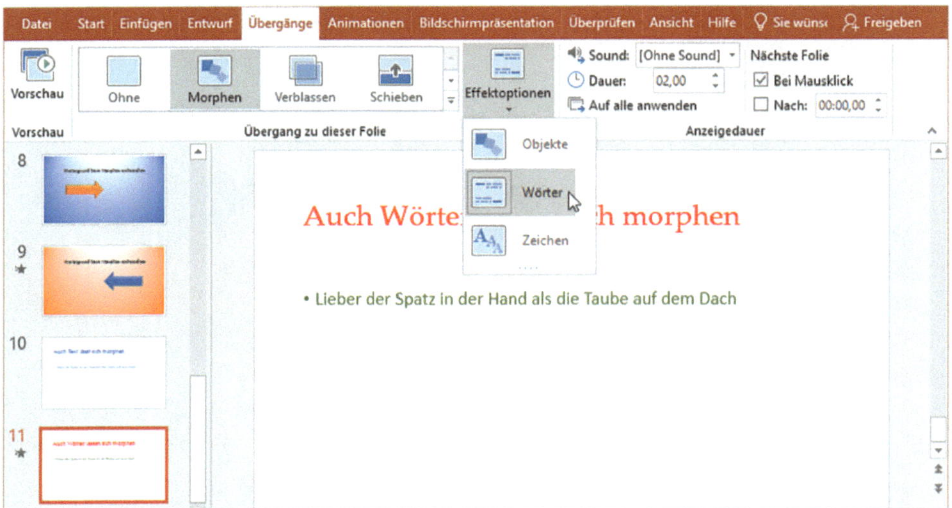

Bild 8.16 Klicken Sie auf Effektoptionen und auf Wörter

Zeichen morphen

Die Effektoptionen bieten auch noch das Morphen von Zeichen an (siehe Bild oben). Das Ergebnis unterscheidet sich vom Beispiel oben eigentlich nur dadurch, dass zeichenweise statt wortweise verschoben wird. Diese Möglichkeit eignet sich daher in erster Linie für kurze Texte.

Tipp: Das Morphen von Zeichen kann auch für Anagramme eingesetzt werden. Beispielsweise, um das Wort PROTEST in SPROTTE umzuwandeln.

8.3 Folienelemente animieren

Sie können jedes Element einer Folie mit einem oder mehreren Animationseffekten versehen, unabhängig davon, ob es sich um ein Textelement bzw. ein Platzhalterfeld oder ein grafisches Objekt handelt. So können Sie beispielsweise Text nacheinander in der Folie erscheinen lassen, während der Präsentation hervorheben und anschließend wieder ausblenden. PowerPoint verfügt zu diesem Zweck über einen umfangreichen Katalog an Animationseffekten, die Sie einfach den Elementen zuweisen. Sämtliche Animationseffekte finden Sie zusammen mit den dazugehörigen Einstellungen im Menüband, Register *Animationen*.

Bild 8.17 Das Register Animationen

Animationseffekt auswählen

Markieren Sie das Objekt, das Sie mit einer Animation versehen möchten und klicken Sie im Register *Animationen* ▶ *Animation* auf den Pfeil *Weitere*, um den gesamten Katalog von Effekten zu öffnen.

Bild 8.18 Katalog Animationseffekte

Bild 8.19 Beispiel weitere Eingangseffekte

PowerPoint unterscheidet zwischen folgenden Grundtypen von Animationen

- **Eingang**
  Mit Eingangseffekten erscheint das Objekt in der Folie.
- **Betont**
  Betont erlaubt das Hervorheben von Objekten während der Anzeige, z. B. durch Vergrößern oder Ändern der Farbe.
- **Ausgang**
  Ausgangseffekte lassen einzelne Objekte wieder aus der Folie verschwinden.
- **Animationspfade**
  Unter Animationspfade finden Sie verschiedene Sonderformen und können zusätzlich auch benutzerdefinierte Animationen mit der Maus erstellen.
- Weitere Effekte der jeweiligen Kategorie erhalten Sie zur Auswahl, wenn Sie am Ende des Katalogs auf *Weitere ...effekte...* klicken.

Am häufigsten werden in Bildschirmpräsentationen Eingangseffekte eingesetzt, daher befassen wir uns zunächst mit diesem Typ etwas ausführlicher.

Effekt zuweisen und Vorschau anzeigen

Markieren Sie das Objekt, das Sie animieren möchten, im Bild unten den Platzhalter für den Folientext ❶, und klicken Sie im Register *Animationen* auf die gewünschte Animation ❷, z. B. *Einfliegen*. In der Folie erhalten Sie eine Vorschau, die Sie mit Klick auf das Symbol *Vorschau* ❸ jederzeit wiederholen können.

Bild 8.20 Platzhalter für Folientext animieren

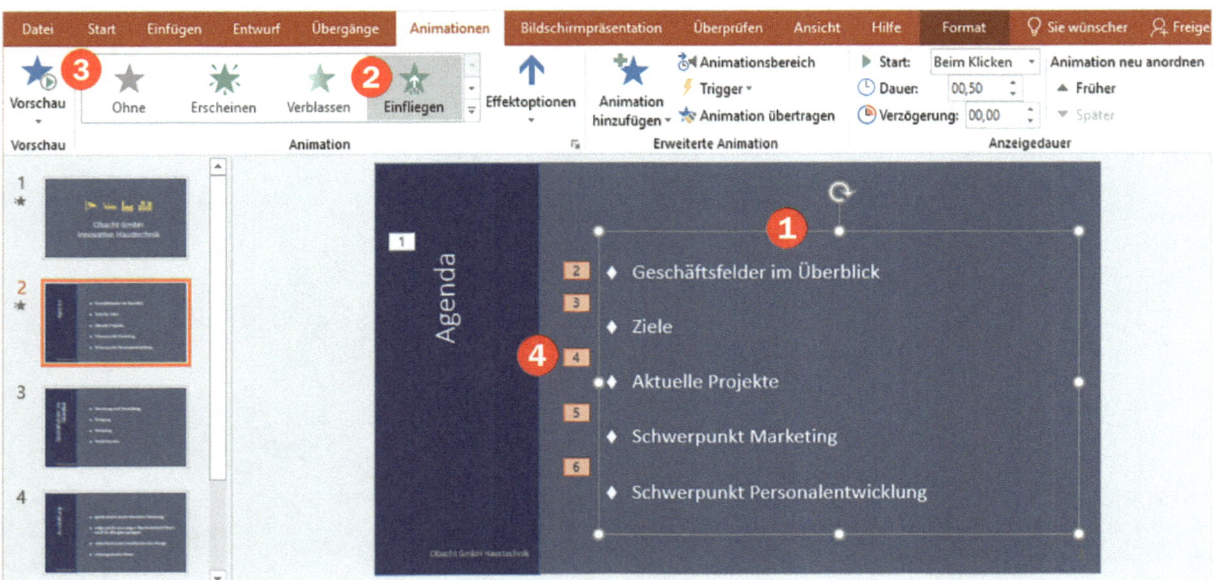

Eine Ausnahme bildet der automatische Animationsablauf, Näheres hierzu weiter unten.

Folienelemente, die mit einem Animationseffekt versehen wurden, erhalten automatisch eine Nummer ❹, aus der Sie den zeitlichen Ablauf ersehen können. **Achtung:** Diese sind nur sichtbar, wenn im Menüband das Register *Animationen* aktiviert ist.

Animation ändern oder entfernen

Durch Auswahl bzw. Anklicken eines anderen Animationseffekts wird für das markierte Objekt ein bereits vorhandener Effekt automatisch ersetzt. Sie können also nach Belieben die verschiedenen Effekte nacheinander testen. Um einen Effekt wieder zu entfernen, markieren Sie das betreffende Objekt und wählen aus dem Animationskatalog *Keine*.

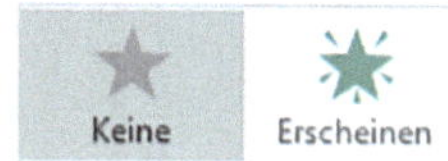

Reihenfolge ändern

Enthält eine Folie mehrere Objekte mit Animationseffekten, dann werden diese in der Vorschau und später in der Bildschirmpräsentation automatisch in der Reihenfolge animiert, in der die Effekte zugewiesen wurden. Zum Ändern der Reihenfolge markieren Sie das betreffende Objekt und klicken im Register *Animationen* ▶ *Anzeigedauer* unter *Animation neu anordnen* auf *Früher* oder *Später*.

Bild 8.21 Animationsreihenfolge ändern

Richtung und weitere Details festlegen

Weitere Einstellungen zum ausgewählten Effekt nehmen Sie über die Schaltfläche *Effektoptionen* vor. Im Detail sind diese abhängig vom jeweiligen Effekt und auch nicht für jeden Effekt verfügbar. Haben Sie z. B. *Hineinschweben* als Eingangseffekt ausgewählt, dann können Sie hier zwischen den Richtungen *Aufwärts* und *Abwärts* wählen.

Bild 8.22 Effektoptionen: Beispiel Hineinschweben

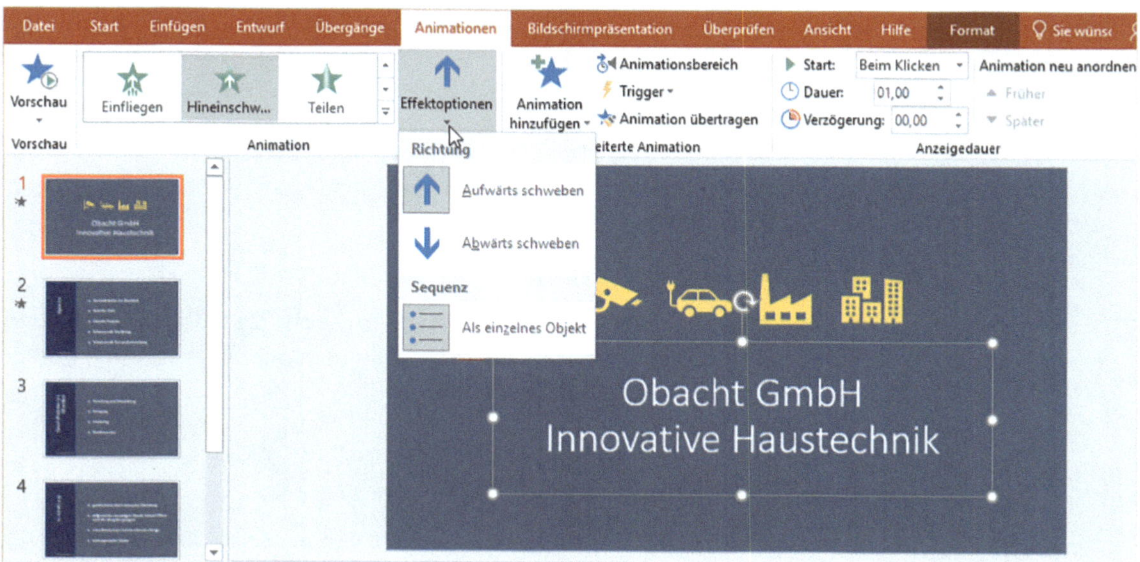

Dasselbe gilt auch für Ausgangseffekte. Bei Betonungs-, also Hervorhebungseffekten, können Sie, abhängig vom Effekt, beispielsweise Farben oder Vergrößerungs- bzw. Verkleinerungsfaktor wählen.

Tipp: Die zahlenmäßig meisten Richtungsvarianten bringen die Effekte *Einfliegen* und *Hinausfliegen* mit. Achten Sie aber bei mehreren animierten Objekten darauf, möglichst immer dieselbe Richtung zu verwenden.

Textspezifische Animationsmöglichkeiten

Handelt es sich beim animierten Element um ein Platzhalterfeld mit Text bzw. mehreren Absätzen wie im Bild unten, dann werden die Absätze normalerweise automatisch nacheinander animiert. Dies erkennen Sie auch an der Nummerierung der Absätze ❶, siehe Bild. Details zur Textanimation erhalten Sie über die Schaltfläche *Effektoptionen* ❷ im Abschnitt *Sequenz* ❸. Hier bietet PowerPoint drei Möglichkeiten.

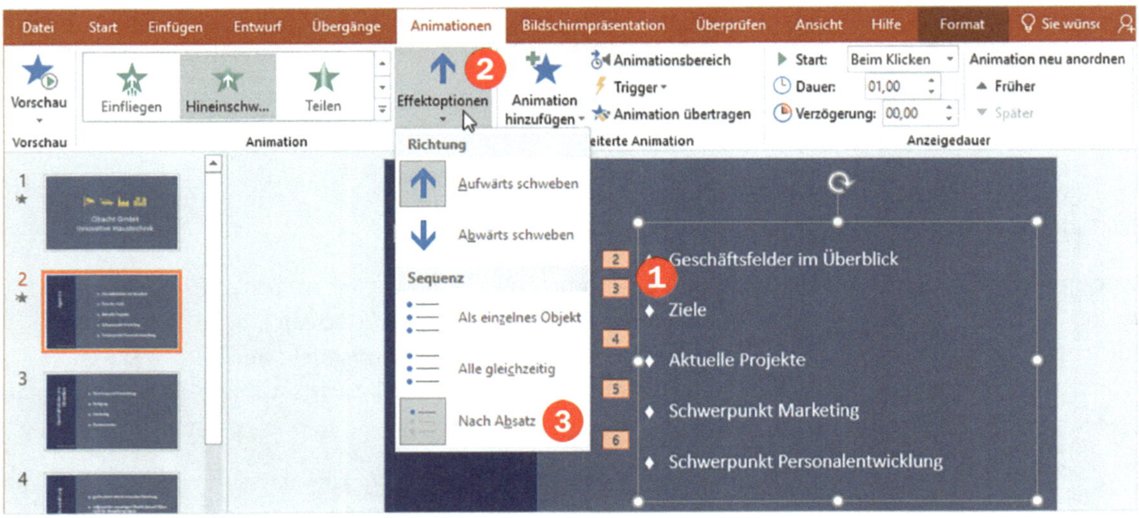

Bild 8.23 Effektoptionen - Text animieren

- Mit der Auswahl *Als einzelnes Objekt* wird das gesamte Textfeld als Objekt animiert. Dies ist der Standard für alle Textfelder, die nur einen einzigen Absatz enthalten, z. B. Folientitel.
- *Alle gleichzeitig* bedeutet, alle Absätze werden gleichzeitig animiert.
- *Nach Absatz* animiert die Absätze nacheinander. Dies ist die Standardeinstellung für Textfelder mit mehreren Absätzen und zusammen mit *Alle gleichzeitig* nur für diese verfügbar.

Beachten Sie: Diese Möglichkeiten sind nur verfügbar, wenn Sie bei der Auswahl eines Animationseffekts das gesamte Textfeld markiert haben oder sich der Cursor im Platzhalter befindet.

Haben Sie dagegen innerhalb des Textfeldes einen einzelnen Absatz markiert, so erhält nur dieser die ausgewählte Animation.

Start per Mausklick oder automatisch?

Ob während der Bildschirmpräsentation eine Animation auf Mausklick oder automatisch startet, legen Sie im Menüband in der Gruppe *Anzeigedauer* fest. Klicken Sie im Feld *Start* auf den Dropdown-Pfeil und wählen Sie eine der folgenden Möglichkeiten:

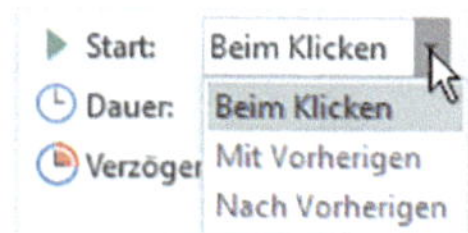

- Standardmäßig finden Sie hier die Einstellung *Beim Klicken*, d. h. die Animation startet, wenn Sie mit der Maus klicken oder eine Taste (Eingabe-, Leer- oder Pfeiltaste) betätigen.
- *Mit Vorherigen* bedeutet, die Animation startet automatisch und zeitgleich mit der vorhergehenden Animation. Handelt es sich dabei um das erste Objekt der Folie, so erscheint dieses gleichzeitig mit Einblenden der Folie.
- Mit der Auswahl *Nach vorherigen* startet die Animation ebenfalls automatisch, aber zeitverzögert nach der vorherigen Animation. In diesem Fall geben Sie im Feld *Verzögerung* an, um wie viele Sekunden später.

Bild 8.24 Automatische Animation mit Verzögerung

Beim automatischen Animationsablauf ist das dazugehörige Objekt in der Folie anstelle einer fortlaufenden Nummerierung mit einer 0 versehen, wie im Bild unten.

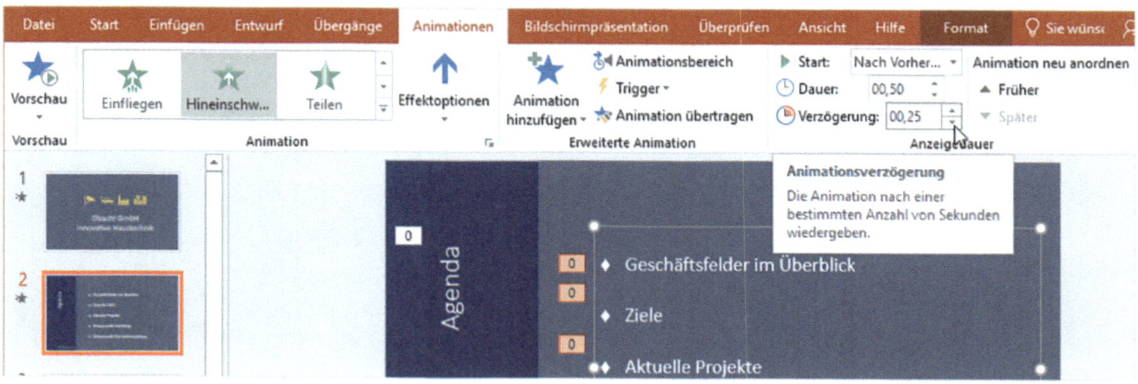

Animationsgeschwindigkeit

In der Gruppe *Anzeigedauer* können Sie außerdem im Feld *Dauer* die Geschwindigkeit ändern, mit der die Animation abläuft. **Achtung:** Strapazieren Sie die Geduld Ihres Publikums nicht zu sehr. Im Schneckentempo in die Folie „hineinkriechende" Texte und Bilder haben eine eher abschreckende Wirkung!

Animationseffekt „kopieren"

Wenn Sie in einer Präsentation Animationseffekte verwenden, dann sollen in der Regel meist gleich mehrere Objekte denselben Effekt erhalten. Mit der Schaltfläche *Animation übertragen* können Sie einen Effekt samt Effektoptionen und den übrigen dazugehörigen Einstellungen kopieren und anschließend mehreren Objekten zuweisen. So gehen Sie vor:

1 Markieren Sie in der Folie das Objekt, dessen Animationseffekt Sie kopieren möchten ❶.

2 Klicken Sie im Menüband, Register *Animationen* ▶ *Erweiterte Animation* auf *Animation übertragen* ❷.

3 Am Mauszeiger wird ein Pinselsymbol ❸ sichtbar. Klicken Sie damit in der Folie auf das Objekt, das die ausgewählte Animation erhalten soll. Mit dieser Methode kopieren Sie Effekte auch über Folien hinweg.

> Mit der oben beschriebenen Methode wird eine Animation immer nur auf ein zweites Objekt übertragen. Ein Doppelklick auf *Animation übertragen* dagegen aktiviert diesen Modus dauerhaft und Sie können die Animation nacheinander auf mehrere Objekte übertragen. Erst die Esc-Taste oder ein weiterer Klick auf *Animation übertragen* beendet den Modus wieder.

Bild 8.25 Animation übertragen, Beispiel Grafikobjekt

Zeitlichen Ablauf im Animationsbereich steuern

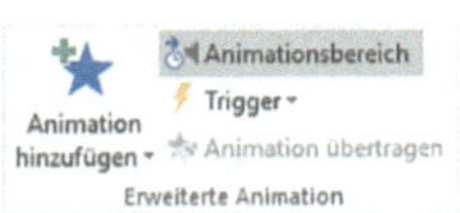

Falls eine Folie mehrere Animationen enthält, sollten Sie den Animationsbereich verwenden, um einen besseren Überblick zu erhalten. Dieser wird mit der gleichnamigen Schaltfläche der Gruppe *Erweiterte Animationen* am rechten Rand des PowerPoint-Fensters geöffnet und listet alle Animationen der aktuellen Folie auf.

- Im Animationsbereich erkennen Sie am Symbol (Maus oder Uhr) auf den ersten Blick, ob eine Animation per Mausklick oder automatisch startet. Handelt es sich um eine Gruppe, wie im Bild unten die Absätze des Inhaltsplatzhalters, so können Sie mit Klick auf den Doppelpfeil die Animation jedes einzelnen Absatzes ein- oder ausblenden.
- Die Farbe kennzeichnet den Animationstyp. Grün wie im Beispiel unten bedeutet Eingangseffekt. Details dazu werden eingeblendet, wenn Sie kurz mit der Maus auf einen Effekt zeigen.

- An der Länge des farbigen Balkens erkennen Sie außerdem Animationsdauer und zeitlichen Ablauf, sofern es sich um einen automatischen Ablauf handelt.

Bild 8.26 Der Animationsbereich

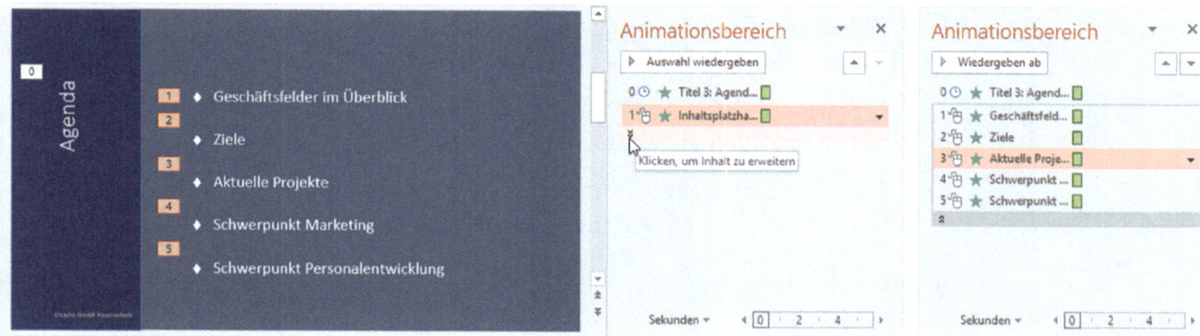

Tipp: Der Animationsbereich erlaubt die gezielte Vorschau bzw. Wiedergabe ab einem bestimmten Punkt: Markieren Sie im Animationsbereich diesen Effekt mit einem Mausklick und klicken Sie auf die Schaltfläche *Wiedergeben ab* bzw. *Auswahl wiedergeben*.

Reihenfolge ändern

Zum Ändern der Reihenfolge benutzen Sie im Animationsbereich die Pfeilschaltflächen nach oben oder unten. Oder verschieben Sie einen Effekt einfach mit gedrückter Maustaste an die gewünschte Position.

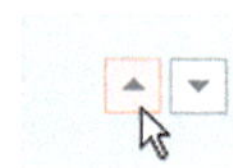

Zeitliche Abfolge und Dauer anhand einer Zeitleiste kontrollieren

Im Animationsbereich können Sie den markierten Effekt ebenfalls über das Menüband (Register *Animationen*) und die Felder der Gruppe *Anzeigedauer* bearbeiten. Diese und weitere Optionen erhalten Sie auch, wenn Sie mit der Maus auf einen Effekt zeigen und anschließend auf den dazugehörigen Dropdown-Pfeil klicken (Bild 8.27).

Bild 8.27 Effekt bearbeiten

Bild 8.28 Zeitliche Abfolge und Dauer

Bild 8.29 Während der Vorschau

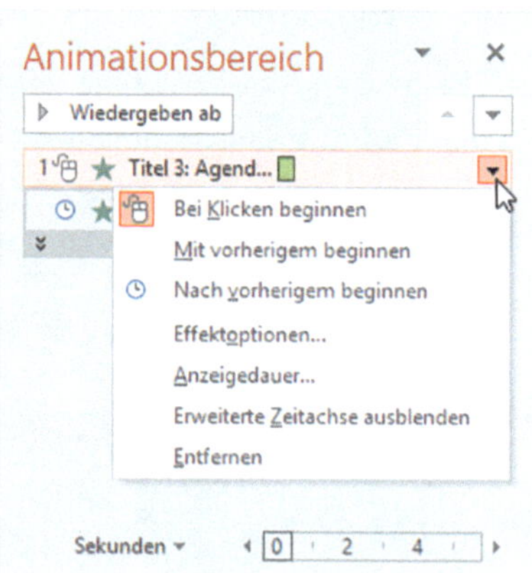

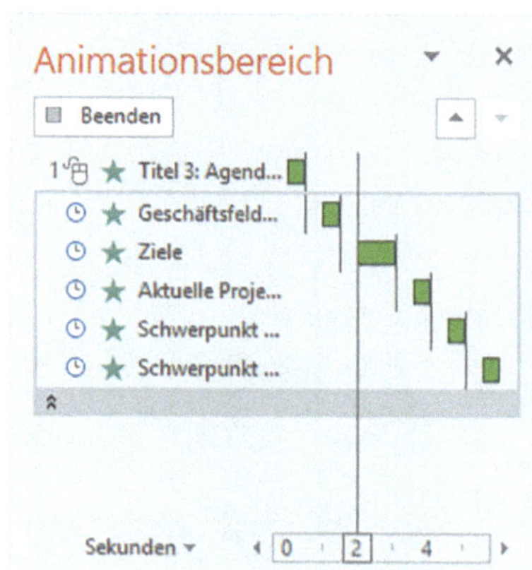

Bei automatischem Ablauf (*Nach vorherigen*) sind aus Position und Länge des farbigen Balkens die zeitliche Abfolge und Effektdauer ersichtlich (Bild 8.28). Zudem können Sie anhand einer Zeitleiste im unteren Bereich des Animationsbereichs während der Vorschau die Zeiten kontrollieren.

Einzelne Zeiten bearbeiten

Im Animationsbereich können Sie Animationsdauer und Verzögerung jedes einzelnen Objekts bzw. Absatzes mit der Maus bearbeiten. Zeigen Sie dazu mit ihr auf den Balken des jeweiligen Effekts. Der Mauszeiger signalisiert die Bearbeitungsmöglichkeit:

- Ein einfacher waagrechter Doppelpfeil wie in Bild 8.30 bedeutet, Sie verschieben den Startzeitpunkt bzw. die Verzögerung.
- Erscheint als Mauszeiger dagegen ein Doppelpfeil wie in Bild 8.31, so ändern Sie durch Ziehen die Effektdauer: je breiter der Balken, desto langsamer der Effekt.

Bild 8.30 Startzeitpunkt ändern

Bild 8.31 Effektdauer

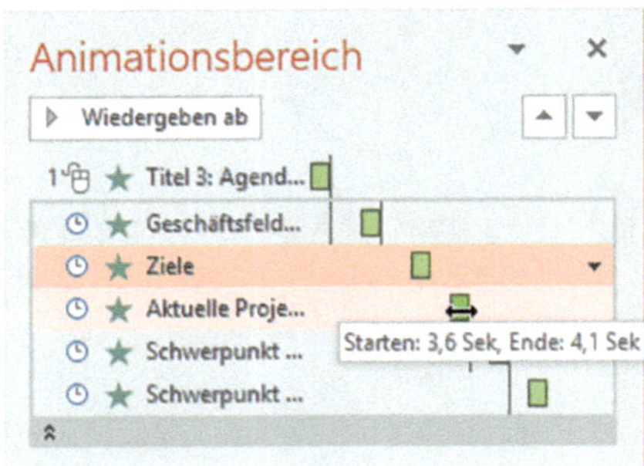

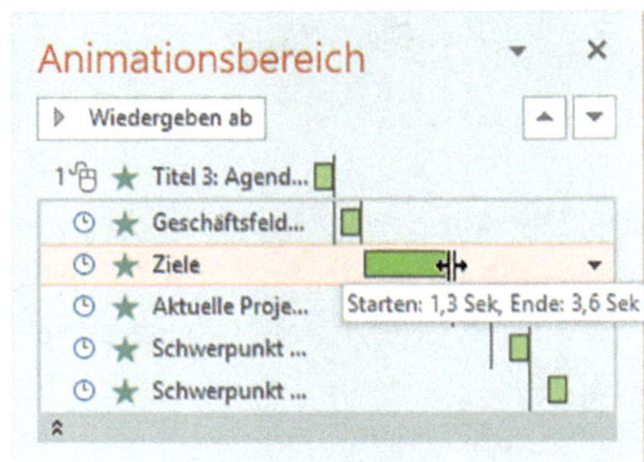

Ein Objekt mit mehreren Animationen versehen

Jedem Objekt können auch mehrere Animationen zugewiesen werden. So kann beispielsweise ein Objekt erst in der Folie erscheinen, später mit einem Betonungseffekt hervorgehoben werden und zuletzt per Ausgangseffekt aus der Folie verschwinden. Bevor Sie allerdings eine Folie mit zahlreichen Animationseffekten überfrachten, sollten Sie überlegen, ob sich nicht der gleiche Effekt erzielen lässt, wenn Sie einfach die Inhalte auf mehrere Folien aufteilen und keinen Folienübergang einsetzen.

Für den Fall, dass Sie trotzdem für ein Objekt mehrere Effekte benötigen, hier die Vorgehensweise am Beispiel des Folientitels der unten abgebildeten Folie. Dieser soll zunächst langsam auftauchen, dann größer werden und zuletzt in roter Schrift erscheinen. Um die Effekte deutlicher zu machen erhält er zunächst eine graue Schriftfarbe.

Bild 8.32 Klicken Sie auf Animation hinzufügen

1. Markieren Sie das Objekt und weisen Sie ihm, wie oben beschrieben, den ersten Effekt, in diesem Beispiel den Eingangseffekt *Verblassen* zu.

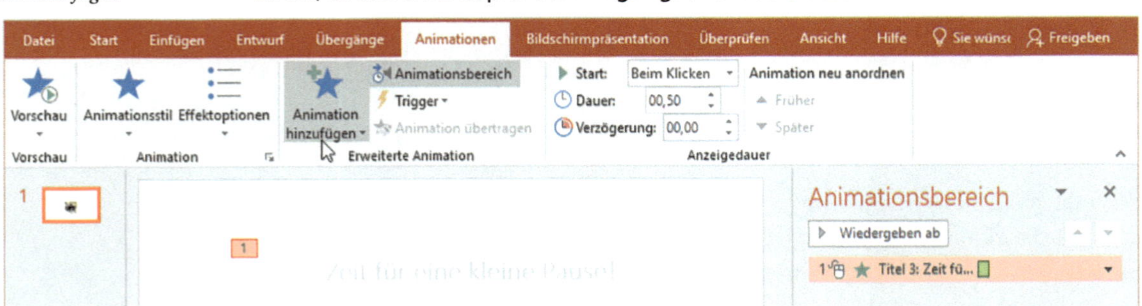

2 Achten Sie darauf, dass das Objekt nach wie vor markiert ist. Klicken Sie in der Gruppe *Erweiterte Animation* auf *Animation hinzufügen* und wählen Sie hier den zweiten Effekt aus, in diesem Fall *Vergrößern/Verkleinern* aus der Kategorie *Hervorheben*. Über *Effektoptionen* geben Sie Richtung und Größe an.

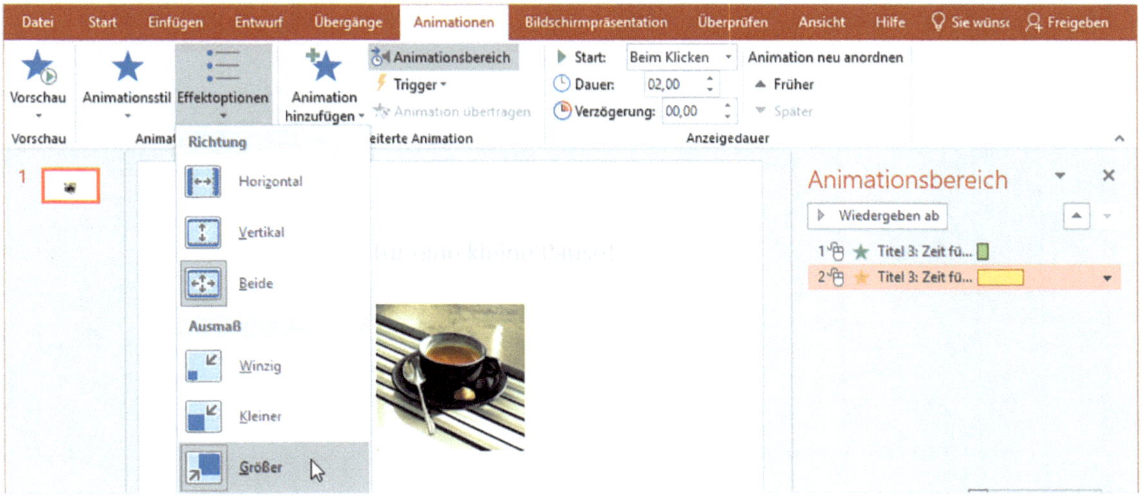

Bild 8.33 Effektoptionen: Vergrößern/Verkleinern

3 Zuletzt soll die Schriftfarbe geändert werden. Markieren Sie den Folientitel, klicken Sie erneut auf *Animation hinzufügen* und wählen Sie in der Kategorie *Hervorheben* den Effekt *Schriftfarbe*. Die Farbe, die der Text erhalten soll, wählen Sie wieder über die Schaltfläche *Effektoptionen* aus, in diesem Beispiel rot.

4 Zur weiteren Bearbeitung sollten Sie den Animationsbereich einblenden. Dieser liefert einen guten Überblick über alle eingesetzten Effekte. Zudem können Sie in der Vorschau die zeitliche Abfolge überprüfen und bei Bedarf ändern.

Bild 8.34 Die Effekte im Animationsbereich kontrollieren

Einzelnen Animationseffekt entfernen

Wenn ein Objekt gleich mehrere Animationseffekte umfasst, dann entfernen Sie einzelne, nicht mehr benötigte Effekte, indem Sie im Animationsbereich auf den Pfeil des betreffenden Effekts und hier auf *Entfernen* klicken. Wenn Sie dagegen im Katalog *Keine* auswählen, werden vom markierten Objekt sämtliche Animationen entfernt.

Bild 8.35 Einzelne Animationen von einem Objekt entfernen

Absätze mit Animationen hervorheben und wieder abblenden

In einem weiteren Beispiel sollen mit Betonungseffekten die Absätze einer Folie nacheinander durch gelbe Schriftfarbe hervorgehoben werden. Dabei soll auf Mausklick immer nur ein Absatz betont werden. Dieser erhält die ursprüngliche Schriftfarbe wieder zurück, sobald der nächste Absatz hervorgehoben wird. Auf Eingangseffekte wird in diesem Beispiel verzichtet.

1 Im ersten Schritt erhält das gesamte Inhaltsplatzhalterfeld den Betonungseffekt *Schriftfarbe*. Die gewünschte Farbe, im Beispiel unten gelb, wählen Sie über die Schaltfläche *Effektoptionen* aus. Die Sequenz *Nach Absatz* sollte standardmäßig bereits aktiv sein und kann beibehalten werden.

Bild 8.36 Die Ausgangsfolie

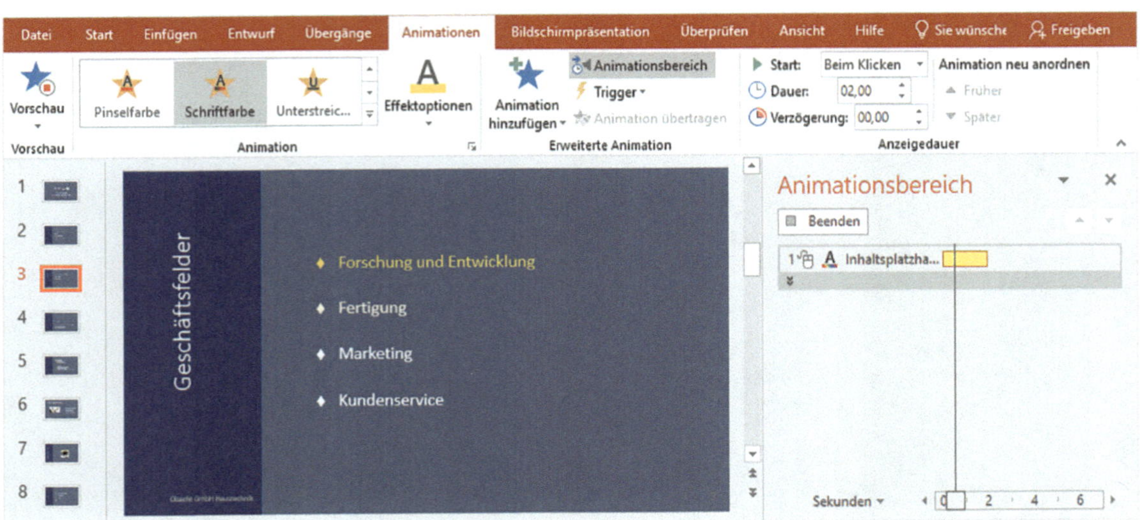

2 Klicken Sie dann auf *Animation hinzufügen* und weisen Sie dem gesamten Platzhalter als zweite Animation erneut den Betonungseffekt *Schriftfarbe* zu, diesmal wählen Sie wieder die ursprüngliche Schriftfarbe.

3 Da alle Effekte auf Mausklick gestartet werden sollen, wird im Feld *Verzögerung* keine Zeitangabe benötigt. Sie sollten aber die Effektdauer in der Vorschau testen und ggf. den Ablauf beschleunigen.

4 In der Vorschau oder beim Test in der Ansicht *Bildschirmpräsentation* werden Sie bemerken, dass die Effekte noch nicht in der gewünschten zeitlichen Reihenfolge starten. Zunächst erhalten alle Absätze nacheinander gelbe ❶ und anschließend wieder weiße Schrift ❷. Sie müssen also im Animationsbereich die Effekte nach Absätzen neu anordnen. Sorgen Sie zunächst dafür, dass für jeden Absatz die Effekte sichtbar sind (Klick auf den Doppelpfeil).

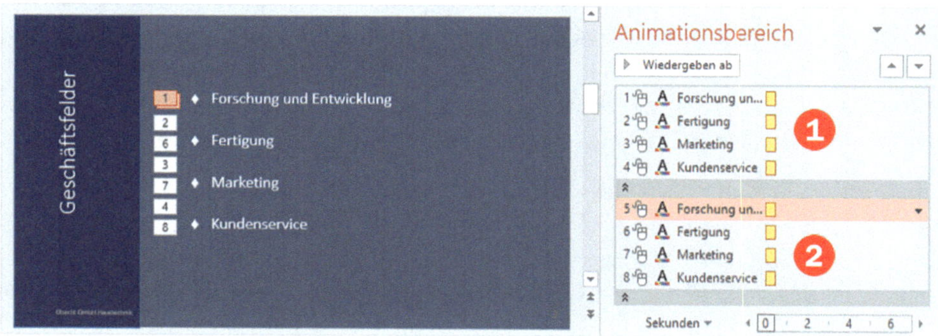

Bild 8.37 Effekt 1 (gelbe Schriftfarbe) und Effekt 2 (weiße Schriftfarbe) im Animationsbereich

5 Klicken Sie im Animationsbereich auf Effekt zwei (weiße Schrift) des ersten Absatzes, im Bild oben ist dies die Nummer 5, und verschieben Sie diesen an die zweite Position nach Effekt eins desselben Absatzes. Dazu benutzen Sie entweder die Maus oder Pfeilschaltflächen des Animationsbereichs. Ordnen Sie nun alle Effekte in dieser Reihenfolge an ❶.

6 Testen Sie anschließend wieder das Ergebnis, entweder in der Vorschau oder in der Ansicht *Bildschirmpräsentation*. Die Animationen sollten jetzt auf einen Mausklick hin in der richtigen Reihenfolge ablaufen.

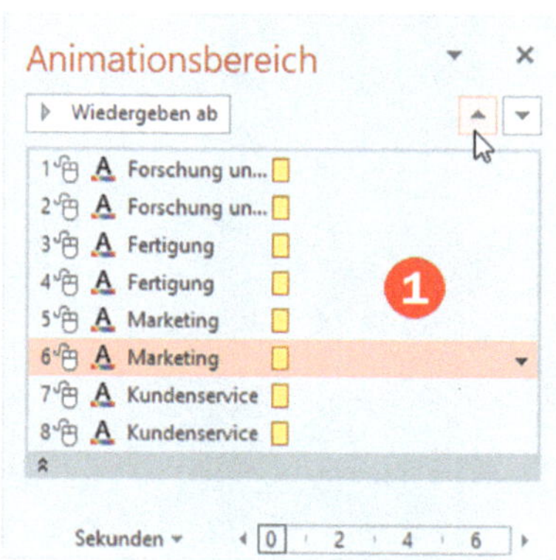

Bild 8.38 Ordnen Sie die Effekte in der richtigen Reihenfolge an

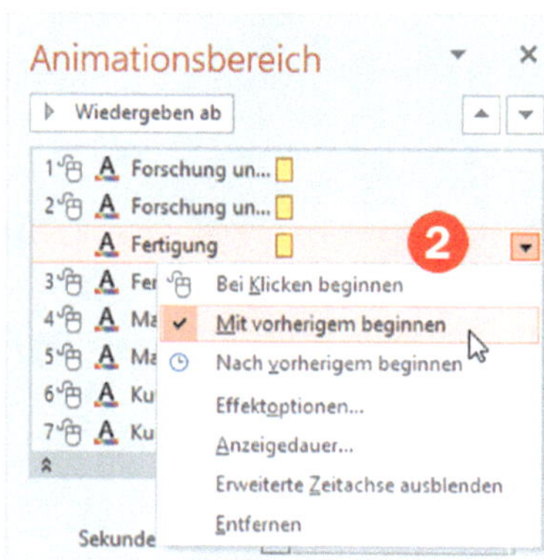

Bild 8.39 Animation mit vorherigem beginnen

Bild 8.40 Das Ergebnis

7 Jetzt müssen Sie zum Schluss nur noch dafür sorgen, dass ab dem zweiten Absatz der Wechsel zur gelben Schriftfarbe automatisch erfolgt, und zwar dann, wenn der vorherige Absatz seine ursprüngliche Farbe wieder erhält.

Markieren Sie dazu den ersten Effekt des zweiten Absatzes. Klicken Sie auf den Dropdown-Pfeil und wählen Sie *Mit vorherigem beginnen* ❷. Im Feld *Verzögerung* muss 0 eingestellt sein. Dies wiederholen Sie für den jeweils ersten Effekt aller nachfolgenden Absätze ❸ und fertig ist die Animation. Falls der letzte Absatz bis zum Erscheinen der nächsten Folie gelb bleiben soll, so entfernen Sie hier einfach den zweiten Effekt.

Absätze mit farbigem Balken ohne Animation hervorheben

Das Hervorheben von Absätzen lässt sich auch ganz ohne Animationseffekte erzielen. Denkbar ist hier nicht nur das Hervorheben mittels einer anderen Schriftfarbe, sondern beispielsweise auch mit einem farbigen Balken im Hintergrund, wie im Bild unten. Dazu brauchen Sie nur die Folie entsprechend der Anzahl der Absätze zu duplizieren und in den einzelnen Folien nacheinander die Absätze hervorheben.

Im unten abgebildeten Beispiel wurde in der ersten Folie der erste Absatz mit einem Rechteck mit abgerundeten Ecken und einer entsprechenden Füllung hinterlegt und dann diese Folie dreimal dupliziert. In den duplizierten Folien brauchen Sie dann einfach nur den Balken nach unten, hinter den jeweils hervorzuhebenden Absatz, zu verschieben. Um den richtigen Effekt zu erzielen, sollten Sie aber bei solchen Folien auf einen Folienübergangseffekt verzichten.

Der Nachteil dieser Methode: Sie erfordert wesentlich mehr Folien, was je nach Foliengestaltung zu einem erheblich größeren Speicherplatzbedarf der gesamten Präsentation führen kann.

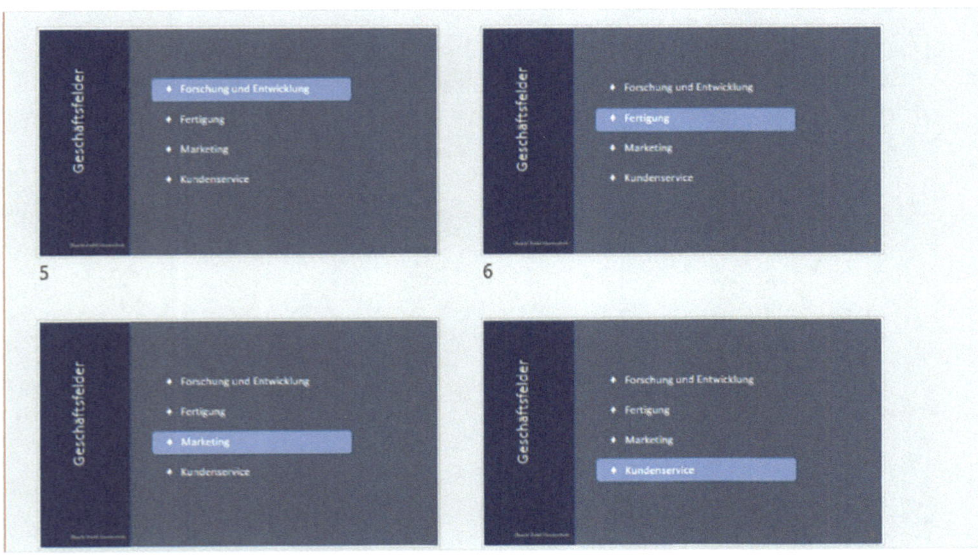

Bild 8.41 Das Beispiel in der Ansicht Foliensortierung

Animationspfade

Mit dem Typ *Animationspfade* haben Sie die Möglichkeit, insbesondere für grafische Objekte benutzerdefinierte Wege zur Animation zu erstellen. Als Beispiel soll in der unten abgebildeten Folie der rote Kreis so animiert werden, dass er durch die Folie „springt". Markieren Sie die Form und öffnen Sie im Menüband, Register *Animationen* ▶ *Animation* mit Klick auf *Weitere* den Katalog der Animationseffekte. Ganz am Ende der Zusammenstellung finden Sie einige Animationspfade oder klicken Sie auf *Weitere Animationspfade...* um alle anzuzeigen.

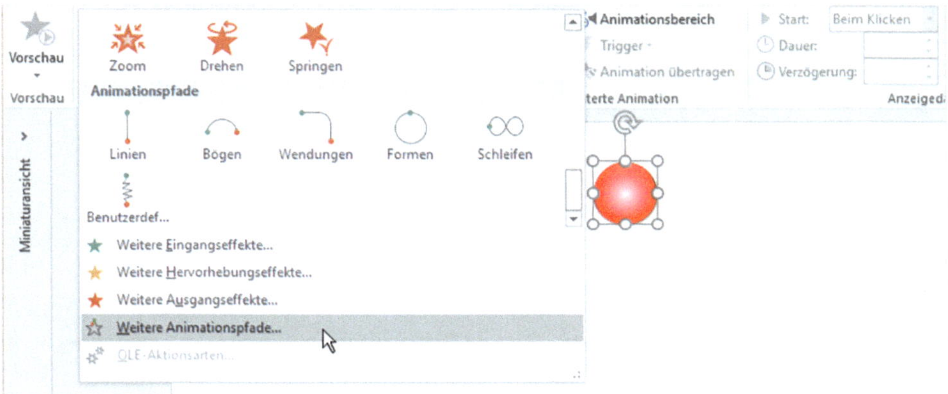

Bild 8.42 Form mit Animationspfad versehen

Für das abgebildete Beispiel eignen sich etwa *Abnehmende Welle* oder *Links aufprallen*. Weitere Möglichkeiten erhalten Sie nach der Auswahl des Effekts wieder über die *Effektoptionen*. Hier können Sie, je nach Effekt, beispielsweise die Pfadrichtung umkehren oder einzelne Punkte bearbeiten.

Alternativ können Sie mit der Auswahl *Benutzerdefinierter Pfad* eigene Pfade mit der Maus zeichnen.

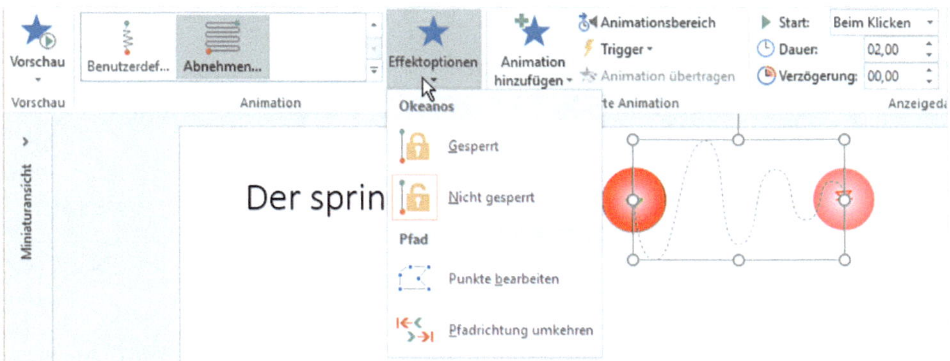

Bild 8.43 Beispiel: Form mit Animationspfad

Objekte durch Namen leichter identifizieren

Wenn eine Folie ein Vielzahl von Formen oder Bildern enthält, ist es im Gegensatz zu Text nicht immer leicht, das jeweilige Objekt im Animationsbereich zu identifizieren, da PowerPoint diese einfach fortlaufend nummeriert, z. B. *Grafik 3*, *Grafik 4* (wie im Bild unten) oder *Rechteck 1*, *Rechteck 2*, usw..

Bild 8.44 Fortlaufend nummerierte Grafikobjekte im Animationsbereich

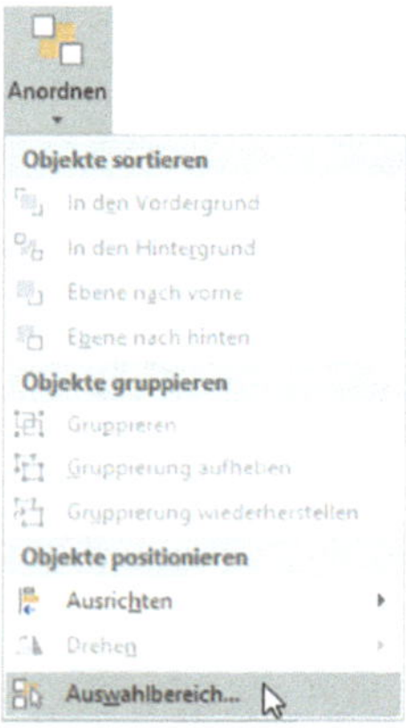

1 Einen besseren Überblick erhalten Sie, wenn Sie diese Objekte mit einem aussagefähigen Namen versehen. Klicken Sie dazu im Menüband, Register *Start* ▶ *Zeichnen*, auf *Anordnen* und hier auf *Auswahlbereich...*.

2 Klicken Sie in der Folie auf ein Objekt. Damit wird der dazugehörige Objektname im Auswahlbereich ebenfalls markiert, siehe Bild unten. Klicken Sie dann im Auswahlbereich auf den markierten Objektnamen, so können Sie diesen anschließend ändern.

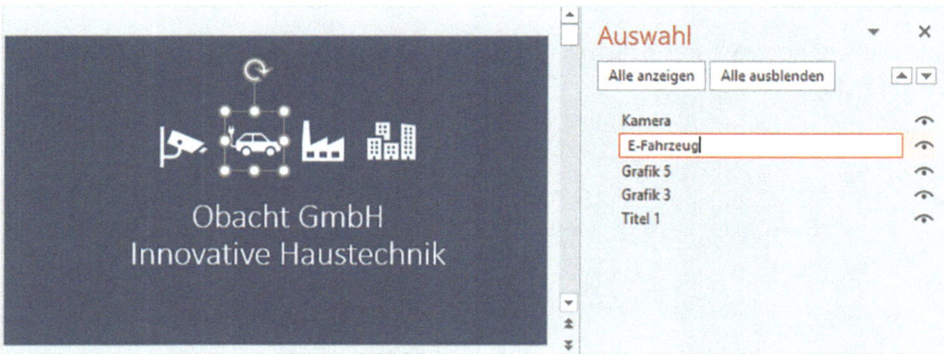

Bild 8.45 Objektnamen der markierten Grafik ändern

Beachten Sie bei der Vergabe von Objektnamen

Objektnamen müssen in der Folie eindeutig sein, dürfen also nicht mehrfach in der Folie verwendet werden. Verwenden Sie „sprechende" Namen anhand derer sich die einzelnen Objekte schnell identifizieren lassen.

SmartArt-Grafik animieren

Auch SmartArt-Grafiken können Sie mit Animationseffekten versehen. Ähnlich wie bei Absätzen in Platzhaltern haben Sie auch hier die Möglichkeit, die gesamte SmartArt-Grafik als Gesamtobjekt zu behandeln oder die einzelnen Elemente entweder alle gleichzeitig oder nacheinander zu animieren.

1. Markieren Sie das gesamte SmartArt-Objekt und wählen Sie einen Effekt, z. B. eine Eingangsanimation wie im Bild unten.
2. Die SmartArt-Grafik erscheint in der Standardeinstellung zunächst als Gesamtobjekt in der Folie. Damit die Elemente einzeln und nacheinander erscheinen, klicken Sie auf *Effektoptionen* und wählen neben der Richtung auch die Sequenz, hier *Nacheinander*.
3. Legen Sie dann wieder *Start*, *Effektdauer* und bei automatischem Ablauf (*Mit vorherigen*/*Nach vorherigen*) die *Verzögerung* fest.

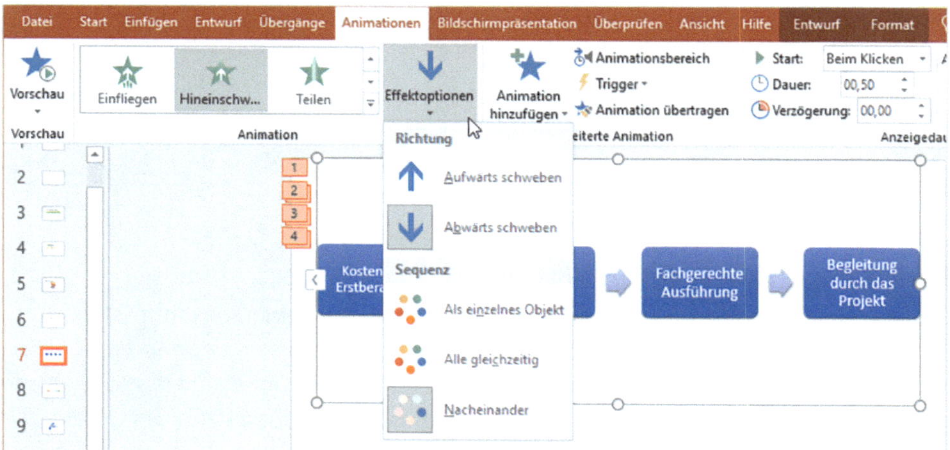

Bild 8.46 SmartArt animieren

Zur weiteren Bearbeitung des Animationsablaufs klicken Sie wieder auf *Animationsbereich*. Hier finden Sie gleich mehrere Einzelelemente mit der Bezeichnung *Diagramm*. Die SmartArt-Grafik im Bild oben besteht z. B. aus Rechtecken mit abgerundeten Ecken und Pfeilen, wobei in der Standardeinstellung eigentlich der Pfeil auf Mausklick erscheint. Das Rechteck mit dem Text rechts davon wird dagegen gleichzeitig mit dem Pfeil automatisch animiert (*Mit vorherigen*).

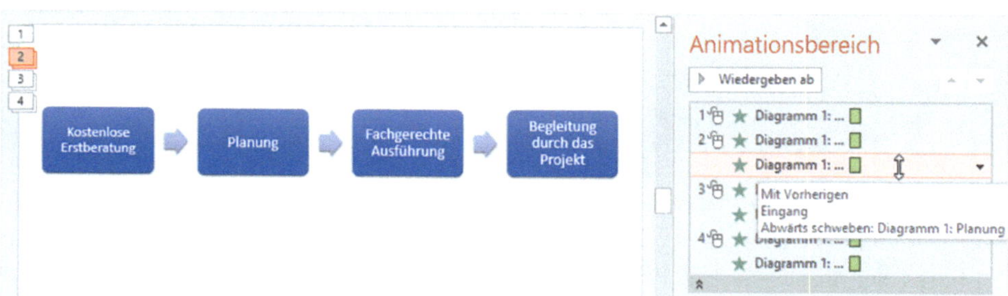

Bild 8.47 Animationsablauf der SmartArt-Grafik im Animationsbereich

Sie können auch hier wieder, wie auf Seite 276 beschrieben, Effektdauer und Verzögerung bzw. den Start jedes einzelnen Elements ändern.

Animationsreihenfolge ändern

Falls Sie die Animation in umgekehrter Reihenfolge ablaufen lassen möchten, klicken Sie im Animationsbereich auf den Dropdown-Pfeil eines Elements und auf *Effektoptionen...* ❶. Klicken Sie dann im Dialogfenster auf das Register *SmartArt-Animation* ❷ und aktivieren Sie das Kontrollkästchen *Umgekehrte Reihenfolge* ❸.

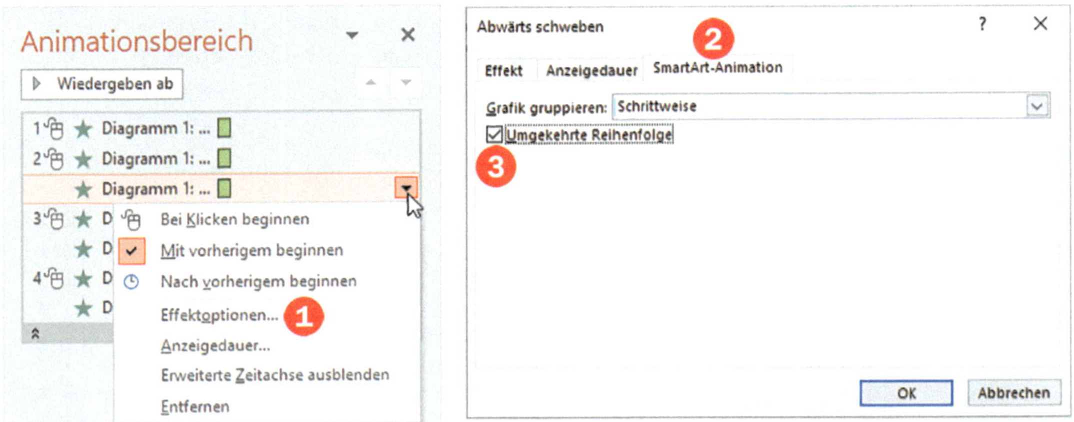

Bild 8.48 Animation in umgekehrter Reihenfolge

Einzelne Elemente gesondert animieren

Wenn Sie einzelne Elemente eines SmartArt-Objekts, etwa einen bestimmten Text, zusätzlich gesondert hervorheben möchten, z. B. durch Vergrößern oder Ändern der Farbe, dann ist dies nur möglich, wenn Sie zuvor das SmartArt-Objekt in einzelne Formen konvertieren. Dazu klicken Sie entweder mit der rechten Maustaste in das Objekt und auf *In Formen konvertieren*. Oder klicken Sie im Menüband, Register *SmartArt-Tools - Entwurf* auf *Konvertieren* und *In Formen konvertieren*.

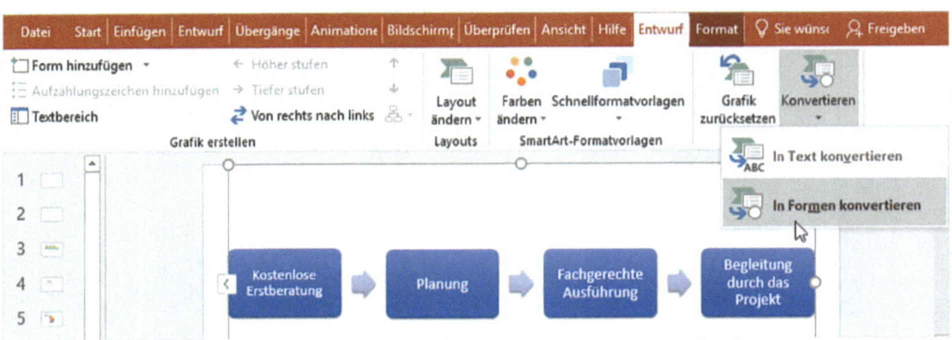

Bild 8.49 SmartArt in Formen konvertieren

Klicken Sie dann erneut mit der rechten Maustaste in die Grafik, zeigen auf *Gruppierung* und wählen *Gruppierung aufheben*. Anschließend können Sie jedes Element einzeln markieren und wie eine Form beliebig mit Animationseffekten versehen.

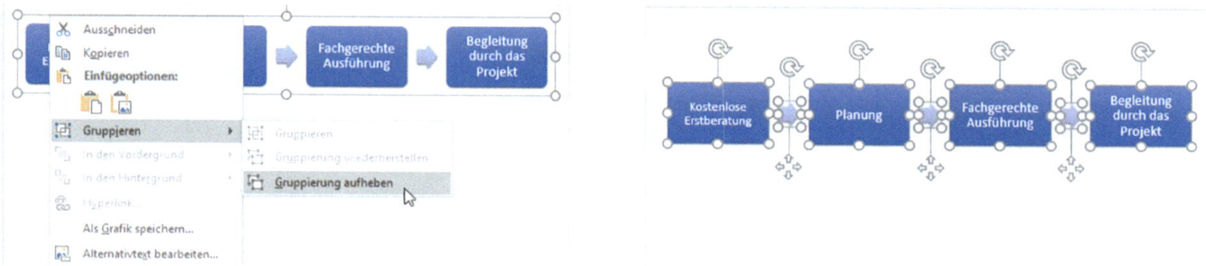

Bild 8.50 Gruppierung aufheben

SmartArt morphen

Wesentlich einfacher als auf dem oben beschriebenen Weg können Sie einzelne SmartArt-Elemente durch Morphen hervorheben, siehe ab Seite 267 dieses Kapitels. Dazu brauchen Sie SmartArt nicht einmal in Formen zu konvertieren. Duplizieren Sie einfach die Folie und heben Sie auf der zweiten das Element hervor, z. B. durch Vergrößern und/oder eine andere Farbe. Dieser Folie weisen Sie dann im Register *Übergänge* den Übergang *Morphen* zu und wählen über *Effektoptionen* den Typ *Objekte* aus.

Bild 8.51 Smart-Element durch Morphen hervorheben

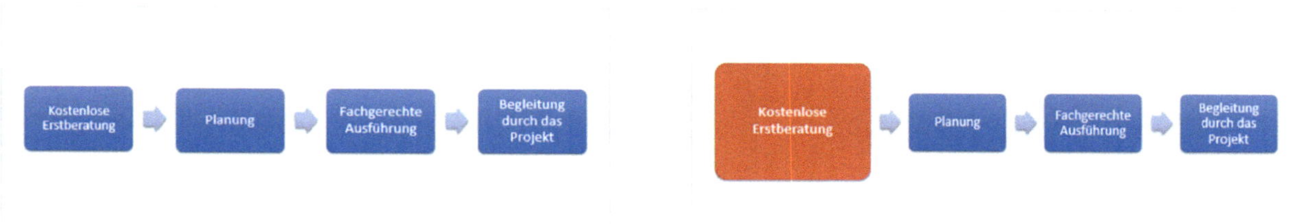

Diagramme mit Animationseffekten versehen

Diagramme werden standardmäßig als Gesamtobjekt animiert. Abweichend davon lassen sich die Diagrammelemente auch einzeln animieren, so dass beispielsweise in einem Säulendiagramm mit mehreren Datenreihen die Reihen nacheinander erscheinen oder in einem Tortendiagramm ein einzelnes Segment besonders hervorgehoben wird. Die Animation von Diagrammelementen funktioniert auch bei verknüpften Excel-Diagrammen, nicht aber, wenn das Diagramm als Bild eingefügt wurde. Beachten Sie auch, dass für Diagramme nicht alle Effekte verfügbar sind. So gehen Sie vor:

1. Markieren Sie das Diagramm mit einem Mausklick und wählen Sie einen Effekt aus, z. B. den Eingangseffekt *Erscheinen*.
2. Klicken Sie dann auf *Effektoptionen* und wählen Sie die gewünschte Sequenz.

Neben der Option *Als einzelnes Objekt* stehen folgende Möglichkeiten zur Auswahl:

- **Nach Serien**
  Diagrammfläche und Datenreihen werden nacheinander animiert.
- **Nach Kategorie**
  Diagrammfläche und die Kategorien der X-Achse werden nacheinander animiert.

- **Nach Element in Datenreihe**
  Nach der Diagrammfläche werden die Einzelelemente je Datenreihe animiert.
- **Nach Element in Kategorie**
  Nach der Diagrammfläche werden die Einzelelemente je Kategorie der X-Achse animiert.

Bild 8.52 Diagramm animieren: Animationssequenz wählen

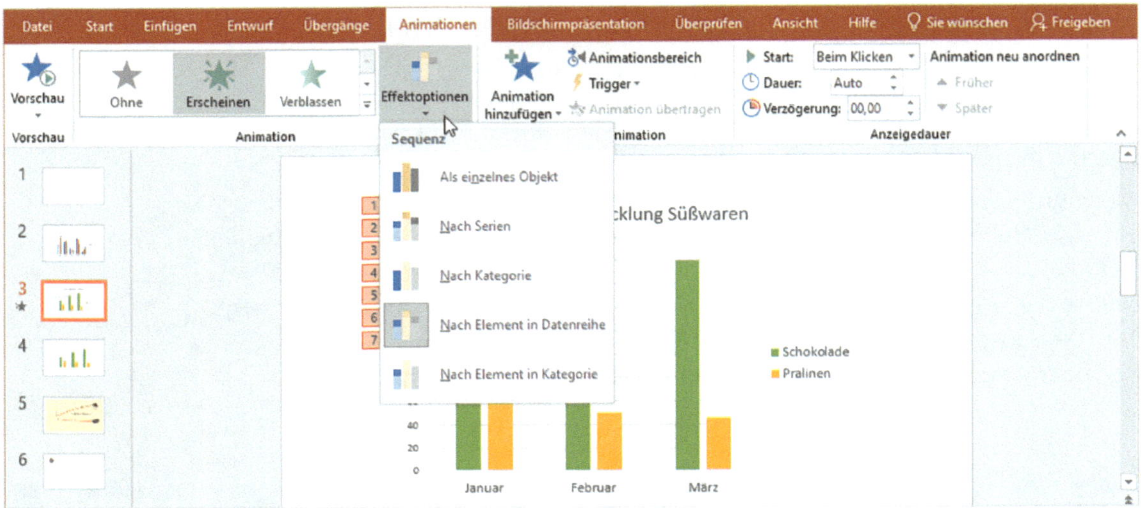

Tipp: Kreissegment durch Morphen herausstellen

Wie Sie ein bestimmtes Segment eines Kreisdiagramms durch Herausziehen hervorheben, haben Sie bereits auf Seite 222 gesehen. Falls Sie dies per Animation vornehmen möchten, setzen Sie dazu am besten ebenfalls den Übergang *Morphen* ein, siehe SmartArt oben. Die genaue Vorgehensweise finden Sie ab Seite 267 dieses Kapitels.

Im Bild unten sehen Sie Folie 1 und Folie 2 eines Beispieldiagramms. Duplizieren Sie die Folie, ziehen Sie in der zweiten das betreffende Kreissegment etwas heraus und weisen Sie dieser Folie im Register *Übergänge* den Übergang *Morphen* zu.

Bild 8.53 Kreissegment durch Morphen herausziehen

Tabellen animieren

Tabellen können ebenfalls mit Animationseffekten versehen werden, allerdings wird eine solche immer als Gesamtobjekt behandelt. Zeilen- oder spaltenweise Animationseffekte lassen sich mithilfe von Animationen nicht realisieren.

Wünschen Sie trotzdem etwa eine zeilenweise Hervorhebung, dann können Sie sich mit mehreren Folien behelfen. Als Beispiel soll in der unten abgebildeten Folie jede Zeile nacheinander fett und mit gelbem Hintergrund hervorgehoben werden.

1 Im ersten Schritt duplizieren Sie die Folie mit der Tabelle entsprechend der hervorzuhebenden Zeilen, im Beispiel viermal.

2 Markieren Sie dann in der zweiten Folie die erste Tabellenzeile und formatieren Sie diese mit fetter Schrift und der gewünschten Füllfarbe. Genauso verfahren Sie mit Folie drei, bei der Sie Zeile zwei formatieren usw..

   Um damit eine animationsähnliche Wirkung zu erzielen, sollten Sie allerdings bei diesen Folien auf Folienübergangseffekte verzichten.

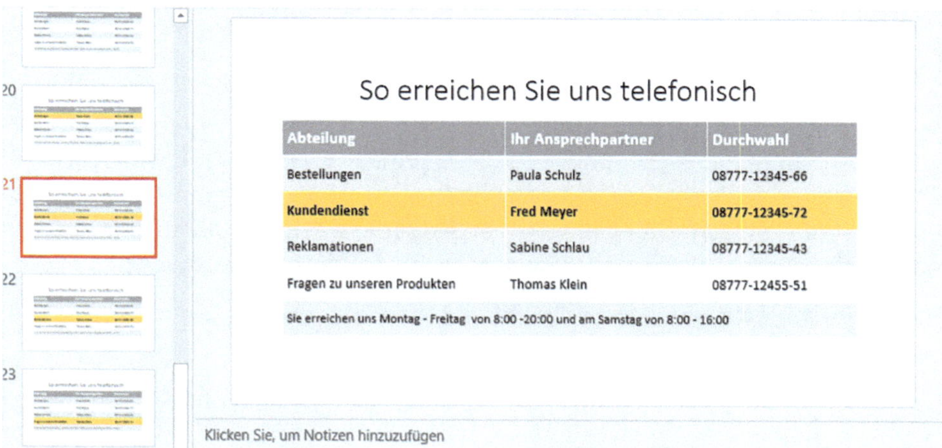

Bild 8.54 Mit mehreren Folien einen Hervorhebungseffekt erzielen

Animation von 3D-Modellen

In Kapitel 6.5 haben Sie gesehen, dass auch 3D-Modelle in eine PowerPoint-Folie eingefügt und hier beliebig gedreht werden können. Soll allerdings das 3D-Bild während der Bildschirmpräsentation gedreht werden, so müssen Sie ihm einen 3D-Animationseffekt zuweisen. Hierfür stehen Ihnen im Register *Animationen* im Katalog der Animationseffekte spezielle 3D-Effekte zur Verfügung, allerdings nur, wenn Sie ein 3D-Modell markiert haben.

Bild 8.55 3D-Animationseffekte

Über die Schaltfläche *Effektoptionen* erhalten Sie wieder verschiedene Möglichkeiten, Details der Animation festzulegen. Dazu gehören z. B. je nach Effekt *Richtung* und *Drehhachse*, im Bild unten als Beispiel der Effekt *Drehteller*.

Bild 8.56 3D-Effektoptionen

Animation per Klick auf ein Objekt starten (Trigger)

Neben den Startereignissen *Beim Klicken*, *Mit vorherigen* und *Nach vorherigen* unterstützt PowerPoint mit *Trigger* (*Animationen* ▶ *Erweiterte Animation*) die Möglichkeit, eine Animation unabhängig von der Reihenfolge beim Klick auf ein bestimmtes Objekt zu starten. Triggern bedeutet vereinfacht übersetzt etwas auslösen, d. h. die Animation wird durch ein bestimmtes Ereignis, meist ein Mausklick, ausgelöst.

Als Beispiel soll in der unten abgebildeten Folie der dazugehörige Text nur erscheinen, wenn auf das Bild geklickt wird.

1 Im ersten Schritt weisen Sie dem Textfeld ❶ den gewünschten Eingangseffekt zu, z. B. *Verblassen* ❷.

Bild 8.57 Ereignis und Objekt auswählen

2 Markieren Sie dann das Textfeld in der Folie und klicken Sie auf *Trigger* ❸ (*Animationen* ▶ *Erweiterte Animation*). Zeigen Sie auf *Beim Klicken auf* und wählen Sie aus, welches Objekt später angeklickt werden muss, um diese Animation zu starten. Im Beispiel ist dies das Bild. Klicken Sie daher auf *Grafik* ❹.

In der Folie erkennen Sie Objekte, deren Animation durch Trigger ausgelöst wird, am gesonderten Symbol und im Animationsbereich sehen Sie auch, durch welches Objekt dies geschieht, hier *Grafik 4*.

Bild 8.58 Die Animation des Texfeldes wird durch Trigger ausgelöst

Tipp: In Folien mit einer Vielzahl von Objekten erhalten Sie einen besseren Überblick, wenn Sie die einzelnen Objekte mit einem aussagefähigen Namen versehen. Wie Sie dabei vorgehen, lesen Sie auf Seite 284.

Weitere Effektoptionen

Weitere Bearbeitungsmöglichkeiten erhalten Sie für den markierten Animationseffekt in einem gesonderten Fenster. Dazu klicken Sie im Animationsbereich auf den Dropdown-Pfeil der jeweiligen Animation und den Befehl *Effektoptionen...*. Je nach Effekt können Sie hier in verschiedenen Registern detaillierte Einstellungen zum Effekt, zur Anzeigedauer und zur Textanimation vornehmen.

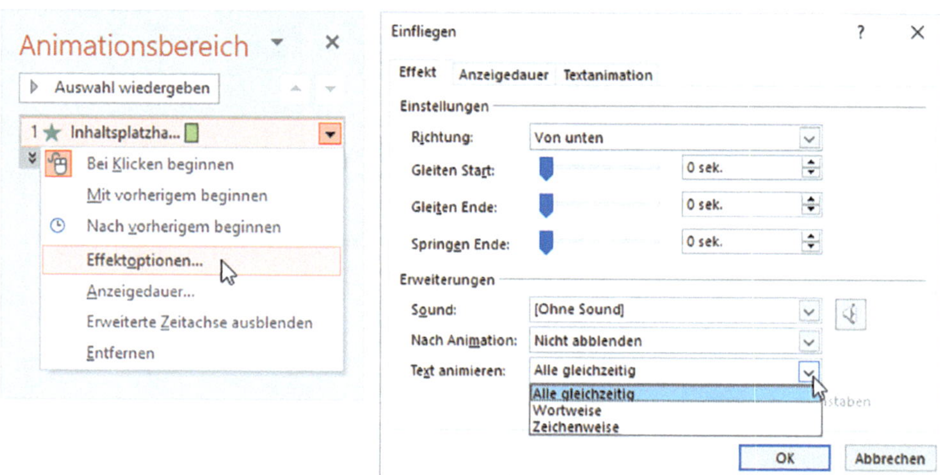

Bild 8.59 Das Fenster Effektoptionen

- Im Register *Effekt* können Sie bei manchen Effekten im Feld *Text animieren* den Text auch Wort- oder Zeichenweise animieren. Ihr Publikum dürfte sich allerdings eher langweilen, während beispielsweise der Folientitel Buchstabe für Buchstabe nacheinander in die Folie „schleicht".

- Im Register *Anzeigedauer* können Sie die Anzahl der Wiederholungen festlegen und/oder können im Bedarfsfall den Effekt nach der Wiedergabe zurückspulen lassen.
- Handelt es sich um ein Textfeld bzw. einen Platzhalter mit Text, dann ist zusätzlich das Register *Textanimation* verfügbar. Hier haben Sie im Feld *Text gruppieren* die Möglichkeit, Text auch nach Ebenen zu animieren, falls vorhanden.

8.4 Interaktive Navigation durch Zoom

Neu ist in PowerPoint 2019 die Möglichkeit, per Zoom während der Bildschirmpräsentation schnell zu bestimmten Folien oder Abschnitten und wieder zurück zu springen. PowerPoint unterstützt drei verschiedene Möglichkeiten des Zooms.

- **Interaktive Übersichtsfolie**
  Mit dem Zusammenfassungszoom erstellen Sie eine Übersichtsfolie mit Links zu einzelnen Abschnitten der Präsentation. Während der Bildschirmpräsentation gelangen Sie per Mausklick schnell zur entsprechenden Folie und wieder zurück.
- **Abschnitte anzeigen**
  Den Abschnittszoom setzen Sie ein, wenn Sie schnell zu einem bestimmten Abschnitt der Präsentation gelangen möchten.
- **Zusatzinformationen nach Bedarf einblenden**
  Sehr nützlich ist auch der Folienzoom, mit dem Sie bei Bedarf schnell eine weitere Folie mit Zusatzinformationen, Bildern oder sonstigen Details einblenden.

Bevor Sie Zooms einsetzen

Wenn Sie mit Zooms arbeiten möchten, dann sollten Sie auch an das spätere Vorführen der Bildschirmpräsentation denken. Nur auf Geräten, auf denen PowerPoint 2019 oder Office 365 installiert ist, wird Zoom korrekt wiedergegeben. Ältere PowerPoint Versionen (z. B. 2016 oder 2013) geben Zoom als einfache Hyperlinks wieder und ein Zurück wird nicht unterstützt. Mit PowerPoint Online wird Zoom überhaupt nicht wiedergegeben.

Eine Übersichtsfolie mit dem Zusammenfassungszoom erstellen

Wenn Ihre Präsentation aus mehreren verschiedenen Abschnitten besteht, dann können Sie mit wenig Aufwand statt einer langweiligen Agenda mit dem Zusammenfassungszoom eine Übersichtsfolie zusammenstellen. Diese enthält eine Vorschau auf alle Folien, mit denen ein neuer Abschnitt beginnt. Während der Bildschirmpräsentation klicken Sie in der Übersichtsfolie einfach auf eine Folienvorschau und diese wird vergrößert angezeigt (Zoomeffekt). Ab dieser Folie blättern Sie wie gewohnt durch die nachfolgenden bis zum nächsten Abschnittsbeginn. Hier gelangen Sie automatisch wieder zurück zur Übersichtsfolie. Auf diese Weise können Sie die Inhalte der einzelnen Abschnitte unabhängig von ihrer tatsächlichen Reihenfolge zeigen und so besser auf Ihr Publikum eingehen. So erstellen Sie einen Zusammenfassungszoom:

1 Klicken Sie im Menüband, Register *Einfügen* ▶ *Links* auf *Zoom* und hier auf *Zusammenfassungszoom*. Es spielt keine Rolle, welche Folie gerade ausgewählt ist. Die Übersichtsfolie wird normalerweise automatisch nach der ersten, der Titelfolie, in die Präsentation eingefügt.

Bild 8.60 Zoom - Zusammenfassungszoom

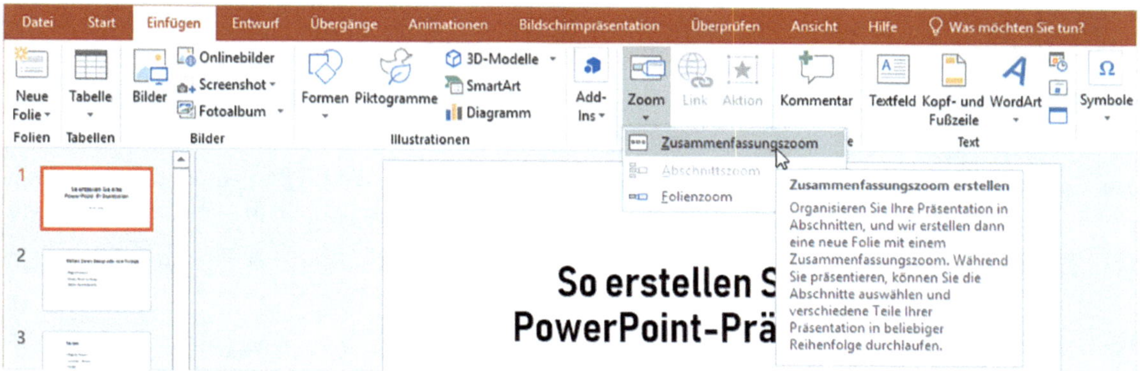

2 Im nächsten Schritt wählen Sie durch Anklicken alle Folien aus, die den Beginn eines neuen Abschnitts darstellen und auf der Übersichtsfolie als Abschnittsbeginn eingefügt werden sollen. Falls eine Folie versehentlich markiert wurde, so deaktiviert ein weiterer Klick die Auswahl wieder. Klicken Sie zuletzt auf die Schaltfläche *Einfügen*.

Bild 8.61 Wählen Sie die jeweils erste Folie jedes Abschnitts aus

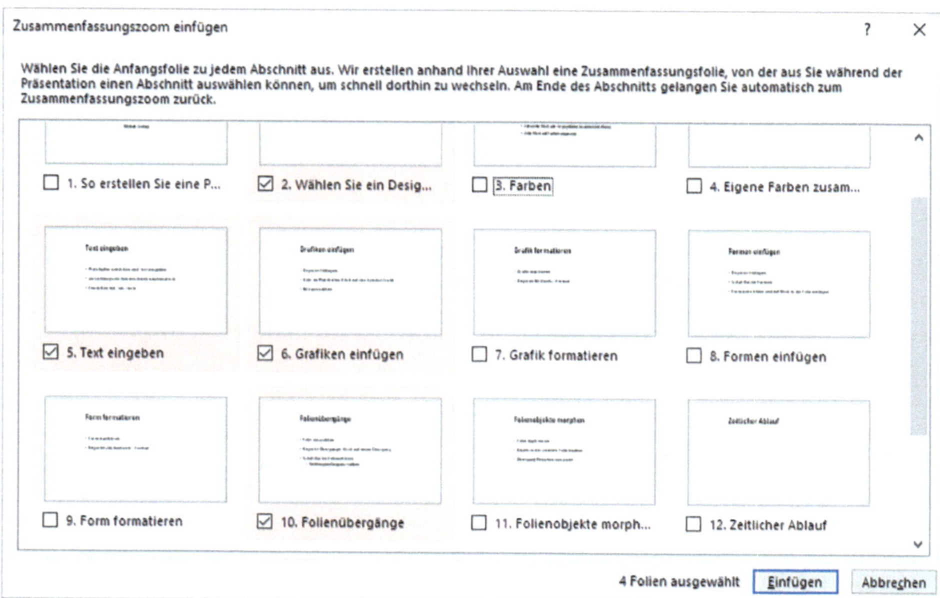

So beginnt im oben abgebildeten Beispiel der erste Abschnitt mit Folie 2 und umfasst auch noch die Folien 3 und 4. Folie 5 bildet einen eigenen Abschnitt und die nächsten beginnen mit Folie 6 und Folie 10. Beim Vorführen der Präsentation bedeutet das: Wenn Sie aus der Übersichtsfolie heraus zu Folie 2 wechseln, dann folgen anschließend die Folien 3 und 4 bevor wieder die Übersichtsfolie erscheint.

3. PowerPoint fügt eine neue Folie ein. Diese enthält die zuvor ausgewählten Folien als Miniaturvorschau und Sie können nach Belieben einen Folientitel hinzufügen.

4. Diese Vorschaubilder können Sie wie jedes andere Grafikobjekt behandeln, also etwa vergrößern, verkleinern oder mit Rahmen oder anderen Effekten versehen. Zu diesem Zweck steht zusammen mit den markierten Vorschaubildern im Menüband das Register *Zoomtools* - *Format* zur Verfügung. Auch die Anordnung kann durch Verschieben beliebig geändert werden.

Außerdem nützlich zu wissen: Wenn Sie eine Folie, die den Beginn eines Abschnitts darstellt, ändern, ändert sich automatisch auch das Vorschaubild in der Übersichtsfolie.

Bild 8.62 Die eingefügte Übersichtsfolie

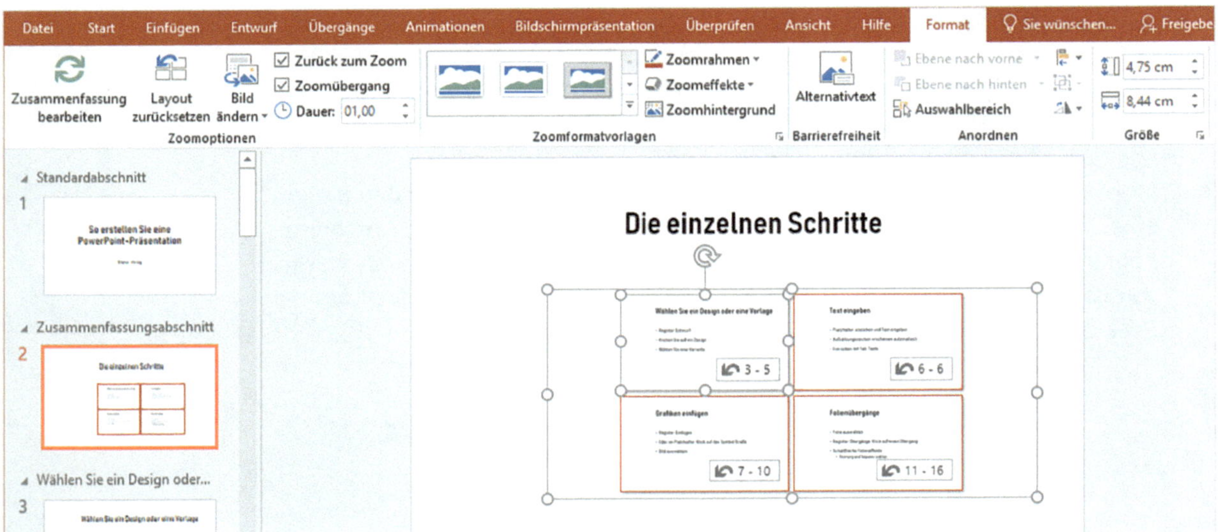

Zoom testen

Am besten testen Sie anschließend die Zoomfunktion in der Ansicht Bildschirmpräsentation: Klicken Sie im Register *Bildschirmpräsentation* oder in der Symbolleiste für den Schnellzugriff auf das Symbol *Von Beginn an* oder betätigen Sie die Taste F5. Klicken Sie in der Übersichtsfolie auf eine beliebige Vorschau. Mit *Weiter* werden nun alle Folien dieses Abschnitts angezeigt und anschließend erscheint wieder die Übersicht.

Mit Abschnitten arbeiten

Mit dem Erstellen eines Zusammenfassungszooms wird die Präsentation entsprechend der Folienauswahl in Abschnitte aufgeteilt. Die Einteilung sehen Sie im Navigationsbereich, siehe Bild 8.62. Auch in der Ansicht *Foliensortierung* sind die einzelnen Abschnitte sichtbar.

Abschnitte aus der Zusammenfassung entfernen

1 Um einen Abschnitt aus dem Zusammenfassungszoom zu entfernen, klicken Sie auf das Register *Zoomtools* - *Format* und hier auf *Zusammenfassung bearbeiten*.

Bild 8.63 Zusammenfassung bearbeiten

2 Wählen Sie anschließend die Abschnitte aus, die in der aktualisierten Übersicht enthalten sein sollen und klicken Sie auf *Aktualisieren.*

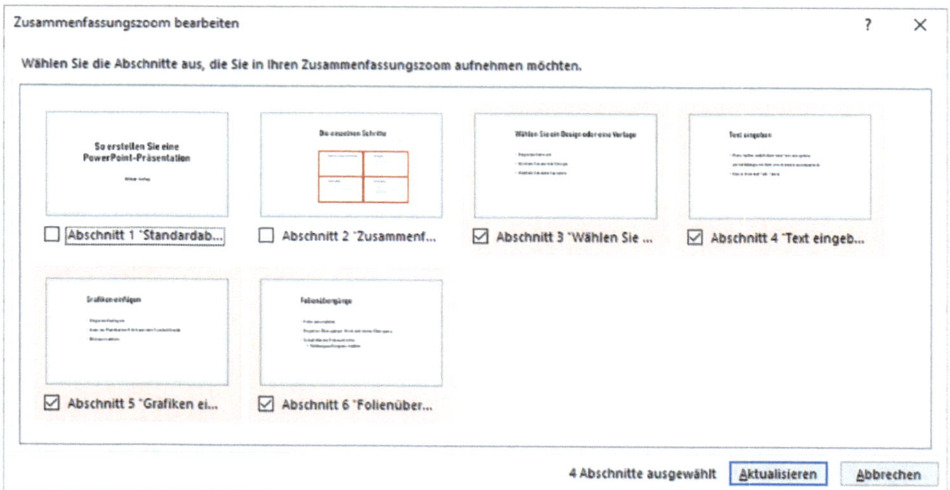

Bild 8.64 Zusammenfassung aktualisieren

Abschnitte nachträglich hinzufügen

> Neue Abschnitte können der Präsentation nur mit einem Zusammenfassungszoom oder manuell hinzugefügt werden. Wie Sie einen Abschnitt einfügen, lesen Sie weiter unten auf Seite 296.

Wenn Sie nachträglich einen neuen Abschnitt bilden und diesen in den Zusammenfassungszoom einfügen möchten, dann müssen Sie entweder einen neuen Zusammenfassungszoom erstellen und hier den neuen Abschnittsbeginn festlegen. Oder legen Sie zuerst den neuen Abschnitt manuell fest. Anschließend erscheint dieser im Fenster *Zusammenfassungszoom bearbeiten* und kann nachträglich hinzugenommen werden.

Abschnittszoom einfügen

Im Gegensatz zum Zusammenfassungszoom wählen Sie beim Erstellen eines Abschnittszooms keine Folien sondern einen bestimmten Abschnitt aus. Voraussetzung für einen Abschnittszoom ist daher, dass die Präsentation bereits in Abschnitte aufgeteilt wurde, entweder durch das vorherige Erstellen eines Zusammenfassungszooms oder durch eine manuelle Aufteilung.

So teilen Sie eine Präsentation in Abschnitte auf

Für den Fall, dass Sie zuerst Abschnitte erstellen müssen, hier kurz die Vorgehensweise:

1 Klicken Sie im Navigationsbereich an derjenigen Stelle, ab der Sie einen neuen Abschnitt beginnen möchten, mit der rechten Maustaste zwischen zwei Folien und auf *Abschnitt hinzufügen*.

2 Das Fenster *Abschnitt umbenennen* wird geöffnet. Geben Sie einen Namen ein und klicken Sie auf *Umbenennen*.

3 Die Abschnittsüberschrift erscheint nun im Navigationsbereich an dieser Stelle. Mit Klick auf das kleine Dreieck können Sie die dazugehörigen Folien aus- und wieder einblenden.

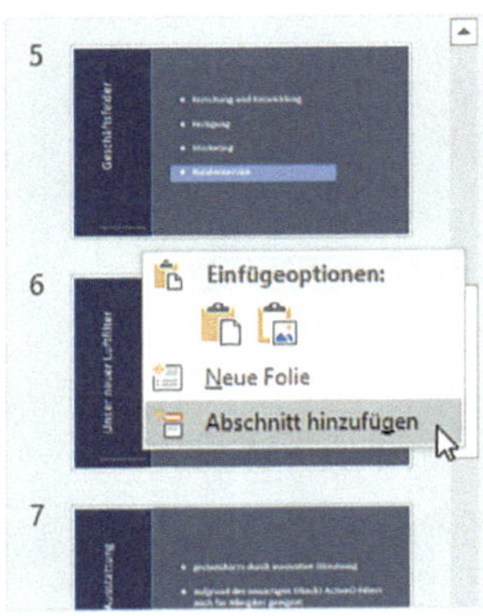

Bild 8.65 Abschnitt einfügen

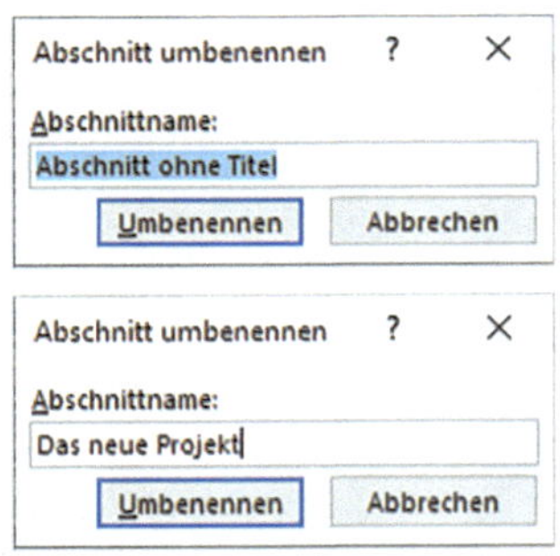

Bild 8.66 Abschnitt umbenennen

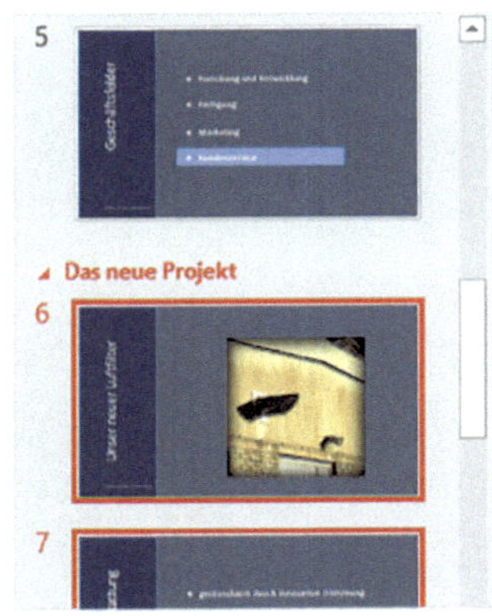

Bild 8.67 Der neue Abschnitt

Abschnitt umbenennen/löschen

Falls Sie einen Abschnitt nachträglich umbenennen oder löschen möchten, klicken Sie mit der rechten Maustaste auf die Abschnittsüberschrift und auf *Abschnitt umbenennen* oder *Abschnitt entfernen*.

Abschnittszoom einfügen

Beachten Sie, dass im Gegensatz zum Zusammenfassungszoom ein Abschnittszoom in eine bestehende Folie eingefügt wird. Wählen Sie daher zuerst die Folie aus, in die er eingefügt werden soll.

1 Klicken Sie im Register *Einfügen* auf *Zoom* und auf *Abschnittszoom*.

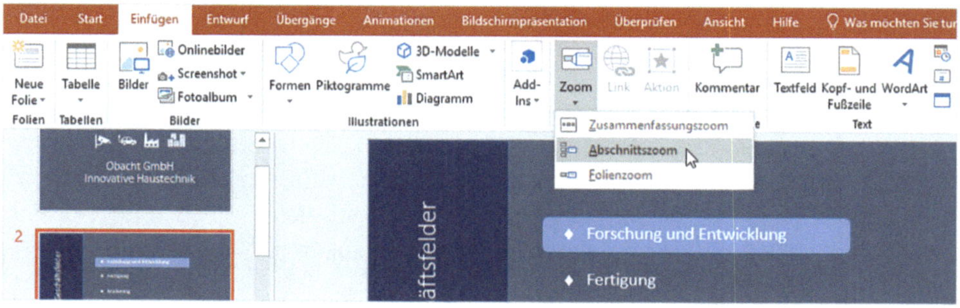

Bild 8.68 Abschnittszoom einfügen

2 Im nachfolgenden Fenster erscheinen die einzelnen Abschnitte bzw. die Folien, die Sie im Zusammenfassungszoom als Abschnittsbeginn ausgewählt haben. Klicken Sie auf den gewünschten Abschnitt und dann auf *Einfügen*.

Bild 8.69 Abschnitt auswählen

3 Sie können anschließend in der Folie das Vorschaubild wieder beliebig vergrößern/verkleinern und verschieben.

Tipp: Ein Abschnittszoom lässt sich auch mit der Maus erstellen. Ziehen Sie einfach die betreffende Abschnittsüberschrift mit gedrückter Maustaste in die Folie.

Vorschaubild ändern

Statt der Miniaturvorschau können Sie auch ein anderes Bild verwenden. Markieren Sie dazu das Vorschaubild, klicken Sie im Register *Zoomtools* - *Format* auf *Bild ändern* und wählen Sie dann die gewünschte Datei oder ein Piktogramm aus.

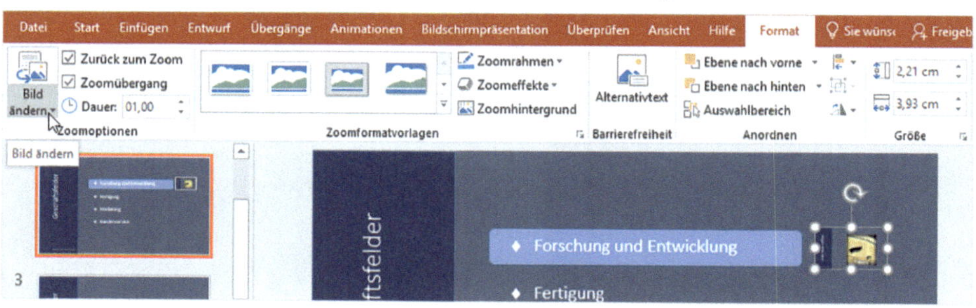

Bild 8.70 Vorschaubild ändern

Details mit dem Folienzoom einblenden

Als dritte Zoomvariante können Sie mit dem Folienzoom während des Vortrags optional eine weitere Folie mit Details oder Zusatzinformationen einblenden. Der Folienzoom bietet somit eine hervorragende Möglichkeit, zusätzliche Inhalte auf gesonderte Folien auszulagern und nur bei Bedarf anzuzeigen. Beispielsweise, wenn während des Vortrags Fragen auftauchen, wenn Ihnen noch ausreichend Zeit zur Verfügung steht oder Inhalte als Exkurs gekennzeichnet werden sollen.

Als einfaches Beispiel soll eine Folie mit einem vergrößerten Bild ❷ eingeblendet werden, wenn auf *Auslieferung* ❶ geklickt wird.

1 Klicken Sie im Register *Einfügen* auf *Zoom* und auf *Folienzoom*.

Bild 8.71 Folienzoom einfügen

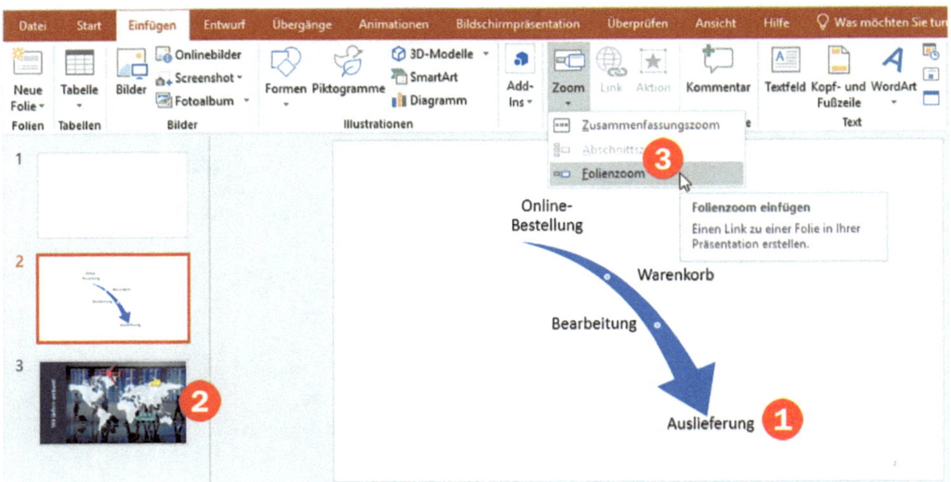

2 Wählen Sie die Zielfolie aus und klicken Sie auf *Einfügen*.

Bild 8.72 Zielfolie auswählen

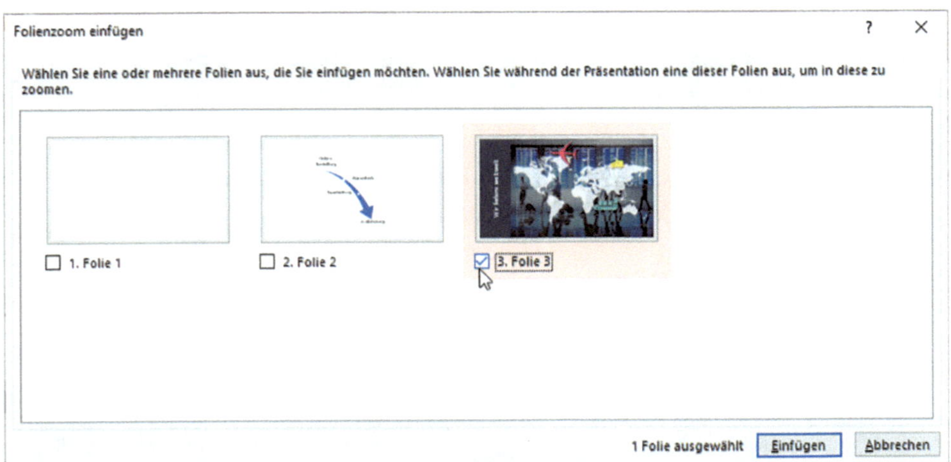

3 Positionieren Sie das Vorschaubild an der gewünschten Stelle.

4 Vorschaubild ändern

Falls statt der Vorschau ein anderes Bild, z. B. ein Piktogramm, angezeigt werden soll, so klicken Sie im Menüband auf das Register *Zoomtools - Format* und auf *Bild ändern*. Wählen Sie dann das gewünschte Bild aus.

Bild 8.73 Piktogramm statt der Miniaturvorschau

5 Zurück zur Ausgangsfolie

Beim Testen in der Ansicht Bildschirmpräsentation werden Sie allerdings feststellen, dass Sie in diesem Fall nicht automatisch zurück zur Ausgangsfolie gelangen, sondern stattdessen zur nächsten Folie. Um dies zu ändern, markieren Sie das Vorschaubild bzw. den Link und klicken im Menüband auf das Register *Zoomtools - Format* und aktivieren das Kontrollkästchen *Zurück zum Zoom*.

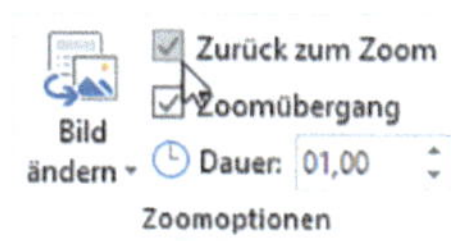

Tipp: Alternativ erstellen Sie auch einen Folienzoom, wenn Sie die Zielfolie einfach mit der Maus aus dem Navigationsbereich heraus auf die Folie ziehen.

Wohin mit Zusatzfolien?

Sorgen Sie dafür, dass solche Folien mit optionalen Zusatzinformationen wirklich nur dann erscheinen, wenn sie benötigt werden und nicht während des normalen Ablaufs der Präsentation.

Am einfachsten fassen Sie die ergänzenden Folien am Ende der Präsentation zusammen, eventuell sogar in einem gesonderten Abschnitt, der selbstverständlich nicht im Zusammenfassungszoom berücksichtigt wird. Zusätzlich sollten Sie die Folien ausblenden: Klicken Sie dazu im Navigationsbereich mit der rechten Maustaste auf die betreffende Folie und auf *Folie ausblenden*. Derselbe Befehl blendet eine ausgeblendete Folie auch wieder ein.

Bild 8.74 Zusatzfolien ausblenden

Zoom noch weiter anpassen

Zurück zur Ausgangsfolie

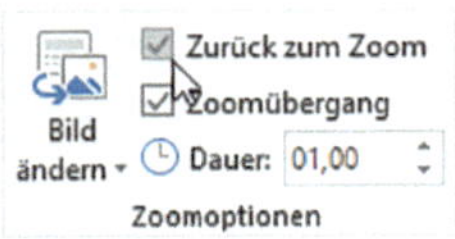

Damit nach Anzeige der verlinkten Folien wieder die Ausgangsfolie erscheint, muss (wie oben bereits erwähnt) dies aktiviert sein. Dazu markieren Sie das Vorschaubild und klicken auf das Register *Zoomtools - Format*. Kontrollieren Sie in der Gruppe *Zoomoptionen* das Kontrollkästchen *Zurück zum Zoom*. Es muss aktiviert sein, damit Sie zurück zur Ausgangsfolie gelangen.

Hintergrund der Ausgangsfolie übernehmen

Falls die verlinkte Folie einen farblich abweichenden Hintergrund aufweist, wie im Bild unten ❶, können Sie einfach den der Ausgangsfolie übernehmen und sorgen so für eine einheitliche Darstellung. Dazu markieren Sie das Vorschaubild bzw. das Bild, das statt der Vorschau verwendet wird ❷, im Bild unten die rote Tulpe. Klicken Sie auf das Register *Zoomtools - Format* und aktivieren Sie *Zoomhintergrund* ❸.

Bild 8.75 Folienhintergrund der Ausgangsfolie übernehmen

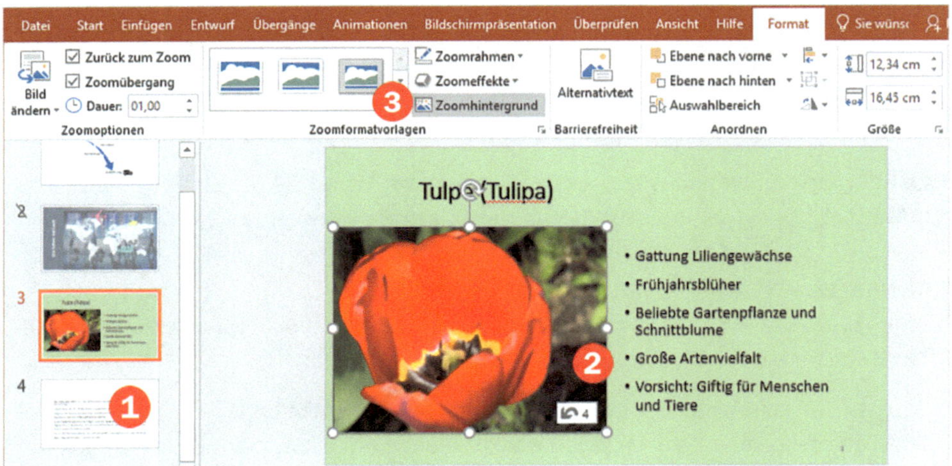

Übergangsdauer/Zoomübergang deaktivieren

Unabhängig vom Zoomtyp erscheint die verlinkte Folie in der Standardeinstellung mit einem Vergrößerungseffekt (Zoom).

- Die Geschwindigkeit des Übergangseffekts steuern Sie mit dem Feld *Dauer*: Je größer der Wert, umso langsamer erfolgt der Übergang.
- Falls Sie diesen Zoomeffekt nicht wünschen, dann deaktivieren Sie einfach im Register *Zoomtools - Format* das Kontrollkästchen *Zoomübergang*.

Bild 8.76 Zoomübergang und Dauer

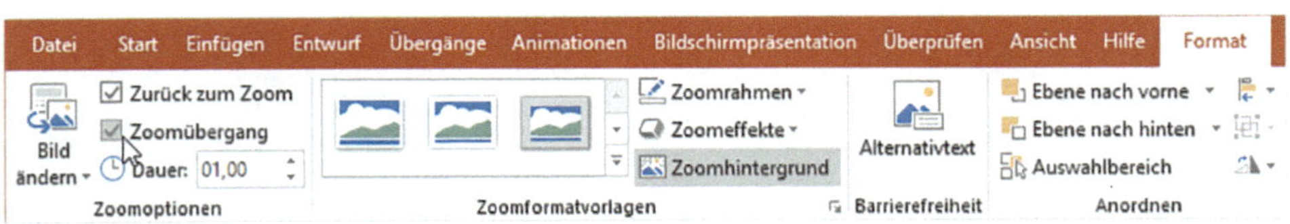

8.5 Links und interaktive Schaltflächen einfügen

Statt des in Punkt 8.4 beschriebenen Zooms können Sie auch manuell Links zu anderen Folien einfügen, beispielsweise über interaktive Schaltflächen oder indem Sie einem beliebigen Objekt einen Link zuweisen. Interessant ist vor auch die Möglichkeit, mit dieser Methode eine andere Anwendung aus PowerPoint heraus zu starten.

Interaktive Schaltflächen

Interaktive Schaltflächen sind Teil des Formenkatalogs von PowerPoint. Der einzige Unterschied zu normalen Formen: Sie sind bereits mit einer bestimmten Aktion oder einem Link, z. B. zur nächsten Folie, verknüpft.

1 Zum Einfügen öffnen Sie den Formenkatalog (Register *Start* ▶ *Zeichnung* oder im Register *Einfügen* ▶ *Illustrationen*) und klicken in der Kategorie *Interaktive Schaltflächen* auf die Schaltfläche mit der gewünschten Aktion, z. B. *Nächste(r) oder Weiter*. Beim Zeigen mit der Maus erhalten Sie einen kurzen Infotext über die zugeordnete Aktion, siehe Bild unten.

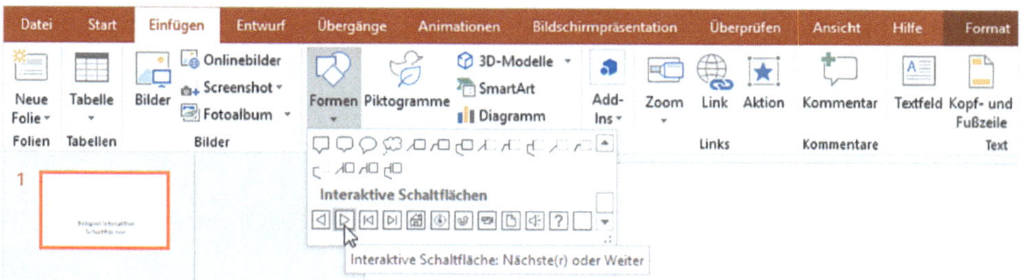

Bild 8.77 Formen - interaktive Schaltflächen

2 Die ausgewählte Schaltfläche fügen Sie wie jede Form in die Folie ein, entweder mit einem Klick an die gewünschte Stelle oder durch Zeichnen mit der Maus.

3 Nach dem Einfügen öffnet sich das Dialogfenster *Aktionseinstellungen* und zeigt die dazugehörige Aktion an. Klicken Sie auf *OK*.

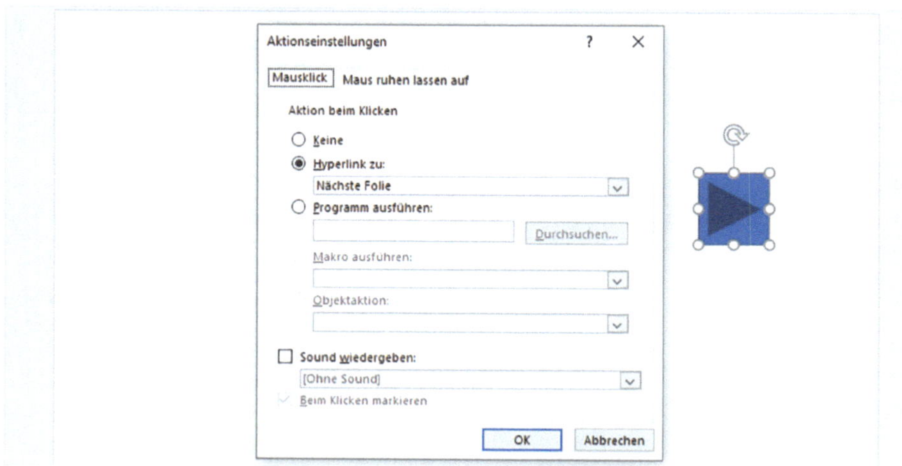

Bild 8.78 Aktionseinstellungen

Die weitere Bearbeitung und Formatierung interaktiver Schaltflächen unterscheidet sich nicht von den übrigen Formen, siehe Kapitel 6.3 und 6.4.

Einem Objekt eine Aktion zuweisen

Der Formenkatalog enthält in der Kategorie *Interaktive Schaltflächen* auch eine Schaltfläche, der zunächst keine Aktion zugeordnet ist (*Leer*). Dieser kann beim Einfügen eine beliebige Aktion zugewiesen werden. Darüber hinaus können Sie auch sämtlichen anderen Folienobjekten, z. B. einer Form oder einem Bild, eine Aktion zuordnen. Dazu gehen Sie wie folgt vor:

1 Markieren Sie das Objekt, im Bild unten ein Piktogramm, und klicken Sie im Register *Einfügen* ▶ *Links* auf die Schaltfläche *Aktion*.

Bild 8.79 Aktionseinstellungen öffnen

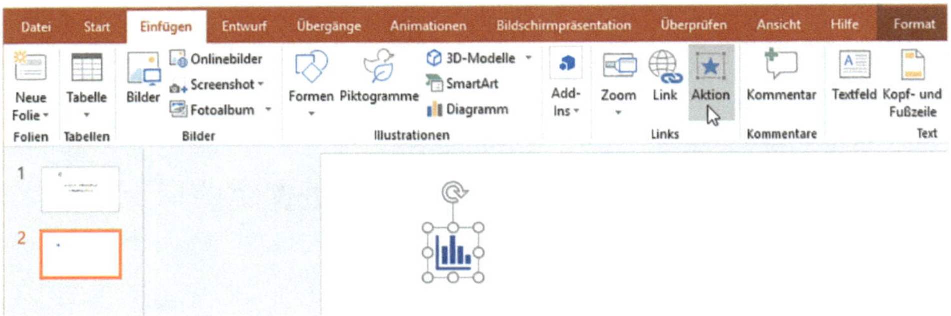

2 Das Fenster *Aktionseinstellungen* (Bild 8.80) öffnet sich und Ihnen stehen folgende Möglichkeiten offen:

Die Aktion kann entweder auf einen Mausklick hin starten oder wenn Sie mit der Maus auf das Objekt zeigen und hier kurz verweilen (Mouseover). Analog dazu finden Sie im Dialogfenster *Aktionseinstellungen* die beiden Register *Mausklick* und *Maus ruhen lassen auf*. Wählen Sie also zuerst das entsprechende Register. Die verfügbaren Aktionen selbst sind in beiden Registern fast identisch.

- Mit der Option *Hyperlink zu* erhalten Sie im dazugehörigen Feld mit Klick auf den Dropdown-Pfeil verschiedene Sprungmöglichkeiten (Bild 8.81), nicht nur zu einer bestimmten Folie sondern auch zu einer anderen Datei oder Webadresse oder Sie können die Präsentation beenden.
- Wenn Sie stattdessen die Option *Programm ausführen* wählen, dann können Sie eine bestimmte Anwendung starten: Diese wählen Sie über die Schaltfläche *Durchsuchen…* aus.
- Zusätzlich oder anstelle der oben genannten Optionen können Sie auch eine Soundwiedergabe starten. Aktivieren Sie dazu das Kontrollkästchen *Sound wiedergeben* und wählen Sie unterhalb entweder einen Standardsound oder über die Auswahl *Anderer Sound...* die gewünschte Sounddatei aus.

- Das Kontrollkästchen *Beim Klicken markieren* bzw. *Bei Mouseover markieren* markiert nur das betreffende Objekt.

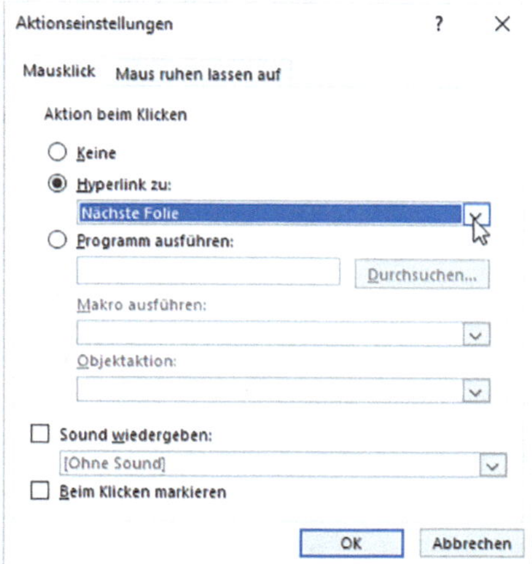

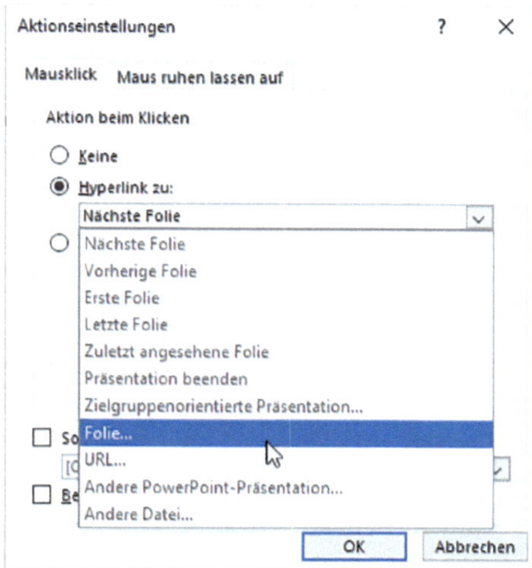

Bild 8.80 Das Fenster Aktionseinstellungen

Bild 8.81 Auswahlmöglichkeiten Hyperlink

Weitere Sprungmöglichkeiten mit Hyperlink zu

Auswahl	Beschreibung
Folie...	Mit dieser Auswahl steuern Sie eine bestimmte Folie an. Es öffnet sich das Fenster *Link zur Folie* und Sie können die gewünschte Folie auswählen.
URL...	Mit dieser Auswahl können Sie eine Webadresse angeben, die mit dem Standardbrowser, z. B. Microsoft Edge, angezeigt werden soll.
Andere Datei...	Wählen Sie die Datei aus, die geöffnet werden soll, beispielsweise eine Excel-Arbeitsmappe.
Andere PowerPoint Präsentation...	Eine zweite Präsentation starten.

Aktion nachträglich kontrollieren/ändern

Wenn Sie eine Aktion im Fenster *Aktionseinstellungen* nachträglich kontrollieren oder ändern möchten, dann markieren Sie das Objekt bzw. die interaktive Schaltfläche und klicken im Menüband, Register *Einfügen* erneut auf *Aktion*.

Hinweis: Einem Textfeld bzw. Platzhalter mit Text könnte auf diese Weise ebenfalls eine Aktion zugewiesen werden. Allerdings wird der Text automatisch als Hyperlink gekennzeichnet, d. h. in der Standardeinstellung mit blauer Schriftfarbe und unterstrichen formatiert und in der Ansicht *Bildschirmpräsentation* verwandelt sich der Mauszeiger beim Zeigen in eine Hand.

So fügen Sie einen Link ein

Bild 8.82 Link einfügen

Fast dieselben Möglichkeiten erhalten Sie, wenn Sie ein Objekt markieren und im Register *Einfügen* ▶ *Links* auf *Link* klicken. Es öffnet sich das Fenster *Link einfügen*: Wenn Sie innerhalb der Präsentation zu einer anderen Folie springen möchten, dann klicken Sie auf *Aktuelles Dokument*. Mit *Datei oder Webseite* können Sie dagegen über Symbole Ordner und Datei oder eine Webseite auswählen bzw. die Webadresse eingeben.

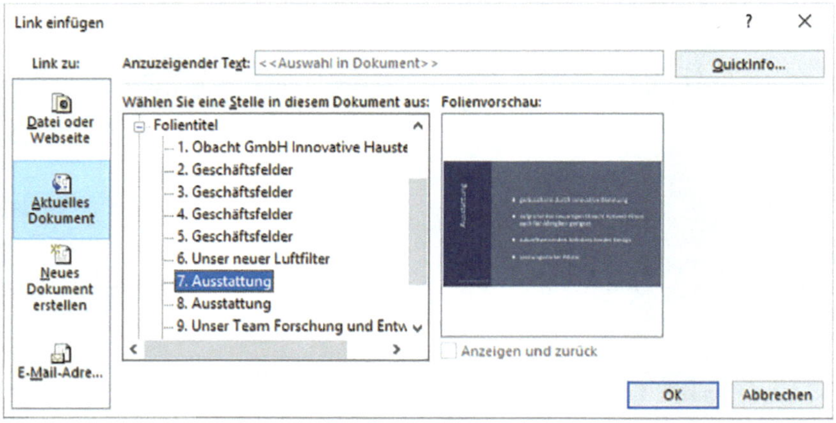

Link oder Aktion entfernen

Um einen Link oder eine Aktion wieder zu entfernen, klicken Sie mit der rechten Maustaste auf das betreffende Objekt und auf den Befehl *Link entfernen*.

8.6 Video und Sound

Filme und Sound werden ebenfalls als Objekte in eine Präsentationsfolie eingefügt. Wie bereits in Verbindung mit Microsoft Excel-Tabellen und Diagrammen beschrieben, ist auch beim Einfügen von Videos und Sounddateien zwischen verknüpften und eingebetteten Objekten zu unterscheiden.

Verknüpfen oder einbetten?

Achtung: Dateigröße!

In PowerPoint-Präsentationen lassen sich sämtliche Audio- und Videodateien einfügen bzw. einbetten, die mit dem Windows Media Player auf Ihrem Betriebssystem abgespielt werden können, beispielsweise Dateien mit den Dateinamenserweiterungen .mp3, .m4a, .mpg und .avi. Beachten Sie aber, dass diese Dateitypen meist sehr viel Speicherplatz benötigen und die Dateigröße der Präsentation entsprechend ansteigt.

Wenn Sie die Dateigröße Ihrer PowerPoint-Präsentation klein halten möchten, dann können Sie die Audio- oder Videodateien auch als Verknüpfung einfügen.

Verknüpfte Video- und Audiodateien sollten Sie vor dem Einfügen in den Ordner kopieren, in dem auch die Präsentation gespeichert ist. Solange sich eine verknüpfte Datei im selben Ordner wie die Präsentation befindet, wird die Datei auch dann gefunden, wenn Sie den Ordner verschieben. Zudem dürfen Sie verknüpfte Dateien beim Kopieren auf einen Datenträger oder anderen Computer nicht vergessen!

Videos

Videodateien mit folgenden Dateinamenerweiterungen lassen sich problemlos verwenden: .asf, .avi, .mpeg, .mp4, .swf und .wmv. Zum Einfügen klicken Sie entweder in einem Platzhalterfeld auf das Symbol *Video einfügen* oder Sie verwenden die Schaltfläche *Video* im Register *Einfügen*, Gruppe *Medien*. In beiden Fällen wählen Sie anschließend, ob Sie ein auf dem Computer gespeichertes Video einfügen möchten oder ein Online-Video, das z. B. auf einer Videoplattform zur Verfügung steht. In Bezug auf Größe und Position kann ein Video wie alle übrigen Folienobjekte behandelt werden.

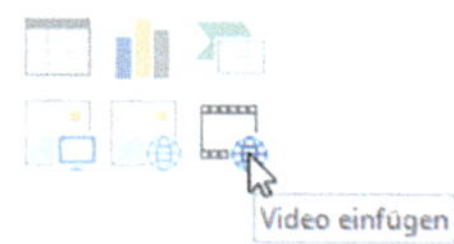

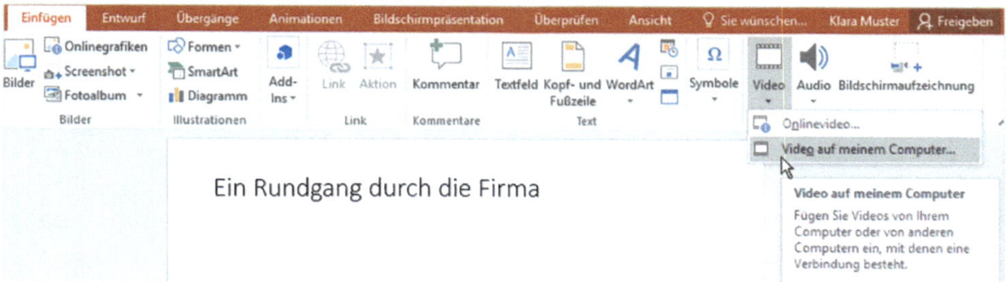

Bild 8.83 Video einfügen

Eine Videodatei einfügen

Um eine auf Ihrem Gerät oder auf OneDrive gespeicherte Videodatei in eine Folie einzufügen, gehen Sie folgendermaßen vor:

1 Klicken Sie im Platzhalter der Folie auf das Symbol *Video einfügen* und im nachfolgenden Fenster bei *Aus einer Datei* auf *Durchsuchen*, um das Video auszuwählen.

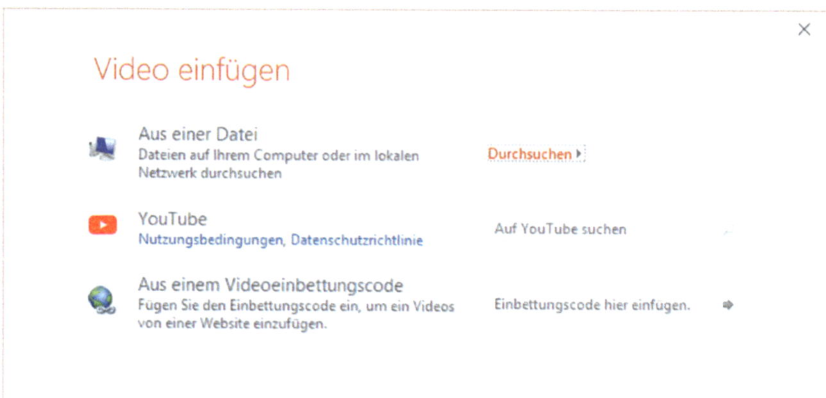

Bild 8.84 Video aus einer Datei einfügen

Alternativ klicken Sie im Menüband, Register *Einfügen* ▶ *Medien*, auf die Schaltfläche *Video* und auf *Video auf meinem Computer...*. Anschließend öffnet sich ebenfalls das Dialogfenster *Video einfügen* zur Dateiauswahl.

2 Markieren Sie die Videodatei, die Sie einfügen möchten und klicken Sie auf die Schaltfläche *Einfügen*.

Achtung: Mit dieser Vorgehensweise wird das Video eingebettet, also zusammen mit der Präsentation gespeichert. Zum Einfügen einer Verknüpfung klicken Sie im Dialogfenster *Video einfügen* auf den Dropdown-Pfeil der Schaltfläche *Einfügen* und wählen *Verknüpfung mit Datei*, wie im Bild unten.

Bild 8.85 Verknüpfung einfügen

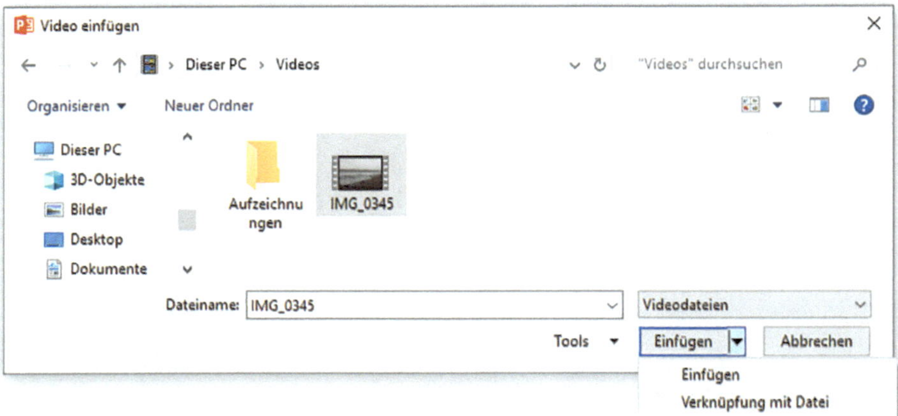

Videowiedergabe

Zusammen mit dem Video erscheint in der Ansicht *Normal* in der Folie eine Leiste mit den Videosteuerelementen *Wiedergabe/Pause*, *Vorwärts*, *Rückwärts*, *Lautstärke* und *Wiedergabeposition*. **Achtung:** Die Leiste ist nur sichtbar, wenn Sie mit der Maus in das Video zeigen oder dieses markiert ist. Das genaue Aussehen ist abhängig vom Dateityp des Videos und kann daher von der Abbildung unten abweichen. In der Ansicht *Bildschirmpräsentation* sind dagegen nur die Schaltflächen *Start* und *Lautstärke* verfügbar. Auch hier erscheint die Leiste erst beim Zeigen.

Bild 8.86 Videosteuerung in der Ansicht Normal und in der Ansicht Bildschirmpräsentation

YouTube-Video einfügen

Wenn Sie stattdessen ein YouTube-Video einfügen möchten, dann klicken Sie im Fenster *Video einfügen* in das Feld *Auf YouTube suchen*, geben einen Suchbegriff ein und klicken auf *Suchen* bzw. das Symbol Lupe. Wenn Sie das Video über das Menüband *Einfügen* ▶ *Medien* ▶ *Video* einfügen, dann müssen Sie *Onlinevideo...* wählen.

Achtung: Genau wie beim Einfügen von Bildern aus dem Web ist auch bei der Verwendung von Online-Videos unbedingt das geltende Urheberrecht zu beachten! Während der Präsentation ist außerdem eine Internetverbindung erforderlich.

Bild 8.87 Video auf YouTube suchen

Anschließend erhalten Sie eine Liste mit passenden Videos. Markieren Sie das Gewünschte und klicken Sie auf *Einfügen*.

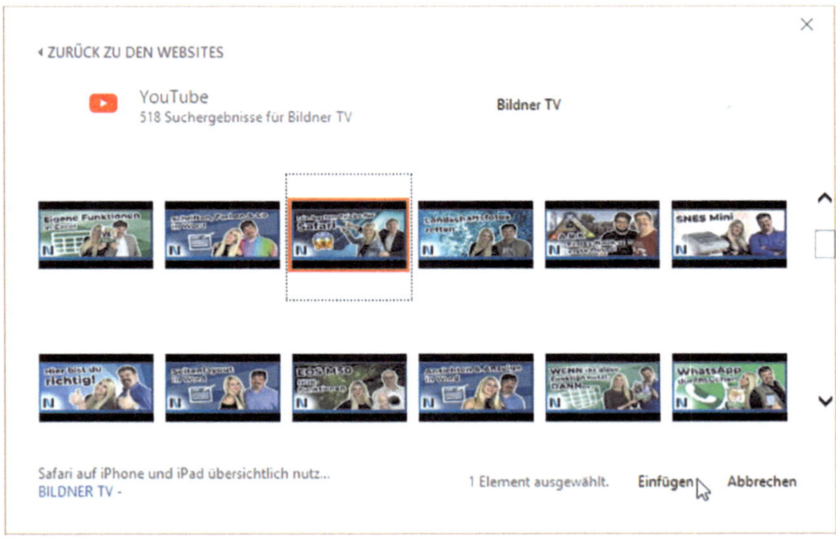

Bild 8.88 Klicken Sie auf das gewünschte Video und auf Einfügen

Videoeinbettungscode verwenden

Sollte es bei YouTube-Videos zu Problemen kommen oder möchten Sie ein Video von einer Webseite einfügen, dann verwenden Sie einen Videoeinbettungscode. Allerdings wird hierbei ein Video nicht wirklich eingebettet, sondern verknüpft. Bei YouTube-Videos verfahren Sie wie folgt:

1 Rufen Sie das Video im Browser, z. B. Microsoft Edge, auf und klicken Sie auf *Teilen* ❶ und dann auf *Einbetten* ❷.

2 Der Einbettungscode erscheint in einem gesonderten Fenster unterhalb des Videos und ist meist bereits markiert bzw. blau hinterlegt ❸. Sollte dies nicht der Fall sein, so klicken Sie in den Code und drücken Strg+A (Alles markieren).

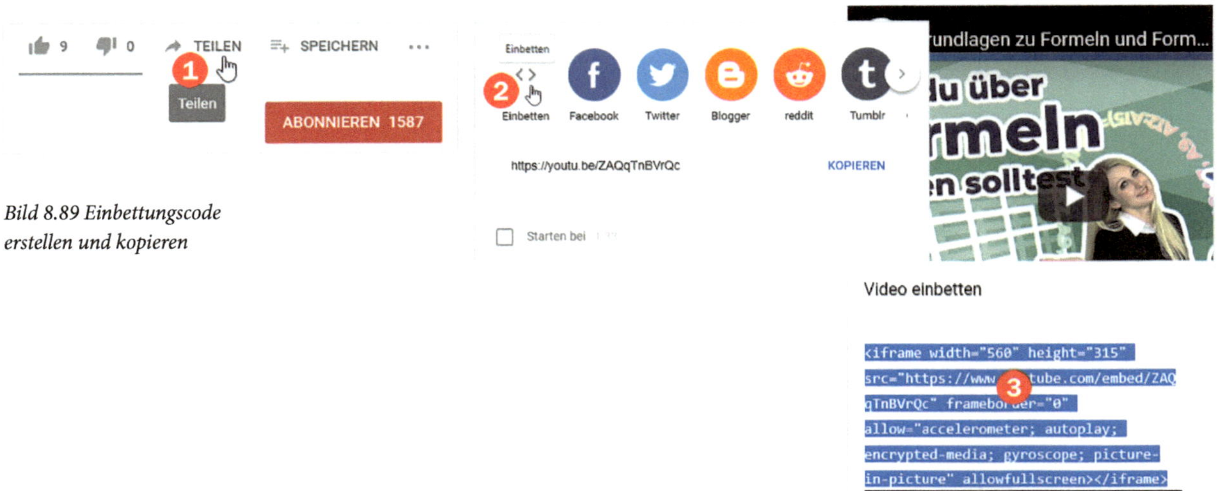

Bild 8.89 Einbettungscode erstellen und kopieren

3 Drücken Sie nun die Tastenkombination Strg+C, um den Code in die Zwischenablage zu kopieren oder klicken Sie mit der rechten Maustaste in den markierten Code und verwenden den Befehl *Kopieren*.

4 Wechseln Sie dann zur PowerPoint-Folie. Öffnen Sie das Fenster *Video einfügen* und klicken Sie in das Feld *Videoeinbettungscode hier einfügen*. Drücken Sie die Tastenkombination Strg+V zum Einfügen aus der Zwischenablage und klicken Sie dann rechts auf den Pfeil *Einfügen*.

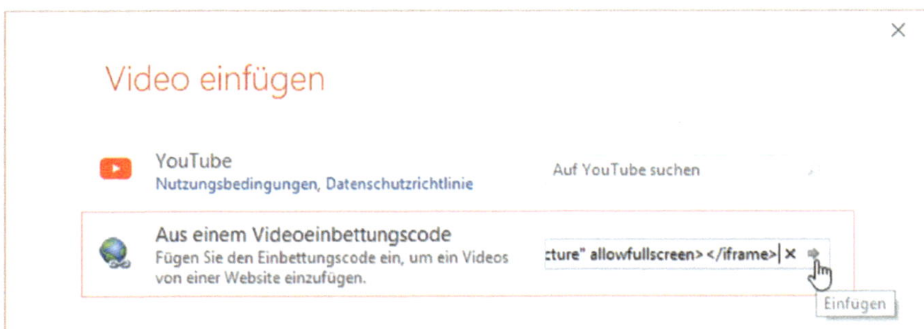

Bild 8.90 Videoeinbettungscode einfügen

Zuletzt noch ein Tipp: PowerPoint unterstützt nicht alle Videoformate. Um ein Video dennoch in der Präsentation zu verwenden, fügen Sie eine interaktive Schaltfläche ein, über die Sie mit einem Mausklick das entsprechende Abspielprogramm mit dem Video starten.

Videosteuerung und Optionen

Sobald Sie ein Video markiert haben, werden im Menüband die kontextbezogenen *Videotools*-Register *Format* und *Wiedergabe* sichtbar.

Im Register *Format* formatieren Sie Ihr Video wie ein Grafikobjekt. Hebt sich beispielsweise das Video nur schlecht vom Folienhintergrund ab, so hilft ein Rahmen, den Sie in der Gruppe *Videoeffekte* über die Schaltfläche *Videorahmen* hinzufügen.

Bild 8.91 Register Format

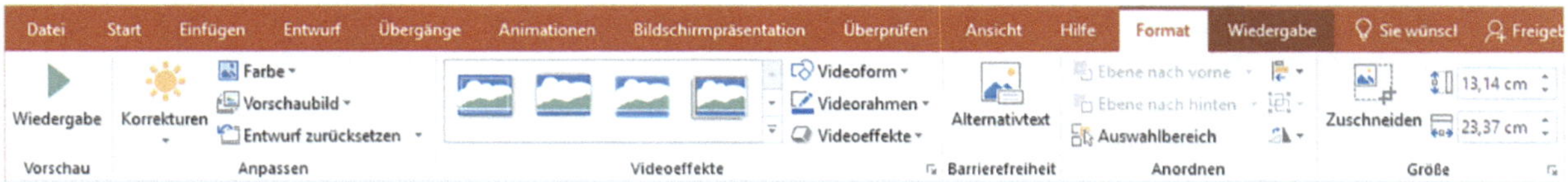

Bild 8.92 Register Wiedergabe

Im Register *Wiedergabe* haben Sie die Möglichkeit, das Video zu bearbeiten.

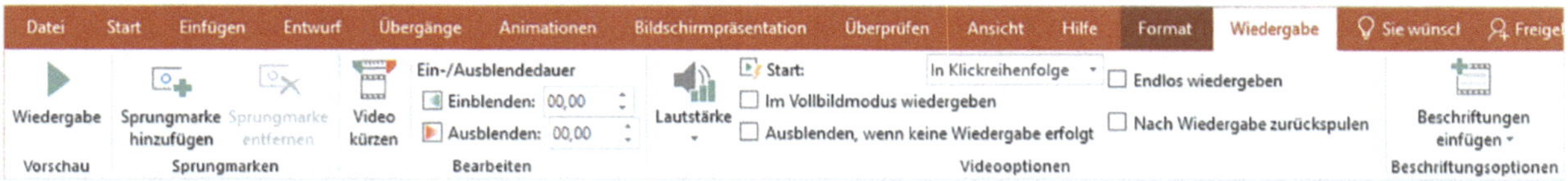

- **Sprungmarken**
  Eine Sprungmarke kann während der Wiedergabe eines Videos per Mausklick angesteuert werden, um einen Teil der Aufnahme zu überspringen. Zum Setzen einer Marke spielen Sie das Video in der Ansicht *Normal* ab und klicken an der gewünschten Stelle der Wiedergabe auf die Schaltfläche *Sprungmarke hinzufügen*.

- **Video kürzen**
  Durch Anklicken der Schaltfläche *Video kürzen* öffnen Sie das gleichnamige Dialogfenster und können hier durch Verschieben des roten bzw. grünen Balkens den Start- bzw. Endzeitpunkt verändern und so das Video kürzen.

Bild 8.93 Sprungmarke

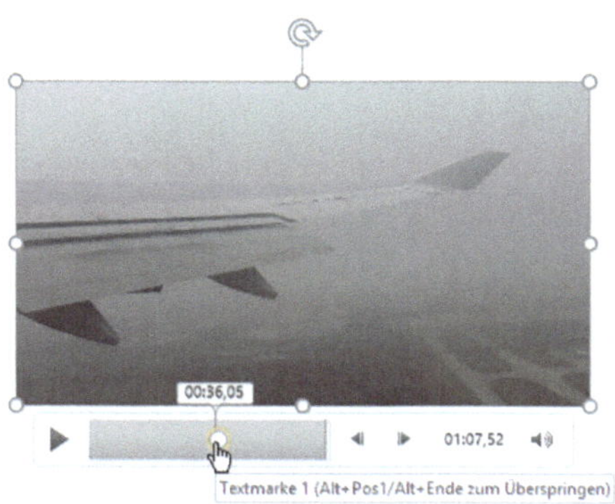

Bild 8.94 Video kürzen

- **Ein- bzw. Ausblendeffekt**
  Vereinbaren Sie bei *Einblenden* und/oder *Ausblenden* eine Dauer und fügen Sie so dem Video einen Aufhellungs- bzw. Abblendeffekt hinzu.
- **Lautstärke**
  Legen Sie die Lautstärke fest oder schalten Sie den Ton aus.
- **Videooptionen**
  Mit dem Auswahlfeld *Start* wählen Sie, ob das Video erst beim Klick auf die Wiedergabeschaltfläche (*Beim Daraufklicken*) startet oder mit der Einstellung *Automatisch* sofort nach dem Erscheinen der Folie. Hier legen Sie auch fest, ob die Wiedergabe im Vollbildmodus erfolgt und was nach ihrem Ende passieren soll.

Beachten Sie, dass für Onlinevideos nicht alle oben genannten Optionen zur Verfügung stehen.

Audio hinzufügen

Audiodatei einfügen

Abgesehen von den kurzen Soundeffekten, die Sie zusammen mit Folienübergängen oder Animationen verwenden können, lassen sich auch längere Audiodateien in die Präsentation einfügen. PowerPoint unterstützt folgende Audioformate: .aiff, .au, .mid oder .midi, .mp3, .m4a oder .mp4, .wav und .wma.

Genau wie bei Videos haben Sie auch hier die Wahl zwischen Einbetten, d. h. Speichern zusammen mit der Präsentation, und Erstellen einer Verknüpfung, siehe Seite 304.

1 Zum Einfügen von Audiodateien steht im Inhaltsplatzhalter kein Symbol zur Verfügung. Klicken Sie daher im Register *Einfügen*, Gruppe *Medien*, auf die Schaltfläche *Audio*. Um eine auf dem PC oder OneDrive gespeicherte Audiodatei einzufügen, wählen Sie *Audio auf meinem Computer...*.

Bild 8.95 Audiodatei einfügen

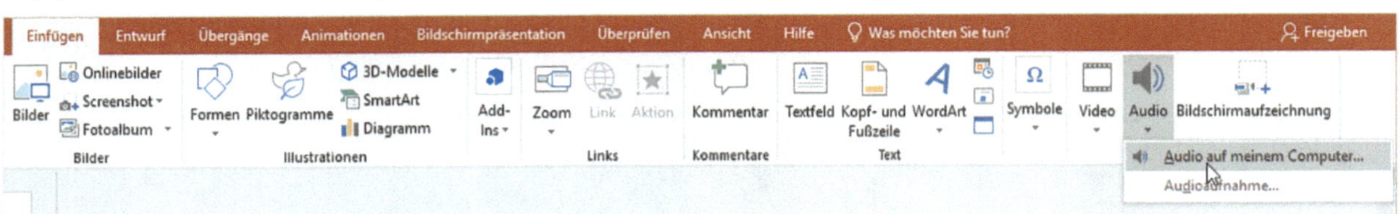

2 Das Dialogfenster *Audio einfügen* wird geöffnet: Wählen Sie den Ordner, in dem sich die gewünschte Datei befindet, markieren Sie diese und klicken Sie auf die Schaltfläche *Einfügen*.

Verknüpfung einfügen: Um die Audiodatei als Verknüpfung einzufügen, klicken Sie auf den Dropdown-Pfeil der Schaltfläche *Einfügen* und hier auf *Verknüpfung mit Datei*.

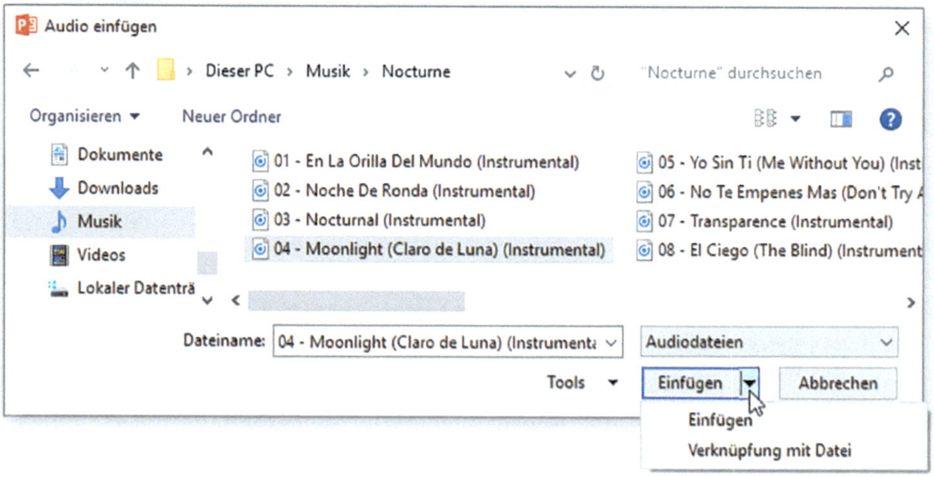

Bild 8.96 Audiodatei einfügen

Nach dem Einfügen der Audiodatei erscheint in der Folie ein Lautsprechersymbol zusammen mit den Audiosteuerelementen für *Wiedergabe/Pause*, *Rückwärts*, *Vorwärts*, *Wiedergabeposition* und *Lautstärke*. Diese verwenden Sie wie bei Videos zur Wiedergabe. Die Darstellung in der Ansicht *Normal* weicht etwas ab von der Ansicht *Bildschirmpräsentation*. Das Symbol wird behandelt wie ein Objekt und kann mit der Maus beliebig verschoben werden, z. B. an den unteren oder oberen Folienrand.

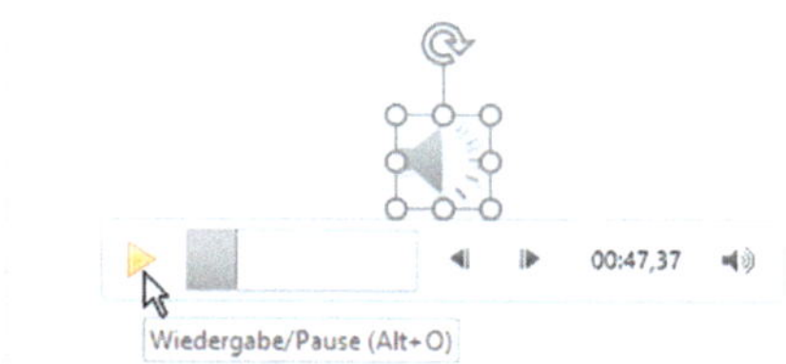

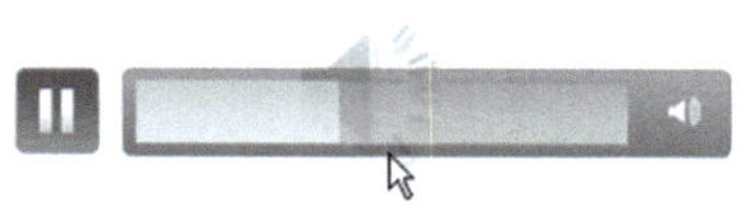

Bild 8.97 Audioobjekt in der Ansicht Normal

Bild 8.98 Audioobjekt in der Ansicht Bildschirmpräsentation

Audio aufnehmen

Sie können auch Audio von einem, an Ihren Computer angeschlossenen Mikrofon aufnehmen.

1 Dazu klicken Sie im Register *Einfügen* auf die Schaltfläche *Audio* und auf *Audioaufnahme....*

2 Das Fenster *Sound aufzeichnen* wird geöffnet: Geben Sie einen Namen für die Aufzeichnung ein und klicken Sie auf das Aufnahmesymbol (Bild 8.99), um die Aufnahme zu starten.

3 Mit Klick auf das Stoppsymbol (Bild 8.100) beenden Sie die Aufnahme. Bestätigen Sie zuletzt mit *OK*, um die Aufnahme in die Präsentation zu übernehmen.

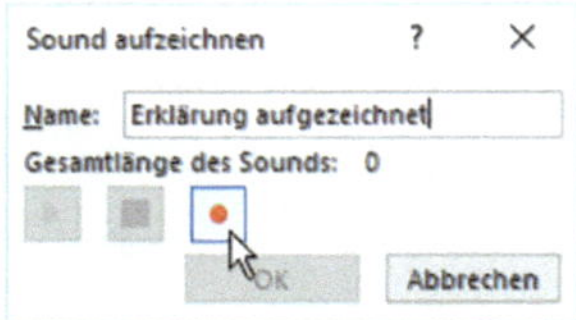

Bild 8.99 Aufnahme starten

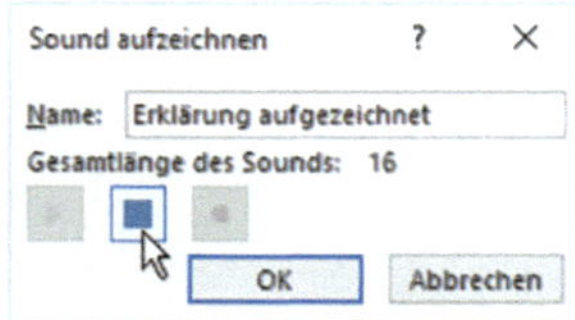

Bild 8.100 Aufnahme beenden

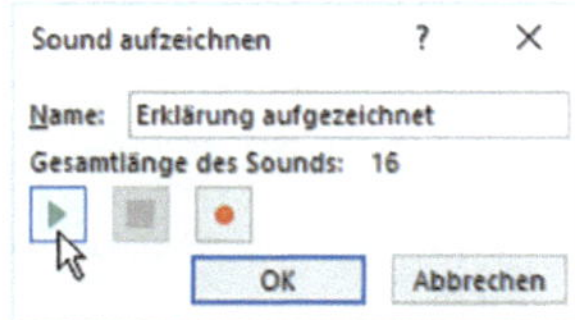

Bild 8.101 Wiedergabe

Audiosteuerung und Optionen

Sobald Sie ein Audioobjekt markiert haben, erscheinen die beiden *Audiotools*-Register *Format* und *Wiedergabe*, die Ihnen verschiedene Audiooptionen zur Verfügung stellen. Mit den Schaltflächen des Registers *Format* formatieren Sie das Symbol wie ein Grafikobjekt. Zur Wiedergabesteuerung verwenden Sie die Schaltflächen und Einstellungen des Registers *Wiedergabe*. Die Funktionen sind zum größten Teil identisch mit der Wiedergabesteuerung von Videos, daher hier nur einige wichtige und nützliche Einstellungen.

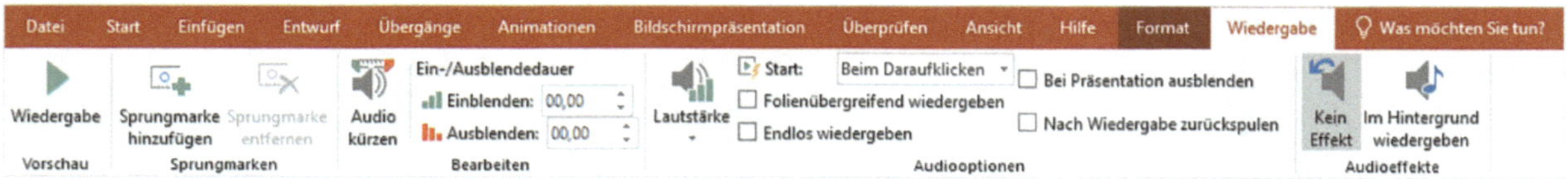

Bild 8.102 Audiotools - Wiedergabe

- **Audio über mehrere Folien hinweg wiedergeben**
  Standardmäßig endet die Audiowiedergabe mit dem Wechsel zur nächsten Folie. Soll die Wiedergabe über mehrere Folien hinweg erfolgen, dann aktivieren Sie im Register *Wiedergabe* ► *Audiooptionen* das Kontrollkästchen *Folienübergreifend wiedergeben*.

- **Audiosymbol ausblenden**
  Wenn Sie in der Gruppe *Audiooptionen* im Feld *Start* anstatt *Beim Daraufklicken* oder *In Klickreihenfolge* die automatische Wiedergabe gewählt haben, dann wird das Audiosymbol in der Folie nicht unbedingt benötigt. Falls Sie es ausblenden möchten, dann aktivieren Sie das Kontrollkästchen *Bei Präsentation ausblenden*. Damit erscheint das Symbol nur noch in der Ansicht *Normal*, nicht aber während der Bildschirmpräsentation.

- **Im Hintergrund wiedergeben**
  Mit Anklicken bzw. Aktivieren der Schaltfläche *Im Hintergrund wiedergeben* legen Sie gleich mehrere Einstellungen gleichzeitig fest und zwar: *Automatischer Start*, *Folienübergreifende Wiedergabe*, *Endloswiedergabe* und *Ausblenden des Audiosymbols*. Mit Klick auf die Schaltfläche *Kein Effekt* entfernen Sie die genannten Einstellungen wieder.

- **Abspielprogramm festlegen**
  Tipp: Sollte das gewünschte Audioformat von PowerPoint nicht unterstützt werden, dann fügen Sie eine interaktive Schaltfläche ein, über die Sie das entsprechende Abspielprogramm starten (siehe Seite 302).

Bildschirm als Video aufzeichnen und in Präsentation einfügen

Sie können zu Demonstrationszwecken auch Ihren Computerbildschirm aufzeichnen und als Video in eine Folie einfügen. Wenn gleichzeitig auch noch Ton aufgenommen werden soll, ist dazu ein Mikrofon erforderlich. Als einfaches Beispiel soll aufgezeichnet werden, wie eine neue Folie in eine PowerPoint-Präsentation eingefügt wird.

1. Im ersten Schritt öffnen Sie die Datei bzw. starten Sie die Anwendung, die Sie aufzeichnen möchten, im Beispiel PowerPoint mit einer neuen leeren Präsentation.
2. Klicken Sie dann im Register *Einfügen* ▶ *Medien* auf *Bildschirmaufzeichnung*.

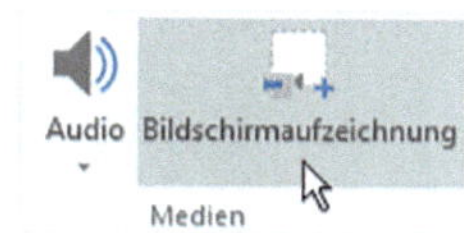

3. Das aktuelle PowerPoint-Fenster verschwindet im Hintergrund. Falls die benötigte Anwendung nicht automatisch erscheint, so wählen Sie diese über die Taskleiste aus. Gleichzeitig wird am oberen Bildschirmrand eine Leiste zur Steuerung der Aufzeichnung eingeblendet.
4. Klicken Sie in der Steuerungsleiste auf *Bereich auswählen*; als Mauszeiger erscheint ein Fadenkreuz und Sie können durch Ziehen mit der Maus den Bereich festlegen, der aufgezeichnet werden soll.

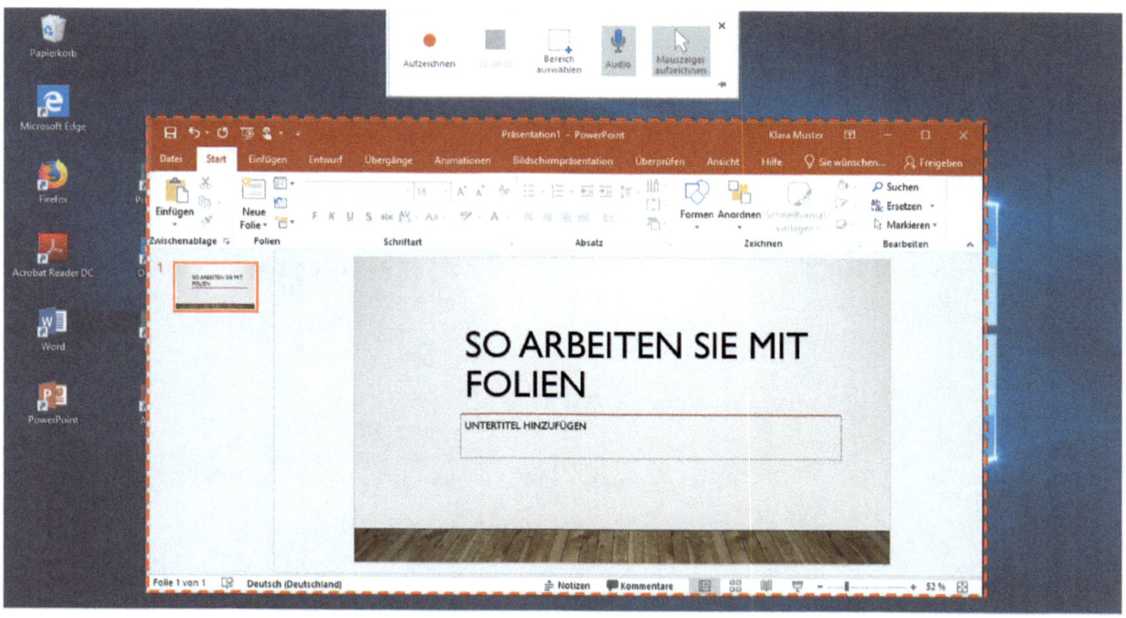

Bild 8.103 Bildschirmaufzeichnung: Bereich festlegen

5. PowerPoint zeichnet in der Standardeinstellung auch Mauszeiger und Audio auf, d. h. Ihre Kommentare. Wenn Sie dies nicht möchten, dann deaktivieren Sie die Schaltflächen *Audio* und/oder *Mauszeiger aufzeichnen* ❶.

Bild 8.104 Steuerungsleiste

Tipp: Die Leiste verschwindet unmittelbar nach dem Start der Aufzeichnung nach oben aus dem Bildschirmbereich. Wenn die Steuerungsleiste während der Aufzeichnung sichtbar bleiben soll, dann heften Sie sie mit Klick auf das Pin-Symbol ❷ am oberen Bildschirmrand an (Bild 8.104).

6 Zum Start der Aufzeichnung klicken Sie auf *Aufzeichnen* ❸. Während dieser können Sie über das Symbol *Pause* die Aufnahme vorübergehend anhalten und dann wieder fortsetzen bzw. mit Klick auf *Beenden* die Aufzeichnung beenden.

Falls die Steuerungsleiste ausgeblendet ist, so beenden Sie die Aufzeichnung mit der Tastenkombination Windows+Umschalt+Q.

Bild 8.105 Aufzeichnung anhalten/beenden

Aufgezeichnetes Video als Datei speichern

Die Bildschirmaufzeichnung wird automatisch eingebettet, d. h. zusammen mit der Präsentation gespeichert. Wenn Sie das aufgezeichnete Video als gesonderte Datei speichern und später als Verknüpfung einfügen möchten, dann klicken Sie in der Ansicht *Normal* mit der rechten Maustaste in das Video und auf *Medien speichern unter...*. Wählen Sie dann einen Ordner aus und speichern Sie die Datei unter einem frei gewählten Dateinamen. Diese erhält automatisch den Dateityp *Mediendatei*.

Anschließend können Sie das ursprüngliche Video aus der Folie entfernen und als Verknüpfung neu einfügen, siehe Bild 8.85 auf Seite 306.

Bild 8.106 Video als Datei speichern

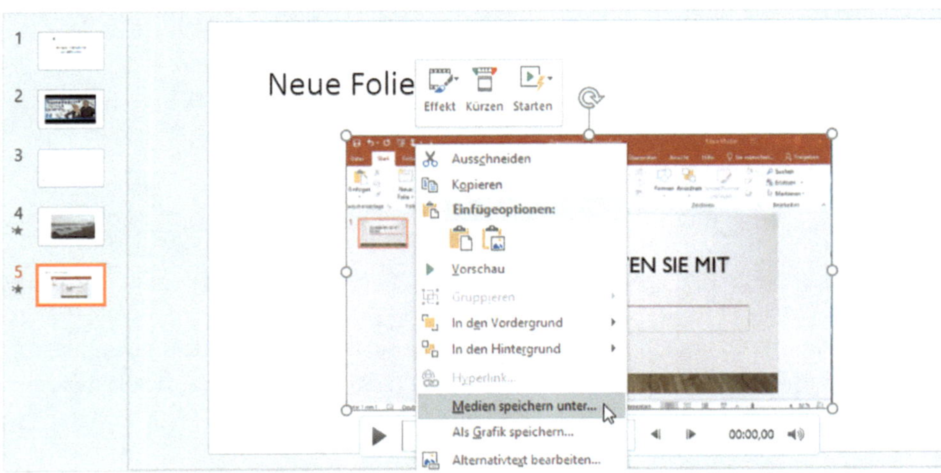

Mögliche Wiedergabeprobleme beheben

Video und Audio können unter Umständen bei der Wiedergabe während der Bildschirmpräsentation zu Problemen führen. Wenn Ihre Präsentation Video- und/oder Audioelemente enthält, dann zeigt PowerPoint im Register *Datei* unter *Informationen* entsprechende Hinweise und Lösungsvorschläge an.

Bild 8.107 Mögliche Wiedergabeprobleme

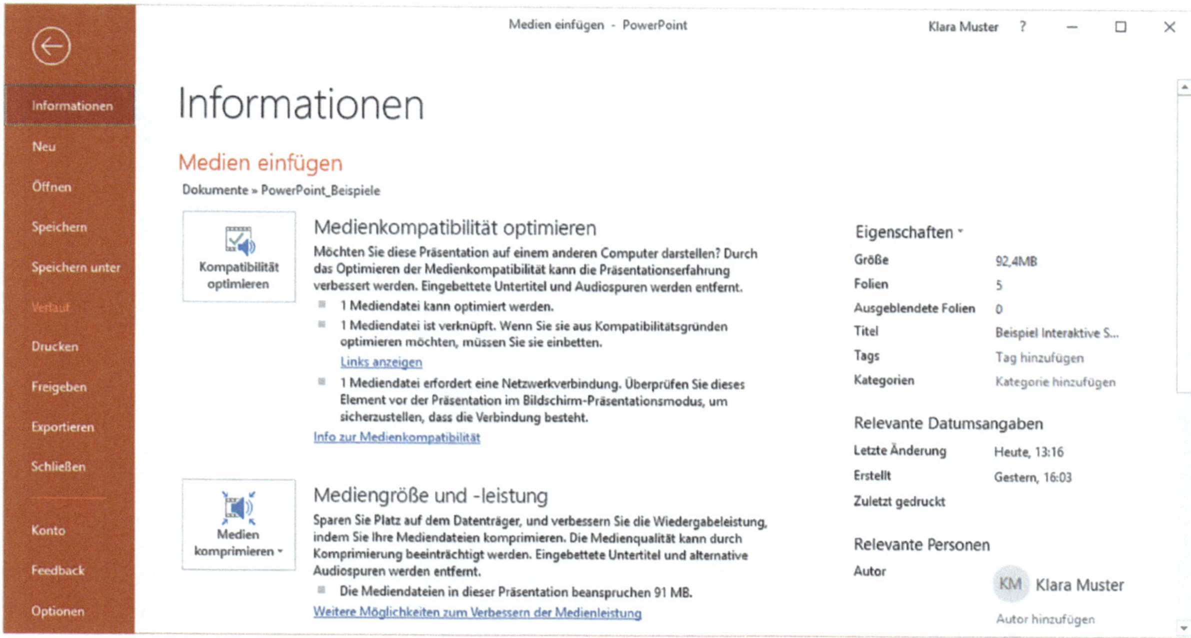

Medienkompatibilität optimieren

- Falls die Präsentation Medien in einem Dateiformat enthält, das bei der Wiedergabe auf einem anderen Gerät möglicherweise Probleme verursacht, dann erhalten Sie hier die Info, dass Mediendateien optimiert werden können. Weitere Informationen erhalten Sie über den Link *Info zur Medienkompatibilität*.

  Gleichzeitig ist die Schaltfläche *Kompatibilität optimieren* verfügbar. Um das Problem zu beheben, klicken Sie auf diese. Im nachfolgenden Fenster listet PowerPoint alle fraglichen Mediendateien auf und beginnt automatisch mit der Optimierung (Bild unten).

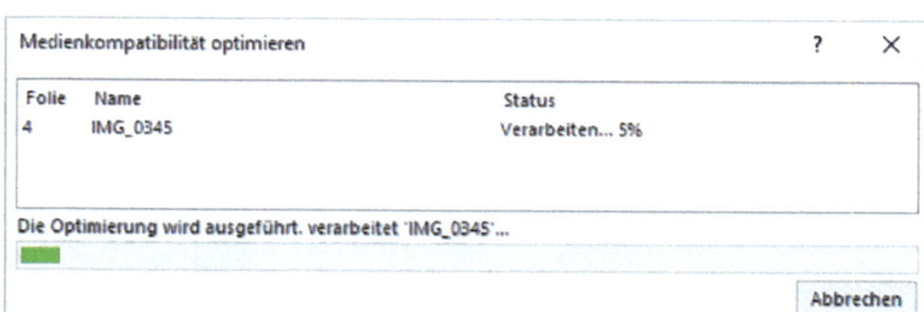

Bild 8.108 Medienkompatibilität optimieren

- Wenn die Präsentation verknüpfte Mediendateien enthält, dann erhalten Sie hier ebenfalls eine entsprechende Info zusammen mit der Anzahl der Verknüpfungen. PowerPoint empfiehlt das Einbetten der verknüpften Dateien. Um die Verknüpfungen zu kontrollieren, klicken Sie auf *Links anzeigen*.
  - Falls Sie eine Datei einbetten möchten, so markieren Sie im nachfolgenden Fenster diesen Link und klicken auf *Verknüpfung aufheben*.
  - Handelt es sich um ein Onlinevideo, so steht nur die Schaltfläche *Quelle öffnen* zur Verfügung. Mit dieser können Sie das Video im Browser anzeigen.

Bild 8.109 Verknüpfung aufheben

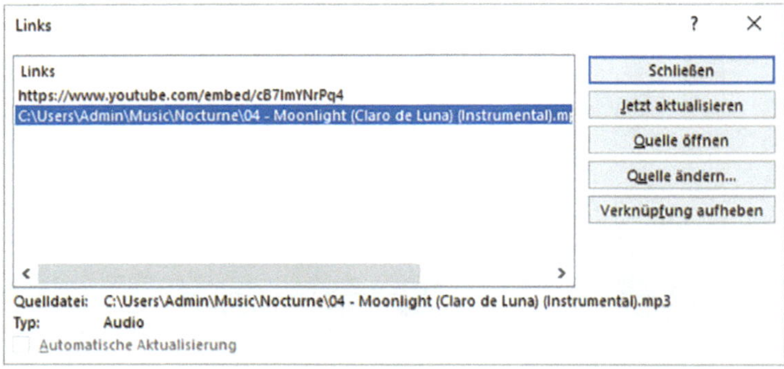

Medien komprimieren

Wie bereits mehrfach erwähnt, beanspruchen Präsentationen mit eingebetteten Medien, insbesondere Videos, erheblich mehr Speicherplatz. Im Register *Datei* ▶ *Informationen* zeigt PowerPoint in solchen Fällen unter *Mediengröße und -leistung* den zusätzlich beanspruchten Speicherplatz an. Über die Schaltfläche *Medien komprimieren* können Sie die Dateigröße durch Komprimieren verringern. Sie sollten aber wissen, dass abhängig von der gewählten Einstellung die Medienqualität beeinträchtigt werden kann. Die folgenden, unten abgebildeten Möglichkeiten stehen zur Auswahl.

Bild 8.110 Medien komprimieren

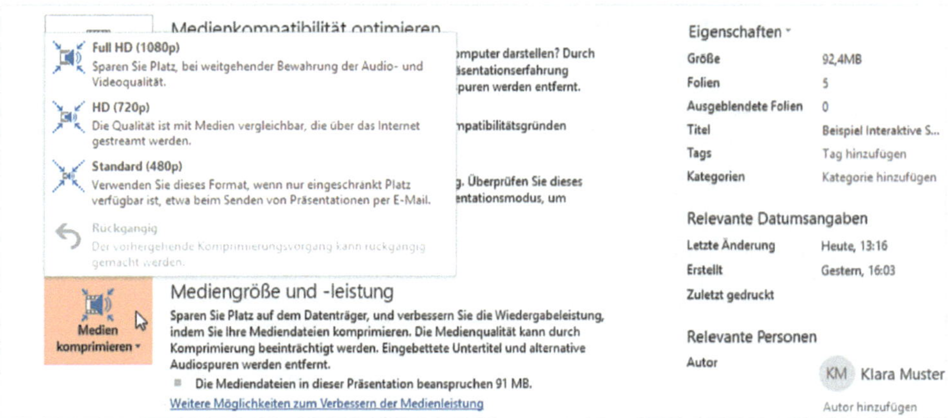

9 Präsentation vorführen, drucken und weitergeben

In diesem Kapitel lernen Sie...

- Zielgruppenorientierte Präsentation zusammenstellen
- Verknüpfte Dateien und Schriften kopieren
- Bildschirmpräsentation vorführen oder aufzeichnen
- Die Referentenansicht nutzen
- Präsentation, Notizen und Handzettel drucken
- Präsentation online vorführen
- Präsentation als Bilddatei, Video oder Bildschirmpräsentation speichern

Das sollten Sie bereits wissen

- Bildschirmpräsentation erstellen und speichern
- Designs, Farben und grafische Elemente einsetzen
- Folienübergänge und Animationen

Bevor Sie eine fertige Bildschirmpräsentation vorführen, sind noch einige Vorbereitungen zu treffen. Wie soll die Präsentation ablaufen, möchten Sie alle Folien einbeziehen und welche Hilfsmittel werden benötigt? Außerdem müssen Sie unter Umständen die gesamte Präsentation auf ein anderes Gerät kopieren, die Präsentation drucken usw..

9.1 Eine Präsentation zusammenstellen

Die Befehle zum Einrichten und zum Ablauf einer Bildschirmpräsentation finden Sie im Menüband im Register *Bildschirmpräsentation*.

Bild 9.1 Das Register Bildschirmpräsentation

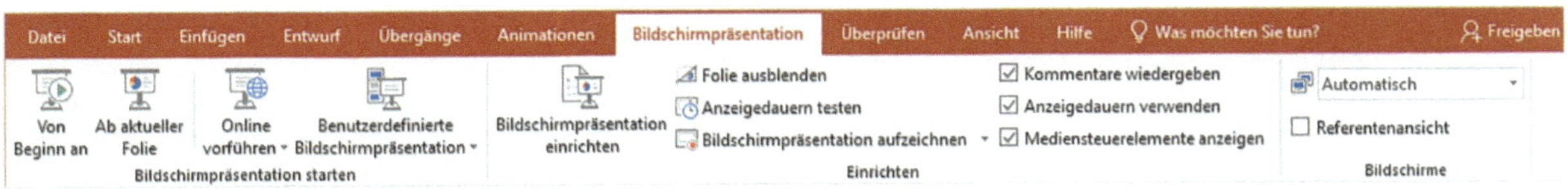

Folien für eine zielgruppenorientierte Präsentation auswählen

Nicht immer werden in einer Bildschirmpräsentation alle Folien benötigt, beispielsweise wenn für Ihre Zuhörer nur bestimmte Inhalte von Interesse sind. Wie Sie mithilfe eines Zusammenfassungszooms oder Abschnittszooms während der Vorführung nur bestimmte Folien ansteuern, wurde in Kapitel 8.4 auf Seite 292 ausführlich beschrieben. Eine andere Möglichkeit ist die Zusammenstellung einer benutzerdefinierten Bildschirmpräsentation, bei der nur ausgewählte Folien vorgeführt werden. Beispielweise, wenn Ihr Gerät, bzw. das Gerät auf dem die Bildschirmpräsentation vorgeführt wird, Zoom nicht unterstützt, .

1 Klicken Sie dazu im Register *Bildschirmpräsentation* auf die Schaltfläche *Benutzerdefinierte Präsentation* und hier auf *Zielgruppenorientierte Präsentationen...* ❶ und klicken Sie im gleichnamigen Dialogfenster auf *Neu* ❷.

Bild 9.2 Zielgruppenorientierte Präsentation erstellen

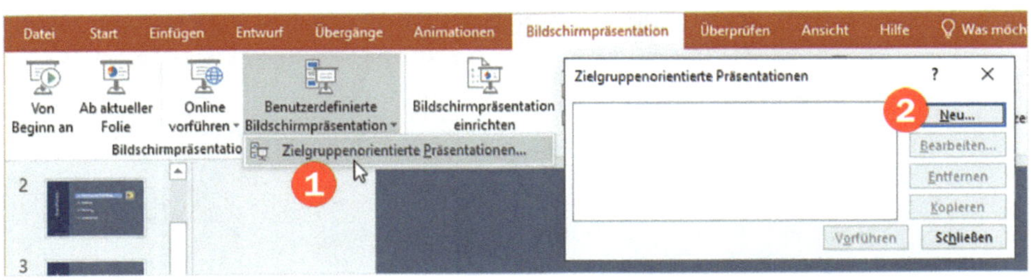

2 Das Fenster *Zielgruppenorientierte Präsentation definieren* öffnet sich. Geben der Präsentation einen Namen ❸, setzen Sie ein Häkchen vor die benötigten Folien ❹ und klicken Sie auf die Schaltfläche *Hinzufügen* ❺. Anschließend können Sie in der zielgruppenorientierten Präsentation über die Pfeile ❻ die markierte Folie nach oben oder unten verschieben und so die Folien bei Bedarf neu anord-

nen. Hier finden Sie auch das Symbol *Entfernen*, mit dem Sie Folien auch wieder aus der zielgruppenorientierten Präsentation entfernen können. Klicken Sie zuletzt auf *OK*, um die zielgruppenorientierte Präsentation zu erstellen.

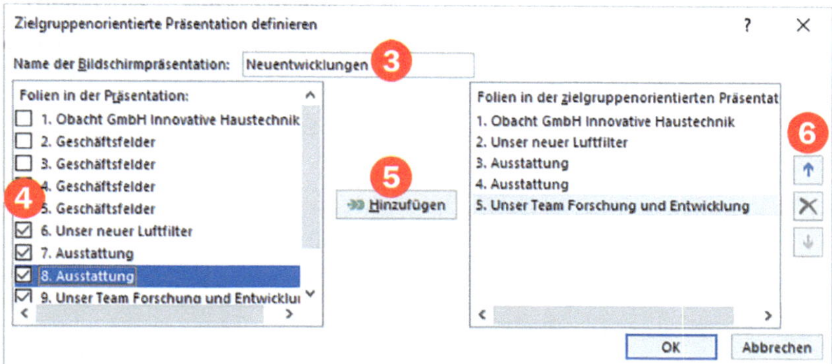

Bild 9.3 Zielgruppenorientierte Präsentation zusammenstellen

3 Im Fenster *Zielgruppenorientierte Präsentation* können Sie anschließend zum Testen die Präsentation über die Schaltfläche *Vorführen* ❼ starten. Mit Klick auf *Bearbeiten...* öffnen Sie das Fenster *zielgruppenorientierte Präsentation definieren* erneut, um bei Bedarf weitere Folien hinzuzufügen bzw. Folien zu entfernen.

Zielgruppenorientierte Präsentation vorführen

Zum Vorführen der zielgruppenorientierten Präsentation klicken Sie auf die Schaltfläche *Benutzerdefinierte Präsentation* und wählen die gewünschte Präsentation aus.

Bild 9.4 Präsentation testen

Bild 9.5 Zielgruppenorientierte Präsentation starten

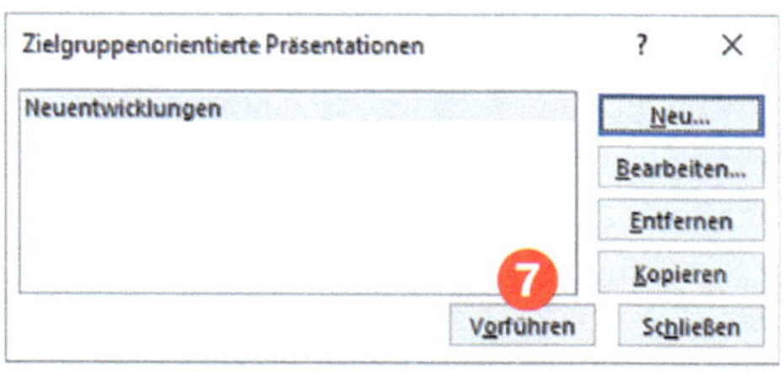

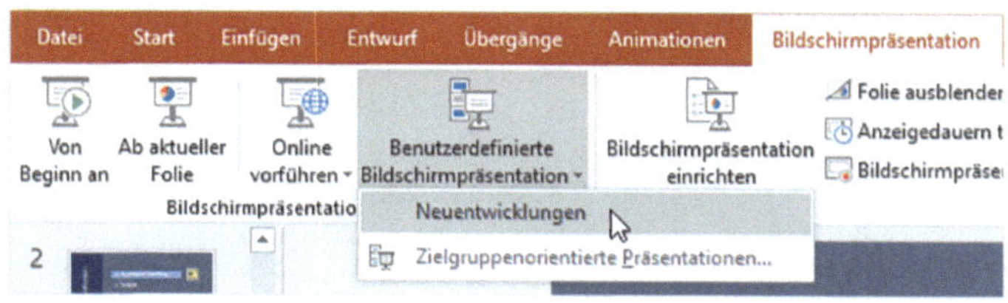

Tipp: Einzelne Folien ausblenden

Sie können auch einzelne Folien aus der Präsentation ausblenden. Dazu klicken Sie im Navigationsbereich mit der rechten Maustaste auf die betreffende Folie und auf *Folie ausblenden*. Alternativ verwenden Sie dazu im Menüband, Register *Bildschirmpräsentation* ▶ *Einrichten* die Schaltfläche *Folie ausblenden*. Ausgeblendete Folien erscheinen im Navigationsbereich heller und mit einer durchgestrichenen Foliennummer.

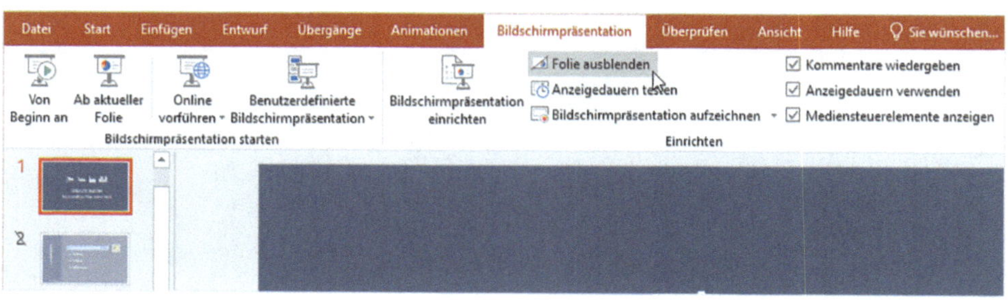

Bild 9.6 Folie ausblenden

Folien aus anderen Präsentationen einfügen

Wozu eine, manchmal mit erheblichem Aufwand gestaltete, Folie nochmals erstellen? Einfacher ist es, eine Kopie solcher Folien in die Präsentation zu übernehmen. Dies funktioniert ohne Zwischenablage und ohne vorheriges Öffnen der Quelldatei.

1. Um in die aktuelle Präsentation eine oder mehrere Folien aus anderen Präsentationen einzufügen, klicken Sie im Register *Start* (oder *Einfügen*) auf den Dropdown-Pfeil der Schaltfläche *Neue Folie* und auf *Folien wiederverwenden...*.

2. Am rechten Bildschirmrand erscheint der Aufgabebereich *Folien wiederverwenden*. Klicken Sie auf die Schaltfläche *Durchsuchen* oder den Link *PowerPoint-Datei öffnen*, um die Präsentation auszuwählen.

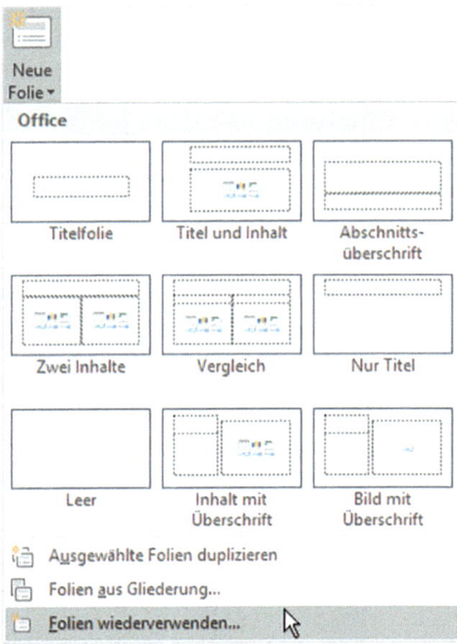

Bild 9.7 Neue Folie - Folien wiederverwenden

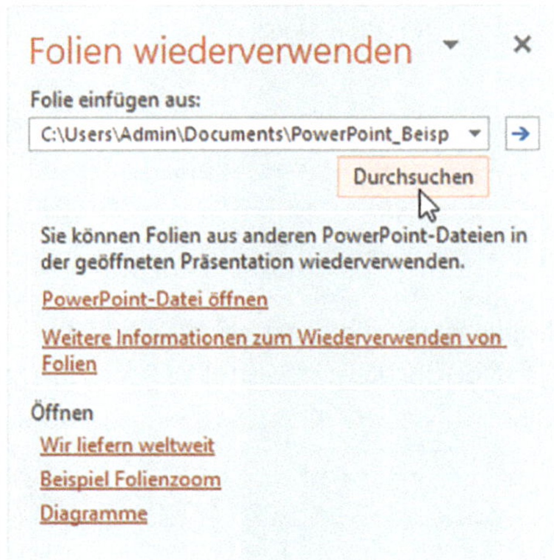

Bild 9.8 Der Aufgabenbereich Folien wiederverwenden

3. Sämtliche Folien der ausgewählten Präsentation erscheinen anschließend untereinander im Aufgabenbereich in der Vorschau und werden durch einfaches Anklicken als Kopie nach der aktuellen Folie eingefügt.

Bild 9.9 Kopie der Folie einfügen

Achtung: Standardmäßig erhalten die Folien das Design der Zielpräsentation. Wenn Sie das ursprüngliche Aussehen beibehalten möchten, dann müssen Sie im Aufgabenbereich **vor** dem Einfügen das Kontrollkästchen *Ursprüngliche Formatierung beibehalten* aktivieren.

Vortragsnotizen und Kommentare

Kommentare einfügen und bearbeiten

Kommentare geben Ihnen und eventuellen weiteren Bearbeitern die Möglichkeit zum Hinzufügen von Anmerkungen. Klicken Sie dazu im Register *Einfügen* auf die Schaltfläche *Kommentar* oder in der Statusleiste auf das Symbol *Kommentare* ❶.

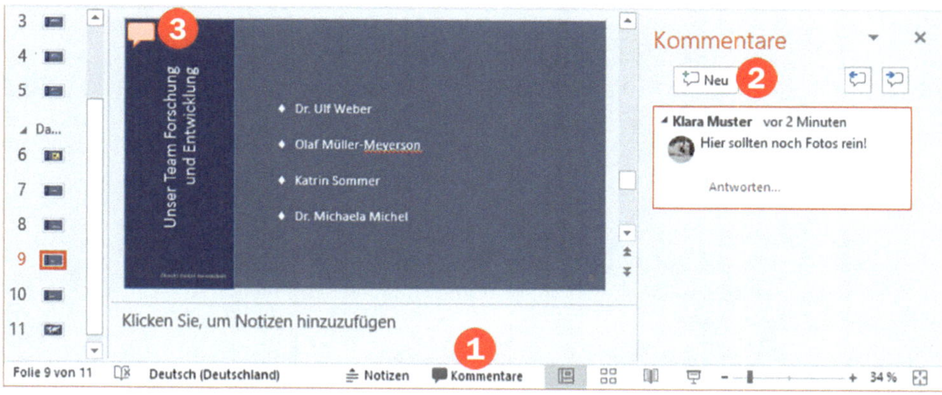

Bild 9.10 Kommentare hinzufügen

Am rechten Bildschirmrand öffnet sich der Aufgabenbereich *Kommentare*. Klicken Sie auf die Schaltfläche Neu ❷, um zur aktuellen Folie Ihre Anmerkungen einzugeben. Kommentare sind besonders praktisch, wenn mehrere Personen an der Präsentation arbeiten, da diese automatisch mit Namen versehen werden. Um einen Kommentar zu löschen, zeigen Sie mit der Maus darauf und klicken auf das Symbol *Entfernen*.

Folien mit Kommentaren sind am Symbol in der linken oberen Ecke ❸ leicht zu erkennen und ein Klick auf dieses Symbol blendet den ausgeblendeten Kommentarbereich ein. Kommentare und Symbol sind während der Bildschirmpräsentation für Ihr Publikum natürlich nicht sichtbar.

Vortragsnotizen hinzufügen

Wie Sie in Kapitel 3.7 dieses Buches gesehen haben, können Sie in der Ansicht *Normal* den Notizenbereich (Bild 9.11) unterhalb der Folie für Anmerkungen zur Folie ❶ nutzen und bei Bedarf zusammen mit der Folie drucken. Sollte der Notizenbereich in der Ansicht *Normal* nicht sichtbar sein, so klicken Sie zum Einblenden in der Statusleiste auf *Notizen* ❷. Mit derselben Schaltfläche blenden Sie die Notizen bei Bedarf auch wieder aus. Alternativ benutzen Sie dazu die Schaltfläche *Notizen* im Register *Ansicht*, Gruppe *Anzeigen*.

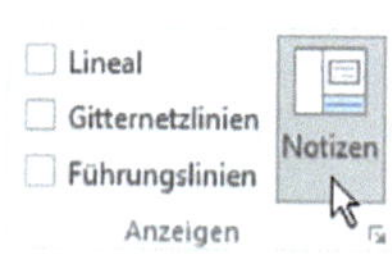

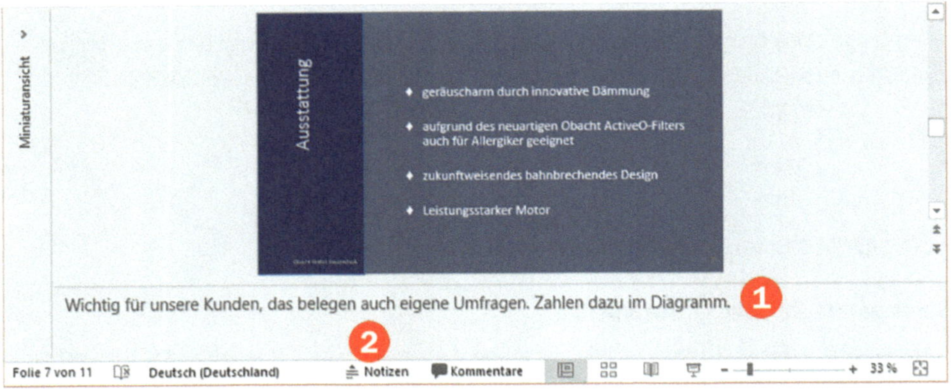

Bild 9.11 Folie mit Notizen

Art der Präsentation festlegen

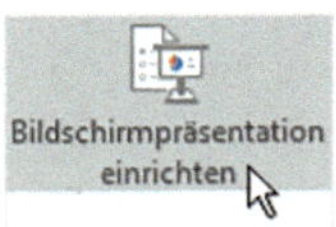

Bild 9.12 Bildschirmpräsentation einrichten

Erweiterte Optionen zum Vorführen der Bildschirmpräsentation erhalten Sie über die Schaltfläche *Bildschirmpräsentation einrichten*.

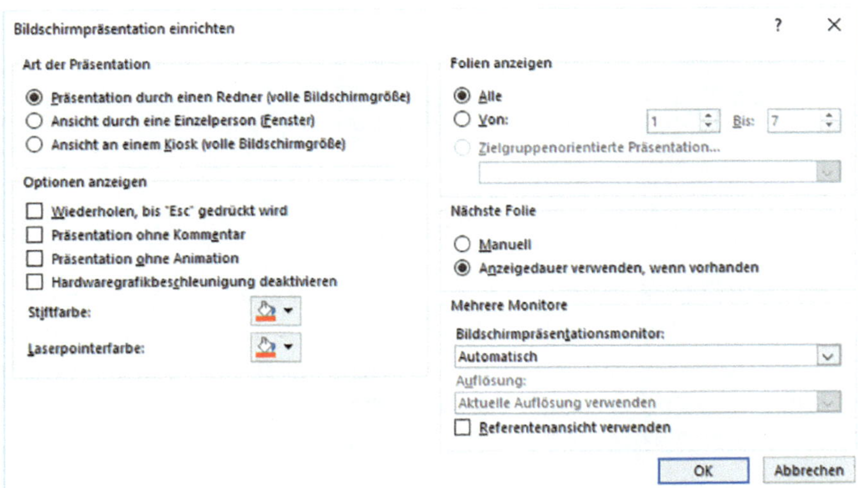

Wählen Sie die Art der Präsentation

- Standardeinstellung ist die Option *Präsentation durch einen Redner*. Damit wird während der Präsentation die Arbeitsoberfläche von PowerPoint ausgeblendet und die Wiedergabe der Folien erfolgt im Vollbildmodus.
- Mit der Option *Ansicht durch eine Einzelperson (Fenster)* läuft die Bildschirmpräsentation innerhalb eines Fensters beliebiger Größe ab und die typischen Fensterelemente eines Windows-Fenster bleiben sichtbar, z. B. Schließen, Minimieren und Maximieren. Schaltflächen zum Weiterblättern finden Sie in der Statusleiste am unteren Rand des Fensters.

- Bei einer automatisch ablaufenden Präsentation besteht mit der Option *Ansicht an einem Kiosk (volle Bildschirmgröße)* die Möglichkeit einer endlosen Wiedergabe bis die Esc-Taste zum Beenden betätigt wird.

Über weitere Kontrollkästchen lässt sich die Präsentation auch ohne Animation wiederzugeben, ferner können Sie wählen, ob der Wechsel zur nächsten Folie manuell oder automatisch erfolgt (nur wenn Anzeigedauern vorhanden sind). Die automatische Voreinstellung für Stift- und Laserpointerfarbe kann ebenfalls geändert werden.

Präsentation auf externen Datenträger exportieren

Nicht immer wird eine Präsentation auf dem Gerät vorgeführt, auf dem sie erstellt wurde. Stellen Sie sich zum Beispiel vor, Sie haben Ihre Präsentation zu Hause oder am Arbeitsplatz bearbeitet und möchten diese nun an einem anderen Ort zeigen. Im schlimmsten Fall stellen Sie erst vor Ort fest, dass verknüpfte Video- und/oder Sounddateien fehlen oder die verwendete Schriftart fehlt und wurde von PowerPoint einfach eine andere Schriftart ersetzt.

Am einfachsten befinden sich alle verknüpften Dateien im selben Ordner wie die Präsentation. In diesem Fall kann der Ordner problemlos kopiert werden und die Verknüpfungen werden auch auf einem anderen Computer gefunden.

Wenn Sie auf Nummer Sicher gehen und auch die verwendeten Schriftarten kopieren möchten, dann sollten Sie die Funktion *Bildschirmpräsentation für CD verpacken* nutzen. Diese stellt sicher, dass alle benötigten Dateien mit kopiert werden und schließt das Kopieren auf alle externen Datenträger ein, nicht nur CD/DVD.

So gehen Sie vor:

1 Öffnen Sie die Präsentation, die Sie kopieren möchten bzw. speichern Sie Ihre letzten Änderungen. Klicken Sie dann im Register *Datei* auf *Exportieren* und wählen Sie den Befehl *Bildschirmpräsentation für CD verpacken*. Im rechten Bereich klicken Sie nun nochmals auf die Schaltfläche *Verpacken für CD*.

Bild 9.13 Bildschirmpräsentation für CD verpacken

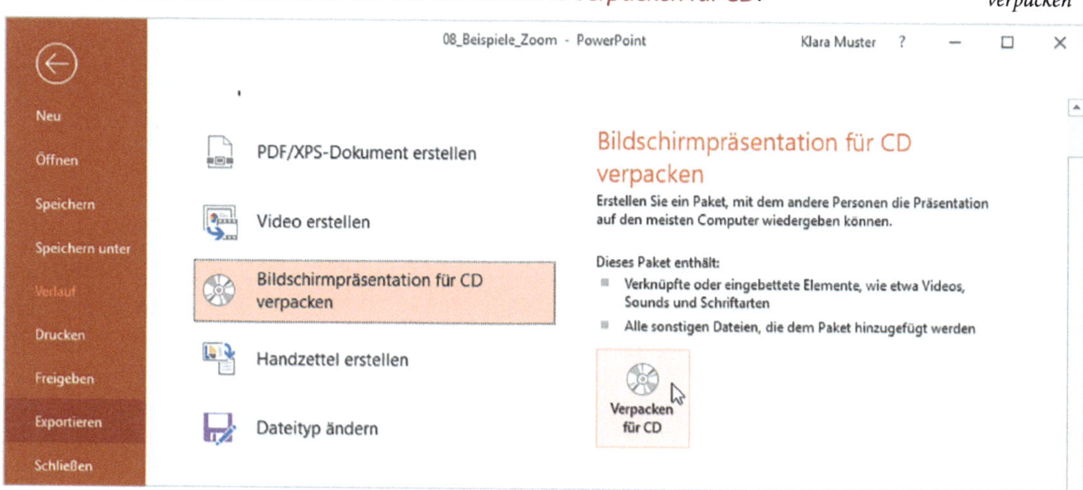

2 PowerPoint öffnet das Dialogfenster *Verpacken für CD*. Soll die Präsentation auf CD/DVD gebrannt werden , dann geben Sie optional im Feld *CD benennen* einen Namen für die CD ein. Die aktuelle Präsentation ist im Feld *Zu kopierende Dateien* bereits vorhanden, mit der Schaltfläche *Hinzufügen* ❶ können Sie dem Paket weitere Präsentationen hinzufügen, diese werden in der Reihenfolge abgespielt, in der sie ausgewählt wurden.

3 Für genauere Einstellungen klicken Sie auf die Schaltfläche *Optionen* ❷. Wählen Sie anschließend aus, welche Dateien zusätzlich mit einbezogen werden sollen. Die beiden Kontrollkästchen *Verknüpfte Dateien* und *Eingebettete TrueType-Schriftarten* ❸ sollten auf jeden Fall aktiviert werden. Optional können Sie Ihre Präsentation mit einem Kennwort zum Öffnen oder Ändern schützen. Falls Sie die Präsentation weitergeben, können Sie die Datei über ein Kontrollkästchen auch noch auf private Informationen, wie beispielsweise Name des Autors und Name des Unternehmens überprüfen.

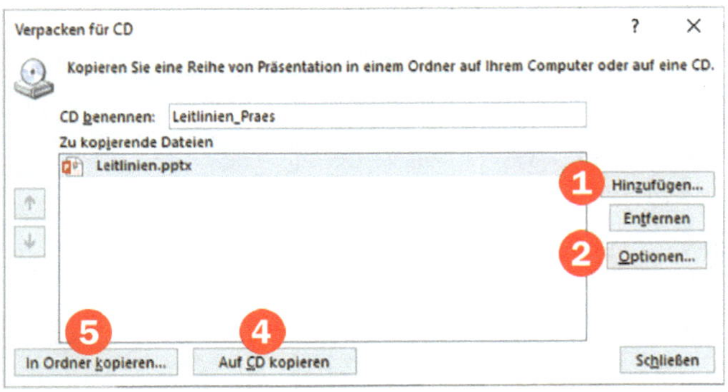

Bild 9.14 Verpacken für CD

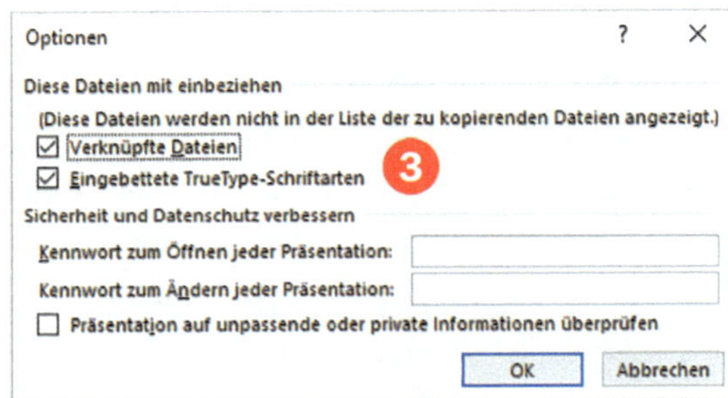

Bild 9.15 Optionen

4 Wenn Sie die Präsentation auf CD brennen wollen, dann klicken Sie anschließend im Fenster *Verpacken für CD* auf die Schaltfläche *Auf CD kopieren* ❹, hierfür sollte ein beschreibbarer CD-Rohling im CD-Laufwerk liegen. Wenn Sie die Präsentation auf einen anderen Datenträger kopieren wollen, dann verwenden Sie die Schaltfläche *In Ordner kopieren...* ❺ und wählen anschließend Ordnernamen und Speicherort.

Eine Meldung macht Sie darauf aufmerksam, dass verknüpfte Dateien ein potentielles Sicherheitsrisiko darstellen können und nur eingeschlossen werden, wenn Sie der Datenquelle vertrauen. Klicken Sie auf *Ja*.

Präsentation ohne PowerPoint vorführen

Beim Vorführen einer Präsentation kann außerdem das Problem auftauchen, dass PowerPoint auf dem Gerät nicht installiert ist. Der kostenlose PowerPoint Viewer, der früher in solchen Fällen eingesetzt wurde, steht leider seit 2018 nicht mehr zur Verfügung. Damit in solchen Fällen die Bildschirmpräsentation trotzdem vorgeführt werden kann, bieten sich das Speichern auf *OneDrive* und das Vorführen im Browser mit PowerPoint Online an, vorausgesetzt eine Internetverbindung ist vorhanden.

Rufen Sie im Browser, z. B. Microsoft Edge, die Seite onedrive.live.com auf und melden Sie sich hier mit Ihrem Microsoft-Konto an. Damit erhalten Sie Zugriff auf Ihre Ordner und Dateien. PowerPoint-Präsentationen werden im Browser mit PowerPoint Online geöffnet, neben dem Vorführen sind auch Drucken und einfache Bearbeitungen möglich. Allerdings werden nicht alle Funktionen unterstützt.

9.2 Bildschirmpräsentation aufzeichnen und Video erstellen

Sprache, Freihandanmerkungen und Zeiten aufzeichnen

Wenn Sie die Bildschirmpräsentation nicht selbst vorführen, dann haben Sie die Möglichkeit, die Präsentation zusammen mit Sprache, Laserpointergesten, Freihandeingaben sowie die Anzeigedauer jeder Folie aufzuzeichnen.

1 Dazu klicken Sie im Menüband, Register *Bildschirmpräsentation*, auf *Bildschirmpräsentation aufzeichnen*. Wählen Sie, ob Sie *Von Anfang an aufzeichnen* oder mit der aktuellen Folie beginnen möchten.

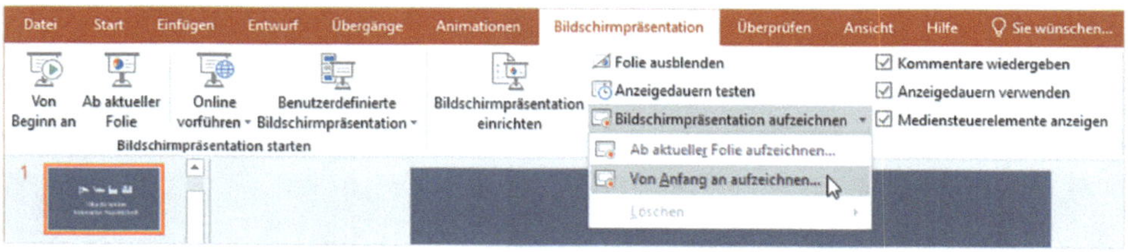

Bild 9.16 Bildschirmpräsentation aufzeichnen

2 Die Bildschirmpräsentation erscheint in einer gesonderten Ansicht. Die Aufzeichnung startet nicht sofort, sondern erst, wenn Sie auf das rote kreisförmige Symbol in der linken oberen Ecke klicken. Legen Sie also zuerst alle Einstellungen fest

Bild 9.17 Die Präsentation in der Aufzeichnungsansicht

Sprache und Video aufnehmen

Unterhalb der Vorschau auf die Folie finden Sie rechts drei Symbole, die Sie jeweils mit einem Mausklick ein- und ausschalten. Über das Symbol Mikrofon ❶ aktivieren oder deaktivieren Sie die Sprachaufnahme. Falls eine Webcam vorhanden ist und Sie zusätzlich ein Video von sich aufzeichnen möchten, dann aktivieren Sie außerdem die Kamera ❷. Das Video erscheint dann während der Wiedergabe verkleinert in der rechten unteren Ecke der Folie. Das dritte Symbol ❸ schaltet die Kameravorschau während der Aufzeichnung ein und aus.

Sollten Kamera oder Mikrofon Probleme bereiten, so können Sie diese mit einem Klick auf das Symbol ❹ in der rechten oberen Ecke des Fensters auswählen.

Bild 9.18 Mikrofon und Kamera (Videoaufzeichnung)

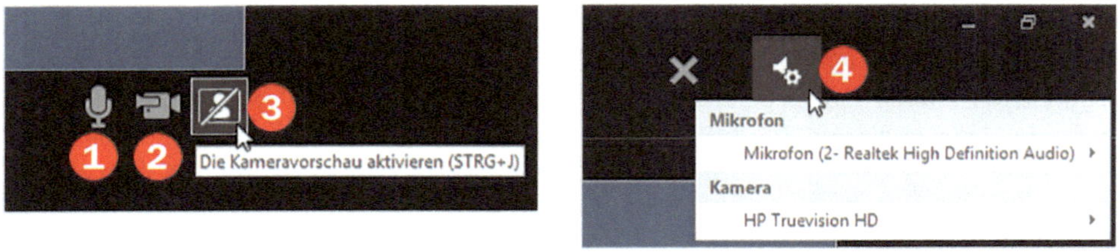

Notizen anzeigen

Falls Notizen vorhanden sind, können Sie diese oberhalb der Folienvorschau über die Schaltfläche *Notizen* ein- und ausblenden. Mit den Symbolen *Text vergrößern*, *Text verkleinern* lässt sich die Anzeige der Notizen schnell vergrößern.

Bild 9.19 Notizen anzeigen

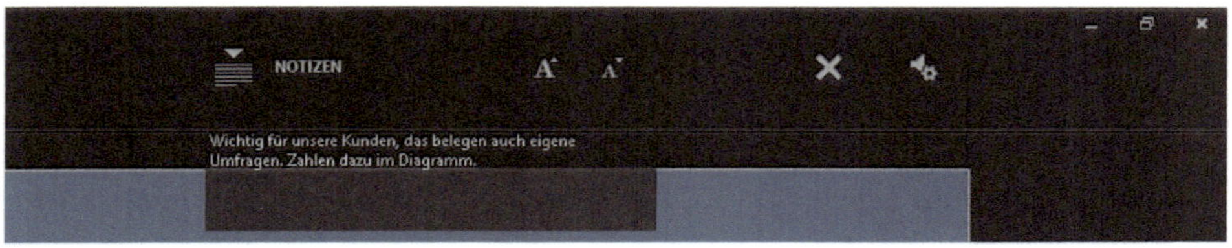

Aufzeichnung starten und wiedergeben

Zum Starten der Aufzeichnung klicken Sie in der oberen rechten Ecke auf *AUFZEICHNEN*. Damit beginnt nach drei Sekunden Verzögerung die Aufzeichnung. Zum Beenden der Aufzeichnung klicken Sie auf *BEENDEN*. Falls Sie die Aufzeichnung unterbrechen möchten, so klicken Sie auf *PAUSE* und danach erneut auf *AUFZEICHNEN*. Eine vorhandene Aufzeichnung können Sie mit Klick auf *WIEDERGEBEN* schnell kontrollieren.

Bild 9.20 Aufzeichnung starten

Bild 9.21 Beenden und Pause

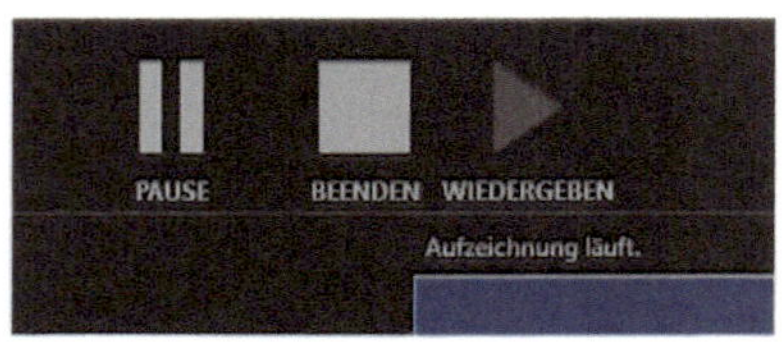

Während der Aufzeichnung

- **Nächste/Vorherige Folie**
  Betätigen Sie die Pfeiltasten der Tastatur oder klicken Sie auf die Pfeile rechts und links.
- **Freihandanmerkungen**
  Für Freihandanmerkungen klicken Sie in der Leiste unterhalb der Vorschau auf die Symbole *Stift* oder *Textmarker* ❶, dann auf eine Farbe ❷ und zeichnen anschließend in der Folie ❸.

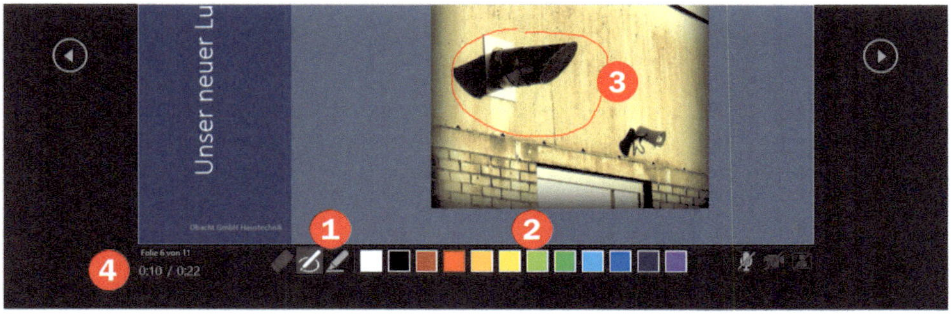

Bild 9.22 Freihandanmerkung zeichnen

Hinweis: Freihandanmerkungen werden in der Folie als Grafikobjekt gespeichert und können bei Bedarf durch Markieren und die Taste Entf auch einzeln wieder gelöscht werden.

- **Zeiten kontrollieren**
  Links unterhalb der Vorschau sehen Sie die Einblendezeit der aktuellen Folie zusammen mit der Gesamtzeit ❹.

Aufzeichnung löschen

Nach Beenden der Aufzeichnung können Sie mit Klick auf *WIEDERGEBEN* Ihre Aufzeichnung schnell kontrollieren. Falls Sie die Aufnahme der aktuellen Folie oder der gesamten Präsentation löschen möchten, klicken Sie auf das Symbol *Löschen* und auf den gewünschten Bereich. Dieser Befehl bezieht Anzeigedauer, Sprache und Freihandanmerkungen, die Sie während der Aufzeichnung hinzugefügt haben ein.

Bild 9.23 Aufnahmen löschen

Schließen und zurück zur Ansicht Normal

Um nach der Aufzeichnung zurück zur Ansicht Normal zu gelangen, klicken Sie entweder in der rechten oberen Ecke auf das Symbol *Fenster schließen* oder betätigen die Esc-Taste.

Erstellen Sie ein Video Ihrer Präsentation

Wenn Sie die Bildschirmpräsentation aufgezeichnet haben bzw. die Präsentation automatische Zeitabläufe enthält, dann können Sie eine Kopie der Präsentation als MPEG4-Video oder als Windows Media Video (WMV) speichern und anschließend auf einer Webseite, z. B. YouTube veröffentlichen. In diesem Fall wird PowerPoint zum Abspielen des Videos nicht benötigt.

1. Klicken Sie zum Erstellen des Videos im Register *Datei* - *Exportieren* auf *Video erstellen* ❶.
2. Im rechten Bereich wählen Sie die Videoqualität aus ❷ und im Feld unterhalb ❸ legen Sie fest, ob Sie aufgezeichnete Zeitabläufe und Kommentare einbeziehen möchten. Alternativ können Sie hier mit der Auswahl *Zeitabläufe und Kommentare aufzeichnen* einen individuellen Ablauf erstellen. Sind keine aufgezeichneten Zeitabläufe vorhanden, so wird in der Standardeinstellung jede Folie 5 Sekunden lang angezeigt ❹.

Bild 9.24 Video erstellen

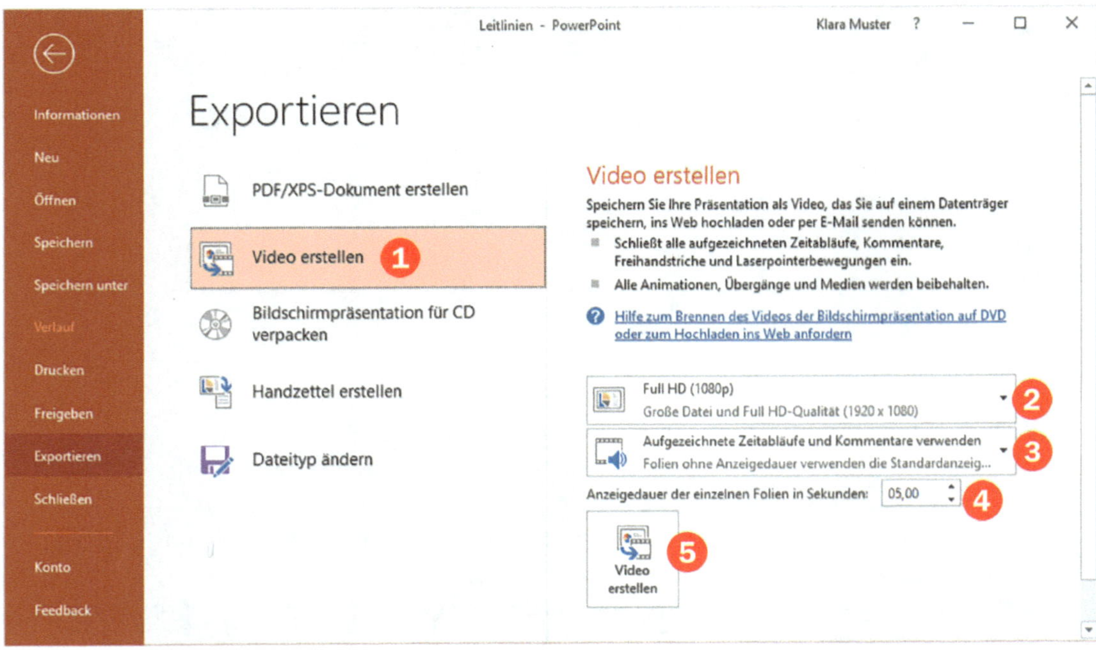

3. Klicken zuletzt auf die Schaltfläche *Video erstellen* ❺ und legen Sie Speicherort und Dateiname fest. Als Dateityp können Sie zwischen MPEG4-Video und Windows Media Video wählen.

Achtung: Je nach Umfang kann die Erstellung des Videos einige Zeit in Anspruch nehmen. Der Fortschritt lässt sich anhand eines Balkens in der Statusleiste mitverfolgen.

9.3 Bildschirmpräsentation vorführen

Die Bildschirmpräsentation starten Sie mit den Schaltflächen der Gruppe *Bildschirmpräsentation starten* im Register *Bildschirmpräsentation*. Sie können entweder mit der ersten Folie beginnen (F5) oder ab der aktuellen Folie starten.

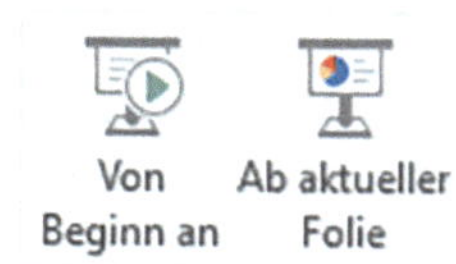

Tasten während der Bildschirmpräsentation

Tasten für die Präsentation

Befehl	Taste
Bildschirmpräsentation von Beginn an starten	F5
Bildschirmpräsentation ab aktueller Folie starten	Umschalt+F5
Nächste Folie bzw. nächste Animation	Linke Maustaste Eingabe-Taste Pfeiltaste rechts bzw. unten Bildschirmseite nach unten N Leertaste
Vorherige Folie bzw. vorige Animation	Pfeiltaste links bzw. oben Bildschirmseite nach oben P Rücktaste
Wechsel zu einer bestimmten Folie	Foliennummer + Eingabetaste
Anzeigen einer leeren schwarzen Folie	B (Black). Mit einer beliebigen Taste wird die Präsentation fortgesetzt
Anzeigen einer leeren weißen Folie	W (White). Mit einer beliebigen Taste wird die Präsentation fortgesetzt
Stift-Modus	Strg+P
Präsentation beenden	Esc

Nach der letzten Folie erscheint standardmäßig ein schwarzer Bildschirm mit dem Hinweis *Zum Beenden klicken*. Dies gibt Ihnen die Gelegenheit, den Beamer auszuschalten, bevor Sie die Präsentation beenden. Auf diese Weise vermeiden Sie, dass die Präsentation für die Zuschauer in der Normalansicht sichtbar wird.

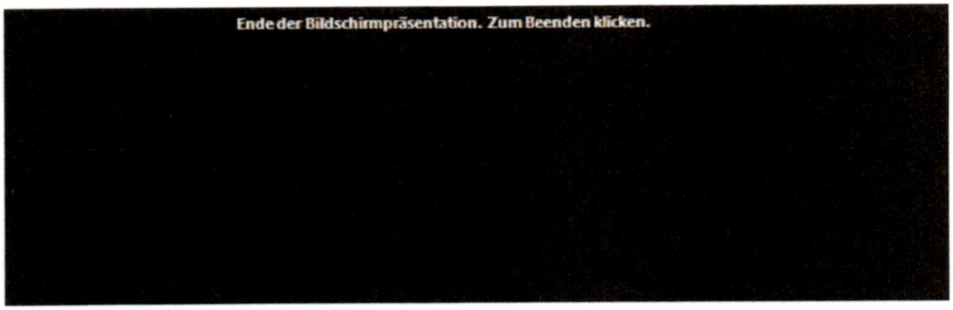

Bild 9.25 Ende der Präsentation

Symbole und Kontextmenü nutzen

Während der Bildschirmpräsentation stehen Ihnen in der linken unteren Ecke einige Symbole zur Steuerung des Ablaufs zur Verfügung. Diese erscheinen erst, wenn Sie die Maus bewegen und verschwinden nach einigen Sekunden automatisch wieder. Alternativ können Sie diese und weitere Befehle auch über einen Klick mit der rechten Maustaste abrufen.

Bild 9.26 Präsentation steuern

> **Achtung:** Die Symbole mit den nachfolgend beschriebenen Möglichkeiten stehen nur zur Verfügung, wenn als Art der Präsentation *Präsentation durch einen Redner (volle Bildschirmgröße)* festgelegt wurde, siehe „Art der Präsentation festlegen" auf Seite 322.

Nächste/Vorherige Folie

Mit den Pfeilsymbolen nach rechts bzw. nach links blenden Sie die nächste bzw. die vorherige Folie oder Animation ein. Die Pfeile können als Alternative zur Tastensteuerung eingesetzt werden.

Ein bestimmte Folie auswählen

Dieses Symbol zeigt Ihnen eine Übersicht aller Folien Ihrer Präsentation an, ähnlich der Ansicht Foliensortierung. Sie können auf diese Weise eine bestimmte Folie per Mausklick auswählen, ohne die Präsentation unterbrechen zu müssen. Mit Drücken der Esc-Taste oder Klick auf den Pfeil in der linken oberen Ecke kehren Sie zur zuletzt angezeigten Folie der Bildschirmpräsentation zurück. Enthält die Präsentation mehrere Abschnitte, so sehen Sie hier auch diese. Im Kontextmenü der rechten Maustaste erhalten Sie diese Anzeige mit dem Befehl *Alle Folien anzeigen*.

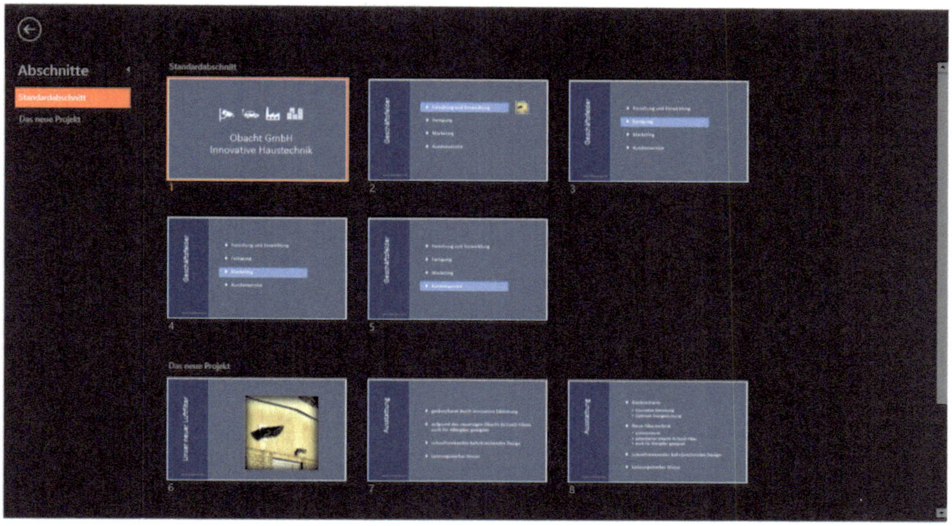

Bild 9.27 Alle Folien anzeigen

Inhalte vergrößern

Soll ein Ausschnitt der aktuell angezeigten Folie vergrößert angezeigt werden? Dann klicken Sie auf das Symbol Lupe und bewegen den Mauszeiger auf den zu vergrößernden Bereich; anschließend genügt ein Mausklick, um diesem Bereich über den gesamten Bildschirm zu vergrößern. Ein Klick mit der rechten Maustaste oder Betätigen der Esc-Taste zeigt die Folie wieder in ihrer ursprünglichen Größe an.

Bild 9.28 Ausschnitt vergrößern

Weitere Befehle

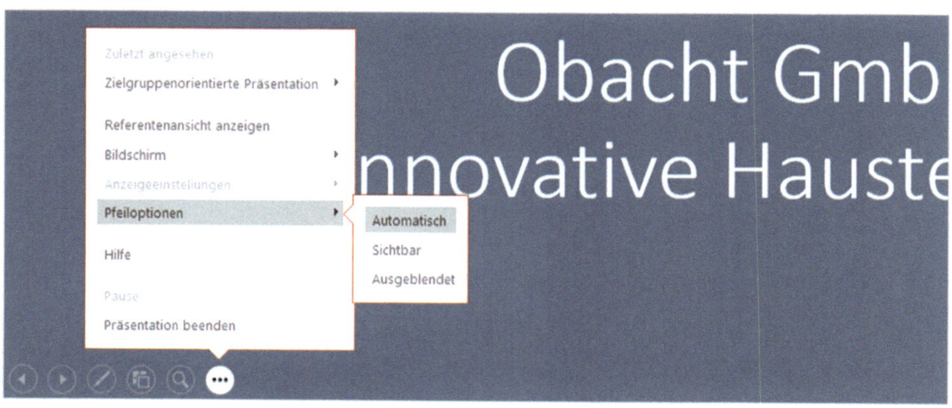

Bild 9.29 Präsentationsmenü

Das Symbol mit den drei Punkten rechts neben dem Symbol Lupe kann statt eines Rechtsklicks verwendet werden und öffnet ebenfalls ein Menü mit weiteren Befehlen.

Inhalte mit Maus oder Finger hervorheben

Finger oder Maus als Laserpointer verwenden

Wenn Sie während der Bildschirmpräsentation einzelne Sachverhalte hervorheben möchten, können Sie die Maus als Laserpointer verwenden. Klicken Sie dazu in der unteren linken Ecke auf das Stiftsymbol und wählen Sie *Laserpointer*.

Freihandanmerkungen

Außerdem können Sie während einer Bildschirmpräsentation Maus oder Finger als Stift für Anmerkungen und Hervorhebungen benutzen . Dazu klicken Sie in der unteren linken Ecke auf das Stiftsymbol und wählen zwischen Stift und Textmarker sowie eine Farbe. Mit Drücken der Esc-Taste kehren Sie wieder zum normalen Mauszeiger zurück. **Achtung:** Nochmaliges Betätigen der Esc-Taste beendet die Präsentation!

Im Kontextmenü der rechten Maustaste erhalten Sie den Stift über den Befehl *Zeigeroptionen*.

Freihandanmerkungen werden temporär mit der Folie gespeichert, sind also auch noch verfügbar, wenn Sie im Laufe der Präsentation nochmals zu dieser Folie zurückkehren. Falls Sie Ihre Anmerkungen löschen möchten, so klicken Sie nochmals auf den Stift und auf *Freihand auf Folie löschen*. Beim Beenden der Präsentation erscheint eine Meldung, ob Sie Ihre Anmerkungen beibehalten möchten.

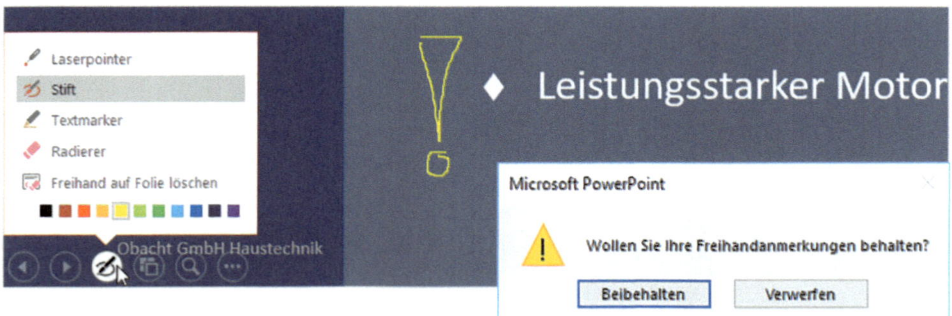

Bild 9.30 Die Maus als Stift, Laserpointer oder Textmarker benutzen

Bild 9.31 Freihandanmerkungen speichern?

Freihandanmerkungen bearbeiten

Wenn Sie nach Beenden der Präsentation Ihre Freihandanmerkungen beibehalten bzw. gespeichert haben, dann können Sie diese anschließend in der Ansicht *Normal* bearbeiten. Sobald Sie ein Freihandobjekt durch Anklicken mit der Maus markiert haben, steht Ihnen dazu im Menüband das Register *Freihandtools* - *Stifte* (Bild 9.32) zur Verfügung. Hier lassen sich unter anderem Stiftfarbe und Linienstärke der zuvor markierten Freihandform ändern. Falls gewünscht, können Sie mithilfe des Stiftwerkzeugs (Gruppe *Schreiben*) weitere Freihandanmerkungen durch Zeichnen hinzufügen.

Hinweis: Wenn die Schaltfläche *In Formen konvertieren* aktiviert ist, dann wandelt PowerPoint bestimmte Freihandzeichnungen beim Zeichnen automatisch in eine Form um,

z. B. eine runde Freihandzeichnung in einen Kreis oder Ellipse. Soll die Zeichnung als solche beibehalten werden, dann müssen Sie vorher diese Schaltfläche deaktivieren.

Haben Sie die Anmerkungen versehentlich beibehalten, dann können Sie entweder einzelne Objekte mit Hilfe des Radierers entfernen oder Sie aktivieren die Schaltfläche *Objekte markieren*, klicken auf Ihre Anmerkung und löschen diese mit der Entf-Taste.

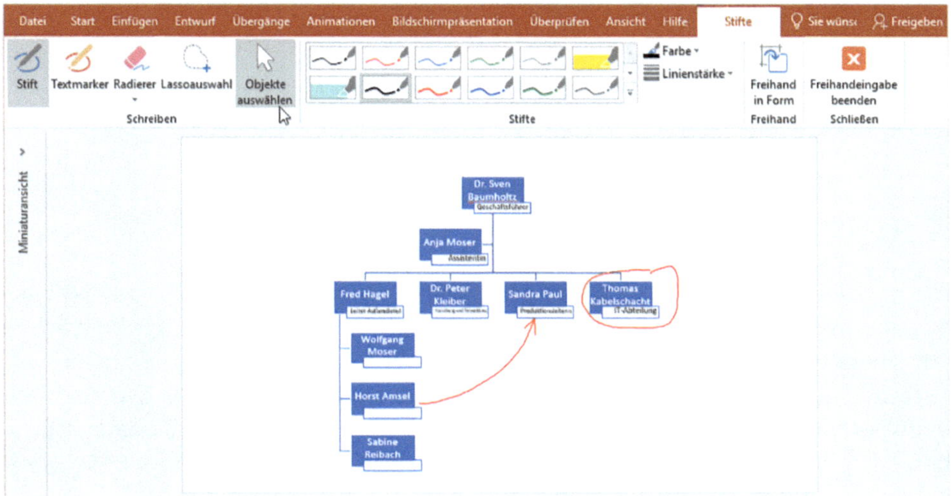

Bild 9.32 Freihandanmerkungen bearbeiten

Das Verhalten der Bildschirmpräsentation in den PowerPoint-Optionen steuern

Das Verhalten von PowerPoint während und nach der Bildschirmpräsentation können Sie in den Optionen steuern. Klicken Sie dazu im Register *Datei* auf *Optionen* und klicken Sie links auf *Erweitert*. Scrollen Sie dann nach unten bis zum Abschnitt *Bildschirmpräsentation*.

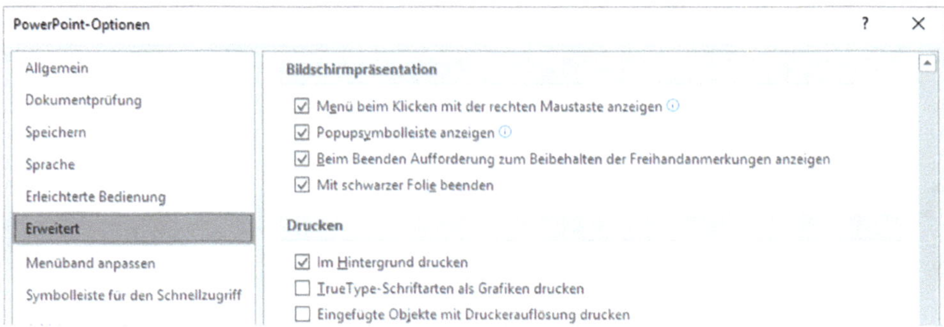

Bild 9.33 PowerPoint-Optionen: Erweitert

- Durch Deaktivieren des Kontrollkästchens *Menü beim Klicken der rechten Maustaste anzeigen* können Sie verhindern, dass während der Bildschirmpräsentation beim Klicken mit der rechten Maustaste das Kontextmenü erscheint.
- Mit *Popupsymbolleiste anzeigen* aktivieren oder deaktivieren Sie die Anzeige der Symbolleiste in der unteren linken Ecke während der Bildschirmpräsentation.

- Wenn Sie das Kontrollkästchen *Beim Beenden Aufforderung zum Beibehalten der Freihandanmerkungen anzeigen* deaktivieren, dann werden Ihre Freihandanmerkungen beim Beenden automatisch verworfen.
- Die Einstellung *Mit schwarzer Folie beenden* sollte aktiviert sein, da sonst beim Beenden bzw. nach dem Drücken der Esc-Taste die Präsentation automatisch in der Ansicht *Normal* angezeigt wird.

Klicken Sie auf die Schaltfläche *OK*, um Ihre Änderungen zu übernehmen und die Optionen zu schließen.

9.4 Behalten Sie mit der Referentenansicht den Überblick

Die Referentenansicht macht es möglich, über Beamer für die Zuschauer die Bildschirmpräsentation anzuzeigen und gleichzeitig auf dem Bildschirm des Vortragenden eine Zusammenstellung aus aktuell angezeigter Folie, Vorschau auf die nächste Folie und Notizen zur Verfügung zu stellen. Gleichzeitig stehen Ihnen hier auch die oben beschriebenen Möglichkeiten, z. B. LaserPointer und Stift für Freihandanmerkungen zur Verfügung. Auf diese Weise haben Sie bequem Ihre Notizen im Blick, ohne dass diese auch für Ihr Publikum sichtbar sind.

Bild 9.34 Präsentation in der Referentenansicht

Bildschirm einrichten

1 Zunächst müssen Sie unter Windows den zweiten Bildschirm einbeziehen. Drücken Sie dazu die Tastenkombination Windows+P oder öffnen Sie das Info-Center mit Klick auf das Symbol *Benachrichtigungen* in der Taskleiste ❶ und klicken Sie hier auf *Projizieren* ❷, siehe Bild 9.35.

2 Wählen Sie anschließend *Erweitern* ❸ (Bild 9.36).

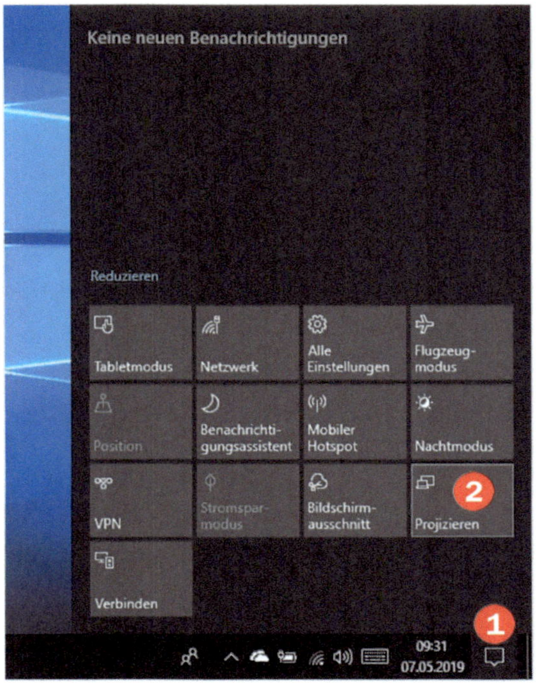

Bild 9.35 Klicken Sie im Info-Center auf Projizieren

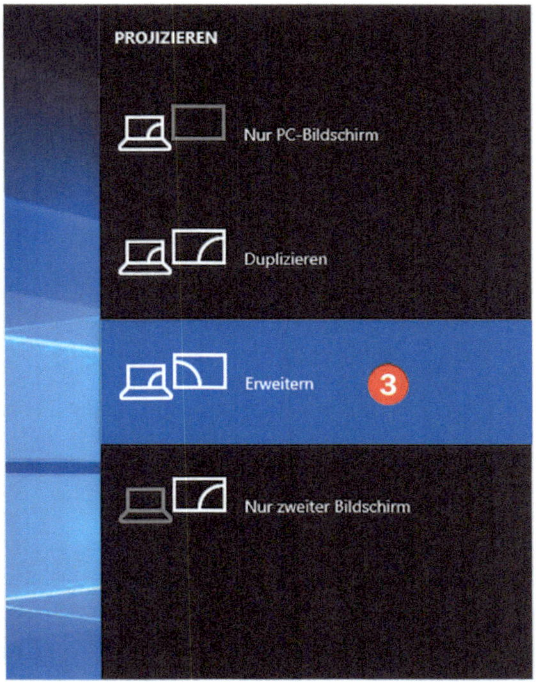

Bild 9.36 Erweitern wählen

3 Anschließend kontrollieren Sie in PowerPoint die Bildschirme. Im Feld *Bildschirm* ❸ (Register *Bildschirmpräsentation* ▶ *Bildschirme*) müssten mit Klick auf den Dropdown-Pfeil der Hauptbildschirm und der zweite Monitor erscheinen. *Automatisch* bedeutet, PowerPoint übernimmt die Zuordnung der Inhalte auf die korrekten Bildschirme. Diese Einstellung kann normalerweise beibehalten werden.

4 Aktivieren Sie in derselben Gruppe das Kontrollkästchen *Referentenansicht* ❹.

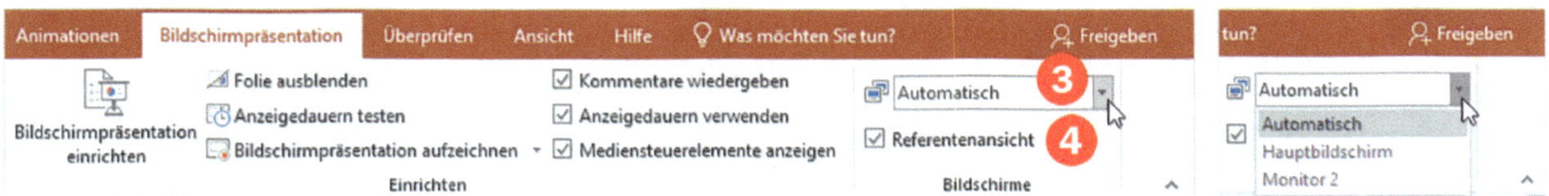

Bild 9.37 Automatische Zuordnung der Bildschirme

5 Die Bildschirmpräsentation starten Sie anschließend wie gewohnt, entweder mit Klick auf die Schaltfläche *Von Beginn an* oder mit der Taste F5. Bei aktivierter Referentenansicht sollte nun die Bildschirmpräsentation auf den zweiten angeschlossenen Gerät erscheinen, während die Referentenansicht auf dem Bildschirm Ihres Computers sichtbar wird.

Sollte dies ausnahmsweise nicht der Fall sein, so ändern Sie die Zuordnung im Feld *Bildschirm* oder vertauschen die Geräte in der Referentenansicht über *Anzeigeeinstellungen*, siehe unten.

Tipp: Wenn Sie die Referentenansicht ohne zweiten angeschlossenen Monitor bzw. Beamer testen möchten, dann starten Sie die Bildschirmpräsentation wie gewohnt und wechseln dann per Rechtsklick und den Befehl *Referentenansicht* in diese Ansicht. Oder starten Sie die Bildschirmpräsentation mit der Tastenkombination Alt+F5. Das Kontrollkästchen *Referentenansicht* muss dazu nicht aktiviert werden.

So finden Sie sich in der Referentenansicht zurecht

Die Referentenansicht teilt den Bildschirm in drei Bereiche: Den größten Teil nimmt die aktuelle Folie ❶ ein, rechts daneben erhalten Sie eine Vorschau auf die nächste Folie ❷ und darunter sind Ihre Notizen sichtbar.

Unterhalb der Vorschau finden Sie neben den Schaltflächen *Nächste* und *Vorherige Folie* die bekannten Symbole *Stift und Laserpointer-Tools*, *Alle Folien anzeigen*, *Folieninhalt vergrößern*, *Schwarzer Bildschirm* und *Weitere Optionen* ❸, siehe Seite 330. **Achtung!** Wenn Sie hier auf *Alle Folien anzeigen* klicken, sehen auch Ihre Zuschauer alle Folien.

Bild 9.38 Die Referentenansicht

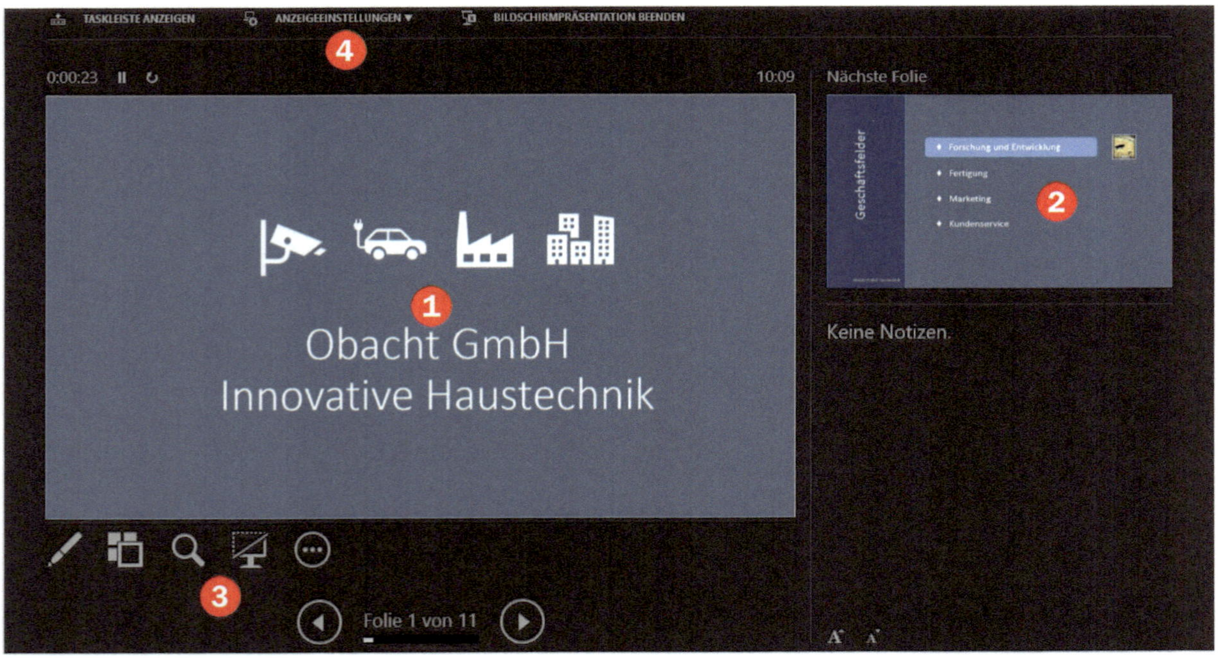

In der Leiste an oberen Bildschirmrand ❹ finden Sie neben dem Befehl zum Beenden der Bildschirmpräsentation noch folgende Möglichkeiten:

- **Taskleiste anzeigen**
  Damit blenden Sie in der Referentenansicht und somit vom Zuschauer unbemerkt die Taskleiste ein, um z. B. eine Datei oder Anwendung zu öffnen.

- **Anzeigeinstellungen**
  Falls Referentenansicht und Bildschirmpräsentation doch einmal den falschen Monitoren/Projektoren zugeordnet wurden, kann über *Anzeigeeinstellungen* und *Referentenansicht und Bildschirmpräsentation vertauschen* schnell gewechselt werden. Der Befehl *Bildschirmpräsentation duplizieren* beendet die Referentenansicht und zeigt auf beiden Monitoren die Bildschirmpräsentation an.

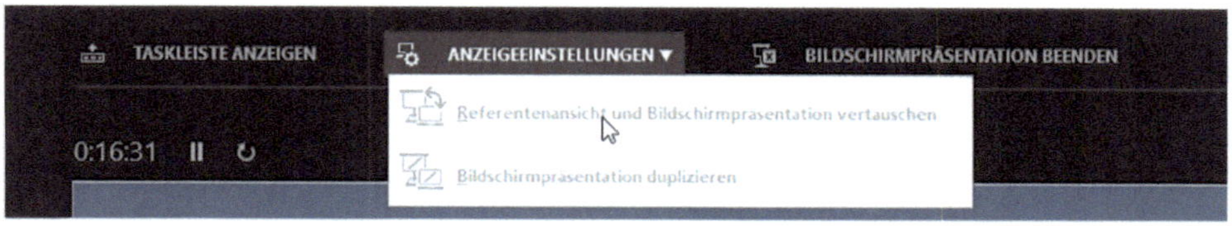

Bild 9.39 Anzeigeeinstellungen

- Unterhalb sehen Sie am Zeitgeber, wie viel Zeit seit Beginn der Präsentation bereits vergangen ist. Für längere Diskussionen kann die Zeit über die beiden Symbole angehalten oder die Zeitmessung neu gestartet werden. So bleiben Sie im Zeitplan.

Foliennavigation

Am unteren Bildschirmrand befinden sich die Schaltflächen *Vorherige Folie* und *Nächste Folie* und Sie sehen, welche Folie gerade angezeigt wird.

Tipp: Wenn Sie auf die aktuelle Foliennummer klicken (Bild 9.40), dann werden nur in der Referentenansicht alle Folien in einer Übersicht angezeigt, die Zuschauer sehen dagegen nach wie vor die aktuelle Folie. Mit Klick auf den Pfeil *Zurück* in der linken oberen Ecke kehren Sie zur Referentenansicht mit der aktuellen Folie zurück.

Bild 9.40 Bildschirmpräsentation steuern

9.5 Bildschirmpräsentation online vorführen

Bildschirmpräsentationen können auch übers Internet vorgeführt werden, die Anzeige erfolgt dann mit PowerPoint Online im Webbrowser. Einen entsprechenden Dienst stellt Microsoft für PowerPoint kostenlos zur Verfügung. Zur Nutzung dieses Dienstes benötigen Sie ein Microsoft-Konto und müssen mit diesem in Office bzw. PowerPoint angemeldet sein.

Beachten Sie, dass PowerPoint Online nicht alle Funktionen unterstützt, so ist z. B. keine Sprachausgabe möglich und nicht alle Videos können abgespielt werden. Auch Zoom wird nicht wiedergegeben.

1 Öffnen Sie die Präsentation mit PowerPoint und schließen Sie ggf. Präsentationen, die nicht online vorgeführt werden sollen. Wechseln Sie zum Register *Bildschirmpräsentation* und klicken Sie auf die Schaltfläche *Online vorführen* und auf *Office-Präsentationsdienst*.

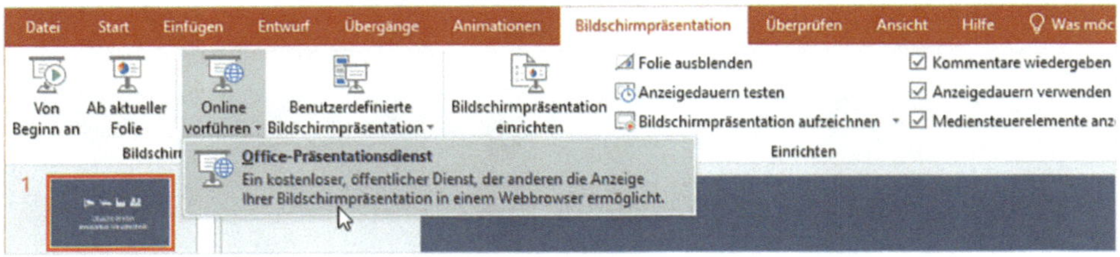

Bild 9.41 Klicken Sie auf Online vorführen

Oder klicken Sie im Register *Datei* auf *Freigeben* und hier auf *Online Vorführen*.

2 Klicken Sie im nachfolgenden Fenster auf *Verbinden*, um den Office-Präsentationsdienst zu nutzen. Dadurch akzeptieren Sie gleichzeitig den Servicevertrag.

3 Im nächsten Schritt erhalten Sie einen Link, den Sie entweder kopieren und weitergeben (Bild 9.43) oder per E-Mail an Ihre Zuschauer versenden. Benutzen Sie dazu die Befehle unterhalb des Links.

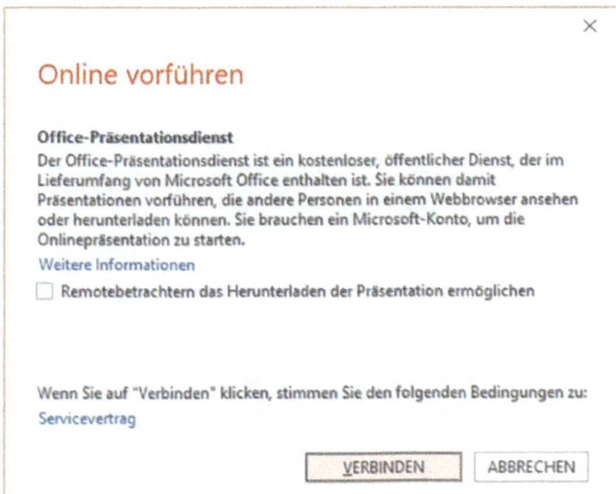

Bild 9.42 Stimmen Sie dem Servicevertrag zu

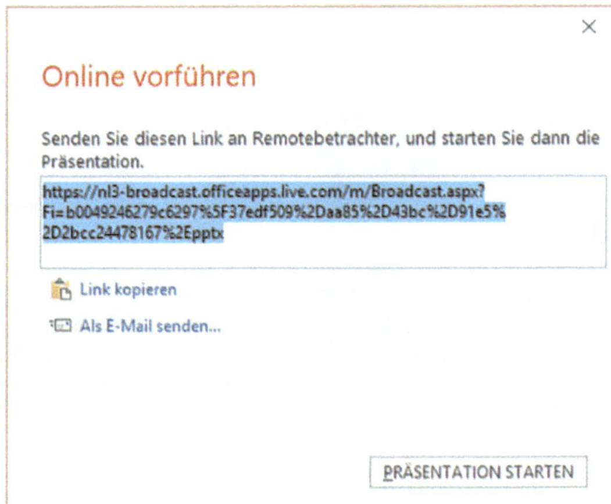

Bild 9.43 Kopieren oder senden Sie den angezeigten Link

4 Die Empfänger brauchen nur auf den erhaltenen Link klicken, anschließend startet deren Standardbrowser mit PowerPoint Online und der Präsentation.

Bild 9.44 Link Onlinevorführung

Präsentation vorführen

Sobald Sie auf *Verbinden* geklickt haben, steht Ihnen in der Ansicht *Normal* für die Onlinevorführung das Register *Online vorführen* zur Verfügung. Hier finden Sie die beiden Schaltflächen *Von Beginn an* und *Ab aktueller Folie* zum Starten der Bildschirmpräsentation, auch die Referentenansicht lässt sich für Online-Vorführungen nutzen. Mit *Einladungen senden* können Sie nachträglich weiteren Personen einen Link senden.

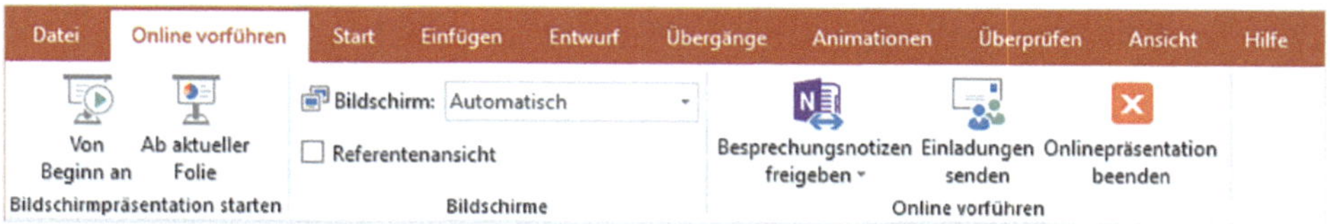

Bild 9.45 Das Register Online vorführen

Sobald Sie die Bildschirmpräsentation gestartet haben, erscheint diese auch im Browser der Zuschauer und als Vorführender steuern Sie die Präsentation wie gewohnt.

Bild 9.46 Die Bildschirmpräsentation im Browser der Zuschauer

Onlinepräsentation unterbrechen/beenden

Wenn Sie die Bildschirmpräsentation mit dem entsprechenden Befehl beenden oder mit der Esc-Taste in die Ansicht Normal wechseln, dann verbleibt für die Zuschauer die zuletzt angezeigte Folie am Bildschirm. Die Ansicht *Normal* ist also für Ihr Publikum nicht sichtbar. Allerdings ist damit die Onlinevorführung noch nicht beendet, sondern nur unterbrochen!

Wenn Sie die Onlinepräsentation vollständig beenden möchten, dann müssen Sie dazu im Register *Online vorführen* auf *Onlinepräsentation beenden* klicken. Damit wird der Link unbrauchbar und Präsentation auch bei Ihren Zuschauern beendet. Falls nach Beendigung die Präsentation nochmals vorgeführt werden soll, muss ein neuer Link wie oben beschrieben generiert werden.

> **Achtung**: Die Onlinevorführung wird mit dem Ende der Bildschirmpräsentation nicht beendet! Erst wenn Sie auf *Onlinepräsentation beenden* geklickt haben verlieren die Zuschauer den Zugriff auf die Präsentation und der Link wird ungültig.

9.6 Präsentation drucken

Zum Drucken stellt PowerPoint mehrere Möglichkeiten zur Verfügung. Sie können neben den Folien auch Handzettel, Gliederung und Notizenseiten ausdrucken. Den Befehl zum Drucken und eine Vorschau auf das Druckergebnis finden Sie im Register *Datei* unter *Drucken*. Hier wählen Sie auch den Druckbereich und legen die Druckoptionen fest.

Präsentation in der Druckvorschau kontrollieren und drucken

Im rechten Bereich erhalten Sie eine Vorschau auf das Druckergebnis ❶. Mit der Standardeinstellung *Ganzseitige Folien* werden nur die Folien der Präsentation gedruckt und zwar jede Folie auf einer eigenen Druckseite.

Zum Blättern zwischen den Folien benutzen Sie die Schaltflächen ❷ am unteren Rand. Ganz rechts können Sie mit einem Schieberegler die Anzeige vergrößern oder verkleinern. Mit dem Symbol *Auf Seite zoomen* ❸ wird der Zoom automatisch so angepasst, dass eine Druckseite vollständig angezeigt wird.

Bild 9.47 Datei - Drucken mit der Druckvorschau

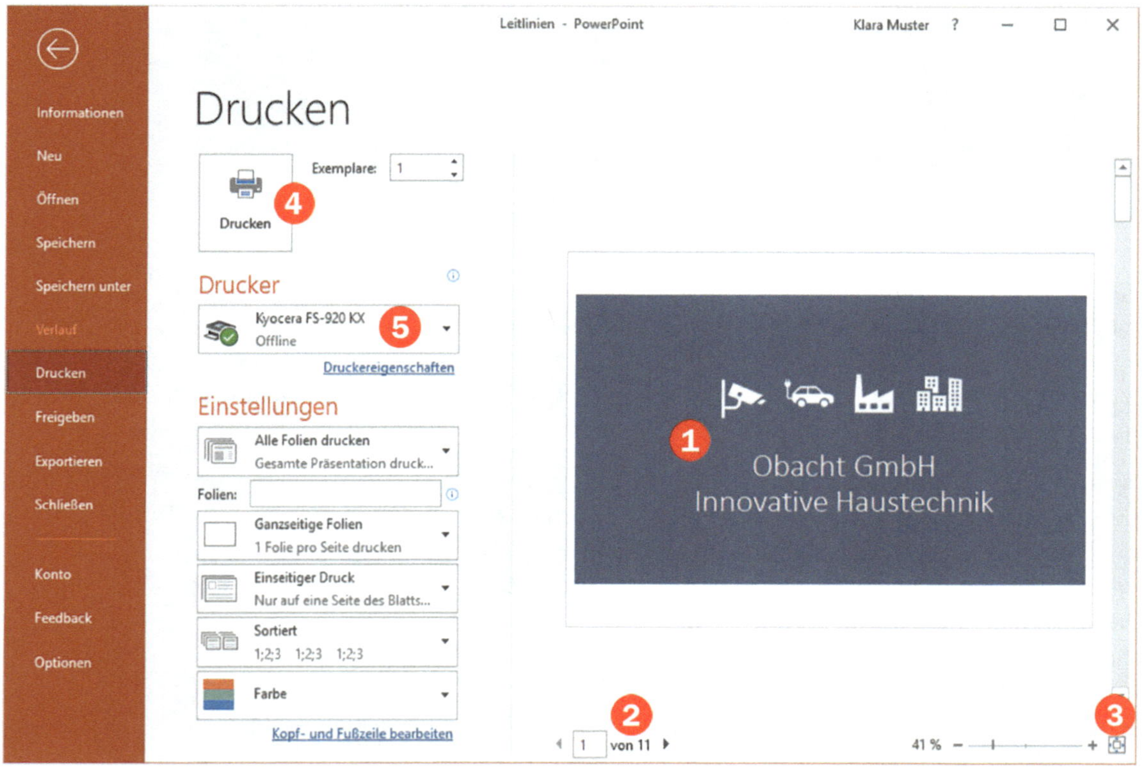

Druck starten/Drucker auswählen

Zum Starten des Druckvorgangs klicken Sie auf die Schaltfläche *Drucken* ❹. Falls die Präsentation gleich mehrfach gedruckt werden soll, geben Sie die Anzahl im Feld *Exemplare* daneben an.

Soll die Präsentation mit einem anderen als dem Standarddrucker gedruckt werden, dann wählen Sie zuvor den Drucker über das Feld *Drucker* ❺ aus. Weitere druckerspezifische Einstellungen erhalten Sie über den Befehl *Druckereigenschaften* unterhalb.

Einstellungen zum Druck

Unterhalb der Druckerauswahl nehmen Sie die einzelnen Einstellungen vor, dazu klicken Sie einfach auf die betreffende Schaltfläche.

- **Druckbereich**
  Standardmäßig werden alle Seiten bzw. Folien der Präsentation gedruckt. Möchten Sie stattdessen nur bestimmte Folien drucken, dann klicken Sie auf die Schaltfläche mit dieser Einstellung bzw. *Alle Folien drucken* und wählen einen Bereich. Mit der Auswahl *Benutzerdefinierter Bereich* können Sie unterhalb im Feld *Folien* die Nummern der zu druckenden Folien, entweder getrennt durch Semikolon (z. B. 1;2;5) oder als Bereich mit Bindestrich (7-10), eingeben. Alternativ markieren Sie die zu druckenden Folien in der Foliennavigation (Anklicken mit gedruckter Strg-Taste) und wählen *Auswahl drucken*.

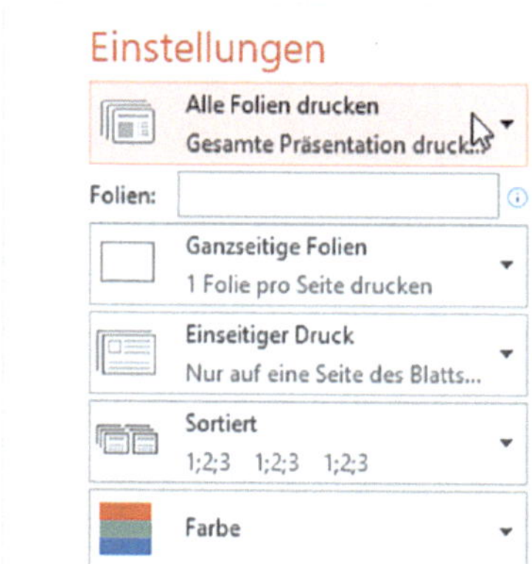

Bild 9.48 Druckbereich auswählen

Bild 9.49 Nur bestimmte Seiten drucken

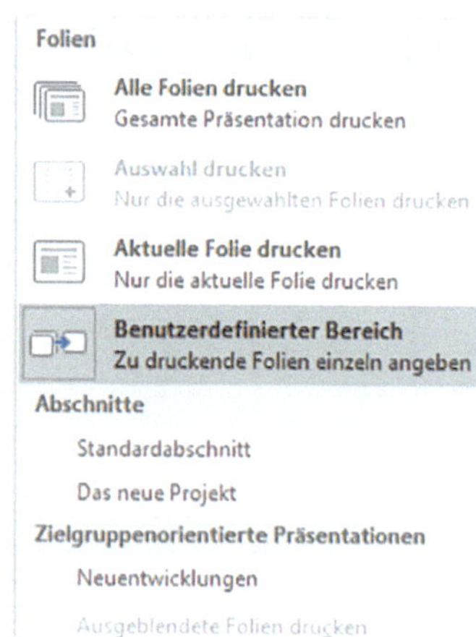

Bild 9.50 Auswahlmöglichkeiten Druckbereich

- **Mehrere Exemplare drucken/Folien sortieren**
  Falls die Präsentation mehrfach gedruckt werden soll, können Sie als Sortierung zwischen *Sortiert*, also in der richtigen Reihenfolge, und *Getrennt*, d. h. getrennt nach Folien, wählen.

- **Farbe oder Graustufen?**
  Um Druckkosten zu sparen bzw. die Druckgeschwindigkeit zu erhöhen, kann eine Präsentation anstatt in Farbe auch in *Graustufen* oder als *Reines Schwarzweiß* gedruckt werden. Klicken Sie dazu auf die Schaltfläche *Farbe*.

- **An Seitenformat anpassen**
  Das Seitenverhältnis einer Bildschirm-Präsentation entspricht nicht dem einer A4-Seite, daher werden in der Standardeinstellung alle Folien automatisch proportional auf das verwendete Papierformat skaliert. Wenn Sie dies nicht wünschen und stattdessen die Folie an die Größe der Druckseite anpassen möchten, dann klicken Sie auf *Ganzseitige Folien* (Bild 9.51) und deaktivieren die Einstellung *Auf Seitenformat skalieren* (Bild 9.52). Allerdings werden dadurch unter Umständen Randbereiche der Folie abgeschnitten.

  Hier können Sie außerdem die Folien mit einem Rahmen versehen und in höherer Qualität drucken.

- **Kommentare und Freihandanmerkungen**
  Kommentare und Freihandanmerkungen werden standardmäßig zusammen mit der Folie gedruckt. Um dies zu verhindern, klicken Sie auf *Ganzseitige Folien* und deaktivieren *Kommentare* und *Freihandanmerkungen drucken* (Bild 9.52).

Bild 9.51 Seitenformat anpassen

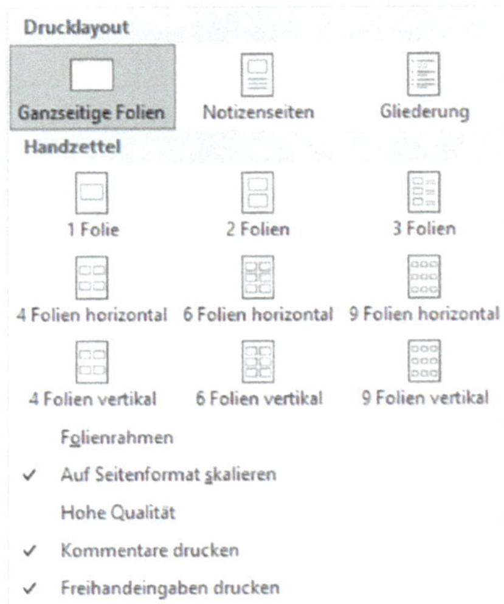

Bild 9.52 Einstellungen Drucklayout

Notizen, Gliederung und Handzettel drucken

Weitere Druckmöglichkeiten erhalten Sie, wenn Sie im Register *Datei* ▶ *Drucken* unter *Einstellungen* auf die Standardeinstellung *Ganzseitige Folien* klicken (Bild 9.52 oben).

- Wählen Sie *Notizenseiten*, so werden Ihre Notizen zusammen mit der jeweiligen Folie gedruckt.
- Mit der Auswahl *Gliederung* drucken Sie ausschließlich Text; Grafiken, Bilder, Tabellen und sonstige grafische Elemente werden nicht berücksichtigt. Der Ausdruck entspricht der Ansicht *Gliederung* im Navigationsbereich (Register *Ansicht*).
- Im Abschnitt *Handzettel* haben Sie die Möglichkeit, die Folien verkleinert zu drucken und auch zu mehreren auf einer einzigen Druckseite zusammenzufassen.

Tipp: Mit der Auswahl *Handzettel* und *3 Folien* ❶ erhalten Sie abweichend von den übrigen Handzettel-Layouts zusätzliche Linien für handschriftliche Notizen, siehe Bild unten.

- Beim Drucken von Notizenseiten, Handzetteln oder Gliederung können Sie außerdem zwischen Hochformat und Querformat wählen, klicken Sie auf die entsprechende Schaltfläche ❷, im Bild unten *Hochformat*.

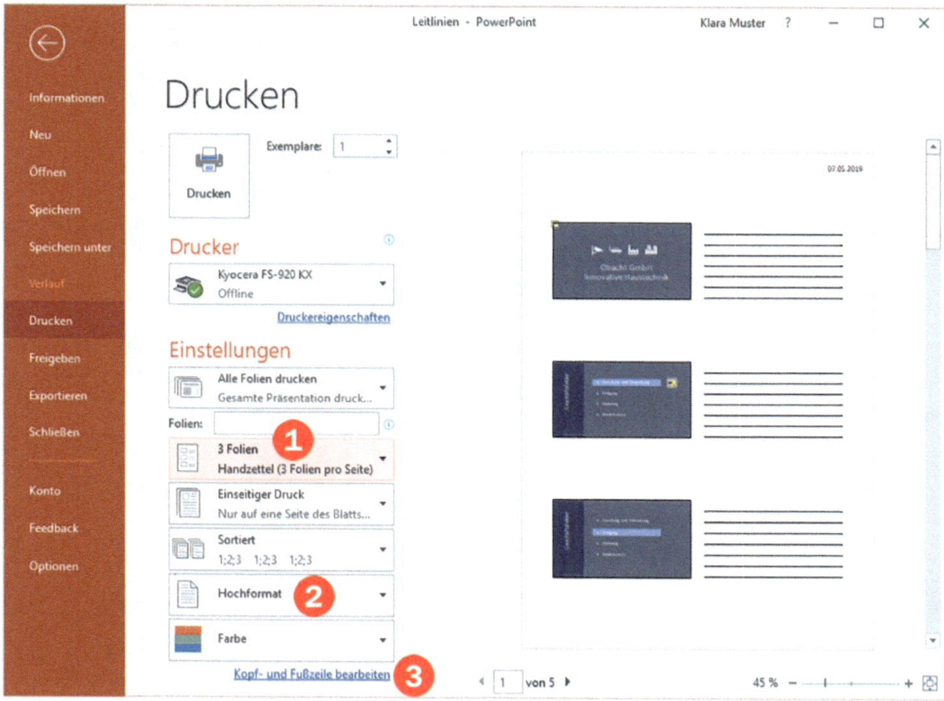

Bild 9.53 Beispiel Handzettel drucken

Kopf- und Fußzeile bearbeiten

Bild 9.54 Kopf- und Fußzeile für Notizen und Handzettel

Für jede dieser Druckformen können Sie mit einem Klick auf den Link *Kopf- und Fußzeile bearbeiten* ❸ festlegen, ob diese zusammen mit Datum, Seitenzahl und beliebigem Fuß- oder Kopfzeilentext gedruckt werden sollen. Das Fenster *Kopf- und Fußzeile* öffnet sich mit dem Register *Notizen und Handzettel*, die Details unterscheiden sich mit Ausnahme einer zusätzlichen Kopfzeile nicht von den Kopf- und Fußzeilen für Folien, siehe Kapitel 5.6.

Notizenseiten und Handzettel über Master gestalten

Das Aussehen von Notizenseiten und Handzetteln können Sie auch mithilfe des Handzettelmasters und des Notizenmasters steuern. Wechseln Sie dazu zum Register *Ansicht* und öffnen Sie dort per Schaltfläche den jeweiligen Master.

Bild 9.55 Handzettel- und Notizenmaster öffnen

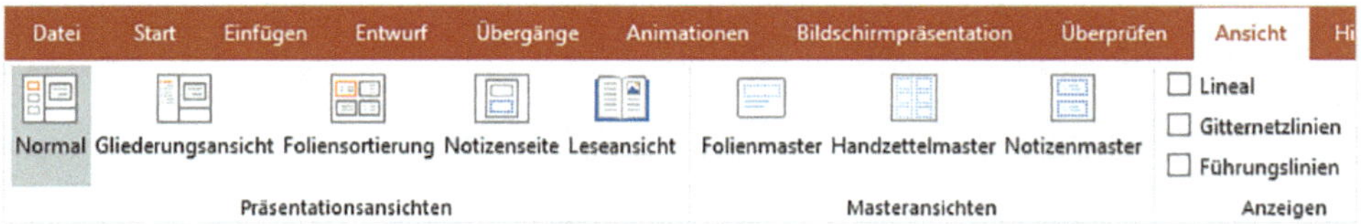

Insbesondere können Sie hier Schriftarten, Farben und Hintergrund wählen und Elemente der Kopf- und Fußzeile positionieren. Die Arbeitsweise unterscheidet sich nicht vom Folienmaster, siehe Kapitel 5.4.

Handzettelmaster und Notizenmaster sind unabhängig vom Folienmaster. Eine Änderung von Farben, Schriftarten usw. wirkt sich somit nicht auf Ihre Präsentationsfolien aus.

Bild 9.56 Beispiel Handzettelmaster

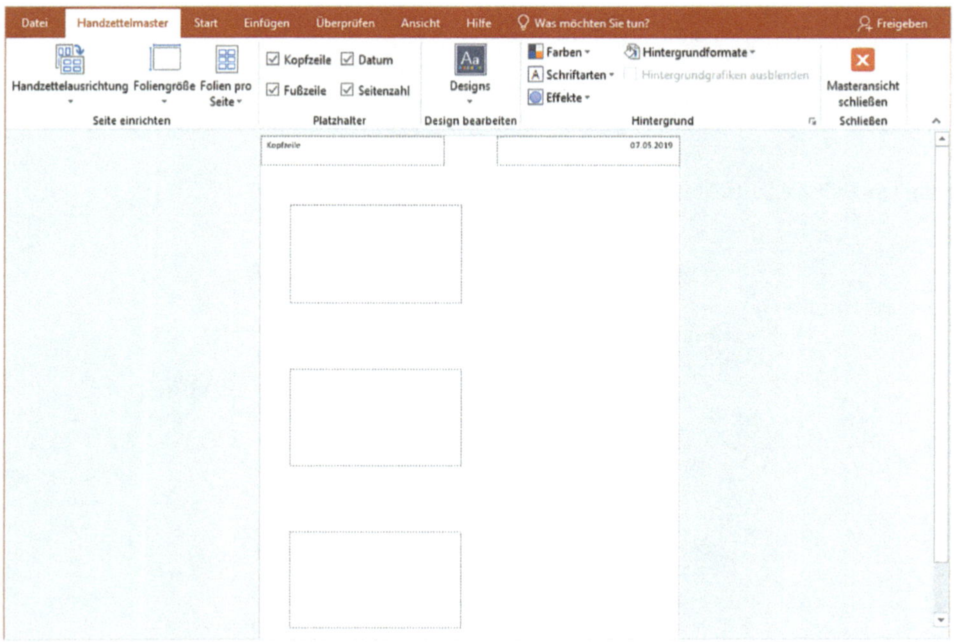

Handzettel mit Microsoft Word bearbeiten

Wenn auf Ihrem Computer Microsoft Word installiert ist, dann ist für eine spätere Veröffentlichung auch die Weiterbearbeitung von Handzetteln mit Word möglich. Klicken Sie dazu im Register *Datei* auf *Exportieren* und auf *Handzettel erstellen*. Klicken Sie dann rechts auf die Schaltfläche *Handzettel erstellen*.

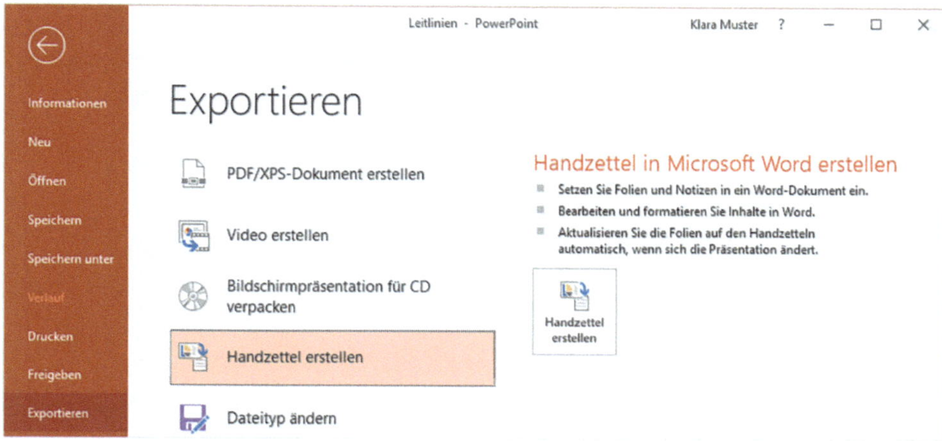

Bild 9.57 Exportieren - Handzettel erstellen

Es erscheint ein Dialogfenster, in dem Sie das gewünschte Seitenlayout des Word-Dokuments wählen (Bild 9.58). Geben Sie außerdem an, ob die Folien in das Word-Dokument als Kopie eingefügt werden sollen oder ob Sie eine aktualisierbare Verknüpfung erstellen möchten. Mit der Schaltfläche *OK* wird Word mit einem neuen Dokument geöffnet, die Folien wurden als Grafik eingefügt, je nach gewähltem Layout auch in einer Tabelle angeordnet und Sie können weitere Anmerkungen hinzufügen.

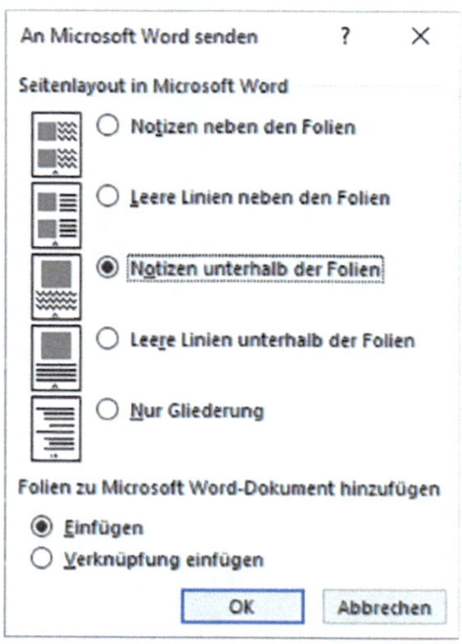

Bild 9.58 Layout wählen

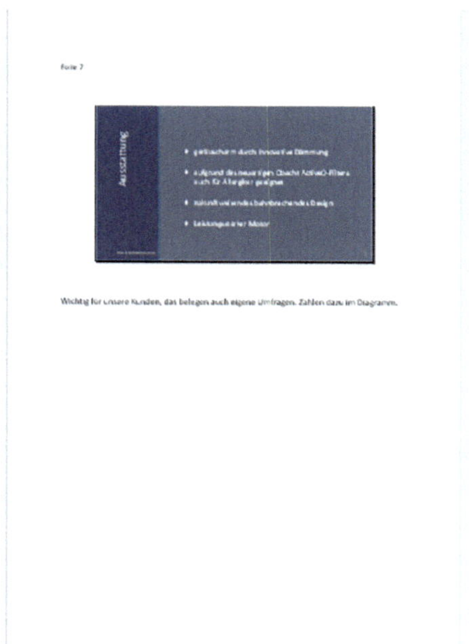

Bild 9.59 Handzettelseite in Word bearbeiten

Je nach Umfang der Präsentation kann der Export einige Zeit dauern.

Folien als Bilddatei speichern

Wenn Sie einzelne oder alle Folien Ihrer Präsentation als Bilddatei benötigen, dann klicken Sie im Register *Datei* auf *Exportieren* und auf *Dateityp ändern*. Rechts werden verschiedene Präsentations-Dateitypen aufgelistet.

Am Ende der Liste finden Sie die *Bild-Dateitypen* PNG und JPEG. Das Dateiformat PNG sollten Sie wählen, wenn Sie die Folien in Druckqualität benötigen, JPEG liefert dagegen Bilder in Webqualität und eignet sich aufgrund des geringeren Speicherplatzbedarfs für die Veröffentlichung im Web.

Bild 9.60 Dateityp ändern - Bild-Dateitypen

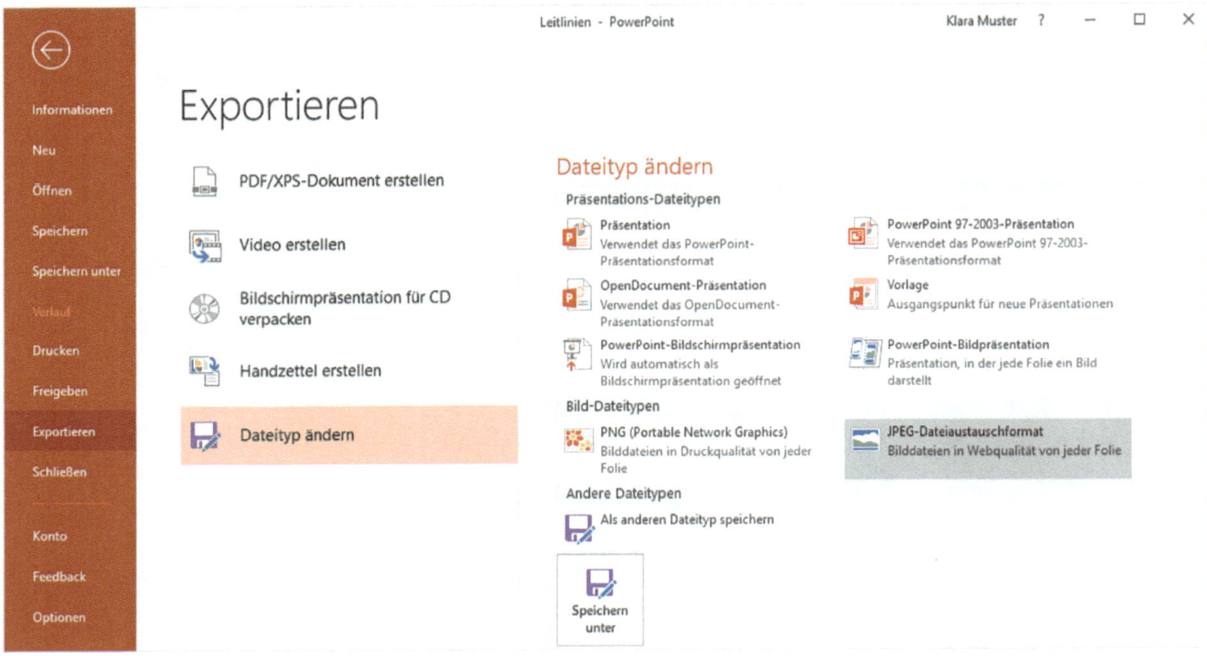

Klicken Sie auf das gewünschte Grafikformat und auf *Speichern unter*. Geben Sie einen Dateinamen ein und legen Sie den Speicherort fest. Anschließend können Sie wählen, ob nur die aktuelle Folie bzw. *Nur diese Folie* oder *Alle Folien* exportiert werden sollen.

Bild 9.61 Folien exportieren

- Wenn Sie auf *Nur diese Folie klicken*, wird diese anschließend unter dem angegebenen Dateinamen gespeichert.
- Wählen Sie dagegen *Alle Folien*, so erstellt PowerPoint am angegebenen Speicherort einen Ordner und speichert hier jede Folie als gesonderte Bilddatei. Der Ordner erhält den zuvor angegebenen Namen.

9.7 Präsentation weitergeben

Präsentation als PDF-Dokument speichern

Das PDF-Dateiformat bietet gleich mehrere Vorteile: alle Bilder, Texte und Formatierungen werden beibehalten und die Datei kann unabhängig von Computer und Betriebssystem auf jedem Gerät geöffnet und gelesen werden, hierzu ist nur ein kostenlos erhältliches Leseprogramm erforderlich. Auch viele Browser können den Inhalt von PDF-Dateien anzeigen. Ein weiterer Vorteil: Änderungen am Inhalt sind nur mit spezieller Software möglich.

1 Wenn Sie zu Weitergabezwecken aus Ihrer Präsentation eine Datei im gängigen PDF-Dateiformat erstellen möchten, dann klicken Sie auf das Register *Datei* und hier auf *Exportieren*.

2 Wählen Sie *PDF/XPS-Dokument erstellen* und klicken Sie rechts auf die Schaltfläche *PDF/XPS-Dokument erstellen*.

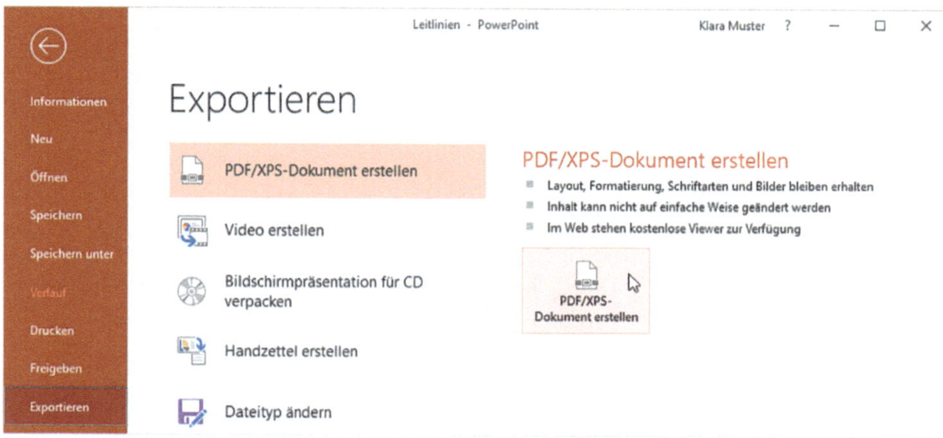

Bild 9.62 Exportieren - PDF-Dokument erstellen

3 Geben Sie anschließend im Fenster *Als PDF oder XPS veröffentlichen* einen Dateinamen ein und wählen Sie den Speicherort. Der Dateityp *PDF* ist bereits ausgewählt. Zusätzlich haben Sie folgende Möglichkeiten (Bild 9.63):

- Wenn die PDF-Datei nach dem Speichern automatisch geöffnet werden soll, dann aktivieren Sie das Kontrollkästchen *Datei nach dem Veröffentlichen öffnen*.
- Unter *Optimieren für* können Sie optional für Onlineveröffentlichungen oder Weitergabe per E-Mail der Speicherplatzbedarf verringern.
- Die Schaltfläche *Optionen...* erlaubt weitere Einstellungen, z. B. das Ausschließen von Freihandanmerkungen oder die Verwendung einer zielgruppenorientierten Präsentation (Bild 9.64). **Tipp**: Falls Sie eine schreibgeschützte PDF-Datei erstellen möchten, so aktivieren Sie das Kontrollkästchen *PDF/A-kompatibel*.

4 Klicken Sie zuletzt auf die Schaltfläche *Veröffentlichen*.

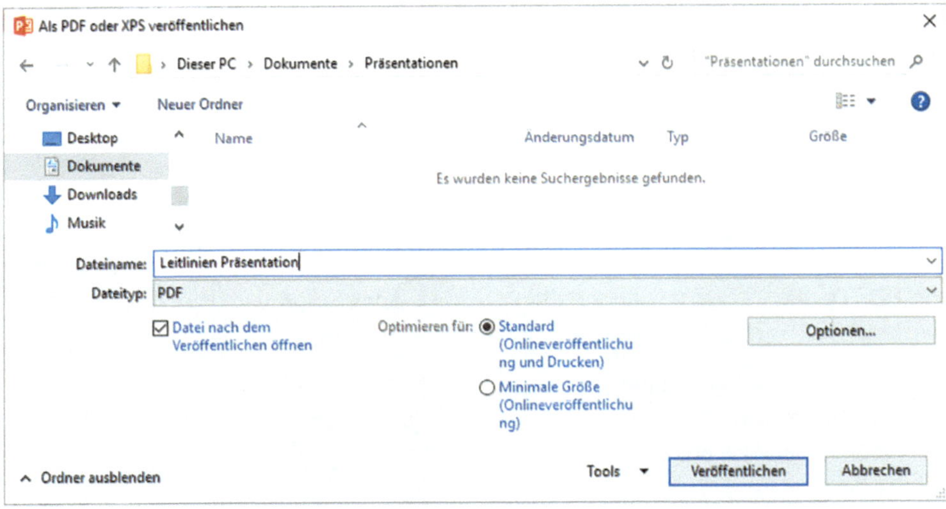

Bild 9.63 Als PDF oder XPS veröffentlichen

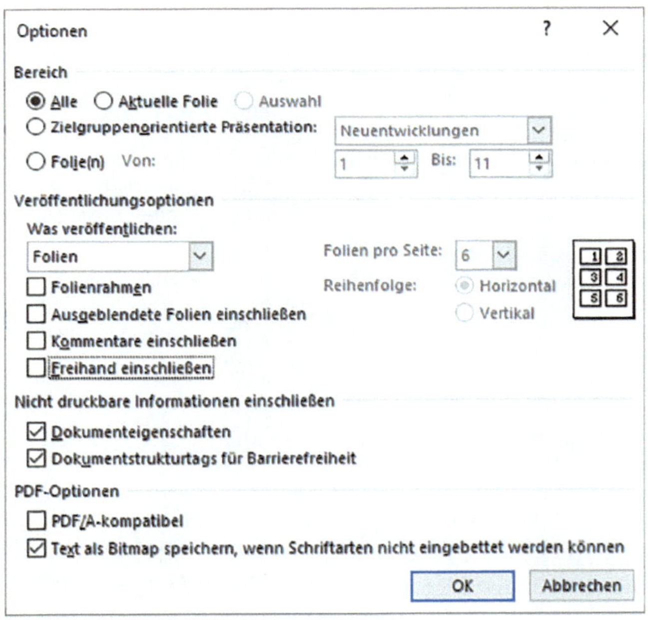

Bild 9.64 Optionen beim Exportieren in eine PDF-Datei

Alternativ können Sie die Präsentation im PDF-Format auch speichern, wenn Sie im Fenster *Speichern unter* im Feld *Dateityp* den Typ *PDF* auswählen. Anschließend stehen Ihnen dieselben Optionen zur Verfügung wie oben beschrieben.

Per E-Mail senden

Wenn Sie die Präsentation per E-Mail versenden möchten, dann klicken Sie im Register Datei auf *Freigeben* und hier auf *E-Mail*. Hier erhalten Sie die folgenden Möglichkeiten:

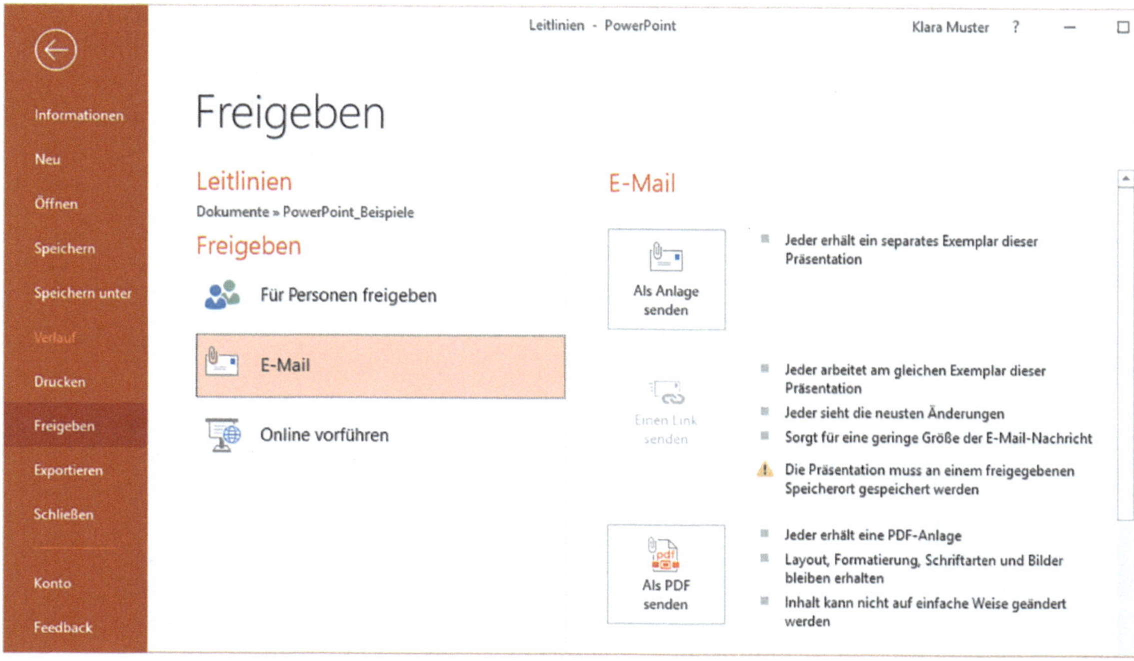

Bild 9.65 Freigeben - E-Mail

- *Als Anlage senden* bedeutet, jeder Empfänger erhält eine Kopie der Präsentation und kann diese beliebig bearbeiten. Achtung bei verknüpften Dateien, diese werden nicht automatisch mit versendet! Zur Abhilfe können Sie vor dem Versenden die Präsentation als Bildpräsentation speichern. Näheres hierzu weiter unten.
- Wenn Sie *Als PDF senden* auswählen, dann wird aus der Präsentation ein PDF-Dokument erstellt und als Anlage versendet.

In beiden Fällen öffnet sich anschließend Ihr Standard-E-Mail Programm mit einer neuen E-Mail und die Präsentation wurde als Anlage eingefügt.

Hinweis: Mit der Auswahl *Einen Link senden* kann die Präsentation zusammen mit anderen Personen im Team bearbeitet werden, siehe Kapitel 3.8.

Als Bildschirmpräsentation oder als Bildpräsentation speichern

Für die Weitergabe oder das versenden als Anlage per E-Mail, bieten sich statt einer normalen PowerPoint-Präsentation auch die Dateitypen *Bildschirmpräsentation* und *Bildpräsentation* an.

- Eine *PowerPoint-Bildschirmpräsentation* stellt einen eigenen Dateityp mit der Dateinamenerweiterung .ppsx dar. Dateien dieses Typs werden automatisch als Bildschirmpräsentation geöffnet und sämtliche Animationseffekte werden wiedergegeben. Beim Beenden der Bildschirmpräsentation wird die Präsentation wieder geschlossen und erscheint nicht in der Ansicht *Normal*.

- Nicht zu verwechseln mit der zweiten Möglichkeit, *PowerPoint-Bildpräsentation*. Diese speichert eine Kopie der aktuellen Präsentation als normale PowerPoint-Präsentation (.pptx), wandelt aber jede Folie in ein Bild um. Folienübergänge bleiben erhalten, Animationseffekte werden dagegen entfernt. Die Präsentation wird wie jede andere Präsentation in der Ansicht *Normal* geöffnet, Sie können hier einzelne Folien vertauschen, löschen oder mit Übergangseffekten versehen, aber die Folieninhalte können nicht bearbeitet werden.

  Achtung: Eine PowerPoint-Bildpräsentation erhält dieselbe Dateinamenerweiterung (.pptx) wie eine normale PowerPoint-Präsentation! Sie sollten daher beim Speichern einen anderen Dateinamen verwenden, damit die Originaldatei nicht durch die Kopie überschrieben wird.

Beide Dateitypen finden Sie, wenn Sie im Register *Datei* auf *Exportieren* und auf *Dateityp ändern* klicken. Klicken Sie auf den gewünschten Dateityp und anschließend auf die Schaltfläche *Speichern unter*. Das gleichnamige Fenster öffnet sich; wählen Sie den Speicherort, geben Sie einen Dateinamen ein und klicken Sie auf *Speichern*.

Bild 9.66 Eine Kopie als anderen Dateityp speichern

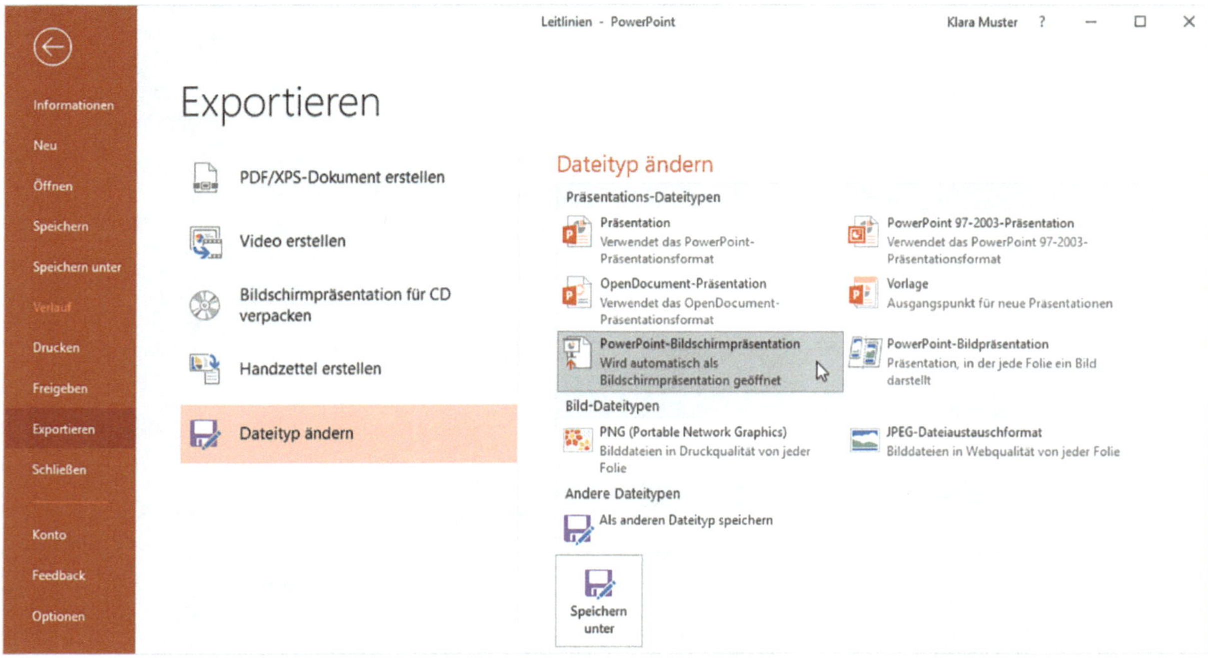

9.8 Präsentation als Vorlage speichern

Wie Sie eigene Designs erstellen, speichern und verwenden, haben Sie bereits kennengelernt. Darüber hinaus können Sie auch eine vollständige Präsentation als Vorlage speichern. Vorlagen stellen einen gesonderten Dateityp mit der Dateinamenerweiterung .potx dar.

Eine Präsentation als Vorlage speichern

Es gibt mehrere Gründe für die Verwendung von Vorlagen:

- Manchmal lässt sich durch Abwandeln der Inhalte aus einer vorhandenen Präsentation schnell eine neue erstellen. Zu diesem Zweck speichern Sie die Präsentation am besten als Vorlage. Im Gegensatz zu Designs enthalten Vorlagen auch Folien.
- Vorlagen lassen sich auch prima einsetzen, wenn Sie anderen, weniger versierten PowerPoint-Nutzern das Erstellen von Präsentationen im Corporate Design erleichtern wollen. Erstellen Sie dazu eine Präsentation mit je einer Folie der verschiedenen Layouts, z. B. Titel und Inhalt, Titel und Grafik, SmartArt, Tabelle und Diagramm. Fügen Sie in die Folien beliebigen Blindtext und sonstige beliebige Inhalte ein und gestalten Sie die Folien nach den entsprechenden Vorgaben.

Zum Speichern als Vorlage klicken Sie im Register *Datei* auf *Exportieren*. Klicken Sie auf *Dateityp ändern* und rechts auf den Dateityp *Vorlage*. Dann klicken Sie auf *Speichern unter*, wählen den gewünschten Speicherort und geben einen Dateinamen ein. Der Dateityp *PowerPoint-Vorlage* ist bereits ausgewählt.

Bild 9.67 Präsentation als Vorlage speichern

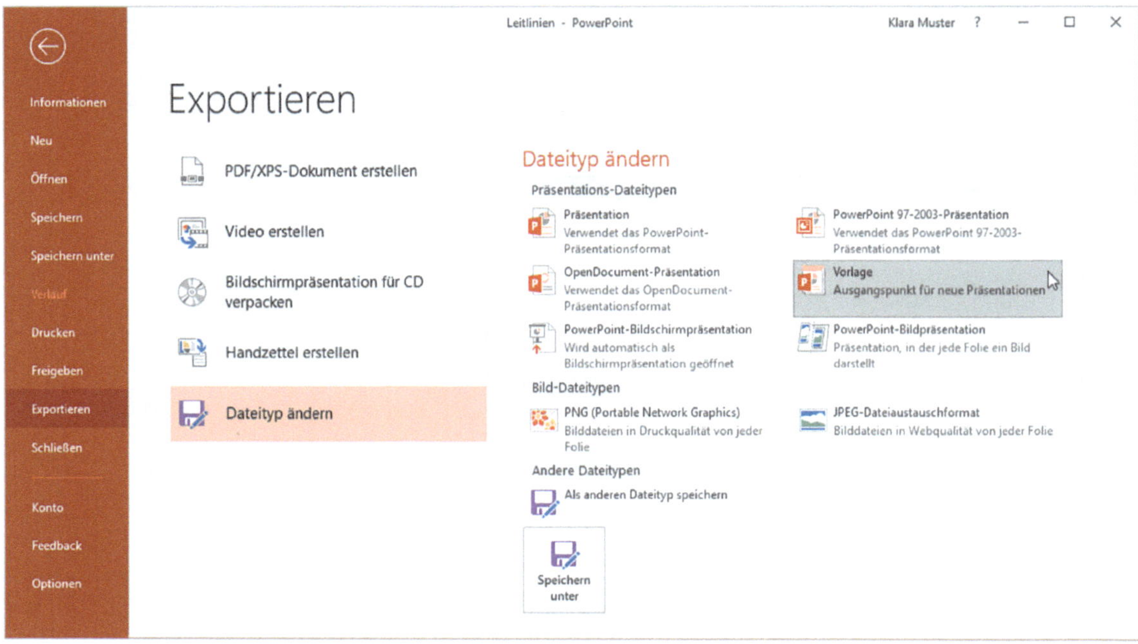

Vorlage verwenden

Vorlagen unterscheiden sich im Datei-Explorer von Windows durch Ihr Symbol ❶ von normalen Präsentationen ❷. Um die Vorlage zu verwenden, genügt ein Doppelklick auf die Vorlage. PowerPoint öffnet automatisch eine Kopie dieser Vorlage und Sie können diese nun beliebig ändern und anschließend als normale Präsentation speichern.

Bild 9.68 Eine PowerPoint Vorlage im Datei-Explorer

Vorlage erneut öffnen

Falls Sie dagegen die Vorlage selbst öffnen und ändern möchten, so klicken Sie im Datei-Explorer mit der rechten Maustaste auf die Vorlage und auf *Öffnen*.

Bild 9.69 Vorlage öffnen

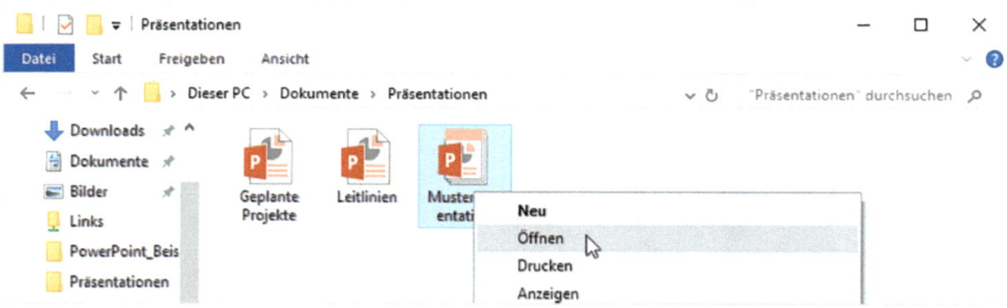

Tastenkombinationen

Setzen Sie Tastenkombinationen ein, um PowerPoint schneller zu bedienen. Hier eine Zusammenstellung, nach Aufgaben geordnet.

Allgemein

Alles markieren	Strg+A
Kopieren	Strg+C
Ausschneiden	Strg+X
Einfügen	Strg+V
Format kopieren	Strg+Umschalt+C
Format einfügen	Strg+Umschalt+V
Nach Kopieren oder Ausschneiden das Dialogfenster Inhalte einfügen aufrufen	Strg+Alt+V
Suchen	Strg+F
Ersetzen	Strg+H
Aktion rückgängig machen	Strg+Z
Aktion wiederholen bzw. wiederherstellen	Strg+Y
Präsentation drucken	Strg+P
Präsentation speichern	Strg+S
Präsentation speichern unter	F12

Arbeitsoberfläche

PowerPoint-Hilfe aufrufen	F1
Menüband ein- bzw. ausblenden	Strg+F1
Zwischen den Bereichen der Arbeitsoberfläche wechseln	F6
Rechtschreibprüfung starten	F7

Zwischen Normal- und Gliederungsansicht wechseln	Strg+Umschalt+Tab
Gitternetzlinien ein- bzw. ausblenden	Umschalt+F9
Führungslinien ein- bzw. ausblenden	Alt+F9
Lineal ein- bzw. ausblenden	Umschalt+Alt+F9
Makros anzeigen	Alt+F8

Präsentation erstellen

Neue Präsentation erstellen	Strg+N
Neue Folie erstellen	Strg+M
Folie oder markiertes Objekt duplizieren	Strg+D
Dialogfenster Schriftart aufrufen	Strg+T Strg+Umschalt+A
Schriftgrad vergrößern	Strg + :
Schriftgrad verkleinern	Strg + ;
Text linksbündig ausrichten	Strg+L
Text rechtsbündig ausrichten	Strg+R
Text zentriert ausrichten	Strg+E
Blocksatz	Strg+J
Text Fett	Strg+Umschalt+F
Text Kursiv	Strg+Umschalt+K
Text unterstrichen	Strg+U
Link einfügen	Strg+K

Bildschirmpräsentation steuern

Präsentation von Beginn an starten	F5
Präsentation ab der aktuellen Folie starten	Umschalt+F5
Nächste Folie bzw. Animation	Linke Maustaste Eingabe-Taste Pfeiltaste rechts bzw. unten Bildschirmseite nach unten N Leertaste
Vorherige Folie bzw. vorige Animation	Pfeiltaste links bzw. oben Bildschirmseite nach oben P Rücktaste
Zur nächsten Folie wechseln, falls ausgeblendet	H
Wechsel zu einer bestimmten Folie	Foliennummer+Eingabe-Taste
Eine Folie verkleinern bzw. alle Folien anzeigen	G - (Minus) Strg + -
Zoom in einer Folie	+ (Plus) Strg + +
Dialogfenster Alle Folien aufrufen	Strg+S
Medien wiedergeben bzw. Wiedergabe pausieren	Alt+O
Medienwiedergabe beenden	Alt+Q
Medienwiedergabe leiser bzw. lauter	Alt+Pfeil nach unten bzw. nach oben
Anzeigen einer leeren schwarzen Folie	B (Black) . (Punkt) Mit einer beliebigen Taste wird die Präsentation fortgesetzt

Anzeigen einer leeren weißen Folie	W (White) , (Komma) Mit einer beliebigen Taste wird die Präsentation fortgesetzt
Zeiger in Stift ändern	Strg+P
Zeiger in Textmarker ändern	Strg+I
Zeiger in Pfeil ändern	Strg+A
Zeiger in Radierer ändern	Strg+E
Freihandmarkierungen ein- bzw. ausblenden	Strg+M
Zeichnung auf dem Bildschirm löschen	L
Zeiger in Laserpointer ändern	Strg+L
Taskleiste anzeigen	Strg+T
Pfeil bei Mausbewegungen ausblenden	Strg+H
Pfeil bei Mausbewegungen anzeigen	Strg+U
Präsentation beenden	Esc

Glossar

AutoKorrektur	Im Gegensatz zur Rechtschreibprüfung korrigiert die Autokorrektur automatisch während der Eingabe und wandelt beispielsweise den ersten Buchstaben am Beginn eines Satzes oder Absatzes in einen Großbuchstaben um. Sie können die Autokorrektur rückgängig machen oder in den PowerPoint-Optionen ganz deaktivieren.
Browser	Als Browser (engl. to browse = durchsuchen) bezeichnet man Apps, mit denen Sie im Internet surfen. Neben dem, in Windows 10 integrierten Browser Microsoft Edge, gehören unter anderem Mozilla Firefox, Chrome und Safari dazu.
Cloud	Als Cloud-Computing bezeichnet man die Nutzung von Dienstleistungen wie Software und Speicherplatz über ein Netzwerk. Der Begriff „Cloud" (dt. Wolke) rührt daher, dass für die Nutzer der genaue Ursprung und Speicherort nicht nachvollziehbar und undurchsichtig (verhüllt) ist. „In der Cloud speichern" bedeutet somit nichts anderes, als Daten nicht auf der Festplatte des eigenen PCs, sondern irgendwo auf einem anderen Computer im Internet zu speichern.
Copy & Paste	Englisch für Kopieren & Einfügen. Ein Element wird dabei in die Zwischenablage kopiert (beispielsweise mit der Tastenkombination Strg+C) und andernorts eingefügt (beispielsweise mit der Tastenkombination Strg+V).
Creative Commons (CC)	Grundsätzlich ist jedes Werk (Foto, Bild, Musikstück Text etc.) geistiges Eigentum des Urhebers und geschützt. Es darf also nicht einfach kopiert und verwendet werden. Vereinfacht gesagt, Sie dürfen nicht einfach ein Bild aus dem Internet kopieren und damit einen Flyer verschönern. Sie müssen zunächst den Urheber um Erlaubnis bitten. Einige Urheber sind durchaus bereit, Ihr Werk anderen zur Verfügung zu stellen. Hier hilft die Organisation Creative Commons (CC), die Urhebern vorgefertigte Linzenzverträge zur Verfügung stellt, durch die der Urheber sein Werk lizenziert und damit anderen Nutzern z. B. die Bearbeitung und kommerzielle Nutzungsrecht einräumt.
Cursor	Als Cursor bezeichnet man bei der Eingabe von Text die Einfügemarke oder aktuelle Schreibposition.
Dateinamenerweiterung	Jeder Dateiname erhält beim Speichern automatisch einen Zusatz, die Dateinamenerweiterung (extension), bestehend aus einem Punkt, gefolgt von drei oder vier Buchstaben. Sie kennzeichnet den Dateityp, d.h. legt fest, welche Anwendung zum Öffnen der Datei verwendet wird. Standardmäßig ist die Dateinamenerweiterung nicht sichtbar, kann aber im Menüband des Datei-Explorers eingeblendet werden. PowerPoint-Präsentationen erhalten die Dateinamenerweiterung .pptx, Vorlagen den Zusatz .potx und Designs .thmx

Datenpunkt	Als Datenpunkt wird ein einzelner Wert in einem Diagramm bezeichnet.
Datenreihe	Ein Diagramm kann Werte aus mehreren Zeilen oder Spalten einer Tabelle darstellen. Ein Datenreihe kann entweder aus den Zeilen oder den Spalten der Tabelle gebildet werden.
Design	Ein Design ist eine Zusammenstellung von Formatierungen, Farben, Schriftarten, Effekten und Folienhintergrund und wird bei der Erstellung einer Präsentation verwendet, um allen Folien ein einheitliches Aussehen zu geben.
Duplizieren	Mit Duplizieren (Strg+D) stellt PowerPoint eine schnelle Methode zur Verfügung, um Folien und Elemente zu vervielfältigen. Im Gegensatz zur Verwendung der Zwischenablage werden duplizierte Elemente anschließend sofort in die Folie eingefügt.
Dropdown-Pfeil / Kombinationsfeld	Viele Eingabefelder erfordern keine Eingabe, sondern bieten Werte zur Auswahl an. In diesen Feldern befindet sich rechts ein kleines, nach unten weisendes Dreieck bzw. ein Pfeil und ein Klick darauf öffnet die Liste. Alternativ können Sie die Liste auch mit der Tastenkombination Alt+Pfeil nach unten öffnen, die Auswahl erfolgt dann mit den Pfeiltasten und durch Drücken der Eingabe-Taste wird die markierte Auswahl übernommen. Eine weitere Möglichkeit: tippen Sie die ersten Zeichen ein, so wird Ihre Eingabe automatisch ergänzt.
Folienmaster	Der Folienmaster ist eine Vorlage für das Aussehen aller Folien einer Präsentation. Änderungen am Folienmaster wirken sich auf alle Folien aus.
Handzettel	Auf Handzetteln werden mehrere, meist zwei bis sechs Folien auf einer einzigen Druckseite verkleinert gedruckt.
Hyperlink (Link)	Hyperlinks, auch kurz als Links bezeichnet, sind Verknüpfungen zu Webseiten, anderen Dateien oder bestimmten Folien in der Präsentation.
Manueller Zeilenumbruch	Ein manueller Zeilenumbruch mit den Tasten Umschalt (Shift)+ Eingabe-Taste beginnt eine neue Zeile, beendet aber nicht den Absatz.
Masterlayout	Das Masterlayout legt ein Folienlayout fest, das beim Einfügen einer neuen Folie ausgewählt werden kann.
Morphen	Als Morphen bezeichnet man ganz allgemein die Möglichkeit, ein Objekt zu verändern. So werden beispielsweise in der Geologie Gesteine, die durch Druck oder hohe Temperaturen eine Umwandlung erfahren haben, als meta**morphe** Gesteine bezeichnet. Ein bekanntes Beispiel ist Marmor, der durch Umwandlung (Metamorphose) aus Kalkstein entstanden ist. In PowerPoint lässt sich durch Morphen das Aussehen von Folienelementen, z. B. von Bildern, Formen, SmartArt oder Text gleichzeitig mit dem Wechsel zur nächsten Folie fließend verändern.

Notizen	In der Ansicht Normal steht Ihnen ein gesonderter Notizenbereich zur Verfügung, in dem Sie Anmerkungen zu jeder Folie eingeben und speichern können. Die Notizen können später auch gedruckt werden.
Objekte	PowerPoint bezeichnet alle Elemente einer Folie als Objekte. Dies können Platzhalter, bzw. Textfelder sein, aber auch Grafiken, Diagramme oder Zeichnungselemente. Die Bearbeitung und Formatierung der Objekte unterscheidet sich nur geringfügig.
OLE	Object Linking and Embedding, kurz OLE, ist eine Methode, um Objekte aus anderen Anwendungsprogrammen, insbesondere Microsoft Word oder Excel in eine PowerPoint-Präsentation einzufügen. Die Bearbeitung eingebetteter und verknüpfter Objekte erfolgt immer in der jeweiligen Anwendung. Eingebettete Objekte werden zusammen mit der PowerPoint-Präsentation gespeichert, bei verknüpften Dateien wird nur der Dateipfad in der Präsentation gespeichert.
OneDrive	In Verbindung mit einem Microsoft-Konto steht Ihnen unter der Bezeichnung OneDrive ein kostenloser Speicher von standardmäßig 5 GB in der Cloud zur Verfügung. Dieser ist vollständig in den Datei-Explorer von Windows 10 integriert.
PDF	PDF ist die Abkürzung für Portable Document Format, ein Dateiformat für Dokumente in dem alle Bilder und Formatierungen beibehalten werden. Die Inhalte können unabhängig vom Betriebssystem auf jedem Computer gelesen werden, dazu wird nur ein kostenlos erhältliches Leseprogramm, z. B. Adobe Reader benötigt, auch im Browser Microsoft Edge können PDF-Dateien angezeigt werden. Nachträgliche Änderungen am Inhalt sind dagegen nur mit spezieller Software möglich.
Punkt (pt)	Punkt ist eine typografische Maßeinheit, in der Maße wie Schriftgrad (Schriftgröße) oder Abstände angegeben werden. 1 Punkt entspricht etwa 0,35 mm.
Raster	Beim Einfügen und Verschieben von Objekten werden diese standardmäßig an einem, meist unsichtbaren, Raster ausgerichtet. Sie können das Raster als Hilfsmittel zur Ausrichtung einblenden, bzw. die Rasterabstände ändern.
RGB Farbmodell	Das RGB-Farbmodell stellt eine Farbe durch Zahlenwerte für jede der drei Farben (Rot, Grün, Blau) dar. Die Zahlen zwischen 0 und 255 geben die Intensität der Farbe an.
Serifen	Als Serife (franz. Füßchen) bezeichnet man die feinen Linien, die bei manchen Schriftarten einen Buchstabenstrich am Ende quer zu seiner Grundrichtung abschließen, dadurch soll eine bessere Lesbarkeit der Schrift erreicht werden. Viele bevorzugen deshalb eine Serifenschriftart in Präsentationen. Eine der bekanntesten Serifenschriftarten ist Times New Roman.

Server	Als Server bezeichnet man Computer, genauer gesagt spezielle Software, die in einem Netzwerk oder dem Internet Informationen, Speicherplatz und andere Dienste (z. B. E-Mail Postfach) bereitstellt.
SmartArt	Als SmartArt bezeichnet PowerPoint eine Sammlung von grafischen Layouts zur visuellen Darstellung von Textinformationen, die anstelle von einfachen Textfeldern bzw. Absätzen verwendet werden können.
Taskleiste	Die Taskleiste befindet sich am unten Rand des Bildschirms. Neben der Schaltfläche Start zeigt sie alle geöffneten Anwendungen (Tasks) an und erlaubt den schnellen Wechsel zwischen diesen.
Textfeld	Die Texteingabe in einer Folie erfolgt in PowerPoint entweder in den Platzhalterfeldern oder einem Textfeld.
Trigger	Das englische Wort Trigger bedeutet auf deutsch „Auslöser". Dieser Begriff findet in vielen Bereichen, z. B. in der Psychologie Verwendung. PowerPoint bezeichnet als Trigger ein Ereignis, z. B. in der Regel einen Mausklick auf ein bestimmtes Objekt, das ein anderes Ereignis auslöst.
Übergänge	PowerPoint bietet eine Reihe von Möglichkeiten, Übergänge zwischen den Folien einer Präsentation mit Effekten zu gestalten.
Verbindungen	Mit Verbindungen lassen sich schnell Formen über Linien miteinander verbinden. Verbindungen sind am Objekt verankert, beim nachträglichen Verschieben einer Form bleibt die Verbindung erhalten.
XML	„Extensible Markup Language", eine Auszeichnungssprache zur Darstellung hierarchisch strukturierter Daten in Form von Textdateien. XML ist vor allem für den Datenaustausch von Bedeutung.
XPS	XPS ist ein, von Microsoft entwickeltes Dateiformat in Konkurrenz zu PDF. Allerdings ist dieses Dateiformat wenig verbreitet und kann daher im Gegensatz zu PDF-Dokumenten nicht auf allen Geräten geöffnet werden.
Zwischenablage	Die Zwischenablage speichert ausgeschnittene oder kopierte Elemente. Diese können anschließend beliebig oft wieder eingefügt werden. Die Zwischenablage kann auch zum Datenaustausch zwischen verschiedenen Dokumenten oder Anwendungen verwendet werden.

Stichwortverzeichnis

Symbole

A

E

F

U

V

W

X

Y

Z